Miscellanea Mediaevalia

Veröffentlichungen des Thomas-Instituts
der Universität zu Köln

Herausgegeben von Albert Zimmermann

Band 21/1
Mensch und Natur im Mittelalter

Walter de Gruyter · Berlin · New York
1991

Mensch und Natur im Mittelalter

Mensch und Natur im Mittelalter

1. Halbband

Herausgegeben von Albert Zimmermann
und Andreas Speer
Für den Druck besorgt von Andreas Speer

Walter de Gruyter · Berlin · New York
1991

Die Deutsche Bibliothek — *CIP-Titelaufnahme*

Mensch und Natur im Mittelalter / hrsg. von Albert Zimmermann und Andreas Speer. — Berlin ; New York : de Gruyter.
  (Miscellanea mediaevalia ; Bd. 21)
NE: Zimmermann, Albert [Hrsg.]; GT

Halbbd. 1 (1991)
  ISBN 3-11-013163-3

ISSN 0544-4128

© Copyright 1991 by Walter de Gruyter & Co., D-1000 Berlin 30.
Dieses Werk einschließlich aller seiner Teile ist urheberrechtlich geschützt. Jede Verwertung außerhalb der engen Grenzen des Urheberrechtsgesetzes ist ohne Zustimmung des Verlages unzulässig und strafbar. Das gilt insbesondere für Vervielfältigungen, Übersetzungen, Mikroverfilmungen und die Einspeicherung und Verarbeitung in elektronischen Systemen.
Printed in Germany
Satz und Druck: Arthur Collignon GmbH, Berlin
Buchbinderische Verarbeitung: Lüderitz & Bauer, Berlin

Der Kosmos-Mensch
Sanctae Hildegardis Revelationes (Liber Divinorum Operum)
Lucca, Biblioteca Statale, Ms. 1942, fol. 9r

Vorwort

Dieser Band 21 der Miscellanea Mediaevalia geht zurück auf die siebenundzwanzigste Kölner Mediaevistentagung, die — eine lange Tradition fortsetzend — vom 11. bis 14. September 1990 stattfand. Mehr als 200 Teilnehmer aus über 20 Ländern, darunter viele Forscher aus Osteuropa, die zum ersten Mal Gelegenheit zur Teilnahme hatten, folgten der Einladung des Thomas-Instituts zum bewährten interdisziplinären Diskussionsforum. Unter dem Rahmenthema der Tagung: „Mensch und Natur im Mittelalter" enthält dieser Band die in zwölf Sektionen gehaltenen Vorträge[1] und Beiträge, welche die Diskussion ergänzen und weiterführen. Das Thema betrifft eine erkennbar zentrale Fragestellung der Geistesgeschichte des Mittelalters. Die Zahl der Beiträge macht jedenfalls einen Doppelband erforderlich.

Am Naturbegriff als Leitfaden läßt sich recht gut verfolgen, wie die Deutungen der Welt durch die mittelalterlichen Denker zunehmend differenzierter werden. Die Frage nach dem Naturverständnis bringt zunächst in den Blick, wie sich Erklärungen kosmologischer und naturphilosophischer Art entwickeln und sich dabei immer mehr von offenbarungstheologischen und symbolischen Deutungsmustern lösen. Der wachsenden Konsistenz im Begreifen der Natur aus genuin naturphilosophischer Perspektive entspricht ein wachsendes Selbstbewußtsein der Menschen, die der Natur nicht mehr nur hilflos gegenüberstehen und sich auch nicht auf eine kontemplative Sicht derselben beschränken. In weiten Bereichen wächst das Bewußtsein von Autonomie, welches auch einen kulturellen Niederschlag findet. „Une découverte de la nature et de l'homme" nennt Marie-Dominique Chenu in seiner Skizze der Geistesgeschichte des 12. Jahrhunderts diese bedeutsame Entwicklung[2].

Damit ist angegeben, von wo aus in den vorliegenden Arbeiten nach dem Verständnis von Mensch und Natur gefragt wird. Die Perspektiven, die in den Themen des ersten und des dritten von der SIEPM veranstalteten Kongresses für mittelalterliche Philosophie — „L'homme et son destin d'après les penseurs du moyen âge"[3] und „La filosofia della natura nel

---

[1] Vgl. hierzu A. Speer, Mensch und Natur im Mittelalter. Tagungsbericht von der 27. Kölner Mediaevistentagung, in: Bulletin de philosophie médiévale 32 (1990), 222—226.
[2] La théologie au 12e siècle, Paris 1957, ^{3}1976, besonders chap. I, 19—51.
[3] Actes du premiers congrès international de philosophie médiévale (28. 8.—4. 9. 1958), Louvain 1960.

medioevo"[4] — gekennzeichnet sind, sollten systematisch aufeinander bezogen werden, und zwar vor einem bestimmten historischen Hintergrund. Das Interesse gilt jedoch nicht nur philosophischen Texten. Leider kommt im interdisziplinären Kontext der Tagung die Theologie zu kurz.

Die Gliederung des Doppelbandes lehnt sich an die Sektionsthemen der Tagung an, ist jedoch etwas allgemeiner gehalten; die Überschriften beschränken sich in aller Regel auf ein Stichwort. Gleichwohl soll durch die Gliederung zum Ausdruck gebracht werden, auf welche Weise wir die beiden Elemente des Rahmenthemas aufeinander bezogen wissen wollen. Den Ausgangspunkt bildet jene Entdeckung der Natur in ihrer, zumindest relativen, phänomenalen und ursächlichen Eigenständigkeit, die eine entsprechende wissenschaftliche Erforschung nach sich zieht, welche mit Erfolg eigenständige Geltung beansprucht. Dies gilt nicht nur für die Naturphilosophie im weiteren und die Physik im engeren Sinne, sondern auch für die Metaphysik, die sich der zunehmenden Vielfalt des natürlichen Wissens durch Reflexion auf die zugrundeliegenden Prinzipien zu versichern trachtet und damit die Voraussetzungen für eine befriedigende Verhältnisbestimmung von Vernunft- und Offenbarungswissen schafft. Auch hierfür liefert Chenu das Stichwort, wenn er von einem „éveil métaphysique" spricht[5].

Der skizzierte Vorgang hat epochemachende Auswirkungen. Er bestimmt das gesamte Hoch- und Spätmittelalter. Auch der Wandel im Bildungs- und Wissenschaftsverständnis, begriffsgeschichtlich in der Ablösung von „ars" durch „scientia" zu verfolgen, hat eine seiner Ursachen in den sich differenzierenden und spezialisierenden Formen der Wirklichkeitsbetrachtung. Diese greifen dabei die vorfindlichen Traditionen in ihrer ganzen Breite auf, jedoch nicht vorrangig im Sinne einer bloß enzyklopädischen Zusammenschau, sondern mittels spekulativer Durchformung und transformativer Aneignung.

Das Problem des Naturgesetzes und ineins damit des naturhaft Rechten eröffnet eine vorwiegend praktische Perspektive. In den Mittelpunkt rückt die Frage nach der menschlichen Autonomie im Hinblick auf das Handeln. Die Fülle der verschiedensten anthropologischen Fragestellungen, seien sie grundsätzlicher Art oder an einzelnen Lebensvollzügen orientiert, zeigt, daß man die Eigenart des Menschen überhaupt immer mehr zu erschließen versucht. Schließlich findet die Beziehung von Mensch und Natur ihren Ausdruck in der Herausbildung eines kulturellen Naturbegriffs, der einem kulturellen Naturverhältnis entspricht, das mit der Entfaltung der städtischen Kultur zunehmend an Bedeutung gewinnt. Auch die sich wandelnde

---

[4] Atti del terzo congresso internazionale di filosofia medioevale (31. 8.—5. 9. 1964), Milano 1966.
[5] La théologie au 12ᵉ siècle, chap. XIV, 309—322.

Bilderwelt, sei sie ikonographischer oder eher kartographischer Art, spiegelt den Wandel der Betrachterperspektive wider.

Wie bereits angedeutet, stand die 27. Kölner Mediaevistentagung auch unter dem Eindruck der politischen Veränderungen der Jahre 1989 und 1990. War in den Jahren zuvor lediglich einer kleineren Zahl von osteuropäischen Mediaevisten, vornehmlich aus Polen und der Tschechoslowakei, eine Teilnahme an den Kölner Tagungen möglich — die bisherigen Tagungsbände der Miscellanea Mediaevalia legen hiervon beredt Zeugnis ab —, so konnten jetzt zum ersten Mal Mittelalterforscher auch aus einigen Ländern teilnehmen, denen solche Kontakte bislang versagt waren. Dieser Tatsache trugen die Veranstalter Rechnung durch ein eigens angesetztes Abendgespräch mit einer Delegation des Instituts für Philosophie der Moskauer Akademie der Wissenschaften über Mittelalterforschung in der UdSSR. Bei dieser Gelegenheit wurde auch die Situation der Mediaevistik in anderen osteuropäischen Ländern erörtert. Beklagt wurden insbesondere der Mangel an Quellentexten und das Fehlen eines internationalen Forschungsaustausches[6]. In diesem Sinne möchte der vorliegende Band der Miscellanea Mediaevalia einen Beitrag zur Begegnung westlicher und östlicher Mittelalterforschung leisten, der hoffentlich in der Zukunft seine Fortsetzung findet.

Eine wesentliche Voraussetzung für das interdisziplinäre Gespräch und für die geschilderte Begegnung von Forschern waren die finanziellen Hilfen, die uns gewährt wurden. Neben der Deutschen Forschungsgemeinschaft, dem Minister für Wissenschaft und Forschung des Landes Nordrhein-Westfalen und dem Deutschen Akademischen Austauschdienst gilt unser Dank dieses Mal auch besonders der Fritz Thyssen Stiftung, dem Stifterverband für die Deutsche Wissenschaft und der Rudolf Siedersleben'schen Otto Wolff-Stiftung, sowie einer Reihe von Einzelspendern. Sie alle haben dazu beigetragen, daß die siebenundzwanzigste Kölner Mediaevistentagung schließlich so stattfinden konnte, wie wir es geplant hatten.

Unser Dank gilt auch allen Mitarbeitern der Universität zu Köln, deren Hilfe wir immer wieder in Anspruch nehmen durften. Besonders gedankt sei den Mitarbeitern des Musikwissenschaftlichen Instituts und seinem Direktor Herrn Prof. Dr. K. W. Niemöller für die Bereitstellung des Musiksaales als Tagungsort und die vielfache technische Unterstützung. Dem Rektor der Universität zu Köln, Herrn Prof. Dr. Bernhard König, der die Teilnehmer im Alten Senatssaal empfing, sei herzlich gedankt. Dank gilt schließlich dem Direktor des Römisch-Germanischen Museums, Herrn Prof. Dr. H. Hellenkemper, der uns für einen Nachmittag Gastrecht gewährte und damit ermöglichte, einen Teil der Tagung auf ältestem Kölner Boden stattfinden zu lassen.

---

[6] Vgl. hierzu den Tagungsbericht (Anm. 1), 224—225.

Vorbereitung und Organisation der 27. Kölner Mediaevistentagung lagen in den Händen der Mitarbeiter des Thomas-Instituts. Gleiches gilt für die redaktionellen Arbeiten dieses Bandes, dessen Register wiederum Herr Hermann Hastenteufel M. A. erstellte. Allen Mitarbeitern sei für ihre vielfältige Hilfe besonders herzlich gedankt. Ein Gleiches gilt für den Verlag Walter de Gruyter, der den Doppelband in bewährter Weise ausstattete und für eine zügige Drucklegung sorgte.

Köln, im Juli 1991 Albert Zimmermann
Andreas Speer

Inhaltsverzeichnis

(1. Halbband)

ALBERT ZIMMERMANN (Köln) — ANDREAS SPEER (Köln)
Vorwort V

Praeludium

JOHANN KREUZER (Wuppertal)
Natur als Selbstwerdung Gottes — Überlegungen zur Schrift „Periphyseon" (De divisione naturae) des Johannes Scottus Eriugena 3

HERBERT BACKES (Saarbrücken)
Dimensionen des Natur-Begriffs bei Notker dem Deutschen von St. Gallen 20

GEORGI KAPRIEV (Sofia)
Der Mensch als kosmisches Atom in der mittelalterlichen Historiographie (9.—11. Jahrhundert) 28

Inventio

WILHELM KÖLMEL (Freiburg i. Br.)
Natura: genitrix rerum — regula mundi. Weltinteresse und Gesellschaftsprozeß im 12. Jahrhundert 43

JOHANNES KÖHLER (Hildesheim)
Natur und Mensch in der Schrift „De Planctu Naturae" des Alanus ab Insulis 57

HANS-JOACHIM WERNER (Karlsruhe)
Homo cum creatura. Der kosmische Moralismus in den Visionen der Hildegard von Bingen 67

JOHANNES ZAHLTEN (Braunschweig)
Natura sua und *Natura generans.* Zwei Aspekte im Naturverständnis Kaiser Friedrichs II. 89

Metaphysica I

ANDREAS SPEER (Köln)
Kosmisches Prinzip und Maß menschlichen Handelns. *Natura* bei Alanus ab Insulis 107

GÜNTHER MENSCHING (Hannover)
Metaphysik und Naturbeherrschung im Denken Roger Bacons 129

JAN A. AERTSEN (Amsterdam)
Natur, Mensch und der Kreislauf der Dinge bei Thomas von Aquin 143

JAKOB HANS JOSEF SCHNEIDER (Tübingen)
Physik und Natur im Kommentar des Thomas von Aquin zur aristotelischen Metaphysik 161

Metaphysica II

GERHARD KRIEGER (Bonn)
Motus est intrinsece aliter et aliter se habere. Die Zuständlichkeit der Natur als Konsequenz des ursprünglich praktischen Weltverhältnisses des Menschen 195

ROLF SCHÖNBERGER (München)
Eigenrecht und Relativität des Natürlichen bei Johannes Buridanus 216

J. M. M. H. THIJSSEN (Nijmegen)
Buridan on the Ontological Status of Causal Relations. A First Presentation of the Polemic „Questio de dependentiis, diversitatibus et convenientiis" 234

Physica

STEPHEN F. BROWN (Boston)
The Eternity of the World Discussion in Early Oxford 259

PAUL HOSSFELD (Bonn)
Gott und die Welt. Zum achten Buch der Physik des Albertus Magnus (nach dem kritisch erstellten Text) 281

GEORGE MOLLAND (Aberdeen)
How Different was Quantitative Science from Qualitative Science? 302

CECILIA TRIFOGLI (Pisa)
  Thomas Wylton on the Instant of Time 308

Philosophia Naturalis I

JEANNINE QUILLET (Paris)
  Enchantements et désenchantement de la Nature selon Nicole
  Oresme 321

MARTIN KINZINGER (Stuttgart)
  Quis terram aut aquam neget vivere? Das Problem der Lebendigkeit
  in der spätmittelalterlichen Elementenlehre 330

MIECZYSLAW MARKOWSKI (Krakau)
  Natur und Mensch in der Auffassung des Johannes von Glogau   346

MICHAIL N. GROMOV (Moskau)
  Medieval Natural Philosophy in Russia: Some Aspects 356

Philosophia Naturalis II

ZDZISLAW KUKSEWICZ (Warschau)
  Das „Naturale" und das „Supranaturale" in der averroistischen
  Philosophie 371

SILVIA DONATI (Pisa/Köln)
  Das Problem einer wissenschaftlichen Erkenntnis der vergänglichen Dinge bei Aegidius Romanus 383

NOTKER SCHNEIDER (Köln)
  Der Gegenstand der Naturphilosophie. Nicoletto Vernias und
  seine Auseinandersetzung mit den Auffassungen des Mittelalters   406

Theologica

RICHARD SCHENK (München/Berkeley)
  Divina simulatio irae et dissimilitudo pietatis. Divine Providence and
  Natural Religion in Robert Kilwardby's „Quaestiones in librum
  IV Sententiarum" 431

ARTURO BLANCO (Rom)
  The Influence of Faith in Angels on the Medieval Vision of
  Nature and Man 456

WOLFGANG BREIDERT (Karlsruhe)
    Naturphilosophische Argumente in der Engelslehre 468

Arabica

JEAN CLAM (Münster)
    Philosophisches zu „Picatrix". Gelehrte Magie und Anthropologie
    bei einem arabischen Hermetiker des Mittelalters 481

ALBERT N. NADER (Montreal)
    Les Alchimistes Arabes du Moyen Age et leur conception de la
    Nature 510

Inhaltsverzeichnis

(2. Halbband)

Traditio

JOZEF BRAMS (Löwen)
Mensch und Natur in der Übersetzungsarbeit Wilhelms von
Moerbeke 537

TILMAN BORSCHE (Hildesheim)
Entgrenzung des Naturbegriffs. Vollendung und Kritik des Platonismus bei Nikolaus von Kues 562

KENT EMERY, J. (Notre Dame)
Sapientissimus Aristoteles and *Theologicissimus Dionysius*: The Reading of Aristotle and the Understanding of Nature in Denys the Carthusian 572

Lex

JOHN MARENBON (Cambridge)
Abelard's Concept of Natural Law 609

THOMAS NISTERS (Freiburg i. Br.)
Mensch und Natur als Subjekte der *lex aeterna* 622

KLAUS HEDWIG (Kerkrade)
Das Isaak-Opfer. Über den Status des Naturgesetzes bei Thomas von Aquin, Duns Scotus und Ockham 645

BERTOLD WALD (Münster)
Die Bestimmung der *ratio legis* bei Thomas von Aquin und Duns Scotus. Zur Frage der Inkompatibilität oder Kontinuität mittelalterlicher Naturrechtstheorien 662

FRANCISCO BERTELLONI (Buenos Aires)
Die Rolle der Natur in den „Commentarii in Libros Politicorum Aristotelis" des Albertus Magnus 682

Anthropologica I

MARK D. JORDAN (Notre Dame)
  The Disappearence of Galen in Thirteenth-Century Philosophy
  and Theology 703

THEODOR WOLFRAM KÖHLER (Salzburg)
  Anthropologische Erkennungsmerkmale menschlichen Seins. Die
  Frage der „Pygmei" in der Hochscholastik 718

UDO KERN (Jena)
  Der liebende Mensch nach Meister Eckhart 736

OLFA PLUTA (Bochum)
  Homo sequens rationem naturalem. Die Entwicklung einer eigenständigen Anthropologie in der Philosophie des späten Mittelalters   752

Anthropologica II

ALBERT ZIMMERMANN (Köln)
  Natur und Tod gemäß Thomas von Aquin 767

JOSEP I. SARANYANA (Pamplona) – CARMEN J. ALEJOS-GRAU (Pamplona)
  Reflexiones sobre la muerte en el Renacimiento americano del siglo XVI. „Memoria y aparejo de la buena muerte", de Juan de Zumárraga (México, 1547) 779

ALEXANDR DOBROCHOTOW (Moskau)
  Der Mensch und die Natur im „Fegefeuer" Dantes (Gesang XXX) 791

TZOTCHO BOIADJIEV (Sofia)
  Der menschliche Körper und seine Lebenskräfte in der Ideenwelt des Mittelalters. Ein Versuch über die mittelalterliche Erotik . . 795

HENK DE VRIES (Doorn)
  Juan Ruiz und sein „Libro de buen amor": Die gute Liebe und die menschliche Natur 815

Cultura

MARIE BLÁHOVÁ (Prag)
  Natur und Naturerscheinungen. Ihre Zusammenhänge in der böhmischen Geschichtsschreibung der Přemyslidenzeit 831

Ivan Hlaváček (Prag)
Diplomatische Quellen und ihr Beitrag zur Erkenntnis der Natur im Hoch- und Spätmittelalter am Beispiel des mittelalterlichen Böhmens 851

Reinhard Krug (Erfurt/Berlin)
Die Beziehung zur Natur bei Gertrud von Helfta 861

Heinz-Dieter Heimann (Bochum)
Der Wald in der städtischen Kulturentfaltung und Landschaftswahrnehmung. Zur Problematik des kulturellen Naturverhältnisses als Teil einer Umwelt- und Gesellschaftsgeschichte des Mittelalters und der frühen Neuzeit 866

Helmut G. Walther (Kiel)
Wasser in Stadt und Contado. Perugias Sorge um Wasser und der Flußtraktat „Tyberiadis" des Perusiner Juristen Bartolus von Sassoferrato 882

Allen J. Grieco (Florenz)
The Social Order of Nature and the Natural Order of Society in Late 13th-Early 14th Century Italy 898

Iconographica

Jan van der Meulen (Cleveland)
Der vegetabilische Mensch der romanischen Kapitellplastik . . . 911

Katarzyna Zalewska (Warschau)
Deformatio Naturae. Die Seltsamkeiten der Natur in der spätmittelalterlichen Ikonographie 930

Józef Babicz (Warschau) — Heribert M. Nobis (München)
Die Entdeckung der Natur in der geographischen Literatur und Kartographie an der Wende vom Mittelalter zur Renaissance . . 939

Henri Adrien Krop (Rotterdam)
Artificialia und *naturalia* nach Wilhelm von Ockham. Wandlungen in dem Begriff der Unterscheidung zwischen Kunst und Natur 952

Namensregister 965

Praeludium

Natur als Selbstwerdung Gottes —
Überlegungen zur Schrift „Periphyseon"
(De divisione naturae) des Johannes Scottus Eriugena*

JOHANN KREUZER (Wuppertal)

1) Die Überschrift ‚Natur als Selbstwerdung Gottes' setzt sich einem Mißverständnis aus, das denn auch zur Rezeptionsgeschichte von ‚Periphyseon' gehört: dem, Periphyseon intendiere die Konzeption eines „*Deus ( ) omnia est et omnia deus!*" — worauf Eriugena den Schüler im Dialog antworten läßt: „( ) *quod monstrosum ( ) Deus autem unus est.*"[1] Eriugenas ‚divisio naturae' zielt auch nicht darauf ab, daß Gott in der oder durch die Natur zu sich selbst käme. Die ‚schöpferische Ewigkeit' bleibt von dem Erschaffen, von dem in der Zeit Werdenden unterschieden.[2] Die folgenden Überlegungen sollen einem Verständnis von ‚Selbstwerdung' dienen, in dem die Betonung nicht auf dem Gewordenen, Bestimmbaren, sondern auf dem Werden liegt. Eriugena scheint mir ein religionsphilo-

---

* Der Beitrag stellt die revidierte und gekürzte Fassung eines Vortrags dar, der am 30. 9. 1989 bei der 35. philosophisch-theologischen Arbeitsgemeinschaft in Walberberg gehalten wurde.
[1] Cf. Periphyseon III 98, 35 sq. Periphyseon (De divisione naturae) — im folgenden: P — wird zitiert nach : I—III ed. I. P. Sheldon-Williams with coll. L. Bieler, Dublin 1968 ²1978, 1972 ²1983, 1981 (= Scriptores Latini Hiberniae VII, IX, XI). IV, V ed. H. J. Floss, Paris 1865 (= PL 122).
Aus der — mittlerweile recht umfangreichen: cf. M. Brennan, Guide des Études Érigéniennes. A Guide to Eriugenian Studies, Fribourg Suisse—Paris 1989 — Literatur möchte ich hinweisen auf: J. J. O'Meara, Eriugena, Cork 1988, D. Moran, The philosophy of John Scottus Eriugena. A Study of Idealism in the Middle Ages, Cambridge 1989; G. Schrimpf, Johannes Scottus Eriugena im Rahmen des Wissenschaftsverständnisses seiner Zeit. Eine Hinführung zu Periphyseon, Münster 1982; St. Gersh, From Iamblichus to Eriugena. An Investigation of the Prehistory of the Pseudo-Dionysian Tradition, Leiden 1978. — Sammelbände: The Mind of Eriugena (Colloquium Dublin 1970), ed. J. J. O'Meara and L. Bieler, Dublin 1973; Jean Scot Erigène et l'Histoire de Philosophie (Colloquium Laon 1975), ed. R. Roques, Paris 1977; Eriugena. Studien zu seinen Quellen (Colloquium Freiburg 1979), ed. W. Beierwaltes, Heidelberg 1980; Jean Scot Écrivain (Colloquium Montreal 1983), ed. G.-H. Allard, Montreal—Paris 1986; Eriugena Redivivus. Zur Wirkungsgeschichte seines Denkens im Mittelalter und im Übergang zur Neuzeit (Colloquium Bad Homburg v. d. H. 1985), ed. W. Beierwaltes, Heidelberg 1987.
[2] Cf. die Untersuchung „*tempora aeterna, coessentialis aeternitas — tempora saecularia*", P II 74, 31 sq.

sophisches System entworfen zu haben, in dem Werden als das schöpferische Prinzip eines prozessualen Zusammenhangs — dem der universalen Natur — entfaltet wird, welches selbst nicht (zu ‚etwas') wird, aber als der Grund allen Werdens zu denken ist und insofern ‚in allem' wird.[3]

Auf einen Aspekt, der hier ausgespart bleiben muß, möchte ich wenigstens hinweisen. Es ist der, daß m. E. Eriugenas Gottesbegriff ‚ästhetisch' fundiert ist.[4] Für diesen Gottesbegriff — ein unbestimmbares Eines zu denken als den selbst nicht erscheinenden Grund aller Erscheinung — stellt die Erscheinung des Schönen das Paradigma dar. „Er ist selber das Schöne und die Schönheit alles Schönen (*pulchritudo totius pulchri*) und Ursache und Fülle der Schönheit (*pulchritudinis causa et plenitudo*) ( )".[5] Das schöpferische Prinzip jeder Erscheinung erscheint selbst nicht und ist insofern weder erkenn- noch bestimmbar. Aber dieses schöpferische Prinzip teilt sich mit jeder Erscheinung mit, wird in jedem Erscheinen gegenwärtig. Ebenso ist das Schöne nur als Erscheinung. Es ist die Metapher seiner selbst. Analog dazu faßt Eriugena die universale Natur als Erscheinung Gottes auf. „Gotterscheinungen" (*theophanias*) nenne ich aber die Gestalten sichtbarer und unsichtbarer Dinge, durch deren Ordnung und Schönheit erkannt wird, daß Gott ist, und gefunden wird, nicht was er ist, sondern nur, daß er ist (*sed quia solummodo est*), weil die Natur Gottes selbst sich weder sagen noch verstehen läßt (*nec dicitur nec intelligitur*) ( )"[6]. Gottes Sein vollzieht sich in der Natur als seine Erscheinung. Das, wenn man so will, Essentielle dieser Erscheinungen ist ihre unhintergehbare Metaphorizität. Erscheinend ist Gott in der Natur. Er ist keine ‚Was-heit', die noch außerhalb oder hinter der ‚Daß-heit' der Erscheinungen zu suchen wäre. Theophanie bedeutet, daß in ihrem Werden die Natur als Metapher Gottes aufzufassen ist. Deshalb kann von Gott auch nur metaphorisch (*per metaphoram, translative*) gesprochen werden.[7] Doch ist diese Einschränkung des ‚Nur-Metaphorischen' nicht selbst einzuschränken — wenn sich Natur als Theophanie, als Metapher Gottes (und zwar als die Metapher seiner selbst, nicht die von etwas anderem) betrachten läßt?

Wie ist Natur zu denken als geschaffene und zugleich als schöpferische, als ‚*creatura*' und als ‚*creatrix*'? Eriugena schreibt: „Mit dem Namen Natur

---

[3] Periphyseon läßt sich selbstverständlich nicht auf diesen einen Aspekt reduzieren, cf. K. Flasch, Johannes Eriugena, in: Geschichte der Philosophie in Text und Darstellung Bd. 2 Mittelalter, Stuttgart 1982, 165/166.

[4] Cf. W. Beierwaltes, Negati Affirmatio. Welt als Metapher. Zur Grundlegung einer mittelalterlichen Ästhetik durch Johannes Scotus Eriugena, in: Philosophisches Jahrbuch (83. Jahrgang), Freiburg—München 1976, 237—265. K. Flasch, Ars imitatur naturam. Platonischer Naturbegriff und mittelalterliche Philosophie der Kunst, in: Parusia. Studien zur Philosophie Platons und zur Problemgeschichte des Platonismus (Festgabe für J. Hirschberger), ed. K. Flasch, Frankfurt a. M. 1965, 265—306.

[5] P IV 823 D. Cf. e. g. P I 206, 33 sq., III 68, 27 sq. V 952 A, 953 D, 967 C sq., 982 B.

[6] P V 919 C.

[7] Cf. P I 62, 13. Cf. ibid., 74, 20, 82, 3, P IV 757 D.

pflegt nämlich nicht bloß die geschaffene Gesamtheit, sondern auch deren Schöpferin (*etiam ipsius creatrix*) bezeichnet zu werden."[8] Wie ist Natur zu denken als gewordene und werdende *creatura* und gleichzeitig als die in diesem Werden schöpferisch in sich bleibende *natura creatrix*? Oder in anderer Perspektive formuliert: Wie ist zu denken, daß ( ) alles im Worte Gottes zugleich ewig und geworden ist (*et aeterna simul et facta sunt*)( ), daß Ewiges und Gewordenes nicht verschieden, sondern eins und dasselbe sind, zugleich ewig und geworden (*non alia esse quae aeterna sunt et alia quae facta sed eadem sunt simul et aeterna et facta*)?"[9] Gefragt ist damit nicht danach, wie Ewiges zu Geschaffenem wird („*aeterna et facta sunt*").[10] Es geht vielmehr um Ewigkeit als den schöpferischen Grund von Zeit, der sich in der Zeit als deren Ursprung zeigt, so daß das ‚All der geschaffenen Dinge' in seinem Werden ‚geworden und ewig' heißen kann.[11] Wie ist ‚Unendliches' im ‚Endlichen' zu denken, ohne aufzuhören, als Unendliches vom Endlichen unterschieden zu sein? Was bedeutet dieser Zusammenhang zwischen Unendlichem und Endlichem für das Verständnis von Natur als ‚*universitas*'? Oder ganz verallgemeinert: Was bedeutet es für ein Verständnis der Natur als Selbstwerdung Gottes, wenn Einheit zu denken ist als in Zweiheit und Vielfalt hervorgehende und gleichzeitig in diesem Hervorgehen Einheit bleibende, wenn umgekehrt aber ohne dieses Hervorgehen in Zweiheit und Vielfalt (Dreiheit) Einheit gar nicht ist?[12] Ist auch dafür die ‚*apparitio*' des Schönen und seine Wahrnehmung Paradigma, in der das, was als „in sich selbst vielfältig Eines (*unum multiplex in se ipso*)"[13] das diskursiv Bestimmbare transzendiert, gerade das Gegenwärtige ist? So schreibt Eriugena anläßlich seiner Überlegungen über die Rückkehr (*reditus*) der menschlichen Natur in die göttliche: „Denn nicht bloß Ewiges und immerwährend Bleibendes, sondern auch Zeitliches und Vergängliches (*temporalia et caduca*) wird durch seine bestimmten Ordnungen verteilt, in denen die Schönheit sowohl des Ewigen als auch des Zeitlichen begründet ist (*in quibus pulchritudo et aeternorum et temporalium constituitur*)."[14]

Die folgenden Überlegungen beginnen (Teil 2) mit den Formen von Eriugenas ‚*divisio naturae*'. Darauf folgen Bemerkungen zum Begriff der ‚Theophanie' (Teil 3). Anschließend soll auf Eriugenas Begriff der die universale Natur strukturierenden ‚*participatio*' eingegangen werden (Teil 4). Abschließend wird nach Eriugenas Kritik und Reinterpretation der Kategorien gefragt (Teil 5 und 6).

---

[8] P III 30, 12/13.
[9] Ibid., 78, 9—12.
[10] Ibid., 142, 16.
[11] Cf. ibid., 144, 4—5.
[12] Cf. ibid., 108, 1 sq. „( ) *nunquam erat unitas sine numeris quorum est unitas.*" (ibid., 34/35)
[13] Cf. ibid., 152, 17.
[14] P V 969 C.

2) Es gibt drei Formen der ‚Einteilung der Natur'. Die erste, zweifache ist die „( ) in solches, was ist und was nicht ist. ( ) Natur ist ( ) der allgemeine Name für alles, was ist und nicht ist."[15] Die zweite, vierfache — und die Gliederung des ganzen Werks bestimmende — Einteilung ist eine innerhalb des Zusammenhangs der Natur als des Inbegriffs für das, was ist und nicht ist. Es ist 1) die schaffende und nicht geschaffene, 2) die geschaffene und schaffende, 3) die geschaffene und nicht schaffende und schließlich 4) die nicht geschaffene und nicht schaffende Form der Natur.[16] Als diese vierte Form denkt Eriugena die gänzliche Rückkehr aller Dinge (den erwähnten *reditus*) in ihre schöpferische Ursache (die erste Form). Mit der dritten, fünffachen Einteilung klassifiziert Eriugena die möglichen Modi der ersten Einteilung — der in Sein und Nichtsein. Alle fünf Modi stellen eine spezifische Relation von Sein und Nichtsein dar.[17] Die erste Weise ist das ‚Sein von allem' (*essentia omnium*). Gerade weil es das ‚Sein von allem' sein soll, ist es selbst nicht; sonst wäre es ein kategorial faßbares Etwas, es wäre Akzidens, wie Eriugena auch sagt.[18] Das ‚Sein von allem' ist durch die ‚Vortrefflichkeit seiner Natur' (*per excellentiam suae naturae*) ‚über' allem oder dem Nichtsein gleich.[19]

Die zweite Weise des Seins und Nichtseins bezieht sich auf die geschaffene Natur[20] und erklärt den wechselseitigen Zusammenhang von Sein und Nichtsein in der geschaffenen Natur als einen solchen wechselseitiger Bejahung und Verneinung (*affirmatio, negatio*), während bei der ersten Bejahung und Verneinung zusammenfielen (das ‚Sein von allem' = ‚Nichtsein'). Begrenzt wird der wechselseitige Zusammenhang von Bejahung und Verneinung zum einen durch die höchste Verneinung („*in suprema negatione terminatur; eius namque negatio nullam creaturam superiorem se confirmat*"), zum anderen durch die sich nicht selbst bestimmende Körperwelt, die unter sich „nichts hat, was sie wegschafft oder erzeugt („*infra se nil habet quod vel auferat vel constituat*)".[21]

Die dritte Weise wird in der Fülle der sichtbaren Welt und ihren Ursachen („*huius mundi visibilis plenitudo et in suis causis*") erblickt.[22] Sie bezieht sich auf das, was in der Zeit erscheint und zeitlich bestimmt ist. ‚Sein' haben hier die Erscheinungen, die in der Welt sichtbar werden und

---

[15] Cf. P I 36, 6 sq.
[16] Cf. P I 36, 21 sq. Cf. D. J. O'Meara, The Concept of Natura in John Scottus Eriugena (De divisione naturae Book I) in: Vivarium XIX, 2 (1981) 140/141. — I. P. Sheldon-Williams, Johannes Scottus Eriugena, in: The Cambridge History of Later Greek And Early Medieval Philosophy, Cambridge 1970, 520 sq.
[17] Für diese Überlegungen sind nur die drei ersten von Belang.
[18] Cf. P I 40, 3.
[19] Cf. ibid., 38, 21.
[20] Cf. ibid., 40, 16 sq.
[21] Ibid., 42, 3–8.
[22] Cf. ibid., 42, 14/15.

geworden sind („*in mundo visibiliter apparent et apparuerunt*") — ‚Nichtsein' diejenigen, die noch verborgen und gleichwohl zukünftig sind („*adhuc latent et tamen futuri sunt*").[23] Die dritte Weise von Sein und Nichtsein expliziert deren Zusammenhang in ein zeitliches Nacheinander. ‚Ursache' — das, was verborgen und so noch nicht ist — und ‚Wirkung' — das, was offenliegt und geworden ist — können, sofern am zeitlichen Nacheinander festgehalten wird, nicht ‚zugleich und auf einmal' sein. Genau hierdurch unterscheidet sich die erste Seinsweise von der dritten. Die erste zeigt sich bei allem, „was zugleich und auf einmal in den Ursachen und Wirkungen geschaffen ist (*in omnibus qui simul et semel in causis et effectibus facta sunt*)."[24] Die gewordene und werdende Natur ist die zeitliche Explikation dieser Einheit, in der das Auseinanderfallen der Dimensionen der Zeit aufgehoben ist.

Daraus ergibt sich ein „*duplex intellectus de creatura*". Im einen „betrachtet man ihre Ewigkeit in der göttlichen Erkenntnis (*in divina cognitione*), in der alles wahrhaft und wesentlich bleibt (*vere et substantialiter permanent*). Im anderen betrachtet man ihre zeitliche Gründung gleichsam nachfolgend in ihr selber (*temporalem conditionem ipsius veluti postmodum in se ipsa considerat*)."[25] Der in der Zeit sich erstreckenden Natur liegt Ewigkeit, in der die Dimensionen der Zeit zusammenfallen, ursprünglich zugrunde. Sie ist keine andere Zeit oder von anderer Natur. „Alles ist nämlich im Augenblick gemacht. Denn auch das, was im Laufe der Zeiten zeitlich verschiedene Zeugung erfuhr und erfährt und noch erfahren wird, ist zugleich und auf einmal in ihm selber gemacht, in dem sowohl Vergangenes als auch Gegenwärtiges und Zukünftiges zugleich und auf einmal und Eins sind."[26] Daß alles im Augenblick gemacht ist, bedeutet nicht, daß dieser schöpferische Augenblick dem „*cursus temporum*" gegenüber als in zeitloser Abgeschlossenheit vorgängig zu denken wäre. Daß alles im Augenblick gemacht ist, heißt nicht, daß dies ‚alles' schon geworden ist. In der Unaufhörlichkeit des sukzessiv bestimmten Werdens (Erschienenseins, Erscheinens und Erscheinenwerdens) vielmehr zeigt sich in der Zeit die Ewigkeit des schöpferischen Augenblicks.

3) Eriugena erläutert das doppelte — die ursächliche Ewigkeit mit dem zeitlichen Werden zusammenbringende — Verständnis der Kreatur mit dem Begriff der Theophanie.[27] Dieser steht im Zusammenhang mit der ersten Einteilung der Natur: der in Sein und Nichtsein. Soll Natur als

---

[23] Cf. ibid., 42, 26/27.
[24] Cf. ibid., 42, 29.
[25] Cf. P III 158, 13 sq.
[26] „*Omnia enim in momento oculi facta sunt. Nam et ea quae per cursus temporum distincta generationem acceperunt et accipiunt et accepta sunt simul et semel in ipsa facta sunt in quo et praeterita et praesentia et futura simul et semel et unum sunt.*" (P III 210, 14—17) — Cf. 1 Kor. 15, 52.
[27] Cf. M. Brennan, l. c., 340.

Selbstwerdung Gottes gedacht werden können, so ist sie als Theophanie zu denken. Gott wird nicht zu Natur, dies reduzierte ihr Verhältnis auf eine bloße Identität. Er wird vielmehr in der Natur: als das in dieser wirksame, in jeder Erscheinung und mit jedem Werden sich zeigende kreative Prinzip von Natur. Ewigkeit als das schöpferische Prinzip der Zeit ist von dieser gerade ALS schöpferisches Prinzip unterschieden, um die Nichtidentität beider festzuhalten. Doch gilt genauso, daß Ewigkeit als Grund von Vergehen (Übergang von Sein zu Nichtsein) und Werden (Übergang von Nichtsein zu Sein) ohne ihre Erscheinung in der Zeit, ohne den in der Zeit sich erstreckenden Zusammenhang von Vergehen und Werden nicht ist. Schöpferisch ist die Natur Gottes, insofern in ihr Sein und Nichtsein in Simultaneität zusammenfallen: in der im Übergehen wirksamen Gleichzeitigkeit von Vergehen und Werden.

In den Theophanien negiert sich das die Sukzession der Zeit negierende Zusammenfallen von Sein und Nichtsein selbst. Das Moment reinen Übergangs erscheint immer im Übergehen dessen, was ist, zu dem, was nicht mehr ist, und im Übergehen dessen, was noch nicht ist, zu dem, was ist. Indem Erscheinungen sind, ist Gott. Theophanie ist als Einheit zweier in sich gegenläufiger Bewegungen zu denken: als Einheit von „*condescensio*"[28] und „*exaltatio humanae naturae*"[29]. „*Condescensio dei sapientiae*" und „*deificatio creaturae*" gehören zusammen. Theophanie meint nicht nur die (Kon-) Deszendenz Gottes. Theophanie umfaßt vielmehr „*condescensio*" und „*deificatio*": Gott wird, indem er in der Natur erscheint, als die „*deificatio creaturae*."[30]

Nicht bloß das unveränderlich in sich selber seiende göttliche Wesen („*divina essentia incommutabiliter in se ipsa existens*") nennt Eriugena Gott, sondern auch die Theophanien selbst („*sed etiam ipsas theophanias*"), die aus diesem Wesen und durch es in der denkenden Natur ausgeprägt werden.[31] Die ‚*divina essentia*' ist ohne Beziehung zur erschaffenen Natur nicht und unbegreifbar — oder genauer: nur als Nichts begreifbar.[32] Dieses Nichts hat sich aber immer schon selbst überschritten, indem es erscheint. Theophanie bedeutet, daß das, was sich jeder kategorialen Bestimmbarkeit entzieht — in Buch II heißt es: „Erinnerst du dich, ( ) daß keine der unter den zehn eingeschlossenen Kategorien irgendwie eigentlich von Gott ausgesagt werden kann (*nullam categoriarum denario numero conclusarum de*

---

[28] Cf. P I 54, 2 sq.
[29] Cf. e. g. ibid., 52, 32.
[30] „*Condiscensionem hic dico non eam quae iam facta est per incarnationem sed eam quae fit per theosin, id est per deificationem, creaturae.*" (ibid., 52, 29—31).
[31] Cf. ibid., 50, 22—25.
[32] Cf. P III 166, 27 („*nihilum per excellentiam*"), 168, 10 sq., 172, 14 sq. („( ) *et dum in omnibus fit super omnia esse non desinit* ( )"). — Cf. Iohannis Scoti Eriugenae Expositiones In Ierarchiam Coelestem, ed. J. Barbet, Turnhout 1975 (= CCCM XXXI), IV, 78—82 („*nihil esse per infinitatem*").

divina natura ullo modo proprie praedicari posse)?"[33] —, sich selbst immer schon transzendiert hat, indem es sich mit jeder Erscheinung vergegenwärtigt. „Und hieraus verstehe nun, wie das göttliche Sein für sich unerfaßlich ist (*per se incomprehensibilem esse*), aber mit der denkenden Kreatur auf wunderbarer Weise verbunden erscheint, so daß es, das göttliche Sein, allein in dieser, der denkenden Kreatur nämlich, erscheint (*ut ipsa, divina dico essentia, sola in ea, creatura intellectuali videlicet, appareat*)."[34]

Die Selbstwerdung Gottes vollzieht sich in der Natur als die (Kon-) Deszendenz eines Transzendenten, hält man an einem Gegensatzpaar Transzendenz-Immanenz fest. Diese Kondeszendenz ist immer schon geschehen: im Augenblick, in dem ‚alles gemacht ist'. Theophanie bedeutet zugleich, daß dem menschlichen Denken der *„accessus"* zu einem als transzendent Gedachten ermöglicht ist.[35] In diesem *„accessus"* überschreitet das Denken das als transzendent Gedachte auf dessen Erscheinung und Gegenwärtigkeit hin. Das als transzendent (unaussprechlich, unerfaßbar und unzugänglich) Gedachte ist nichts. Für es gilt, daß es „( ) für sich selber betrachtet, weder ist noch war noch sein wird. (Die Klarheit der göttlichen Güte, JK) wird nämlich in keinem Daseienden erkannt, weil sie alles übertrifft. Während sie aber auf unaussprechliche Weise in das, was ist, herabsteigt, ist sie für das Auge des Geistes erfaßbar, und sie allein wird in allem als das Sein gefunden, und ist und war und wird sein. Als unerfaßbar gedacht, wird sie nicht mit Unrecht das Nichts genannt. Beginnt sie aber in ihren Gotterscheinungen sichtbar zu werden, wird gesagt, daß sie gleichsam aus Nichts in Etwas hervorgeht, und was eigentlich als über jede Wesenheit hinausgehend gedacht wird, wird auch eigentlich in jeder Wesenheit erkannt, und deshalb kann jede sichtbare und unsichtbare Kreatur eine göttliche Erscheinung genannt werden."[36]

Hier scheint mir ein Hinweis auf Eriugenas Methodik notwendig. Wir können Gott nur so erkennen, wie er uns erscheint. Wir können ihn nicht so erkennen, wie er für sich (*per se ipsum*) sein mag. Wir können ihn nicht nicht-erscheinend erkennen. Nichterscheinend ist der das Nichts und ‚über allem', nichterscheinend kann er weder ausgesprochen noch eingesehen werden. Unzählig sind die Stellen, in denen von der ‚Überwesentlichkeit' und ‚Unerkennbarkeit' Gottes die Rede ist. Von Gott könne „( ) nichts

---

[33] Cf. P II 140, 14—16.
[34] P I 54, 31—34.
[35] Cf. P II 72, 23/24.
[36] „( ) *dum per se ipsam cogitatur neque est neque erat neque erit — in nullo enim intelligitur existentium quia superat omnia —, dum vero per condescensionem quandam ineffabilem in ea quae sunt mentis obtutibus inspicitur ipsa sola invenitur in omnibus esse et est et erat et erit. Dum ergo incomprehensibilis intelligitur per excellentiam nihilum non immerito vocitatur, at vero in suis theophaniis incipiens apparere veluti ex nihilo in aliquid dicitur procedere, et quae proprie super omnem essentiam existimatur proprie quoque in omni essentia cognoscitur ideoque omnis visibilis et invisibilis creatura theophania, id est divina apparitio, potest appellari.*" (P III 166, 22—32).

eigentlich ausgesagt werden, weil derjenige, der jedes Denken und alle sinnlichen und intelligiblen Bestimmungen übersteigt, besser durch Nichtwissen gewußt wird und sein Nichtwissen die wahre Weisheit ist ( )."[37] Letzlich behält dieses apopathische Verfahren das Übergewicht, so daß wir, wie Eriugena einmal sagt, „( ) von Gott richtiger etwas durch Verneinung als durch Bejahung aussagen können."[38] Von aller gewordenen und werdenden Natur bleibt er unterschieden: Er ist für sich immer unsichtbar und wird es bleiben.[39] So setzt Eriugena der Zeitlichkeit der Welt die Ewigkeit Gottes entgegen. Anders werde ein und dieselbe Natur der Dinge in der Ewigkeit des Wortes Gottes, anders in der Zeitlichkeit der geschaffenen Welt betrachtet.[40] Doch spricht Eriugena nicht von ‚ein und derselben Natur' („*una eademque rerum natura*")? — nicht davon, daß die Entgegensetzung von Ewigkeit und Zeit eine unserer Betrachtung ist? Besagt das nicht, daß Ewigkeit nur dann der Zeit entgegengesetzt ist, wenn sie als der Zeit entgegengesetzte gedacht wird? Besteht die Ineffabilität Gottes nicht in einer Stellung des Gedankens, der ihn als ineffablen setzt und dann das Verborgene ‚wissen' will? Zumindest kann man folgern, daß die Unsichtbarkeit Gottes nur so lange besteht, solange er ‚*per se ipsum*' und nicht in seinen Erscheinungen soll gesehen werden.[41]

Wir können — und das ließe sich als, sit venia verbo, ‚transzendentales' Moment in Eriugenas Denkart bezeichnen — die universale Natur, und hier insonderheit Gott, nur so erkennen, wie sie uns existierend erscheint, wir können sie nicht so erkennen, wie sie außerhalb unseres, wie sie ohne unser Erkennen ist. Zu der vierfachen *divisio naturae* merkt Eriugena an, daß nur in unserer Betrachtungsweise (*theoria*) deren erste und vierte Form unterschieden sind. Sowohl für die Unterscheidung der beiden Formen wie für ihre Rückführung auf eine sei die „*duplex intentio nostrae contemplationis*" bzw. eine „*duplex consideratio*" verantwortlich.[42] Unser Erkenntnisvermögen setzt oder konstituiert seine Gegenstände: „( ) *nostra theoria* ( ) *in se ipsa creat*" die Weisen, wie wir Natur betrachten.[43] Das gilt auch für

---

[37] „( ) *nil de deo proprie posse dici quoniam superat omnem intellectum omnesque sensibiles intelligibilesque significationes qui melius nesciendo scitur, cuius ignorantia vera est sapientia ( )*". (P I 190, 30—33) Cf. vom Verf.: Divina ignorantia. Vom Wissen der Weisheit bei Eriugena (erscheint in der Festschrift für Karl Albert).

[38] Cf. P II 4, 29/30. — Cf. Expositiones in Ierarchiam Coelestem, l. c., II, 1203.

[39] „*Ipse Deus enim per seipsum semper invisibilis est et erit ( )*" *(P V 963 C)*.

[40] Cf. P III 76, 5 sq.

[41] Die Ineffabilität ist Moment der Reflexion. Eriugena scheint mir diese Konsequenz an einer Stelle von Periphyseon auch nahezulegen. „*Non enim ineffabile est quod quodam modo fari potest.*" (P I 80, 14/15) Dieses ‚*quodam modo*' ist der Vollzug von Reflexion, der sich aus abdikativen und affirmativen Sätzen — auch das Urteil der Ineffabilität wäre ‚affirmativ': cf. Augustinus, De doctrina christiana I, 6, 6 — zusammensetzt. Cf. P I 84, 4—6.

[42] Zu „*duplex intentio nostrae contemplationis*" cf. P II 10, 12—15, zu „*duplex consideratio*" cf. ibid., 10, 28—31. Cf. P III 38, 1 sq., 25/26.

[43] Cf. P II 10, 32—34.

die göttliche. Wollen wir den schöpferischen Grund der universalen Natur so erkennen, wie er ohne die Formung seiner Erscheinungsweise in unserer Betrachtung zu denken wäre, so stoßen wir, folgert Eriugena, an eine Grenze: die des Unerkennbaren und Unaussprechlichen. Die allem Denken unzugängliche Klarheit der göttlichen Güte sei unaussprechlich und unbegreifbar.[44] Gilt aber nicht auch hier, daß es sich hier um eine Unaussprechlichkeit und Unerkennbarkeit handelt, die wir uns selbst als Grenze setzen, wenn wir hinter oder über den erscheinenden Dingen noch etwas anderes als eben die vielfältige Gegenwärtigkeit der erscheinenden Dinge suchen?

In diesen ist gegenwärtig, was nur dann unbegreifbar ist, wenn es als unbegreifbar gedacht und dadurch Nichts wird. Es scheint mir in der Konsequenz von Eriugenas Ansatz darauf anzukommen, solche gedanklichen Konstruktionen eines Unbegreiflichen zu überschreiten oder sein zu lassen. Was als über aller und getrennt von aller ‚Wesenheit' (*essentia*) seiend beurteilt und vorgestellt wird, ist in jeder erscheinenden Wesenheit ‚da'. „Deshalb kann jede sichtbare und unsichtbare Kreatur Theophanie, d. i. göttliche Erscheinung, genannt werden."[45] Eriugena erläutert diese Denkfigur der Überschreitung eines als transzendent nur Gedachten dadurch, daß „( ) Gott der Macher von allem und in allem geworden ist: Und während er über allem gesucht wird, wird er in keiner Wesenheit gefunden — es ist nämlich noch kein Sein —, wenn er aber in allen Dingen eingesehen wird, besteht in diesen nur er selbst."[46] Es geht darum, „( ) *deum in his visibilibus creaturis cognoscere* ( )".[47] Stimmt das nicht damit überein, was Augustinus über die Wahrheit sagt? Solange sie ‚über allem' gesucht und nicht ‚in allem' gesehen werde, sei sie verhüllt — während sie doch ‚da ist vor uns'.[48] Das Erscheinende ist, so ließe sich sagen, zu finden, nicht das Verborgene zu suchen.

Ein solches Sehen der Natur als Theophanie ergibt sich aus einer ‚Reinigung durch Tugend und Wissen' und entspricht Eriugenas Theorem von der „*divina ignorantia*".[49] Die *divinae apparitiones* sind kein bloßer Schein. Sie sind Erscheinung. Das in ihnen Erscheinende ist uns zugänglich. „Alles,

---

[44] Cf. P III 166, 19/20. — Cf. Expositiones in Ierarchiam Coelestem, l. c., VIII, 558/559 („*Superessentialitas illius omnem superat intellectum.*").

[45] „( ) *ideoque omnis visibilis et invisibilis creatura theophania, id est divina apparitio, potest appellari.*" (Cf. Anm. 36).

[46] „( ) *deum omnium factorem esse et in omnibus factum; et dum super omnia quaeritur in nulla essentia invenitur — nondum enim est esse —, dum vero in omnibus intelligitur nil in eis nisi solus ipse subsistit* ( )" (P III 170, 34—37). Zu „*nondum enim est esse*" cf. Boethius, De hebdomadibus: „*Diversum est esse et id quod est; ipsum enim esse nondum est* ( )" (Tract. III 28/29, zit. nach: A. M. S. Boethius, Die Theologischen Traktate, ed. M. Elsässer, Hamburg 1988, 36).

[47] Cf. P III 186 34, 35.

[48] „*Et ecce est ante nos.*" (Confessiones IV, 14, 23).

[49] Cf. e. g. P II 154, 6/7.

was eingesehen oder wahrgenommen werden kann, ist nichts anderes als die Erscheinung des Nichterscheinenden."⁵⁰ Es gibt kein Unsichtbares, das von dem, was erscheint, zu trennen wäre. Das Nichterscheinende ist in den ‚*apparitiones*' da — nicht als selbst (dinglich bestimmbar) Erschienenes, aber als das mit jedem Erscheinen sich Zeigende. Eriugena expliziert dieses Zusammenhängen von Erschienenem, Erscheinendem und Erscheinung, das alle Dinge der Natur zum Inbegriff von Theophanie werden läßt, verschiedentlich in paradoxen Wendungen. Diese sind m. E. deshalb paradox, weil sie, hegelisch gesprochen, die bestimmte Negation eines kategorialen Urteils über die Einheit von *creator* und *creatura* zum Ausdruck bringen. „Wir dürfen somit Gott und Kreatur nicht als voneinander verschiedene Zwei denken, sondern als eins und dasselbe. Denn auch die Kreatur ist in Gott bestehend, und Gott wird in der Kreatur auf wunderbare und unaussprechliche Weise geschaffen (*mirabili et ineffabili modo creatur*), indem er sich selbst offenbart (se ipsum manifestans), unsichtbar sich selbst sichtbar macht (invisibilis visibilem se faciens), ( )indem er sich von einem Akzidenslosen zu einem dem Akzidentellen Unterworfenen und Akzidentellen (*accidentibus liber accidentibus subiectum et accidens*), unendlich zu etwas Endlichem (*infinitus finitum*), unumschränkt zu etwas Umschränktem (*incircumscriptus circumscriptum*), überzeitlich zu einem Zeitlichen (*supertemporalis temporalem*), überräumlich zu einem Räumlichen (*superlocalis localem*), allschaffend zu etwas in allem Geschaffenen (*omnia creans in omnibus creatum*) macht, und als der Macher von allem auch in allem selber wird (*et factor omnium factus in omnibus*), als ewig zugleich zu sein anfängt (*et aeternus coepit esse*) und als unbeweglich sich doch in allem bewegt (*et immobilis movetur in omnia*) und in allem alles wird (*et fit in omnibus omnia*)."⁵¹

4) Mit dem sich aus der zweifachen *divisio naturae* (der in Sein und Nichtsein) ergebenden Begriff der Theophanie erklärt Eriugena, wie Natur zu denken ist als Wirkung von etwas, das gerade deshalb dem Werden immanent ist, weil es als der Grund des Werdens — als das „überall Ursächliche (*ubique existentium causale*)"⁵² — allem Gewordenen transzendent ist, weil es (wie Eriugena vom *verbum* sagt), „in allem alles wird, während es in sich selber ( ) als von allem Abgesondertes besteht (*ab omnibus segregatum subsistit*) ( )".⁵³ Der Begriff der *participatio* entspricht der vierfachen *divisio naturae* und ist Ausdruck für deren strukturellen Zusammenhang.

---

⁵⁰ „*Omne enim quod intelligitur et sentitur nihil aliud est nisi non apparentis apparitio ( )*" (P III 58, 12/13).

⁵¹ „*Proinde non duo a se ipsis distantia debemus intelligere deum et creaturam sed unum et id ipsum. Nam et creatura in deo est subsistens et deus in creatura mirabili et ineffabili modo creatur ( ) et fit in omnibus omnia.*" (P III 160, 37 — 162, 11).

⁵² Cf. P III 170, 28.

⁵³ Cf. P III 80, 35 sq., cf. ibid.: „*Natura enim ipsius simplex est et plus quam simplex omnibusque accidentibus absoluta et plus quam absoluta.*" (72, 8/9) Cf. P IV 759 A: „( ) *et cum in omnibus totus sit, extra omnia totus esse non desinit ( )*".

Die Frage — „Was aber ist Teilhabung?" — wird allgemein so beantwortet: „Alles, was ist, ist entweder teilhabend oder es wird an ihm teilgehabt oder es ist Teilhabung oder es wird an ihm zugleich teilgehabt und es ist teilhabend."[54] Der Bereich der *participatio* erstreckt sich zwischen demjenigen, das an keinem Höheren teilhat, das also allein ‚*participatum*' ist, und demjenigen, das nur ‚*participans*' ist (die der Verderbnis und Auflösung unterworfenen Körper).[55] Für alles übrige gilt, daß es sowohl ‚*participans*' wie ‚*participatum*' ist und so genannt wird.[56] Alle drei Formen umgreift, daß die Teilhabung in allem eingesehen wird.[57] *Participatio* ist der Ausdruck für den inneren Zusammenhang der unterschiedenen Formen der Natur, ihr Zusammenhängen selbst. Sie ist der Ausdruck für die durchgängige Beziehung in der Natur — oder dafür, daß Natur durchgängige und alles umgreifende Beziehung ist. Teilhabung ist „( ) nichts anderes als die Ableitung einer nachfolgenden Wesenheit aus der ihr höheren (*ex superiori essentia secundae post eam essentiae derivationem esse*) und die Verteilung von dem, was zuerst Sein hat, an das zweite, damit es sei (*et ab ea qua primum habet esse secundae ut sit distributio*) ( )."[58] Die durchgängige Beziehungshaftigkeit von Natur besagt, daß nicht nur das, was partizipiert, nicht ohne dasjenige ist, an dem es partizipiert, sondern auch das, woran partizipiert wird, nicht ohne dasjenige ist, das an ihm partizipiert.

Das heißt: Gott ist nicht als das schöpferische Prinzip der werdenden Natur zu denken, das auch ohne dieses Werden wäre. Er ‚ist' vielmehr nur dadurch, daß die gewordene und werdende Natur an ihm partizipiert, er ist nur in diesem Werden oder als dieses Werden. Die sich daraus ergebende Konsequenz einer Negation des negativen Verfahrens in der Rede von Gott taucht e. g. an der folgenden Stelle von Periphyseon auf: „Siehst du nun, wie der Schöpfer des ganzen Alls den ersten Platz in den Einteilungen einnimmt? Und dies nicht ohne Recht, da er der Anfang von allem und unzertrennlich von aller Gesamtheit ist, die er schuf, und das ist, ohne das sie nicht bestehen kann. Denn in ihm ist unveränderlich und wesenhaft alles, und er ist die Teilung und Zusammenfassung der gesamten Kreatur selbst ( )".[59]

Dies besagt nicht, daß das schöpferische Prinzip der universalen Natur zu einem endlichen (bestimmbaren) Moment in der Natur werden könnte.

---

[54] P III 50, 34/35.
[55] Cf. ibid., 52, 7–9.
[56] Cf. ibid., 52, 10 sq.
[57] Cf. ibid., 52, 25.
[58] P III 56, 19–21.
[59] „*Videsne quemadmodum totius universitatis conditor primum in divisionibus obtinet locum? — nec immerito dum sit principium omnium et inseparabilis ab omne universitate quam condidit et sine quo subsistere non potest. In ipso enim immutabiliter et essentialiter sunt omnia et ipse est divisio et collectio universalis creaturae* ( )" (P III 30, 28–32).

Als etwas Gewordenes wäre es nicht mehr das Prinzip des Werdens. Als *natura creatrix* ist es das ursprüngliche Prinzip des Werdens selber, das ‚Werdende' nicht im Sinne von etwas, sondern in transitivem Sinn.[60] *Participatio* ist nicht als einlinige Bewegung von einem ‚Höheren' zu einem ‚Niederen' zu denken, in der jenem Höheren die Beziehung zu diesem Niederen gleichgültig bliebe. *Participatio* bedeutet gleichzeitig die dieser ersten gegenüber inverse Bewegung vom Niederen zum Höheren. Die wechselseitige Beziehungshaftigkeit der universalen Natur unterscheidet *participatio* von Emanation.

Die unaufhebbare Relationalität — nicht Identität — von Gott und Kreatur nennt Eriugena das „*maximum argumentum*".[61] Er faßt es folgendermaßen zusammen: „Ist nun die Kreatur aus Gott, so ist Gott die Ursache, die Kreatur aber die Wirkung. Ist jedoch Wirkung nichts anderes als gewordene Ursache, so folgt daraus, daß Gott als Ursache in seinen Wirkungen wird. Denn nichts geht aus der Ursache in ihre Wirkungen hervor, was ihrer Natur (der der Ursache, JK) fremd ist."[62] Nur für eine Betrachtungsweise, die an einer nicht aufzuhebenden Nichtidentität beider festhält, bleibt „( ) allein jene Verneinung bezüglich des Grundes der zu schaffenden Welt übrig, die durch Wegnahme der ganzen Kreatur Gott über alles, was gesagt oder gedacht wird, erhöht und ihn als nichts von dem, was ist und nicht ist, ausspricht."[63]

5) Eine Denkweise, die sich an das den überkommenen Kategorien implizite Wissenskonzept hält, wird der unhintergehbaren Relationalität zwischen schöpferischer Ursache von Natur und gewordener und werdender Wirkung in der Natur nicht gerecht. Mit den zehn Kategorien wird über Natur als dem menschlichen Denken gegenüber beziehungsloses Äußeres geurteilt.[64] In Gott aber fällt keine Kategorie.[65] Für eine das Geschaffene nicht mit seinem schöpferischen Prinzip in Beziehung belassende, sondern Natur als bloße Gegenständlichkeit konstruierende Denkart behalten die zehn Kategorien ihre Geltung. In Bezug auf die schöpferische Ursache der Natur aber „lassen uns die Kategorien vollständig im Stich (*per omnia in omnibus deficit*)."[66] Daß wir in der Beurteilung der Natur, im Urteil über Natur, der Kategorien bedürfen, ist für Eriugena der eigentliche Ausdruck

---

[60] Cf. P III 32, 9 sq.: „( ) *ab ea omnem divisionem et partitionem inchoare quoniam omnis universitatis principium est et medium et finis ( )*".

[61] Cf. P III 180, 37.

[62] „*At si creatura ex deo, erit deus causa, creatura autem effectus. Si autem nil aliud est effectus nisi causa facta, sequitur deum causam in effectibus suis fieri. Non enim ex causa in effectus suos procedit quod a sua natura alienum sit.*" (ibid., 182, 9—12).

[63] Cf. ibid., 180, 33 sq.

[64] Zur Negation von Kategorialität cf. W. Beierwaltes, Eriugena. Aspekte seiner Philosophie, in: Denken des Einen, Frankfurt a. M. 1985, 343.

[65] „*Et iam nunc nullam kategoriam in deum cadere incunctanter intelligo.*" (P I 208, 29/30).

[66] Cf. ibid., 84, 36—86, 1.

des „*peccatum generale*".⁶⁷ Sollen der schöpferische Grund dessen, was erscheint, und seine Beziehung zum Geschaffenen in den Kategorien gedacht werden, die das Geschaffene gerade als dem Werden (durchgängiger Beziehungshaftigkeit) enthobene Realität bestimmen, so verlieren sie „gänzlich ihre Kraft".⁶⁸ Gott ist *principium* der Natur in seiner schöpferischen Beziehung zu ihr, nicht als ein Gegenstand oder Teil der Natur. „Fragt man die wahre Vernunft", sagt Eriugena, „so antwortet sie, daß das Subjekt und das vom Subjekt Geltende eins und in nichts verschieden ist."⁶⁹ In nuce ist hier formuliert, was sich in einer dreifachen These etwa so formulieren ließe. Durchgängige Beziehungshaftigkeit ist die Bestimmung der innergöttlichen Trinität. Diese durchgängige Beziehungshaftigkeit kennzeichnet auch das Verhältnis zwischen der göttlichen Trinität als *natura creatrix* und den erscheinenden, werdenden Dingen als *natura creata*. Durchgängige Beziehungshaftigkeit schließlich ist auch das Verhältnis der Dinge in der Natur untereinander; dadurch strukturiert sich Natur gemäß der *participatio*.⁷⁰

Dieser Beziehungshaftigkeit entspricht, wenn überhaupt nur eine Kategorie, die der Relation. In Periphyseon wird die Relation zwar auch in geläufiger Weise als ‚*ad aliquid*' (*habitudo*, auch *habitus*) thematisiert.⁷¹ Eriugena behandelt sie aber zugleich in einer Weise, die Selbstwerdung als übergegenständliches Prinzip des Werdens in der Natur zu erläutern vermag. Der Relation — die (Eriugena spricht hier von ihr als *habitudo*) „( ) ihres sehr großen Umfangs wegen die dunkelste von allen (Kategorien, JK) zu sein scheint (*propter nimiam sui amplitudinem obscurissima esse videtur*) ( )"⁷² —, der *essentia* (ousia) und wiederum der Beziehung zwischen *essentia* und Relation gilt in kategorialanalytischer Hinsicht das Hauptinteresse. Diese führt eine „Rehabilitierung der Relation" mit sich.⁷³ Die Kategorie

---

⁶⁷ Cf. P II 32, 25 sq.
⁶⁸ „( ) *kategoriarum virtus omnino extinguitur.*" (P I 84, 34).
⁶⁹ „*Vera tamen ratio consulta respondet subiectum et de subiecto unum esse et in nullo distare.*" (P I 102, 13/14) — Cf. K. Flasch, Artikel „Allgemeines/Besonderes" in: Historisches Wörterbuch der Philosophie, Bd. 1, Darmstadt 1971, 170/171.
⁷⁰ Cf. P I 106, 36 — 108, 4. — In diesem Zusammenhang wäre auf die „*primordiales rerum causae*" einzugehen, von denen es einmal heißt, daß sie Gott selber sind („*verum etiam deus sunt*") (P III 76, 2). Sie sind Bestimmungen reinen Übergehens: als gewordene und Werden bewirkende. Sie dienen Eriugena dazu, die innere Bestimmung der göttlichen Trinität („*unitas essentialis, differentia substantialis, trium in uno*", cf. P I 180, 21/22) auf die Beziehung zwischen göttlicher Trinität und Kreatur zur übertragen — cf. G. Schrimpf, l. c., 256—295.
⁷¹ Daß Eriugena terminologisch unscharf mit der Relation verfährt, zeigt sich etwa P I 98, 26 sq. und 104, 17 sq.
⁷² Cf. P I 90, 30.
⁷³ K. Flasch, Zur Rehabilitierung der Relation. Die Theorie der Beziehung bei Johannes Eriugena, in: Philosophie als Beziehungswissenschaft, Festschrift für J. Schaaf, ed. W. F. Niebel/D. Leisegang, Frankfurt a. M. 1974, 5—25. Darin wird auch auf die Grenzen von Eriugenas relationstheoretischen Untersuchungen hingewiesen (cf. 14—16).

der Relation wird mit der der *essentia* zusammengedacht. ‚Wesenheit' (*essentia*) ist die schöpferische Ursache gerade als relationale, sie ist ALS relationale Wesenheit. „*In ipsa vero ousia relatio est ( )*."[74] Umgekehrt ist Relationalität die Wesenheit aller Natur, das allen Gemeinsame. „Denn was allen gemeinsam ist, gehört keinem eigentümlich an (*quod omnium est nullius proprie est*), sondern ist in allen nur so, daß es in sich selber besteht (*ita est in omnibus ut in se ipsa subsistat*). Dasselbe ist in der Kategorie der Wesenheit (*essentia*) zu bemerken."[75] Eine solche Auffassung von *essentia* ist der ausdrückliche Gegenbegriff zu einer Vorstellung von Substanz, der ihre Eigenschaften akzidentell, zu einer Vorstellung von Subjekt, dem seine Prädikate äußerlich bleiben.[76] Nur indem es in seinen Erscheinungen ist, besteht das ‚allen Gemeinsame' in sich selber. Das ‚überall Ursächliche' zeigt sich in jeder Wirkung, in der es zur Erscheinung kommt, und erschöpft sich in keiner dieser Wirkungen. ‚Sein' steht nicht im Gegensatz zum Werden der geschaffenen (veränderlichen) Dinge. Es ist im Werden der Dinge selbst da.

Aus der Analyse der Kategorien folgert Eriugena, daß diese „( ) in zwei höheren und allgemeineren zusammengefaßt werden, in der Bewegung nämlich und im Zustand, die wiederum auf die allgemeinste Weise zusammengefaßt werden, die ( ) das Weltall genannt zu werden pflegt (*universitas appellari consuevit*)."[77] *Essentia, relatio* und deren wechselseitige Bezüglichkeit, Bewegung (*motus*) und Ruhe (*status*) und deren wechselseitige Bezüglichkeit sind die der *Participatio*-Struktur der universalen Natur entsprechenden Kategorien. Sie entsprechen der Beziehungshaftigkeit der in ihrem Werden als Theophanie zu begreifenden Natur.[78]

Im Verhältnis zwischen *natura creatrix* als dem ersten Teil der Natur und *natura creata (progressa)* als dem dritten erlangen Raum und Zeit als Einteilungsinterpretamente der Kategorien große Bedeutung. „Alles, was außer Gott ist, ( ) ist notwendigerweise in Raum und Zeit eingeschlossen."[79] Sie sind mit allem geschaffen, was in ihnen geschaffen wird.[80] Der Raum als „*diffinitio creaturae*" bzw. „*ambitus finitae creaturae*", die Zeit als

---

[74] Cf. P I 104, 17/18.
[75] Cf. P I 94, 30—32.
[76] Wo — wie bei der *divina essentia* als *natura creatrix* — eine Trennbarkeit zwischen Zugrundegelegtem und zufälligen Eigenschaften nicht gilt, versagen die Kategorien. „*Ubi enim deficit diffinitum subiectum ibi nullum accidens intelligitur adiunctum vel separatum vel ullo modo natura subiecti discretum.*" (P II 148, 35—37) Cf. Augustinus, Conf. IV, 16, 29.
[77] Cf. P I 98, 15 sq.
[78] Beziehungshaftigkeit zeichnet nicht nur *essentia* (ousia) und *relatio* aus, sondern auch *status* und *motus*: „( ) *et dum movetur stat et dum stat movetur — est enim status mobilis et motus stabilis ( )*" (P III 60, 4—6).
[79] Cf. P I 126, 21—23.
[80] „*Videsne ( ) locum tempusque ante omnia quae sunt intelligi?*" (P I 126, 32/33) Das „*ante omnia intelligi*" von Raum und Zeit präzisiert Eriugena später: „*( ) locum et tempus ( ) vera ratio cogit ( ) verum etiam omnibus, quae in eis generantur, congenerari ( )*" (P V 888 C).

„*mutabilium rerum morae motusque certa rationabilisque dimensio*".[81] Als Formen der Anschauung alles dessen, was (erschienen und erscheinend) ist, sind Raum und Zeit für Eriugena zugleich Denkbestimmungen.[82] Sie dienen der Unterscheidung zwischen der — trinitarisch zu begreifenden — *divina (creatrix) essentia*, die der räumlichen (reines Neben- oder Auseinander) und zeitlichen (reines Nacheinander) Bestimmung nicht unterliegt, und dem, was in Raum und Zeit erscheint. Folgende Einteilung wird möglich: der Ternar ‚*essentia, virtus, operatio*' als das schöpferische Prinzip der Natur (*fundamentum rerum*) — Raum und Zeit — die nach der *essentia* bleibenden restlichen Kategorien als akzidentelle Bestimmungen der dem Neben- und Nacheinander unterworfenen Dinge.[83] Raum und Zeit unterscheiden aber nicht nur die in der Natur werdenden Dinge von ihrem schöpferischen Prinzip. „Gott nämlich ist weder Ort noch Zeit, und dennoch wird er in übertragener Weise der Ort und die Zeit von allem genannt, da er die Ursache aller Örter und Zeiten ist."[84] Das den Raum Prinzipiierende — das, was Raum jeweils einräumt — ist selbst kein räumliches Etwas. Das, was der Sukzession der Zeit nicht unterworfen ist, das Zeitigende, ist die Ursache, der Ursprung von Zeit selbst. „( ) (D)er Raum selbst wird begrenzt und die Zeit bewegt; Gott aber weder bewegt noch begrenzt. Denn der Ort, durch den alle Örter begrenzt werden, ist der Ort der Örter und, weil er von keinem eingenommen wird, sondern alle in sich ordnet, ist er nicht Ort, sondern mehr als Ort. Von nichts wird er begrenzt, sondern begrenzt alles; er ist also die Ursache von allem. In gleicher Weise bewegt er als Ursache der Zeiten die Zeiten, er selbst aber wird von keiner Zeit und in keiner bewegt. Er ist nämlich mehr als Zeit und mehr als Bewegung. Folglich ist er weder Ort noch Zeit."[85]

6) Die Realität der gewordenen Wirkungen ist ein Sonderfall der Wirklichkeit des Werdenden. Bilden wir die Vorstellung eines Substantiellen, in der an der Trennung von Subjekt und dem ihm akzidentell Zukommenden festgehalten wird, kann von Natur als Selbstwerdung Gottes nicht

---

[81] Cf. P I 130, 9/10 — 184, 2/3.
[82] „*Praecedit autem locus generalis tempusque generale secundum intelligentiam omnia quae in eis sunt ( )*" (P I 128, 35—37).
[83] „*( ) sub uno genere omnes primas essentias ( ) conclusas esse videmus et ad similitudinem principalis omnium causae mirabili incommutabilique sua trinitate subsistunt, hoc est, ut saepe iam dictum, essentia virtute operatione; caetera vero ( ) accidentia esse dicuntur ( ) sine quibus (locus et tempus,* JK) *caetera esse non possunt ( )*" (P I 184, 22—31). Cf. ibid., 142, 7—12).
[84] „*Non enim deus locus neque tempus est,* attamen *locus omnium translative dicitur et tempus, quia omnium locorum temporumque causa est.*" (P I 96, 24—26).
[85] „*( ) locus ipse diffinitur et tempus movetur; deus autem nec movetur nec diffinitur. Nam locus quo diffiniuntur omnia loca locus locorum est et, quia ille a nullo locatur sed omnia intra se collocat, non locus sed plus locus est. A nullo enim diffinitur, sed omnia diffinit: causa igitur est omnium. Eodem modo causa temporum tempora movet, ipsa vero a nullo in nullo tempore movetur. Est enim plus quam tempus et plus quam motus.*" (P I 98, 1—7).

gesprochen werden. Gegen eine solche Trennung setzt Eriugena 1) den Begriff der Theophanie, 2) die Struktur der *participatio* für die Natur, schließlich 3) seine Kritik und Reinterpretation der ‚zehn Kategorien'. In dieser erlangt, wie erwähnt, die Relation große Bedeutung. Sie ist die kategoriale Entsprechung dazu, daß Natur als Selbstwerdung des schöpferischen Prinzips erscheint, das selbst nicht zu Natur oder in der Natur (etwas) werden kann, sondern das Prinzip dieses Werdens selbst ist. Die „( ) Natur, die durch ihre Herrlichkeit und Unendlichkeit von der Gesamtheit aller Naturen entfernt wird, (ist, JK) doch gleichsam als der erste Teil dieser Gesamtheit anzusetzen ( )."[86] Als Selbstwerdung stellt Natur einen Zusammenhang dar zwischen dem, was in der Zeit erscheint, und dem, was als Ewigkeit der Ursprung von Zeit in der Zeit ist. Auch hier gilt der Gesichtspunkt einer „*duplex consideratio*".[87] Wenn die ausschließliche Form des Nacheinander nur eine Denkbestimmung ist, ist dann nicht die Vorstellung, daß der ‚*reditus*' der Kreatur in ihren schöpferischen Grund die vollständige Tilgung von Zeit (und Raum) am ‚Ende der Zeit' impliziert[88], nicht zumindest zu modifizieren — und zwar insofern zu modifizieren, als diese Tilgung allein eine der Vorstellung von Zeit als reiner, in Abschnitten meßbarer Sukzession ist? Im Augenblick — in dem ‚alles gemacht ist'[89] — würde Zeit dann auf ihre schöpferische Ursache hin durchsichtig. Spricht Eriugena — im Rahmen seiner Überlegungen über die Rückkehr der menschlichen Natur — deshalb davon, daß die Wirkungen in diese Welt „hervorgetreten sind und noch hervortreten und hervortreten werden"[90], weil Ewigkeit der unaufhörlich schöpferische Grund von Zeit inmitten der Zeit ist — als „zeitlose Zeitlichkeit"[91]? Dies würde erklären, weshalb Natur gleichzeitig ‚ewig und geworden' (*simul et aeterna et facta*)[92] zu denken ist. Geworden ist sie in den Wirkungen, die der zeitlichen Sukzession unterliegen. Ewig ist die ‚zeitlose Zeitlichkeit' des Ursprungs von Zeit in der Zeit, ewig ist das den Wirkungen zugrundeliegende schöpferische Prinzip, das Werden selbst als dasjenige, was im Vergehen bleibt und im Bleiben vergeht.[93] Dieses schöpferische Prinzip bedarf der erscheinenden Natur. Selbst gehört der schöpferische Augenblick nicht in die Reihe der endlich erscheinenden Wirkungen — weder als ein gegenständlich bestimmbares Etwas noch als ein Unendliches, das

---

[86] „( ) *nosse velim qua ratione eam naturam quae ab omnium naturarum universitate per excellentiam sui atque infinitatem removetur veluti primam partem ipsius universitatis ponere voluisti.*" (P III 28, 19—21).

[87] Cf. Anm. 42.

[88] Cf. P V 889 D („*peribunt locus et tempus*").

[89] Cf. Anm. 26.

[90] Cf. P V 909 B („*processisse, procedere, processuros esse*").

[91] „( ) *carentis tempore temporalitas* ( )" (P III 58, 18).

[92] Cf. Anm. 9.

[93] Cf. P V 910 B. („*haec enim sibi pugnare videntur, perire dico et permanere* ( )").

sich aus Endlichem am Ende der Zeit konstituiert haben würde. So wäre das Unendliche nur als Ende, als ‚*finis*' des Endlichen vorgestellt und nur als Negation des Endlichen selbst endlich bestimmt. Das Unendliche erscheint aber als die unaufhörliche Negation dieser Negation: als *finis* und *principium* des endlich Erscheinenden.[94]

Natur als Selbstwerdung Gottes zu denken führt darauf, Natur als Erscheinung des schöpferischen Prinzips des Werdens zu sehen.[95] Wird versucht, Gott so zu denken, wie er nicht erscheint, so ergibt sich, „daß Gott nicht weiß, was er ist ( )."[96] Indem wir ihn aber in den Erscheinungen erfahren, werden wir seiner selbst als des schöpferischen Prinzips allen Erscheinens teilhaftig, wird er selbst. Deswegen darf dieses schöpferische Prinzip nicht noch hinter den Erscheinungen, dem Unverborgenen, gesucht werden. Als „*non apparentis apparitio*" zeigt sich Natur als Selbstwerdung Gottes.

---

[94] Cf. P V 867 C.
[95] „*Verbi gratia, ut ab extimis nature ordinibus paradigma sumamus: lapis iste vel hoc lignum mihi lumen est* ( )" (Expositiones in Ierarchiam Coelestem, l. c., I, 107/108).
[96] „( ) *deus quid sit non intelligit* ( )" (P II 146, 13).

Dimensionen des Natur-Begriffs bei Notker dem Deutschen von St. Gallen

Herbert Backes (Saarbrücken)

Notker III. oder Teutonicus (∼ 950—1022), der erste große Gelehrte und Theologe in althochdeutscher Sprache, ist Vertreter einer spät- und nachkarolingischen Theologie und Wissenschaft. Die Belegstellen zu seinem Natur-Begriff verteilen sich auf die traditionellen Schriften — samt lateinischen Kommentaren — zu *artes* und Theologie. Diese sind Instrumente seiner übersetzend-kommentierenden Lehrtätigkeit als Magister an der St. Galler Klosterschule. Die geistige Durchdringung und Aneignung des lateinischen Schriftsinns mit den adäquaten Mitteln der Muttersprache erreicht durch ihn eine in althochdeutscher Zeit nicht vergleichbare hohe Qualität.

Erstmals erscheinen somit in der Geschichte der deutschen Sprache aristotelisch-boethianische neben biblischen Differenzierungen des Natur-Begriffs.

Was die Quellen und Vorlagen von Notkers schriftstellerischer Tätigkeit betrifft, so fußt er für die ‚Categoriae'[1] und ‚De Interpretatione'[2] in der lateinischen Übersetzung des Boethius zugleich auf dessen Kommentar, für die ‚Consolatio'[3] des Boethius und ‚De Nuptiis'[4] des Martianus Capella auf den Kommentaren des Johannes Scotus Eriugena[5] und insbesondere

---

[1] Notker der Deutsche, Boethius' Bearbeitung der ‚Categoriae' des Aristoteles, samt ‚Notker latinus' ed. J. C. King, Tübingen 1972, (= Die Werke Notkers des Deutschen, Neue Ausg., Begonnen von E. H. Sehrt u. T. Starck, Fortgesetzt von J. C. King u. P. Tax, Bd. 5).

[2] Notker der Deutsche, Boethius' Bearbeitung der Schrift ‚De Interpretatione', ed. J. C. King, Tübingen 1975 (= N. Ausg. 6).

[3] Notker der Deutsche, Boethius, De consolatione Philosophiae I/II, ed. P. W. Tax, Tübingen 1986 (= N. Ausg. 1); III, Tübingen 1988 (= N. Ausg. 2); IV/V, Tübingen 1990 (= N. Ausg. 3). — Die ‚Consolatio' des B. zitiere ich nach der Ausgabe von L. Bieler (= CCSL XCIV) Turnhout 1957; dt. Zitate i. a. nach ed. E. Gothein (lt.-dt.), Zürich 1949.

[4] Notker der Deutsche, Martianus Capella, De nuptiis Philologiae et Mercurii, ed. J. C. King, Tübingen 1979 (= N. Ausg. 4); Notker latinus zu Mart. Cap., ed. J. C. King, Tübingen 1986 (= N. Ausg. 4 A). — ‚De nuptiis ...' des Mart. Cap. zitiere ich nach ed. A. Dick 1925/mit den Addenda von J. Préaux, Stuttgart 1969.

[5] Johannis Scotti Annotationes in Marcianum, ed. C. E. Lutz, Cambridge/Mass. 1939.

des Remigius von Auxerre⁶ u. a.; für den Psalter⁷ überwiegend auf Augustinus⁸ und Cassiodor⁹.

Obgleich die artographischen Disziplinen nur — wenngleich unabdingbare — Voraussetzung sind für die Beschäftigung mit dem kanonischen Schrifttum (*gradus* bzw. *iter ad Sapientiam*)¹⁰, wird von den mittelalterlichen Schulautoren in den *artes*-Werken selber der Schritt zur Theologie bereits vollzogen. Als Beispiel diene die ‚Consolatio', in der sich bekanntlich literarische, philosophische und poetische Themen durchdringen. Remigius von Auxerre, dessen Kommentar Notker sich weitgehend selektierend anschließt, transformiert jene Themen im Sinn einer ‚*interpretatio christiana*' und versieht sie zu diesem Zweck zusätzlich mit grammatikalischen und linguistischen, rhetorischen, dialektischen, philosophischen, historischen, archäologischen, mythologischen und naturwissenschaftlichen Anmerkungen¹¹, die meist direkt, manchmal indirekt auf eine ‚*interpretatio christiana*' hin ausgerichtet sind.

Zu beachten gilt: Der Natur-Begriff wird also — angefangen von den artographischen Werken (Kategorien, Hermeneutik, Consolatio, De Nuptiis) bis zu den theologischen (Psalter) — von Notker an keiner Stelle seines Werks im strengen Sinn systematisch aufbauend entwickelt, sondern es wird ihm an jeweils einschlägigen Stellen des betreffenden Werks eine nächstmögliche Perspektive auf die biblische Wahrheit hin geöffnet. Hier nun wird deutlich, wie Notker aus philosophisch-theologischer Fachkenntnis und mit großer sprachlicher Sensibilität für den lateinischen Wortsinn seiner Vorlagen es versteht, diesen im Kontext deutscher Sprachgebung möglichst exakt und differenziert aufleuchten zu lassen.

Viele Wörter¹², die den Ausdruck selbst bzw. das Wortfeld von ‚Natur' näher oder weiter umschreiben, hat Notker erstmals geprägt, manche

---

⁶ Remigii Antissiodorensis Commentum in Martianum Capellam, Libri I–II, ed. C. E. Lutz, Leiden 1962.
⁷ Notker der Deutsche, Der Psalter, samt ‚Notker latinus', ed. P. W. Tax, Tübingen 1972–1983 (= N. Ausg. 8/8 A, 9/9 A, 10/10 A).
⁸ Sancti Aurelii Augustini Enarrationes in Psalmos, ed. E. Dekkers, O. S. B. u. J. Fraipont, Turnhout 1956 (= CCSL XXXVIII–XL).
⁹ Magni Aurelii Cassiodori Expositio Psalmorum, ed. M. Adriaen, Turnhout 1958 (= CCSL XCVII–XCVIII).
¹⁰ Augustinus hatte der christlichen Welt des Westens die Annahme der Sieben Freien Künste hinlänglich begründet (De doctr. christ. II, XXV, 40 u. passim, CCSL XXXII, Turnhout 1962); ab Cassiodor liegt deren Siebenzahl fest. Im Hinblick auf die karolingische und nachkarolingische Zeit sieht insbes. Alkuin, im Anschluß an Prov. 9, 1, in ihnen den tragenden Grund für das Gebäude der Theologie („*culmen litterarum*"): „Die göttliche Weisheit wird von den Säulen der sieben freien Künste getragen, und niemand gelangt zur vollkommenen Erkenntnis, der sich nicht auf diesen sieben Säulen oder Stufen erhebt." (PL 101, 853 C; cf. auch PL 100, 501 C).
¹¹ Cf. dazu P. Courcelle, La Consolation de Philosophie dans la tradition littéraire, Antécédents et Postérité de Boèce, Paris 1967, 279.
¹² Cf. Notker-Wortschatz, Bearb. u. ed. E. J. Sehrt u. W. Legner, Halle 1955; Notker-

davon nur als ἅπαξ λεγόμενα wie: uuerltpilde (Urbild, Idee der Welt), uuerltrihtnissida (*mundi gubernatio,* göttlicher Vernunft untertane Weltordnung), uuerltstifteda (Weltschöpfung). Das heute noch im Deutschen eine Reihe verschiedener Bedeutungen implizierende Fremdwort ‚Natur' aktiviert Notker bereits in vielfachem Sinn, beginnend mit der logischen Disziplin — etwa die Unterscheidung zwischen erschaffener und nicht erschaffener Natur, dann deren Einteilung in drei Arten nach dem Grad ihrer Veränderlichkeit etc. — über die Natur des beseelt gedachten Kosmos, den Menschen bis hin zu Gott. An Nomen und Begriff ‚Natur' im engeren Sinn partizipieren zahlreiche direkte ahd. Entsprechungen, auch sie z. T. von Notker erstmals geprägt. Sie dokumentieren eine intensive Auseinandersetzung mit diesem Bereich seiner lateinischen Vorlagen: anaburt stf./anaburte stn. (Wesen, Natur, Gestalt), anauuist stf. (Sein, Seiendes, Wesen), berohafti stf. (Natur als belebendes und befruchtendes Element), burt stf. (Gestalt), gescaft stf. (Schöpfung, Gebilde, Form, Geschöpf, Gestalt, Beschaffenheit), uuehsalding stn. (veränderliches Wesen), u. a.

Dem Rahmenthema ‚Mensch und Natur' gemäß nehme ich nicht explizit zum Naturbegriff Notkers im Bereich der formalen Logik[13] Stellung. Doch sei hier eingangs und vorweg zumindest ein Beispiel der *Distinctio* gegeben, das deutlich macht, wie Notker auch formallogisch mit dem Natur-Begriff verfährt:

In ‚De Interpretatione'[14] sagt Notker: „úbe daz kûota gûot ist . unde úbel néist . sô ist ímo enez anaburte . tíz ist ímo zugeslungen" (Wenn das Gute gut ist und nicht ein Übel, so kommt ihm jenes — d. h. der Inhalt der ersten Aussage — von Natur=wesentlich zu; dieses — d. h. der Inhalt der zweiten Aussage — ist ihm hinzugekommen, unwesentlich = *secundum accidens.*). Der lateinische Text Notkers lautet: „*Si ergo quod bonum est. bonum et non malum est. et hoc quidem secundum se. illud uero secundum accidens.*" Dann folgt: „*Accidit ei malum non esse*" — und Notker: „Imo ist taz chómen daz iz úbel nesí" (Ihm ist — als rein logische Aussage — hinzugekommen = unwesentlich, daß es kein Übel sei) (101, 2—8).

Von eminenter Bedeutung für Notkers Natur-Begriff im ontologischen Sinn ist die Dimension der Kosmologie. Im Metrum 9 des III. Buchs der

---

Glossar, Ein Althochdeutsch-Lateinisch-Neuhochdeutsches Wörterbuch zu Notkers des Deutschen Schriften, ed. E. H. Sehrt, Tübingen 1962; zu ahd. Wortschatz insges.: R. Schützeichel, Althochdeutsches Wörterbuch, 3. Aufl., Tübingen 1981; A. L. Lloyd u. O. Springer, Etymologisches Wörterbuch des Althochdeutschen, bisher ersch.: Bd. 1, a — bezzisto, und Wortverzeichnis zu Bd. 1, Göttingen/Zürich 1988.

[13] Cf. dazu J. Kelle, Die philosoph. Kunstausdrücke in Notkers Werken, in: Abh. d. Kgl. Bayer. Ak. d. Wiss., Philos.-Philolog. Cl. 18 (1890) 1—58; J. Jaehrling, Die philosophische Terminologie Notkers des Deutschen in seiner Übersetzung der Aristotelischen ‚Kategorien', Berlin 1969 (= Philolog. Stud. u. Qu. 47).

[14] Cf. Anm. 2.

‚Consolatio'[15], in jenem Gedicht, das als Kurzfassung von Platons Gedanken zur Weltentstehung im Mittelalter soviel Widerhall weckte, findet Notker im Anschluß an den St. Galler Anonymus, an Eriugena und Remigius[16] den Schlüssel seiner ‚*interpretatio christiana*' im platonischen Rahmen. Gleich zu Beginn des Gesangs heißt es bei Boethius (cf. ed. Bieler III, 9, 1) vom Schöpfer Himmels und der Erde — in der von Notker nach dem *ordo naturalis* veränderten Wortfolge —: *Qui gubernas mundum perpetua ratione*. Joh. Scotus und ihm folgend Remigius verstehen das Metrum 9 auf dem Hintergrund des Johannes-Prologs. Der Brüsseler Kommentar[17], dessen Ausführungen für Notkers Grundverständnis aufschlußreich sind, verlautet zu dieser Boethius-Stelle: „*Rationem dicit sapientiam Dei, id est Filium Dei, per quem omnia sunt creata et creata gubernantur. Ipse enim est Verbum Dei, Filius Dei, Sermo Dei, Manus Dei. Ratio: sapientia. Ratio autem et sapientia et verbum idem est. Unde ubi nos habemus „in principio erat Verbum", Greci enim habent „logos", quod et rationem et verbum et sapientiam sonat.*" Notkers Übersetzung der Boethius-Stelle: „Tû dísa uuerlt órdenôst . und scáffôst . und rihtest . mit tînemo êuuigen uuîstuome" (III, 148, 26 ff.) (Du ordnest und schaffst und lenkst diese Welt mit deiner ewigen Weisheit.). Die Substitution von *ratio* durch ‚Weisheit', in enger Anlehnung an den Kommentar, ist an vielen Stellen in Notkers Text offenkundig. Bereits im I. Buch setzt Notker ‚*Philosophia*' der *Sapientia* gleich, wobei er sich auf Philosophias Kleider bezieht, die er zuvor als die 7 freien Künste gedeutet hatte: Tîa uuât sî íro sélbiu uuórhta/sô ih áfter dés fóne íro uernám (Ihre Kleider hatte sie sich selber gefertigt, wie ich später von ihr erfuhr.) — und stellt, über den Quellentext hinausgehend, die rhetorische Frage: „Uuánân máhtin dîe artes chómen . âne uóne dei sapientia?" (Woher konnten die Künste kommen, wenn nicht von Gottes Weisheit?) (I, 8, 22 f.). Und diese identifiziert er wenig später mit Christus (I, 20,13). Die ganze *Sapientia*-Theologie in ihren festen Bezügen zwischen Altem und Neuem Testament bemüht Notker als substantiellen Deutungsrahmen. So zitiert er Sap. 8, 21: *qui pertingit a fine usque ad finem fortiter* (I, 7, 29 f.), oder er legt — auch hierin dem St. Galler Anonymus folgend — der

---

[15] Cf. Anm. 3.
[16] Cf. dazu: H. Naumann, Notkers Boethius, Untersuchungen über Quellen und Stil, Straßburg 1913; ein weiterer Kommentar, von Joh. Scot., dem Remy weitgehend folgt: H. Silvestre, Le commentaire inédit de Jean Scot Érigène au mètre IX du livre III du ‚De Consolatione Philosophiae' de Boèce, in: Revue d'histoire ecclés. XLVII (1952) 44—122; diese auswertend: H. Brinkmann, Die Kommentare zum Gedicht „O qui perpetua" von Boethius (Consolatio philosophiae lib. III, Metr. 9), in: id., Mittelalterliche Hermeneutik, Darmstadt 1980, S. 318—347 (berücksichtigt nicht die volkssprachlichen Kommentare).
[17] Ed. Silvestre (wie Anm. 16), 51/52; cf. auch Brinkmann (wie Anm. 16), 335.

‚Philosophia' des Boethius die Worte aus Prov. 8, 15 in den Mund: *per me reges regnant* (I, 9, 16)[18].

Die Aussage, wonach der Schöpfer, „selber der Schönste" (*pulcherrimus ipse*), die „schöne Welt im Geist getragen" habe (nach Timäus 29 a—b), präzisiert Notker im platonischen Sinn durch Hinzufügung des Temporaladverbs ‚iu' (immer, vordem = vor der Zeit). In gleicher Sinnrichtung ersetzt er — im Hinblick auf seine Interpretation — im nächstfolgenden Vers (*tu cuncta superno|ducis ab exemplo*)[19] lateinisch *superno* durch ęterno (Ducis cuncta ab ęterno exemplo) und übersetzt dann: Scûofe dû iz nâh tero uuîsun . unde nâh témo êuuigen bîlde dînes muotes (Du schufst alles nach der Art und dem ewigen Bild deines Geistes). Und weiter: Únde demo gelîh tâte dû iz . sô dir in mûote uuás (Und dem, wie es in deinem Geiste war, schufst du es gleich). Begriffliche Übereinstimmung ergibt ein Vergleich mit Eriugena im Brüsseler Kommentar[20]: *ab exemplo, ab illo exemplari, quod fuit in mente divina ad cuius similitudinem mundus factus est. Quod vocant greci philosophi ydeas, id est formas, nostri autem latini vitam appellant, tale in evangelio legimus, „quod factum est, in ipso vita erat"*. Wie man sieht, weitet Notker die platonische Anschauung der Boethius-Stelle aus versus das ‚ewige Bild', die ‚*causa primordialis*', die Idee, den im Geist Gottes ewig vorerkannten ‚*mundus intelligibilis*', bevor dessen Abbild als die raumzeitliche Schöpfung erscheint: ‚iu' (immer/vor der Zeit).

Danach evoziert Notker (ibid. 149) — im Anschluß an Remy — die Sonne als *anima mundi*, das beseelende Prinzip des Alls, und damit die Vorstellung vom Kosmos als eines lebendigen, organischen Ganzen (ein *animal intellegens*, ein *unum perfectum*, wie die Platoniker in der 1. Hälfte des 12. Jahrhunderts sagen sollten, die schließlich die *anima mundi* mit dem Hl. Geist gleichsetzten).

Eine andere Ebene der Sprache bietet der literarische Mythos, in dessen Ausdeutung durch Remigius/Notker die gleiche, ontologisch zu verstehende Spiegelbildlichkeit von *mundus intellectualis* und *mundus visibilis*, von ‚uuerltpilde' und der ‚anasihtigen uuerlt' wiederkehrt. Mit ‚*De intellectuali mundo*' überschreibt Notker einen größeren Textabschnitt seiner Martian-Übersetzung[21], in dem in einem grandiosen Bild vor Jupiters (= Gottes) Augen die Himmelskugel erscheint, die nichts von alledem entbehrt, ‚tés tíu natura begrîfet' (was die Natur umfaßt): Allez taz uuerltpilde uuás sament fóre iouis óugôn . uuanda in gotes muote . unde in gotes *prouidentia*

---

[18] Im Kap. 1: ‚Interpretatio Christiana' (S. 1—20) ihres Buchs: Notker III. von St. Gallen als Übersetzer und Kommentator von Boethius' De Consolatione Philosophiae, Tübingen 1953, beurteilt I. Schröbler dieses Vorgehen Notkers als „in den meisten Fällen naiv" (S. 6) und verkennt damit eine für Notker verbindliche, bereits Jahrhunderte zuvor gefestigte Tradition der Sapientia-Theologie.
[19] Ed. Bieler (wie Anm. 3) 52, 6/7.
[20] Ed. Silvestre (wie Anm. 16) 54.
[21] Ed. King (wie Anm. 4) 59. 19—61, 7.

. uuás îo gebildot . unde sament pegriffen . diu sunderigo misselichi állero *creaturarum* . Táz ist tíu *primordialis causa* . dîa plato *ideam* heizet . nâh téro dîsiu anasihtiga uuerlt keskaffen ist (Das ganze Urbild der Welt war gleichzeitig vor Jupiters Augen; denn in Gottes Geist und in Gottes Vorsehung war von Ewigkeit gestaltet und zugleich enthalten die besondere Mannigfaltigkeit aller Geschöpfe. Dies ist die *primordialis causa*, die Platon Idee nennt, nach der diese sichtbare Welt geschaffen ist). Der hier teils wörtlich, teils dem Sinne nach Remigius[22] verpflichtete Kommentar — Johannes Scotus[23] expliziert die Martian-Stelle nur knapp und anders — entfaltet den Gedanken weniger ausführlich und in etwas anderer Reihenfolge. Remigius' über 10 Druckzeilen der Ausgabe ausgedehnter Kommentar zu *Caelatam spheram* (ed. Dick 32.7) bietet zunächst die Begriffe („... *nunc descripturus est invisibilem et intellectualem mundum.*") für Notkers Titulierung des Ganzen. Die Himmelskugel veranschaulicht die Totalität dessen, „was die Natur umfaßt", deren unsichtbares ewiges Urbild im Geist des Schöpfers als die von Platon bezeichnete ‚Idee' gilt. Sie wird — laut Remigius — bald *sapientia*, bald *vita*, bald auch *ars* oder *exemplar* bzw. *exemplum* genannt (s. oben S. 24). Zur Identifizierung Gottes mit Jupiter — von Notker ohne formale Überleitung ineins gesetzt — bietet Remigius die Erklärung: „*Nec mirum si mundum visibilem sub Iovis et Iunonis specie descripsit quia ... ipse Iovis etiam feminino genere prolatus invenitur ut per hoc ostendatur unus esse Deus quocumque nomine vel sexu pronuntietur*" (ed. Lutz, ad 32.7). Ein ‚*sicut supradictum*' verweist wohl ad 26.4 des Kommentars, wo gesagt wird, daß die Philosophen den einen ‚Gott Himmels und der Erde und den Schöpfer aller Dinge', der die Welt auf die unterschiedlichste Weise erhält und lenkt, mit unterschiedlichen Namen benennen, so z. B. Vitomnus, weil er das Leben gewährt, Jupiter im Äther, Juno in der Luft, Diana auf der Erde etc. Und so werde der Eine und Gleiche nicht nur unter verschiedenen Namen, sondern auch unter verschiedenem Geschlecht benannt[24]. In solchem Verfahren Notkers läßt sich das Fortwirken des augustinischen Akkomodationsprinzips erkennen, indem das religiöse und folklore Substrat der *gentes* als das vorchristliche Walten des Logos begriffen wird.

Mithilfe des eruierten doppelten Aspekts: des ‚ewigen Bildes' und der ‚anasihtigen uuerlt' artikuliert Notker im IV. Buch der ‚Consolatio' den Gedanken des in der Natur analog erkennbaren doppelten Aspekts: der Vorsehung und des Schicksals — und vermittelt dadurch einen Einblick

---

[22] Ed. Lutz (wie Anm. 6) ad. 32.7.
[23] Ed. Lutz (wie Anm. 5) ad. 32.7.
[24] Als *auctoritas* u. a. zitiert Remy noch Valerius Soranus mit dem Vers.: „*Iupiter omnipotens rerum regumque repertor / progenitor genetrixque deum deus unus et idem.*" — Zur Einschätzung und Deutung des antiken Mythos bei Notker sowie im Bildungssystem und in der Theologie des Mittelalters cf. H. Backes, Die Hochzeit Merkurs und der Philologie, Studien zu Notkers Martian-Übersetzung, Sigmaringen 1982.

in den inneren Mechanismus allen Naturgeschehens, wie er es im Anschluß an die Tradition begreift. Sinngemäß gibt er dem Textabschnitt den Titel: ‚*De providentia et fato*' (IV, 213, 2). Philosophia führt aus, daß — ich folge hier der Übersetzung der ‚Consolatio' von Gothein — „die Erzeugung und der gesamte Fortschritt aller veränderlichen Naturwesen, alles, was auf irgend eine Weise bewegt wird, ... Ursache, Ordnung und Form aus der Beständigkeit des göttlichen Geistes erhält. Dieser in der Feste seiner eigenen Einfachheit sich sammelnd, bestimmt eine vielfältige Art der Ausführung, die, wenn sie in der Reinheit der göttlichen Intelligenz selber betrachtet wird, Vorsehung genannt wird, die aber, wenn sie auf die Dinge, die er bewegt und ordnet, bezogen wird, von den Alten Schicksal benannt wurde"[25]. Den *progressus mutabilium naturarum* gibt Notker mit dem ἅπαξ λεγόμενον: ‚únde állero uuehsel-dingo fart' (den Verlauf aller sich wandelnden Wesen) wieder. Konsequenterweise übersetzt Notker auch *in puritate diuinę intelligentię* mit: ‚in selbes kótes lútteren uuîstůome' (in desselben Gottes lauterer Weisheit)[26]. Über die Vorlage hinaus konkretisiert Notker: Álso óuh únseres uuérches zuô uuîsâ sínt . einiu . díu iz ín demo môute íst sáment disponens . ánderiu . díu iz éinzên mít tien hánden íst efficiens' (So gibt es auch zwei Weisen unseres Handelns, die eine, die es im Geist gleichzeitig zusammen disponiert, die andere, die es einzeln nacheinander mit den Händen ausführt).

Der *naturarum omnium proditor deus. i.* [= id est] *prolator* ist ‚kót állero natûron sképfo', der ‚állíu díng sestôt . io zegûote siu cherende' (Gott aller Natur = Wesen Schöpfer', der ‚alle Dinge ordnet, indem er sie fortwährend zum Guten wendet') (ibid. IV, 222, 26). Verstärkt wird dieser Gedanke des *bonum* der — auch durch die Erbsünde nicht gänzlich ‚verderbten' — Natur: *Nec ullam mali esse naturam*. Unde úbiles *natura* nehéina uuésin (Und daß es kein Böses von Natur aus gebe), heißt es im III. Buch der ‚Consolatio' (ibid. 177, 11). Der in der Gutheit des Seins gründende Natur-Begriff Notkers führt geradezu zu einer Identität von *natura, bonum* und *esse*: Taz áber sîa ferlâzet — táz hábet ferlâzen sîn uuésen . dáz án dero *natura* stânde uuás . *Bonum* daz ist *natura* . táz síh *boni* geloubet . táz habet síh tero *naturę* geloubet . an déro állero uuítelih pestât . si gibet temo dinge . daz ist pestât . unde íst . Ane sîa néist iz . Táz ist *argumentum a causa* . *Natura* díu ist *causa* des *esse* (ibid. IV, 192, 15) (Was von ihr [= Natur] abfällt, das hat auch das Sein, das in der Natur begründet ist, aufgegeben. Was sich dem Guten anvertraut, das hat sich der Natur anvertraut, an der aller Dinge Wesen Bestand hat und ist. Ohne sie ist es nicht. Das ist ein *argumentum a causa*. Natur: die ist Ursache des Seins).

Notker ist mit seinen deutschen Erläuterungen zum Natur-Begriff in die Substanz der ‚Consolatio', wie sie ab der Karolingerzeit in mittelalter-

---

[25] Ed. Gothein (wie Anm. 3) 243.
[26] Cf. oben S. 23.

licher Tradition begriffen wird, vorgedrungen. Hier, wie in den eine weitere Dimensionierung des Begriffs ‚Natur' ermöglichenden ‚Nuptiae' Martians erschließt Notker konsequent der deutschen Sprache jene inneren und äußeren Facetten von Natur, in die der Mensch als ihr Endzweck eingegliedert ist.

Obgleich Endzweck der Natur, ist der Mensch für Notker des Heils von außerhalb bedürftig, wie es zu V. 4 des 37. Psalms[27]: *A facie irę tuę* in Notkers verdeutschender Erklärung heißt: Fone dero gágenuuerti dînes zórnes . daz adam gefréhtota in paradyso . uuánda daz ímo chám *ex uindicta* [Gloss. fone gerícche] . daz ist an uns íu uuórden *natura* [Gloss. aneburte] (von der Gegenwart deines Zorns, den Adam verdiente im Paradies; denn was ihm zur Bestrafung kam, das ist an uns bereits von Natur = ‚durch Angeborenheit'). Die durch die Erbsünde erniedrigte Natur (anaburt) bezeichnet Notker als ‚unsera gescaft' (unseren Zustand). So kann er Ps. 102, 14: *Quoniam ipse cognovit figmentum nostrum* kommentierend übersetzen: Die fáterlîchun genada scheinet er . uuanda er bechennet únsara gescaft (Die väterliche Gnade zeigt er; denn er kennt unseren Zustand) ... So smáhe sint uuorden durh sunda . die edele mahtin uuésen (Durch Sünde sind so erniedrigt worden, die edel sein könnten).

Der Psalter läßt Deutungen auf das Neue Testament zu, wie z. B. Ps. 88, 19: „*Quia domini est assumptio nostra et sancti israhel regis nostri*". Vuanda truhtenes ist unser ananemunga . unde unseres chuninges israhelis hêiligen. Er nam an sih unsera *naturam* [Gloss. ánaburt] . do er *incarnatus* [Gloss. gelîchamot] uuard (Denn des Herrn ist unsere Annahme und unseres heiligen Königs Israel. Er hat unsere Natur — etym. ‚unser Angeborenes' — auf sich genommen, als er Fleisch geworden ist). Das Eingehen des *Verbum Dei* in die zeitliche Natur des Menschen verändert diese Natur zu einer Auferstehungs-Natur für alle Menschen nach Ps. 70, 20: *Et conuersus uiuificasti me . et de abyssis terrę iterum reduxisti me ... ...* Dû irstuonde er *in nostra natura* [Gloss. unserro burte] . dara nâh irstanden uuir *in eadem natura* [Gloss. dero selbo anaburte] (Da erstand er in unserer Natur — im Sinne von ‚Gestalt' —, danach erstanden wir in derselben Natur (ibid. 249, 17—22).

Wie sich anhand dieser Skizze zeigen läßt, erscheint im weiten Spannungsfeld aller von Notker reflektierten Bedeutungen des Natur-Begriffs, von den niedersten Seinsbereichen bis zu Gott, der Mensch als der Exponent des Kosmos. Das auf der Sapientia-Theologie — (die *artes* als ‚iter ad Sapientiam') — gründende Natur-Verständnis Notkers gipfelt in der Inkarnation des Verbums; sie bedeutet bzw. ist ihm die ‚ananemunga' (*assumptio*, Ps. 88, 19) unserer ‚anaburt' (etym. ‚angeborenen Beschaffenheit').

---

[27] Cf. Anm. 6.

Der Mensch als kosmisches Atom in der mittelalterlichen Historiographie (9.—11. Jahrhundert)

Georgi Kapriev (Sofia)

Es ist eine einfache Geschichtstatsache, daß während des 10. Jahrhunderts in Deutschland die Historiographie auffallend die theologische und die philosophische Schriftstellerei nach Bedeutung und Umfang überwiegt.[1] Das gilt bis zu einem gewissen Grade für die ganze Periode der „großen monastischen Jahrhunderte"[2], also etwa vom 9. bis 11. Jahrhundert, d. h. für die Zeit der großen Weltchroniken, die sich deutlich als selbständig in der Geschichte Westeuropas abzeichnet.

Nach der auf Aristoteles zurückgehenden Überlieferung reihen die mittelalterlichen Denker die Geschichte nicht in die Wissenschaftshierarchie ein, sie wird nicht als Schuldisziplin unterrichtet und bewahrt doch eine wesentliche Bedeutung in der intellektuellen Landschaft der Zeit. Mehr noch: man betrachtet sie als Fundament der Gotteserkenntnis, wie es bei Rabanus Maurus steht.

Die christliche Weltgestalt trägt in sich etwas völlig Neues: die zugleich historische und metaphysische Orientierung und Bestimmtheit ihres Kosmosempfindens. Die Geschichte ist ein metaphysischer Wert, die Transzendenz ist im historischen Werden anwesend. Gott als persönlicher Absolutus ist Gott der Geschichte und engagiert sich in ihr: die Ewigkeit dringt in die Welt und in die Zeit ein. So entsteht die beispiellose Heilsgeschichte und dabei auch die Kirchengeschichte: die Geschichte der Religion, der Kämpfe und der Triumphe der Wahrheit, d. h. eben Geschichte, die einen geistigen Wert zum Gegenstand hat.[3] Die Welt ist *ex nihilo* geschaffen und deshalb ist ein jedes historisches Geschehen eine wahrnehmbare Theophanie: in der Geschichte sind die aufbauenden Handlungen Gottes selbst zu erkennen. Der Geschichtsprozeß ist schon eine Verwirklichung der Gottesziele, die auch Ziele des Menschen und der Menschheit geworden sind. Die Geschichtsrealien sind einmalig, vergänglich und situativ. Die Geschichte aber haftet nicht an ihrer Oberfläche, sie

---
[1] Cf. Geschichte der deutschen Literatur, Berlin 1976, I, 390.
[2] J. Leclercq, Wissenschaft und Gottverlangen. Zur Mönchstheologie des Mittelalters, Düsseldorf 1963, 267.
[3] Cf. J. Spörl, Das Mittelalterliche Geschichtsdenken als Forschungsaufgabe, in: Geschichtsdenken und Geschichtsbild im Mittelalter, Darmstadt 1965, 22.

geht durch ihr Wesen. Die Seele ist und erkennt sich auch als geschichtliche Existenz. Sie zeugt für sich als für metaphysische Sinnhaftigkeit und Realität nur deshalb, weil sie über eine eschatologische Perspektive verfügt. Die christliche Sicht auf die Welt ist verdoppelt: Sie ist Geschichte; die Zeit wird völlig ernst vernommen, doch ist sie auch ein Kosmos, eine Struktur, eine sich in der überzeitlichen Ewigkeit beständig aufhaltende Hierarchie, bezogen auf das Sinnliche und das Übersinnliche.

Von alledem erquillt die „metaphysische Gesättigtheit"[4] der Historiographie, die an ihren Gegenstand *sub specie temporis* heranzugehen und von dort aus den Weg zu finden versucht, zu Gott zu gelangen. Dieses Vorgehen korrespondiert mit den Wegen und dem Ziel der christlichen Philosophie. Bekanntlich beschäftigt sich diese Philosophie mit allen menschlichen und göttlichen Dingen, mit der Welt und den Weltelementen, aber nicht vom Standpunkte der absoluten Wahrheit, sondern der Möglichkeit aus; sie benutzt nur die Fähigkeiten der Menschenvernunft, ohne die entscheidende Hilfe der Offenbarung ständig zu suchen. Die natürliche Vernunft darf sich auf alles, was sie für erforderlich hält, einschließlich auf gewisse dogmatische Wahrheiten wenden, doch sind ihr Hauptgegenstand die Naturdinge und -zusammenhänge: die Welt, der Mensch und die Ereignisse im Weltall. Dabei verlangt sie noch Tugendhaftigkeit und macht die Tugend selbst zu ihrem Erforschungsobjekt. Man definiert die Philosophie als „*rerum humanarum divinarumque cognicio cum studio bene vivendi coniuncta*".[5] Die Theologie und die Philosophie haben einen gemeinsamen Gegenstand, doch erforschen sie verschiedene ihm zugehörige Reihen.

Der Philosoph geht von der *divina oeconomia* aus. Die *creatio* erweist sich jedoch als ein Anlaß zur Annäherung an die transzendenten Bestimmungen, die er zu begreifen versucht. Die Entwicklung dieser Philosophie während der monastischen Jahrhunderte ist notwendig der führenden geistigen Tradition dieser Zeit unterstellt, die auch die Mönchstheologie regelt und hauptsächlich durch die Spezifik der Meditation gestaltet ist. Die meditativ-erlebende Philosophie strebt danach, das Wort in seiner Inkarnationsbereitschaft im Munde zu fühlen, das Ding zu haben, wie es gemäß seiner Wahrheit und Fülle seiend ist, die Abstraktion unbedingt in ihrer Bestimmtheit zu erfassen. Das Gesagte führt zur Behauptung, daß man die Geschichtsschreibung, die eines der Lieblingsgenres der geistigen Äußerung der Mönchskultur ist, als einen spezifischen, aber wesentlichen Modus des Philosophierens in dieser Zeit betrachten darf. Diese philosophische Verrichtung behandelt unmittelbar keine Abstraktionen, sondern konkrete Dinge und Tatsachen, jedoch ihre metaphysische Gesättigtheit,

---
[4] J. Spörl, Wandel des Welt- und Geschichtsbildes im 12. Jahrhundert? Zur Kennzeichnung der hochmittelalterlichen Historiographie, in: Geschichtsdenken und Geschichtsbild im Mittelalter, Darmstadt 1965, 297.
[5] Cf. M. Grabmann, Die Geschichte der scholastischen Methode, Berlin 1988, I, 190.

außersituative Wahrheit und Seinsfülle suchend. Die Aufgabe der Geschichtsschreibung ist: was in der theologischen Betrachtung statisch ist, in der Geschichte als dynamisch zu fassen.

Die Geschichtsschreibung problematisiert die Schöpfung als *dispensatio* oder direkt als *oeconomia divina*. Man betrachtet sie als geschichtlichen Akt, der mit dem hochsakralen Sinn der Menschheitserlösung erfüllt ist. Außerhalb von Gott existiert die Schöpfung überhaupt nicht, aber Gott ist seinerseits nur darin für den Menschen offenbar, faßbar. Deswegen steht geschrieben: *„Invisibilia enim ipsius, a creatura mundi, per ea quae facta sunt, intellecta, conspiciuntur: sempiterna quoque eius virtus et divinitas: ita ut sint inexcusabiles"* (Rom 1, 20). Ein jedes Geschöpf ist Theophanie, es ist eine endliche Unendlichkeit. Deshalb soll der vernunftbegabte Mensch an den Gotteswerken *ceco corde non transeat, surdis auris non audiat*.[6] Gott deutet nur an, es ist nur seine Spur, woran der Mensch ihn erkennen soll.

Gott verwaltet die Welt und der Gehalt seiner Verwaltung, die Verwirklichung seines Schöpfungsplanes ist die Weltgeschichte. Die Geschichtsschreibung verfolgt die Gottesregierung von Standpunkte der Weltordnung aus, sie akzeptiert die Welt als reale Verkörperung der Ideen Gottes und gleichzeitig damit zerstört sie die Vorstellung, daß die Welt der Geschichte eine stabile und selbstverständliche Wirklichkeit ist, die verdient, das letzte Ziel des Menschenlebens zu sein.

Der Geschichtsschreiber erkennt und besingt den *ordo rerum*, der sich im prozessualen Sein, in der Schöpfung enthüllt. Eben die Unbeständigkeit der Schöpfung aber ist auch die Ursache für ihre Verwerfung. Die Historiographie verfolgt die *series temporum et successio generationum*, bestätigend, daß die Zeit und das veränderliche Jetzt-und-dasein in einem ontischen Zusammenhang stehen. Das Zusammenwachsen mit der Zeit ist die Weltsignatur, die in allen Weltzügen widerscheint; *mundus* und *saeculum* sind Synonyme geworden und die *miseria mundi* ist am deutlichsten in der Unsicherheit und in der verkehrten Wechselhaftigkeit der zugleich mit der Welt beschaffenen Zeit bezeugt. *„Nos vero hoc non adtendimus, qui mundum diligimus, qui ipsi tanquam aeternae rei ac permanenti inherere volumus. Cadimus cum cadente, labimur cum labente, volimur cum rotante, postremo perimus cum perennte."*[7] Wir alle tanzen den Schicksalstanz, wobei *„quanto alcior gradus, tanto gravior fit casus."*[8] Die mittelalterliche Weisheit sagt: *„Quae locis et temporibus variantur, vere non esse."*

In ihrer philosophischen Bezogenheit dringt die Historiographie durch zwei Dimensionen ins Gebiet der Theologie ein: der Bewegung der *civitas Dei* in der Welt folgend und die dem Sein fremden Züge der daseienden Welt verwerfend. Der Historiograph schreibt die Weltgeschichte und zeigt,

---

[6] Otto Frisingensis, Chronica sive historia de duabus civitatibus, VII, Prol.
[7] Ibid., II, 25.
[8] Thietmar Merseburgensis, Chronicon, III, 14.

daß nichts vom Diesseits etwas vom Jenseits besitzt, das ihm ähnlich bis zu völliger Gleichheit ist. Das Wissen für die beschaffene Daseinsrealität hilft das Unwissen hinsichtlich Gottes zu entdecken; das Wissen, daß alles Beschaffene nicht wahrhaft seiend ist. Danach ist die Geschichtsschreibung Apophatik.

„Die Apophatik leitet die Gedankenreinigung, weil diesem Gedanken eine Erhebung zum Gottesverständnis bevorsteht".[9] Sie ist Gotteserkenntnis, die nicht nur und einzig zur extatischen Einigung führend, sondern eine spekulative dogmatische Beschreibungsmethode der göttlichen Transzendenz ist.[10] Die Grundtatsache der katholischen *analogia entis* ist die Wesensähnlichkeit von Welt und Weltschöpfer, nicht aber die Wesensgleichheit. Darum reicht der nach ihr treibende Gedanke nur bis zu einer Schwelle, wo Gott selbst und er allein spricht. Dieser Gedankenprozeß ist die Voraussetzung für die Einführung in die wahre Gotteserkenntnis.[11] Die Apophatik tritt dann ein, wenn man von der Relativität der Dinge ausgeht, um das absolute Sein Gottes zu erreichen. Es ist eine absolute Negierung, die zum Nichtsein führt, und das ist das Böse. Es ist aber auch eine Negierung im relativen Sinne, die das Nicht-A, aber auch das A ablehnt, um das Nicht-nicht-A, das schon nicht A, sondern Über-A ist, zu erreichen. Auf die historische Fragestellung angewendet: Man verwirft die Unvollkommenheit (in der Ordnung dieser Welt) wegen der Vollkommenheit (in derselben Ordnung), um durch die Überwindung dieser eine Annäherung des Denkens an die Übervollkommenheit (die nicht von dieser Welt ist) zu verwirklichen. Gott ist kein Gut, weil das Gute in der Welt dem Bösen entgegentritt, sondern ein Über-Gut, das keine Entgegenstellung hat. Die Geschichtsschreiber behaupten das nicht, sie zeigen es, sie machen es offensichtlich. Die Historiographie ist eine apophatische Geistespraxis.

Das erste Axiom jeder Historiographie weltgeschichtlichen Gepräges ist: Gott ist der Herr der Geschichte, der diese Welt nach seinem Plan mit einem gewissen und unveränderlichen Ziel geschaffen hat. Die Geschichte ist die Verwirklichung dieses kosmischen Planes, wobei das Verhältnis Gott–Kosmos ein persönliches Verhalten der Gehorsamkeit und Demut des letzten zum ersten ist. Der vernunftbegabte Mensch ist auch in dieser Verwirklichung eingewoben. Das Gesetz der Geschichte aber, das das Weltgesetz selbst ist, „verläßt hier die Bahn des natürlichen Müssens und tritt dem Menschen gegenüber in der Form eines Aufgaben zu erfüllenden Sollens. So wird das aus dem ewigen Gesetz stammende Naturgesetz für

---

[9] Wl. Losski, Apophasa i Troitscheskoe bogoslovie, in: Bogoslovskie trudi 14 (1975) 95.
[10] Cf. Wl. Losski, Avgustin utschitel. Elementi otrizatelnogo bogoslovija w mischlenii Blashennogo Avgustina, in: Bogoslovskie trudi 26 (1985) 173.
[11] Cf. K. Adam, Die Theologie der Krisis, in: Hochland 23.2 (1926) 282 sqq.

den Menschen zum natürlichen Sittengesetz".[12] Eben darum stellt er fieberhaft die Frage nach dem Sinn der Geschichte, den man nur in der Menschengeschichte, die sich als ein den ganzen Weltzeit-Raum umfassendes Drama nachzeichnet, entdecken kann. Dieses Fragen und Suchen ist der Anfang der Geschichte.

Jede mittelalterliche Geschichte ist Universalgeschichte. Der Historiker, der eine Weltgeschichte verfaßt, schreibt immer die *historia* der beiden *civitates*, erfaßt aber nur die Außenerscheinungen. Die beiden Gemeinschaften werden nur im chronologischen Plane fixiert, in ihrem geschichtlichen, d. h. nicht jenseitigen Gewebe. Mehr noch: die Heilsgeschichte als solche kann man nicht historiographisch ausdrücken, soweit man in diesem Fall ihr „Eidos", wie es bei Gott steht, beschreiben soll, was außerhalb des Menschenvermögens liegt. Der Geschichtsschreiber darf sie nur als in die Welt und Zeit gelegt begreifen.[13]

Um die Profangeschichte als real und notwendig zu besitzen, soll der Historiker nicht nur den *totus orbis terrarum* in seiner Raumeinheit, sondern auch den ganzen Weltzeitlauf — vom Anfang, durch den dramatischen Höhepunkt, bis zum letzten Ende erfassen. Die letzte Stunde, die *hora profecto novissima*[14], bleibt freilich völlig unbekannt. Ohne das Ende zu wissen, erlebt der Historiker im „Jetzt" den Beginn des Endes menschlicher Kraft und Weisheit, der Welt überhaupt.[15] Er ist beständig im Zeitenende anwesend, von woher er die im eschatologisch gegenwärtigen Augenblick zusammengefaltete Vergangenheit und Zukunft umfaßt. Jede mittelalterliche Geschichte ist eine Geschichte der Welt im Ganzen und deshalb ist die Weltchronik paradigmatisch. Sie ist nicht bloß als Genre früher entstanden, auch jede Lokalgeschichte spiegelt den ganzen Weltprozeß in sich wider; sie ist außerhalb der ganzen Weltgeschichte unmöglich.

Der mittelalterliche Christ stellt die Natur- und Sozialerscheinungen in eine Reihe. Für den naturalistisch strukturierten Verstand ist die Parabel vom unfruchtbaren Feigenbaum (Matth., 21, 18 sqq.) unbedingt schockierend. Übrigens ist der Baum gerecht bestraft worden, weil das Evangelium „*praedicatum est in universa creatura, quae sub coelo est*" (Col. 1, 23). Die ganze Schöpfung wird als vom Geiste gehaucht, als sozialartig strukturiert, als zur sittlichen Wahl und folglich zur Verantwortung fähig begriffen. Der Schlüssel zum Weltverständnis ist nicht die Naturordnung, sondern die Geschichte der Menschheit.

---

[12] H. Meyer, Abendländische Weltanschauung, Paderborn—Würzburg 1953, II, 111.
[13] Es sind freilich auch heilsgeschichtliche Werke vorhanden, die aber „nur entfernt mit dem historischen Geschehen im üblichen Sinne des Wortes zu tun haben; sie verbreiteten oder erneuerten die katholische Geschichtslehre als Lehre". — F. P. Pickering, Augustinus oder Boethius?, Einführender Teil, Berlin 1967, 26.
[14] Otto Fris., Chronica, VIII, 10.
[15] Cf. ibid., V, Prol.

Der sozial erfaßte Kosmos hat sein Atom und dies ist der Mensch. In seiner Widmung an Barbarossa nennt Otto von Freising den Menschen *persona mundalis*; er ist das in der von den Sterblichen, von der *humana potentia* und *mortalium sapientia*[16] erzählenden Geschichte wirkende Subjekt. Der Mensch ist *ad imaginem et similitudinem* Gottes erschaffen, er ist nicht bloß Natur, sondern auch Person. Im Einverständnis mit Boethius und Gilbert de la Porée postuliert der Bischof von Freising: „*Persona est rationalis naturae individua substantia*", das Individuum ist ein Einzelding, das *per se unum* ist. „*Non omne individuum est persona, quia non omnes individua substantia est rationalis natura.*"[17] Die Person ist nun ein vernünftiges Individuum. Der Definition gemäß kann also die Seele, die mit dem Leib das Ganze des einzelnen Menschen bildet, nicht Person sein. Person ist dieser Mensch und dieser Engel. Andere Personen gibt es in der Welt des Endlichen nicht.[18] Die Geschichte erzählt über die *hominum actiones*[19], über die menschliche Aktivität, die den Inhalt der Geschichte bestimmt, wenn sie auch ontologisch gesehen in den Bereich des Akzidentellen gehört.[20] Dabei wirkt der Mensch in der Geschichte nicht gattungsmäßig als *animal rationale*, sondern als Einzelmensch, als einzige, unwiederholbare Person, die in der Geschichte ihre besondere Aufgabe und ihr besonderes Geschick hat; als einzelnes Subjekt, das sich „allen andern in der Weltzeit wirkenden Subjekten gegenüberstellt".[21] Seine Stellung als geschichtliches Atom gewinnt der Mensch dennoch auch wegen seiner Naturspefizität.

Wenn man im Menschen als etwas Reales nur das Individuum, die Person erkennt — *omnis enim individuus homo, persona est* —, dann versteht man nicht, wieso das Wort nicht eine menschliche Person, sondern die menschliche Natur angenommen hat — ermahnt der hl. Anselm.[22] Die menschliche Natur ist das Ziel der Schöpfung, sie ist die Höchste in der Hierarchie der Geschöpfe und folglich auch die Wertspitze der Welt.[23] Im Menschen sind alle anderen Stufen der Welthierarchie enthalten, in ihm ist eine jegliche Art des Seins und des Lebens konzentriert.[24] Er ist *sal*

---

[16] Ibid., I, Prol.
[17] Otto Fris., Gesta Friderici I. imperatoris, I, 55.
[18] Cf. Ibid.
[19] Regino Prumiensis, Chronicon, Prol.
[20] Cf. Otto Fris., Gesta Friderici, I, 5.
[21] J. Koch, Die Grundlagen der Geschichtsphilosophie Ottos von Freising, in: Geschichtsdenken und Geschichtsbild im Mittelalter, Darmstadt 1965, 344—346.
[22] Anselmus, De fide Trinitatis et de incarnatione verbi, 2.
[23] „Es scheint, daß in den hierarchischen Strukturen des Mittelalters eine volle Übereinstimmung von Wert und Sein ist. Die Hierarchie der Werte ist Hierarchie des Seins." — G. Fotev, Sozialna realnost i waobrashenie, Sofia 1986, 83.
[24] „*Inter omnia vero nativa nihil magis compositum invenitur quam homo, qui non solum ex esse compositum habet esse vel subsistentem ex subsistentibus, sed et ex oppositis compactus subsistentibus oppositorum subsistentium iuncturam et eorumdem diversarum subsistentiarum compositionem recipit. Quare haut mirandum, si ex tota et tanta compositione compactus facilius resolutioni subiacet.*" — Otto Fris., Gesta Friderici, I, 5.

terrae und *lux mundi*; er ist die Einheit aller Bezüge, Eigenschaften und Vermögen der Geschöpfe; er ist die große kosmische Zusammenfassung.

Natürlich ist der Mensch „das am meisten zusammengesetzte und damit am meisten von Verfall bedrohte Wesen"[25] — „*... cum enim homo natus ad laborem, brevi vivens tempore, natura tamquam ex multis composita ad dissolutionem tendere, numquam in eodem statu manere valeat, si in summo fuerit, mox eum declinari oportebit ...*"[26] — aber auch die personale Würde, die Personalität ist nur ihm eigen. Diese Einheit ist nämlich *per se unum*, d. h. ein Ganzes, das durch sich selbst eines ist, das Einheitsprinzip in sich selbst trägt.[27] Im Modell des weltgeschichtlichen Denkens ist das Ganze nicht als Summa, sondern als Organismus gedacht, der Naturalismus ist ihm fremd. Es ist klar, daß die materiellen Bauteilchen kein Universalfundament sein dürfen, weil sie vom Nichts stammen und leicht in dieses zerfallen können. Das Fundamentum des Seins darf nur das höchstorganisierte und in sich selbständig seiende Ganze sein. Die höhere Natur kann nicht Materie der niederen sein, doch ist sie ihr paradigmatischer Träger, ihre eidetische Bestimmung. Das Atom des organisch gedachten Weltganzen kann nur das in sich ganze *individuum*, die *rationabilis naturae individua substantia*, d. h. die einzelne, unteilbare und souveräne Person, sein.

Als an das Körperliche und das Unkörperliche grenzend, d. h. als Brücke zwischen Natur und Geist, ist der Mensch seiner Natur nach der Welthorizont. Er ist der Garant der Weltexistenz, in ihm beschließt sich im rechten und wörtlichen Sinne des Wortes alles Geschöpfliche, so wie der Mensch selbst in Gott geschlossen ist. Denn der Mensch ist keine mechanische *compositio* der Weltsegmente, weil er vielmehr die Schöpfung aus sich selbst widerspiegelt. Der Mensch ist *rex* und *sacerdos*, König der Schöpfung und Diener Gottes, und, eben weil er die Allheit in sich behaltende Seinsmonade ist, wird er als Mikrokosmos begriffen.

Der Mensch leidet nach dem Sündenfall und gleichzeitig leidet die ganze Schöpfung (cf. Rom 8, 20—22). Die Sonderstellung des Menschen im Kosmos zeigt sich am deutlichsten in der Schicksalsgemeinschaft der Welt mit dem *homo peccator*.[28] Eben deshalb schreibt der Historiograph nicht bloß eine politische Universalgeschichte. Er beschreibt vielmehr durch die Menschentaten auch die Naturereignisse, die Geschichte der ganzen geschaffenen Welt. Wenn für die griechisch-römische antike Philosophie der physische Kosmos die Makrostruktur der Welt ist, so wird für das mittelalterliche Christentum die allgemeine Kette der Weltgeschichte zum Makrokosmos.[29] Die im Buch Genesis beschriebene Kosmogonie ist ein

---

[25] I. Koch, op. cit., 342—345.
[26] Otto Fris., Gesta Friderici, I, 4.
[27] I. Koch, op. cit., 345.
[28] Cf. H.-G. Fritzsche, Lehrbuch der Dogmatik, Berlin 1984, II, 305.
[29] Cf. T. A. Miller, Avgustin, in: Pamjatniki srednewekowoi latinskoj literaturi (IV—IX wekow), Moskwa 1970, 51.

Gegenstand der Theologie, aber die Biographie der Menschheit, d. h. die Geschichte, ist im rechten Sinne des Wortes Kosmographie und Kosmologie.

Die Idee des Menschen als individuelle Einheit aller Weltenergien und Person der Welt ist bekanntlich eine biblische Grundintention. Sie bekommt ihre feste theoretische Fundierung in der Lehre Augustins. Ein jeder Mensch ist nach Augustin ein *elementum civitatis*.[30] Man soll die Staaten selbst in den Kategorien des Individuallebens erfassen. Das Ausgehen von der Menschengestalt nur kann uns zum Wesen des Himmels- und Erdenstaates führen.[31] Oft versteht Augustin unter *mundus* das *universum genus humanum*.[32] Er entdeckt für die Kultur die Dynamik des menschlichen Personseins als Grundstruktur der geschichtlichen Welt und damit noch zwei große Sphären: die Menschheit und die Weltgeschichte.[33] Nur so darf man die Lebensgeschichte des Individuums als reflektierte Geschichte der Welt selbst begreifen und damit wird der Übergang von der bloßen Existenz zum metaphysischen Sein möglich. Damit sich der Mensch selbst versteht, soll er sich selbst überschreiten: „*transcende teipsum*" — fordert Augustin.[34] Die Geschichte und die Metaphysik kreuzen sich vorwiegend auf dem Gebiet des Menschlichen. Man muß noch den Beitrag des Boethius und an erster Stelle seine Person-Definition, die man im Mittelalter frei auch auf die menschliche Personalität anwendet, hinzufügen. Freilich ist diese Auffassung des Menschlichen am deutlichsten in De hominis opificio des Gregor von Nyssa ausgeprägt. Bekanntlich hat der große Kappadokier direkt und durch andere griechische Väter, wie auch durch die Übersetzung des Scottus Eriugena einen sehr starken Einfluß auf das abendländische Mönchtum und die abendländische Geistesgeschichte überhaupt ausgeübt. Darüber hinaus hat derselbe Eriugena diese Lehre vom Menschen im IV. Kapitel seines Hauptwerkes De divisione naturae, das die erste metaphysische Synthese des mittelalterlichen Abendlandes darstellt, wiedergegeben. Damit soll nicht ein starker Einfluß Eriugenas behauptet werden, sondern der Einschluß dieser Idee kann als Symptom für einen *locus communis* in der Denkwelt dieser Zeit gelten. Das ist ein weiteres Beispiel dafür, wie leicht und organisch eine „östliche" Auffassung sich im Leibe der westlichen Kultur anbauen läßt. Diese Tatsache gibt dem Forscher die Möglichkeit, gegen die besonders in der osteuropäischen Mediavistik weitverbreitete Übertreibung des sonst nicht

---

[30] „*Nam singulus quisque homo, ut in sermone una littera, ita quasi elementum est civitatis et regni ...*" — De civitate Dei, IV, 3.
[31] Cf. Ibid., XVIII, 52.
[32] Enchiridion, 26.
[33] Cf. D. Mereshkovskij, Litza svjatich ot Iisusa k nam. Pavel. Avgustin, ed. Petropolis, S. l. s. a., 209.
[34] De vera religione, 39.

grundlosen Schemas des Ost-West-Gegensatzes sein Mißtrauen geltend zu machen.

Wenn die im Menschen konzentrierte und von ihm garantierte Welt nicht mechanisch, sondern organisch wahrgenommen wird, so ist sie und an erster Stelle der Mensch in ihr als Heilsorganismus gedacht. Durch das tiefere Eindringen in das Wesen des Menschen kann man nicht nur die Schöpfung, sondern auch Gott erkennend suchen. Das Christentum als gott-menschliche Religion setzt die Einwirkung Gottes für die Erreichung der geistigen Wiedergeburt voraus, aber es stellt dem Menschen auch eine Aufgabe, die er zu lösen verpflichtet ist.

Der Mensch ist das einzige Wesen, das mit dem freien Willen begabt ist, er wendet sich frei zum Guten und zum Bösen. Die Geschichte ist eine ständige Prüfung der menschlichen Freiheit, weil der Mensch zugleich Ziel und Mittel ihrer Bewegung und ihr Mitgestalter ist. Die Determination als Unfreiheit ist von der einzigartigen christlichen Determination als Freiheit verdrängt.[35] Nicht im Gebiet der letzten Ursachen, aber im Gebiete des Vorletzten ist der Mensch ein selbständig planender Schöpfer. Er ist ein Instrument Gottes, das jedoch alternativ wirkend ist. Mit dem Sündenfall hat er frei für sich selbst und für die Welt das Böse gewählt; so ist er ein peinvoller Teil der Zeiten, die sich mit seinen Leiden erfüllen, sein Leben ist zu einer erbärmlichen *fabula in theatro mundi* geworden.

Die Geschichtsschreibung ist die einzige „Disziplin", die das Böse in seiner konkreten Gegebenheit erforscht. Das unnatürliche, geschichtlich hergestellte Böse ist im Menschen und in seinem Willen, jedoch nicht als Erbfehler, sondern als Infektion; es ist folglich geschichtlich heilbar. Nur der Mensch darf die Welt durch Buße und Wendung zu Gott an dem Orte, wo das Böse überhaupt möglich und der jetzt Prüfungsort des Menschen ist, zur Erlösung hin orientieren. Der Mensch bestätigt in sich die Schöpfung, aber er verneint sich selbst vor der göttlichen Perspektive. Die kosmologisch verfaßte Geschichtsschreibung stellt sich liturgische Aufgaben.

„*Quod ... nos brevitatis causa, presentim cum non curiositatis gratia, sed ad ostendas caducarum rerum calamitates scribamus, hystoriam stringere volumus.*"[36] Die Chronik ist eine Autobiographie des Menschengeschlechts und — jeder mittelalterlichen Autobiographie ähnlich — ist sie auch seine Buße und sein Bekenntnis: „*Et tempora quidem huius ignorantiae despiciens Deus, nunc annuntiat hominibus ut omnes ubique poenitentiam agant, eo quod indicaturus est orbem in aequitate ...*" (Act. 17, 30—31). Das Universum erkennt sich und bereut seine Sünden in den Schriften und Aufdeckungen des gelehrten Schriftstellers, der selbst ein büßendes Kosmosatom und deren Hauptleser

---

[35] Cf. Tz. Boiadjiev, Sadbata — slutschajat — tschudoto: tri „naturalistitschni" temi waw philosophijata na Chartarskata schkola, in: Philosophska misal 3 (1989) 62.
[36] Otto Fris., Chronica, II, 32.

Gott selbst ist. Gott hat der Welt Raum und Zeit zur Buße und zum Neuanfang gegeben. Allerdings ist die Zeit nicht endlos, es gibt ein Zuspät (Lc. 16, 23 sqq; Mt. 5, 26). Die letzte Spannung zwischen Barmherzigkeit und Gerechtigkeit ist unaufhebbar.[37] Eben durch den historischen Text versucht der fromme Intellektuelle nicht einzelne Seelen zu retten, sondern die Welt selbst ihrer Erlösung zuzuwenden. „Historiographie ... ist zugleich selbst ein Teil der Geschichte, indem sie diese reflektiert; ein Akt der Reflexion, der schließlich nicht nur kontemplativen, sondern auch aktiven Charakter hat. So bietet die Historiographie einen dreifachen Aspekt: sie erzählt, ist und bewirkt Geschichte".[38]

Die Chronik ist Buße und Bekenntnis des Geschichtsschreibers, mit dem sich die beichtende Welt um ihre Erlösung vor dem Gerichtstag, *„quia timendus est iustis ac multo magis corrigibilibus cunctis"*[39], fürchtend bemüht. Die Buße des Geschichtsschreibers ist gleichzeitig damit auch Predigt und Warnung. Man sagt zwar: *„Nemo autem a nobis sententias aut moralitates expectet. Hystoriam enim, ... non disputantes more, sed disserentis ordine prosequi intendimus"*[40], doch wird der historiographische Text durch die Eröffnung des Elends dieser Welt, durch die Beschreibung der Frömmigkeitstaten zur Predigt. Man darf das den Frommen zur Erbauung, den Gottlosen zum Schrecken Wirkende keinesfalls versäumen.[41] In der Geschichtsschreibung verläßt der mittelalterliche Intellektuelle seinen einseitigen Individualismus und Spiritualismus[42] und wendet sich zum „Leibe" der Welt hin und zu dem ihn belebenden Geist. Dies ist *opus Dei*, Gottesdienst, aber auch Dienst anstelle Gottes. In der Geschichtsschreibung ist das Streben nach der Verwirklichung des im Pater Noster, dem letzten liturgischen Text vor der Kommunion, erhaltenen Verlangens vorhanden: *„Pater noster, qui est in coelis: sanctificetur nomen tuum. Adveniat regnum tuum. Fiat voluntas tua, sicut in coelo, et in terra."*

„Panem nostrum supersubstantialem da nobis hodie": Die Geschichtsschreibung ist sinnhaft und zur Verwirklichung ihres Strebens nur dann fähig, wenn es ihr gelingt, das jenseitige Wesen, das Übersein der Dinge und Ereignisse zu enträtseln. Um sich zur Tugend und zum Gotteslob zu erkühnen, soll man zuerst die Geschichtstatsachen feststellen und sie sinngemäß interpretieren. Die Geschichtsschreibung ist vor allem eine Interpretation.

Weil diese Welt nicht bloß real, sondern auch realisiert ist, sucht die Geschichtsschreibung in voller Konzentration ihren Sinn in der Sinnhaf-

---

[37] H.-G. Fritzsche, op. cit., 131.
[38] H. Beumann, Einleitung, in: Ausgewählte Abhandlungen zur Historiographie und Geistesgeschichte des Mittelalters, hg. H. Beumann, Darmstadt 1961, XVII.
[39] Thietm. Mers., Chronicon, VIII, 6.
[40] Otto Fris., Chronica, II, Prol.
[41] Cf. Thietm. Mers., Chronicon, VI, 9.
[42] Cf. Wl. Solowjow, Sotschinenija, Moskwa 1988, II, 348.

tigkeit des Geschichtswerdens. Die Geschichte ist zu einem guten Teil das Reich des verborgenen Gottes. Er verwirklicht darin sein Ziel und das ist der Sinn der Geschichte.[43] Das erkennende Kosmosfundament, der Mensch, ist fähig, den verborgenen Plan (*ratio*) der Schöpfung zu enträtseln, weil er selbst mit Vernunft (*ratio*) begabt ist und weil es in der Geschichte wahre Zeichen für ihn gibt.[44] Der Geschichtsschreiber heftet seinen Blick auf die Tatsachen und ist bestrebt, sie durch eine Interpretation als System zu begreifen. Er ist kein Interpret irgendwelcher schon abgeleiteter Sinneszusammenhänge, sondern läßt die Tatsachen für sich selbst zeugen, sich selbst deuten. Er notiert nur diese Sprache, er ist *historiographus* und sogar bloß *scriptor*.[45] Er sucht die *rerum causas*[46], und zwar die *hominis rei causa*, über die Otto von Freising nämlich philosophieren will, denn „*felix qui potuit rerum cognoscere causas*", wie schon Vergil gesagt hat.[47] Er strebt nach der Wahrheit der Dinge[48], er gibt ihre Worte wieder, ohne aber ein eigenes Urteil über sie auszusprechen, weil „*res enim gestas scribere, non rerum gestarum rationem reddere proposimus.*"[49]

Der Gottesplan ist nicht auf der Oberfläche der Ereignisse sichtbar; das ist für den dem Schicksal eine zu empfindliche Aufmerksamkeit widmenden Geschichtsschreiber klar. Seine Aufgabe ist „*causas rerum ... notare*"[50], in den vom Schicksal getriebenen Ereignissen nicht einen Zufall, sondern „*pressage portentoque futurorum aetitatum*"[51] zu finden.

Der Mensch ist bestrebt, Gott, die metaphysische Heimat seiner Seele, zu erreichen. Der dorthin führende, doch kaum in diesem Leben zurückzulegende Weg des Geschichtsschreibers geht durch die im Plane Gottes lebenden *causae primordiales*, wo die Funktionsmannigfaltigkeit, die allgemeine Differenzierung der geschaffenen Welt in einer absoluten Identität gipfelt. „Die Weltgeschichte steht im Dienste der Heilsgeschichte und bekommt eben damit ihren universalen Charakter. Sie wird universal, weil sie unter dem universalen Gottesgedanken gesehen wird."[52] Nur durch die Annahme dieser Universalgeschichte verklärt, kann das Individuum, d. h. das seinserhaltende Universalatom des Universums, seine Aufgabe hindurchschimmern lassen und erfüllen.

Das Ende des 11. und das ganze 12. Jahrhundert sind mit einer Umwandlung und Umwertung der Sozial- und Kulturwerte verbunden. Das

---

[43] Cf. W. v. Loewenich, Augustin und das christliche Geschichtsdenken, München 1947, 7.
[44] Cf. Orosius, Historia adversus paganos, VI, 20.
[45] Otto Fris., Chronica, III, 12 et VI, 18.
[46] Ibid., VIII, 8; Regino Prum., Chronicon, a. 899.
[47] Cf. Otto Fris., Gesta Friderici, I, 4.
[48] Cf. Thietm. Mers., Chronicon, VI, 41.
[49] Otto Fris., Chronica, VI, 23.
[50] Regino Prum., Chronicon, a. 869.
[51] Ibid., a. 880.
[52] W. v. Loewenich, op. cit., 7.

Emblem der Sozialexplosion ist der Investiturstreit, das sozial-strukturelle Schisma, das auch sein metaphysisches Äquivalent hat. Am Ende des 11. Jahrhunderts zerfällt die bisher von keiner Reflexion bezweifelte Werteinheit der Welt. Die Schwenkung des Wertsystems führt zur Zerrissenheit der Symbolwelt: Die Sinnsphäre und die bloße Gegebenheit der nichtsinnhaften Gegenständlichkeit verselbständigen sich.[53] Der Zerfall der Universalität führt nicht nur zur Zergliederung der Erkenntnisgegenstände, sondern auch zur Privatisierung des Erforschungsinteresses: Das unmittelbare Dasein, die Welt in ihrer Aktualität wird zum selbständigen Denkobjekt. Die Erfahrungsgegebenheiten sind nicht mehr so erhaben, ihre Sakralkraft ist entbehrlich; eben deshalb aber sind sie für den analysierenden Verstand interessanter. Die „Symbolchiffre" wird zur Exotik, die Spekulation richtet ihre Aufmerksamkeit auf die Dinge in ihrer Selbstheit und in ihrer Naturzusammengebundenheit. Das Problematisieren der Schöpfung wird schon durch die Naturmechanismen möglich.

Das Auseinanderlaufen der kosmischen Sinntotalität führt zum Zerschlagen des kosmischen Atoms, der Universalmonade. Der Mensch hat sich selbst als einzige Einheitsnatur und zweifellose Konzentration des Allseins kompromittiert. Er ist partikular, privat, parteilich geworden. Er wird immer noch Mikrokosmos genannt, was aber möglich ist, nicht weil er als ein die kosmischen Hierarchien ausstrahlendes Energiezentrum erfaßt worden ist, sondern als ein Gefäß, wo die volle Summe der die Welt aufbauenden Elemente, die nämlich schon die priviligierte Stelle der Menschennatur garantiert, günstigerweise zusammengepackt ist. Das ist der Standpunkt des Naturalismus, der auf der niederen Strukturstufe aussteigt, um sich auf die Sicherheit der die Welt aufbauenden Elemente, auf die ihre Konstruiertheit garantierende Begrenztheit zu stützen. Es ist merkwürdig, daß sich auch die Mystik dieser Zeit dieser Fragestellung gewissermaßen zuwendet. Der Mensch trägt die ganze Schöpfung immer noch in sich, aber nur weil er sie in ihrer elementar natürlichen Mannigfaltigkeit widerspiegelt und nicht etwa weil er ihre höchste Energiekonzentration ist, die ihre Würde und Großartigkeit generiert. Der Mensch hat sich als individuelle Einheit der Universalität verloren.

Das schlägt die kosmologisch gerichtete Geschichtsschreibung tot. Sie verliert ihre metaphysische Gesättigtheit, die bei Otto von Freising ihren Gipfel, aber auch ihr Ende erreicht.[54] Die Geschichtsschreibung ver-

---

[53] Cf. Tz. Boiadjiev, Studii warchu srednowekownija humanisam, Sofia 1988, 28 sqq.
[54] Es sind zu viele Faktoren, die Ottos Ausgeglichenheit und metaphysische Tiefe, Unvoreingenommenheit und Parteilosigkeit schaffen. Er ist weitmehr mit den Geschichtsschreibern der vorigen Jahrhunderte, als mit den Historikern seiner Zeit verwandt. Doch sind auch bei ihm die Symptome der schon eingetretenen Krise sichtbar. Man kann sie am deutlichsten in den glänzenden methodologischen Einleitungen betrachten, dank derer der heutige Forscher unmittelbar die Architektonik des mittelalterlichen Geschichtsdenkens beobachten. Überall, wo man die Methodologie speziell expliziert, ist unbedingt

schwindet nicht; in dieser Periode entstehen vielmehr verschiedenartige Geschichtsrichtungen, deren Gegenpole das mystische Geschichtsdenken, das zwar nach einer empiriefreien Theologie und Philosophie der Geschichte hin gravitiert, und die dürren Tatsachenkompilationen, die im populär gewordenen Geschichtswerk Martins von Tropau gipfeln, sind. Im Begriff der letzteren wird sie nämlich schon eine naturalistisch konstituierte Wissenschaft, die sich in die anderen Wissenschaften der Zeit einreiht. Dabei steht sie ihnen an Bedeutung und Popularität nach. Die Zeit der metaphysisch fundierten Historiographie, der kosmologisch erfaßten Geschichtsschreibung, der liturgisch errichteten Weltchronik ist schon vorbei.

---

eine Weltgestaltsdekadenz vorhanden, die eigentlich auch eine Basis für Denkrevolutionen sein kann. Otto von Freising ist aber retrospektiv gerichtet, seine Chronik ist kein Anfangs-, sondern ein Finalakkord.

Inventio

Natura: genitrix rerum — regula mundi
Weltinteresse und Gesellschaftsprozeß im 12. Jahrhundert

WILHELM KÖLMEL (Freiburg i. Br.)

Johannes von Hauville beklagt in seinem „Architrenius" bewegt die erbärmliche Lage der Scholaren, die „miseria scolarium".[1] Damit rückt er eine soziale Gruppe in den Blick, die auf ihre Weise den Wandel der gesellschaftlichen und geistigen Situation des ausgehenden 12. Jahrhunderts markiert. Das Aufkommen und die Entfaltung der neuen hohen Schulen samt ihrer Träger, der Magister und Studenten, der *„universitas magistrorum et scolarium"* inmitten eines sich vehement entwickelnden urbanen Milieus. Beide, urbanes Milieu und Schule, Stadt und Studium, Bürger und Magister bedingen sich gegenseitig. Die neuen Schulen, vorerst wenige, dafür umso einflußreicher, ganz vorn Paris, sind im Unterschied zu den tradierten bischöflichen und monastischen Bildungszentren nur im urbanen Umfeld möglich. Das Bürgertum, neben den Rittern, als Träger einer wachsenden Laienkultur bietet den Ort, an dem sich neben der Theologie die säkularen Disziplinen von Philosophie, Recht, Medizin und die *artes liberales* vereinen können.

In dieses Phänomen der Sozial- und Bildungsgeschichte mischt sich zugleich ein Trend, der profiliert seit dem Investiturstreit zu verfolgen ist: die scharfe Trennung der *spiritualia* von den *saecularia*, der geistlichen und der weltlichen Belange. Sie führt über den kirchenpolitischen Machtstreit hinaus zu einer dezidierten Funktionsgliederung der in der Kirche geeinten *societas christiana*. Hugo von St. Viktor, der so manche wegweisende Sentenz formuliert hat, liefert in „De sacramentis" die klassische Definition.[2] In seiner Beschreibung der Schöpfung und des Heilswerks, des *„opus conditionis"* und des *„opus restaurationis"*, entwirft er die duale Struktur der Heilsgemeinschaft. Der „Leib Christi" hat „gleichsam zwei Seiten", Kleriker und Laien. Jede der Seiten hat ihre Lebensweise (*vita*). „Eine ist irdisch, die andere himmlisch. Eine körperlich, die andere geistlich. Die

---

[1] Johannes von Hauville, Architrenius, III, 1: De miseria scolarium, ed. P. G. Schmidt, München, 1974, 161.
[2] Hugo von St. Viktor, De sacramentis, II, 2, PL 176, 415 sqq.
Dazu: Verf., Regimen christianum, 209 sq.; Soziale Reflexion im Mittelalter, Essen 1985, 101 sq.

eine lebt wie der Körper durch die Seele, die andere lebt wie die Seele aus Gott" (De sacr. II, 2). Und: „Das irdische Leben wird durch die irdischen Güter am Leben gehalten, das geistliche Leben wird durch die geistlichen Güter ernährt". Jede der beiden Seiten hat ihre Aufgaben und ihre Träger der Aufgaben, jede hat ihre Gewalt. „Den Laien, zu deren Aufgabe und Sorge das zum Leben Notwendige gehört, kommt die irdische Gewalt zu. Den Klerikern, zu deren Amt das gehört, was dem geistlichen Leben frommt, steht die geistliche Gewalt zu". Jede Seite hat ihre Rangordnung der Funktionen und Dienste, an der Spitze der dem irdischen Leben verpflichteten und zugewandten Laien steht der König, die Führung der im geistlichen Beruf wirkenden Kleriker hat der Papst. Er lenkt das geistliche Leben.

Eine eindeutige Zuweisung der Funktionen. Die Kirche ist bis in ihr korporatives Wesen hinein, bis in die organische Gliederung als „Leib Christi" getrennt in Kleriker und Laien. Im Zuge der betonten Klerikalisierung herangewachsen lenkt diese Trennung der Christenheit in zwei Hälften den Nichtkleriker, den Laien, das Volk Gottes, sofern es nicht geweiht ist, auf den Dienst in der Welt und profiliert so von selbst die „irdischen Dinge". Wie man es auch wendet, das den Laien zugesprochene und auferlegte Bemühen um die *„saecularia"* ist nicht nur in sich legitimiert, es kann auch sehr weitreichend verstanden werden, vor allem, wenn man es mit dem biblischen Gebot des „Macht euch die Erde untertan" verbindet. Sicher, in der Perspektive Hugos würde eine derartige Verbindung kein Absolutsetzen des menschlichen Herrschaftsauftrags bedeuten. Denn die Verfügung über die *„saecularia"* ist immer gebunden an die Botschaft des Heils und damit an die *„spiritualia"*. Der Kleriker, der Hierarch als Verwalter der Heilsmittel und als Verkünder der Lehre gibt den Laien Weisung und Richtung. Das Weltliche darf sich in dieser Sicht nie verselbständigen. Neben der Freude am *„ornatus mundi"* hebt immer die Mahnung zum *„contemptus mundi"* ihre Stimme.[3] Darin ist dieser Dienst an der Welt, an den Gaben der Natur elementar unterschieden von einer Weltlichkeit, einer Auffassung der Natur, in deren Mitte eine diffuse Kraft wirkt, die man je nach Wahl als göttliche Kraft oder als nichtgöttliche kosmische Energie verstehen kann.

Dennoch, trotz aller Bindung an das Spirituale, der autoritative Anspruch an den Laien, sich um die weltlichen Dinge zu kümmern, rückt eben, ob man will oder nicht, die *saecularia* in die Zielmitte des Handelns „in der Welt". Man kann auch sagen, der Laie wird auf die *saecularia* abgedrängt, nachdem er von der Besorgung der *spiritualia* ausgeschlossen

---

[3] Cf. mein Referat: Ornatus mundi — Contemptus mundi: Zum Weltbild und Menschenbild des 12. Jh., in: L'homme et son univers au moyen âge. Actes du Congr. intern. de philosophie mediévale, Louvain-La-Neuves 1986, 356 sq.

ist. Dabei kann die zuvor festgestellte Bindung an die spirituale Weisung den saekularen Trend noch verstärken. Denn wie das mittelalterliche Leben neben aller Einordnung in die Kirche und in deren Weisung eine stete Gegenbewegung gegen diese Einordnung aufweist, erkennbar an den vielfältigen Formen des Aufbegehrens und der Gegenreaktion harter Kirchenzucht, so provoziert die Bindung an die spirituale Weisung von selbst das Bedürfnis, sich von den Fesseln spiritualer Autorität loszusagen. Die unablässige Bußpredigt gegen weltliches Treiben, die Sündenkataloge, die soziale Satire zeigen unbestechlich an, nach welchen Maßstäben der Alltag sich gestaltete.

Dem Abdrängen des Laien auf die Welt, die *sacularia* kommt nun in einer merkwürdigen Parallelität entgegen, daß sich gleichzeitig ein dezidiertes Interesse eben an den weltlichen Dingen zeigt, freilich in sehr verschiedenen Formen und Motivationen. Einmal im Aufkommen naturwissenschaftlicher und naturphilosophischer Fragen und Darstellungen, zum andern in einer beachtlichen Entfaltung von Technik, von Gewerbe und Wirtschaft samt den damit verbundenen sozialen Veränderungen. Man kann auch hier schon erwähnen, daß selbst in der Exegese der Schrift sich ein besonderes Engagement für den Komplex der Schöpfungslehre, der Entstehung der Welt bemerkbar macht. Zahlten hat für das 12. Jh. eine ungewöhnliche Zunahme der Genesiskommentare festgestellt. Während der Westen vom 8.—11. Jahrhundert insgesamt nur 21 Kommentare bringt, weist er allein im 12. Jh. 40 Kommentare auf. Eine gleiche Entwicklung zeigen die naturwissenschaftlich-kosmographischen Schriften. Nach insgesamt 6 Darstellungen vom 8.—11. Jahrhundert, bringt das 12. Jahrhundert allein 18 Traktate. Setzt man das Herausstellen der *saecularia*, ihre Zuweisung an die Laien nun in Relation zu dem sich dezidiert anmeldenden Interesse an „weltlichen Dingen", dann kommt es von selbst zur Vermutung, daß beides nicht ganz zufällig aufeinandertrifft, ohne daß jetzt darüber spekuliert werden soll, ob und in welcher Form zwischen dem Herausstellen der Saekularfunktion des Laien und dem sich „in der Welt" vollziehenden weltlichen Engagement Querverbindungen, vielleicht sogar kausaler Natur, bestehen. Eines darf man als sicher annehmen, daß nämlich im saekularen Handeln, in der Profilierung der *saecularia*, in der Entfaltung des Naturinteresses und einer sich steigernden aktiven Weltorientierung ein tieferer, elementarer sozialer und mentaler Wandel wirksam ist, ein Wandel der Leitbilder, Paradigmenwechsel also. Man kann diesen Wandel auf den allgemeinen Begriff des Weltinteresses zuführen und von da her nun auch die gesellschaftliche Entwicklung einbeziehen. Stellt sich heraus, daß diese Entwicklung von Weltinteresse geprägt und gelenkt ist, daß Interesse an den weltlichen Dingen in praktisches Handeln übergeht, technische Erfolge in der Erkundung der von der Welt gebotenen Möglichkeiten einbringt, daß überhaupt der Handlungsbereich und der Gestaltungswille des Laien sich entfaltet, dann wäre eine entscheidende Vermutung bestätigt, die nämlich, daß Weltinteresse und sozialer Prozeß etwas miteinander zu tun haben.[4]

Das würde, weitergedacht postulieren, daß Weltinteresse innerhalb des sozialen Prozesses als Vehikel wirkt. Als These formuliert: Der soziale Prozeß, wie er sich vom 11./12. Jahrhundert an dem Betrachter darbietet, ist zugleich ein Prozeß des sich emanzipierenden Weltinteresses, oder umgekehrt: Das sich entfaltende Weltinteresse ist zugleich ein sozialer Prozeß. Damit ist selbstredend keine totale Identifikation behauptet, es kann sich nur um partielle Identifikation handeln, die für die soziale Entwicklung allen andern Impulsen, so den biologischen, politischen, kulturellen Einflüssen und Anstößen ihren Raum läßt, wobei jedoch auch in diesen Impulsen das Einwirken des Weltinteresses zu beobachten ist. Allein die Formierung der fürstlichen Herrschaft zum „Staat", das Verständnis der Politik im Sinne der *„ratio civitatis"*, die Entwicklung der Kunst bekunden so viel „Weltliches", daß sich der Versuch, den sozialen Prozeß unter dem Stichwort des Weltinteresses vorzunehmen, rechtfertigt. Dabei unterscheidet sich dieser Versuch wesentlich vom Axiom des historischen Materialismus, indem keine Abhängigkeit des geistigen und kulturellen Bewußtseins von den materiellen Bedingungen im Sinne von Basis/Überbau praejudiziert wird.

Der Versuch will auch mehr als nur ein Verfolgen etwa der technischen Entwicklung im Rahmen der Gesellschaftsgeschichte. Denn Technik erscheint im Ganzen dieser Perspektive als Symptom eines tiefer reichenden Phänomens, der Entfaltung nämlich von weltlichen Bedürfnissen, kurz gesagt der *saecularia*, auf die der Laie verwiesen ist. Diese Entfaltung der *saecularia* ist wiederum nicht möglich und denkbar ohne eine Wandlung in der Einstellung zum Leben hier und jetzt, zur *„vita terrena"*, um in der Sprache Hugos von St. Viktor zu bleiben. Kurz: Gesellschaftsgeschichte wird zur Geschichte des Weltinteresses. Entwicklung der Gesellschaft ist auch — nicht allein wohlgemerkt — in ihrem Weltinteresse begründet.

Fürs erste mag ein Blick auf die technische und soziale Entwicklung die Verbindung von Weltinteresse und Gesellschaftsprozeß bestätigen und deutlich machen. Wir erleben, wie — verstärkt seit dem 12. Jahrhundert — die den Laien anvertraute *„vita terrena"* aktiviert und verbessert wird. Möglich wird das nicht zuletzt mit Hilfe technischer Neuerungen im Bereich des Handwerks und der *„ars mechanica"*[5]. Die handwerkliche Arbeit wird erleichtert und erweitert durch Mechanisierung und Spezialisierung von Arbeitsprozessen. Mechanische Instrumente und Operationen durch Pumpen, Pressen, Katapulte, Mühlen waren aus dem Altertum bekannt und teilweise tradiert. Theophilus schreibt um 1100 seine „Diversorum

---

[4] Cf. das in Anm. 3 genannte Referat: Ornatus mundi, und J. Zahlten, Creatio mundi, Stuttgart 1979.
[5] F. M. Feldhaus, Die Technik der Antike und des Mittelalters, Hildesheim 1985 — A History of Technology, ed. Ch. Singer, II, 1976.

artium schedula" und vermittelt ein Panorama von der Buchillustration, über Metalltechniken bis zum Glockenguß. Ende des 12. Jahrhunderts taucht die Windmühle auf, bei Herrad von Landsberg stoßen wir auf ein entwickeltes unterschlägiges Mühlenrad. Fallhämmer erscheinen zum Tuchwalken, zum Zerquetschen von Färberweide, zum Pressen der Eichenrinde für die Gerberei. Die Verbesserung des Pfluges und die Einführung des Kummets ermöglichen höhere Erträge in der Landwirtschaft. Die Entwicklung der Mechanik fördert das Baugewerbe. Die Großgewölbe der Kirchen stellen höchste Anforderungen an die Statik. Der Turmbau, die Konstruktion der Wandsicherung, die weiten Fensteröffnungen erfordern eine Fülle innovativer Einfälle und Überlegungen. Das Reisebuch des Villard von Honnecourt gibt einen Einblick in die Detailfragen der neuen Architektur. Unumgänglich die Berechnung des Gewölbedrucks, der Ausgleich der Druckmassen erfolgt durch das Kreuzgewölbe, Verstärkung der Strebepfeiler und durch die Strebebögen.

Die sich verästelnde Verfeinerung der Techniken hat nun auch das mit ihr verflochtene soziale Syndrom in Form der Ausbildung spezialisierter Berufe und der ihnen entsprechenden sozialen Gruppierungen in den seit Ende des 11. Jahrhunderts nachweisbaren Zünften. Mit der Entfaltung und Differenzierung der gewerblichen Wirtschaft kommen zu den Handwerken der Grundbedürfnisse des Lebens: Essen, Kleiden, Wohnen immer mehr spezialisierte Tätigkeiten. Wir finden sie vor allem im Textil- und Metallgewerbe. So die Färber, Kürschner, Goldsticker (-Innen), Gießer, Becken- und Messingschläger, Messerer. Der Ausbau der Städte wird eine Verbreiterung auch des Bauhandwerks erfordern. Angefangen von den Bauhütten der Kathedralen über städtische Bauhöfe, Kalkbrennereien bis zum Pflastermeister. Eine bunte Welt, die sich erst über das 12. Jahrhundert hinaus voll entfalten wird, deren Ansätze jedoch deutlich greifbar sind.

Handwerk und Zünfte bilden zusammen mit den Geschlechtern, die vorwiegend im Stadtadel, in Handel und Geldverkehr ihre wirtschaftliche Grundlage haben, den Kern des Bürgertums, das nun neben den Rittern die neue Laienkultur trägt. *Vita terrena* wird in ihr, eingebettet in die christliche Frömmigkeit, zur Gestalt und zur Bestätigung von Tüchtigkeit, von Fleiß und Erfolg, von Wohlstand und jener Lebensfreude, die uns in Literatur und Kunst begegnet. Gewiß, Lebensangst, Krankheit, Tod folgen dieser Freude wie der Schatten dem Licht, dennoch bleibt im Ergebnis der historischen Entwicklung der Wille zur Gestaltung, zur Beherrschung dieser Welt ungebrochen.

Exegese und Naturphilosophie

Die Profilierung des Weltinteresses im sozialen Prozeß bildet den Hintergrund und das Umfeld für jene geistesgeschichtliche Entwicklung, die von nun an die Weltdeutung und Welterfahrung prägt. Man kann diese

Entwicklung auf vielfältige Weise verfolgen, vom Aufkommen naturwissenschaftlicher Fragen und Darstellungen war schon die Rede. Die Zunahme der Exegese des Schöpfungsberichtes spricht für ein gesteigertes Interesse an der Erklärung des Ursprungs der Welt. Dabei sollte man sich daran erinnern, daß die Deutung des Universums, der „*res naturales*" (Adelhard von Bath) nach dem Ausklingen der antiken Naturphilosophie, deren Nachwirken wir bei Isidor von Sevilla, Beda, Rhabanus Maurus, dem Aethicus Istricus verfolgen können, primär und dominant der theologischen Exegese überlassen war. Kennzeichen dieser Weltdeutung ist die These von der unmittelbaren Erschaffung der Welt aus dem Nichts. Übergeordnete, weltimmanente Prinzipien, wie sie bei Plato, Aristoteles als gründende und lenkende Konstituanten des Weltprozesses gefunden werden, haben in dieser Deutung keinen Platz. Remigius von Auxerre betont zu Beginn seines Kommentars zur Genesis, daß im Eingang der Schrift die Philosophen widerlegt würden, „die versuchten, über die Erschaffung der Welt zu disputieren, wie Plato, der von drei Prinzipien sprach: Gott, Urbild (*exemplar*) und Materie und daß Gott nicht gleichsam als Urheber alles geschaffen habe, sondern daß die Materie ihm gleichsam als dem Bewirker Hilfe geleistet habe. Aristoteles aber behauptete, es gäbe zwei Prinzipien, die Materie und die Spezies, ein drittes, von dem ich nicht weiß, was er damit sagen wollte, nannte er das Bewirkende (*operatorium*)". Quelle für diese Ablehnung der „*principia*" ist der Hexaemeron-Kommentar des Ambrosius, in dem (I, c. 1) ausführlich die „Irrtümer der Philosophen" herausgestellt werden[6]. Im 12. Jahrhundert wird Ernald von Bonneval die Absage an die „Einführung mehrerer Prinzipien", wie die Hyle, die Ideen, die Weltseele (*noys*), wiederholen. Es genügt ein Prinzip, Gott, in ihm sind Providenz, Weisheit, Vernunft, Ordnung, Leben, Form, Materie mit Gottes Wesen selbst identisch. Er schafft die Welt mit seinem Wort[7]. Die meisten Kommentare gehen jedoch auf die Problematik weltimmanenter oder Gott nebengeordneter Prinzipien gar nicht ein, ihnen genügt, wie Angelomus von Luxueil, die Einheit von Gottes Willen und Tat (*cui voluisse fecisse est*)[8].

Nun läßt sich jedoch, trotz der Absage an die „*principia*", beobachten, daß die Deutung des Weltursprungs ohne die Annahme irgendwelcher, der Vielfalt der Dinge vorausliegender Konstituanten offenbar doch nicht auskam. Solche Konstituanten waren gegeben bereits in den vier Elemen-

---

[6] Remigius von Auxerre, Commentarius in Genesim, c. I, PL 131, 53—9. Ambrosius, Hexaemeron, I, 1, PL 14, 133 A: „*Tantumne opinionis assumpsisse homines, ut aliqui eorum tria principia constituterent omnium, Deum et exemplar, et materiam, sicut Plato*".

[7] Ernald von Bonneval, Hexaemeron, PL 189, 1515. Ähnlich Petrus Comestor, Historia Scholastica, Historia libri Genesis, c. I, PL 198, 1055 sq.: „*Cum vero dixit Moyses, creavit, trium errores elidit, Platonis, Aristotelis et Epicuri.*"

[8] Angelomus von Luxueil, Comment. in Gen. c. I, PL 115, 112 sq. — Cf. ferner Walafried Strabo, Glossa Ordinaria I, 1, PL 113, 67 sq.

ten, in der ungeordneten ersten Materie des Urchaos, darüber hinaus in den in Gott ruhenden „*rationes aeternae*". Eine eigene Bedeutung gewinnt in diesem Trend die Konzeption e i n e r das Universum tragenden und durchdringenden Lebensmitte, für die dann in der theologischen und philosophischen Kosmologie der aus der platonischen Tradition stammende Begriff der Weltseele auftaucht.[9] Die Frage war nun, ob man diese Seele als weltimmanentes Prinzip definiert oder man sie welttranszendent auf Gott selbst bezieht, sei es bildlich, sei es identifizierend. Ernald von Bonneval verwendet zwar nicht den Terminus „*anima mundi*", aber seine Beschreibung der welterhaltenden Tätigkeit Gottes bewegt sich nicht weit von dieser Konzeption. Gott umfaßt und trägt alles, er „wärmt das Obere (die Gestirne) und stützt das Untere", er bindet alles und führt die Gegensätze der Kräfte und Elemente zur Harmonie.[10] In einem zweiten, nun nicht exegetischen Text nennt er den Hl. Geist „die Seele alles Lebendigen" (*omnium viventium*), der sich allem überreich eingießt, so daß alles Vernünftige und Unvernünftige das hat, was ihm artgemäß aus seinem spezifischen Sein zukommt und was es in seiner Ordnung als das ihm Zustehende ausführt".[11] Dabei sei der Hl. Geist nicht als individuale Einzelseele zu verstehen, sondern als der in sich Bleibende, der aus seiner Überfülle seine Lebensgaben schenkt. „Wie die Sonne erwärmt er alles Niedere, ernährt er alles, ohne Verminderung seiner selbst teilt er seine Unversehrtheit aus der unerschöpflichen Fülle mit, je nach Bedarf und Genügen". Ernald versucht hier deutlich, jede pantheistische Vermengung des Geistwirkens mit einer innerweltlichen „Seele" zu umgehen: Der Geist wirkt aus seinem, der Welt enthobenen Fürsichsein, aber dieses Wirken ermöglicht der Welt ihr Leben, er ist die das All durchwärmende Sonne.

Mit seiner Darstellung des Geistwirkens bewegt sich Ernald in einer Problematik, die zuvor schon bei Abaelard zu einer viel diskutierten Kontroverse geführt hatte. In seiner Exegese des Hexaemeron erläutert er den „Geist des Herrn" (Gen. I, 2) nur im Zusammenhang der Trinitätslehre. Erst in der „Introductio ad Theologiam" kommt es zu Verbindung des Hl. Geistes mit der Weltseele. Eine extrem exponierte spekulative Gratwanderung. Abaelard ist überzeugt, und er artikuliert darin ein für seine Generation symptomatisches Weltverständnis, daß die Welt als das alles umfassende Gesetz beseelt sei, man von einer „*anima mundi*" sprechen

---

[9] Zu den Elementen und der chaotischen Erstmaterie vgl. Hugo von Viktor, Summa Sententiarum, III, 1, PL 176, 90 A: „*terram (Gen. I) scil. illam materiam quatuor elementorum adhuc confusam, quae dicta est chaos*". — Abaelard, Expos. in Hexaemeron, PL 178, 733 C: „*Coeli et terrae nomine hoc loco quatuor elementa comprehendi arbitror, ex quibus tanquam materiali primordio caetera omnia corpora constat esse composita*". — Zu den „*rationes aeternae*": Augustinus, De Gen. ad litt., I, 18, PL 34, 260. Hierher gehört auch die Lehre von den „*rationes seminales*".
[10] Ernald, Hexaemeron, PL 189, 1516.
[11] Ernald, Liber de cardinalibus operibus Christi, PL 189, 1673.

könne. „Gut definierte Plato, wenn er sagte, die Welt sei ein Lebewesen, und zwar ein intelligentes, das heißt ein rationales Lebewesen, und dies eben darin, daß seine Seele, je mehr sie die übrigen Dinge überragt, umso mehr auch in ihr (der Welt) alles vernünftiger vorantreibt und disponiert"[12]. Gottes Wirken in der Welt, hier im Bild der rational agierenden Seele begriffen, wird nun eigens auf den Hl. Geist bezogen. Es überrascht nicht, daß eine derartige Verbindung der Weltseele mit dem Hl. Geist den Vorwurf der Haeresie, wie er dann auf Betreiben Bernhards von Clairvaux und Wilhelms von St. Thierry erhoben wurde, einbrachte. Abaelard hat sich jedoch später eindeutig von einer Gleichsetzung Gottes mit einer zeitlichen Weltseele distanziert: Die Überzeugung Platons ist sicher darin irrig, daß sie das, was sie Weltseele nennt, nicht als Gott gleich ewig, sondern als von Gott in der Weise der Geschöpfe entspringend ansieht[13]. Und auch schon in der „Introductio" hatte er betont, offenbar um jede falsche Identifikation der Weltseele auszuschließen, daß jede vordergründige Deutung Platons „den höchsten aller Philosophen zum Dümmsten von allen" machen würde: „Was gibt es Lächerlicheres als die ganze Welt zu einem einzigen rationalen Lebewesen" zu machen, wenn man hier nicht eine verschleierte Redeweise annimmt (*per integumentum*)"[14]. „Weltseele", Welt als „vernünftiges Lebewesen" sind demnach für Abaelard keine organische Bezeichnungen, sondern sind als „verbergende Sprechweise" (*per involucrum*), als „Sprachgewand" (*per integumentum*) zu verstehen, unter denen sich der wahre Gehalt verbirgt. Dieser wahre Gehalt wäre dann die „ausgezeichnetere Seinsweise", sprich die Göttlichkeit der Weltseele.

Die Theorie der Weltseele, sie findet sich auch in der Schule von Chartres bei Thierry und Wilhelm von Conches, führt in den weiteren Kreis neuplatonischer Weltmodelle[15]. Hier hat die „*anima*" nach Erstursache und „Intelligenz" (*intelligentia*) und vor der „*natura*" ihren Platz in der Reihe der höchsten Ursachen, eine Konzeption, die später Albertus Magnus seiner Deutung des universalen Prozesses zugrunde legen sollte[16]. Mit „*intelligentia*" war dabei das intelligible formende Prinzip, mit „*natura*" das generative, bewegende Prinzip gemeint. Gerade ihm, dem Begriff der

---

[12] Abaelard, Expositio in Hexaemeron, PL 178, 733. — Id., Introductio in Theologiam, I, 18, PL 178, 1020.

[13] Petrus Aaelardus, Dialectica, V, 1, ed. L. M. de Rijk (1956), 555 sq. und 558 sq.

[14] Abaelard, Introductio in Theologiam, I, 20, PL 178, 1023. — Cf. auch T. Gregory, Anima Mundi, Florenz 1955, S. 136 ff.

[15] Thierry von Chartres. Tractatus de sex dierum operibus, n. 25—27, ed. N. M. Häring, Die Erschaffung der Welt und ihr Schöpfer nach Thierry von Chartres und Clarenbaldus von Arras, in: W. Beierwaltes (Ed.), Platonismus in der Philosophie des Mittelalters, Darmstadt 1969, 161—267, hier: 241 sq. — Wilhelm v. Conches, De philosophia mundi I, c. 15.

[16] Albertus Magnus, Liber de causis et processu universitatis, II, 1, 2, Opera omnia VII (Borgnet), 436 sq.

Natur, ein Schlüsselbegriff zugleich der aristotelischen Physik, sollte in der scholastischen Spekulation eine zentrale Bedeutung zukommen. In der Exegese der Genesis, dem vorwiegenden Ort der theologischen Welterklärung, findet sich der Begriff als gründendes Prinzip des Kosmos ganz selten, in unsrer Zeit bei Ernald und hier nun in recht bezeichnender Weise. In Abwehr der antiken Lehre von der Ewigkeit des „globus mundi" heißt es: Nach dem Willen Gottes und gemäß dem in ihm ruhenden Plan der Welt wird die Welt. „Geöffnet wird die Türe" und heraus strömt die unzählbare Menge der Geschöpfe, beginnen Ort und Zeit, jedem ist sein Platz zugewiesen „außer jener einzigen Natur, die allem vorausgeht und es übertrifft und die in sich alles umschließt"[17]. Natur als umfassendes, überragendes und gründendes Prinzip, im Detail und konkret auf die Schöpfung bezogen: daraus läßt sich viel und wenig zugleich erschließen. Viel, indem man an die wechselnde Bedeutung von Natur als Wesen, als Substanz, als bewegende Mitte denkt; wenig, wenn man nach dem Verhältnis dieser umfassenden Natur zu den einzelnen Realitäten, zu ihrer jeweiligen „Natur" fragt. Unabhängig davon bleibt jedoch die Aussage als Ganzes. Natur ist für Ernald in der Schöpfung und damit im Verständnis der Welt eine den einzelnen geschöpflichen Realitäten vorausgehende, sie umfassende Gegebenheit. Zwischen Gott und der Welt der Einzeldinge gibt es, von Gott offenbar gewollt, ein Mittleres, eine vermittelnde Ursache (?), eben die Natur.

Daß in der Exegese der Genesis die „*natura*" als vorausliegendes Prinzip der Schöpfung auftaucht, erfährt seine volle Aussagekraft erst im ideellen Kontext der Zeit. Und wie sehr sich gerade in diesem Umfeld neue Sehweisen und Argumentationen einstellen, erfahren wir einmal aus den Versuchen, die Genesis naturwissenschaftlich und betont philosophisch zu erklären, zum andern in der ungewöhnlichen Stilisierung der Natur als sinntragende und lenkende Mitte des Kosmos. Den Versuchen, sich dem Schöpfungsvorgang naturwissenschaftlich und philosophisch zu nähern, begegnen wir in der Spekulation des Thierry von Chartres und des Wilhelm von Conches, der Stilisierung der Natur bei Bernhard Silvestris und Alanus ab Insulis. Thierry verzichtet bewußt und gänzlich (*ex toto praetermittam*) auf die allegorische und moralische „*lectio*" und geht primär auf die Erklärung „*secundum phisicam*" aus. Entsprechend werden entlang der vier Ursachen, mit Schwergewicht auf der Materialsuche, die Schöpfungsfakten interpretiert. Im Mittelpunkt stehen die Elemente, die Entstehung der festen Körper — sie bilden sich durch die Bewegung der leichteren Elemente —, der Urzustand der noch ungeformten Materie[18]. Wilhelm von Conches wendet sich vehement gegen die Magister, die von Philo-

---

[17] Ernald, Hexaemeron, PL 189, 1510.
[18] Thierry, Tractatus de sex dierum operibus, n. 1—17 und die Expositio litterae n. 18 sqq., op. cit. Anm. 15, 232 sqq.

sophie nichts verstünden, er will „von der Erstursache, Gott" bis zum Menschen eine Philosophie der Welt ausbreiten. Die thematische Absicht geht auf das Unsichtbare: Gott, Weltseele, Daemonen, menschliche Seele und auf das Sichtbare, die „*corporalia*". Markiert schon der Plan einer philosophischen Deutung von „Gott und der Welt" ein Programm, indem wie bei Thierry auf tradierte theologische Zugänge verzichtet wird, so erweist der Text selbst mit seinen wiederholten Angriffen gegen alle Ignoranz, daß hier ein selbständiger Geist am Werk ist, dem nicht der Buchstabe oder gängige Meinung gilt, sondern die eigene rational fundierte Sicht (I, § 45): „*Nos autem dicimus in omnibus rationem esse quaerendam*".[19] Also schuf Gott Eva nicht aus der Seite Adams sondern wie Adam „*ex limo terrae*" (Gen. I, 2, 7) und zwar „*per naturam operantem*". Gott gibt den Dingen eine „Natur", d. h. er läßt die Natur in den Dingen wirken, er schafft nicht durch immer neue Ad hoc-Akte, sondern sein „vorausgehender Wille" schaltet in den Schöpfungsvorgang eben die Natur als schaffendes Prinzip ein. So ergibt sich für die Schaffung des Menschen: „*per naturam operantem corpus humanum creasse*". Wir haben genau die Position, die Ernald vertritt. Eine Abhängigkeit der beiden Aussagen, in diesem Fall Ernalds von Wilhelm, darf deshalb noch nicht behauptet werden. Es genügt der Konsens, ein Konsens, der sich nun bei Bernard Silvestris und Alanus zu einer philosophischen, poetischen Fabel verdichtet. Der abstrakte Begriff „Natur" wird dabei zu einer Art dramatis persona und so in die Teilnahme menschlicher Nähe gesteigert.

Schöpfung — Natur — der neue Mensch

Bernard Silvestris widmet seine Cosmographia dem Magister Thierry von Chartres, der Konnex ist gegeben, die Übereinstimmung der wissenschaftlichen Intention zum Ausdruck gebracht. Was Bernard dem „berühmtesten Lehrer" widmet, ist nichts weniger als eine Exegese der Genesis, nun auf eigene, offensichtlich neuplatonisch geprägte Denkweise.[20] Die mit dem Bibeltext gegebene Situation ist in den zwei Teilen: Megacosmus und Microcosmus unübersehbar. Zu Beginn befinden wir uns im ungeordneten Zustand der *Hyle-Silva*, „dem unermüdlichen Uterus des Gebärens, der ersten Prägemasse der Formen, der Materie der Körper, dem Fundament der Substanz". Es ist die Situation des Tohu wa Bohu (Gen. 1, 1—2). In diesem „Urstand der Dinge" bittet die Natur nun Noys „Gott, von Gott entsprungen", „Intellekt des höchsten und alles überra-

---

[19] Wilhelm von Conches, Philosophia mundi, I, 23, PL 172, 56 C. In der neuen Ausgabe von G. Maurach, Pretoria, 1980 (unter dem Titel: Philosophia) § 43 ff., 38 f.
[20] Bernardus Silvestris, Cosmographia, ed. P. Dronke, Leiden 1978. Megacosmus (M) und Microcosmus (Mi).

genden Gottes", „Vorsehung Gottes", dem Chaos ein Ende zu bereiten, das Werk zu vollenden (M I/II). Natur ist also diejenige, die mit ihrer „Klage" vor Gottes Weisheit (*dei ratio*), vor Seinem Ratschluß das weitere Werk einleitet.[21] Sie ist mit höchsten Prädikaten ausgestattet: *Natura* ist Tochter der Providenz Gottes, der *Noys* also: „geboren aus der Göttlichkeit des „*dei intellectus*"[22]. Sie disponiert die Elemente (*elementans*: M IV, 7), sie stellt die stoffliche Ordnung des Himmels her. Auch im Microcosmus, der Schaffung des Menschen, als dem die Schöpfung vollendenden Werk, fällt der Natur die primäre Funktion zu. Noys ruft Natura und beauftragt sie, zusammen mit Urania und Phisis, den Menschen zu bilden. Natur ist die geschöpfliche Existenz, an die zuerst die Weisungen der göttlichen Providenz, des göttlichen Intellekts, des göttlichen Weltplanes — der Noys also — sich richten[23]. Umgekehrt ist sie es, die im Urstand des „*tumultus*" der Hyle-Silvia für die Welt und ihre endgültige, geordnete Einrichtung bittet (M I: „*Pro Mundo Natura rogo*"). In der Fülle kosmischer Symbolik, die Bernard kompilatorisch zusammenfügt, mag diese primäre Funktion der Natur streckenweise verblassen, von der Grundlage der Cosmographia her ist sie jedoch nicht zu übersehen. Darin deckt sich die spekulative Konstellation mit der Ernalds und Wilhelms. Bernard steigert jedoch die Rolle der Natura, indem er sie zu Beginn die Initiative ergreifen läßt: Das Geschöpf, die Tochter der Noys wird aktiv, fordert und drängt: „Lege Hand an, mache den Globus frei, bezeichne die Teile und unterscheide die Orte" (M I). Natur als treibende Kraft im Urstand des Universums.

Mit einer Klage und Bitte der Natur setzen auch die beiden Texte ein, die, bald nach Bernard, Alanus ab Insulis in „De planctu naturae" und im „Anticlaudianus" seinen Zeitgenossen übergibt[24]. Die Szene wechselt, wir befinden uns nicht mehr in den Tagen der Schöpfung, längst herrscht die Verderbnis des natürlichen Verhaltens, die Perversion des Geschlechtlichen vor allem. Natur erscheint auch nicht mehr in Gestalt einer entrückten Theophanie, sondern jetzt als prächtige, berückende Schönheit, im vollen Glanz weiblicher Jugend, sinnenhaft nah. Sie wohnt inmitten einer para-

---

[21] Dronke (op. cit., 29 und 31) interpretiert „Noys" als eine erste Theophanie in der Reihe der andern Theophanien (Natura, Endilichia, Urania, Imarmene). Die Eigenschaften der Noys stellen aber, nach dem theologischen Verständnis der Zeit, einwandfrei Prädikate Gottes selbst dar. So kann Noys keine Theophanie wie die andern sein.

[22] Bernardus Silvestris, Megacosmus II, 13: „*Noys ... est dei intellectus et ex eius divinitate nata est Natura, in qua vite viventis imagines, notiones eterne, mundus intelligibilis, rerum cognitio prefinita*". Dronke, ibid., 164, bezieht „*in qua*" auf „*divinitate*". Grammatikalisch läge „*natura*" näher. Widersprüchlich im folgenden Text bleibt, daß in *Noys = intellectus dei* „mit dem Finger des Höchsten" eingegraben sein sollen: „*textus temporis, fatalis series, dispositio seculorum*, etc." Bernard formuliert auf alle Fälle verschwommen.

[23] Bernard, Megacosmus I und Microcosmus I. Providentia ruft die Natur und zeigt ihr die Schönheit der noch menschenleeren Welt.

[24] Alanus ab Insulis, De planctu naturae, PL 210, 431 sqq.; id., Anticlaudianus, PL 210, 484 sqq.; deutsch: W. Rath, Alanus ab Insulis: Der Anticlaudian, Stuttgart 1983.

diesischen Umgebung, in einem Palast aus Edelstein, Silber und Gold, in dem die reinen Formen, Abbilder des Wahren zu Hause sind. Die Theophanien Bernards verschwinden oder treten zurück, Natur erscheint als geschöpfliche Quelle und Mitte der Dinge. Im Traumgespräch mit der Natur apostrophiert Alanus die Natur als: „Gebärerin der Dinge, Band der Welt". Sie ist der „Lichtstern der Erde, Friede, Liebe, Kraft, Lenkung, Stärke, Ordnung, Gesetz, Ziel, Weg, Führerin, Ursprung, Leben, Licht, Glanz, Gestalt, Form, Richtschnur der Welt"[25]. Sie verwirklicht die vielfältigen Ideen der Noys, sie prägt die einzelnen Arten. Der betrachtende Mensch kann in ihr die „urbildlichen Worte", das Konzept der Schöpfung erkennen. Im Unterschied zur theologisch diffusen Diktion Bernards wird der Unterschied Gott—Welt klar gewahrt, eine Gleichsetzung von Noys und dem *„intellectus dei"*, ein „Geborenwerden" der Natur aus der Göttlichkeit der Noys wäre bei Alanus nicht denkbar. Die Autorität der Theologie ordnet er den eigenen Vernunftgründen[26] vor.

Die Natur als von Gott geschaffene, allwirkende Kraft in den Dingen, wie sie die „Klage der Natur" vorstellt, erhält im „Anticlaudianus" eine neue Aufgabe, die Schaffung eines „neuen Menschen" in einer gewandelten Welt. Ausgang ist wieder die Verderbnis der Welt, Natur ruft ein „himmlisches Konzil" der Tugenden zusammen. Thema des Konzils, die Mängel der durch die Sünde geschwächten Schöpfung zu tilgen, ein neuer „göttlicher Mensch" soll die Erde bewohnen, „Spiegel für uns", ein menschlicher Archetypus: „Was wir alle besitzen, besitze er allein, so wird jeder Mensch zu einem" (II, V. 50). Die Klugheit wird mit der Mission zu Gott beauftragt, die freien Künste bauen ihren Wagen, mit Hilfe der Theologie gelangt die Botin, vorbei an Maria und Christus zu Gott, der die Bitte gewährt. Noys schafft auf Geheiß Gottes eine neue Seele, in der die Tugenden großer Gestalten des Alten Testaments versammelt sind, Natur bildet aus reinen Elementen den Körper. Bevor der neue Mensch die Erde einnimmt, kommt es zum Kampf mit der Unterwelt, er wird gewonnen, eine neue blühende paradiesische Erde entsteht.

Daß die Schaffung eines neuen Menschen auf Anregung der Natur hin heute als Widerspruch zur Christologie (Curtius) oder anthroposophisch als „Geistgestalt" (Rath) interpretiert wird, verwundert nicht, der Text gibt manches Rätsel auf.[27] Bereits die frühe Rezeptionsgeschichte mahnt jedoch zur Vorsicht. Weder die ersten Kommentare, Radulfus de Longo

---

[25] De planctu naturae, PL 210, 447 B.

[26] De planctu naturae, PL 210, 445 D: „*Auctoritatem consule theologicae facultatis, cuius fidelitati, potius quam mearum rationum firmitati, dare debes assensum.*"

[27] E. R. Curtius, Europäische Literatur und lateinisches Mittelalter, Bern 1954, 131, meint, die erlösende Christustat scheint nicht geholfen zu haben. — W. Rath, op. cit. Anm. 24, 89. — J. Huizinga, Über die Verknüpfung des Poetischen mit dem Theologischen bei Alanus de Insulis, Amsterdam 1932, 142, resümiert, das Erlösermotiv klinge an, ohne sich durchzusetzen.

Campo und Wilhelm von Auxerre, merken — in einer Umgebung sich entfaltender Inquisition — einen haeretischen Inhalt an; im Vordergrund steht für sie das Bildungsprogramm. Auch später gerät der Doktor universalis nicht in Verdacht, der Anticlaudian wird zu einer weit verbreiteten Schrift, Heinrich von Neustadt sieht (Gottes Zukunft) im neuen Menschen Christus (V. 1305—1314).[28] Offenbar muß man in eine andere, möglichst textnahe Richtung gehen. Alanus selbst (Prolog) nennt als Themata: Die freien Künste, eine Darstellung der Bildung also, dann „den Schmuck der himmlischen Theophanie"; er will den Leser zur Schau „der himmlischen Formen" führen, das theologische Anliegen also. Sucht man nach inhaltlichen Querverbindungen, dann stößt man, was bislang nicht beachtet wurde, auf eschatologische Motive. So in der Klage der Natur auf Röm. 8, 19 ff.; „Und so erwartet auch die ganze Schöpfung in heißer Sehnsucht die Offenbarung der Gotteskinder". Der Kampf der Unterwelt läßt an die eschatologischen Kämpfe mit Antichrist und Satan denken, der neue Mensch und die paradiesische Erde erinnern an die neue Kreatur und die neue Erde der Apokalypse. Damit soll der Anticlaudian nicht zu einer philosophischen Eschatologie gemacht werden, Alanus schreibt keine Apokalypse, der Anticlaudian ist und bleibt philosophische und theologische Poesie. Bei den Verweisen auf Eschatologisches kann es sich nur um Sehweisen handeln, die Alanus parat hat und die in der Zeit umgehen. Schließlich ist Joachim von Fiore sein Zeitgenosse und setzt jene eschatologische Bereitschaft ein, die im 13. Jahrhundert sich voll entfaltet. Alanus will mit Hilfe der Ethik, der Bildung, der theologischen Gottesschau den vorbildlichen Menschen darstellen, der den höchsten Ansprüchen der Natur gerecht wird. Die Fabel, die er dazu bemüht, bleibt reine poetische Fiktion, er gibt keine historische Vorausschau im Stil der Endzeiterwartungen der Joachiten und Spiritualen. Was die Erzählung vom neuen Menschen und der neuen Erde trägt, ist die Überzeugung, daß Schöpfung und Natur noch nicht am Ende sind, daß ein Neues aussteht und wartet, daß eine *nova creatura* nicht nur möglich, sondern im Glauben angesagt ist. Eine *regeneratio*, die sich für den Christen in den Heilsmitteln und der Heilsgemeinschaft jetzt schon vorbereitet und abzeichnet.

Der Natur wird in dieser Haltung des Hoffens und Erwartens von Alanus eine bemerkenswerte Funktion zugesprochen. Sie ist nicht mehr nur die geschöpfliche Existenz, die von Gott kommt und seine Ordnung vermittelt, die auf die Weisung Gottes nur wartet. Sie wird selbst aktiv, sie bringt — auf ihre Weise und innerhalb ihrer Grenzen des Geschöpfes — durch ihren Plan, ihr „himmliches Konzil" den Gedanken eines neuen Menschen auf den Weg. Sie ist eine *causa secunda operans*. Und dies nicht

---

[28] Heinrich von Neustadt, Gottes Zukunft, ed. S. Singer, Dt. Texte des Mittelalters, VII, Berlin 1906. — Zu Radulfus und Wilhelm von Auxerre: B. Hauréau, Notices et extraits de quelques manuscrits Latins, I, Paris 1890, 325 sqq. und 351 sqq.

nur als „*genitrix*" als „*regula mundi*", sondern anregend, bittend nun auch dem Schöpfer gegenüber. In seinen „Distinctiones" bringt Alanus die Definitionen des Boethius: „*Natura est quidquid agere vel pati potest*" und „*Natura est principium motus per se et non per accidens*"[29]. Dies, die „Bewegung durch sich selbst", findet sich im Plan des „himmlischen Konzils" und des neuen Menschen. Darin wirkt nicht nur ein elementares Vertrauen in die Natur, sondern auch die Überzeugung, daß Schöpfung nicht nur einen vorgezeichneten Weg nachgeht, sondern daß aus ihr heraus in Form des „Mitplanens" und Bittens Impulse an den Schöpfer gehen. Natur als lebendige Zweitursache.

Die Konzeption einer allseits tätigen Natur, nach oben zum Schöpfer, hinein in die Welt, bringt die Entfaltung des Begriffs der „*natura*" entscheidend voran. Sie hilft, die Welt im Wirken der Natur als relativ eigenständig zu sehen, selbst handelnd im Einklang mit der Schöpfungsordnung. Man kann von hier aus, zusammen mit den übrigen Zeugnissen, angefangen von der Exegese der Genesis, zurückkehren zu dem, was eingangs über Weltinteresse und Gesellschaftsprozeß ausgeführt wurde: Die Entfaltung des Naturbegriffs, die Konzeption einer selbst-tätigen Mitte der Welt, passen gut zum gesellschaftlichen Bemühen um die „*vita terrena*", um die weltlichen Dinge. Dieses Bemühen vollzieht sich nicht nur vordergründig als sozial-ökonomischer, technischer Prozeß, sondern hat als geistiges Umfeld den Wandel der Weltorientierung in Richtung einer tätigen Weltgestaltung. Der Bildung kommt in dieser Entwicklung eine elementare Aufgabe zu. Im Anticladian baut sie, in Form der *artes liberales*, den Wagen der Klugheit, der diese zu Gott bringen soll, damit der Plan der Natur und des himmlischen Konzils erfüllt wird. Der Wagen der freien Künste soll mit der Klugheit zu „dem Sein gelangen, wo er den Raum der Erde, das Meer, Wolken und Sterne, den Himmel überquert". Dann, wenn die dreifache Wende des Himmels überwunden ist, kann die Klugheit die Geheimnisse der Noys erforschen und den Willen des höchsten Meisters erfragen.[30] Natur als Leitbild, Bildung als Hilfe auf dem Weg zur Erkenntnis und zu einem neuen Bild des Menschen und seiner Welt, des Menschen, der im Einklang mit der Natur und ihrer Weisung lebt.

---

[29] Alanus, Distinctiones distinctionum, „Natura", PL 210, 871 B.
[30] Alanus, Anticlaudianus, PL 210, 506 A.

Natur und Mensch in der Schrift „De Planctu Naturae" des Alanus ab Insulis

JOHANNES KÖHLER (Hildesheim)

In der Literatur über Alain de Lille ist eine Redensart bekannt, die lautet: *nani gigantum humeris*. Auf den Schultern von Riesen stehe Alain, was auch bedeutet[1], er habe von hier aus die Möglichkeit eines weiten Blickes. Der Blick jetzt soll auf ein Werk Alains gelenkt werden, auf den Planctus Naturae, wie diese Traumvision gewöhnlich genannt wird. Diese Wahl erscheint durch das Thema der diesjährigen Tagung gerechtfertigt zu sein: Mensch und Natur im Mittelalter. Die beiden ersten Beiträge sollen „Mensch und Natur in systematischer Perspektive" vorstellen, beide jedoch haben das Thema umgestellt in „Natur und Mensch". Die dadurch erfolgte verschiedene Betonung geschieht nicht unbedacht. Die Klage der Natur — bei Alain — beklagt eben den Menschen.

Alains Planctus Naturae ist ein Prosimetrum[2]; im gleichen Wechsel folgen je neun Metren und Prosateile aufeinander. Inhaltlich kann man drei Teile unterscheiden: 1. das Erscheinen und die Beschreibung der Frau Natura (bis m. 3); 2. das ausführliche Gespräch zwischen Alain und Natura (pr. 3—7); 3. kommt, in pr. 8—9, etwas Bewegung in die Handlung: Hymeneus und vier Tugenden erscheinen; Natura schreibt einen Brief an Genius, den Hymeneus überbringt. In der Zwischenzeit sprechen Natura

---

[1] Dies ist allerdings nicht der Sinn dieser Redensart, die vielmehr auf einen Methodenstreit hinweist; cf. F. G. Guyer, The Dwarf on the Giant's Shoulders, in: Modern Languages Notes 45 (1930) 398—402; R. Kilbansky, Standing on the Shoulders of Giants, in: Isis 26 (1936) 147—149; R. E. Ockenden, Standing on the Shoulders of Giants, in: Isis 26 (1936) 541—552; J. de Ghellink, Nani et gigantes, in: Bulletin Du Cange: Arch. Lat. medii aevi 18 (1945) 25—29; E. Jeaneau, Nani gigantum humeris insidentes: Essai d'interprétation de Bernard de Chartres, in: Vivarium 5 (1967) 79—99; E. Jeaneau, Nains et géants, in: M. de Gandillac, E. Jeaneau (Ed.), Entretiens sur la renaissance du 12e siècle, Paris 1969, 21—52; E. Jeaneau, Nani sulle spalle di giganti, Neapel 1969; B. Stock, Antiqui and Moderni as ‚Giants' and ‚Dwarfs': A Reflection of Popular Culture?, in: Modern Philology 76 (1978—79) 370—374.

[2] Die erste kritische Edition von N. M. Häring, Alan of Lille, „De Planctu nature", in: Studi Medievali 19 (1978) 797—879 (und als Separatdruck Spoleto 1978) wurde zugrundegelegt; im folgenden heißt „ed. Häring 817, 230 sqq.", daß es sich um Prosa 1, Zeile 230 sqq. handelt. N. Häring numeriert die Prosateile und die Metren durchgehend mit römischen Ziffern. Im Titel schreibt er *nature*, vermutlich zurecht, denn es ist eine Frage, ob Alain Natura als Personifikation verstanden hat; cf. Anm. 4.

und Largitas miteinander. Genius erscheint. Nach der Begrüßung legt er ein „priesterliches Gewand" an und spricht das Anathema aus. Alain erwacht.

Man hat diese Handlung spannungsarm genannt; man kann es tun, doch lenkt Alain die Aufmerksamkeit des Lesers nicht auf einen äußeren Ablauf, sondern auf die gedankliche Auseinandersetzung.

Im folgenden versuche ich, zuerst die vielfache Bedeutung von Natura vorzustellen, danach „die Stellung des Menschen in der Natur" nachzuzeichnen, um in diesem Zusammenhang die Klage der Natur wiederzugeben. Zum Schluß möchte ich auf die handschriftliche Überlieferung hinweisen und eine Mutmaßung äußern.

1. Vielfache Bedeutung von *natura*

Zu Beginn der Vorlesung über Natur schreibt Aristoteles: „Die angemessenste Anfangsfrage von allem, da der Ausdruck ‚seiend' nun einmal in vielen Bedeutungen gebraucht wird (pollachos legetai), ist: wie verstehen es die, die Sein als Ein und Alles verstehen?" (Physik A 185 a 20)[3]. „Pollachos legetai" — dies gilt auch von dem Ausdruck *natura* bei Alain. Ich beschränke mich jetzt auf eine dreifache Bedeutung: Einmal heißt bei Alain *natura vicaria Dei*, dann das Gesamt dessen, was vereinfachend die natürlichen Dinge, die Dinge in der Natur genannt wird und schließlich das „Wesen" eines Dinges.

natura — vicaria Dei

Die wichtigste Stelle im Planctus Naturae für die Deutung der Natur als Stellvertreterin Gottes (ich zögere von einer Personifikation und von „The Goddess Natura"[4] zu sprechen), steht in Prosa 3, worauf jetzt nicht

---

[3] Eigentlich müßte jetzt eher auf die „Metaphysik" des Aristoteles und dessen vielfache Erörterung von „physis" (Δ 1014 b 16 – 1015 a 19) eingegangen werden; cf. F. P. Hager, (art.) Natur, in: HWP 6, 421 – 441 (bes. 430 – 432). Für Alain cf. den Beitrag von A. Speer in diesem Band, 107 sqq.

[4] Cf. vor allem G. Economu, The Goddess Natura in Medieval Literature, Harvard 1972 (bes. III. The Latin Middle Ages: Bernard Silvestris and Alain of Lille, 53 – 103; über Alain: 72 – 103). P. Dronke, Bernard Silvestris, Natura and Personification, in: Journal of the Warburg and Courtauld Institutes 43 (1980) 16 – 31, untersucht kritisch diese Konzeption von G. Economu und kommt zu dem Ergebnis, daß erst durch Bernard Silvestris überhaupt von einer „Goddess Natura" gesprochen werden kann, als „an unforseeable achievement" (31). Das hat auch unmittelbar Konsequenzen für Alain: Bernard „endoved her [sc. Natura] with such poetic life that his follower, Alan of Lille, or the dreamer in Alan's De planctu Naturae, invokes her in the Sapphic stanzas ‚O dei proles genitrixque rerum', which would seem to be the first hymn to Natura since the ancient Orphic one" (28).

näher eingegangen werden kann. Nur dies: nachdem Natura ihre Beziehung zu Gott gekennzeichnet, die Grenze der „Natur"-philosophie aufgezeigt und das Verhältnis von *fides* und *ratio* bestimmt hat, gibt sie sich Alain, der zu Beginn wie Boethius[5] weder die Frau Natura erkennen konnte noch wußte, was und wer er sei, deutlich zu erkennen: *et ut familiarius loquar: ego sum Natura*. Alain findet daraufhin eine *ianua reserata* vor.

Als Stellvertreterin Gottes hatte sie u. a. folgende Aufgabe zu erfüllen: „*Ego illa sum, que ad exemplarem mundane machine similitudinem hominis exemplavi naturam, ut in ea velut in speculo ipsius mundi scripta natura compareat*" (Prosa 3, ed. Häring 826, 42—46). Die Anklänge an Platons Timaios (vermittelt durch die Schule von Chartres[6]) sind deutlich zu hören. Darüber hinaus ist bemerkenswert, wie Alain die Natura als — nach Gott — „zweite Schöpfungsinstanz" versteht — ein etwas gewagter Ausdruck, den Alain selbst nicht gebraucht. Er läßt Natura von sich sagen: „*Summi magistri me humilem profiteor esse discipulam*" (ed. Häring 829, 129). Doch wird diese „niedrige Schülerin" „*iuxta enim ipsius* (sc. theologice facultatis) *fidele testimonium*" äußerst aktiv: „*homo mea actione nascitur ... per me a non esse ad esse vocatur*"[7] „*... per me homo procreatur ad mortem*" (ed. Häring 829, 140—144). Da es um den Menschen geht — um ihn kreisen die Gedanken Alains — ist darauf zu achten, was von der Natura in Bezug auf den Menschen gesagt wird: Natalität und Mortalität[8] des Menschen werden

---

[5] Die Ähnlichkeiten zwischen der Consolatio Philosophiae von Boethius und dem Planctus sind offensichtlich, aber auch Unterschiede; cf. C. D. Eckhardt, The Medieval *Prosimetrum* Genre (from Boethius to *Boece*), in: Genre 16 (1983) 21—38.

[6] Es ist nicht sicher, inwieweit „die Schule von Chartres" Alain beeinflußt hat: Allgemein wird angenommen, Alain habe in Paris und Chartres studiert; dann könnte er Petrus Abelard, Gilbert von Poitiers und Thierry von Chartres gehört haben; ihre Werke kannte er.

[7] Der Text lautet im Zusammenhang: „*iuxta enim ipsius fidele testimonium homo mea actione nascitur, dei auctoritate renascitur, per me a non esse ad esse uocatur, per ipsum ab esse in melius esse producitur. per me homo procreatur ad mortem, per ipsum recreatur ad uitam*" (ed. Härting 829, 141—144). Erstaunlich ist der Ausdruck „*per me a non esse uocatur ad esse*". J. Sheridan, Alan of Lille, Plaint of Nature, Toronto 1980, geht auf diese Stelle nicht ein. Zumindest eine Ähnlichkeit mit dem Vulgatatext Röm. 4, 17 fällt auf: „*Deus ... uocat ea quae non sunt tamquam ea quae sunt*". Alain scheint hier ein metaphysisches Niveau zu erreichen, wenn er sagt, durch die Natura werde der Mensch vom Nicht-Sein zum Sein gerufen. *Esse* steht im Satzgefüge wie ein Mittelbegriff zwischen *non esse* und *melius esse*. Das Woher (das Nichtsein) und der Ruf zum Sein sind offensichtlich der Bereich der Natura. Vielleicht ist der Unterschied der Präpositionen *ad*, und *in* für das Verständnis des Satzes nicht unwichtig. Zwar zeigen beide eine (zeitliche) Richtung an, doch ist das *in* intensiver, es zeigt einen Zweck an. Die Dramatik des Planctus ist hier konzis gefaßt: Natura ruft den Menschen ins Sein, woraufhin der Mensch „ist". Doch genügt das „Sein" allein nicht, denn Gott schafft den Menschen *in melius esse*. Die Frage ist, ob der Mensch diese Bestimmung ergreift oder nicht.

[8] Natalität und Mortalität sind Ausdrücke, die, streng genommen, nicht bei Alain vorkommen. Modern gesprochen, verweisen sie auf die „condition humaine".

von der Natura bewirkt; sie ist für die Geburt (physis!) des Menschen zuständig, weiß aber auch, daß die Geburt *ad mortem* ist. Sie kann dem Menschen den Anfang seines Aufenthaltes hier — auf Erden — geben, aber es ist ein Aufenthalt zum Tode hin. Dem Menschen erginge es schlecht, wenn allein die Natura sich um ihn sorgen würde. Darum sind die eben genannten Tätigkeiten der Natura zusammen mit einem Tätigsein Gottes zu verstehen: Gott, *„per quem homo renascitur ... producitur ... recreatur"*, kann einen neuen, zweiten Anfang setzen, er kann eine *secunda nativitas* ermöglichen. „Wie kann der Mensch noch einmal geboren werden?" Wer ist dabei die Hebamme? Die Natura diesmal nicht mehr; sie kann nur sagen: *„ego Natura huius nativitatis naturam ignoro"*. Sie, die „weiß", was Geburt ist, kommt hier an die Grenze ihres Vermögens als *vicaria Dei*. Sie nennt sich *discipula, obstetrix*. Gerade als Hebamme bewirkt sie nicht die Schwangerschaft, die sie nur festzustellen, bis zur Geburt zu begleiten hat. Um im Bild zu bleiben: als Hebamme ist es ihr nicht gleichgültig, was mit dem Menschen geschieht. Alle anderen Geschöpfe, die Steine, die Pflanzen, die Tiere, machen keine Sorgen, nur der Mensch.

natura — die Gesamtheit der natürlichen Dinge

Mit diesem Ausdruck ist bei Alain der sublunare Bereich gemeint. Zu Beginn des Planctus Naturae steht eine ausführliche Schilderung der Schöpfung: die Gesamtheit der geschaffenen Dinge wird als ein Bild auf dem Gewand der Natura dargestellt; es ist, um einen späteren Ausdruck von Thomas von Aquin zu gebrauchen, eine *representatio imaginis* (Sth. 1 q 45 a 7 c). Doch das Bild, *„subiacenti materie familiariter non coherens, velociter euanescendo moriens, nulla imaginum post se relinquat vestigia"* (ed. Häring 821, 4—6).

Wie im Hohen Lied die Braut in ihrer Erscheinung geschildert wird, so auch hier die Frau Natura: zuerst alle Partien ihres Leibes, gesondert die ihres Hauptes (mit der Krone: dem Tierkreis und den Planeten), dann folgt die Schilderung des Gewandes[9] bzw. seiner vier Teile: *vestis* repräsentiert die Lebewesen in der Luft, das *sindo (palii gerebat officium)* die Lebewesen im Wasser, die *tunica* die Lebewesen auf dem Land, die *camisia* die Kräuter und Bäume und schließlich die Schuhe — die Blumen.

---

[9] Differenzierter als Boethius das Gewand der Philosophia schildert Alain die Bekleidung der Natura. Von *uestis* heißt es: *„puelle pepli seruiebat in usum,"* also eine Art Prachtgewand, auf dem *„aerii animalis celebratur concilium"*; diese Stelle regte G. Chaucer zum „Parliament of fowls" an. Das *sindo*, eine Art Schultertuch, repräsentiert die Wassertiere. Zur Tunika cf. den Text oben. Bemerkenswert ist, wie Alain das *camisia*, ein leinenes Unterhemd erwähnt: *„opinor in herbarum arborumque naturis ibi picture risisse lasciuam"* (ed. Häring 829, 283 sqq.).

Alain scheint die einzelnen Lebewesen monoton aufzuzählen, fast *more geometrico* und doch gibt dieses Aufzählen die Ordnung der Natur wieder. Innerhalb dieser Schilderung steht auch der Mensch.

natura — *das Wesen eines Dinges*

Eine dritte Bedeutung von *natura* ist kurz zu nennen. Alain kennt und gebrauchet *natura* im Sinn von Wesen, oft sogar in einem Satz zusammen mit Natura (im ersten Sinn): *ego ... hominis exemplavi naturam*, doch darauf soll hier nicht eingegangen werden[10].

2. „Die Stellung des Menschen in der Natur"

Der Planctus Naturae ist ein feingewebter Text. Der Faden, der den Menschen repräsentiert, wird zum ersten Mal in der Schilderung der Tunika der Natura sichtbar, um dann immer wieder zu erscheinen und immer wieder in die Rückseite des Textes zurückgeführt zu werden. Die Stelle in Prosa 1 (ed. Häring 817, 230—235) lautet[11]:

„*tunica uero polimita, opere picturata plumario infra se corpus claudebat uirgineum, que, multis stellata coloribus, in grossiorem materiam conglobata, in terrestris elementi faciem aspirabat. in huius uestis parte primaria homo, sensualitatis deponens segniciem, directa rationationis aurigatione, celi penetrabat archana. in qua parte tunica, suarum partium passa dissidium, suarum iniuriarum contumelias demonstrabat*".

„Die Tunika aber, völlig gewebt, bebildert wie im Brokatwerk, umschloß nach unten hin den jungfräulichen Leib. Sie (sc. die Tunika), vielfarbig wie von Sternen besetzt, zusammengefaltet zu einem dichter wirkenden Stoff, erweckte den Anschein des Elementes der Erde. Auf dem Hauptteil dieses Kleides — der Mensch. Er legte ab die Trägheit der Sinnlichkeit, wurde wie in einem Wettkampf durch die Vernunft geführt, so stieß er bis zu den Geheimnissen des Himmels. Genau an diesem Teil hatte die Tunika ein Zerreißen ihrer Teile erlitten, sie zeigte offen die Schmach des ihr zugefügten Unrechts."

So sieht Alain die Stellung des Menschen in der Natur: sein Platz ist eingefügt in den Bereich der Lebewesen auf dem Land[12]. Zwar nimmt er

---
[10] Cf. wieder den Beitrag von A. Speer, 107 sqq.
[11] Prosa 1, ed. Häring 817, 230—235.
[12] Es scheint selbstverständlich zu sein, daß *terra* der Bereich des Menschen ist. Die Erdgebundenheit kann, so Alain, den Menschen vor einer *exorbitatio* bewahren. Cf. in diesem Zusammenhang I. Kant, KU § 82 (B 383): der Mensch „ist der letzte Zweck der Schöpfung hier auf Erden, weil er das einzige Wesen auf derselben ist, welches sich einen Begriff von Zwecken machen ... kann".

den Hauptteil dieses Kleidungsstückes ein, aber es ist — innerhalb der gesamten Schöpfung — ein genau umgrenzter Bereich. Und doch geschieht hier, hier allein ein Zerreißen. Die *scissura uestis* nennt Alain ein *integumentum*[13], *quod solius hominis iniuriosis insultibus mea pudoris ornamenta discidii contumelias paciuntur* (ed. Häring 838, 170 sqq.). Alain führt diesen Riß im Gewand der Natura darauf zurück, daß allein im Menschen eine Feindseligkeit zwischen *sensualitas* und *ratio* anzutreffen sei (ed. Häring 826, 53 sqq). Die zitierte Stelle aus Prosa 1 ist darum auch Anlaß dafür, daß Alain in Prosa 4, in den Fragen[14] an die Natura wissen will, was es einmal mit dem Riß in dem Gewand (Frage 3) und zum anderen mit dem Kampf zwischen *sensualitas* und *ratio* auf sich habe. Beide Fragen gehören zusammen, sie bilden einen Knoten (vgl. *Vix nodosum*[15]), der nur schwer aufzulösen ist. Die *enodatio quaestionis* (ed. Häring 833, 8) gelingt noch nicht mit dem Feststellen, daß *ab huius universalitatis regula solus homo anomala exceptione seducitur* (ed. Häring 833, 13), sondern erst dadurch, daß Natura auf die Venus eingeht. Kurz gefaßt: Natura hatte für ihr Wirken eine Hilfe gesucht und sie in Venus gefunden. Venus zusammen mit Hymeneus und ihrem Kind Cupido erfüllen eine Zeit lang, was Natura von ihnen erwartet: sie sorgen für die Weitergabe des Lebens. Venus, der Aufgabe überdrüssig, begeht mit Antigamus/Antigenius[16] Ehebruch, aus dem Iocus[17] hervorgeht. Die Folge für den Menschen (ed. Häring 834, 54—61): Er folgt als ein *sophista falsigraphus* den anomalen Regeln der *Venus scelestis*. Man hat

---

[13] H. Brinkmann, Verhüllung (,integumentum') als literarische Darstellungsform im Mittelalter, in: Misc. med. 8 (1971) 314—339.

[14] Es sind offensichtlich fünf Fragen: 1. die Frage nach dem Grund des Erscheinens der Natura (Metrum IV, ed. Häring 832, 42—47 — die Antwort in Prosa IV, ed. Häring 833, 10 sqq.); 2. die Frage nach den Möglichkeiten und Grenzen dichterischer Darstellung (Prosa IV, ed. Häring 838, 161 sqq.); 3. die Frage danach, warum die *scintilla rationis* im Menschen ruhe (Prosa IV, ed. Häring 839, 175 sqq.); 4. will Alain *naturam Cupidinis* kennenlernen (Prosa IV, ed. Häring 841, 251 sqq.) und 5. geht in Prosa V die Natura wie in einem „Spezialkurs" auf die sieben Laster ein.

[15] Cf. N. Häring, The Poem ‚Vix nodosum' by Alan of Lille, in: Medioevo. Rivista di storia della filosofia medievale 3 (1977) 165—185.

[16] N. Häring und J. Sheridan, Alan of Lille. Plaint of Nature, Toronto 1980, 163, scheinen die einzigen zu sein, die Antigenius statt Antigamus lesen. Cf. ed. Häring 849 Anm. zu Zeile 132. Bei M. Capella 1, 1, 13 ist jedoch nur von Hymeneus, nicht aber von Antigenius die Rede. Zu Zeile 153 führt Häring allerdings nur eine, relativ späte Handschrift aus Lille (s. XV) an, die Antigenius liest, während Migne und Wright ebenfalls Antigamus bevorzugen.

[17] Iocus (Prosa V, ed. Häring 849 sq., 153—164) erscheint bei Alain hauptsächlich an dieser Stelle. Die Figur ist zwar in der frühen lateinischen Literatur belegbar (J. Sheridan zur Stelle), aber es ist fraglich, vielleicht auch unwichtig, woher Alain sie genommen hat. Der locus classicus für Iocus und Cupido findet sich bei Horaz, Carm. I, 2. Für Alain ist wichtig: Prudentius, Psychomachia I, 423—439. Es fällt auch auf, daß Alain nicht den ebenfalls möglichen Namen Anteros (entsprechend zu Antigenius) gewählt hat. Im übrigen gehen bei Alain viele Charakterzüge des Iocus in die Schilderung von Cupido über.

immer eine schwer aufzulösende Spannung zwischen dieser „Sündenfall" (?)-geschichte und der Darstellung der Feindseligkeit von *sensualitas* und *ratio* gesehen. Zweifellos ist Venus neben und auch gegen Natura eine der Hauptfiguren im Planctus Naturae. Große Partien des Prosimetrums setzen sich mit dem „Grammar of Sex"[18] auseinander: Rechter und falscher Gebrauch der Grammatik steht für Alain in enger Verbindung mit der Lebensführung des Menschen — eine Verbindung, die nicht leicht dargestellt werden kann, sicher nicht kausal. Immerhin verspräche sich Alain viel von der Wiederherstellung der Sprache.

Dies liegt nicht auf der Hand, ist nicht auf der Vorderseite des Textes zu lesen — hier sieht es so aus, daß Alain von der Feindseligkeit beider Seelenkräfte allein spräche und diese auf das zurückführt, was Venus in Bezug auf Natura getan hat.

Der Riß in der Tunika der Natura — das *integumentum* — ist auch ein Riß im Menschen selbst, zumindest eine Zerreißprobe.

Für den Planctus Naturae bedeutet dies, daß die *sensualitas*[19] die Quelle der Idololatrie[20], die *ratio* die Quelle der Tugenden ist. Alain spricht nur über die Laster (*contra Venerem, gulositas, ebrietas, sitis habendi, arrogantia, detractio, adulatio*), sie erscheinen selbst nicht. Anders dagegen die vier Tugenden: *Castitas* als *virgo*, *Temperantia* als *matrona*, *Largitas* als *mulier* und *Humilitas* als *puella*.

Es scheint, daß Alain diese vier in dieser Reihe nicht unbedacht vorstellt. Sie sind ein Hohes Lied auf die Frau. Sie repräsentieren auch vier Lebensalter des Menschen: *Castitas* die Morgenröte und den Frühling, *Temperantia* den Mittag und den Sommer, *Largitas* den *dies materialis*[21], den Nachmittag und Herbst. *Humilitas* hat keine Zeitangabe. Ich verstehe es so: wenn als vierte Tugend eine *puella* erscheint, wirkt dies wie eine Rückkehr zum Anfang. Der Mensch wird am Ende des Lebens *humilis*, kann es zumindest werden, wenn er sich „in den Kreislauf der Natur" einfügt, gegen den er zeit seines Lebens in der Idololatrie anrannte.

---

[18] Jan Ziolkowski, Alan of Lille's Grammar of Sex. The Meaning of Grammar to a Twelfth-Century Intellectual, Cambridge Mass. 1985.
[19] *sensualitas* heißt in diesem Zusammenhang bei Alain offensichtlich nicht Sinnlichkeit der Erkenntnis, sondern die Gebundenheit des Menschen an ein „sinnenhaftes" Leben. Cf. dazu den „Traité des cinq puissances de l'ame", in: M.-Th. d'Alverny Alain de Lille, Textes inédits, Paris 1965, 313–317; hier gebraucht Alain den Ausdruck *sensus* und *ymaginatio* als *subsidia precurrentia a secretis nature* für die menschliche *cogitatio*.
[20] Zur Reihe der Laster cf. M. Gothein, Die Todsünden, in: Archiv für Religionswissenschaften 10 (1907) 416–484; ferner P. Ochsenbein, Studien zum Anticlaudianus des Alanus ab Insulis, Bern 1975 vor allem *Virtutes und Vitia*, 137–167; bes. Chr. Huber, Die Aufnahme und Verarbeitung des Alanus ab Insulis in mittelhochdeutschen Dichtungen, München 1988, 59 sqq. und 411 sq. (Die Lastengruppierung des ‚Wälschen Gastes' im Vergleich zu den Systemen des Prudentius, Gregorius und Alanus).
[21] *dies materialis*: cf. Alain de Lille, Anticl. 3, 258 sq. Dieser Ausdruck scheint nur bei Alain vorzukommen.

Zumindest hat er die Auseinandersetzung mit dem *sitis habendi*, der *avaritia*, dem *crimen notorium* der Menschen (ed. Häring 869, 126) zu einem Ende gebracht. Er stimmt dem zu, was die Natura ihm geben konnte: alles, aber zum Tode. Die Natura klagt am Ende nicht nur darüber, daß sich der Mensch nicht in den Kreislauf der Dinge füge, sondern daß der Versuch der Natura, „das Leben möge weitergehen" (das Leben der jeweiligen Gattung), gescheitert sei, oder zumindest zu scheitern drohe. In dieser Situation wendet sich Natura an Genius[22]. Er erscheint und spricht feierlich das Anathema, in dem wie in einer Reprise alle sieben Laster noch einmal einzeln genannt werden, d. h. auch, daß zum Schluß des Planctus Naturae das *integumentum*, nämlich die *scissura uestis* von Prosa 1 erklärbar geworden ist. Die Lösung bleibt offen, ein Weg wird erkennbar: nämlich Sprechen „according to the grammar of love"; dann könnten Sprechen und Lieben die *continua hostilitas* im Menschen überwinden, dann wären *sensualitas* und *ratio* nicht mehr in Feindschaft zueinander.

Worüber klagt Natura? Darüber, daß alles vielleicht umsonst war. Es war vielleicht umsonst, dem Menschen so viele Privilegien geschenkt zu haben, weil er, der Mensch allein, nicht wußte, was er damit anfangen konnte. *Penitet me*, sagt Natura, wie Gott[23]. Es reute ihn, den Menschen geschaffen zu haben. Alle anderen Geschöpfe haben verstanden — und das ohne Vernunft —, daß das Leben, das Weiterleben (der Gattung) besser sei als der Tod. Der Natalität ist durch die Mortalität die Grenze gesetzt. Aber Alain spricht, wie erwähnt, ebenso von einer *secunda nativitas*; nur für diese Geburt kann Natura nicht mehr Hebamme sein.

Als im Planctus Naturae die vier Tugenden erscheinen, gibt es nur ein Gespräch zwischen einer von ihnen und der Natura. Es ist die *Largitas*[24].

---

[22] Die Figur des Genius ist gründlich untersucht. Cf. D. N. Baker, The Priesthood of Genius. A Study of the Medieval Tradition, in: Speculum 51 (1976) 277—291; H. D. Brumble, The Hole of Genius in the „De planctu naturae" of Alanus de Insulis, in: Classica et Medievalia 31 (1970) 306—323; G. D. Economou, The Character Genius in Alain de Lille, Jean de Meun, and John Gower, in: Chaucer Review 4 (1970) 203—210; J. Ch. Nitzsche, The Genius Figure in Antiquity and the Middle Ages, New York 1975 (bes. IV. ‚The Moral Universe: Genius and the Four Descents in the *De Planctu Naturae* of Alanus de Insulis", 88—114); P. Murray, Genius. The History of an Idea, Oxford 1989. Immer noch gültig ist der Aufsatz von H. Green, Alan of Lille's „De Planctu naturae", in: Speculum 31 (1956) 649—674. — Genius hat somit eine zweifache Aufgabe. Als *generalis praesul* ist er der „patron of generation and therefore of heterosexuality" und zweitens ist er für den Abstieg der Seele in den Leib zuständig.

[23] Der Satz lautet vollständig: „*penitet me tot uenustatum prerogatiuis hominum plerumque priuilegiasse naturas*" (Prosa IV, ed. Häring 834, 63 sq.). Vgl. Genesis 6, 5—8, bes. V. 7: „*paenitet enim me fecisse eos*", nämlich die Menschen.

[24] Es fällt auf, daß Alain die Largitas im Planctus ausführlich vorstellt. Im Anticlaudianus erscheint sie zwar auch, wird aber nicht namentlich genannt, sondern *per negationem* umschrieben (P. Ochsenbein l. c. 165 sq.). Im Traktat *De Virtutibus et Vitiis* (hier nach J. Huizinga, Über die Verknüpfung des Poetischen mit dem Theologischen bei Alanus de Insulis, Amsterdam 1932, 192) führt Alain die Largitas unter den Teilaspekten der

Noch einmal wird ein Aspekt der Klagen deutlich: Rächt es sich, großzügig zu sein?
Trotz des Anathema endet der Planctus Naturae offen.

3. Die handschriftliche Überlieferung und eine Mutmaßung

N. Häring hat nicht nur die erste textkritische Edition vorgelegt, sondern auch die zugrunde gelegten Handschriften untersucht und vorgestellt. Offensichtlich fehlt bis heute das „original work", das möglicherweise „without a title and anonymous" (ed. Häring 801) von Alain verfaßt war. Von den 133 erhaltenen Handschriften können nur drei in das 12. Jahrhundert datiert werden, die überwiegende Anzahl ist aus dem 14. und 15. Jahrhundert. Der heutige Aufbewahrungsort muß nicht mit dem Entstehungsort identisch sein. Dennoch fällt auf, wie weit verbreitet diese Schrift gewesen sein muß. Sie fehlt in kaum einem europäischen Land (mehr als drei Exemplare bewahren auf: Breslau, Florenz, London, München, Oxford, Paris, Prag, Rom [Vatikan], Wien und Wolfenbüttel).

Bislang habe ich nicht davon gesprochen, daß der Planctus Naturae lange Zeit als eine Schrift gegen Sodomie, Homosexualität, gegen sexuelles Mißverhalten gelesen wurde. Metrum 1 legt eine solche Deutung durchaus nahe, ebenso die Abschnitte über die *Venus scelestis*. Aber was folgt, kann m. E. diese Sicht nicht bestätigen. Dort, wo Alain die „Laster" behandelt, spielen Sodomie und Homosexualität keine entscheidende Rolle. Dennoch gibt es Handschriften, die mit fremden Zusätzen wie *pereat sodomita* (l. c. 802) schließen.

Diese Umstände sind merkwürdig genug; sie fordern geradezu nach einer Erklärung. In der Wissenschaft ist es keine Schande, wenn eine Frage — vorläufig — durch eine Mutmaßung beantwortet wird.

Ich verweise auf den Rosenroman[25]. Es ist bekannt, daß vor allem der zweite Teil, in der Fassung von Jean de Meun, um 1270 entstanden, deutlich aus dem Planctus geschöpft hat. Es ist auch bekannt, daß es zu

---

Temperantia auf: „*Largitas est uirtus qua damus danda. Unde et largitas ad temperantiam reduci potest.*" Damit wird noch nicht der Rang der Largitas im Planctus verständlich (ed. Häring 868, 100—134 und 874, 12—56). Alain nennt das Gespräch zwischen Natura und Largitas eine *dragmatica collucutio* (ed. Häring 875, 57), in dem es auch um die Prodigalitas, die Verschwendung, den Schatten der Largitas geht. Largitas hatte Natura beim Bilden des Menschen nicht unwesentlich geholfen: „*cuius architectatione presigni humana mens uirtutum destinatur palacium*" (ed. Häring 874, 16 sq.). In diesem Palast, dem menschlichen Geist, treibt aber auch die Prodigalitas ihr Unwesen, so daß aus dem ‚Palast' auch eine ‚Kloake' werden kann.

[25] Zum Problem um den Rosenroman cf. E. Hicks (ed.), Le débat sur le Roman de la Rose, Paris 1977; P. Y. Badel, Le Roman de la Rose au XVe siècle. Etude de la réception de l'oeuvre, Genf 1980 und J. Rossiaud, Dame Venus. Prostitution im Mittelalter, München 1989.

erbitterten Auseinandersetzungen zwischen den „Rosenfreunden" und den „Rosenfeinden" gekommen ist. Jean de Meun trägt, knapp ausgedrückt, die Utopie einer freien Liebe vor, wobei er offensichtlich zwar die Hauptfiguren dem Planctus entnahm, sie aber anders als Alain sprechen und handeln läßt.

Zwar scheint es so, daß der Umstand der relativ spät erhaltenen handschriftlichen Überlieferung so gedeutet werden könnte, daß auch von einer relativ späten Rezeption gesprochen werden müßte: „Judging by the dates of the extant manuscripts it seems that the Planctus was rather slow in winning publicity" (Häring l. c. 802), doch macht D. Schaller[26] darauf aufmerksam, daß frühe Abschriften — buchstäblich — zer-lesen sein könnten. Sie fehlen deshalb. Das Interesse an dieser Schrift kann so groß gewesen sein, daß immer wieder neue Abschriften entstanden, mit einem Wort: der Planctus war früh bekannt und weit verbreitet. Wenn dies zutrifft, dann wird auch der Erfolg des Rosenromans unter einem neuen Gesichtspunkt verständlich. Seine Leser konnten, sozusagen mit Vergnügen (oder Abscheu), die Ähnlichkeiten, vor allem auch die Unterschiede zwischen beiden Schriften unschwer erkennen. Daher konnten aber auch die Gegner des Rosenromans[27] umso mehr Interesse am Planctus haben, als sie hierin genügend Argumente gegen die Utopie der freien Liebe zu finden vermeinten. Die Kontroverse um den Rosenroman war kein Literaturstreit, sondern die literarische Auseinandersetzung mit Problemen wie der Prostitution[28] und der immer wieder durch Pest und Seuchen hervorgerufenen Sorge um den Fortbestand der Bevölkerung.

Dies ist zunächst eine Mutmaßung. Sie kann erklären, warum die Schrift Alains als eine Streitschrift gegen sexuelles Mißverhalten angesehen wurde. Doch kann dies auch bedeuten, daß Alains Schrift erst durch die Verwikkelungen um den Rosenroman in diesem Sinn gelesen wurde. Ob diese Lesart die einzig angemessenene ist, ist eine zweite Frage. Zumindest enthebt sie nicht von der Aufgabe, den Planctus Naturae zuerst als ein Werk von Alain de Lille selbst zu lesen.

---

[26] Den 3. Abschnitt meines Beitrages habe ich durch die Fragen und Anregungen von Herrn Prof. D. Schaller (Bonn) während der Kölner Tagung überarbeitet.

[27] Cf. J. Huizinga, op. cit.: „Gerson sagt in seinem ‚Traicité contre le Roumant de la Rose': ‚Vray est que ceste fiction poetique fut corrumpuement estraite du grant Alain, en son livre qui'il fail „De la Plainte Nature", car aussi très grant partie de tout ce que fait nostre fol amoureux n'est presque fors translacion des diz d'autrui ... Je reviens a Alain et di que par personnage quelconque il ne parla onques en telle manière. A tart l'eust fait. Tant seulement il maudit et repreuve les vices contre Nature, et a bon droit ..." (15 sq.). N. Häring, op. cit. 802: Robert Holcot († 1349) „extolls the ‚Planctus' of ‚Alan the Great' as an effective campaign against sodomy".

[28] Mit diesen Hinweisen sind höchstens einige Umrisse der Überlieferungsgeschichte angegeben.

Homo cum creatura
Der kosmische Moralismus in den Visionen der Hildegard von Bingen

HANS-JOACHIM WERNER (Karlsruhe)

Hildegard von Bingen hat ihre Visionen in drei Schriften niedergelegt, deren Authentizität mittlerweile nicht mehr bezweifelt wird: in „Scivias" (Sc.), im „Liber vitae meritorum" (LVM) und im „Liber divinorum operum" (LDO). Nach den eingehenden Untersuchungen von H. Liebeschütz[1] dürfte feststehen, daß Hildegard bei der Ausgestaltung und Deutung ihrer Visionen ungeachtet ihrer von ihr selbst so empathisch betonten Unbildung mancherlei Anregung aus der frühmittelalterlichen und antiken Visionsliteratur empfing, wenn auch die Vermittlungskanäle weitgehend im dunkeln liegen. Die von ihr selbst nach Weisung der „himmlischen Stimme" vorgelegten Interpretationen ihrer Visionen bewegen sich insgesamt in der für das frühe Mittelalter charakteristischen universellen Symbolik mit vertikaler Ausrichtung[2]; auffällig ist jedoch, daß Gegenstand ihrer Visionen immer wieder der Kosmos als ganzer ist, dessen Stellenwert sich auch darin ausdrückt, daß jede ihrer großen Visionsschriften mit einer Schau vom Ende der Welt insgesamt und dem Erscheinen des kosmischen Christus schließt. Die kosmische Weite ihrer Visionsperspektiven präsentiert sich in eindrucksvollen Bildern: Wenn die Seele es erreiche, daß der Leib mit ihr zusammenstimme, so erhebe sie sich in die Höhe des Himmels wie der Vogel in die Luft[3]. Von kosmischer Weite sind auch die Vergleiche der Seele mit Gegenständen der Natur: Wind, Sonne, Tau und Bäume stellen bildlich die Kräfte dar, mit denen sich die Seele auf ihren eigenen Körper und über ihn auf den gesamten Kosmos bezieht.[4] Solche Vergleiche finden sich zwar auch in früheren Visionsschriften, jedoch sind sie hier in einer einfachen Sprache von unmittelbarer Lebendigkeit gefaßt, die ein

---

[1] H. Liebeschütz, Das allegorische Weltbild der heiligen Hildegard von Bingen, Darmstadt² 1964, passim.
[2] L. Th. Kraft, The Eye sees more than the Heart knows — the visionary cosmology of Hildegard von Bingen, Michigan 1979, 41.
[3] Liber divinorum operum simplicis hominis, in: S. Hildegardis Abbatissae Opera omnia, Paris 1882 (= Patrologiae cursus completus, series latina prior, Bd. 197, ed. J.-P. Migne, Abk.: PL), 847 B.
[4] LDO, PL 872 sq.

mehr als nur literarisches Interesse an kosmischen Erscheinungen signalisiert. Damit stimmt die allgemein anerkannte Tatsache überein, daß Hildegard selbst im Rahmen ihrer Möglichkeiten Naturforschungen durchgeführt hat, was ihr gar den Titel der „erste(n) deutsche(n) Naturforscherin auf dem Gebiet der Zoologie und Botanik"[5] eingetragen hat.

Auf der anderen Seite steht freilich das Urteil einer anerkannten Hildegardkennerin wie Chr. Meier, die in einem detaillierten Vergleich zwischen dem „Anticlaudianus" des Alanus ab Insulis und den Visionen Hildegards gerade auf das Fehlen empirisch-anschaulicher Bezüge bei letzteren hinweist: So spiele bei den Personifikationen der Tugenden in „Scivias" deren anschauliche Schönheit kaum eine Rolle, in Hildegards Visionen gebe es im Unterschied zum *locus amoenus* bei Alanus keine zusammenhängende Landschaft, vielmehr seien „einzelne Landschaftselemente, insbesondere der Berg, als Significanten in die Visionsbilder eingefügt, und sie erhalten ihre präzise Auslegung." Die Ungewöhnlichkeit und Unzugänglichkeit der Attribute mache in jedem Einzelzug eine Auslegung erforderlich, so daß alle Personen, Dinge, Qualitäten „restlos in Significate und Significatverbindungen auflösbar" seien.[6] Die Empiriefremdheit wird auch von anderen Forschern hervorgehoben[7], so daß insgesamt der Bezug des Menschen zu den Phänomenen der Natur und zum Kosmos im ganzen in den Visionen Hildegards nach wie vor Fragen aufwirft.

In diesem Beitrag sollen zunächst einige der kosmischen Visionen Hildegards in ihrer Eigenart skizziert werden. Sodann wird die Ebene untersucht, auf der sich Hildegards kosmische Aussagen bewegen, wobei sich herausstellen wird, daß es sich hier weniger um eine objektsprachliche als vielmehr um eine metasprachliche Ebene handelt. Dem entspricht, daß Hildegard bei der Deutung des Bezuges Mensch — Kosmos selbst oft sprachliche Kategorien verwendet und dieses Verhältnis insgesamt als eine umfassende Sprache versteht. Im Anschluß daran wird der normative Charakter ihrer Visionen thematisiert, der den eigentlich kosmischen Moralismus ausmacht. Abschließend werden die Struktureigenschaften des kreatürlichen Seins betrachtet, auf die sich der Mensch bei der von ihm verlangten Deutung seines kosmischen Bezuges stützen soll. Dabei wird vor allem die dialogische Verfassung des Seins zur Sprache kommen.

Die bedeutendsten Kosmosvisionen finden sich in Sc. I, 3 und in LDO, 2—4. In beiden Visionswerken wird eindringlich auf das überaus

---

[5] E. Wasmann, Die hl. Hildegard von Bingen als Naturforscherin, in: Festschrift f. Georg v. Hertling zum 70. Geburtstag, dargebr. v. d. Görres-Gesellschaft, München 1913, 475.
[6] Chr. Meier, Zwei Modelle von Allegorie im 12. Jahrhundert: Das allegorische Verfahren Hildegards von Bingen und Alans von Lille, in: Formen und Funktionen der Allegorie, hg. W. Haug, Wolfenbüttel 1979, 74 sq.
[7] K. Th. Kraft, l. c., 196.

helle Licht verwiesen, in dessen Glanz die Visionen aufsteigen, wobei jedoch Auge und — durch die gleichzeitig erschallende himmlische Stimme — Ohr gleichermaßen angesprochen werden, nicht in ihrer alltäglichen Funktion als äußere Sinne, sondern als innere Sinne; von den anderen Mystikerinnen des Mittelalters unterscheidet sich Hildegard jedoch dadurch, daß sie ihre Visionen bei wachem Bewußtsein empfängt, ja sogar bei geöffneten Augen.[8]

Die beiden Visionen Sc. I, 3 und LDO, 2 sehen den Menschen in seiner Verflochtenheit in den Kosmos und stützen sich gleichzeitig auf die Kosmologie ihrer Zeit. Daß es indessen nicht um empirische Wahrheiten geht, zeigt sich schon daran, daß der Seherin in ihrer ersten Vision der Kosmos eiförmig erscheint, während er in LDO die Gestalt eines Rades hat. Die spätere Vision bedeutet aber nicht etwa eine Korrektur der ersten, vielmehr unterscheiden sich, wie die himmlische Stimme selbst erläutert, Ei und Rad hinsichtlich ihres Symbolgehalts, auf den es folglich vor allem ankommt: ähnlich wie die Welt sich in ihren Elementen differenziere, weise auch das Ei verschiedene Schichtungen auf, während wiederum das Rad die „*circuitio et recta mensura eorumdem elementorum*"[9] bedeute.

Im übrigen weisen beide Visionen in ihrem Symbolgehalt große Ähnlichkeit auf. In Sc. besteht die äußere Schicht aus einem sehr hellen Feuer, darunter befindet sich eine finstere „Haut". In dem hellen Feuer schwebt ein Feuerball, d. i. die Sonne, dem drei über ihm stehende Leuchten, d. h. drei Planeten, mit ihrer Glut Halt geben. In der finsteren Haut brennt gleichfalls ein Feuer, allerdings nicht hell, sondern von schrecklicher Düsternis und voller Getöse. Darunter ist eine Ätherschicht, in der eine weitere Feuerkugel — der Mond — und wiederum zwei Leuchten — die beiden restlichen Planeten — schweben. Unterhalb der Ätherschicht befindet sich eine hin- und herflutende dunstige Luftschicht, der Feuchtigkeit entströmt. Inmitten dieser Schichten erscheint schließlich die Erde als eine riesige Sandkugel, die von den Elementen im Gleichgewicht gehalten wird und durch einen Berg in eine helle Ost- und eine finstere Nordseite geteilt wird. Von allen Schichten gehen Winde aus, die jeweils das gesamte Gebilde durchwehen.

Die zweite Vision in LDO (siehe Titelei) ist in ihrem Aufbau ähnlich strukturiert. Freilich wird das hier gezeigte, radförmige Bild des Kosmos in der Brust eines Mannes gesehen, dessen Kopf durch den Kopf eines anderen, bärtigen Mannes gekrönt wird. Auch hier bildet eine lichte Feuerzone, diesmal in Kreisform, die äußere Hülle; darunter befindet sich ein schwarzfeuriger, mit dem ersten eng verbundener Kreis; unter diesem sieht man wiederum einen Kreis, der seinerseits drei konzentrische Luft-

---

[8] Hildegardis Scivias, ed. A. Führkötter u. A. Carlevaris, Turnholti 1978 (= Corpus Christianorum, Continuatio Mediaevalis, Bd. 43 u. 43 A, Abk. CC 43, CC 43 A), 4.
[9] LDO, PL 755 D.

kreise umschließt. Die innerste dieser Luftschichten enthält die Erde in Gestalt einer Kugel. Mitten in dem Rad steht ein Mensch mit ausgebreiteten Armen, der bis zu der mittleren Luftschicht reicht. Über seinem Haupte sind die sieben Planeten angeordnet, in deren Mitte die Sonne steht; diese findet sich auch noch an zwei weiteren Stellen des schwarzfeurigen Kreises. Den Winden kommt in dieser Vision gegenüber Sc. noch gesteigerte Bedeutung zu. In den verschiedenen Kreisen nimmt die Seherin Tierköpfe wahr, von denen insgesamt vier Haupt- und acht Nebenwinde ausgehen und den Kosmosmenschen anhauchen. Von verschiedenen Tierköpfen, den Sternen und Planeten gehen leuchtende Linien aus, die teilweise den Menschen durchschneiden und dem ganzen Gebilde ein netzartiges Aussehen verleihen.

Es handelt sich hier um Visionen, bei denen es, wie gesagt, nicht um empirische Wahrheit geht. Die Eingangsbemerkung zu LDO, die Wahrheit der Visionen sei nicht *„de humano sensu"*[10], darf man wohl auch in diesem Sinne verstehen. Der nicht-empirische Charakter zeigt sich z. B. an der Eigentümlichkeit, daß die Sonne jeweils in der Reihe der Planeten den mittleren Platz einnimmt, und zwar mit der Begründung, sie müsse von den über ihr stehenden Leuchten gehalten werden, damit sie nicht aus ihrer Bahn gerate.[11] Es spielt keine Rolle, ob Hildegard sich hier auf irgendeine kosmologische Theorie berufen kann[12], in der sich solche Aussagen finden, da es ihr keineswegs um Kosmologie im Sinne einer theoretischen Synthese empirischer Erkenntnisse geht.

Um was geht es ihr aber sonst? Zunächst ist zu bedenken, daß Hildegard sich innerhalb der allegorischen bzw. symbolischen Denk- und Darstellungsweise ihrer Zeit bewegt. Die Visionen selbst sind ein unmittelbares Erlebnis des inneren Sinnes, die Ausdeutung jedoch, auch wenn sie auf Weisung der himmlischen Stimme erfolgt, bewegt sich in den Bahnen ihrer Zeit, und zwar theologisch wie literarisch. So sind die drei über der Sonne stehenden Planeten Symbole der Trinität; über der Sonne, die den eingeborenen Sohn symbolisiert, stehen sie deshalb, weil nur in ihrem Rahmen die Göttlichkeit Christi zu sehen ist, der vom Himmel zur Erde herabstieg.[13]

Der Symbolgehalt ist in diesem Fall wie in vielen anderen Fällen stärker als die empirische Wahrheit, die als solche hier gar nicht in den Blick rückt. Dieser Umstand kann als Erklärung dafür dienen, daß, wie Chr. Meier hervorhebt, einerseits in den Visionen Hildegards der Kosmos in seiner Schönheit und in seiner naturgesetzlichen Bestimmtheit nur selten Gegenstand der Betrachtung ist, während anderseits die nicht-visionären

---

[10] Ibid., 742 B.
[11] Sc., CC 43, 40.
[12] K. Th. Kraft, l. c., 178.
[13] Cf. Sc., CC 43, 43.

naturkundlichen Schriften oft zwar auch von einer symbolischen Sichtweise beherrscht werden, ohne daß jedoch die naturwissenschaftliche Wahrheit in den Hintergrund gedrängt wird. Die Blickrichtigung ist hier eine andere: wenn es z. B. um konkrete Heilungsmöglichkeiten bei einer Krankheit geht, haben die realen, empirischen Eigenschaften einer Pflanze einen ganz anderen Stellenwert, als wenn es um ihren Symbolwert geht. Bei dem Symbolwert spielt der empirische Wert nur die Rolle, die für die Verständlichkeit des Symbols unbedingt erforderlich ist, im Falle der Sonne z. B. ihr strahlender Glanz, der ihr die Eignung verleiht, als Symbol des eingeborenen Sohnes in Gott, der „Sonne der Gerechtigkeit",[14] zu fungieren.

Mit dem Hinweis auf den Symbolismus bzw. Allegorismus in den Visionen Hildegards ist es indessen nicht getan. Die Unterschiedlichkeit ihrer Blickrichtungen enthüllt sich, wenn man in ihren Aussagenkomplexen zwischen Objektstufe und Metastufe unterscheidet. Die objektstuflichen Aussagen in den naturkundlichen Schriften beziehen sich auf die realen, oft durch eigene Anschauung[15] ermittelten Eigenschaften der natürlichen Dinge, deren kausale Beziehung zum Menschen dann oft allerdings durch bloße Analogien begründet wird. So hält Hildegard z. B. das Fleisch des Schweines für ungesund, weil sich seine Hitze mit der des Menschen verbinde und durch dieses Übermaß an Temperatur beim Menschen schlechte Taten und Sitten bewirke.[16] Eigene Naturbeobachtung führt sie offenbar zu der Einsicht, daß Feuersalamander und Blindschleiche ungefährliche Tiere seien.[17]

Während die naturkundlichen Schriften überwiegend objektsprachlichen Charakter haben, bewegen sich Hildegards Visionsschriften überwiegend auf einer metasprachlichen Ebene, was im folgenden zu begründen ist.

Die oben beschriebene zweite Vision aus LDO benutzt das traditionsreiche[18] Bild des Kosmosmenschen, welches dann in der vierten Vision ebenso wie in „Causae et Curae" zur detaillierten Darstellung des Mikrokosmos/Makrokosmos-Schemas verwendet wird: *„Deus enim hominem secundum firmamentum plasmavit."*[19] Was die Verwendung des Schemas Objektstufe/Metastufe nahelegt, ist zunächst der Umstand, daß die Vision des Kosmosmenschen offenbar in erster Linie nicht die realen empirischen Eigenschaften des Kosmos betrifft, sondern vielmehr die Art und Weise, wie sich der Mensch, selbst innerhalb des Kosmos wandelnd, zur Schöp-

---

[14] Ibid.: „*sol iustitiae*".
[15] Cf. E. Wasmann, l. c., 464.
[16] Liber Subtilitatum diversarum naturarum creaturarum (Physica), PL 1326 A.
[17] Ibid., 1341 A.
[18] Cf. H. Liebeschütz, l. c., 86 sqq.; M. Kurdzialek, Der Mensch als Abbild des Kosmos, in: Der Begriff der Repraesentatio im Mittelalter. Stellvertretung, Symbol, Zeichen, Bild, ed. A. Zimmermann, Berlin/New York 1971, 35–75, 54–56.
[19] LDO, PL 814 D.

fung verhält und verhalten soll: „*Quod autem in medio rotae istius imago hominis apparet, ... hoc designat, quod in structura mundi quasi in medio eius homo est, quia caeteris creaturis in illa degentibus potentior existit, statura quidem pusillus, sed virtute animae magnus; caput scilicet sursum, pedes vero deorsum, ad elementa tam superiora quam inferiora movendo, necnon a dectris et a sinistris operibus, quae manibus operatur, illa penetrando, quoniam in viribus interioris hominis potentiam hanc operandi habet.*"[20] In Sc. I, 3 verwendet Hildegard zwar nicht das Bild vom Kosmosmenschen — in der Vision selbst taucht der Mensch gar nicht auf —, jedoch wird der Mensch in der durch die göttliche Stimme gegebenen Erläuterung noch stärker in das Bild einbezogen als in LDO: soll doch die Sandkugel deutlich (*manifeste*) auf den Menschen hinweisen (*ostendit*), der in der Stärke der Geschöpfe Gottes (*in fortitudine creaturarum Dei*) als einziges Wesen in tiefer Betrachtung dastehe (*profundae considerationis ... degentem*) und von der Kraft der Geschöpfe so umgeben sei, daß er auf keine Weise von ihnen getrennt werden könne.[21] In dieser Auslegung wird die Erde als Symbol des Menschen gesehen, so daß hier nicht einmal die Rede ist vom Menschen als einem Mikrokosmos, sondern gerade umgekehrt die Erde als überdimensionaler Mensch erscheint.[22] Die einzige empirische Eigenschaft, die die Verbindung zwischen Mensch und Erde herstellt, ist hier die sandige Beschaffenheit der Erde, der die lehmige Masse beim Menschen entspricht.[23]

Die Kosmosvisionen sagen mithin nicht viel aus über die Beschaffenheit des Kosmos, eine ganze Menge aber über die Beziehung des Menschen zum Kosmos, genauer: sie sagen etwas darüber aus, wie sich der Mensch im Ganzen des Kosmos verstehen soll, und sie sagen es auf eine Weise, die sich für den Menschen nicht von selbst aus den natürlichen Eigenschaften des Kosmos ergibt.

Bei dem Gesamtkomplex der Visionsschilderungen sind nun verschiedene Stufen zu unterscheiden. Da sind zunächst die Visionen selbst, die der Seherin keine sachhaltigen Informationen über die kosmische Wirklichkeit mitteilen, so wie sie sich der natürlichen, auf der Sinneswahrnehmung aufbauenden Erkenntnis präsentiert. Die kosmischen Visionen mitsamt den durch die himmlische Stimme gegebenen Erläuterungen sagen etwas über die Beziehung zwischen Mensch und Kosmos aus und bewegen sich deshalb im Vergleich zur alltäglichen Wahrnehmung der Wirklichkeit — die sich auf Objekte beziehen — auf einer Metaebene. Sie sagen etwas darüber aus, wie sich der Mensch auf die Gegenstände des geschöpflichen Seins bezieht und beziehen soll. Von den Visionen selbst ist die Niederschrift der Visionen zu unterscheiden, die allein dem Leser zugänglich ist,

---

[20] Ibid., 761 B/C.
[21] Sc., CC 43, 48.
[22] Cf. K. Th. Kraft, l. c., 290.
[23] Cf. Sc., CC 43, 48.

ihn aber natürlich nicht an den Visionen teilnehmen läßt. Der Bericht über die Visionen ist ungeachtet des Bemühens, das Erlebte so getreu wie möglich wiederzugeben, von diesen selbst verschieden und so immer auch ein Bericht über die Bilder und die Sprache, durch die die Visionen erläutert werden.[24] Dieser Bericht befindet sich mithin auf einer weiteren, darüber gelagerten Metastufe, so daß im ganzen drei Stufen zu unterscheiden sind: die erste ist die natürliche, alltägliche Wahrnehmung der Wirklichkeit. Von dieser hat sich die Seherin während ihrer Visionen gelöst. Die zweite ist die Ebene der Visionen, auf der der Seherin mitgeteilt wird, welchen Platz der Mensch in Wahrheit im Kosmos einnimmt und wie er sich dementsprechend zu verhalten hat. Die dritte ist die Niederschrift der Visionen, durch die Hildegard die Kernaussagen der zweiten Ebene allgemein zugänglich zu machen sucht. Daß man diese Stufen mithilfe des Objekt- und Metaschemas deuten kann, dürfte einleuchten. Ist es aber berechtigt, hier von objekt- und metasprachlichen Stufen zu reden? Die Antwort hängt davon ab, welche Weite man dem Begriff der Sprache geben will. In der Linguistik heißt eine Sprache dann Objektsprache, „wenn sie Objekt einer metasprachlichen Beschreibung ist" (a), „wenn sie sich auf Objekte bezieht, die selbst nicht sprachlich sind" (b), „wenn sie sich auf außersprachliche Objekte bezieht und wenn sie zugleich Objekt einer metasprachlichen Beschreibung ist" (c)[25], wobei das Verhältnis dieser Möglichkeiten zueinander disjunktiv zu verstehen ist. „Metasprache heißt jede Sprache (...), die sich auf Sprache (...) bezieht. Metasprache ist demnach in jedem Falle Sprache über Sprache."[26] Folgt man diesen Definitionen, so klann man die Visionen nur dann als metasprachlich deuten, wenn sie eine Sprache zum Objekt haben. Diese Objektsprache ihrerseits kann, muß sich aber nicht auf nichtsprachliche Objekte beziehen, so daß die Kernfrage sich offenbar darauf richtet, ob die Visionen eine Objektsprache zum Gegenstand haben, und ggf. welche.

Natürlich ist in den Visionen nicht direkt von einer Sprache die Rede, und schon gar nicht in einem bloß beschreibenden Sinn. Sie beziehen sich vielmehr auf den ganzen Menschen in seiner Stellung zum Kosmos und zu Gott. Man kann sich den Gegenstand der Visionen in ihrer Gesamtheit als Dreieck vorstellen mit den Eckpunkten Mensch/Kosmos/Gott, wobei das Problem, daß der Mensch gleichzeitig Teil des Kosmos ist, im Augenblick außerhalb der Betrachtung bleibt. Hildegard selbst beschreibt das Verhältnis durch die prägnante Formel, der Mensch sei „*opus ... Dei cum omni creatura existens*"[27]. Es besteht kein Zweifel daran, daß die Visionen

---

[24] Cf. P. Dinzelbacher, Mittelalterliche Visionsliteratur, Darmstadt 1989, 196.
[25] Lehrgang, Sprache, Einführung in die moderne Linguistik, hg. Dt. Institut f. Fernstudien a. d. Univ. Tübingen, Lieferung 1, Weinheim/Basel 1974, 123.
[26] Ibid., 124.
[27] LDO, PL 888 C; cf. H. Schipperges, Zur ‚Konstitutionenlehre' Hildegards von Bingen, in: Arzt und Christ 4 (1958), 93 sq.

Hildegards das Ganze dieses Beziehungskomplexes im Auge haben und nicht irgendeine Spezial- oder Alltagssprache im normalen Sinne. Bei der Beziehung des Menschen zum Kosmos geht es somit immer um den ganzen Menschen in seinem Sein und in seinem Verhalten. Trotzdem ist die Verwendung sprachlicher Kategorien zur Kennzeichnung dieser Beziehung dem Wesen des Hildegardschen Denkens nicht fremd. Es ist auffällig, wie oft Hildegard selbst in ihrer Wiedergabe der himmlischen Erläuterungen der Visionen sprachliche Begriffe verwendet, und zwar gerade dann, wenn es um das Schicksal des Menschen insgesamt geht. Die große Schlußvision aus LDO kann dies beispielhaft verdeutlichen. Der Antichrist, so heißt es dort, werde in die Stirnen seiner Anhänger eine „Schrift" einzeichnen und ihnen dadurch alle Bosheit der Welt zuschicken. Die Schrift werde bewirken, daß die Menschen Gott als den Schöpfer von allem verleugnen und in der Verheißung noch größerer Geistesgaben leben würden, als Christus sie seinen Gläubigen verliehen habe. Diese Schrift werde die Menschen zum Abfall von Gott verleiten, so daß sie nur noch das verehren würden, was sie als Luzifer gefällig ansähen. Gott werde indessen den Urheber dieser Schrift vernichten, während die Schrift des Hl. Geistes Bestand haben werde.[28]

Von zwei Schriften ist hier die Rede, d. h. von zwei Zeichensystemen, die die Wirklichkeit im ganzen — Gott und seine Schöpfung — in je verschiedenem Lichte, also in verschiedenen Perspektiven, erscheinen lassen. Die Schrift, die dem Menschen eingeprägt ist, ist offenbar eine Sprache, die das Verhältnis zwischen Mensch, Schöpfung und Schöpfer betrifft. Sie ist Ausdruck und Struktur dieses Verhältnisses in einem. Der Antichrist, der eine neue, bisher unbekannte Schrift bringt, vermittelt somit dem Menschen nicht lediglich ein neues künstliches Zeichensystem, welches die Existenz des Menschen nicht weiter berühren würde: er verändert vielmehr durch diese Schrift das Verhältnis des Menschen zu sich selbst und zur Wirklichkeit im ganzen, indem sie es in ein neues „Licht" taucht. Die Wirklichkeit selbst ist dadurch wiederum mehr als auf eine bloß äußerliche Weise tangiert. Aus vielen Stellen der Visionsschriften geht der ontologische Charakter der Sprache deutlich hervor. So bewirkt der Antichrist, indem er den Menschen eine neue „Schrift" und damit eine andere Sicht der Wirklichkeit aufdrängt, gleichzeitig eine Verwandlung und Selbstverhüllung der geschöpflichen Wirklichkeit: „*Potestas namque ipsius usque ad labrum venti procedit; ita quod aerem videtur commovere ignemque de coelo educere et fulgara, tonitrua ac grandines producere, montes etiam evertere, aquas exsiccare, silvis viriditatem suam auferre, eisque iterum sucum suum reddere. Tales quippe illusiones in diversis creaturis ostendit, scilicet in umore, in viriditate et in siccitate earum.*"[29] Die kreatürliche Wirklichkeit wird durch die neuen

---

[28] LDO, PL 1032 B sqq.
[29] Sc., CC 43 A, 591.

Schriftzeichen in einen anderen Schein getaucht, der nicht nur Schrecken hervorruft, sondern die Menschen durch *pulchritudo"*, *„dulcedo"* und *„suavitas"*[30] betört. Daß dies das Resultat der neuen Schriftzeichen ist, die einen Zusammenhang zwischen geschöpflicher Wirklichkeit und Mensch schaffen und dadurch beide verändern, betont Hildegard ausdrücklich, wenn sie sagt, der Teufel treibe sein Spiel mit den Menschen, indem er sie alles, was er ihnen zeige, für wahr halten lasse („*ipsi putant quod verum sit, quidquid eis ostenderit)*"[31]. Dies gelinge ihm dadurch, daß er die Wirklichkeit den Menschen in anderen Zeichen (*portenta*) präsentiere.

Allerdings ist dies alles, gemessen an dem wahren, endgültigen Sein der Dinge, nur Lug und Trug und ohne Bestand. Eine Wende wird durch die beiden am Ende der Zeiten wiederkehrenden Propheten Elias und Henoch herbeigeführt, die durch die Straßen eilen und wiederum andere Zeichen (*signa*) setzen werden, Zeichen, die auf festen Felsen gegründet sind und die Wirksamkeit der falschen Zeichen[32] brechen.

So ist zwar das wahre, endgültige Sein der Dinge durch die falschen Zeichen nicht tangiert, was jedoch nicht bedeutet, daß die Schrift, d. h. die Sprache, d. h. die Zeichen, durch die der Mensch die Wirklichkeit wahrnimmt, dieser selbst äußerlich wären. Die falschen Zeichen, durch die sich der Mensch betören läßt, hängen mit der geschöpflichen Wirklichkeit etwa so zusammen, wie der Sündenfall des Menschen mit der Beeinträchtigung der Elemente zusammenhängt[33]; auch hier erfolgt keine im metaphysischen Sinn endgültige Verwandlung, aber doch eine schwere Beeinträchtigung der Funktionsabläufe. Die ontologische Bedeutung der Sprache wird in der besprochenen Stelle allein schon dadurch deutlich, daß die Propheten Henoch und Elias eine Änderung nur dadurch herbeiführen, daß sie die geschöpfliche Wirklichkeit dazu zwingen, die Selbstverhüllung aufzugeben und sich erneut in anderen, diesmal wahren, d. h. endgültigen Zeichen zu präsentieren.

Diese Bedeutung der Sprache ergibt sich auch aus den diversen Interpretationen des Schöpfungsberichts und des menschlichen Urzustandes. Besonders deutlich tritt sie in der vierten Vision in LDO zutage, wo dem Menschen nach seiner Erschaffung von Gott die Aufgabe übertragen wird, *„per tubam vocis rationalis"*, also durch die vernunftgeprägte Sprache, die geschöpflichen Wunder zu verkünden: *„Deus enim omnes creaturas propter illum creavit, eique in oculo veri amoris per rationalitatem ipsum praedicare et laudare concessit."*[34] In immer erneuten Wendungen beschreibt sie den Sinn des Wortes, das Mensch, Schöpfung und Gott miteinander verbindet,

---

[30] Cf. ibid., 593.
[31] Ibid.
[32] Cf. ibid., 596/597.
[33] Cf. Anm. 100.
[34] LDO, PL 885 B.

wobei der Prolog des Johannesevangeliums den Interpretationshintergrund bildet. Im Grunde ist in der knappen Formulierung „*parvum opus, quod homo est, in me dictavi*"[35] alles enthalten: Gott spricht in sich selbst die „kleine Welt", d. h. den Menschen aus, der damit zu einem Mikrokosmos und so zum Ausdruck der gesamten geschöpflichen Wirklichkeit wird. Wenn es also weiter heißt: „*Deus in homine tam superiores quam inferiores creaturas signavit*"[36], so ist diese signatio mehr als nur eine Redeweise; sie bedeutet, daß sich im sprachlichen Zeichen Mensch und Schöpfung begegnen, denn der Mensch erfaßt das Wesen der Kreatur nicht anders als durch Namen (*nomina*)[37], durch Namen, die wiederum Ausdruck der geschöpflichen Wirklichkeit sind, denn: „*Quando enim verbum Dei sonuit, idem verbum in omni creatura apparuit, et idem sonus in omni creatura vita fuit.*"[38] So stellt das Wort, welches göttlichen Ursprungs ist, eine Art Intentionszentrum dar, in welchem sich Mensch und Geschöpf verbinden. Das Wort erweckt die Geschöpfe zum Leben und stellt sie in ein „tönendes Licht", welches gleichzeitig das Leben des Menschen ist: „*vita quae creaturas suscitaverat, vita vitae hominis, quia per eam vivit.*"[39] Die Sprache, die göttlichen Ursprungs ist, macht das Leben und Wesen der geschöpflichen Wirklichkeit aus; die Sprache des Menschen verhilft dieser Wirklichkeit zum Selbstausdruck und führt sie so zu ihrem göttlichen Ursprung zurück. Deshalb soll der Mensch die Kreaturen erkennen, d. h. durch Namen bezeichnen, und stellt durch seine lichterfüllte Sprachlichkeit[40] die anderen Geschöpfe selbst in sein Licht: „*Homo enom quasi lux aliarum creaturarum in terra commemorantium est, quae multoties ad ipsum currunt, et qui eum multo amore lambunt.*"[41] Dabei ist Sprache stets als Einheit von äußerem Zeichen und Vernunft zu sehen.[42]

Die ontologische Bedeutung der Sprache rechtfertigt es in der Tat, „*verbum*" neben „*opus*" als eines der beiden Leitbilder von LDO zu bezeichnen[43]. Dabei ist Sprache zwar primär im Sinne eines allumfassenden Symbolismus zu sehen, in den aber die menschliche Sprache in engerer Bedeutung voll einbezogen ist. Wenn Hildegard sagt, der Mensch erkenne die Dinge, indem er ihnen Namen verleihe, so bezieht sie sich damit einerseits auf die mikrokosmische Seinsform des Menschen, in dessen Leiblichkeit das gesamte Weltall „eingezeichnet" ist. In der vierten Vision

---

[35] Ibid., 889 B.
[36] Ibid., 886 C.
[37] Ibid., 889 B.
[38] Ibid., 890 D.
[39] Ibid., 891 C/D.
[40] Ibid., 894 C: „*Homo autem designatum opus et lumen a Deo est.*"
[41] Ibid., 895 A.
[42] Cf. ibid., 890 C.
[43] Cf. H. Schipperges, Hildegard von Bingen — ein Zeichen für unsere Zeit, Frankfurt/M. 1981, 122 sq.

in LDO zählt sie die Beziehungen im einzelnen mit fast buchhälterischer Genauigkeit auf. Sie bezieht sich aber andererseits auch auf die besonderen Erkenntnisfunktionen des Menschen, die sich in der Einheit von Vernunft und Wort, also in der Sprache, vollziehen. Schon ihr eigener Versuch zur Schaffung einer Geheimsprache weist auf die Bedeutung hin, die sie in der Sprachlichkeit des Menschen sieht.[44] Wenn alles, was in Gottes Ordnung steht, einander „Antwort" gibt[45], so fällt dem Menschen mit seiner spezifischen Sprachlichkeit zweifellos eine besondere Aufgabe zu.

Diese Ausführungen gingen von der These aus, daß sich die Hildegardschen Kosmosvisionen zu empirischen Aussagen verhalten wie die metasprachliche Ebene zur objektsprachlichen Ebene. Metasprachlichen Charakter haben die Visionen insofern, als sie zwar das Verhältnis des Menschen zur Schöpfung insgesamt zum Gegenstand haben, dieses jedoch mit sprachlichen Kategorien interpretieren. Das Verhältnis des Menschen zur geschöpflichen Wirklichkeit ist insofern sprachlich bestimmt, als die vernunftbestimmten sprachlichen Zeichen[46] in ihrer Gesamtheit den Horizont abstecken, in dem die geschöpfliche Wirklichkeit gedeutet wird. In ihrem „Licht" erscheint die Wirklichkeit — entweder in ihrer wahren Gestalt oder, wie im Falle der Täuschung durch den Antichristen, in einer falschen Scheingestalt. So reden die Visionen, indem sie vom Verhältnis zwischen Mensch, geschöpflicher Wirklichkeit und Gott sprechen, gleichzeitig von der Sprache, mit der der Mensch die Wirklichkeit deutet.

Metasprachlichen Charakter haben die Visionen und ihre schriftliche Fixierung noch auf eine andere Weise. Eine Metasprache beschreibt nicht nur eine gegebene Objektsprache, sie bewertet auch einzelne Äußerungen innerhalb dieser Sprache, so z. B. in dem Satz „Der Satz ‚Rosemarie sagt, sie hat ein neues Auto gekauft', ist kein wohlgeformter Satz der deutschen Sprache."[47] Auf eine grundsätzlichere, aber auch umstrittenere Weise betritt man metasprachlichen Boden mit allen Wahrheitsbehauptungen oder -bestreitungen[48], so etwa mit dem Satz: „Die Behauptung ‚Die Berliner Mauer wird auch in einhundert Jahren noch stehen', ist falsch." Auf noch grundsätzlichere Weise überschreitet die Metasprache die Objektsprache wertend z. B. in dem folgenden Satz: „Es gibt vielleicht Dinge, die sich ereignen können und sich tatsächlich ereignen, die einer neuen und besseren Sprache bedürfen, um sie darin zu beschreiben."[49]

---

[44] Cf. R. Wolff, Herrschaft und Dienst in Sprache und Natur. Geistverwandtes bei Hildegard von Bingen und Stefan George, in: Hildegard von Bingen 1179—1979. Festschrift zum 800. Todestag der Heiligen, ed. A. Ph. Brück, Mainz 1979.
[45] Cf. Anm. 85.
[46] Cf. LDO, PL 890 C: „*rationalitas verbum in se habet et in rationalitate est verbum.*"
[47] Cf. J. Lyons, Semantik, Bd. II, München 1983, 15 sqq.
[48] Cf. J. Hennigfeld, Die Sprachphilosophie d. 20. Jahrhunderts, Berlin/New York 1982, 96 sqq.
[49] J. Austin, The Meaning of a Word, zit. nach J. Hennigfeld, l. c., 123.

Auf welcher Ebene bewegen sich Hildegards Visionsschriften, soweit sie metasprachlichen Charakter haben? Bei der Antwort hierauf wird die moralische Grundintention deutlich, die die kosmischen Visionen leiten. Der Objektsprache entsprechen in ihren Visionen die Beziehungen des Menschen zur geschöpflichen Wirklichkeit, die, wie dargelegt, durch Zeichen, also durch Sprache, bestimmt sind. Anders aber als auf der mit dem ersten Beispielsatz betretenen Ebene beschreiben diese Visionen nicht nur das tatsächliche Verhalten innerhalb eines vorgegebenen Rahmens, sondern gehen in einem normativen Sinne weit darüber hinaus. Die Visionen haben zwar in ihren heilsgeschichtlichen Aussagen auch das tatsächliche Verhalten des Menschen im Blick, jedoch wird nie ein Zweifel daran gelassen, daß es sich um Aufforderungen an den Menschen handelt. Insgesamt stellen sie eine Synthese von Sollens- und Seinsaussagen dar, die sich an einer metaphysischen Kongruenz beider Ebenen orientiert. Es ist so gewiß kein Zufall, wenn die Visionen selbst eingerahmt sind von eindeutigen Aufforderungen, die in teilweise sich wiederholenden Standardformulierungen vorgetragen werden: „*Scribe quae vis et audis.*"[50] „*Clama ergo et scribe sic.*"[51] „*Qui autem acutas aures interioris intellectus habet; hic in ardente amore speculi mei ad verba haec anhelet, et ea in conscientia animi sui conscribat.*"[52] „*Omnis itaque homo qui Deum timet et diligit, verbis istis devotionem cordis sui aperiat, eaque et ad salutem corporum et animarum hominum, non quidem ab homine, sed per me qui sum prolata sciat.*"[53] Diese Aufforderungen wollen den Menschen nicht nur ermahnen, das, was er ohnehin schon tut, im Rahmen der faktisch akzeptierten Regeln noch besser zu machen. Sie haben den Charakter von Rilkes Archaischem Torso Apollos: „Du mußt dein Leben ändern!"

Wenn von der falschen, die Menschen betörenden Sprache des Antichristen die Rede ist, so scheint dies der mit dem zweiten Beispielsatz betretenen Ebene zu entsprechen, da ja von Falschheit und Wahrheit die Rede ist. Trotzdem gehen die in den Visionen zum Ausdruck kommenden Intentionen darüber hinaus. Sie wollen dem Menschen nicht nur sagen, daß er innerhalb der Sprache, deren er sich bediene, etwas Falsches sage, was durch einen neuen Versuch richtiggestellt werden könne; vielmehr wollen sie dem Menschen sagen, daß seine Sprache überhaupt von Falschheit durchsetzt ist. Dies gilt in extremer Weise für die vom Antichristen gestiftete Sprache, aber es gilt in abgeschwächter Form für jede menschliche Sprache nach dem Sündenfall: sie ist durchsetzt mit „teuflischen", d. h. trügerischen Zeichen, die dem Menschen die geschöpfliche Wirklichkeit in ihrer Wahrheit verstellen: „*Ipse (diabolus) eis (hominibus) fallaciter*

---

[50] Sc., CC 43, 5.
[51] Ibid., 6.
[52] Ibid., 43 A, 461.
[53] LDO, PL 790 C.

loquens et ostendens quod velut creaturam unam inspiciant et alia exsistat.", in der Übertragung von M. Böckeler, die hier freilich mehr interpretiert als übersetzt: „Den Teufel selbst sehen und hören sie, während er sie mit Worten und Zeichen betrügt, so daß sie ein Geschöpf für ein anderes halten, als es in Wirklichkeit ist."[54] Die Beschreibung dieses Sachverhalts ist gleichzeitig Kritik an ihm, so daß Hildegard in der Tat permanent auf Dinge hinweist, die sich ereignen können und tatsächlich ereignen, aber einer neuen und besseren Sprache bedürfen[55]. Der eigentümliche kosmische Moralismus in den Visionen Hildegards zeigt sich auf sehr grundsätzliche Weise an der Feststellung, daß die Geschöpfe durch die „Posaune der Sprache" („*per tubam vocis*")[56] im Menschen zum Lobpreis Gottes werden sollen, der Mensch hingegen, indem er sich durch falsche Zeichen verführen läßt, diesem Auftrag nur unvollkommen nachkommt, so daß die Elemente durch die Schuld des Menschen selbst in Verwirrung geraten, über den Menschen Klage führen und sich gegen ihn empören: „*Creatura ... homine inobedientiam arripiente, ita quod Deo inobediens fuit et tranquillitatem suam relinquit et inquitudinem suscepit.*"[57]

Hildegards Visionen sind, wie bereits erwähnt, von einer insbesondere für das frühe Mittelalter charakteristischen Verflechtung von Seins- und Sollensaussagen geprägt. Diese Verflechtung beruht in erster Linie darauf, daß der Kosmos in seiner jetzigen Gestalt selbst von diesem Ineinander von Sein und Sollen bestimmt wird: er selbst ist betroffen durch die Reihenfolge „*constitutio*", „*destitutio*", „*restitutio*".[58] Die finstere, nördliche Region ist der Ort des Teufels, über dem nach seinem Abfall keine Sonne strahlt. Er wird von einer Finsternis beherrscht, von der seit seinem Sündenfall auch der Mensch betroffen ist.[59] Gut und Böse wechseln bei ihm ab wie die verschiedenen Mondphasen[60], und wie helle und dunkle Jahreszeiten einander ablösen, so auch die moralischen Einstellungen des Menschen. Der Schmutz der Erde, bedingt durch den Wechsel von kalter und warmer Jahreszeit, macht sie zum Fruchttragen bereit, so wie die Seele, nachdem sie der fleischlichen Versuchung nachgegeben hat und in der Fäulnis ihrer Sünden liegt, sich des Guten erinnert und wieder den Tugenden zuwendet.[61] Das klingt fast so, als sei der Mensch entsprechend seinem natürlichen Eingebundensein in den Kosmos periodisch zum Bösen

---

[54] Sc., CC 43, 53; Hildegard von Bingen, Wisse die Wege. Scivias. Nach dem Originaltext des illuminierten Rupertsberger Kodex ins Deutsche übertragen und bearbeitet von M. Böckeler, Salzburg 1954, 116.
[55] Cf. Anm. 49.
[56] Cf. Anm. 34.
[57] Sc., CC 43, 32; cf. Anm. 100.
[58] Cf. H. Schipperges, Zur ‚Konstututionenlehre', l. c., 90 sqq.
[59] Cf. LDO, PL 759 B/C.
[60] Cf. H. Schipperges, Hildegard von Bingen, l. c., 95.
[61] LDO, PL 848 B/C.

gezwungen, und in der Tat kann er sich aus eigener Kraft nicht aus der mit dem Sündenfall gegebenen conditio humana befreien; daß er sich bei seinem konkreten, individuellen Tun im Zusammenspiel eigener Kräfte mit göttlichem Wirken jedoch sehr wohl immer wieder für das Gute entscheiden kann und somit für seine Taten verantwortlich ist, ist der Grund für den imperativischen Charakter der Visionsschriften und damit auch für die eigenartige Verschränkung von Sein und Sollen, deren kosmisches Fundament in den Visionsschriften immer wieder deutlich wird. Eine besondere Rolle spielt dabei die Metapher des Windes, mit der Hildegard einerseits die dynamischen Grundkräfte des Kosmos bezeichnet[62], andererseits aber auch die Grundkräfte der Seele, die über die moralische Verfassung des Menschen entscheiden. „Wind" ist somit auch eine Metapher für die kosmische Verbundenheit des Menschen, von der zum Schluß die Rede sein wird. Die Seele wird als *„vivens scintilla et rationale spiraculum"*[63] bezeichnet, und wie die kosmischen Winde das gesamte Weltall durchwehen, so durchdringt die Seele den Körper[64]. Entsprechend den vier Hauptwinden gibt es somit auch vier Grundkräfte (*vires*) der menschlichen Seele: *cogitatio, locutio, intentio, gemitus*.[65] Diese verbinden sich entsprechend den wechselnden Windrichtungen zur Wahl von Gutem oder Bösem, was das Wissen um Gut und Böse und damit die Grundtugend der *discretio* voraussetzt; diese verbindet den Menschen wiederum mit dem Kosmos, denn die Kraft, Gutes und Böse zu unterscheiden, wurde dem Menschen gegeben, *„ut cum scientia illa omnes creaturas discernat."*[66]

Daß es sich bei alldem auch um Sprache handelt, wird in der früheren Visionsschrift deutlicher als in den beiden späteren. Hier wird unmißverständlich die Metapher des Windes durch den Hinweis auf das göttliche Wort erläutert, welches sich den Menschen mitteilt: *„flatus quidam cum suis turbinibus exiebat, qui ostendit praetendens quoniam ab omnipotente Deo totum mundo sua potestate complente, vera diffamatio iustis sermonibus procedit, ubi ipse vivus et verus Deus hominibus in veritate demonstratus est."*[67] Und wenn vom reinen Ätherwind ein Wirbelwind ausgeht, so bedeutet dies, daß das göttliche Wort sich dem gesamten Erkreis mitteilt. Dies geschieht zur Hilfe des Menschen, der es folglich aufgreifen und selbst aussprechen muß.[68] Aber auch im Buch über die göttlichen Werke wird der kosmische Moralismus häufig mit sprachlichen Kategorien interpretiert. Bereits bei

---

[62] Cf. die beiden großen Kosmosvisionen Sc. I, 3, CC 43, 39 sqq. und LDO, I, 2, PL 751 A sqq., passim.
[63] LDO, PL 816 A.
[64] Ibid., 842 B.
[65] Ibid., 841 C.
[66] Ibid., 920 D.
[67] Sc., CC 43, 44.
[68] Ibid., 407 B/C.

den vier Grundkräften der Seele taucht die *locutio* auf[69], die aber keineswegs isoliert neben den anderen Kräften steht, sondern sich mit diesen zu einer dialogischen Einheit verbindet. Das gleiche gilt übrigens auch für andere seelische Grundkräfte wie *exspiratio, scientia, sensus*[70] oder *sensus, scientia, voluntas* und *intellectus*[71]. In welchem Verhältnis diese verschiedenen Grundkräfteeinteilungen zueinander stehen, bleibt unklar und ist für Hildegard, der es nicht um irgendeine Systematik geht, offenbar auch nicht wichtig. Von Bedeutung ist hingegen, daß entsprechend der Ausbreitung der Winde über das ganze Weltall und der Ausbreitung der Seele über den ganzen Körper die einzelnen Kräfte nicht isoliert, sondern gemeinsam wirken und sich gegenseitig ergänzen[72], so daß sich die Seele im ganzen in ihren Kräften in einem dynamischen Gleichgewichtszustand darbietet.

An wichtigen Stellen benutzt Hildegard nun sprachliche Begriffe, um die aus den Grundkräften hervorgehenden Werke zu beschreiben. Sobald die Seele sich mit den Werken des Menschen vermöge der Tugend der Diskretion (*discernendo*) auseinandersetze, „schreibe" (*sribit*) sie sie mit ihrem Geisthauch (*cum spiramine suo*) in sich ein, und diese Schrift (*hanc scripturam*) fasse sie im Denken zusammen (*per cogitationes colligit*), um die Qualifikation der eigenen Werke zu erkennen, die sie ebenso wie die Formen der anderen Dinge in Gedanken (*in cogitationibus*) unentwegt anschaue; die Gedanken seien gleichsam eine Schreibtafel (*sicut pugillaris*) der Seele.[73]

Hier erscheint erneut die Sprache als verbindendes Glied des Menschen mit sich selbst und mit der Welt, als Medium, in welchem sich die Fähigkeit der *discretio* entfaltet. Die Bedeutung der Sprache ergibt sich daraus, daß die ganze kosmische Vision, die den Menschen als mikrokosmisches Wesen darstellt, in eine großangelegte Interpretation des Prologs des Johannesevangeliums mündet, in eine Interpretation also der Rede vom Wort, welches am Anfang bei Gott war, Fleisch geworden ist und unter uns gewohnt hat. Das Wort ist das Leben jeder Kreatur, es läßt sie tönen, und bestimmt auch die spezifische Sprachlichkeit des Menschen, denn: „*de eodem verbo rationalitas hominis opera sua operatur, et de eodem sono opera sua sonando, clamando et cantando profert.*"[74]

Natürlich beziehen sich die von Hildegard verwendeten sprachlichen Kategorien in erster Linie nicht auf die menschliche Sprache im engeren Sinne: Die *scriptura* in der Seele ist keine äußere, sondern eine innere Sprache, und das Wort, durch welches die Geschöpfe entstanden sind, ist überhaupt keine menschliche Sprache, sondern geht dieser voraus. Trotz-

---

[69] Cf. Anm. 65.
[70] LDO, PL 816 B.
[71] Ibid., 874 A.
[72] Cf. Sc., CC 43 A, 377: „*vis earum vicissim est in dono Spiritus Sancti*".
[73] LDO, PL 850 A.
[74] Ibid., 890 D–891 A.

dem kann man nicht sagen, daß von Sprache hier nur in einem uneigentlichen, metaphorischen Sinne die Rede ist. Indem er die Dinge mit seinem Wort benennt, hebt der Mensch das Wort in den Dingen ans Licht. Er selbst ist so das Licht der übrigen Geschöpfe, die sich in Liebe zu ihm hindrängen.[75] Mit seiner Sprache nimmt der Mensch auf seine Weise teil an der Universalsprache der Schöpfung, die von vornherein auf ihn ausgerichtet ist. Der Mensch, der die Dinge benennt, nimmt die Zeichen der Schöpfung, also ihre Sprache, wahr und drückt sie in seiner eigenen Sprache aus. Eben damit realisiert der Mensch auf seine Weise das göttliche Wort, welches sein Sein bestimmt ebenso wie das Sein der anderen Geschöpfe. Ein Verhältnis von Eigentlichkeit und Uneigentlichkeit besteht hier nicht. „Wort" ist vielmehr ein Terminus, der menschliches, kreatürliches und göttliches Sein in Beziehung zueinander setzt. Benennt der Mensch die Kreatur auf angemessene Weise, so verwandelt er die Zeichen der Schöpfung in seine eigene Sprache und realisiert eben dadurch die Zeichenfunktion der Dinge, die diesen nicht nur zum Selbstausdruck verhilft, sondern sie über sich selbst hinausweist auf den Menschen und, allen anderen Bezügen zugrundeliegend, auf den göttlichen Ursprung.

Dies alles gibt einen Sollzustand wieder, dem der Mensch in seinem geschichtlichen Dasein nur unvollkommen entspricht. Wenn die kosmischen Visionen also von dem wahren Verhältnis des Menschen zur Kreatur sprechen, von seiner wahren Stellung im Kosmos, d. h. von seiner wahren Ent„sprechung" zu den irdischen Dingen, so ist darin immer ein deutliches imperativisches Moment enthalten: Die Visionen, die die Seherin nicht für sich behalten darf, sondern anderen kundtun muß, sagen dem Menschen, welche Sprache er sprechen muß, um seine wahre Stellung im Kosmos nicht nur metaphysisch, sondern auch faktisch einzunehmen.

Wie sieht diese wahre Sprache aus, d. h. welches sind die strukturellen Eigenschaften der Schöpfung, die der Mensch durch sein Wort ans Licht bringen soll? In den kosmischen Visionen werden immer wieder Eigenschaften genannt, die das Verbindende, einander Zugeordnete in der Schöpfung betonen, Eigenschaften, die sich zu einer Dialogik des geschöpflichen Seins verbinden. So spielt der Wind als Element eine besondere Rolle, wie sich bei der Betrachtung der großen Kosmosvisionen aus Sc. und LDO bereits zeigte. Kosmische Eigenschaften wie Licht und Ton werden immer wieder genannt, vor allem deshalb, weil sie nicht isoliert gesehen werden können, sondern mitteilenden, sich ausbreitenden Charakter haben. Vom Schall sagt Hildegard: „*Unumquodque elementum, secundum quod constitutum est a Deo, sonum habet, quo omnes sicut sonus chordarum et citharae in unum coniuncti sonant.*"[76] Das Zusammenwirken, welches sich hier als *consonare* ausdrückt, bestimmt das Verhältnis der Kräfte und Seinsfak-

---

[75] Ibid., 895 A.
[76] Triginta octo quaestionum solutiones, in: PL 1049 B.

toren auch im Detail, beim Menschen z. B. als Einheit von Leib und Seele oder als Ineinandergreifen der verschiedenen Tugenden. Oft findet es sich auch in Analogien zur Trinität, so in Sc. II, 2, wo drei solcher Analogien genannt werden: „*tres vires in lapide, et tres in flamma, et tres vires in verbo sunt.*"[77] Das Wort entfaltet sich in der Dreiheit von „*sonus, virtus et flatus*"[78], indem es von diesen Faktoren synergetisch hervorgebracht wird.

Die Prinzipien dieses Zusammenwirkens gelten für den gesamten Kosmos, sind jedoch, wie die große Kosmos-Vision Sc. I, 3 deutlich zeigt, nicht frei von Spannungen: das finstere Feuer befindet sich unter dem lichten und symbolisiert die Bestrafung des Bösen. Die entsprechende Vision in LDO weist sogar ausdrücklich darauf hin, daß die beiden Feuerkreise sich vereinigen: „*Sibi invicem conjunguntur, quia in ardore ignis flagrant, et quoniam potestas et judicium Dei in una rectitudine se continentes ab invicem non separantur.*"[79] Die Spannung kommt auch in der Bemerkung zum Ausdruck, die Winde, Inbegriff der kosmischen Kräfte, stabilisierten sich gegenseitig, ähnlich wie ein Mann die Arme seines Feindes festhalte, damit er nicht ihn oder andere töte: „*Sic creatura per creaturam continetur et unaquaeque ab alia sustentatur.*"[80] Der Kosmos erweist sich so insgesamt als harmonisches, aber auch spannungsgeladenes Gleichgewicht: „The entire system is a network of often powerful forces in an antagonistic equilibrium"[81], oder, in etwas abgeschwächter Form: „Die Prophetin will nur die wunderbare Tatsache der Welterhaltung durch einen kunstvollen Kräfteausgleich durchsichtig machen."[82] Die Dynamik des Ineinandergreifens wird auch durch die bemerkenswerte Feststellung unterstrichen, daß Gott die Geschöpfe so geschaffen habe, daß eines aus dem anderen hervorgeht: „*Deus creaturas creavit, deinde alias ex aliis produxit.*"[83]

Daß Hildegard diese universale Korrespondenz des Seienden in dialogischem Sinne versteht, zeigt sich daran, daß sie zur Beschreibung dieses ontologischen Grundgesetzes einmal mehr sprachliche Begriffe verwendet. Bei der Beschreibung wechselseitiger Zuwendung der Geschöpfe kann sie durchaus sehr konkrete Bilder verwenden, so etwa, wenn sie darauf hinweist, daß die Kräuter mit ihren Blüten den anderen Kräutern Duft schenken, daß der Stein den Steinen Glanz gebe und alle Geschöpfe einander in Liebe umfangen[84]; bei der Formulierung der allgemeinen

---

[77] Sc., CC 43, 127.
[78] Ibid., 129.
[79] LDO, PL 756 C.
[80] Ibid., 776 B.
[81] K. Th. Kraft, l. c., 159.
[82] H. Liebeschütz, l. c., 85.
[83] LDO, PL 937 D.
[84] Liber vitae meritorum per simplicem hominem a vivente luce revelatorum, in: Analecta Sanctae Hildegardis opera, ed. J. B. Pitra, Montis Casinensis 1882 (= Analecta sacra. 8, Abk.: Pitra), 13.

Strukturgesetzlichkeit jedoch greift sie auf Funktionsbestimmungen der Sprache zurück: „*Omnia enim quae in institutione Dei sunt, sibi invicem responsum dant.*"[85] Diese universale Korrespondenz des Verschiedenen kann man gewiß bereits in der Tradition des Platonismus und Neuplatonismus finden[86], der moralische Akzent indessen, der damit verbunden ist, ist in dieser Intensität der individuelle Ausdruck des Hildegardschen Denkens. Wenn das wahre Grundgesetz des Seienden, welches aufgrund seiner metaphysischen Wahrheit mit allen Sollensforderungen kongruent ist, die dialogische Korrespondenz ist, so besteht alles Unwahre, Böse und insofern Nicht-Gesollte in einer Abkapselung, einem isolierten Sich-in-sich-Verschließen. Dies sind in der Tat die Bestimmungen, mit denen Hildegard das Böse und besonders dessen Personifizierung, den Satan, kennzeichnet: nach seinem Abfall von Gott sei der Teufel deshalb strenger bestraft worden als alle, die ihm folgten, weil er nur auf sich selbst geschaut habe, während seine Anhänger sich nicht nach sich selbst, sondern eben nach ihm gerichtet hätten.[87] Das kosmische, durch den Fall des Teufels verursachte Böse besteht demnach in der Ausschließlichkeit der Selbstbezogenheit, die noch schlimmer ist als die Ausrichtung auf das „andere", vorgegebene Böse.

Es besteht kein Zweifel daran, daß diese kosmischen Sachverhalte auch Hildegards Auffassung von der Moralität prägen. Die Moral des Menschen orientiert sich grundsätzlich an der kosmischen Verbundenheit und bewirkt so, daß der Mensch sich mit seinesgleichen verbindet, aber auch einen Dialog mit dem Kosmos führt. Folgt er diesem Prinzip nicht, so hängt er in Selbstisolierung nur seinem Eigenwillen und damit dem Bösen an.[88] Wie sehr sich das Grundgesetz des geschöpflichen Seins in der Moralität, aber auch in der emotionalen Befindlichkeit des Menschen widerspiegelt, zeigt folgende Stelle: „*Plenum ... gaudium utilitatis ex se ipso homo habere non potest, nisi aliud ab alio percipiat; et cum per alium utilitatis gaudium intellexerit, exsultationem magnam in corde suo exinde habebit.*"[89] Hier spiegelt sich deutlich das dialogische Grundgesetz des Kosmos in der menschlichen Seele wider: Die Öffnung nach außen, das *responsum dare*, ist für sie nicht nur moralische Pflicht, sondern entspricht auch dem Wesen des Menschen, das sich so gleichzeitig an der eigenen Selbsterfüllung freuen kann. Der moderne Gegensatz zwischen Altruismus und Egoismus — der übrigens auch in der modernen Dialogik etwa Martin Bubers keinen Ort hat — spielt so für Hildegard keine Rolle. Sie stellt kurz und bündig fest: „*Qui alii ministrat, se ipsum respicit.*"[90] Hingabe an andere impliziert also keineswegs die

---

[85] LVM, Pitra 68.
[86] Cf. M. Kurdzialek, l. c., 36 sqq.
[87] LDO, PL 960 C.
[88] Cf. ibid., 811 C.
[89] Ibid., 959 D.
[90] Ibid., 1002 B.

Preisgabe jeglicher Rücksicht auf sich selbst. Was Hildegard als Möglichkeit des Verhaltens konzediert, jedoch für moralisch unzulässig hält, ist lediglich die egoistische, ausschließende Konzentration auf sich selbst: in dieser erkennt sie die Grundgestalt des Bösen.

Daß Hildegard diese Basis des moralischen Verhaltens, welche den Menschen als ein „*opus alterum per alterum*"[91] bestimmt, in Orientierung an der dialogischen Struktur des Kosmos entwickelt, ist nicht zu bezweifeln. Der Mensche antwortet dem Kosmos und seinem Schöpfer in seinem Verhalten und in seinem Sein; er ent„spricht" ihm in einem genauen Sinne dadurch, daß er den einzelnen Seins- und Lebensformen Namen gibt, und in einem weiteren Sinne dadurch, daß seine eigene Natur bis in seine Leiblichkeit hinein Strukturparallelen mit dem Kosmos aufweist. Dies ist der Sinn der mikrokosmischen „Vermessung" des Menschen, die vor allem die vierte Vision aus LDO beherrscht und hier nicht im einzelnen nachgezeichnet werden kann, und Grund dafür, daß bei Hildegard jeder Gedanke auf drei Ebenen zu interpretieren ist: auf der Ebene der Welt, der des Leibes und der der Seele.[92]

Die Verbundenheit des Menschen mit dem Kosmos ist also durchweg dialogisch zu interpretieren, was eine gewisse Spannung einschließt. Im Urzustand wurde der Mensch in eine „*terra viventium*"[93] gesetzt, sein Umgang mit den anderen Lebensformen war spielerisch (*cum illis jocularentur*), während diese dem Menschen Ehrerbietung erwiesen (*ipsaeque bestiae homines timentes*), ohne dabei aber ihre eigene Identität preiszugeben (*ob hoc naturam suam non mutabant*)[94]. Nach dem Sündenfall wurde die friedvolle Harmonie gestört, in das Verhältnis der Lebensformen zueinander kam ein Moment der Bedrohlichkeit, ohne daß der Mensch indessen seine grundsätzliche kosmische Verbundenheit aufgegeben hätte: „*Deinde homo cum creatura operari coepit, quia sicut ignis alia quaeque ascendit et perficit, ita et homo cum reliqua creatura est.*"[95] Diese Verbundenheit mit der Erde bleibt dem Menschen also erhalten, so daß er „*secundum naturam terrae*"[96] existiert mitsamt der Ambivalenz, die er durch seinen Sündenfall selbst in die Schöpfung hineingetragen hat. In diesen Zusammenhang gehören die Aufmerksamkeit, die Hildegard der Sinnesausstattung des Menschen widmet[97], ebenso wie ihre Hervorhebung derjenigen Elemente und Eigenschaften, die den gesamten Kosmos durchziehen, Faktoren also wie Luft,

---

[91] Cf. H. Schipperges, Hildegard von Bingen, l. c., 36 sqq.
[92] I. Müller, Krankheit und Heilmittel im Werk Hildegards von Bingen, in: Hildegard von Bingen 1179—1979, l. c., 310 sqq.
[93] LDO, PL 964 D.
[94] Ibid., 964 D—965 A.
[95] Ibid., 914 D.
[96] Ibid., 859 D.
[97] Cf. ibid., 889 D.

Licht, Schall oder *viriditas*, die grünende Lebenskraft, die die Natur ebenso beherrscht wie Leib und Seele.[98]

Von der Spannung, die das Verhältnis des Menschen zum Kosmos und damit zur Natur gerade auf der Basis grundsätzlicher Verbundenheit bestimmt, soll abschließend die Rede sein. Sie ist zurückzuführen auf die Kombination von Anthropozentrik und Dialogik, die in den Visionsschriften ins Auge fällt. Die kosmosbezogene Anthropozentrik durchzieht Hildegards gesamtes Werk und kommt im Bild des Kosmosmenschen symbolisch zum Ausdruck. Gott übergab dem Menschen die gesamte Schöpfung, damit er in und mit ihr wirken könne: „*omnes creaturas ut cum ipsis operaretur ei dedit.*"[99] Die Anthropozentrik Hildegards und des gesamten Mittelalters ist aber eine andere als die neuzeitliche Anthropozentrik des Descartes, der seinsmäßig Mensch und Natur wie Subjekt und Objekt trennt und dadurch dem Menschen die Möglichkeit bietet, die Natur als qualitätslose, bloß ausgedehnte *res* auf seine eigenen Bedürfnisse hin zu interpretieren. Für Hildegard bleibt die seinsmäßige Verbundenheit bestehen, die zur Folge hat, daß alles, was der Mensch tut, auch qualitative Auswirkungen auf die Natur hat. So geraten durch den Sündenfall die Elemente durcheinander, die aufgrund der Störung des kosmischen Gleichgewichts wütend Anklage gegen den Menschen erheben: „*Currere, et iter nostrum perficere non possumus ... Nam homines pravis operibus suis velut molendinum subvertunt nos. Unde pestilentia et fame justititiae foetemus.*"[100] Eine solche Mitbetroffenheit hat die Sonderstellung des Menschen zur Voraussetzung, dessen Tun Folgen für die Schöpfung als ganze hat und somit von Verantwortlichkeit getragen sein muß. Mensch und Natur antworten einander, wobei dem Menschen die dominierende Rolle zufällt. Wie wörtlich Hildegard diesen Dialog nimmt, zeigt ihre Bemerkung, in der Todesstunde könne ein Mensch, wenn weder Priester noch ein anderer Mench erreichbar seien, auch den Elementen (*coram elementis*) beichten.[101]

Eine erste Spannung im Verhältnis Mensch—Natur besteht somit in der Diskrepanz zwischen der wahren Bestimmung des Menschen inmitten des Kosmos und seinem faktischen Tun, durch welches das kosmische Gleichgewicht gestört wird.

Damit verbunden ist eine zweite Spannung, die gleichfalls mit der Sonderstellung des Menschen im Kosmos zusammenhängt und Hildegard möglicherweise gar nicht zum Bewußtsein gekommen ist. In den kosmischen Visionen finden sich auf der einen Seite immer wieder Aussagen, die entsprechend der Stellung des Menschen im Kosmos von einer Zu-

---

[98] Cf. ibid., 855 A.
[99] Ibid., 744 A.
[100] LVM, Pitra 105.
[101] Sc., CC 43, 296.

neinung, sogar von stärkster Liebe *(fortissima dilectione)*[102] zu den Geschöpfen sprechen, wobei wiederum die dialogische Korrespondenz, in diesem Fall sogar Reziprozität, hervorgehoben wird: *(creaturae)* „*multoties ad ipsum currunt, et qui eum multo amore lambunt. Unde etiam et homo a creatura in cuius amore ardet, ea vult, diligenter saepius inquirit.*"[103] Auf der anderen Seite läßt Hildegard keinen Zweifel daran, daß der Mensch die übrigen Geschöpfe zu seinem Nutzen verwenden darf, auch dann, wenn diesen dadurch Leid widerfährt. So empfiehlt sie, bei Gelbsucht eine Fledermaus aufzuspießen und sie lebend mit dem Rücken an den Rücken des Kranken zu binden[104]; ihre Ratschläge zur Benutzung von Ameisenhaufen gegen das „Phlegma" veranlaßten bereits 1913 E. Wasmann zu der Bemerkung, mit den geltenden Forstschutzgesetzen sei das nicht vereinbar.[105] Die Gegensätzlichkeit der Beziehungsrichtungen klingt an, wenn Hildegard in ein und demselben Satz sagt, die Kreatur liebe den Menschen, weil sie von diesem behütet werde *(pascitur)*, der Mensch aber unterwerfe sie so, wie es seinen Bedürfnissen entspreche: „*homo omni creaturae dominatur, eam ad omnem necessitatem suam sicut desiderat sibi subjiciens.*"[106] Daß zwischen Hüten und Nutzen ein grundsätzlicher Antagonismus entstehen könne, ist ihr indes offenbar ebensowenig bewußt wie anderen mittelalterlichen Autoren.

Aus der Dialogik, diesmal weniger in Verbindung mit der Anthropozentrik als vielmehr mit dem Transzendenzgedanken, ergibt sich schließlich noch eine dritte Spannung. Ein dialogisches Verhältnis ordnet die Partner einander zu, sondert sie aber gleichzeitig voneinander, so daß sie zueinander im Verhältnis der Andersheit stehen. Daß Hildegard dieser Sachverhalt grunsätzlich bewußt ist, zeigt z. B. ihre Bemerkung, die Tugenden *constantia, coeleste desiderium, compunctio cordis, concordia, perfectio Christi* seien bei aller Gleichheit doch auch verschieden, denn: „*quamvis unanimes et sibi invicem in operatione sint adhaerentes, tamen suas vires unaquaeque in subiectis sibi homines singulariter demonstrat in fervore supernae claritatis.*"[107] Die Andersheit, die von der Dialogik nicht zu trennen ist, zeigt sich beim Menschen, der alle Kräfte des Kosmos in sich zusammenfaßt, auf besondere Weise, und zwar so, daß er bei aller *similitudo* auch ganz anders ist als die übrige Schöpfung insgesamt. Eine Auffassung, die diese Andersheit übersieht und die Moral des Menschen undifferenziert an der nicht-menschlichen Natur ausrichtet, bewegt sich unter dem Einfluß des Antichristen, dessen Schrift dem Menschen z. B. sagt, das Gebot der Enthaltsamkeit *(lex continentiae)* sei gegen die Natur *(contra modum naturae)*.[108] Gefordert wird

[102] LDO, PL 886 C.
[103] Ibid., 895 A.
[104] Phys., PL 1308 C.
[105] E. Wasmann, l. c., 467 sq.
[106] LDO, PL 951 D.
[107] Sc., CC 43 A, 566.
[108] LDO, PL 1030 C.

vom Menschen jedoch in Wahrheit ein anderes Leben (*aliena vita*)[109] als ein rein fleischliches Leben; gefordert wird von ihm vielmehr ein Leben, welches ihn bei aller Verbundenheit gleichzeitig über die vernunftlosen Geschöpfe erhebt[110]. Zwischen Weltverachtung — die freilich nie Geringschätzung ist — und Weltbejahung pendelt der Mensch so hin und her, geleitet von der Tugend der *discretio*, die allerdings die Spannung nicht zu lösen vermag. Die *discretio* gibt jedem das Seine; sie verbindet den Menschen mit der Welt und trennt ihn gleichzeitig von ihr, und beides muß der Mensch beachten. Dazu fähig ist er letztlich nur deshalb, weil die Schöpfung selbst, deren Zeichenhaftigkeit im Menschen gleichsam zum Selbstbewußtsein kommt, über sich hinausweist auf den göttlichen Ursprung. Die Spannung, die den Menschen während seines irdischen Daseins begleitet, verschwindet durch dieses Bewußtsein allerdings nicht. Hildegard skizziert sie zuweilen mit fast dialektischen Wendungen, z. B. wenn sie die Worte der himmlischen Stimme wiedergibt: „*Bonum ergo quod habes a me, diligere debes adversum te.*"[111] Jedoch kann der Mensch im Vorgriff auf die ursprüngliche Ordnung der Schöpfung versuchen, in Liebe, Demut und Frieden zu leben und damit Prinzipien zu folgen, aus denen alles entstanden ist, was Gott geschaffen hat.[112] Die Visionen sollen ihn anhalten, bereits jetzt in diesem Sinne seine Sprache zu ändern, auch wenn er aus eigener Kraft dabei nicht ans Ziel kommen kann. Die Sprache, aus der alle Täuschung und Falschheit verschwunden ist, in der sich die Harmonie des Menschen mit sich selbst, mit dem Kosmos und mit Gott in tönender Symphonie wiederherstellt und ausdrückt, enthüllt sich dem Menschen erst am Ende der Zeiten.[113] Für die Menschen, an die Hildegard sich unmittelbar wendet, ist sie somit wohl metaphysische Wahrheit, aber noch nicht geschichtliche Wirklichkeit.

---

[109] Cf. LDO, Pl 892 C.
[110] Cf. Sc., CC 43 A, 491.
[111] Ibid., 548.
[112] Cf. LDO, PL 981 C.
[113] Cf. bes. Sc., CC 43 A, 614: „*Deinde vidi lucidissimum aerem, in quo audivi in omnibus praedictis significationibus mirabili modo diversum genus musicorum in laudibus civium supernorum in via veritatis fortiter perseverantium,* ...".

Natura sua und *Natura generans*
Zwei Aspekte im Naturverständnis Kaiser Friedrichs II.

JOHANNES ZAHLTEN (Braunschweig)

Das Falkenbuch Kaiser Friedrichs II. ‚De arte venandi cum avibus' gilt als eines der bedeutendsten naturwissenschaftlichen Werke des Mittelalters[1]. Neben jagdtechnischen Anweisungen enthält es eine Fülle von Beobachtungen und theoretischen Überlegungen zur mittelalterlichen Zoologie und Medizin[2]. Von den erhaltenen Abschriften — das Original ging bei der Belagerung Parmas 1248 verloren — ist die in der Vatikanischen Bibliothek aufbewahrte Zweitfassung (Ms. Pal. Lat. 1071) für Friedrichs Sohn, König Manfred, die am reichsten ausgestattete Handschrift (Abb. 1). Die Forschung ist sich einig[3], daß dieses Manuskript dem originalen Prunkcodex des Kaisers sehr nahe kommt. Obwohl die Manfred-Abschrift nur die beiden ersten der auf sechs Bücher angelegten Falkenkunde enthält, überrascht sie durch über fünfhundert Vogelminiaturen von höchster ornithologischer Genauigkeit (Abb. 2). Sie verdeutlicht so schon auf den

---

[1] De arte venandi cum avibus, ed. C. A. Willemsen, 2 Bde., Leipzig 1942. — Deutsche Übersetzung von C. A. Willemsen: Kaiser Friedrich der Zweite, Über die Kunst mit Vögeln zu jagen. 2 Bde., Frankfurt/M. 1964. — Fredericus II, De arte venandi cum avibus, Ms. Pal. lat. 1071 Biblioteca Apostolica Vaticana, Facsimile-Ausgabe mit Kommentar von C. A. Willemsen, Graz 1969. — Das Falkenbuch Kaiser Friedrichs II. Nach der Prachthandschrift der Vatikanischen Bibliothek. Einführung und Erläuterungen von C. A. Willemsen, Dortmund 1980 (Bibliophile Taschenbücher 152).
[2] J. Théodoridès, Orient et occident au Moyen age: L'oeuvre zoologique de Fréderic II de Hohenstaufen, in: Oriente e occidente nel medioevo: Filosofia e scienze. Convegno internazionale. Accademia Nazionale dei Lincei, Rom 1971, 549—567. — J. Zahlten, Medizinische Vorstellungen im Falkenbuch Kaiser Friedrichs II., in: Sudhoffs Archiv. Zeitschrift für Wissenschaftsgeschichte 54 (1970) 49—103. — Id., Zur Abhängigkeit der naturwissenschaftlichen Vorstellungen Kaiser Friedrichs II. von der Medizinschule zu Salerno, in: Sudhoffs Archiv 54 (1970) 173—210. — A. Thiery, Federico II e le scienze, in: Federico II e l'Arte del Duecento Italiano. Atti della III settimana di studi di storia dell'arte medievale dell'università di Roma. A cura di Angiola Maria Romanini. Volume secondo, Rom 1980, 277—309.
[3] So F. Mütherich, Handschriften im Umkreis Friedrichs II., in: Probleme um Friedrich II., Sigmaringen 1974, 9—21. — Id. im Katalog ‚Die Zeit der Staufer', Bd. 1, Stuttgart 1977, 658 sq. — F. Bologna, I pittori alla corte angioina di Napoli 1266—1414 e un riesame dell'arte nell'età fridericiana, Rom 1969, 36—41.

ersten Blick recht anschaulich die Intention des Kaisers, „die Dinge, die sind, sichtbar zu machen, so wie sie sind"[4].

Doch sollen hier nicht die mehrfach behandelte Bedeutung der Miniaturen für die mittelalterliche Buchmalerei ein weiteres Mal aufgegriffen[5], noch die an anderer Stelle erläuterten medizinischen und naturwissenschaftlichen Vorstellungen Friedrichs II. erneut diskutiert werden[6]. Statt dessen möchte ich den Versuch unternehmen, sein Verständnis und seine Sicht der Natur näher zu charakterisieren, denn dies ist bisher noch nirgends geschehen.

1. Zwei Auffassungen von der Natur

Bei der Lektüre des Falkenbuches stellt man fest, daß Friedrich II. den Begriff ‚Natur' in doppelter Bedeutung verwendet. Zunächst versteht er darunter Eigenart oder Wesen der Dinge, wenn er z. B. von Körperteilen spricht, die „ihrer Natur entsprechend eher vorhanden sind"[7], oder den Stoff erwähnt, „der von Natur aus befähigt ist, verschiedene Körperformen anzunehmen"[8]. Das Gleiche meint auch seine Erklärung zu den verschiedenen Vogelarten, die, „wie es ihre Natur verlangt", an ihre jeweiligen Aufenthaltsorte zurückkehren. Diese wenigen Beispiele bringen seine Auffassung von der Natur als Eigenschaft, die von der Zusammensetzung der Körperqualitäten bestimmt ist, klar zum Ausdruck[9]. In einem anderen Zusammenhang erklärt er die Eigenart der Tiere von ihrer Verhaltensweise her, sei diese natürlich oder anerzogen[10].

Dann verwendet er den Begriff in der Bedeutung ‚Natur als Schöpfungsprinzip'. Die Verknüpfung beider Bedeutungen miteinander kommt im Prolog des Falkenbuches zum Ausdruck[11]: „Und beiden Gruppen" —

---

[4] De arte, 1942, (wie Anm. 1), Bd. 1, 2: *„Manifestare ... ea, que sunt, sicut sunt."*

[5] Cf. Anm. 3.

[6] Cf. Anm. 2.

[7] De arte (wie Anm. 1), Bd. 1, 64: *„Membra siquidem prius sunt secundum naturam ..."*

[8] Ibid.: *„materiam, quam habuit in loco debito, naturaliter aptam recipere formas membrorum varias, ..."*

[9] Zur Qualitätenlehre bei Friedrich II. cf. J. Zahlten, Zur Abhängigkeit (wie Anm. 2), 173—194.

[10] De arte (wie Anm. 1), Bd. 1, 165 sq: *„Propter hoc, habendum propositum nostrum de eis, necessaria est ars et instrumenta et artifex, perque priventur, quamvis non ex toto, aves rapaces ab hac natura sua, et per que suas proprietates desinant naturales et acquirant in se proprietates et mores artificiales standi cum homine et revertendi ad ipsum. Qui mores acquisiti per duritiam processu temporis et assiduitate vertantur eis in habitum et consuetudinem et naturam alteram."*

[11] Ibid., 3: *„Pauperes vero et minus nobiles, de hac arte nobilius servientes, obtinebunt ab ipsis necessaria sue vite. Utrique vero per hanc artem habebunt manifestationem operationum nature in avibus. Supponitur autem scientie naturali, cum naturas avium manifestet, licet ille nature, ex documento per hunc librum habito, alterari quodammodo videantur."*
Cf. ibid., 4: *„Legens enim hunc librum et intelligens plura secreta de operationibus nature cognoscet per hanc quam per alias artes venandi."*

gemeint ist Adel und Dienerschaft — „wird durch die Kunst der Falkenjagd das Wirken der Natur in den Vögeln offenbar werden. Da diese Kunst die Natur der Vögel sichtbar macht, ist sie der Naturwissenschaft untergeordnet, wenngleich jene natürlichen Eigenschaften, wie dieses Buch zeigen wird, in gewisser Weise veränderlich zu sein scheinen." Beim Abrichten für die Jagd will Friedrich II. den Raubvögeln ihre natürliche Eigenart nehmen und ihnen eine künstliche Verhaltensweise anerziehen, die zu einer „zweiten Natur" (*naturam alteram*) werden soll[12].

Friedrich folgt hier, so scheint es zunächst, der mittelalterlichen Terminologie[13], die beim Naturbegriff seit dem 9. Jahrhundert eine ungeschaffene ‚*natura infinita*' von einer geschaffen ‚*natura finita*' unterscheidet. Die erste meint Gott, die zweite die von ihm geschaffenen Dinge. Letztere wird wiederum in eine besondere Natur (*natura communis*), die die ursprüngliche Veranlagung eines Wesens bezeichnet, unterschieden, und in eine allgemeine Natur (*natura universalis*), die im platonischen Sinn als oberstes Prinzip jeder Veränderung und Bewegung verstanden wird. Um seine Vorstellung von der Natur jedoch genauer fassen zu können, möchte ich mich zuerst dem von ihm genannten Begriff der sogenannten ‚wirkenden Natur' zuwenden.

2. Die ‚*Natura generans*' im Verständnis Friedrichs II.

Im Zusammenhang mit den ‚*Virtutes*', jenen bei der Bildung des Körpers wirkenden Kräften, sprach Friedrich von einer „*virtus generativa*". Dieser Kraft ordnet er als Ursprung, als Prinzip der Weltschöpfung, die ‚*natura generans*' über[14]: „Wenn überdies die schöpferische Natur die Körperteile ihrer Verrichtung wegen gebildet hätte, für die sie geeignet sind, hätte sie auf diese Weise einen Vogel hervorgebracht, um andere zu vernichten, nämlich den Raubvogel, um die nichtraubenden auszurotten."

Die schöpferische Natur ist also als eine übergeordnete Kraft zu verstehen, welche die Antriebe und die *Virtutes* schafft. Sie stellt bei Friedrich II., der im Falkenbuch nirgends Gott oder ein anderes höheres Wesen nennt, das höchste Prinzip, den Ursprung der Lebendigkeit für die gesamte

---

[12] Cf. Anm. 10.
[13] H. M. Nobis, Die Umwandlung der mittelalterlichen Naturvorstellung, in: Archiv für Begriffsgeschichte 13 (1969) 37 sq., wo auf Johannes Scotus Eriugena ‚De divisione naturae' verwiesen wird.
[14] De arte (wie Anm. 1), Bd. 1, 64: „*Preterea, si natura generans membra formasset propter operationes, ad quas appropriata sunt, iam unam avem fecisset, ut alias perimeret, verbi gratia rapacem, ut non rapacem perimeret, ...*"

Schöpfung dar, wie zu vermuten ist[15]. Ihre Wirkungsweisen und Äußerungen sollen nun betrachtet werden.

Hinter dem Paarungsdrang der Raubvögel[16] steht die Natur als Schöpferin mit der Absicht, die Erhaltung der Art zu sichern. Deswegen sorgt sie für die Freude als Antrieb zur Begattung. Auch bei der Mauser und dem Wachstum der neuen Federn nennt Friedrich die Natur als schöpferische Kraft[17]: „Deswegen hat es die Natur so eingerichtet, daß neue Federn wachsen, durch welche die alten abgestoßen werden und ausfallen". Im gleichen Sinn heißt es später[18]: „... Deshalb fallen diese Federn aus, und die Natur ersetzt sie durch andere, kräftigere ..."

Dieses Wachstum wird mit einer gewissen Vorsorge der Natur für die Lebewesen begründet. Allgemein hieß es schon bei der Einteilung der Vogelarten über die Wasservögel, daß ihnen die „vorsorgende Natur" die für das Leben in Gewässern geeigneten Glieder verliehen habe[19]. Weitere Beispiele lassen sich anführen. Mit dem Wachstum zusammen hängt die ordnende Kraft der Natur. Sie zeigt sich im Gefieder[20] in der Zahl und Anordnung von Schwanz- und Flugfedern. „Die wunderbar ergänzende Ordnung der Natur" wird auch in Zahl und Zweck der Fußgelenke sichtbar[21].

---

[15] Eine vergleichbare Auffassung findet man im ‚Liber Pantegni', das Friedrich kannte: Constantinus Africanus, Opera reliqua, Basel 1536/39, 79: „*Complexiones istae sicut instrumenta sunt naturae, sive animae, sive utriusque. Omnium enim corporum regimenta, aut ex anima sunt et natura, aut ex sola natura. Quia natura animata regit corpora et inanimata. Sola uero animata regit anima. Quod cum ita sit, necesse est naturae atque animae quandam uirtutem in esse, qua operationem suam ualeat explere. Quae virtus ex eorum actionibus monstratur.*
... *Igitur uirtutes 3 sunt generales. Una attinens naturae quae uocatur naturalis. Altera solum uiuificans est animae, et uocatur spiritualis. Alia dans intellectum, sensum quoque et uoluntarium motum similiter est animae et uocatur animata.*
... *Actio uirtutis naturalis animalibus, et arboribus est uniuersalis, quae nihil est aliud quam quod generat nutrit et augmentat ...*"

[16] De arte (wie Anm. 1), Bd. 1, 50 sq.: „*Istud tamen non est pretermittendum, quod natura intendens salvationem specierum in multiplicatione individuorum successiva infinitum statuit, ut singulis animalibus, volatilibus, ingressibilibus, in quibus est mas et femina, inesset delectatio in coeundo, ut illam delectationem naturaliter appeterent, delectabilem enim, in quantum huiusmodi appetendum. Adeo magna est delectatio in coitu avibus, quod rapaces, que nullo alio tempore compatiuntur se invicem, tempore coitus non solum simul stant, sed sibi invicem amicantur.*"

[17] Ibid., Bd. 1, 118: „*idcirco natura providit sustinere novas, per quas expelluntur et cadunt veteres.*"

[18] Ibid., Bd. 1, 119: „*decidunt, et natura substituit alias firmiores ...*"

[19] Ibid., Bd. 1, 7: „*... quibus natura provida membra dedit habilia manendi in aquis et circa aquas ...*"

[20] Cf. ibid., Bd. 1, 99 sqq. die Kapitel:
„*De numero pennarum in ala*",
„*De ordinatione pennarum*",
„*De positione pennarum*"
und ibid., 103 sq.:
„*De numero pennarum in cauda*",
„*De positione pennarum in cauda*".

[21] Ibid., 87: „*Ex hiis etiam patet mirabilis ordo complementi nature in articulis pedum.*"

Erwähnt sei weiter, daß die Vögel ihrer Natur oder ihrem Wesen nach versuchen — entsprechend der Mischung ihrer Körperqualitäten[22] — diejenige Umwelt zu erreichen, die dieser qualitativen Mischung ähnlich ist. Bewegt werden sie vom Wunsch nach Angleichung. In diesem Vorgang wird wieder die bereits erwähnte innere Abhängigkeit der beiden von Friedrich II. benutzten Naturbegriffe deutlich.

In seiner Auffassung der ‚Natura' als Schöpfungsprinzip folgt Friedrich weder Aristoteles noch den anderen von ihm zitierten Naturwissenschaftlern[23]. Aristoteles spricht zwar oft von der Natur, die im Körper dieses bewirke und jenes nicht[24], aber dies sind keine selbständigen Handlungen einer Kraft, sondern hinter ihr steht als Ursache die Seele[25]. Auch bei Galen bedeutet Natur nicht eine übergeordnete schöpferische Macht, sondern Eigenart, die den Lebewesen innewohnt, wenn er schreibt[26]: „... so bezeichnen wir die Dinge so, wie die Mehrzahl es gewohnt ist, und sagen, daß die Lebewesen durch ihre Seele und ihre Natur gemeinsam geleitet werde."

Eine Variante zur Sicht Galens vertritt Constantinus Africanus († 1087), jener in Monte Cassino tätige Wissenschaftler und Übersetzer, dessen Schriften grundlegend Friedrichs anatomische Vorstellungen im Falkenbuch prägten[27]. Er verwies die Definition der Seele in den Bereich der Philosophie[28], schloß sie von der Lenkung des Körpers aus und setzte an ihre Stelle den Geist, „denn die Lenkung aller Körper wird entweder von

---

[22] Cf. J. Zahlten, Zur Abhängigkeit (wie Anm. 2), 184—202.

[23] Cf. J. Zahlten, Medizinische Vorstellungen (wie Anm. 2), 54 sq.

[24] Aristoteles, De natura animalium, in: Avicenne per hypatetici philosophi ac medicinorum facile primi opere lucem redacta: ac nuper quantum ars niti potuit per caninicos emendata. 1508. (Unveränderter Nachdruck. Frankfurt/Main 1961), 59: „*et propter hoc suffodiebat natura originem illorum sub essentia capitis ... non potuit ingeniari natura eas facere leves ...*"

[25] Cf. dazu die Ausführungen von A. Nitschke, Naturerkenntnis und politisches Handeln im Mittelalter, Stuttgart 1967, 41 sq. (Stuttgarter Beiträge zur Geschichte und Politik, Bd. 2).

[26] Werke des Galen. Ed. von E. Beintker und W. Kahlenberg, Bd. 5, Stuttgart 1954, 13.

[27] J. Zahlten, Medizinische Vorstellungen (wie Anm. 2), 70—93.

[28] Constantinus Africanus (wie Anm. 15), 96: „*Spiritus autem qui ad puppim pertransiit motum ibi et memoriam facit. In prora immorans sensum creat et fantasiam. Spiritu medij uentriculi intellectus siue ratio fit. Dicunt quidam Philosophi hanc spiritum* (gemeint: „*in medij uentriculi*") *cerebri esse animam, et eandem corpoream. Alij dicunt animae esse instrumentum. Quia animam fatentur in corpoream. Quorum intentio priore est melior. Sed quia disputatio huiusmodi non huic suppetit intentioni cum philosophia sit. Hic dimmittenda censuimus ista.*"
In der ‚Practica', im Buch IX ‚De animae et spiritus discrimine liber, ut quidem uolunt', dessen Zuschreibung an Constantinus aber von H. Schipperges, Die Assimilation der arabischen Medizin durch das lateinische Mittelalter, Wiesbaden 1964, 36 (Beiheft 3 von Sudhoffs Archiv), angezweifelt wird, schreibt Constantinus zu dieser Frage, 316: „*Anima item mouet corpus et praestat ei uitam, quia prima causa est huius rei, et operatur in eo. Spiritus quod operatur hoc et est secunda causa.*"

Geist und Natur oder der Natur allein vorgenommen"[29]. Er versteht unter der ‚*Natura*' ein übergeordnetes Prinzip, das allerdings nicht allein, sondern mit dem Geist zusammen handelt.

Friedrichs Begriff der ‚*natura generans*' läßt sich in dieser Weise nicht interpretieren, obwohl er Constantinus nahesteht. Bei ihm tritt die Natur selbständig handelnd auf, sie formt die Materie, sorgt durch das Wachstum für die Lebewesen und erweist sich so als Schöpferin. Ihr Wirken ist zielgerichtet; das zeigen die ordnende und angleichende Fähigkeit, die Friedrich ihr zuschreibt.

Eine ähnliche Sicht der Natur als schöpferische Macht finden wir in naturphilosophischen Texten mittelalterlicher Autoren des späten 12. und beginnenden 13. Jahrhunderts, die zum Teil am kaiserlichen Hof in Palermo bekannt waren[30].

3. Zum Naturbegriff im 12. Jahrhundert

Die Natur als personifizierte Macht und ihre Rolle als Mitschöpferin der Welt wird sehr anschaulich im Werk des Bernhardus Silvestris ‚De mundi universitate libri duo sive Megacosmus et Microcosmus' beschrieben. Der aus Tours stammende Dichter und Philosoph, der in Kontakt mit der Kathedralschule von Chartres stand[31], verfaßte die Schrift zwischen 1145 und 1153. Das erste Buch beginnt mit der Schilderung, wie ‚Natura' vor das göttliche Wesen (hier als ‚Noys (Nus)' oder ‚Providentia Dei' bezeichnet) hintritt und es bittet, durch sie aus dem formlosen Chaos die Welt zu bilden[32]. Die in Versform und Prosa sehr ausführlich beschriebene Erschaffung der Welt faßt Bernhard knapp im ‚Breviarium', das seinen beiden Büchern voransteht[33], zusammen: „Nus, durch ihre Bitten bewegt,

---

[29] Constantinus Africanus (wie Anm. 15), 79: „*Complexiones istae sicut instrumenta sunt naturae, sive animae, sive utriusque. Omnium enim corporum regimenta, aut ex anima sunt et natura, aut ex sola natura. Quia natura animata regit corpora et inanimata. Sola uero animata regit anima. Quod cum ita sit, necesse est naturae atque animae quandam uirtutem in esse, qua operationem suam ualeat explere. Quae virtus ex eorum actionibus monstratur.*"
‚*Anima*' ist hier als Geist verstanden, da Constantinus am Schluß von Liber IV sagt (cf. den Text in Anm. 28), die Frage der Seele beträfe die Philosophen, nicht ihn.

[30] H. Niese, Zur Geschichte des geistigen Lebens am Hofe Kaiser Friedrichs II., in: Historische Zeitschrift 108/1912, 517 sq. verweist auf Alanus de Insulis. — W. Stürner, Rerum necessitas und divina provisio. Zur Interpretation des Prooemiums der Konstitutionen von Melfi (1231), in: Deutsches Archiv für Erforschung des Mittelalters 39 (1983) 467–554, macht auf Parallelen zu mehreren Autoren des 12. Jahrhunderts aufmerksam, vor allem auf 487–492.

[31] E. R. Curtius, Europäische Literatur und Lateinisches Mittelalter, München 1963, 118 sq.

[32] Edition des lateinischen Textes von C. S. Barach/J. Wrobel, Innsbruck 1876 (Nachdruck Frankfurt/Main 1964). — Deutsche Übersetzung von Wolfram von den Steinen, Natur und Geist im zwölften Jahrhundert, in: Die Welt als Geschichte 14/1954, 71 sqq.

[33] Ibid. (Latein. Text 5).

stimmt gern dem Wunsch zu und verbindet so abwechselnd die vier Elemente miteinander. Neun Hierarchien Engel erschafft er im Himmel, befestigt die Gestirne am Firmament, setzt Tierkreiszeichen und läßt unter ihnen die sieben Planeten kreisen. Vier Hauptwinde stellt er einander gegenüber. Es folgt die Schöpfung der Lebewesen und der Erde als Mittelpunkt."

Im zweiten Buch, nach einem Lobpreis der geschaffenen Welt, plant Nus, das Werk der Natur durch die Schaffung des Menschen zu beenden[34]. Er rät der Natur, die Hilfe der Urania, die Bernhard Königin der Gestirne nennt, und der Physis, die in allen Dingen erfahren ist, in Anspruch zu nehmen. Natura wandert mit Urania durch die Himmelsbezirke und sucht Physis auf. Im Beisein von Nus formt diese den Menschen.

In diesem Werk, das an Vorstellungen der heidnischen Spätantike anknüpft, vor allem an den in der Tradition Ovids stehenden Claudian[35], ist die christliche Schöpfungsvorstellung auf ein Minimum zurückgedrängt[36]. Der Mensch wird als vollkommenstes Wesen der Schöpfung von Nus und Natur erschaffen. Bernhard nennt die Natur sogar „unermüdlich gebärender Schoß" und „Mutter der Zeugung"[37]. Diese Attribute täuschen aber nicht darüber hinweg, daß die Natur ihre Tätigkeit nur auf den Wunsch Gottes hin ausüben kann. Doch dessen Position charakterisiert Wolfram von den Steinen so[38]: „In der großartigen und vielschichtigen Konzeption seiner Schöpfungslehre bleibt der Schöpfer unpersönlich im Hintergrunde, der Gott der Dogmatik kommt nicht vor, der Gedanke des Sündenfalls und der Erlösung bleibt außer Betracht."

Als Personifikation ganz im Sinne Bernhards oder auch des Johannes de Hauville, der in seinem Gedicht ‚Architrenius' (1184/85) die Natur als nährende Mutter beschreibt[39], ist ‚Natura' in ihrer frühesten allegorischen Darstellung verkörpert[40]. Wir finden sie auf einem Emailkästchen aus dem letzten Viertel des 12. Jahrhunderts, das vermutlich einem englischen Gelehrten gehörte und sich heute im Victoria & Albert-Museum in

---

[34] Ibid. (Latein. Text 35 sq.).
[35] E. R. Curtius (wie Anm. 31) 121.
[36] Zu den mittelalterlichen Schöpfungsvorstellungen und -darstellungen: J. Zahlten, Creatio Mundi. Darstellungen der sechs Schöpfungstage und naturwissenschaftliches Weltbild im Mittelalter. Stuttgart 1979 (Stuttgarter Beiträge zur Geschichte und Politik, Bd. 13).
[37] Bernardus Silvestris, De mundi universitate (wie Anm. 32), 10: „*Erat Hyle naturae vultus antiquissimus, generationis uterus indefessus, formarum prima subiecto, materia corporum, substantiae fundamentum ...*" und 53: „*Quippe matrem generationis Naturam praesenserat adventare. De natura igitur genio fecunditate concepta derepente tellus intumuit ...*"
[38] W. v. d. Steinen (wie Anm. 32), 77.
[39] P. Dronke, Bernhard Silvestris, Natura and Personification, in: Journal of the Warburg and Courtauld Institutes 43 (1980) 28 sq.
[40] Bei Wolfgang Kemp, Natura. Ikonographische Studien zur Geschichte und Verbreitung einer Allegorie, Diss. Tübingen 1973, beginnt die Reihe der Darstellungen erst mit französischen Miniaturen des 15. Jahrhunderts.

London befindet. Auf der einen Schmalseite ist die Natura als Gegenstück zur Philosophia auf der anderen Schmalseite dargestellt, während auf den Längsseiten die sieben Freien Künste ihren Platz gefunden haben, eine Kombination, die in der Tradition der Weisheit mit ihren sieben Töchtern steht, wie sie auch Alanus de Insulis in seinem ‚Anticlaudianus' erwähnt.

Mit „*Natura lactans*" überschrieben erscheint die Natur als Nährmutter der an ihrer Brust saugenden Wissenschaft (*Scientia*). Obwohl sich für diese Gruppe bisher kein adäquater Text beibringen ließ, darf man hinter ihr sicher heidnisch-antike Naturvorstellungen vermuten, die nun neu entdeckt wurden[41]. Die Natur als Quelle der naturwissenschaftlich interessierten Forschung zu sehen — wie das Email sie zeigt — ist gerade im 12./13. Jahrhundert höchst aktuell.

An die Vorstellungen des Bernhardus Silvestris knüpft Alanus de Insulis an. Um 1120 in Lille geboren, tritt er als theologischer Lehrer in Paris und Südfrankreich und als Dichter von enzyklopädischer Gelehrsamkeit hervor. Der ‚Doctor universalis' stirbt 1202 in Citeaux[42]. In zwei Schriften läßt sich seine Naturauffassung erkennen, in seinem um 1150 verfaßten Lehrgedicht ‚De planctu naturae' und in seinem eben erwähnten Epos ‚Anticlaudianus'.

Im Frühwerk ‚Klage der Natur'[43] erscheint ‚Natura' im Gespräch mit dem Dichter und erläutert ihm ihr Wirken. Alanus spricht sie als „Kind Gottes und Schöpferin aller Dinge" an, „der als Herrin der Welt die Dinge Tribut zollen"[44]. Sie selbst bezeichnet sich als „niedrige Magd des höchsten Meisters", deren Werke ihm gegenüber unvollkommen seien: „Durch meine Tätigkeit wird der Mensch geboren, durch Gottes Autorität aber wiedergeboren". Alle Geschöpfe gehorchen der Natur, nur der Mensch stellt sich ihr durch seine von Venus unterstützten Laster entgegen[45].

---

[41] Ornamenta ecclesiae. Kunst und Künstler der Romantik. Katalog, ed. von A. Legner, Köln 1985, Bd. 1, 66 sq. (A 12).

[42] E. R. Curtius (wie Anm. 31), 127 sqq. — W. v. d. Steinen (wie Anm. 32), 84 sqq. — Cf. auch die Beiträge von J. Köhler, W. Kölmel und A. Speer in diesem Band.

[43] Alanus de Insulis, Liber de planctu naturae, in: Migne Patrologia Latina 210, 431 sqq. — Neue Edition, nach der im folgenden zitiert wird: N. M. Häring, Alan of Lille, ‚De Planctu naturae', in: Studi medievali 19 (1978) 797—879.

[44] Alanus, ed. N. M. Häring (wie Anm. 43) 831:
„ *O dei proles genitrixque rerum,*
Vinculum mundi stabilisque nexus,
Gemma terrenis, speculum caducis,
   Lucifer orbis.
...
Cui fauet celum, famulatur aer,
Quam colit tellus, ueneratur unda,
Cui, uelut mundi domine, tributum
   Singula soluunt."

[45] Ibid., 829: „*Sed ne in hac mee potestatis prerogatiua dei uidear quasi arrogans derogare, certissime Summi Magistri me humilem profiteor esse discipulam. Ego enim operans operantis dei non ualeo*

Dafür werden alle Sünder von Genius, dem Priester der Natura, gebannt[46].

1182/83 entstand die zweite Schrift des Alanus, der ‚Anticlaudianus oder die neun Bücher über die Pflichten des guten und vollkommenen Menschen'[47]. Sie zeigt, wie die Natura einen vollkommenen Menschen schafft, der die Laster überwinden soll, knüpft also an ‚De planctu naturae' direkt an. Zu diesem Zweck ruft die Natur die Tugenden zusammen und legt ihnen ihren Plan vor. Sie schicken eine Abordnung zu Gott, um von ihm für ihre Schöpfung die Seele zu erbitten. Gott gibt sie ihnen[48]: „Reich durch göttliche Gabe und himmlische Geschenke wird der Geist, vom Himmel zur Erde gesandt, auf dem Erdkreis ein Fremdling sein ...". Die Natur bildet aus den besten Stoffen eine Wohnung für den himmlischen Geist. Dieser Körper kann sich an Schönheit mit Narziß und Adonis messen. Alle Tugenden steuern ihre Gaben für ihn bei[49]. So ausgerüstet können aus dem am Schluß des Werkes geschilderten Kampf gegen die Laster die Tugenden, die Natur und der neue Mensch als Sieger hervorgehen[50].

Vergleichen wir das Bild, das Alanus von der Natur gibt, mit der Auffassung des Bernhardus Silvestris, so sehen wir, daß die Natura weiterhin von Gott abhängig bleibt. Er betont einerseits diese Abhängigkeit, wenn er sie „niedrige Magd des höchsten Meisters" nennt, die selber nur Unvollkommenes bewirke, andererseits gesteht er ihr aber zu, selbständige Werke zu schaffen, die von Gott nur noch vervollkommnet und mit einer

---

expresse inherere uestigiis, sed a longe quasi suspirans operantem respicio. Eius enim operatio simplex, mea operatio multiplex. Eius opus sufficiens, meum opus deficiens. Eius opus mirabile, meum opus mutabile. Ille innascibilis, ego nata. Ille faciens, ego facta. Ille mei opifex operis, ego opus opificis. Ille operatur ex nichilo, ego mendico opus ex aliquo. Ille suo operatur in numine, ego operor illius sub nomine ...

... homo mea actione nascitur, dei auctoritate renascitur. Per me a non esse uocatur ad esse, per ipsum ab esse in melius esse producitur. Per me homo procreatur ad mortem, per ipsum recreatur ad uitam.

Ibid., 833: „*Sed ab huius uniuersalitatis regula solus homo anomale exceptione seducitur, qui pudoris trabea denudatus impudicitieque meretricali prostibulo prostitutus, in sue domine maiestatem litis audet excitare tumultum, uerum etiam in matrem intestini belli rabiem inflammare.*"

[46] Ibid., 878: „*Tunc Genius post uulgaris uestimenti depositionem sacerdotalis indumenti ornamentis celebrioribus honestius infulatus, sub hac uerborum imagine pretaxatam excommunicationis seriem e penetralibus mentis forinsecus euocauit, ...*"

[47] Alanus de Insulis, Anticlaudianus sive de officio viri boni et perfecti libri novem, in: Migne Patrologia Latina 210, 483 sqq.

[48] Ibid., 548: „*Munere divino, donis coelestibus auctus Spiritus a coelo terris demissus in orbe Terreno peregrinus erit, ...*"

[49] Ibid., 549: „*Ergo sollerti studio natura requirit Materiam summam, de qua praesigne figuret Hospitum, carnisque domum, quam spiritus intret Coelestis, radietque suo domus hospite digna.*"

[50] Ibid., 574: „*Pugna cadit, cedit juveni victoria, surgit Virtus, succumbit Vitium, Natura triumphat. Regnat Amor, nusquam Discordia, Foedus ubique.*"

Seele versehen werden müssen. Im Gegensatz zu Bernhardus faßt er die Natur nicht mehr als eine Art Muttergottheit auf („Mutter der Zeugung"), sondern als Jungfrau[51]. Sie steht als Instanz zwischen Gott und Mensch, wie er durch eine grammatische Metapher deutlich macht[52]; „... drei graduell unterschiedliche Machtpositionen können wir finden: Die Macht Gottes wird Superlativ, die der Natur Komparativ und die des Menschen Positiv genannt".

In dieser Zwischenstellung spiegelt sie gleichzeitig Mikro- und Makrokosmos, die ihr gehorchen. Als „Urbild jeglicher Einzelnatur" bezeichnet Nobis[53] die ‚*natura universalis*‘, deren Definition „als das allgemeinste ‚physiologische Prinzip' jeglicher Veränderung und Zuständlichkeit eines Dinges" erst nach der Aristoteles-Rezeption durch Robert Grosseteste eine wichtige Rolle spielen wird[54].

Außer den hier vorgestellten, dichterisch ausgestalteten Kosmogonien des 12. Jahrhunderts finden wir in einer Reihe von Traktaten anderer Autoren Hinweise zum Begriff der Natur. Um die Position Friedrichs II. besser einordnen zu können, sollen hier deren Ansichten kurz skizziert werden.

Im Denken Hugos von Sankt-Viktor nimmt der Begriff der Natur eine zentrale Stellung ein[55], wie schon aus seinen Aussagen hervorgeht: „*natura est quae mundum continet omnem*" (Die Natur ist es, welche die ganze Welt zusammenhält)[56] oder „*natura est quae unicuique rei suum esse attribuit*" (Die Natur ist es, die jedem Ding das Sein zuteilt)[57]. Er versteht unter ihr eine Kraft, die im Geschaffenen wirkt und die Schöpfungstätigkeit Gottes unterstützt[58]. Sie ist „zur Knechtschaft geschaffen" und weist durch ihren

---

[51] Cf. Alanus, De planctu naturae (wie Anm. 43), 821: „... *uirgo uarias rerum picturaliter suscitabat imagines. ... Virgo etiam, ut pretaxauimus, a celestis regie emergens confinio ... Homo uero, uirginis capiti curruique supereminens, cuius uultus non terrenitatis uilitatem, sed potius deitatis redolebat archanum, ...*"

[52] So E. R. Curtius (wie Anm. 31), 128, der auf Alanus, De planctus naturae (wie Anm. 43), 830 verweist: „*Et sic in quodam conparationis triclinio tres potestatis gradus possumus inuenire, ut dei potentia superlatiua, Nature comparatiua, hominis positiua dicatur.*"

[53] H. M. Nobis (wie Anm. 13), 39. — Cf. auch S. Arcoleo, La Filosofia della natura nella problematica di Alano di Lilla, in: La Filosofia della Natura nel Medioevo. Atti del terzo congresso internazionale di Filosofia Medioevale. Passo della Mendola (Trento) 31 agosto — 5 settembre 1964, Mailand 1966, 255—259.

[54] Cf. H. M. Nobis (wie Anm. 13), 38.

[55] E. Liccaro, L'uomo e la natura nel pensiero di Ugo di San Vittore, in: La Filosofia (wie Anm. 53), 305—313.

[56] R. Baron, L'idee de Nature chez Hugues de Saint-Victor, in: La Filosofia (wie Anm. 53), 260—263.

[57] P. Delhaye, La nature dans l'oeuvre de Hugues de Saint-Victor, in: La Filosofia (wie Anm. 53), 272—278.

[58] W. Stürner (wie Anm. 30), 488.

Anblick auf den Schöpfer hin[59]. Nobis[60] und Delhaye[61] haben zusammenfassend die Systematisierung Hugos herausgearbeitet: Er versteht erstens unter ihr einen Archetyp der Dinge, der im göttlichen Denken existiert. Zweitens macht die Natur die physischen Eigenschaften der Dinge aus und schließlich ist sie das bildende Feuer („*ignis artifex*"), das die Dinge formt. Doch ihr Wirken verdankt sie der Gnade Gottes[62].

Wilhelm von Conches vertritt die gleiche Ansicht[63]. Er spricht von der wirkenden Natur, die den Dingen innewohnt und nach dem Willen Gottes bei der Schöpfung tätig wird[64].

Auch Daniel von Morley äußert sich ähnlich, wenn er die Natur mit einer „kunstfertigen Dienerin" (*artificiosa ministra*) vergleicht, mit der zusammen Gott die Welt aus den Elementen schuf[65].

Petrus Abaelard geht noch einen Schritt weiter. In seinem Schöpfungskommentar definiert er die Natur „als die Kraft und die Möglichkeit, die jenen Werken von Gott bei der Schöpfung übertragen wurde"[66]. Diese Kraft kann selbst schöpferisch wirken. Ihr Werk ist das Werk Gottes. Konsequenterweise folgert er daraus: „*natura artifex, id est Deus*" (Die kunstfertige Natur ist Gott) und erläutert an einem Beispiel: „*puer ipse non hominis opus est, sed naturae, id est Dei*" (Der Knabe selbst ist nicht das Werk eines Menschen, sondern der Natur, das ist Gottes)[67]. Die enge Verbindung Gottes mit der Natur ist damit unterstrichen.

Abschließend sei noch ein Blick auf Honorius Augustodunensis geworfen. Johannes Scotus Eriugena folgend, teilt Honorius die Natur in vier Arten ein, die Marie-Thérèse d'Alverny so zusammenfaßt[68]: „Die erste Art ist die schaffende und nicht geschaffene Natur: Gott; die zweite jene, die geschaffen wurde und erschafft: die Grundursache; die dritte diejenige, die geschaffen wurde und nicht erschafft, die zeitlich bestimmten Wesen, erkennbar in Raum und Zeit; die vierte ist die, welche nicht schafft und

---

[59] W. Ganzenmüller, Das Naturgefühl im Mittelalter, Leipzig 1914, 166 (Beiträge zur Kulturgeschichte des Mittelalters und der Renaissance, Bd. 18).
[60] H. M. Nobis (wie Anm. 13), 40 sq.
[61] P. Delhaye (wie Anm. 57), 272 sq.
[62] J. Zahlten (wie Anm. 36), 146.
[63] W. Stürner (wie Anm. 30), 488. — R. Javelet, Image de Dieu et nature au XIIs siècle, in: La Filosofia (wie Anm. 53), 286—296.
[64] Wilhelm von Conches, Glossae super Platonem. Ed. E. Jeauneau, 1965, 122, spricht von der „*natura operans*".
[65] W. Stürner (wie Anm. 30), 489. — Cf. auch A. Nitschke (wie Anm. 25), 83—91.
[66] Ibid., 81—87; Zitat nach 83.
[67] Ausführlicher zu Abaelards Naturvorstellungen: Jean Jolivet, Elements du concept de nature chez Abelard, in: La Filosofia (wie Anm. 53), 297—304. — D. E. Luscombe, Nature in the thought of Peter Abelard, ibid., 314—319.
[68] M.-T. d'Alverny, Le cosmos symbolique du XIIe siècle, in: Archives d'histoire doctrinale et littéraire du moyen-age 28 (1953) 39. — Cf. auch A. Gurjewitsch, Das Weltbild des mittelalterlichen Menschen, München 1980, 118 sq. — J. Zahlten (wie Anm. 36), 146—148.

nicht erschaffen wurde, das Ziel von allem: Gott." Die Natur ist also in all ihren differenzierten Aufgliederungen von Gott bestimmt. Von ihm nimmt sie ihren Ausgang, zu ihm kehrt sie zurück, wie es im ‚Clavis Physicae' ausgedrückt ist.

Eine Miniatur in der Handschrift der Pariser Bibliothéque Nationale (Ms. lat. 6734) setzt die Aussage des Honorius ins Bild um und zeigt auf Folio 3v eine allegorische Schemafigur[69]: Die Person des Schöpfers, bezeichnet mit „Finis", in der untersten Zone der in vier Streifen aufgegliederten Buchmalerei, ist selber jene Art der Natur, *„que nec creat nec creatur"*, und wird als Ausgangspunkt und Ziel der geschaffenen Welt verstanden. Über ihr sehen wir als Bestandteile der Schöpfung die vier Elemente: Feuer, Luft, Wasser und Erde. Diese allegorische Abbildung der organisierten Materie ist mit *„natura creata, non creans"* unterschrieben. Sie geht hervor aus der tetramorphen Figur der *‚materia informis'*, dem biblischen Chaos vor der Schöpfung, die in der Zeile darüber von den Ordnungskategorien Zeit und Raum eingerahmt wird, den *„effectus causarum"*. Die oberste Halbkreiszone zeigt die *„primordiales causae"*. Inmitten von Justicia, Virtus, Ratio, Veritas und Essentia, Vita, Sapientia verkörpert die *„superessentialis Bonitas"*, die allen Kreaturen das Sein gibt, das höchste Gut, und somit wieder Gott, der am Anfang steht, wie es auch der zitierte Text ausdrückte.

4. Naturvorstellungen im Vergleich

In den dichterischen Werken des Bernhardus Silvestris und des Alanus de Insulis wurde die Natur personifiziert. Sie tritt als Schöpferin der sinnlich wahrnehmbaren Welt auf, aber sie vollzieht dabei nur den Willen Gottes, der mehr oder weniger aktiv in diesen Prozeß eingreift. Bei aller Selbständigkeit, die ihr besonders bei Alanus zugeschrieben wird, bleibt sie jedoch immer in Abhängigkeit von Gott.

In den erwähnten naturphilosophischen Traktaten des 12. Jahrhunderts zeigen sich ähnliche Strukturen: Hugo von Sankt-Viktor sah in der Natur eine Kraft, die Gott beim Schöpfungsprozeß unterstützte. Bei Wilhelm von Conches richtete sich ihre Tätigkeit nach dem Willen Gottes, auch Daniel von Morley faßte sie als mitschaffende Dienerin auf. Petrus Abaelard betonte eine noch engere Verbindung: Das Werk der Natur ist das Werk Gottes. Für Honorius Augustodunensis schließlich ist Gott Ausgangspunkt und Ziel der an der Schöpfung beteiligten Natur.

Friedrich II. dagegen erwähnt im Falkenbuch, worauf hingewiesen wurde, nirgends einen schöpferischen Gott oder ein höheres Wesen, das

---

[69] M.-T. d'Alverny (wie Anm. 68), 56—68. — Cf. auch J. Zahlten (wie Anm. 36), 146—148 und Abb. 278; P. Dronke (wie Anm. 39), 24—26.

den Schöpfungsvorgang beeinflußt. Damit stellt sich die Frage, ob für ihn jedes der Natur übergeordnete Prinzip wegfällt und Friedrich ihr die Rolle einer selbständig handelnden Schöpferin zubilligte? Oder nahm er ihre Rolle als Macht zwischen Gott und der Schöpfung im Sinne der zitierten Autoren als so selbstverständlich an, daß er sie nicht eigens erläuterte?

Ziehen wir weitere schriftliche Quellen heran, die an Friedrichs Hof entstanden, so ergibt sich folgendes Bild: In verschiedenen Briefen des Kaisers ist von der Natur die Rede. Sie „webt das Gewebe des Lebens"[70], sie fordert als „Gläubigerin Natur die unvermeidliche Schuld der Sterblichkeit" ein[71]. Der „Schöpfer der Dinge" wird genannt[72] und Gott als „Herr der Natur" angesprochen[73]. Im Vorwort der Konstitutionen von Melfi, jenem 1231 für das Königreich Sizilien erlassenen Gesetzwerk[74], beginnt der erste Satz: „Nachdem der Bau der Welt durch die göttliche Vorsehung fest aufgerichtet und die ursprüngliche Materie durch den eine bessere Bildung bewirkenden Dienst der Natur zu den Gestalten der Dinge verteilt worden war, beschloß derjenige, der das, was zu tun war, vorausgesehen hatte, ... den Menschen, das unter den Geschöpfen würdigste, nach seinem eigenen Bild und seiner Gestalt geformte Geschöpf ... über die übrigen Geschöpfe zu setzen. Er belebte den aus dem Erdenschlamm Hervorgebrachten im Geiste ..."

Wolfgang Stürner hat in seiner Edition des ‚Prooemiums' der Konstitutionen[75] den hier erwähnten Begriff der Natur sicher richtig als „Gottes Helferin bei der Vollendung der Schöpfung" interpretiert und darauf aufmerksam gemacht, daß eine solche Sicht der Genesis-Deutung widerspricht, die das Sechstagewerk dem Schöpfer allein vorbehält, wie es noch vielfach die Autoren des 12. Jahrhunderts taten. Deutlich setzen sich von ihnen jene zuvor genannten Gelehrten ab, die der Natur eigene Aktivität zubilligten. Und erst mit ihrer Kenntnis wird der Schöpfungshinweis am Beginn des kaiserlichen Gesetzwerkes verständlich.

Zugleich erweist sich, daß diese und die in den zitierten Briefen deutlich gewordene Auffassung, hinter den Handlungen der Natur stehe eine höhere Macht, der Sicht jener Traktate und Kosmogonien ähnelt, die zuvor besprochen wurden. So zeigt sich darin ein weiteres Mal, daß Friedrich II. zum großen Teil noch in der älteren Tradition verhaftet ist[76]. Basierten seine medizinischen Vorstellungen auf Constantinus Africanus

---

[70] K. J. Heinisch, Kaiser Friedrich II. in Briefen und Berichten seiner Zeit, Darmstadt 1968, 342.
[71] Ibid., 337.
[72] Ibid., 282.
[73] Ibid., 280.
[74] Cf. W. Stürner (wie Anm. 30), 548 sq.
[75] Ibid., 487–489.
[76] Cf. J. Zahlten (wie Anm. 2), 94–97 und 209 sq. — Auch A. Nitschke, Friedrich II. ein Ritter des hohen Mittelalters, in: Stupor mundi, Darmstadt 1966, 690.

und der Schule von Salerno, so seine Sicht der Natur auf naturphilosophischen Vorstellungen des 12. Jahrhunderts.

Ein Einwand ist jedoch zu berücksichtigen: Inwieweit sind die brieflichen Äußerungen und der Text des Prooemiums überhaupt als persönliche Aussagen Friedrichs II. zu werten? Die Konstitutionen von Melfi entstanden unter Mitarbeit vieler Berater des Kaisers. Die Briefe wurden von Kanzleibeamten des kaiserlichen Hofes verfaßt und tragen offiziellen Charakter. Sie müssen zudem von den Vorstellungsweisen der Empfänger verstanden werden, auf die sie Rücksicht zu nehmen hatten.

Das Falkenbuch dagegen schrieb der Kaiser aus eigenem Antrieb, auf Grund seiner Jagderfahrungen, nachdem er dreißig Jahre lang Material gesammelt hatte. Es wendet sich an keinen bestimmten Leser. Man kann daher annehmen, daß es sich bei ‚De arte venandi cum avibus' um eine Schrift handelt, die Friedrichs persönliche Meinung deutlich werden läßt. Auf der Grundlage dieses Textes wurde anfänglich die Vermutung geäußert, Friedrich II. spräche der Natur selbst die schöpferische Fähigkeit zu, die bisher nur Gott zukam. Ob diese Folgerung allein aus der Tatsache, daß im Falkenbuch weder Gott noch eine andere höhere Instanz genannt wird, gezogen werden kann, läßt sich nicht sicher entscheiden, da uns vergleichbare persönliche Äußerungen des Kaisers fehlen. Als denkbare Möglichkeit soll sie jedoch in die Diskussion eingeführt werden.

Friedrichs ebenfalls eigenwillige Auffassung, die von der Natur geschaffenen Lebewesen seien durch die Einwirkungen des menschlichen Geistes veränderbar, soll im nun abschließenden Kapitel kurz umrissen werden.

5. Der Mensch als Veränderer der Natur

Bereits im Prolog des Falkenbuches führte Friedrich an, daß ihm die Natur der Vögel in gewisser Weise veränderbar zu sein schiene[77]. Wie schon angedeutet wurde, besteht zwischen der Natur der Vögel — verstanden als Wesen und Eigenart — und der ‚schöpferischen Natur' eine Beziehung. Wenn nun Friedrich die *natura generans* als Ausgangspunkt der Lebendigkeit ansieht, die als schöpferische Kraft die Glieder und die gesamten Lebewesen bildet, so muß logischerweise eine Veränderung dieser Lebewesen in einem Bereich ansetzen, der mit dieser Kraft in enger Beziehung steht oder ihr ähnlich ist. Dieses Phänomen sieht er im menschlichen Geist. Eine Einschränkung gilt jedoch: Der Geist des Menschen wirkt nicht als schöpferische Kraft, sondern nur als verändernde auf die von der Natur bereits geschaffenen Lebewesen ein. Eine Veränderung der Natur und des Verhaltens der Raubvögel will Friedrich durch das Abrich-

---

[77] Cf. J. Zahlten, Die ‚Hippiatria' des Jordanus Ruffus. Ein Beitrag zur Naturwissenschaft am Hofe Kaiser Friedrichs II., in: Archiv für Kulturgeschichte 53 (1971) 32—36.

ten der Falken zur Jagd erreichen. Sie sollen durch Zähmung dazu gebracht werden, zum Teil ihre Natur und ihre natürlichen Eigenschaften zu verlieren und eine künstliche Verhaltensweise anzunehmen, d. h. beim Menschen zu bleiben und zu ihm zurückzukehren[78]: „Durch Härte anerzogen, wird ihnen dieses Verhalten im Laufe der Zeit zur Eigenart, zur Gewohnheit und einer zweiten Natur". Diese Veränderung geschieht nicht durch Gewalt, „denn allein der Geist des Menschen ist dazu fähig, den Raubvogel zu fangen und zu lehren"[79], sondern durch Einflußnahme auf die Sinne des Tieres. Sitz der Sinnesorgane, Ausgangspunkt der Gefühle und der ‚virtus animata' ist nach seiner Definition das Gehirn, an dessen Kräfte er sich wendet, um eine Wesensveränderung zu erreichen[80].

Um dem gefangenen Falken die Angst vor dem Anblick des Menschen zu nehmen, schaltet er seinen Gesichtssinn durch vorübergehendes Vernähen der Augenlider aus[81]. Dann wird er durch Füttern, d. h. den Geschmackssinn, und Streicheln, den Tastsinn, an den Menschen gewöhnt; über das Gehör an die menschliche Stimme und andere Geräusche[82]. Dazu betont Friedrich, daß dieses Einwirken auf die Sinne immer wiederholt werden müsse, und so durch fortwährende Wiederholung die Veränderung bewirkt und dauerhaft gemacht würde[83].

In seiner Ansicht, die Gewohnheit sei für die zweite, anerzogene Natur von Wichtigkeit, folgt Friedrich II. der aristotelischen Tradition und abermals dem salernitaner Arzt Urso von Calabrien, auf den er sich auch in anderen Fragen stützte[84].

---

[78] De arte (wie Anm. 1), Bd. 1, 165 sq.: *„Qui mores acquisiti per duritiam processu temporis et assiduitate vertantur eis in habitum et consuetudinem et naturam alteram."*

[79] Ibid., 5: *„Aves vero, cum per aerem volent, non possunt capi vi, sed solo ingenio hominum et capi possunt et doceri."*

[80] Ibid., 89 und 66: *„Est autem caput magni et necessarii iuvamenti, continet namque cerebrum, a quo sunt virtutes principales et sensibiles et motive, et iuvat in eo, quod continet instrumenta sensus."*

[81] Ibid., 146 sq., 201.

[82] Den Ansatzpunkt, die Natur des Vogels in sein Gegenteil zu verändern, bietet der Geschmackssinn. Dazu führt Friedrich II. auf 166 aus: *„Ex parte vero avis rapacis, que doceri debet has proprietates contrarias suis naturalibus, aliquid esse oportet, quod sit quasi medium, per quod mutetur de sua natura in contrarium. Illud autem est sensus gustus, cum ceteri sensus sint repugnantes in hoc ... Proinde restat solum per gustum assuefacere ipsas ad videndum, tangendum et audiendum hominem et cetera, que conversantur cum homine, et ad omnia modo dicta."* Dazu weitere Anleitungen auf den Seiten 147, 148, 155 und 185.

[83] Ibid., 171 und 204, wo mehrfach der Ausdruck *„assuescere"* verwendet wird. — Cf. auch eine von Heinisch (wie Anm. 70), S. 632 sq. zitierte Briefstelle: „Wir wissen und haben es durch die Erfahrung langer Zeiten gelernt, daß aus der Gewohnheit, die Dir bereits zur Natur geworden ist, Deine Ergebenheit in dem genannten Zeitraum gereift ist..."

[84] Cf. J. Zahlten (wie Anm. 2) 92 sq. und 209. — Die Glosse 11 ist abgedruckt in: Die medizinisch-naturwissenschaftlichen Aphorismen und Kommentare des Magister Urso Salernitanus, ed. R. Creutz, Berlin 1936, 34—36 (Quellen und Studien zur Geschichte der Naturwissenschaft und Medizin).

In der Praxis führt diese Veränderung der Natur, zu der nach Friedrichs Vorstellung menschlicher Geist fähig ist, der Falkner durch. Er muß dafür mit besonderen Eigenschaften ausgestattet sein. Sein großes Vorbild ist der Kaiser selbst, der auf der Miniatur am Beginn seines Werkes (Abb. 1) neben dem gezähmten Falken in hierarchischer Position über König Manfred und den knieenden Falknern thront[85].

---

[85] Eine wesentlich erweiterte Fassung dieses Beitrags, allerdings ohne die hier in den Anmerkungen zitierten lateinischen Quellen, wird ausführlicher auf die Miniaturen des Falkenbuchs und die Illustrationen zur Pferdeheilkunde des Jordanus Ruffus eingehen, die im Auftrag des Kaisers geschrieben wurde, und sich Fragen der Erziehung des idealen Falkners zuwenden. Sie soll in einem Sammelband ‚Kunst des 13. Jahrhunderts. Funktion und Gestalt', ed. F. Möbius und E. Schubert, in Weimar erscheinen.

Abb. 1. Falkenbuch Kaiser Friedrichs II. (nach 1258)
Zweitfassung für König Manfred
Rom, Biblioteca Apostolica Vaticana, Ms. Pal. Lat. 1071, fol. 1v

Abb. 2. Falkenbuch Kaiser Friedrichs II.
Rom, Biblioteca Apostolica Vaticana, Ms. Pal. Lat. 1071, fol. 11

Metaphysica I

Kosmisches Prinzip und Maß menschlichen Handelns.
Natura bei Alanus ab Insulis

ANDREAS SPEER (Köln)

Schon zu Lebzeiten des Alanus ab Insulis und in den Jahrhunderten danach fehlte es nicht an Ehrenbezeugungen mannigfacher Art. So trägt er neben Albertus Magnus als einziger mittelalterlicher Gelehrter den Ehrentitel eines *doctor universalis* und steht in einer Eichstätter Handschrift aus dem 15. Jahrhundert zusammen mit Thomas von Aquin unter dem Thron der Theologie als ihr Repräsentant[1]. Dennoch ist das Urteil über Alanus bis in die neueste Forschung hinein durchaus zwiespältig. Zwar wird ihm zumeist eine gewichtige Präsenz und eine unleugbare Bedeutung in seinem Jahrhundert zugebilligt[2], in dessen geistige Strömungen er auf so vielfältige Weise eingebunden ist, doch faßt bereits Johan Huizinga die Vorwürfe zusammen, die man der Person des Alanus entgegengebracht hat: „eklektisch" und „synkretistisch" sei sein Denken und von Widersprüchen „zwischen mystischer Einkleidung und rationaler Tendenz seiner Gedanken" geprägt[3]. Und ein halbes Jahrhundert später nennt G. R. Evans in ihrer Monographie Alanus zwar einen der talentiertesten und profiliertesten Schriftsteller seiner Zeit, verbindet dieses Lob jedoch mit dem negativen Urteil, daß dieser auf allen Feldern seines literarischen Schaffens stets hinter den wirklich bedeutenden Dichtern und Denkern zurückgeblieben sei, zwar ein Gespür für Neues, jedoch keine wirkliche Originalität besitze[4]. Dieser Eindruck wird durch die Vielgestaltigkeit seines Werkes eher unterstrichen als abgemildert, welches die Frage nach seinem inneren Zusammenhang aufwirft. Dies gilt insbesondere, in der Formulierung Huizingas, für den Zusammenhang der „poetischen Figuren, Bilder und

---

[1] Siehe M. Grabmann, Die Geschichte der Scholastischen Methode, Bd. II, Freiburg i. B. 1911 (Nachdruck Berlin 1988), 470 sq.

[2] Hingegen finden sich in der von Peter Dronke herausgegebenen neuesten History of Twelfth-Century Western Philosophy (Cambridge 1988) überraschend nur einige marginale Bemerkungen und kein eigenes Kapitel zu Alanus.

[3] J. Huizinga, Über die Verknüpfung des Poetischen mit dem Theologischen bei Alanus de Insulis, in: Mededeelingen der Koninklijke Akademie van Wetenschappen, Afd. Letterkunde, deel 74 ser. B no. 6, Amsterdam 1932, 89—199; nachgedruckt in: Verzamelde Werken IV, Haarlem 1949, 3—84, hier: 9.

[4] G. R. Evans, Alan of Lille. The frontiers of Theology in the Later Twelfth Century, Cambridge 1983, 168.

Visionen zu den rein philosophisch oder theologisch bewußten Überzeugungen"[5]. In dieser Frage reicht das Urteil der Forschung von der — durchaus unterschiedlich begründeten — Konsistenzannahme (Huizinga, Chenu, de Lage, d'Alverny, Wetherbee[6]) bis hin zum erklärten Unverständnis, warum Alanus mit seiner intellektuellen Neigung zur Theologie ein Werk wie den Anticlaudianus habe schreiben können (Evans[7]). Die allgemeine Wertschätzung der allegorischen Dichtungen des Alanus und insbesondere des Anticlaudian, der zu den meistgelesenen Büchern des 13., 14. und noch des 15. Jahrhunderts gehörte und mehrfach glossiert, kommentiert und für volkssprachliche Fassungen bearbeitet, ja selbst von Dante benutzt wurde[8], beruht nach Evans vor allem auf einem falschen säkularen Verständnis, dahingegen es sich vielmehr um eine christliche Allegorie im klassischen Gewande, um ein fragwürdiges theologisches Experiment handle[9].

1. Die Entdeckung der Natur

Blickt man jedoch in die Zeit des 12. Jahrhunderts, so erscheint weder die sowohl dem Anticlaudian wie auch dem früheren Werk De Planctu Naturae gemeinsame Thematik noch ihre dichterische Durchführung sonderlich anstößig. Vielmehr beruhen beide Werke auf mannigfachen spätantiken und mittelalterlichen Vorbildern (Martianus Capella, Boethius, Prudentius sowie die unmittelbaren Vorbilder Bernardus Silvestris und Claudian), sind in reiche Traditionszusammenhänge eingebunden. Dies gilt für die Form der Lehrdichtung, die sich der Personifikation und allegorisierender Elemente bedient, ebenso wie für stoffliche Entlehnungen oder Nachahmungen[10]. Auch das der *fabula* des Anticlaudianus zugrundeliegende Bildungsprogramm aus *septem artes liberales* und Theologie, das

---

[5] J. Huizinga, op. cit. Anm. 3, 3.
[6] Ibid., 3 sq. und 25; M.-D. Chenu, La théologie au douzième siècle, Paris 1957 (3e éd. 1976), 30—36; R. de Lage, Alain de Lille. Poète du XIIe siècle, Paris 1951, 59—67; M.-Th. d'Alverny, Alain de Lille, Textes inédits, Paris 1965, 31 sq.; W. Wetherbee, Platonism and Poetry in the Twelfth Century, Princeton 1972, 3—10 und 218.
[7] G. R. Evans, op. cit. Anm. 4, 170.
[8] P. Ochsenbein, Studien zum Anticlaudianus des Alanus ab Insulis, Bern 1975, 11 sq.; E. R. Curtius, Europäische Literatur und lateinisches Mittelalter, Bern 1948 (9. Aufl. 1978), 364 (mit Anm. 49) und 366 (mit Anm. 1); P. Dronke, Boethius, Alanus and Dante, in: Romanische Forschungen 78 (1966), 119—125, bes. 120.
[9] G. R. Evans, op. cit. Anm. 4, 169 sq. und 147—9.
[10] J. Huizinga, op. cit. Anm. 3, 15—18; P. Ochsenbein, op. cit. Anm. 8, 32—38; R. Bossuat, Anticlaudianus, Texte critique avec une introduction et des tables, Paris 1955, 34—42 (Les Sources littéraires); M.-R. Jung, Études sur le poème allégorique en France au moyen âge, Romanica Helvetica 82, Bern 1971, 25—113.

Alanus bereits im Prosaprolog vorstellt[11], erscheint ganz im Sinne eines enzyklopädischen Gesamtwissens in sich geschlossen und reflektiert in keiner Weise dessen beginnenden Zerfall, der Folge sowohl einer Erweiterung der *artes* um weitere Disziplinen (etwa Medizin und Recht, Ökonomie und Mechanik)[12], als auch einer Auflösung jener Einheit von Vernunft und Autorität ist, die als christliche Lehre den Anspruch einer umfassenden und verbindlichen Weltdeutung erheben konnte. Insbesondere die wachsende Bedeutung der ursprünglich dem Trivium angehörenden Dialektik, die Beschäftigung mit der allgemeinen Struktur der Rationalität führen zu einem sich wandelnden Begriff der Wissenschaft, der enger gefaßt ist als der bisherige Begriff der Lehre und, indem er seine Sprache und Methodik neu regelt, zugleich die Formen der Wirklichkeitsbetrachtung zunehmend differenziert und spezialisiert. Das aber bedeutet auch, die *artes* nicht mehr nur als Vorbereitung der Theologie, sondern eigenständig zu betreiben[13].

Bereits ein oberflächlicher Blick auf das Gesamtwerk des Alanus erhellt, wie sehr er in diesen für die europäische Geistesgeschichte bis heute bedeutsamen Paradigmenwechsel eingebunden ist. In den drei großen systematischen Werken, der theologischen Summe Quoniam Homines[14], den Regulae Theologicae[15] und den Distinctiones Distinctionum Theologicalium[16], zeigt sich auf unterschiedliche Weise das wachsende Interesse

---

[11] Anticlaudianus, Texte critique avec une introduction et des tables, ed. R. Bossuat, Paris 1955, Prologus (56): „*Quoniam igitur in hoc opere resultat grammatice syntaseos regula, dialectice lexeos maxima, oratorie reseos communis sententia, arismetice matheseos paradoxa, musice melos, anxioma geometrice, grammatis theorema, astronomice ebdomadis excellentia, theophania celestis emblema...*". Zur Bedeutung dieses Lehrplanes für die *fabula* des Anticlaudianus sowie zur Verkörperung durch die Figur der *Prudentia* siehe P. Ochsenbein, op. cit. Anm. 8, 78—90.

[12] Unter den Wissenschaftseinteilungen, die im 12. Jahrhundert neu entstehen und der Tatsache neu entstandener Disziplinen Rechnung tragen, sind als die wichtigsten und einflußreichsten zu nennen das Didascalicon Hugos von St. Viktor (ed. Ch. H. Buttimer, Washington 1939) sowie die Schrift De divisione philosophiae des Dominicus Gundissalinus (ed. L. Bauer, BGPhThMA IV, 2/3, Münster 1903); siehe auch J. A. Weisheipl, Classification of Sciences in Medieval Thought, in: Medieval Studies 27 (1965), 54—90.

[13] Siehe hierzu ausführlich: W. Kluxen, Der Begriff der Wissenschaft, in: Die Renaissance der Wissenschaften im 12. Jahrhundert (ed. P. Weimar), Zürich 1981, 273—293; G. Wieland, Ethica — scientia practica. Die Anfänge der philosophischen Ethik im 13. Jahrhundert, BGPhThMA, N. F. 21, Münster 1981, 9—18; A. Speer, Triplex Veritas. Wahrheitsverständnis und philosophische Denkform Bonaventuras, Franziskanische Forschungen, 32. Heft, Werl 1987, 25—36.

[14] Ed. P. Glorieux, La Somme „Quoniam Homines" d'Alain de Lille, AHDLMA 28 (1953), Paris 1954, 113—369.

[15] Ed. N. M. Häring, Magister Alanus de Insulis Regulae Caelestis Iuris, AHDLMA 56 (1981), Paris 1982, 7—226.

[16] Für die bisweilen auch Summa Quot Modis genannten Distinctiones sind wir nach wie vor einzig auf Mignes Edition angewiesen: PL 210, 685—1012.

an der wissenschaftlichen und spekulativen Durchdringung und an der systematischen Beherrschung der anstehenden Fragen sowie der überkommenen Traditionen. Durch Systematisierung und Axiomatisierung der Theologie sowie durch den Versuch einer Begriffsklärung auf definitorischem und enzyklopädischem Wege versucht Alanus im Einklang mit einigen bedeutenden Zeitgenossen, die Herausforderungen anzunehmen, die er selbst in den Prologen zu den genannten Werken so umreißt: Angesicht der immer vernehmlicher werdenden „*aristotelica tuba*"[17] und der drängenden Fragen einer wissenschaftlichen Methodik gilt es sich sowohl der Prinzipien der theologischen Wissenschaft als auch des ihr eigenen Sprachgebrauchs kritisch zu versichern[18]. Dies geschieht auf zweifache Weise: durch Abgrenzung gegenüber den Prinzipien und dem Sprachgebrauch der übrigen Wissenschaften sowie durch Festlegung der eigenen *maximae* und *termini*. Dabei bildet der Begriff des Natürlichen den gemeinsamen Bezugspunkt, um den theologischen vom „natürlichen" Sprachgebrauch abzuheben, die absolute Notwendigkeit der *maximae theologicae* von den allein auf dem „*consuetus nature cursus*" beruhenden Prinzipien der übrigen Wissenschaften[19]. Auf der Bedeutung des Naturbegriffs, an dessen zunehmender Profilierung sich die skizzierte Entwicklung im 12. Jahrhundert insbesondere ablesen läßt, wird im folgenden ein Schwerpunkt unserer Untersuchung liegen.

Die Regularmethode findet ihren Niederschlag auch in den übrigen Schriften des Alanus, selbst in seinen beiden dichterischen Werken. Spricht

---

[17] Quoniam homines (ed. P. Glorieux), Prologus 1 (119); ebenso De Planctu Naturae (ed. N. M. Häring) VI, 126 (829); cf. auch den Prologus alter der Distinctiones, PL 210, 687/8 BC. Auch M.-D. Chenu (op. cit. Anm. 6, 366) versteht diese Anspielung als Reflex auf die Elaboration eines philosophischen und theologischen Vokabulars.

[18] Regulae (ed. N. M. Häring), Prologus 1 (121): „*Omnis scientia suis nititur regulis velud propriis fundamentis.*" Zur Frage der Regularmethodik im 12. Jahrhundert siehe: A. Lang, Die theologische Prinzipienlehre der mittelalterlichen Scholastik, Freiburg i. B. 1964, 58–93, zu Alanus bes. 75–89; ferner: M. Dreyer, Die Theoremata als Gattung philosophischer und theologischer Erörterung im lateinischen Mittelalter, Studia Mediewistyczne XXV, 2 (1988), 17–25, bes. 22 sq.

[19] Quoniam Homines (ed. P. Glorieux), Prologus 1 (119): „*Et quia, ut aristotelica tuba proclamat, qui virtutis nominum sunt ignari, cito paralogizantur, dum illi in theologicorum scientia deficiunt, diversas erroris imposturas conficiunt, ignorantes quod sicut res divine natura preeminentes miraculose sunt, ita et eas nomina non naturaliter sed miraculose significant... Cum enim termini a naturalibus ad theologica tranferuntur, novas significationes admirantur et antiquas exposcere videntur. Hoc ignorantes plerique iuxta naturalium semitam de divinis sumentes iudicium celestia terrenis conformant...*" Cf. hierzu auch Distinctiones, Prologus alter, PL 210, 687 B.
Regulae (ed. N. M. Häring), Prologus 5 (122): „*Supercelestis vero scientia i. e. theologia suis non fraudatur maximis. Habet enim regulas digniores sui obscuritate et subtilitate ceteris preminentes. Et cum ceterarum regularum tota necessitas nutet, quia in consuetudine sola est consistens penes consuetum nature decursum, necessitas theologicarum maximarum absoluta est et irrefragibilis quia de his fidem faciunt que actu vel natura mutari non possunt.*"

Alanus in De Planctu Naturae davon, daß in philosophischer Hinsicht die meisten *maximae* von verschiedenen Disziplinen als gemeinsam angesehen werden[20], so bezeichnet er im Prosa-Prolog zum Anticlaudian die Kenntnis und die Verwendung von *regulae*, *maximae* oder *axiomata* als die Krönung der einzelnen Wissenschaften, welche die tiefsten Einsichten vermitteln, zugleich aber auch die höchsten Anforderungen an das Verstehen stellen[21].

Weit bedeutsamer für das Verständnis beider Werke jedoch ist, daß und wie Alanus die Thematik der Natur aufgreift, die er als personifizierte Gestalt in den Mittelpunkt beider Dichtungen stellt. *Natura* ist jeweils die Person, von der die Handlung ausgeht[22]. Vor allem im Anticlaudian jedoch verleiht Alanus dem Thema der Unzufriedenheit der Natur über die Unvollkommenheit des Menschen eine Akzentuierung und innere Dynamik, die über die bereits genannten Vorbilder und Traditionen hinausgeht und im Zusammenhang seiner systematischen Schriften interpretiert werden muß. Dabei gilt es aber, die Spannung zwischen poetischem und systematischem Denken nicht dahingehend aufzulösen, daß alles Anstößige der dichterischen Phantasie und dem antikisch-allegorischen Gewand zugeschrieben wird. Um eine angemessene Antwort auch auf die von Evans aufgeworfene Frage zu finden, warum Alanus den Anticlaudian eigentlich geschrieben habe, nachdem er zuvor bereits seine großen theologischen Werke verfaßt hatte[23], werden wir die Anstößigkeiten vielmehr ernst nehmen und zum Ausgangspunkt der Überlegungen machen.

2. Natura als kosmisches Prinzip

Beginnen wir jedoch zunächst mit dem früheren der beiden poetischen Werke des Alanus, dem Planctus Naturae. Dort folgt auf das einleitende Klagemetrum der Natura[24] eine ausführliche Beschreibung des Diadems und der Kleider der personifizierten Natura, wodurch dem Leser ihr gesamter Machtbereich, die wahrnehmbare Welt, sinnfällig vor Augen

---

[20] De Planctu Naturae (ed. N. M. Häring) X, 77–80 (847): „...*philosophice etiam assertionis auctoritas maximarum plerasque diverisis facultatibus fatetur esse communes, quasdam vero ultra suarum disciplinarum domicilia nullam habere licentiam excursandi.*"

[21] Anticlaudianus (ed. R. Bossuat), Prologus (56), siehe Anm. 11; weiter heißt es dort: „..., *infruniti homines in hoc opus sensus proprios non impingant, qui ultra metas sensuum rationis non excedant curriculum, qui iuxta imaginationis sompnia aut recordantur visa, aut figmentorum artifices commentantur incognita; sed hii qui sue rationis materiale in turpibus imaginibus non permittunt quiescere, sed ad intuitum supercelestium formarum audant attollere, mei operis ingrediantur angustias.*"
Siehe auch A. Lang, op. cit. Anm. 18, 79–81.

[22] J. Huizinga, op. cit. Anm. 3, 31; P. Ochsenbein, op. cit. Anm. 8, 118.

[23] G. R. Evans, op. cit. Anm. 4, 169 sq.

[24] De planctu Naturae (ed. N. M. Häring) I, 1–60 (806–8).

geführt werden soll[25]. Während Natura also zunächst durch einen poetischen Kunstgriff als *domina mundi* eingeführt wird, gibt sie schließlich auf Fragen des Dichters hin selbst Auskunft über ihr Wesen, ihre Macht und ihre Aufgaben. Bereits in ihrer Anrede an den Dichter stellt sie sich Gott gegenüber und bekennt sich als seine „*humilis discipula*"[26]. Aus dieser Spannung lebt auch in der Folge die Selbstcharakterisierung der Natura: Im Gegensatz zum einfachen, vollkommenen und wunderbaren Tätigsein Gottes ist ihr Werk vielfältig, fehlerhaft und wandelbar. Während der Schöpfer ungeschaffen ist und wie durch einen Wink die Dinge aus dem Nichts schafft, ist Natura geschaffen, Werk des Schöpfers, und muß für ihr Tätigsein selbst das göttliche Schaffen voraussetzen[27]. Vom „*universalis artifex*" als „*vicaria*" eingesetzt bezeichnet sich Natura als „*pro-dea*", der die unaufhörliche Selbsterneuerung der geschaffenen Welt selbstverantwortlich übertragen ist[28]. Nur so ist verständlich, warum Alanus sie in einem Hymnus unter anderem als „*genitrix rerum*", „*vinculum mundi*", „*potestas*", „*ordo*", „*lex*" und „*regula mundi*" preist[29]. Damit aber deutlich wird, daß das Verständnis der Natura nicht allein aus ihrer negativen Bestimmung gegenüber dem Schöpfer und dem Aufweis ihrer Grenzen gewonnen werden kann. Im Gegenteil wirken das Selbstbewußtsein und die Auto-

---

[25] Ibid. II (808—19); siehe hierzu ausführlich den Beitrag von J. Köhler, Natur und Mensch in der Schrift „De planctu Naturae" des Alanus ab Insulis, 57—66, bes. 61—64.

[26] De planctu Naturae (ed. N. M. Häring) VI, 128/9 (829): „*Sed ne in hac mee potestatis prerogativa deo videar quasi arrogans derogare, certissime Summi Magistri me humilem profiteor esse discipulam.*"

[27] Ibid. VI, 130—139 (829): „*Ego enim operans operantis dei non valeo expresse inherere vestigiis, sed a longe quasi suspirans operantem respicio. Eius enim operatio simplex, mea operatio multiplex. Eius opus sufficiens, meum opus deficiens. Eius opus mirabile, meum opus mutabile. Ille innascibilis, ego nata. Ille faciens, ego facta. Ille mei opifex operis, ego opus opificis. Ille operatur ex nichilo, ego mendico opus ex aliquo. Ille suo operatur in numine, ego operor illius sub nomine. Ille rem solo nutu iubet existere, mea vero operatio operationis est nota divine. Et respectu divine potentie meam potentiam impotentiam esse cognoscas. Meum effectum scias esse defectum, meum vigorem utilitatem esse perpendas.*"

[28] Ibid. VI, 224—8 (840): „*Me igitur tanquam pro-deam, tanquam sui vicariam, rerum generibus sigillandis monetariam destinavit ut ego, in propriis incudibus rerum effigies conmonetans, ab incudis forma formatum deviare non sinerem, sed mei operante sollertia ab exemplaris vultu, nullarum naturarum dotibus defraudata exemplati facies diriparet.*" Siehe auch den Kontext: VI, 217—246 (840/1); cf. ferner P. Ochsenbein, op. cit. Anm. 8, 119—20; sowie G. Raynaud de Lage, op. cit., Anm. 6, 81.

[29] De planctu Naturae (ed. N. M. Häring) VII, 1—8 (831):
„*O dei proles genitrixque rerum,*
Vinculum mundi stabilisque nexus,
Gemme terrenis, speculum caducis,
    Lucifer orbis.
Pax amor virtus regimen potestas
Ordo lex finis via dux origo
Vita lux splendor species figura
    Regula mundi."
Siehe M.-D. Chenu, op. cit. Anm. 6, 30 sq.

nomie der Natura provozierend, die über die Anerkenntnis des Schöpfers als *prima causa* hinaus ein weitergehendes Eingreifen Gottes in ihren Wirkungsbereich nicht zuzulassen scheint.

Diese Konzeption der Natura bildet auch die Grundlage für den Anticlaudianus. Wenngleich wiederum in Abgrenzung zur Schöpfermacht Gottes betont *Ratio* ebenfalls Naturas Eigenständigkeit: sie bringt hervor („*procreat*") und handelt („*facit*")[30]. Unser besonderes Augenmerk soll dem Begriff *procreare* gelten, der Alanus auch in seiner Auslegung des Symbolums dazu dient, die Tätigkeit des Schöpfers von jener der Natur abzugrenzen: „*Natura dicitur procreare quasi ex alio procul creare, quia ipsa de similibus similia procreat. Opus eius dicitur procreatio; opus vero procreatura.*"[31] Damit benennt Alanus das schöpferische Prinzip der Natur: Gleiches aus Gleichem hervorzubringen. Als Beispiel dient Alanus in der Expositio Prosae de Angelis das Hervorgehen des Getreides aus dem Saatgut oder der Eiche aus der Eichel. Die Natur schafft auf der Ebene geringerer Ursachen, „*quasi ex alio creatrix*"[32]. Damit sind zugleich Möglichkeitsgrund und Begrenzung der der Natur zu Gebote stehenden Kreativität benannt: Neues zu schaffen vermag sie im Unterschied zum Schöpfer nur innerhalb des prokreativen Kausalzusammenhanges.

Diese „*causae inferiores*", die im Gegensatz zu den ewigen und sogar überhimmlischen „*causae superiores*" zeitlich und „natürlich" sind, bilden einen „*cursus naturae*", gemäß dem nicht nur die Natur tätig ist, sondern nach dem auch Gott in der Natur handelt, ohne jedoch durch die *causae inferiores* gebunden zu sein[33]. Will Gott diesen *cursus naturae* jedoch durchbrechen, so muß er dies auf der Ebene der *causae superiores* tun, die allein in Gott existieren und über die Gesetze der Natur hinausreichen. Dies gilt, wie Alanus in der Summe Quoniam homines ausführt, beispielsweise

---

[30] Anticlaudianus (ed. R. Bossuat) II, 69—74 (75):
„*Supplebit tamen ipsa manus divina quod infra
Perfecti normam Nature norma relinquet:
Quod Natura facit divinus perficit auctor;
Divinum creat ex nichilo, Natura caduca
Procreat ex aliquo; Deus imperat, illa ministrat;
Hic regit, illa facit; hic instruit, illa docetur.*"

[31] Zitiert bei M.-Th. d'Alverny, Alain de Lille, Textes inédits avex une introduction sur sa vie et ses oeuvres, Paris 1965, 82.

[32] Expositio Prosae de Angelis (ed. M.-Th. d'Alverny, ibid.), 200: „*Hec autem generantur nature ministerio, que nichil aliud est quam potentia inferioribus causis indita ex similibus procreandi similia. Natura ergo non creatrix, sed procreatrix dicitur, quasi ex alio creatrix. Eius operatio, procreatio, eius vero opus, procreatum dicitur.*"

[33] Quoniam homines (ed. P. Glorieux) lib. II, tract. 2, 155 (296): „*Et notandum, ut dicit Augustinus, quod causarum alie sunt inferiores, alie superiores, alie naturales, alie supercelestes, alie temporales, alie eternales.... Hee autem que fiunt secundum istas causas dicuntur fieri secundum cursum nature. Et hee cause et in nature sunt, quia secundum eas natura operatur, et in Deo quia et de eis et secundum eas ad nutum suum agit.*"

für das Erschaffen der Frau aus der Rippe des Adam oder für den sprechenden Esel des Balaam. Denn obgleich Gott den natürlichen Kreislauf auf natürlichen Gesetzen begründet hat, wie Alanus unter Berufung auf den Genesiskommentar des Augustinus sagt, so hat er sich dennoch die Möglichkeit zu etwas offengehalten, das er nicht den *leges naturae* unterwarf, „*scilicet se ita posse supra cursum nature*"[34].

Auf den *consuetus cursus nature secundum causam inferiorem* bezieht Alanus in seinen Regulae auch das Verständnis von Möglichkeit. Durchbrochen werden kann diese strenge Gesetzmäßigkeit nur *secundum causam superiorem*, mithin nur durch ein direktes Eingreifen Gottes, ohne daß daraus aber umgekehrt eine reale Möglichkeit der Natur *secundum causam inferiorem* abgeleitet werden kann[35]. Mit der relativen Autonomie des Naturbegriffs und des durch ihn erfaßten Bereichs der Seinswirklichkeit ist zugleich seine Restriktion verbunden: „*non omne, quod est verum, est possibile secundum naturam*"[36]. Diese Restriktion besteht in der strengen Beschränkung auf einen Begriff faktischer Wahrheit im Sinne von Möglichkeit *secundum naturam*. Auch wenn Gott „*secundum superiorem causam*" eingreift, kann der Esel des Balaam nicht „*secundum naturam eam*" sprechen[37]. Allerdings sind selbst diese Eingriffsmöglichkeiten Gottes begrenzt durch einen Begriff von Unmöglichkeit, der sich aus einem doppelten Verständnis von Widerspruchsfreiheit ergibt. Schlechthin unmöglich ist, was der notwendigen Widerspruchsfreiheit *secundum causam superiorem* entgegensteht, so etwa, daß Gott nicht gut sei. Aber auch *secundum causam inferiorem* kann Gott die zugrundeliegende „Natur" nicht dergestalt wandeln, daß etwas zugleich weiß oder schwarz ist, zugleich existiert und nicht existiert[38].

---

[34] Quoniam homines (ed. P. Glorieux) lib. II, tract. 2, 155 (296): „*Superiores autem cause sive eterne rationes sunt ille secundum quas operatur supra sursum nature, non secundum seminales rationes set supra eas, quando scilicet aliquid miraculose operatur, ut mulierem formari de costa viri, asinam Balaam loqui, et consimilia.*" Und weiter heißt es ibid. (296/7): „*A regula ergo nature aliquid sibi Deus excepit, id est aliquid sibi retinuit quod legibus nature non dedit, scilicet se ita posse supra cursum nature.... Unde Augustinus supra genesim ait: omnis nature cursus habet naturales leges; supra hunc naturalem cursum creator habet apud se posse de omnibus facere aliud quam eorum naturalis ratio habet.*" Cf. Augustinus, Super Genesim ad litteram IX, c. 17 (PL 34, 405/6).

[35] Regulae (ed. N. M. Häring) LVIII, 1 (165): „*Inpossible secundum inferiorem causam dicitur illud quod non potest fieri secundum consuetum cursum nature.*" — LVIII, 2 (165): „*Et sic omne inpossibile secundum superiorem causam est inpossibile secundum inferiorem, sed non e converso.*"

[36] Ibid. LIX, 1 (167).

[37] Ibid. LIX, 3 (168); ferner ibid. LIX, 5 (168): „*Non ergo concedendum est quod aliquid sit possibile, nisi in veritate sit vel secundum naturam fieri possit. Unde non est concedendum deum facere asinam Balaam loqui esse possibile quia nec in veritate est nec secundum naturam fieri potest.*"

[38] Ibid. LVIII, 1 (167): „*Inpossibile vero secundum superiorem causam dicitur illud, quod non potest facere superior causa i. e. deus: ut deum non esse bonum.*"
Ibid. LVIII, 3 (168): „*Sed quod album, manens album, sit nigrum impossibile est non solum secundum inferiorem causam sed etiam secundum superiorem. Licet enim deus circa subiectum posset alterare naturam, ut de aqua vinum fieret, tamen id non potest ut quid singulariter cum sit aqua, sit vinum, cum sit album, sit nigrum aut cum sit, non sit.*"

Wenn in der Forschung zu Recht auf die Chartreser Naturphilosophie hingewiesen worden ist, in deren Tradition Alans Konzeption der Natura als eines kosmischen Prinzips steht[39], so muß doch gleichwohl gesehen werden, in welchem Umfange Alanus diese Traditionen transformiert und einem weiteren Rationalisierungsprozeß unterwirft. Das gilt sowohl für die kosmogonischen Entwürfe eines Thierry von Chartres, Gilbert von Poitiers und Wilhelm von Conches unter dem Einfluß insbesondere des platonischen Timaios als auch für das unmittelbare dichterische Vorbild De mundi universitate des Bernardus Silvestris. Insbesondere im Blick auf die systematischen Werke wird deutlich, daß Alanus sich nicht mehr anfechtbarer *integumenta* wie der Vorstellung einer „*anima mundi*"[40] bedienen muß, um die Eigengesetzlichkeiten des Kosmos zu erklären. So erscheint auch die personifizierte Natura weit klarer umrissen als bei Bernardus, wo sie als eines von vielen Mittelwesen zwischen Gott und dem Menschen fungiert[41]. Demgegenüber repräsentiert Natura bei Alanus jenen Bereich der Seinswirklichkeit, den er auch in seinen systematischen Überlegungen als einer natürlichen Gesetzmäßigkeit unterworfen ausweist.

3. Errores Naturae — infirmitates naturae

Gehen wir von dieser Interpretation der Natura aus, so stellt uns im Anticlaudian die einleitende Rede der Natura[42] sogleich vor eine schwierige Aufgabe. Denn anders als im Planctus wird dem Leser Natura zunächst nicht ausführlich in all ihrer Pracht vor Augen gestellt. Die der Rede vorangestellte Beschreibung ihres Wohnsitzes[43] reicht nicht andeutungsweise an die Beschreibung ihrer Kleider zu Beginn des Planctus heran. Hingegen scheint die Rede der Natura, die zur Hälfte nichts anderes als eine Selbstanklage darstellt, sogleich dem Leser jene Perspektive eröffnen zu wollen, unter der Alanus die Naturthematik im Anticlaudian zu behan-

---

[39] J. Huizinga, op. cit. Anm. 3, 26—43; M.-D. Chenu, op. cit. Anm. 6, 19—51; W. Wetherbee, op. cit. Anm. 6, bes. die Kapitel 1 (11—73) und 5 (187—219).
[40] T. Gregory, La nouvelle idée de nature et de savoir scientifique au XIIe siècle, in: The Cultural Context of Medieval Learning (ed. by J. E. Murdoch and E. D. Sylla) Dordrecht 1975, 191—218, bes. 195—201; siehe auch die ausführliche Studie von T. Gregory, Anima Mundi. La Filosofia di Guglielmo di Conches e la Scuola di Chartres, Florenz 1955, bes. die Kapitel 3 und 4 (123—246).
[41] P. Ochsenbein, op. cit. Anm. 8, 116—8; B. Stock, Myth and Science in the Twelfth Century, Princeton 1972, 63—118 und 227—237. Andererseits gibt es bereits Hinweise für eine Steigerung der Rolle der Natur. Siehe hierzu den Beitrag von W. Kölmel, Natura: genitrix rerum — regula mundi. Weltinteresse und Gesellschaftsprozeß im 12. Jahrhundert, 43—56, bes. 52—54.
[42] Anticlaudianus (ed. R. Bossuat) I, 214—265 (63—65).
[43] Ibid. I, 55—206; darunter sind die *picturae domus* von besonderem Interesse, die dem Leser Exemplafiguren vor Augen stellen, und zwar gute wie schlechte.

deln gedenkt. In immer neuen Wendungen bekennt sich Natura schuldig, daß unter ihren Geschöpfen sich kein einziges befinde, das in jeder Hinsicht glücklich sei. Vielmehr erhebe ein jedes Geschöpf Klage gegen sie. So bekennt sie schließlich, sich geirrt zu haben, und zwar in einem Ausmaß, daß dieser *error* zu einer chronischen Krankheit geworden ist, die *crimina*, *deffectus*, *dampna* und *pudor* hervorgebracht habe[44].

Das Motiv der *errores Naturae* kehrt auch im folgenden wieder, so in den Reden der *Prudentia* im fünften Buch gegenüber *Theologia*[45] und im sechsten Buch gegenüber Gott[46]. Doch worin bestehen die Irrtümer der Natur? Obgleich der Sprachgebrauch eine moralische Deutung nahelegt, weist uns die *fabula* des Anticlaudian einen anderen Weg: Natura hat darin gefehlt, daß sie bis jetzt noch keinen Menschen so vollkommen ausgestattet hat, daß er den Lastern widerstehen konnte[47]. Und im Gegensatz zum Planctus, der im Ehebruch der Venus mit Antigamus (Antigenius), also in der unerlaubten Liebe, die vornehmliche Ursache für die Unzulänglichkeit des Menschen sieht[48], liegt das Versagen des Menschen im Anticlaudian mehr an der unvollkommenen Schöpfungstat der Natura als am freien Willen des Menschen[49].

---

[44] Ibid. I, 219—24 (63):
„*Sed nostras errasse manus quod penitet, error*
Haut nocet et nostros denigrat parcius actus.
Nec tamen herentes maculas abstergere possum,
Quas habitus firmi prescriptio longa tuetur,
Nam medicina silet, ubi morbi causa senescit,
Nec morbi veteres molimina tarda requirunt."
Siehe auch die übrige Rede der Natura bis Vers 265.

[45] Ibid. V, 202—2 (129):
„*In multis errare manum Natura recordans,*
Erratum revocare volens culpasque priores
Tergere...".

[46] Ibid. VI, 318—9 (150):
„*Hos gemit excessus, errores luget, abusus*
Deplorat mundumque dolet sub nocte iacere."

[47] Ibid. I, 258—65 (64 sq.); V, 202—211 (129); VI, 315—329 (150).

[48] De Planctu Naturae (ed N. M. Häring), X, 131—6 (849). Doch bedeutet dies nicht einfach eine Übernahme der augustinischen Konkupiszenzlehre. Vielmehr bejaht Alanus die natürliche Geschlechtlichkeit des Menschen, sofern sie der „*ratio nature*" folgt (De planctu Naturae X, 35—72 [846 sq.]), bietet sie doch die Gewähr, daß die Generationskette der Menschen niemals abreißt. Huizinga (op. cit. Anm. 3, 15) sieht demnach in De planctu Naturae eine ausdrückliche Verteidigung der natürlichen Liebe, jenseits „jeder religiösen oder christlich-moralischen Inspiration". Cf. auch P. Ochsenbein, op. cit. Anm. 8, 121—126. J. Köhler, op. cit. Anm. 25, 62—66, wendet sich gegen eine Überbetonung des sexuellen Motivs und weist stattdessen auf die Bedeutung der Sprache hin. Zur Möglichkeit bzw. Unmöglichkeit einer derartigen Trennung beider Motive siehe jedoch: J. Ziolkowski, Alan of Lille's Grammar of Sex. The Meaning of Grammar to a Twelfth-Century Intellectual, Cambridge/Mass. 1985.

[49] P. Ochsenbein, op. cit. Anm. 8, 133—5; G. R. Evans, op. cit. Anm. 4, 148 sq.

Diese Erklärung der „*desolatio humanae naturae*"[50], die jede geschichtliche Sicht aus der Schöpfung zugunsten einer unhistorischen, objektiven Betrachtung des Universums zu eliminieren scheint[51], findet sich auch in den Regulae und in der Summe Quoniam homines. Jedoch macht Alanus nicht die ideale und wahre Natur des paradiesischen Menschen zum Ausgangspunkt einer kosmischen Bewegung, die ihren Abschluß in der Reintegration des gesamten gefallenen Menschengeschlechts in die ursprüngliche Einheit findet[52], sondern er kennzeichnet die *natura humana* bereits vor dem Sündenfall als wesentlich durch „*infirmitas*" bestimmt[53]. Und wie alles Geschaffene „*naturaliter*" die Tendenz seiner Vergänglichkeit in sich trägt[54], so konnte auch Adam von Anfang an von Natur aus sterben, weil seine Natur wie die alles Geschaffenen zusammengesetzt („*compositum*") ist und damit *naturaliter* der Auflösung unterliegt („*dissolubile est*")[55]. Schon zu Beginn von Quoniam homines hatte Alanus alles Geschaffene als zusammengesetzt bezeichnet, und zwar entweder aus Teilen oder „*ex concretione naturarum*"[56]. Wenn Adam mithin vor dem Sündenfall dem natürlichen Gesetz des Sterbens entzogen war, so allein „*ex collatione gratie*"[57], d. h. durch ein Handeln Gottes *secundum causam superiorem*. Auf der anderen Seite mindert die „*infirmitas ante peccatum*", die nicht durch irgendwelche Laster bedingt ist, sondern durch eine mangelnde Stärke der menschlichen

---

[50] Regulae (ed. N. M. Häring), LXXXI, 3 (188).
[51] Auf diese Tendenz der theologischen Vernunft des 12. Jahrhunderts weist M.-D. Chenu hin (op. cit. Anm. 6, 58).
[52] Vgl. M.-D. Chenu, op. cit. Anm. 6, 295. Der ausdrückliche Bezug dieser Aussage auf Alanus, wie ihn Wetherbee (op. cit. Anm. 6, 208) herstellt, scheint mir nicht zutreffend.
[53] Quoniam homines (ed. P. Glorieux) lib. II, tract. 2, 157 (298): „*Natura autem humana non ideo dicitur fuisse infirma ante peccatum quod aliqua veri nominis infirmitas vel aliquis defectus fuisset in Adam; set in respectu; quia non fuit ita firma sicut angelica; ut intelligatur negative non privatorie. Fuit enim infirmitas in Adam ante peccatum, id est non firmitas, set non infirmitas id est impotentia vel defectus.*"
[54] Regulae (ed. N. M. Häring) VI, 2 (130): „*Omne enim genitum naturaliter tendit ad interitum.*"
[55] Quoniam homines (ed. P. Glorieux) lib. II, tract. 2, 153 (294): „*Si vero sic intelligas: de natura habuit quod potuit mori, id est origo vel natura Ade non repugnabat quin posset mori quia omne compositum naturaliter dissolubile est, vel ab origine possibile fuit ut moreretur, verum est.*"
[56] Ibid. lib. I, pars I, 3 (122): „*Quicquid est aut est concreatum aut est creatum. Sed quicquid est creatum vel concreatum compositum est.... Tria sunt genera compositionis: unum quod sit ex compage partium, secundum quod corpora composita dicuntur esse quia compaginantur ex partibus; aliud genus est quod sit ex concretione naturarum.*" Cf. auch Distinctiones, PL 210, 871 C: „*Dicitur etiam [natura] complexio, unde: Physica res diversas diversarum naturarum asserit, id est complexionum.*"
[57] Quoniam homines (ed. P. Glorieux) lib. II, tract. 2, 154 (294): „*Item queritur utrum quod Adam potuit non mori ante peccatum fuit ei ex condicione nature vel ex collatione gratie. Ad quod dicendum: quod Adam potuit mori, fuit ex conditione nature; quod vero potuit non mori, fuit ei non solum ex conditione nature sed ex fructu ligni vite.*" Äußerst interessant ist auch die nachfolgende subtile Diskussion der Frage, ob Adam hätte sterben müssen, wenn er nicht gesündigt hätte, wobei sich Alanus im Sinne der bislang entwickelten Argumentationslinie insbesondere mit Augustinus auseinandersetzt.

Natur, die Verantwortlichkeit des Adam hinsichtlich des Sündenfalls[58]. Ja, Alanus bezeichnet gar an einer Stelle die *"infirmitas tam corporis quam anime"* selbst als das *"originale peccatum"*[59]. Aus diesem Grunde kann für Alanus auch nur der gefallene Mensch, nicht aber der gefallene Engel gerettet werden, denn im Gegensatz zum Menschen kann dieser sich nicht auf die *infirmitas naturae* berufen[60].

Die strukturellen Gemeinsamkeiten zwischen der systematischen Konzeption und dem poetischen Entwurf, zwischen den *errores Naturae* und den *infirmitates naturae* sind offensichtlich und verbieten es, das offenkundige Fehlen offenbarungstheologischer Motive allein der dichterischen Phantasie zuzuschreiben. Während Bernardus Silvestris nur die Schöpfung der Welt und die Erschaffung des Menschen darstellt und mithin eine vollkommene Welt ohne Makel[61], gilt Alans Interesse der unvollkommenen Welt seiner Zeit. Dabei folgt Alanus konsequent dem durch die Chartreser Naturphilosophie begründeten methodischen Postulat einer Erklärung der Wirklichkeit *"secundum physicam"* und macht die konkrete irdische Welt zum Ausgangspunkt seiner Überlegungen. Als Folge dieses Vorgehens stößt er offensichtlich an Grenzen der Vereinbarkeit von Naturerklärung und christlichem Offenbarungsglauben, die nur mühsam überdeckt, bzw. ausgeklammert werden. Ist der Tod wirklich erst durch die Sünde in die Welt gekommen, wie Paulus sagt[62], oder gehört er nicht

---

[58] Regulae (ed. N. M. Häring) LIV, 1 (164): *"Adam infirmus fuit ante peccatum, non quia haberet vitium vel aliquam infirmitatem, sed quia non habebat firmitatem."* Die gleiche Aussage findet sich in fast gleichlautender Formulierung in Quoniam homines (ed. P. Glorieux) lib. II tract. 2, 157 (298).

[59] Quoniam homines (ed. P. Glorieux) lib. II, tract. 4, 173 (318): *"Infirmitas ergo tam corporis quam anime dicitur originale peccatum."*

[60] Ibid., lib. II, tract. 2, 159 (300): *"Ad hoc dicendum quod hoc non unum solum sufficet ad hoc ut lapsus hominis esset reparabilis, scilicet quod natura eius non erat ita firma sicut angeli, et quod tota periit humana natura; ...et tamen ceteris cicrumstantiis relegati hoc solum ad reparationem lapsus humani sufficere quod natura humana erat infirma, id est non ita firma sicut angeli."*
Bei dieser Lehrmeinung sieht sich Alanus allerdings in der Tradition der Kirchenväter: ibid., lib. II tract. 2, 157 (297): *"Item ait Gregorius super Iob: ideo angelica natura irreparabilis quia firmioris nature, humana vero reparabilis quia infirma."*

[61] P. Ochsenbein, op. cit. Anm. 8, 117 sq.; ausführlich zu Bernardus siehe W. Wetherbee, op. cit. Anm. 6, 158—186.

[62] 1 Kor 15, 21—22; Röm 5, 18—19.
Es darf jedoch nicht übersehen werden, daß die paulinische Interpretation von Gen 2/3 selbst in einer nicht unerheblichen Spannung zur aitiologischen Intention der alttestamentlichen Überlieferung steht, die durch alle Überlieferungsschichten bis hin zur abschließenden Pentateuchredaktion als eine protologische und anthropologische Reflexion auf das immer schon Typische, Charakteristische und Konstante begriffen werden muß. „Mit Recht haben die meisten Exegeten die Deutung, daß es hier um die Sterblichkeit des Menschen gehe, die diesem als Strafe für die Sünde zugeteilt werde, zurückgewiesen, da Gen 2/3 eindeutig die Sterblichkeit des Menschen generell voraussetzt". — so das Resümee von Ch. Dohmen in seiner umfassenden Studie: Schöpfung und Tod. Die

vielmehr zum *consuetus cursus naturae* des fortwährenden Werdens und Vergehens? Wie steht es mit der gleichfalls von Paulus behaupteten kosmischen Dimension von Tod und Erlösung[63]? Und hat der Mensch kraft seiner *infirmitas naturae* nicht gleichsam zwangsläufig an der ihm gestellten Aufgabe scheitern müssen; ist er also nur begrenzt schuldig?

4. Mensch und Natur

Während Alanus im Planctus, wie bereits erwähnt, in dem Ehebruch zwischen Venus und Antigamus einen Anfangsgrund für die beklagten Übel erblickt, ohne daß dies als eine zwingende Parallele zur Heilsgeschichte interpretiert werden kann, fehlt im Anticlaudian jeder Hinweis auf einen solchen Einschnitt, auf ein mögliches erstes Herausfallen des Menschen aus der Naturordnung oder eine erste Schuld der Natura. Alanus scheint vielmehr unter Verzicht auf jede aitiologische Deutung eine Verhältnisbestimmung von Natur und Mensch vornehmen zu wollen, die von der faktischen Realität irdischer Wirklichkeit ihren Ausgang nimmt und von dort zu Wesensaussagen zu gelangen trachtet. In diesem Sinne werden die *errores* oder *infirmitates* der Natur zwar als objektive Mißstände analysiert, über ihre Herkunft aber keine eigentliche Antwort gegeben. So unterstreicht Alanus, daß es zur Wesensbestimmung des Menschen, zur „*humanitas*" gehöre, wandelbar und daher vergänglich zu sein[64], er führt diese Wesenstatsache aber nicht auf eine vorausliegende Ursache zurück.

Auch die mögliche Überwindung der Irrtümer und Schwächen der Natur, das zentrale Thema des Anticlaudian, muß als eine auf das Wesen des Menschen zielende Allegorie aufgefaßt werden. Natura plant die Erschaffung eines vollkommenen Menschen, eines *divinus homo*, wie sie in ihrer großen Eingangsrede dem Konzil der Tugenden sagt[65]. Obgleich

---

Entfaltung theologischer und anthropologischer Konzeptionen in Gen 2/3, Stuttgarter Biblische Beiträge 17, Stuttgart 1988, 295; siehe vor allem das vierte Kapitel, 209–302. Ferner: O. H. Steck, Die Paradieserzählung. Eine Auslegung von Genesis 2, 4b–3, 24, in: ders., Wahrnehmung Gottes im Alten Testament (ThBü 70), München 1982, 9–116. Cf. zu dieser Frage auch den Beitrag von A. Zimmermann, Natur und Tod gemäß Thomas von Aquin, 767–778, bes. 769–775.

[63] Röm 8, 19–22.

[64] Contra Haereticos, lib. I c., PL 210, 311 B: „*Sic quia humanitas, quae est natura substantialis hominis et causa formalis, mutabilis est, mutabilis et est effectus eius, id est facere hominem.*" Cf. G. Raynaud de Lage, op. cit. Anm. 6, 63.

[65] Anticlaudianus (ed. R. Bossuat), I, 235–42 (64):
„*Non terre fecem redolens, non materialis*
Sed divinus homo nostro molimine terras
Incolat et nostris donet solacia damnis,
Insideat celis animo, sed corpore terris:
In terris humanus erit, divinus in astris.
Sic homo sicque Deus fiet, sic factus uterque
Quod neuter mediaque via tutissimus ibit,
In quo nostra manus et munera nostra loquantur."

hier das christliche Erlösermotiv anklingt, ist mit diesem *homo perfectus* gleichwohl nicht Jesus Christus gemeint, sondern ein von Natura mit Hilfe der Tugenden und der *Artes* vollkommen geschaffener Mensch, jedoch ohne irgendeine Form von Individualität, gleichsam ein menschlicher Archetypus, der in der Lage sein wird, den Lastern zu widerstehen[66]. Nur die Seele muß von Gott erbeten werden, weshalb *Prudentia* im Auftrag der Natura und des gesamten Konzils mit Hilfe eines von den *Artes* gefertigten Wagens eine Himmelsreise unternimmt[67]. Schließlich endet der Anticlaudian in einer großen Psychomachie der Tugenden und der Laster, aus welcher der neue Mensch siegreich hervorgeht und ein goldenes Zeitalter begründet[68].

Hat mit dieser Ausarbeitung des zentralen Themas die poetische Phantasie des Dichters nun endgültig ein Maß überschritten, für das „im theologischen System, das doch die Grundlage blieb, kein Platz war, während anderseits auch die neuplatonischen Weltlehren ihm hier keinen Rückhalt boten"[69]? Dieser Einwand Huizingas übersieht, daß das Motiv des *„homo-deus"*[70] in der griechischen Tradition der *„deificatio"* des Menschen verwurzelt ist, welche die Gnade der Vergöttlichung gleichfalls nicht mit konkreter Geschichtlichkeit verbindet, sondern als eine objektive Realität im Sinne einer zu erringenden Disposition des Menschen begreift[71]. Auf dieses Konzept bezieht sich Alanus ausdrücklich in Regula XCIX in einer interessanten Interpretation, die ihren Ausgang von der „thesis humane nature" nimmt. Diesen „proprius status" kann der Mensch

---

[66] Ibid. VI, 331—4 (150):
„*Vult hominem formare novum, qui sidere forme
Et morum forma reliquos transcendat, et omnes
Excessus resecans, regali limite gressum
Perducat, mediumque tenens extrema relinquat.*"
J. Huizinga, op. cit. Anm. 4, 40—42; ferner G. Evans. op. cit. Anm. 6, 160; sowie W. Kölmel, op. cit. Anm. 41, 54—55.

[67] Ibid. IV, 245—VI, 488. P. Ochsenbein, op. cit. Anm. 8, 131 sq.; zur Himmelsreise der *Prudentia* siehe dort auch ausführlich das entsprechende Kapitel, 78—114.

[68] Anticlaudianus (ed. R. Bossuat) IX, 384—390 (196):
*Pugna cadit, cedit iuveni Victoria, surgit
Virtus, succumbit Vicium, Natura triumphat,
Regnat Amor, nusquam Discordia, Fedus ubique.
Nam beatus homo, quem non lascivia frangit,
Non superat fastus, facinus non inquinat, urget
Luxurie stimulus, fraudis non inficit error.*"
Zur Psyochomachie siehe ibid. VIII, 147—IX, 409 (177—197). Siehe ferner E. R. Curtius, op. cit. Anm. 8, 129—131.

[69] J. Huizinga, op. cit. Anm. 4, 42.

[70] Regulae (ed. N. M. Häring) XCIX, 3 (204).

[71] M.-D. Chenu, op. cit. Anm. 6, 295.

bewahren, indem er das Gute tut und das Böse meidet[72]. Er kann diesen ihm kraft seiner Natur eigenen Stand aber auch verlassen, und zwar durch Abstieg zu den Lastern und durch Aufstieg zur himmlischen Schau, die Alanus als „*excessus*", „*extasis*" und „*metamorphosis*" beschreibt und die in der „*apotheosis*" oder „*deificatio*" gipfelt[73]. Auf diese Weise übersteigt der Mensch sein Menschsein („*homo-homo*") und wird zum „*homo-deus*". Umgekehrt kann er durch die Laster zum „*homo-pecus*" degenerieren[74].

Beide Motive, die Notwendigkeit des Aufstiegs auf dem Wege der Erkenntnis zu Gott und der Kampf gegen die Degeneration durch die Laster, bestimmen die *fabula* des Anticlaudianus. Dadurch gewinnt neben der Figur der Natura der Mensch eine zentrale Bedeutung. An ihm vor allem wird sich Natura ihrer Unvollkommenheit bewußt, und einen neuen, göttlichen und vollkommenen Menschen will sie hervorbringen, um ihre Irrtümer und Schwächen zu überwinden[75]. Im Menschen focussiert somit auf besondere Weise die doppelte Funktion der Natura, ihr zweifacher Prinzipiencharakter als „maîtresse de l'Univers et de ses générations" und als „modératrice de la vertu", um mit Chenu zu reden[76]. Umgekehrt erlangt das menschliche Versagen, sein Fehlverhalten und seine Unvollkommenheit den Charakter einer Reflexion auf die Grenzen der Natur überhaupt[77]. Denn nicht so sehr die menschliche Freiheit, sondern vielmehr die Irrtümer und Schwächen der Natur haben zu dieser beklagenswerten Situation geführt, die nicht nur den Menschen betrifft, sondern auch auf das Universum zurücksteuert[78].

Deutlicher als im Anticlaudianus greift Alanus in De planctu Naturae das Motiv vom Mikrokosmos Mensch als Abbild des Makrokosmos der sichtbaren Welt auf, das Bernardus Silvestris in Anknüpfung an die Chartreser Timaiosexegese zum Strukturprinzip seiner Schrift De mundi uni-

---

[72] Regulae (ed. N. M. Häring) XCIX, 1 (204): „*Nota quod aliud est thesis humane nature, aliud apothesis, aliud ypothesis. Thesis dicitur proprius status hominis quem servare dicitur quando ratione utitur ad considerandum quid bonum, quid malum, quid agendum, quid cavendum.*"

[73] Ibid. XCIX, 2 (204): „*Sed aliquando excedit homo istum statum vel descendendo in vicia vel ascendendo in celestium contemplationem. Et talis excessus dicitur extasis sive metamorphosis quia huiusmodi excessum excedit statum proprie mentis vel formam. Excessus autem superior dicitur apothesis quasi deificatio quod fit quando homo ad divinorum contemplationem rapitur. Et hoc fit mediante illa potentia anime que dicitur intellectualitas qua conprehendimus divina.*" G. R. Evans, op. cit. Anm. 4, 60.

[74] Ibid. XCIX, 3 (204 sq.): „*Secundum quam potentiam homo fit homo-deus sicut mediante illa potentia anime, que dicitur intellectus, conprehendit invisibilia per quam conprehensionem homo fit homo-spiritus sicut per speculationem rationis homo fit homo-homo. Inferior verso extasis est que et ypothesis, quando homo a statu humane nature demittitur degenerando in vicia. Et hoc fit per sensualitatem per quam homo fit homo-pecus.*"

[75] Cf. nochmals die einleitende Rede der Natura, Anticlaudianus (ed. R. Bossuat) I, 207—269 (63 sq.); s. auch unsere Anm. 44 und 65.

[76] M.-D. Chenu, op. cit. Anm. 6, 36.

[77] W. Wetherbee, op. cit. Anm. 6, 212.

[78] Cf. den vorausgehenden Abschnitt und die dortigen Textpassagen.

versitate gemacht hatte[79]. Ausdrücklich läßt er Natura sagen, daß sie die menschliche Natur nach dem Vorbild der „*mundana machina*" gebildet habe. Wie in einem Spiegel entsprechen sich die vier Elemente („*elementa*") des Universums und die vier Verbindungen („*complexiones*") des menschlichen Körpers, beide im übrigen jeweils antinomisch angeordnet und damit den Keim der Instabilität in sich tragend[80]. Und während Alanus im Planctus seine Lehre von der Natur auch auf das moralische Universum ausspannt, so daß das moralische Leben des Menschen Teil des universellen Lebensrhythmus' wird, endet der Anticlaudian mit dem Beginn eines goldenen Zeitalters, das nach dem Sieg des neuen Menschen im Verein mit den Tugenden über die Laster anbricht[81].

5. Natura als Maß des Handelns

Scheint die Reflexion auf die Möglichkeiten und Grenzen der Natur in der Konzeption des *homo perfectus* zu gipfeln, so erfährt Natura in der Konkretion dieses Vorhabens zugleich ihre nachdrücklichste Beschränkung. Diese kommt nicht so sehr in der Tatsache zum Ausdruck, daß Natura auf die Zustimmung Gottes zu ihrem Vorhaben angewiesen ist, der dem neuen Menschen die Seele einstiften muß[82]. Weit gravierender als diese zu ihrem Wesen als *procreatrix* gehörende Begrenzung ist der Umstand, daß Natura zu diesem Ziel nur mit Hilfe der Tugenden zu gelangen vermag. So dient das *consilium Virtutum* auch dazu, die Grenzen ihrer Macht abzustecken. Dies geschieht vor allem in Hinblick auf die Frage, ob Natura mit ihrem Vorhaben die Grenzen ihrer Kräfte nicht übersteigt, wobei es *Prudentia* zukommt, die entscheidende Einschränkung zu formulieren: Natura und die Tugenden können zwar einen Menschen erschaffen, niemals aber vollenden[83].

---

[79] Ibid., 6 und 152/3, sowie R. de Lage, op. cit. Anm. 6, 77—80.

[80] De planctu Naturae (ed. N. M. Häring) VI, 43—50 (826): „*Ego illa sum, que ad exemplarem mundane machine similitudinem hominis exemplavi naturam, ut in ea velut in speculo ipsius mundi scripta natura compareat. Sicut enim quatuor elementorum concors discordia, unica pluralitas, consonantia dissonans, consensus dissentiens, mundialis regie structuram conciliat, sic quatuor complexionum compar disparitas, inequalis equalitas, difformis conformitas, diversa idemptitas, edificium corporis humani conpaginat.*"

[81] M.-D. Chenu, op. cit. Anm. 6, 36. Anticlaudianus (ed. R. Bossuat) IX, 380—409 (196 sq.).

[82] Anticlaudianus (ed. R. Bossuat) VI, 185—488 (146—155).

[83] Ibid., I, 355—378 (67 sq.); davon im Text I, 360—67 (67 sq.):
„*Quod non perducit, facit hunc, non perficit ipsum;*
Semper ad esse movet, sed nunquam permovet illum;
Eius ad esse valet nec ad eius prevalet ortum.
Dispar natura, dispar substancia, forma
Discors, esse duplex hominis concurrit ad esse;
Una sapit terras, celum sapit altera, celis

Sicherlich kann man darin Einflüsse des *deificatio*-Konzepts erblicken. Vor allem aber spiegelt diese Vorstellung den systematischen Unterschied des Naturbegriffs im kosmologischen und praktischen Kontext wider. In den Distinctiones spricht Alanus von einer doppelten *naturalis ratio*. Er versteht diese zum einen als allen Dingen von Natur aus innewohnendes Vermögen, aus Gleichem Gleiches hervorzubringen, zum anderen als eine gleichsam instinktive Maßgabe („*naturali instinctu rationis*") im Sinne der „silbernen Regel", dem anderen nicht das zu tun, was man selbst nicht erleiden möchte[84]. Doch während die *naturalis ratio* als ein allgemeines Prinzip unbedingte Gültigkeit für jeden generativen Prozeß beanspruchen kann, ist die unbedingte Geltung der praktischen Regel gerade wegen ihrer Allgemeinheit eingeschränkt, sofern mit ihr noch nicht gesagt ist, was zu tun ist. Dazu bedarf es des Bezuges auf die konkrete Situation.

Damit eröffnet sich das Feld der Tugenden als ein mittlerer Bereich, in dem sich die Allgemeinheit der Struktur mit der Individualität des Einzelfalles vermittelt. Alanus nennt jede Tugend eine der rationalen Kreatur von Natur aus eignende Potenz, mit deren Hilfe diese in der Lage ist zu entscheiden, was getan werden muß[85]. Tugenden setzen demnach die „*libertas arbitrii*", und das heißt: einen in der rationalen Kreatur „*naturaliter*" gegebenen Freiheits- und Entscheidungsspielraum voraus, der durch vernunftgeleitete Überlegung („*deliberatione*") und nicht durch Zufall („*casu*") oder durch eine natürliche Tätigkeit („*operatione nature*") bestimmt ist[86]. Das jedoch bedeutet nicht, daß die Tugenden im Gegensatz zur Natur stehen, wohl aber, daß sie nicht einer dem kosmologischen Generationsprinzip analogen *ratio naturae* unterliegen. Sie sind indessen als ein „*habitus*", eine „*dispositio*" oder eine „*qualitas*" Bestandteil der Natur der rationalen Kreatur. Insofern kann Alanus sagen, Tugenden kämen dem Menschen „*aut natura aut habitu aut usu*" zu[87]. Dabei legt er das größte Gewicht auf

---

  Insidet hec, illa terris, mortique tributum
  Cogitur ista dare, mortis lex excipit illam."
 Ibid. II, 69—70 (75):
  „*Supplebit tamen ipsa manus divina quod infra*
  Perfecti normam Nature norma relinquet."
 Siehe auch V, 215—9 (129). P. Ochsenbein, op. cit. Anm. 8, 130/1.

[84] Distinctiones, PL 210, 871 D, Text siehe Anm. 94.
[85] Regulae (ed. N. M. Häring) LXXXVIII, 1 (193 sq.): „*naturaliter omnis virtus potentia est rationalis creature qua rationalis creatura nata est apta ad hoc vel illud faciendum.*"
[86] Quoniam homines (ed. P. Glorieux) lib. II tract. 3, 164 (305): „*Patet etiam quid sit liberum arbitrium, scilicet liberum de voluntate et potestate iudicium. Ipsa ergo discretio per quam agens discernens qui agendum sit, liber est ad hoc vel ad illud faciendum et voluntate et potestate, dicitur liberum arbitrium.*"
 Ibid., lib. II tract. 3, 166 (309): „*Ea que proveniunt ex deliberatione, in libertate arbitrii sunt; que vero ex nature operatione, non sunt in arbitrii libertate quia non minus provenirent quamvis arbitrii dispositio non preveniret. Similiter que casu provenirent in libertate arbitrii non sunt.*"
[87] Regulae (ed. N. M. Häring) LXXXVIII, 2 (194).

die Kennzeichnung der Tugenden als einer natürlichen Potenz, die der Vernunftnatur des Menschen entspricht und diesem nicht nur ermöglicht, zu erkennen und zu entscheiden, was zu tun ist, sondern ihn auch zur Gottes- und Nächstenliebe befähigt[88].

So verstanden löst sich der eingangs im Anschluß an den Anticlaudian formulierte Gegensatz zwischen Natur und Tugenden in ein differenziertes Verhältnis auf. Sofern die Tugenden sich auf den Bereich menschlichen Handelns beziehen, sind sie wie dieser einer naturnotwendigen Gesetzmäßigkeit entzogen. Dieser Gestaltungs- und Entscheidungsfreiraum macht das eigentliche Wesen der menschlichen Natur aus. Eingebunden in die natürliche Ordnung des Universums aber ist dieser Freiraum gleichwohl einer Beliebigkeit entzogen. Das Handeln des Menschen bleibt auf seine Natur bezogen, insofern er entweder ihr gemäß handelt oder sie verfehlt und zum *„homo-pecus"* degeneriert[89].

6. Naturbegriff und philosophia naturalis

Wie steht es nun abschließend mit der Konsistenz des Naturbegriffs? Die Antwort des Alanus scheint enzyklopädischer Natur. In seinen Distinctiones Distinctionum Theologicalium finden wir eine Zusammenstellung von elf Bedeutungen von *„natura"*[90], die in der Vielfalt ihres Traditionshintergrundes den Eindruck des Enzyklopädischen zu bestätigen scheinen. Gegen diesen Eindruck einer künstlichen Zusammenstellung behauptet M.-D. Chenu jedoch „une véritable homogénéité", welche den „Naturalismus" Alans nicht nur als einen bloßen Akzent, sondern als ein gewichtiges Theoriestück seines systematischen Denkens ausweist[91].

Und in der Tat handelt es sich nicht um eine beliebige Aneinanderreihung disparater Bestimmungen. Nach den ersten vier Begriffsdistinktionen, die ihren gemeinsamen Ausgang von Boethius nehmen, bezeichnet der Naturbegriff dasjenige, was (1) allem, das erkannt wird, zugrundeliegt, was (2) tun und leiden kann, was (3) Prinzip der Bewegung *per se* und nicht *per accidens* ist und was (4) die spezifische Differenz einer Spezies ausmacht. Interessant ist nicht nur die Restriktion vom Allgemeinsten zum Spezifischen, sondern auch die in den beiden ersten Bestimmungen gegebene Option, auch Gott „Natur" zu nennen, insofern er wie die Hyle

---

[88] Ibid., LXXXVIII, 2 (194): *„Omnis autem virtus homini tripliciter intelligitur convenire: aut natura aut habitu aut usu. Nature convenit omnis potentia que sit virtus homini a creatione ut naturaliter aptus sit secundum hanc vel illam potentiam ad hoc vel illud faciendum ut sicut aptus natus est ad ratiocinandum vel ad intelligendum ita aptus ad reddendum unicuique quod suum est, ad diligendum deum et proximum."*
[89] Ibid., XCIX, 3 (204), cf. Anm. 74.
[90] Distinctiones PL 210, 871 A–D.
[91] M.-D. Chenu, op. cit. Anm. 6, 31.

nur „*per remotionem materiae*" erkannt werden kann und „*causa universorum efficiens*" ist[92]. Die folgenden fünf Bestimmungen von *natura* als (5) *esse substantiale rei*, (6) *origo*, (7) *complexio*, (8) *consuetudo* und (9) *naturalis calor* geben beredt Zeugnis von dem bereits weit fortgeschrittenen Differenzierungsprozeß des Naturbegriffs. Dieser entläßt zudem mehr und mehr Begriffe in eine zunehmende Eigenständigkeit, die oftmals einer bestimmten wissenschaftlichen Betrachtungsweise entspricht, etwa der Iurisprudenz oder der Physik[93]. Die beiden letzten Bestimmungen fassen die vielfältigen Aspekte des Naturbegriffs in gewisser Weise nochmals zusammen: (10) als *naturalis ratio* in kosmologischer und moralischer Hinsicht sowie (11) als jenes allen natürlichen Dingen innewohnende Vermögen, aus Gleichem *secundum naturam* Gleiches hervorzubringen[94]. Als Verkörperung dieser

---

[92] Distinctiones, PL 210, 871 A–C:
„(1) *Natura aliquando ita large sumitur quod omne illud quo modo potest intelligi natura dicatur; unde Boetius: Natura est quidquid quo modo intelligi potest. Secundum hanc expositionem et hyle et Deus potest dici natura, quia, quamvis hyle proprio intellectu capi non possit, sed tantum per formae abnegationem, tamen quo modo intelligitur. Similiter divina forma, quamvis tantum intelligatur per materiae remotionem, tamen quo modo intellectu capiatur.*
(2) *Aliquando sumitur in designatione substantiae tantum, unde Boetius: Natura est quidquid agere vel pati potest; et secundum hanc acceptionem Deus potest dici natura, quia ipse est causa universorum efficiens.*
(3) *Restringitur tamen hoc nomen natura circa substantiam corpoream, unde Boetius: Natura est principium motus per se et non per accidens; hoc enim tantummodo pertinet ad substantiam corpoream, ut sit principium, motus per se, id est ut principaliter et per se moveatur; ipsa enim sola proprie movetur aut a centro ad circumferentiam, ut levia, scilicet ignis et aer; aut a circumferentia ad centrum, ut gravia, scilicet terra et aqua.*
(4) *Restringitur etiam circa substantialem differentiam et specificam, quae adveniens generi facit speciem, ut hoc universale rationabile, unde Boetius: Natura est reformans specificam differentiam.*"
R. de Lage (op. cit. Anm. 6, 65 sq. mit Anm. 157) weist zurecht auf den Einfluß des Gilbert von Poitiers hin, dessen Boethius–Kommentare Alanus wohlbekannt waren; siehe als Parallele zu den ersten vier Bestimmungen der Distinctiones besonders Contra Euticen et Nestorium (ed. N. M. Häring, The Commentaries on Boethius by Gilbert of Poitiers, Toronto (1966) I, 1–103 (242–264).

[93] Distinctiones, PL 210; 871 C–D:
„(5) *Dicitur esse substantiale rei per quod res nascitur, id est suum esse ingreditur; unde dicitur Christus duarum naturarum, quia tam humanitas quam divinitas est esse Christi.*
(6) *Dicitur origo, unde dicitur quod angelus de natura habuit peccare, id est ab origine habuit libertatem arbitrii ad bene agendum vel male; unde Plato in Timaeo introducens Deum loquentem ad angelos ait: Dii deorum natura quidem indissolubiles.*
(7) *Dicitur etiam complexio, unde: Physica res diversas diversarum naturarum asserit, id est complexionum.*
(8) *Dicitur vitium inolitum pro natura, unde in iure consuetudo dicitur altera natura, et homo dicitur mori de natura, id est ex vitio inolito pro natura.*
(9) *Dicitur naturalis calor, unde physicus dicit esse pugnum inter morbum et naturam, id est naturalem calorem.*"
Zur neunten Bestimmung als *naturalis calor* siehe die interessanten Ausführungen von T. Gregory, La nouvelle idée de nature, op. cit. Anm. 40, 200 sqq.

[94] Distinctiones, PL 210, 871 D:
„(10) *Dicitur naturalis ratio, unde Apostolus ait quod gentes, quae legem non habent, naturaliter*

Eigenschaften kann die personifizierte Natura des Planctus wie des Anticlaudian angesehen werden.

Alanus betreibt die Aufschlüsselung der verschiedenartigen Bedeutungen von Begriffen offensichtlich nicht in erster Linie aus enzyklopädischem Interesse; vielmehr begreift er sein groß angelegtes Unterfangen nach dem Vorbild der Schriftexegese oder der Auslegung paganer *integumenta* als wissenschaftstheoretische Propädeutik[95]. Damit gerät eine zweite Ebene in den Blick, auf der sich die angesprochene Konsistenzproblematik des Naturbegriffs in besonderer Weise stellt: die Ebene der Wissenschaft. Wie nämlich steht es um den Begriff einer Wissenschaft, die jenen Bereich der Seinswirklichkeit zu ihrem Gegenstand hat, der durch den Naturbegriff erfaßt wird? Diese Frage beinhaltet zunächst zweierlei: Zum einen den Ausweis eines Gegenstandsbereiches als eines natürlichen und somit der naturphilosophischen Wirklichkeitsbetrachtung zugänglichen, zum anderen die Problematik der Einheit einer solchen *naturalis philosophia* angesichts des in der Vielfalt des Naturbegriffs bereits zum Ausdruck kommenden Differenzierungsdrucks.

Im Prolog zur Summe Quoniam homines stellt sich diese Frage für Alanus zunächst als eine solche der Verhältnisbestimmung von menschlicher Rationalität und Theologie. Denn sofern die Theologie vor der bereits eingangs erwähnten Notwendigkeit steht, sich als Wissenschaft zu begreifen, muß sie sich nicht nur nach Art der Regulae ihrer Prinzipien versichern, sondern auch ihres Sprachgebrauches. Viele *termini* nämlich werden aus dem Bereich natürlicher Zusammenhänge auf theologische Kontexte übertragen, ohne daß eine begründete Zuordnung beider Bereiche vorgenommen wird. Da den daraus erwachsenden Irrtümern mit dem frühscholastischen Modell der *artes liberales* als eines „*pons introductorius*" zur Theologie nicht mehr hinreichend begegnet werden kann, ist unter dem zusätzlichen Druck der „*aristotelica tuba*" der erkenntnistheoretische Ort der Theologie neu zu bestimmen[96]. Hierzu geht Alanus vom menschlichen Erkenntnisvermögen aus. Als *thesis* und Ausgangspunkt begreift er die *ratio* als das dem irdischen Status des Menschen angemessene Vermögen, gemäß dem er begreift. Dieser Ausgangspunkt kann nach zwei Seiten hin „extatisch" verlassen werden: indem der Mensch die eigene Möglichkeit

---

quae legis sunt faciunt, id est naturali instinctu rationis; et secundum hoc solet dici quod natura dictat homini ut non faciat aliis quod sibi non vult fieri, id est naturalis ratio.
(11) *Dicitur potentia rebus naturalibus indita, ex similibus procreans similia, unde aliquis dicitur fieri secundum naturam; unde Hilarius ait quod Creator factus est creatura, non est naturae ratio, sed potestatis exceptio."*
Siehe hierzu unseren fünften Abschnitt mit Anm. 84.

[95] M.-D. Chenu, op. cit. Anm. 6, 198 sq.; W. Wetherbee, op. cit. Anm. 6, 55—58.
[96] Quoniam homines (ed. P. Glorieux), Prol. 1 (119); siehe das Textzitat in unserer Anm. 19.

durch Lasterhaftigkeit in Richtung auf das Tier hin unterschreitet oder aber diese durch intellektuelles Bemühen um die göttlichen Wahrheiten auf Gott hin überschreitet. Dieser Erkenntnisstruktur entspricht die eindeutige Unterscheidung zwischen der dem *intellectus* und der *intelligentia* zugeordneten hypothetischen und apothetischen Theologie einerseits und der der *ratio* entsprechenden *„naturalis philosophia, que circa terrena vertitur"*[97]. Auch in der als Hierarchia Alani überlieferten Schrift findet sich die strikte Zuordnung der *naturalis philosophia* zur natürlichen Wirklichkeit der Dinge, wobei der Erfahrungscharakter als Unterscheidungsmerkmal der natürlichen Philosophie betont wird[98]. In den Regulae schließlich spricht Alanus von Prinzipien der *naturalis philosophia*, die jeder *„naturalis facultas"* gemeinsam sind[99], und nennt als solche *„maximae"* die Universalien[100].

Im übrigen bleibt der Gegenstandsbereich der *naturalis philosophia*, der anders als die Theologie alle nur auf die menschliche Vernunft gründenden Zugänge zur Seinswirklichkeit umfaßt, unentfaltet. Auch die angedeuteten Differenzierungen innerhalb einer solchen natürlichen Philosophie werden nicht weiter ausgeführt. Es zeigt sich also ein dem weitgefächerten Naturbegriff analoges Bild. Die sich herausbildenden natürlichen, d. h. von der Offenbarung absehenden, Erklärungszusammenhänge finden sich wie im Naturbegriff so im Begriff der *naturalis philosophia* nurmehr mühsam zusammengehalten. Zu deutlich sind die offenen Fragen erkennbar, die mit einer Begriffsdistinktion allein nicht mehr zu lösen sind. Dies gilt vor allem für die Prinzipien der natürlichen Philosophie, die nicht nur eines Ausweises, sondern einer ausdrücklichen Reflexion bedürfen, sowie in Hinblick auf die latente Konkurrenzsituation gegenüber der Theologie, die bis dahin unangefochten den alleinigen Anspruch auf mögliche Letztbegründungen erhob. Damit aber stehen wir an der Schwelle zum sogenannten zweiten Anfang der Metaphysik im 13. Jahrhundert, dem nach

---

[97] Ibid., lib. I, 2 (121): *„Anime enim varie sunt potentie: una que dicitur thesis, scilicet ratio, secundum quam potentiam homo in suo statu consideratur, nec suum statum egreditur quia ea humana et terrena considerat; alia est que extasis nuncupatur, cuius speculatione homo extra se constituitur. Extaseos autem due sunt species: una inferior qua homo infra se est, alia superior qua rapitur supra se. ...*
Ex thesi vero nascitur naturalis philosophia que circa terrena vertitur. Ex intellectu, subcelestis sive ypothetica theologia, que circa spirituales creaturas intenditur; ... Ex intelligentia vero, supercelestis sive apothetica oritur qua divina considerantur." Cf. unseren vierten Abschnitt mit Anm. 72 und dem Bezug auf Regula XCIX (204 sq.).

[98] Hierarchia Alani (ed. M.-Th. d'Alverny, op. cit. Anm. 31), 228: *„et in hoc differunt quod naturalis philosophia ab intellectu incipit, et ad rei experientiam ex sensu descendit. Naturalis enim philosophia unde piper sit calidum naturali percipit intellectu, et post experitur sensu."*

[99] Regulae (ed. N. M. Häring) CXV, 1 (217): *„Pertractatis regulis que theologice facultati specialiter sunt accommode, agendum est de his, que ad naturalem pertinent facultatem, considerandumque que maxime ita accommodantur naturali facultati quod non evagantur a theologia. Que vero utrique facultati sunt communes. Naturalis philosophie maxima hec est."*

[100] Ibid. CXVI und CXVII (217 sq.).

M.-D. Chenu zusammen mit der Entdeckung der Natur bereits im 12. Jahrhundert ein „éveil métaphysique" vorausging[101]. Davon gibt das Werk des Alanus beredt Zeugnis.

Demgegenüber kann die im Anticlaudianus nochmals errichtete geschlossene Bildungswelt aus *septem artes liberales* und Theologie mit Recht als ein Schwanengesang bezeichnet werden, den jemand anstimmt, nachdem er aller Kritik an der *„ruditas modernorum"* zum Trotz sich längst entschlossen auf die Schultern des Riesen gesetzt hat, um weiter als dieser blicken zu können[102]. Doch ist dies nur ein Aspekt jenes Werkes. Auch der Anticlaudian gehört insgesamt weit eher zu der neuen als zu der vergehenden Welt. In Anknüpfung an das systematische Werk des Alanus greift er in dichterischer Form eines der zentralen Themen seiner Zeit auf: die Frage nach der Natur. Nicht so sehr als ein theologisches[103] denn als ein philosophisches Experiment fügt sich der Anticlaudianus in den Versuch ein, die Seinswirklichkeit auch in ihren Kontigenzen *naturaliter* und das heißt unter Absehung von offenbarungstheologischen Deutungsmustern zu erklären. Möglicherweise, und darin könnte eine Antwort auf Evans' Frage nach Anlaß und Motiv des poetischen Schaffens liegen, steht die „ästhetische Verbildlichung"[104] bei Alanus an der Stelle jener neu zu erringenden Synthese, die zu erreichen erst der nachfolgenden Generation mittelalterlicher Denker im Horizont einer entfalteten Metaphysik vorbehalten war.

---

[101] M.-D. Chenu, op. cit. Anm. 6, 309—22; ferner: L. Honnefelder, Der zweite Anfang der Metaphysik. Voraussetzungen, Ansätze und Folgen der Wiederbegründung der Metaphysik im 13./14. Jahrhundert, in: Philosophie im Mittelalter. Entwicklungslinien und Paradigmen (ed. J. P. Beckmann, u. a.), Hamburg 1987, 165—186, bes. 166—171.

[102] Anticlaudianus (ed. R. Bossuat), Prolog (55/6): *„in hoc tamen nulla utilitate plebescat, nullos reprehensionis morsus sustineat, quod modernorum redolet ruditatem, qui et ingenii preferunt florem et diligentie efferunt dignitatem, cum pigmea humilitas excessui superposita giganteo, altitudine gigantem preveniat et rivus a fonte scaturiens in torrentem multiplicatus excrescat."*
Siehe auch A. Speer, op. cit. Anm. 13, 26 sq.

[103] So die These von G. R. Evans, op. cit. Anm. 4, 147.

[104] J. Huizinga, op. cit. Anm. 3, 71; cf. unsere Anm. 7 und dort G. R. Evans, op. cit. Anm. 4, 170. Als Beispiel einer solchen Synthese auf dem Hintergrund einer entfalteten Metaphysik sei Thomas von Aquin genannt, der die bei Alanus nur enzyklopädisch verbundenen Elemente von *natura* spekulativ vermittelt. Siehe hierzu den Beitrag von J. A. Aertsen, Natur, Mensch und der Kreislauf der Dinge bei Thomas von Aquin, 143—160; verwiesen sei ferner auf J. A. Aertsens große Studie: Nature and Creature. Thomas Aquinas's Way of Thought, STGMA XXV, Leiden 1988.

Metaphysik und Naturbeherrschung im Denken Roger Bacons

GÜNTHER MENSCHING (Hannover)

Die Geschichtsschreibung der mittelalterlichen Philosophie hat Roger Bacon bisher keinen eindeutigen Platz zuweisen können. Bald galt er als vorzeitiger Visionär der modernen Naturwissenschaft, bald als eklektizistischer Epigone des Alhazen und des Robert Grosseteste, zuweilen gar als alchemistischer Scharlatan, fast stets jedoch als bizarre Randfigur der Hochscholastik.[1] Bacons eigene Schriften legen solche Konfusion nahe: Einerseits tritt er als scharfer Kritiker der Wissenschaft und besonders der Theologie seiner Zeit auf, deren Ignoranz im Hinblick auf die einzelnen Naturprozesse, die Mathematik und die Sprachen er beklagt. Andererseits sucht er die von ihm leidenschaftlich geförderte Naturwissenschaft mit der traditionellen Weltkonzeption so zu vereinigen, daß die Theologie die Naturwissenschaft begründet. Erstaunliche Antizipationen moderner Erkenntnisse und ihrer technischen Anwendung scheinen einer noch gar nicht zeitgemäßen geistigen Orientierung zu entstammen, und doch lehren die Baconschen Texte, daß fundamentale metaphysische Gedanken einem Neuplatonismus verhaftet bleiben, dessen Naivität im 13. Jahrhundert von den avanciertesten Zeitgenossen Thomas von Aquin und Johannes Duns Scotus bereits durchschaut war.

Um aus der Verwirrung des Bacon-Verständnisses herauszufinden, soll hier der Versuch gemacht werden, die Widersprüche in Bacons Denken als Ausdruck einer in sich gleichwohl konsequenten Konzeption von Wissenschaft und zugleich als Zeugnis für die Präformation der Moderne

---

[1] Die Gegensätzlichkeit der Bacondeutungen läßt sich in der Sekundärliteratur deutlich verfolgen. Dazu nur einige Beispiele:
E. Charles, Roger Bacon, sa vie, ses ouvrages, ses doctrines d'après des textes inédits, Paris 1861. In diesem heute noch beachtlichen Buch wird Bacon recht einseitig als aufklärerischer Pionier der exakten Naturwissenschaft betrachtet. — H. Höver, Roger Bacons Hylomorphismus als Grundlage seiner philosophischen Anschauungen, Limburg/L 1912. Hier erscheint Bacon aus neuthomistischer Sicht als wissenschaftstheoretischer und dogmatischer Hinsicht dubioser Autor. Dagegen hat Stellung genommen C. Baeumker, Roger Bacons Naturphilosophie, insbesondere seine Lehre von Materie und Form, in: Franziskanische Studien (1916). In den letzten Jahrzehnten sind umfassende Darstellungen des Baconschen Denkens selten. Am besten wird ihm historisch gerecht S. Easton, Roger Bacon and His Search for a Universal Science, Oxford 1952.

in der traditionellen Metaphysik zu begreifen. Die scheinbar disparaten Elemente seiner theoretischen Anstrengung erweisen in einer systematischen Interpretation ihre wechselseitige Verwiesenheit. Bacons Denken ist hier zugleich am selbstgesetzten Anspruch der Geschlossenheit zu messen. Es ist so wenig wie das anderer großer Vertreter der Hochscholastik willkürliche Kompilation tradierter Meinungen, sondern das Produkt eines über die Individuen hinausgehenden, insgesamt unumkehrbaren Reflexionsprozesses, der die Theoreme objektiv miteinander in Beziehung setzt. Dies soll an einigen Motiven seiner naturwissenschaftlichen Theorien verdeutlicht werden.

Ihren spezifischen Gehalt entwickelt Bacons Philosophie in Modifikationen der aristotelischen Metaphysik, deren Rezeption er selbst schon in den Vierzigerjahren des 13. Jahrhunders, während seines ersten Aufenthaltes in Paris, entschieden gefördert hat. Diese Veränderungen in der Lehre von den allgemeinen und notwendigen Bestimmungen des Seienden als solchen entsprechen einer in ihrer zentralen Intention neuen Theorie der Naturwissenschaft. Bacon hat ihr eine andere Rolle zugewiesen als die gesamte Tradition es bis dahin getan hatte. Die Erkenntnis des Wesens, das den Grund der metaphysischen Erscheinungen darstellt, dient nicht unmittelbar dem Aufstieg der erkennenden Seele zu Gott, sondern zunächst den irdischen Zwecken der Menschen. Das kontemplative Verhältnis des erkennenden Subjekts zur Natur verwandelt sich in ein produktives: Die mechanische und alchemistische Kunst mißt sich der wissenschaftlich erkannten Operationsweise der Natur an, um ihr analoge Erscheinungen hervorzubringen. Die Kunst vermag, auf die Spekulation gestützt, selbst Naturerscheinungen zu produzieren. Diese neue Orientierung sprengt den Rahmen der alten, der zufolge Arbeit stets gleiche Notwendigkeit zur einfachen Reproduktion des Lebens, aber als solche kein Gegenstand eigenständiger theoretischer Betrachtung war. Dem neuen Bewußtsein entspricht aber eine Natur, die den menschlichen Eingriff in ihre Wirkungszusammenhänge gestattet. Sie muß deshalb anders verfaßt sein als jene, die dem erkennenden Intellekt die unveränderlichen Stufen des Seins offenbart. Bacons metaphysische Konzeption der Natur als Totalität differiert deshalb in wichtigen Lehrstücken von der metaphysischen Ordnung der emanativ auseinander hervorgegangenen Wesenheiten, aber auch von der Materie- und Formlehre der aristotelischen Physik.

Die physische Welt ist nicht homogen. Die körperlichen und geistigen Dinge, aus denen sie sich konstituiert, differieren nicht allein, wie es aristotelischer Lehre entspräche, in ihren Formen, sondern ebenso in der Materie, die sich mit der Form zur Substanz des Dinges vereinigt. Die Parmenideische These von der Einheit und Unwandelbarkeit des Seins ist nach Bacons Metaphysik ebenso falsch wie die entgegengesetzte des Atomismus, denn beide laufen auf eine letzthin homogene Materie als das Substrat aller Naturprozesse hinaus: *„Prima igitur veritas circa corpora mundi* *est, quod non est unum corpus continuum et unius naturae, licet hoc posuerunt aliqui, ut Parmenides et Melissus. Nam [...] radii stellarum qui non cadunt ad angelos rectos franguntur, antequam ad nos perveniant. Sed fractio radiorum non est, nisi ubi corpus secundum a primo est diversum in superficie et natura. [...] Oportet ergo plura corpora et diversa secundum superficies et naturas esse in hoc mundo. [...] Secundo oportet quod non sit mundus compositus ex infinitis corporibus atomis [...], sed erunt corpora mundi finita et divisibilis."* [2].

Das Parmenideische Sein schließt jede mechanische Bewegung und substantielle Veränderung der Stoffe aus, während der Atomismus nach Bacon weder ein für die Fortpflanzung der Bewegung notwendiges Kontinuum noch wenigstens ein Kontiguum, die lückenlose Berührung der Atome, zuläßt. Die Welt der körperlichen Dinge muß vielmehr teilbar und endlich sein, um überhaupt Veränderung zu ermöglichen. Die Baconsche Version der Metaphysik geht deshalb von der aristotelischen Bewegungslehre aus, um alle Dinge als *composita* aus Materie und Form zu interpretieren. Bacon folgt also zunächst strikt der aristotelischen Theorie und negiert die Möglichkeit einer separaten Existenz reiner Form und reiner Materie. Sind aber alle Dinge aus Materie und Form zusammengesetzt, so finden die einzelnen Wissenschaften ihre Gegenstände in den je verschieden bestimmten Materien. Deren Zusammengehörigkeit in der Totalität der Welt ist dabei Gegenstand einer allgemeinen Wissenschaft, die die *communia naturalia* behandelt. Bacons Schrift mit dem gleichen Titel enthält die Grundbestimmungen seiner Theorie der Naturwissenschaft. Deren Modell ist die Alchemie, in der Bacon in besonderem Maße die Regeln der von ihm geforderten Erfahrungswissenschaft verwirklicht sah.

Um diese Übertragung der metaphysischen Begriffe in naturwissenschaftliche Theoreme zu leisten, mußte Bacon deren streng aristotelische Bestimmung modifizieren. Nach seiner Konzeption ist eine über die mechanische Bewegung hinausgehende Veränderung der Stoffe, die doch in der Natur überall zu beobachten ist, nur erklärbar, wenn die erste Materie nicht reine Potentialität ist. Liegt nämlich die *prima materia* allen Dingen als ein inneres einheitliches Substrat zugrunde, das erst durch die substantiellen Formen Bestimmtheit und damit auch ein Gesetz der Bewegung und Entwicklung erhält, dann stellt sie eine beharrende, überall identische Entität dar, der das durch die Form vermittelte Bewegungsgesetz äußerlich bleibt. Nicht die gesamte Substanz des Dinges würde sich verändern, sondern gleichsam nur seine Oberfläche.

Gegen die Homogenität der *prima materia*, die er geradezu als numerische Einheit interpretiert, argumentiert Bacon an vielen Stellen seiner Werke.[3]

---

[2] Communia naturalium, ed. R. Steele, in: Opera hactenus inedita Rogeri Baconi, Oxford 1905 sqq., 309 sq.

[3] Cf. Communia naturalium, l. c., 50 sqq., Opus tertium, ed. J. S. Brewer, 120 sqq., Opus maius, ed. J. H. Bridges, Bd. I, London 1900 (Reprint Frankfurt a. M. 1964) 143 sqq.

Dieser nach seiner Darstellung schlimmste Fehler muß in der Metaphysik an erster Stelle bekämpft werden, selbst wenn er allgemein verbreitet ist: *„Et cum omnes ponant, quod materia sit una numero in omnibus rebus, scilicet spiritualibus et corporalibus, et in coelestibus, et in elementis, et in mixtis et in inanimatis, et in anima et omnibus; et cum hic sit error pessimus qui unquam fuit in philosophia, ideo aggredior hanc positionem, et huiusmodi positionis destructio est valde necessaria."*[4]

Bacon wollte die Einheitlichkeit der Materie ad absurdum führen, indem er die überkommene metaphysische Bestimmung des Seienden als tautologisch zu erweisen suchte. Die *prima materia*, an der die substantiellen Formen real werden, ließe als bestimmungslose Potentialität die Dinge zu bloßen Verdoppelungen ihrer generischen und spezifischen Bestimmungen werden. Das Substrat, an dem die Formen sich als die bestimmten seienden Dinge unterscheiden, wäre in sich indifferent. Die Distinktion der Formen wäre an ein und derselben Materie nichtig, und alle Dinge wären identisch. Die scotische *distinctio formalis* könnte Bacon deshalb nicht lehren. Die konkrete Veränderung der Natursubstanzen wäre so nach seiner Konzeption nicht erklärbar und noch weniger durch geplanten Eingriff zu beeinflussen: *„Sequitur ex hoc quod tota veritas rerum creatarum destruitur, et quod impossibile est aliquid sciri de veritate generationis et corruptionis. [...] Et certum est quod materia propria requirit formam propriam, et e converso; — nam materia asini non potest capere animam rationalem, nec materia hominis animam asini; — et ideo si materia est eadem in omnibus secundum essentiam, et forma erit eadem in eis, et ita omnia erunt unum et idem; et angelus sic erit lapis, et homo asinus et coelum terra, et quidlibet erit quidlibet."*[5]

Die Verschiedenheit tritt zu den natürlichen Substanzen nicht äußerlich hinzu, sondern sie ist ihnen ebenso wesentlich wie die Identität der Gattungs- und Artform. Die Verschiedenheit ist nach Bacon nicht Resultat eines Vergleichs, den ein Betrachter anstellt, sondern hat selbst den Rang einer metaphysischen Bestimmung, die in der Materie angelegt ist. Deshalb stellt der univok erscheinende Materiebegriff in Wahrheit eine Analogie unter den Dingen dar, und Bacon setzt in diesem Sinne den Begriff der *materia communis* von dem der *materia prima* scharf ab.[6].

Gibt es aber eine *prima materia* als überall gleiche Teilsubstanz der Dinge nicht, so folgt daraus, daß das ὑποκείμενον selbst auf die Form hingeordnet, also so disponiert ist, daß es gegenüber deren Aufnahme nicht passiv gleichgültig ist. Die Form führt bei ihrer Vereinigung mit der Materie zur Aktuierung der konkret in ihr angelegten Potenzen. Deshalb müssen die Formen der inneren Natur der Materie entsprechen. Um diesen Gedanken zu demonstrieren, hat Bacon in den „Communia naturalia" Tabellen auf-

---

[4] Opus tertium, c. 38, l. c., 120 sq.
[5] L. c., 121.
[6] Cf. Communia naturalium, 52 sqq.

gestellt, aus denen die Korrespondenz ersichtlich sein soll.[7] Hier hätte sich die Frage ergeben, ob es nicht in der Konsequenz dieser Theorie ebenso viele Materien wie existierende Einzeldinge geben müßte. Bacon geht hierauf nicht ein, da ihm die zu seiner Zeit aktuelle Frage nach dem *principium individuationis* müßig erschien. Dies hängt wiederum mit seiner universalienrealistischen Position zusammen, von der sich die Modernität anderer Momente seines Denkens abhebt.

Der aristotelische Substanzbegriff, an dem Bacon festzuhalten vorgibt, ist in seiner Materielehre verändert. Die Potentialität der Materie versteht Bacon nicht primär als negative Bestimmung, sondern als Inbegriff von Kräften, die auf ihr Komplement, die ihnen spezifisch zugehörigen Formen, bezogen sind. Die Privation, außer Materie und Form das dritte Prinzip der Natur, ist nach Bacon nicht bloßes Nichtsein, sondern der *appetitus* der Materie, der auf die Erfüllung durch die Form zielt. Die Privation ist hiernach stets bestimmt. Da Materie und Form nie getrennt existieren, entspringt die Kraft der Materie aus der Mangelhaftigkeit ihrer Form. Vollkommen sind nur Dinge, in denen Form und Materie einander angemessen sind.

Das Verhältnis von Materie und Form interpretiert Bacon demnach als Spannung antagonistischer Kräfte, deren Gesetz Gegenstand des wissenschaftlichen Kalküls sein soll. Dies liegt in der Intention seiner Materie- und Formlehre, die den Gedanken einer nach Gesetzen produktiven Natur so konzipiert, daß deren Erkenntnis den Menschen ihrerseits die Herstellung von substantiell Seiendem gestattet. In dieser Zielrichtung liegt die eigentliche Neuerung des Baconschen Denkens, denn nach traditioneller Auffassung, die auch von Thomas von Aquin noch geteilt wurde, sind die Formen, die der Materie durch menschliche Tätigkeit aufgeprägt werden können, akzidentell, aber nicht substantiell. Hier gelangt ein Motiv in die metaphysische Reflexion, das in der modernen Naturwissenschaft grundlegend geworden ist: Das Wesen der Naturdinge sind nicht statische Entitäten, letzthin abstraktiv stilisierte Verdoppelungen der Einzeldinge, sondern das Gesetz, das der energetisch bestimmten Einwirkung der Dinge aufeinander zugrundeliegt. Bacon hat freilich die Gesetzmäßigkeiten der Natur im modernen Sinne nicht gefunden, sondern ihr Vorhandensein nur postuliert und einige notwendige Bedingungen genannt, die zu ihrer Feststellung führen.

In seiner Interpretation des aristotelischen Verhältnisses von Materie und Form tastet Bacon die traditionelle Lehre von der Invariabilität der Substanzen an. Sie sind für ihn nicht statische Entitäten, die nur Akzidentien zu wechseln vermöchten, sondern kontinuierlich aufeinander einwirkende Faktoren, die ihre wesentlichen Eigenschaften zur Erzeugung neuer

---

[7] Cf. l. c., 87 sqq.

Substanzen vereinigen. Seine Erklärung des Entstehens und Vergehens zumindest der unbelebten Dinge bedient sich des Begriffs der Transmutation. Die vier Elemente sowohl wie die gemischten Körper entstehen auseinander und können sich durch das Wechselspiel der Formen, die die Materien gegenseitig austauschen, ineinander verwandeln. Bacon hat hier offenkundig aus der Erfahrung des chemischen Experimentierens die Einsicht gewonnen, daß die Mischung zweier oder mehrerer Stoffe deren Eigenschaften in der Reaktion verschwinden läßt und einen neuen, ebenso substantiellen Stoff hervorbringt wie die Ausgangsmaterien. Das wäre nicht möglich, wenn invariante Substanzen lediglich äußere Akzidentien wechselten: „*Item mixtio contrariorum elementorum, ut fiat mixtum ex eis, fit per remissionem miscibilium in unam naturam compositam ex eis. Set si nichil remitteretur nisi accidens ex parte eorum, nullum compositum generaretur nisi accidens, ergo generacio mixti non esset generacio substancie, set solius accidentis, quod est impossibile.*"[8]

In dieser in den „Communia naturalium" ausführlich dargelegten Theorie, die an anderen Stellen bestätigt wird, zeigt sich wiederum deutlich, daß die Alchemie für Bacon das Modell der Wissenschaft ist, nach dem die metaphysischen Begriffe bestimmt sind, während zugleich umgekehrt das Material durch die Metaphysik erschlossen wird. Deshalb bemühte Bacon sich auch, die empirische Wissenschaft aus der Metaphysik herzuleiten. Die neue Wissenschaft, die Roger Bacon aus der Vereinigung der spekulativen Metaphysik mit der praktischen Alchemie hervorgehen lassen wollte, zielt auf ein operatives Wissen, das die traditionelle teleologische Orientierung jedoch nicht aufgibt. Das Gesetz, das der Transmutation der Substanzen zugrundeliegt, läßt auch auf die Bedingungen schließen, unter denen der Vorgang im Laboratorium wiederholt werden kann. Der Versuch, die Transmutationsprozesse menschlichen Zwecken nutzbar zu machen, kann aber nur in der sublunarischen Sphäre angestellt werden, denn in den höheren Sphären, die Bacon mit dem sie begründenden ptolemäischen Weltbild fraglos voraussetzt, befinden sich nach seinem Verständnis Formen und Materien in weit vollkommener Entsprechung zueinander.

Die sublunarische, irdische Sphäre des ständigen Entstehens und Vergehens aller Einzeldinge weist das allgemeine und notwendige Gesetz nur durch die *rationes seminales* auf, die den vielfältigen Materien innewohnen. Die Unrast des Geschehens in der physischen und in der moralischen Welt zeugt von der Unvollkommenheit, in der Formen und Materien vereinigt sind. Jedes endliche Ding steht in Potenz zu dem, wozu es durch seinen Untergang wird: *Generatio unius est corruptio alterius*. Der Prozeß ist aber nicht sinn- und ziellos. Die *rationes seminales* sind dazu bestimmt, aus ihrer Latenz herauszutreten und zur Vervollkommnung der „insuffizienten"

---

[8] L. c., 243.

Substanz zu führen, indem deren Mangel aufgehoben wird.⁹ Die *ratio seminalis* ist unter diesem Aspekt die Kraft, die das kontingente und deshalb unvollendete Seiende zur Vervollkommnung treibt. Hier fällt auf, daß Bacon die physische Natur nach dem Modell der moralischen als vervollkommungsfähig betrachtet. Die Übertragung des Heilsprozesses auf die Natur — ein ursprünglich neuplatonischer Gedanke — eröffnet die bei Bacon nicht weiter ausgeführte Perspektive einer Naturgeschichte, deren Prinzip gewöhnlich für ganz modern gilt: „*Principium enim motus intra hic non movet per transmutacionem et accionem efficiendi, set per modum desiderandi et amandi perfeccionem, quia per potenciam activam seu privacionem materia appetit formam et amat mulier virum et turpe bonum. [...] Hiis visis, facile est assignare raciones seminales in materia [...], quia racio seminalis et potencia idem est penitus, unde racio seminalis est ipsa essencia materie incompleta que potest promoveri in complementum, sicut semen in arborem.*"¹⁰

Der aus der Stoa stammende Gedanke der *rationes seminales*, der in der Franziskanerschule augustinisch—neuplatonische Züge angenommen hat, vollzieht bei Bacon eine Wendung, die Jahrhunderte später die Lehre von der Affinität als der meßbaren Triebkraft chemischer Reaktionen begründete. In seiner eigenen Spekulation ermöglicht die Theorie der *rationes seminales* zunächst einen Kraftbegriff, der die kontinuierliche Verknüpfung aller Naturerscheinungen begründen soll.

Wenn die Materie Kräfte zu ihrer Vervollkommnung in sich enthält, dann erfolgt diese doch nicht vollständig von außen. Deshalb spricht Bacon auch von der *eductio formae de potentia materiae*. Vermöge des ihr innewohnenden *appetitus et conatus vehemens* nennt er die Materie geradezu das Prinzip der Bewegung. Diese Begriffe erklären jedoch nicht die Entstehung neuer Dinge aus den Tiefen der passiven Materie, denn das eigentliche Agens muß sich außerhalb befinden. Es muß einerseits formierte Materie sein, dessen Aktion die in der passiven Materie ruhenden Kräfte weckt und sie zur Transmutation des Stoffes veranlaßt. In diesem Zusammenhang stößt Bacon bereits auf das Phänomen der Kettenreaktion, das er mit den ihm zu Gebote stehenden begrifflichen Mitteln in seine Wissenschaftstheorie einzubeziehen versucht. Jeder Transmutationsprozeß vollzieht sich zwischen mindestens zwei Substanzen, wenn nicht ein Mittleres zwischen sie tritt: „*Agens non debet esse in profundo patientis, neque secundum substantiam suam neque aliter, ut de potentia profundi educatur aliquid, hoc enim non requirit actio naturalis, [...] sed solum quod inter agens et patiens nichil sit medium; tunc enim substantia agentis activa tangens sine medio substantiam patientis potest ex virtute et potentia sua activa transmutare primam partem*

---

⁹ Die *ratio seminalis* ist einerseits eine affirmative Bestimmung des Seienden, anderseits setzt Bacon sie der Privation gleich. Damit begibt er sich in die von ihm nicht eigens reflektierte Schwierigkeit, eine Negation von Seiendem in Seiendes zu verwandeln.
¹⁰ Communia naturalium, 84.

patientis quam tangit. Et redundat actio in profundum illius partis, quia illa pars non est superficies, sed corpus quantumcunque sit parva."[11]

Die Einwirkung der Agentien auf passive Teile der Materie, die dadurch ihrerseits zu Agentien werden, ist kontinuierlich, wie eine Kettenreaktion. Aus der alten Lehre, daß die Natur keinen Sprung mache, zeichnet sich bei Bacon als implizite Konsequenz eine Naturerkenntnis ab, die bei der erklärenden Verknüpfung der einzelnen Phänomene auf keine übernatürliche Ursache rekurrieren muß. Vom göttlichen Urheber der Welt ist bei Bacon in diesem Zusammenhang nur als der *causa exemplaris* die Rede, die die Kontinuität des Naturprozesses garantiert, nicht aber unabhängig Wunder wirkt. Der menschlichen Erkenntnis ist also kein Bereich der Natur letzthin verschlossen. Ein Ökonomieprinzip der Begriffe, das Bacon auch schon andeutet, leitet sich aber bei ihm, anders als bei Ockham, aus der essentiellen Struktur der Natur selber ab: „*Et sic fit tota actio nature et generatio effectuum naturalium; nec plus requiritur secundum verum iudicium.*"[12]

Bacons Kraftbegriff entspringt seinen metaphysischen Spekulationen, die nach ganz traditionellen Vorstellungen die Struktur der Welt unabhängig von jedem endlichen menschlichen Interesse darstellen wollen. Zugleich aber reflektiert dieser Begriff den Übergang vom kontemplativen zum produktiven Verhältnis zur Natur. Die Berechnung der energetischen Verhältnisse der natürlichen Körper untereinander erlauben es dem erkennenden Subjekt, sie nach einem selbstgesetzten Plan aufeinander einwirken zu lassen, um in der Natur nicht vorkommende Dinge zu produzieren. Bacon hat diesem Aspekt seiner Wissenschaft viele Schriften gewidmet. Seine im engeren Sinne alchemistischen Werke wie auch die optischen Studien legen hiervon beredtes Zeugnis ab. Die menschliche Kunst, die er vielfach zur autonomen Betätigung aufruft, soll Wunderwerke, *machinationes et ingenia inaudita*, vollbringen, die der naive Volksglaube entweder als Wirkung unmittelbaren göttlichen Eingreifens oder als magisches Teufelsblendwerk ansieht. Gegen beide Vorstellungen hat Bacon sich heftig gewehrt, denn er wollte eine Wissenschaft und deren praktische Anwendung institutionalisieren, die von falschen und rückständigen theologischen Lehren, die er an vielen Stellen kritisiert und verspottet hat, sich frei gemacht hat und doch den Vorwurf des Gauklertums sich nicht gefallen lassen muß.[13] Für die widerspruchsfreie Konsistenz der Gegenstände wissenschaftlicher Erkenntnis bürgt die natürliche Theologie, die durch die

---

[11] De multiplicatione specierum, in: D. Lindberg, Roger Bacon's Philosophy of Nature, Oxford 1983, 52.

[12] L. c.

[13] Cf. hierzu die Kapitel 1–3 der „Epistola de secretis operibus artis et naturae, et de nullitate magiae", in: Fr. Rogeri Bacon Opera quaedam hactenus inedita, ed. J. S. Brewer, Bd. I, London 1859, 523 sqq.

Exaktheit der Ergebnisse sich noch über die Offenbarung hinaus bestätigt sehen kann.[14]

Der Modernität dieser Konzeption einer produktiven Wissenschaft steht Bacons Position in der Universalienfrage widerspruchsvoll gegenüber. An allen Stellen seines Oeuvres, die auf das Problem eingehen, vertritt er einen extremen, aber keineswegs naiven Realismus.[15] Das metaphysische Interesse Bacons an einer durchgängigen allgemeinen und notwendigen Bestimmtheit der Natur legte die realistische Theorie nahe. Andererseits kommt in seiner Konzeption von Erfahrungswissenschaft (*scientia experimentalis*[16]) das experimentierend tätige und seine Erfahrungen intellektiv verarbeitende Subjekt als das Prinzip ins Spiel, das seine Welt selbst organisiert. Es entwirft spekulativ die Versuchsanordnung, nach der die Natur befragt wird.

Die Frage nach dem Status der Universalien hätte sich dabei stellen müssen. Aber Bacon weist die Bestimmung der Begriffe als Instrumente der Erkenntnis, in die die spezifische Intention des Erkennenden eingeht und die deshalb nicht bloße Abbilder des Erkannten sein können, grundsätzlich zurück. Er leugnet sogar den mentalen Charakter der Universalien. Wären sie als Begriffe *in anima*, so wären sie von ihrem eigentlichen *substratum*, den einzelnen Dingen, trennbar und könnten deshalb nicht das Wesen der realen Dinge sein. Die Seele kann demzufolge die Universalität auch nicht durch die Abstraktion erst herstellen, denn sie ist die intelligible Bestimmung des Seienden unabhängig von dessen Erkanntwerden: „*Nam ostendo quod anima nichil facit ad universalitatem, quia duo esse habet individuum; unum est absolutum per principia que ingrediuntur ejus essentiam, et aliud est comparatum secundum quod convenit cum individuo sibi simili [...]; set utrumque esse habet, etsi anima non sit: ergo anima nichil facit ad universalitatem que est in rebus.*"[17]

Hier erweist sich, daß Bacon seine eigene Naturtheorie noch nicht adäquat reflektiert hat. Denn erst die kritische Auflösung des aristotelischen Realismus durch die nominalistische via moderna eröffnete ein neues Verständnis des voluntativen Moments der Erkenntnis. Erst wenn der

---

[14] Cf. den Abschnitt „Mathematicae in divinis utilitas" aus dem 4. Teil des „Opus maius", l. c., 175 sqq.

[15] Cf. T. S. Maloney, The Extreme Realism of Roger Bacon, in: Review of Metaphysics (1985), 806 sqq.

[16] Die Übersetzung dieses Begriffs mit „Erfahrungswissenschaft" trifft nur die eine Implikation, der Terminus meint bei Bacon auch die Wissenschaft, die auf dem gegenständlichen Experimentieren beruht.

[17] Communia naturalium, 102. In diesem Zusammenhang wäre zu untersuchen, in welchem Verhältnis Bacons Sprach- und Zeichentheorie zu seinem Realismus steht. Die Behandlung dieses Problems geht jedoch über den Rahmen dieses Beitrages hinaus. Cf. T. S. Maloneys Einleitung zu seiner Neuausgabe des Baconschen „Compendium studii theologiae" (Studien u. Texte z. Geistesgesch. d. MA, ed. A. Zimmermann, Bd. 20, Leiden 1988)

philosophischen Reflexion zwingend evident ist, daß die Universalien als *intentiones animae* nicht unmittelbar auf das Wesen der existierenden Dinge bezogen sind noch selbst dinghaften Charakter haben, dann ist jener konstruierende, im mathematischen Verfahren sich objektivierende Zugriff auf die Natur möglich, den Bacon nur postulieren aber nicht begründen konnte. Was an Natur bekannt und im Corpus des Wissens kodifiziert ist, kann dann freilich nur als erscheinende Natur, nicht mehr als deren Ansicht gelten.

Das praktische Interesse in Roger Bacons wissenschaftstheoretischen Reflexionen kommt besonders in seinem Begriff der *utilitas* zum Ausdruck. Bei allen Erkenntnissen müsse zuerst nach deren Nützlichkeit gefragt werden: *„Caeterum ante omnia utilitas cuiuslibet rei consideranda est."*[18] So untersucht er die Nützlichkeit der Sprachenkenntnis für Philosophie und Theologie sowie den Vorteil, den die Mathematik in der Physik bietet. Sinnfällig vollzieht sich hierin eine Wendung der theoretischen Philosophie zur Praxis. Bacons Denken hat hier die historische Bewegung zur Moderne, die sich im Mittelalter schon unmerklich präformiert, in sich aufgenommen. Die geistige Anstrengung der Wissenschaft, besonders der experimentellen, dient schon nach Bacon in erster Linie dem diesseitigen Allgemeinwohl und den Menschen, die an ihm partizipieren: *„Omnia huiusmodi utilitas mirificae in republica pertinent ad hanc scientiam. Nam haec se habet ad alias, sicut navigatoria ad carpentariam, et sicut ars militaris ad fabrilem; haec enim praecepit ut fiant instrumenta mirabilia, et factis utitur, et etiam cogitat omnia secreta propter utilitates reipublicae et personarum; et imperat aliis scientiis, sicut ancillis suis, et ideo tota sapientiae speculativae potestas isti scientiae specialiter attribuitur."*[19]

In dieser Vorstellung kommt Bacons Plan einer Reform der gesamten Wissenschaft zum Ausdruck, den er Papst Clemens IV. unterbreitete. Die Wendung zu den Problemen der profanen Naturbeherrschung und ihrer gesellschaftlichen Bedeutung ist für die Wissenschaft des Mittelalters insofern etwas Neues, als ihr eine veränderte Bewertung der gegenständlichen Tätigkeit zugrundeliegt. Galt früheren Perioden ausschließlich die geistige, unmittelbar auf das Göttliche gerichtete Arbeit als angemessene Betätigung des menschlichen Wesens, während die der physischen und gesellschaftlichen Reproduktion dienenden Tätigkeiten außer ihrer Beziehung zur Aszese keinen eigenen Wert hatten, so erhält die gesamte Sphäre der profanen Arbeit im 13. Jahrhundert, realen Veränderungen entsprechend, ein neues theoretisches Gewicht. Als entsagungsvolle Plackerei war die Arbeit Strafe für den Sündenfall und zugleich ein Mittel, durch das die Menschen sich von den irdischen Interessen loslösen sollten. Fortwährende Erinnerung an die scheinbar unverrückbare Naturschranke der

---

[18] Opus tertium, l. c., 19.
[19] Opus maius, Bd. II, 221, cf. ebenso Opus tertium, 44.

Menschheit, begründete die Arbeit auch keine Aussicht auf einen materiellen Fortschritt. Der Stellenwert der Arbeit in der Gesellschaft und vor allem im theoretischen Bewußtsein ändert sich im 13. Jahrhundert derart, daß — wie bei Roger Bacon — sogar die Perspektive eines weltlichen Fortschritts entworfen wird. Die Intention, die menschlichen Lebensverhältnisse zu verbessern, gilt nun nicht mehr als verschwendete Kraft, die die auf irdischer Pilgerschaft befindliche Menschheit der geistigen Beschäftigung mit dem jenseitigen Heil schuldet, sondern geradezu als ein Mittel, um es zu erreichen. Die auf die Ordnung der irdischen Güter und auf den Begriff der Arbeit bezogenen Reflexionen des Thomas von Aquin bringen diese Tendenz konsequent zum Ausdruck.

Roger Bacon hat die Zuwendung der Spekulation zur Praxis explizit zum Programm erhoben. Aus der Vereinigung beider entspringt seine *scientia experimentalis*.[20] Die wechselseitige Nützlichkeit der Wissenschaften und deren Beziehung auf das praktische Leben hat indessen noch einen anderen, durchaus traditionellen Aspekt. Die alles bestimmende *utilitas* hat ihren Maßstab nicht an den wechselnden und einander ausschließenden Zielsetzungen der Menschen, sondern im höchsten Gut der ewigen Glückseligkeit. Deshalb ist für Bacon wie für die große Mehrheit der mittelalterlichen Gelehrten, die Theologie die höchste Wissenschaft, die den anderen die Norm setzt, nach der sie sich zu orientieren haben. Hierbei ist es indessen für Bacons Konzeption von Wissenschaft charakteristisch, daß ihr zufolge die Theologie auf die profanen Wissenschaften unbedingt angewiesen ist und ohne ihre Ergebnisse keine Evidenz haben kann: „*Dico igitur, quod est una scientia dominatrix aliarum, ut theologia, cui reliquae penitus sunt necessaria, et sine quibus ad effectum pervenire non potest. [...] Quoniam ab uno Deo data est tota sapientia et uni mundo, et propter unum finem. [...] Caeterum via salutis una licet gradus multi; sed sapientia est via ad salutem. Omnis enim consideratio hominis, quae non est salutaris, est plena caecitate, et ad finalem inferni deducit caliginem.*"[21]

Der enzyklopädische Zusammenhang der Wissenschaften, den Roger Bacon darstellen wollte, ist in der Theologie fundiert. Dies ist nicht — wie es dem fortgeschrittenen neuzeitlichen Bewußtsein erscheinen mag — eine hilflose weltanschauliche Überhöhung einer schon ganz profanen Konzeption von Wissenschaft, sondern für Bacon der konsequente Ausdruck der objektiven Naturordnung selbst. Hier zeigt sich nochmals, daß

---

[20] Cf. Communia naturalium 9: „*Sicut nauta precipit carpentatori ut faciat ei navem qua utatur; sic haec sciencia* [scil. *experimentalis* G. M.] *precepit aliis scienciis operativis ut faciant ei opera et instrumenta sapiencie quibus utatur.*" Diese Neubestimmung der Wissenschaft, die das Geistige mit der körperlichen Arbeit in Verbindung zu setzen sucht, entspricht einer epochalen Änderung der Mentalität im 13. Jahrhundert, auf die in der neueren historischen Forschung wiederholt hingewiesen wurde. Cf. hierzu etwa J. Le Goff, La civilisation de l'occident médiéval, 2. Aufl. Paris 1984, 365 sqq.

[21] Opus maius, Bd. I, 33.

Bacons modern erscheinende Konzeptionen der traditionellen Metaphysik entstammen, die er gar nicht radikal angreifen, sondern vielmehr durch die umfassende Einbeziehung alles schon akkumulierten Wissens nur bestätigen will. Diese Tendenz, alles objektivierte Wissen zu vereinigen und neu zu verknüpfen, erklärt auch die in der philosophiehistorischen Sekundärliteratur oft festgestellte heterogene Herkunft der meisten Einzelmotive in Bacons Philosophie.[22]

Wenn Gott als *causa exemplaris* in der Welt wirkt, so müssen die Spuren seines Wirkens in der Natur so zu finden sein, daß die geschlossene Regularität der Natur durch sie bestätigt und allererst begründet wird. Die Kausalität Gottes ist der Einwirkung der Stoffe aufeinander insofern analog, als sie eine Übertragung von Kraft darstellt. Im vierten Teil des „Opus maius" und in seiner Abhandlung „De multiplicatione specierum" erörtert Bacon die These, daß die Naturkausalität durch energetische Strahlung bestimmt ist, deren Paradigma das Licht ist. Der kontinuierlich wirkende zureichende Grund des Naturprozesses ist letzthin Gott, der im *caelum empyreum*, der obersten Sphäre des Lichtes, wohnt, wie es die ptolemäisch—neuplatonische Kosmologie lehrt. Die göttliche Herrschaft über die Welt ist hier also noch nicht eine aufs Moralische beschränkte Metapher, sondern zentrales Moment der Naturlehre. Dieses überaus traditionelle Motiv ermöglicht die Baconsche Lehre von der mathematisch bestimmbaren energetischen Strahlung, die erst in der Neuzeit unter gewandelten Prämissen stringent entfaltet werden konnte: „*Omne enim efficiens agit per suam virtutem quam facit in materiam subjectam, ut lux solis facit suam virtutem in aere, quae est lumen diffusum per totum mundum a luce solari. Et haec virtus vocatur similitudo et imago et species [...], et hanc facit tam substantia quam accidens, et tam spiritualis quam corporalis. Et haec species facit omnem operationem huius mundi.*"[23]

Der Lehrsatz *omne agens agit sibi simile*, den Bacon mit seinen Zeitgenossen gemein hat, wird in seiner Theorie so ausgeführt, daß das Licht das Agens darstellt, das in der passiven Materie vielfältige ihm ähnliche Wirkungen hervorbringe.[24] Die verschiedenen Brechungen des Lichtes interpretiert Bacon als äquivoke Wirkungen, die ihrer gemeinsamen Ursache nicht augenfällig, sondern innerlich ähnlich sind. Sämtliche als Transmutationen bestimmten Naturerscheinungen sind hiernach auf die Lichtstrahlung zurückzuführen. Die Optik hat daher bei Bacon einen hohen Stellenwert im Gefüge der Wissenschaften. Ihr Gegenstand erhält in der Mathematik seine

---

[22] Cf. hierzu besonders L. Thorndike, A History of Magic and Experimental Science, London 1923, 617 sqq.
[23] L. c., 111.
[24] Der Begriff der *species*, den Bacon in diesem Zusammenhang verwendet, bedeutet hier die Ähnlichkeit der Ursache und der Wirkung, deren Hervorgang als emanativer Prozeß vorgestellt ist. Cf. D. Lindberg, l. c., IV sqq.

adäquate Darstellung, die er an einigen Stellen geradezu zur einzigen Methode erklärt, um zur Wahrheit zu gelangen. Die Mathematik ist „*porta et clavis scientiarum*".[25]

Freilich ist Bacon die Ausführung des mathematischen Modells seiner Naturtheorie weithin schuldig geblieben. Wie die anderen modernen Aspekte seiner Wissenschaft ist es eine Antizipation, zu dessen Ausführung die Mittel noch lange nicht entwickelt waren. Außer der mathematischen und instrumentellen Verfügung über die materiellen Prozesse selbst gehört hierzu geistig die Kritik der Bedingungen, die Bacons Theorien ermöglichten. Das war ein langer Prozeß, der eine Generation nach Bacon mit der nominalistischen Kritik von Metaphysik und Erkenntnistheorie begann und in der Physik erst mit Einsteins spezieller Relativitätstheorie die Annahme des Lichtäthers, des letzten Reliktes der alten Sphärenlehre, überflüssig machte.[26] Umgekehrt erweist die Baconsche Theorie vom Licht als energetischer Strahlung, die durch geeignete Apparaturen nach dem Modell des Brennspiegels in ihrer Wirkung zu steigern ist, erst in der Lasertechnologie ihre entfalteten Möglichkeiten.[27]

Roger Bacon hat indessen ein von der Denkweise der späteren Naturwissenschaften deutlich unterschiedenes universales Ziel. Er wollte eine dem Programm nach profane, aber zugleich metaphysisch begründete Theorie praktisch fruchtbar machen. Aber die fortschreitende wissenschaftliche Beherrschung der Natur — Bacon redet schon von Automobilen, Flugzeugen, U-Booten und von der Möglichkeit einer die durchschnittliche Lebenszeit verlängernden Medizin[28] — soll nur der durch die fällige Reform endlich einzuschlagende Weg der Menschheit zum Heil sein.

Die Lichtspekulation bildet das implizite Bindeglied zwischen der göttlichen Transzendenz und der durch menschliche Arbeit anzueignenden Natur. Die neuplatonische Spekulation hat von jeher dem Licht einen Doppelcharakter zugeschrieben. Inbegriff des Geistes und zugleich äußerst wirksames Agens in der physischen Natur, sollte es dem menschlichen Intellekt zur Erkenntnis und dessen Gegenstand zur Intelligibilität verhelfen.[29]

---

[25] Opus maius, Bd. I, 97.
[26] Cf. A. Einstein, Äther und Relativitätstheorie (Rede gehalten am 5. 6. 1920 an der Rijksuniversiteit Leiden) Berlin 1920.
[27] Cf. Bacon, De speculis comburrentibus, in D. Lindberg, op. cit. 272 sqq.
[28] Cf. De secretis operibus artis et naturae, l. c., 532 sqq. und De retardatione accidentium senectutis, ed. G. Little, London 1967.
[29] Zur mittelalterlichen Lichtspekulation überhaupt und zu Bacons Stellung in deren Tradition cf. die umfassende Monographie von K. Hedwig, Sphaera Lucis. Studien zur Intelligibilität des Seienden im Kontext der mittelalterlichen Lichtspekulation, Münster 1980, besonders 209 sqq.

Bacon konnte diese in der Lehrtradition seines eigenen Ordens besonders lebendige Tradition aufgreifen, um seine Physik in der natürlichen Theologie zu begründen. Aber das apologetische Moment seiner Philosophie ist zweischneidig: Einerseits erhält die weltliche Wissenschaft ihr Telos vom jenseitigen Heil der Erlösung, andererseits mißt sich auch die Theologie an ihrem innerweltlichen Nutzen, denn sie begründet die Moral, die zum gesellschaftlichen Leben der Menschen notwendig ist. Dessen Erfordernisse werden nun unversehens zur raison d'être von Religion und Theologie. Dann aber ist die Transzendenz eingezogen.

Natur, Mensch und der Kreislauf der Dinge bei Thomas von Aquin

JAN A. AERTSEN (Amsterdam)

I. Einführung

Alles ist eitel, sagt der alttestamentarische Prediger. Es gibt nichts Neues unter der Sonne. Zu dem Ort, wo die Flüsse entspringen, kehren sie zurück, um wieder zu entspringen. *Ad locum unde exeunt, flumina revertuntur, ut iterum fluant* (Eccl. 1,7). Diesen Text aus dem Buch Prediger überdenkt Thomas von Aquin im Prolog seines Kommentars zum III. Sentenzenbuch des Petrus Lombardus. Aber das Ergebnis seines Überdenkens bereitet dem Leser eine Überraschung. Thomas' Thema ist nicht, worauf Prediger abzielt, die Hinfälligkeit des menschlichen Daseins im Kreislauf der Dinge. In den Worten „Die Flüsse kehren zu dem Ort ihres Ursprungs zurück" sieht er das Mysterium der Inkarnation, das zentrale Geheimnis des christlichen Glaubens, angedeutet. Wollen wir zunächst der Auslegung des Thomas folgen.

„Der Ort, wo die Flüsse entspringen", ist Gott selber. Unter „die Flüsse" sind die natürlichen Gutheiten zu verstehen, welche Gott den Geschöpfen mitgeteilt hat (*influit*), wie „Sein", „Leben" und „Denken". In der geschaffenen Wirklichkeit außerhalb des Menschen kommen diese Flüsse gesondert vor, aber im Menschen sind sie alle in gewissem Sinne versammelt. Der Mensch ist gleichsam der Horizont (*horizon*) und die Grenzscheide (*confinium*) geistiger und körperlicher Natur, derart, daß er, gleichsam die Mitte (*medium*) zwischen beiden, ebenso an den geistigen wie an den körperlichen Gutheiten teilhat. Wenn daher, so schließt Thomas, die menschliche Natur durch das Mysterium der Inkarnation mit Gott verbunden ist, sind alle Ströme der natürlichen Gutheiten zu ihrem Ursprung zurückgebogen und zurückgekehrt (*redierunt*).[1]

---

[1] In III Sent., prol.: „*Flumina ista sunt naturales bonitates quas Deus creaturis influit ... Sed locus unde ista flumina exeunt, ipse Deus est ... Ista flumina in aliis creaturis inveniuntur distincta; sed in homine quodammodo omnia congregantur. Homo enim est quasi horizon et confinium spiritualis et corporalis naturae, ut quasi medium inter utrasque, utrasque bonitates participet... Et ideo quando humana natura per Incarnationis mysterium Deo conjuncta est, omnia flumina naturalium bonitatum ad suum principium reflexa redierunt.*"

Hier spricht nicht der Exeget, sondern der spekulative Denker. Im Prolog, der das Hauptthema des III. Sentenzenbuches, die Menschwerdung Gottes, vorbereitet, liegen — so will ich zeigen — drei Konzeptionen beschlossen, die für Thomas' Mensch- und Weltbild grundlegend sind. Dieser Text bietet darum einen guten Zugang zum Thema meines Vortrags. Die betreffenden Konzeptionen sind philosophischer Art, aber dennoch ist die Tatsache, daß sie sich im Prolog auf einen strikten Glaubensinhalt beziehen, nicht zufällig. Es wird sich herausstellen, daß ihr philosophisches Durchdenken mit Thomas' Reflexion über das Geheimnis der Inkarnation zusammenhängt oder davon inspiriert ist.[2]

(1) Was im Prolog zuerst auffällt, ist die Tatsache, daß Thomas den zyklischen Gedanken des Predigerbuches in eine mehr umfassende Deutung der Wirklichkeit aufnimmt. Wir erkennen in seinen Ausführungen sofort das Schema von *exitus* und *reditus*: der Ausgang aller Dinge von Gott und ihre Rückkehr zu Gott. Ursprung und Ziel sind identisch. Die Dynamik der Wirklichkeit ist eine Kreisbewegung (*circulatio*). Diese Konzeption ist für Thomas' Denken von zentraler Bedeutung; dies ist um so bemerkenswerter, als sie einer modernen Selbstverständlichkeit widerspricht. „Sie steht in einem eklatanten Widerspruch zu dem, was sich gemeinhin als christliche Deutung der Wirklichkeit ausgibt".[3] Gegenwärtig ist es ja üblich, die gerade Linie als das adäquateste Symbol dieser Deutung zu betrachten.[4]

Das Schema von *exitus* und *reditus* ist neuplatonischer Herkunft — die Termini „strömen" und „fließen" im Prolog weisen auch darauf hin —, und war Thomas u. a. aus Proclus bekannt. Aber im Prolog wird zugleich sichtbar, daß bei Thomas dieses Schema eine Transformation erfährt, insofern er den *reditus* direkt mit der Inkarnation verbindet. Der Mensch gewordene Gott ist das effektive Prinzip der Rückkehr.[5]

---

[2] Zur Bedeutung der Inkarnation für die Verbindung zwischen Glauben und Denken bei Thomas siehe P. Engelhardt, Menschwerdung des Wortes und menschliches Verlangen nach Wahrheit. Ein Versuch, die grundlegende Denk- und Glaubenserfahrung des Thomas von Aquin zu erschliessen, in: Thomas von Aquin. Werk und Wirkung im Licht neuerer Forschungen, ed. A. Zimmermann, Berlin/New York 1988, 1–12 (= Miscellanea Mediaevalia Bd. 19).

[3] M. Seckler, Das Heil in der Geschichte. Geschichtstheologisches Denken bei Thomas von Aquin, München 1964, 29–30. Zur Bedeutung des Gedankens der *circulatio* im Denken des Thomas siehe J. Aertsen, Nature and Creature. Thomas Aquinas's Way of Thought, Leiden 1988, 40–45; 373–384.

[4] Cf. namentlich K. Löwith, Weltgeschichte und Heilsgeschehen. Die theologischen Voraussetzungen der Geschichtsphilosophie, Stuttgart 1953. Löwith stützt sich auf O. Cullmann, Christus und die Zeit. Die urchristliche Zeit- und Geschichtsauffassung, Zürich 1946.

[5] In III Sent., dist. 1, divisio textus. Zur Verbindung der Inkarnation mit dem Kreislaufgedanken siehe In III Sent., 2, 1, 1; Summa contra Gentiles IV, 55; Comp. Theol., c. 201: „*Perficitur etiam per hoc quodammodo totius operis divini universitas, dum homo, qui est ultimo creatus, circulo quodam in suum redit principium, ipsi rerum principio per opus incarnationis unitus.*"

Diese Feststellung ist wichtig im Zusammenhang der Diskussion, die in den vergangenen Jahrzehnten anläßlich eines bahnbrechenden Artikels von M.-D. Chenu über den Plan der Summa theologiae aufgekommen ist. Chenu zufolge ist der Aufbau der Summa durch das Schema von *exitus* (Teil I) und *reditus* (Teil II) bestimmt. Aber problematisch in seiner Interpretation blieb die Einordnung des dritten Teils, welcher „von Christus, der als Mensch der Weg unseres Strebens zu Gott ist", handelt.[6] Chenu sieht im Übergang vom zweiten zum dritten Teil eine deutliche Zäsur: dieser Übergang „stellt den Wechsel von der notwendigen Ordnung zu den historischen Verwirklichungen dar". „Die Inkarnation geht nicht... in diesen Kreislauf ein".[7] Das Interessante an Thomas' Prolog ist, daß darin von der durch Chenu suggerierten Zäsur keine Rede ist. Dieser Text liefert darüber hinaus einen Hinweis, in welcher Richtung die Unzulänglichkeit von Chenus Deutung zu suchen ist. Es betrifft eine zweite fundamentale Konzeption im Prolog, nämlich die Stellung des Menschen im Universum.

(2) Der Prolog skizziert die besondere Stellung des Menschen in der Bewegung von Ausgang und Rückkehr. Genau diese anthropologische Dimension wird von Chenu vernachlässigt. Der zweite Teil der Summa handelt nicht vom *reditus* schlechthin, sondern „von der Bewegung des Vernunftgeschöpfes zu Gott",[8] d. h. von der Rückkehr des Menschen, eine Rückkehr, die durch denjenigen, welcher Gott und Mensch ist, vermittelt wird (Teil III).

Das Mysterium der Inkarnation fordert zur Reflexion über „die Würde der menschlichen Natur" heraus, eine Formulierung von Thomas, welche an die Renaissance erinnert.[9] Warum hat Gott gerade diese Natur angenommen? Wäre eine rein geistige Natur nicht angemessener für die Annahme? Außerdem, wenn Gottes Heilswerk eine universale Absicht hat, warum hat er dann eine partikulare Natur, die des Menschen, angenommen?

Eine erste Antwort auf diese Fragen gibt Thomas in seinem Prolog. Der Mensch ist nicht der Gipfel der Schöpfung, sondern das Wesen der Mitte, welches das Geistige mit dem Leiblichen verbindet. Im Menschen ist das gesamte geschaffene Seiende gesammelt. Gerade dadurch übersteigt er die Partikularität seiner Natur. Der Mensch ist, ontologisch gesehen, universal: in ihm „fließen gleichsam alle Naturen zusammen".[10] Das Schriftwort: „Predigt das Evangelium der ganzen Schöpfung" (Marc.

---

[6] S. th. I, q. 2, prol.
[7] Chenus Aufsatz, veröffentlicht 1939, ist in deutscher Übersetzung (Der Plan der ‚Summa') aufgenommen in: Thomas von Aquin Bd. I: Chronologie und Werkanalyse, ed. K. Bernath, Darmstadt 1978, 173—195; die zitierten Stellen auf S. 190 und 185.
[8] S. th. I, q. 2, prol.
[9] Cf. Comp. theol., c. 201: *„Fuit etiam necessarium humano generi ut Deus homo fieret, ad demonstrandum naturae humanae dignitatem."*
[10] In III Sent. 2, 1, 1. Cf. S. c. G. IV, 55.

16, 16) versteht Thomas nicht als Auftrag, auch den Tieren das Evangelium zu verkünden. Denn, so merkt er an, der Mensch kann als „die ganze Schöpfung" begriffen werden.[11]

(3) Eine dritte Konzeption, auf die ich aufmerksam machen will, bleibt im Prolog gänzlich implizit. Sie tritt erst durch die Analyse eines der Ausdrücke zutage, den Thomas gebraucht, um die Position des Menschen zu charakterisieren, den des „Horizonts". Diese Terminologie ist dem Liber De causis entnommen, aber es ist wichtig zu erkennen, daß der Ausdruck in dieser neuplatonischen Schrift auf andere Weise fungiert als bei Thomas.

Der Ausdruck „Horizont" kommt zweimal in De causis vor. Er findet sich zuerst in der Auslegung von prop. 2, welche von dem Unterschied zwischen den drei universalen Ursachen handelt: die erste Ursache (Gott), die Intelligenz und die Seele. Von letzterer wird gesagt: „Das Sein aber, das nach der Ewigkeit und oberhalb der Zeit existiert, ist die Seele; denn diese existiert auf dem Horizont der Ewigkeit, dem Range nach niedriger und (dennoch) über der Zeit". In seinem Kommentar weist Thomas darauf hin, daß der Autor von De causis mit „die Seele" hier jene Seele meint, die von den Philosophen den Himmelskörpern zugeschrieben wird.[12] In prop. 9 wird wiederum der Ausdruck „Horizont" gebraucht: die Seele, so heißt es, ist Horizont der Natur, denn sie ist „über der Natur", welche das Prinzip der Bewegung in den vergänglichen Dingen ist.[13]

Bei Thomas bezieht sich der Ausdruck „Horizont" jedoch nicht auf das beseelende Prinzip der Himmelskörper, sondern auf den Menschen. Ein weiterer wichtiger Unterschied ist, daß für Thomas der Mensch nicht deshalb Horizont ist, weil er „über der Natur" existiert. Im Gegenteil, der zentrale Gedanke im Prolog ist gerade, daß der Mensch alle Naturen in sich versammelt. Offensichtlich arbeitet Thomas mit einem anderen, breiteren Naturbegriff, und dies ist die dritte Konzeption, die ich vorführen will. Auch dieses dritte Thema steht in Beziehung mit dem Geheimnis der Inkarnation, denn es ist, wie wir sehen werden, die theologische Lehre von den zwei Naturen Christi, durch die Thomas zu einer vertieften Reflexion des Naturbegriffs geführt wurde.

Die erwähnten drei Konzeptionen — angedeutet mit den Stichworten: die Kreisbewegung, die Stellung des Menschen und der Naturbegriff — stecken den Rahmen meines Vortrags ab. Dieser zerfällt in drei Teile, in welchen ich auf jedes der drei Themata und ihren Zusammenhang näher eingehen werde. Die Reihenfolge ihrer Behandlung ist umgekehrt der ihrer Einführung.

---

[11] In III Sent., prol.
[12] Super librum De causis expositio, lect. 2 (ed. H. D. Saffrey, Fribourg/Louvain 1954, 16).
[13] De causis prop. 9 (ibid., 57): „*...horizontem naturae scilicet animam, nam ipsa est supra naturam.*"

II. Natura als Verstehenshorizont

(1) Vor etwa zehn Jahren hat Ludger Oeing—Hanhoff in einem Aufsatz „Mensch und Natur bei Thomas von Aquin" darauf aufmerksam gemacht, daß der Begriff der *„natura"* in der Thomas—Forschung noch nicht adäquat dargestellt worden sei.[14] Tatsache ist, daß es ziemlich viele Mißverständnisse über Thomas' Naturbegriff gibt; so wird er gelegentlich, beispielsweise in modernen Diskussionen über Geburtenregelung, einseitig biologisch gedeutet. Thomas selber erkennt an: *Natura multipliciter dicitur*, und macht diese Vieldeutigkeit zum Gegenstand einer Analyse. An fünf Stellen seines Werkes stellt er ausdrücklich die Frage: „Was ist *natura*?" und zeichnet die Semantik dieses Terminus. Die theologische Motivation seiner Fragestellung wird hier gut sichtbar, denn in vier von den fünf Malen ist der direkte Anlaß die Lehre von den zwei Naturen Christi.[15] Thomas' Darlegungen nehme ich als Ausgangspunkt der Erschließung seines Naturbegriffs.

Thomas geht von der etymologischen Bedeutung aus: *„natura"* bedeutet zunächst „Geburt". Dann ist der Ausdruck auf „das Prinzip solchen Entstehens" übertragen worden. Weil dieses Prinzip lebenden Wesen innerlich ist, erweiterte sich die Bedeutung von *natura* zu „jedes innere Prinzip der Bewegung". Dieses Prinzip ist entweder die Materie oder die Form: darum werden beide auch Natur genannt. Weil das Ziel des Entstehens das spezifische Wesen ist, wird schließlich auch „die Essenz" *natura* genannt.

Die Bedeutungen, die Thomas unterscheidet, sind nicht von gleichem Gewicht. Meiner Auffassung nach können sie auf zwei Naturkonzepte, ein engeres und ein breiteres, zurückgeführt werden. Sie gehen auf Aristoteles bzw. Boethius zurück, die vornehmlichsten Autoritäten für seinen Naturbegriff. Diese Zweiteilung findet übrigens Unterstützung bei Thomas, denn er selbst führt an einer Stelle so eine Reduktion durch.[16]

Der erste Begriff von *natura* ist das Konzept, das Aristoteles im zweiten Buch der Physik entwickelt hat. Nach Heideggers Urteil, der diesem Text eine tiefschürfende Studie gewidmet hat, gibt Aristoteles dort „die alle nachkommende Wesensdeutung der 'Natur' tragende und leitende Ausle-

---

[14] L. Oeing-Hanhoff, Mensch und Natur bei Thomas von Aquin, in: Zeitschr. f. katholische Theologie 101 (1979), 302, Anm. 4. Cf. jedoch J. A. Weisheipl, The Concept of Nature, in: The New Scholasticism 28 (1954), 377—408; R. Pannikar, El concepto de naturaleza, Analisis historico y metafisico de un concepto, Madrid 1972 (2. Aufl.); M.-J. Nicolas, L'idée de nature dans la pensée de Saint Thomas d'Aquin, in: Revue thomiste 74 (1974), 533—590. Siehe auch meine Arbeit Nature and Creature. Thomas Aquinas's Way of Thought, Leiden 1988, in der der Naturbegriff des Thomas ausführlich analysiert wird.
[15] In III Sent. 5, 1, 2; S. c. G. IV, 35; De unione Verbi Incarnati, art. 1; S. th. III, 2, 1. Außerdem: S. th. I, 29, 1 ad 4.
[16] S. th. I—II, 10, 1.

gung der Physis".¹⁷ Aristoteles' Definition ist ziemlich kompliziert; sie lautet in verkürzter Formel: Natur ist „inneres Prinzip der Bewegung". Die Elemente dieser bekannten Bestimmung will ich näher erläutern, weil sie deren Sinn erhellen.

Zunächst, *natura* hat den Charakter von *Prinzip*. Dies markiert unmittelbar einen fundamentalen Unterschied zum modernen Naturverständnis. Natur ist nicht ein Ding oder eine Ansammlung von Dingen, ist nicht ein sinnlich wahrnehmbares Objekt. Der Mensch ist, so sagt Thomas, nicht Natur, sondern „von Natur".¹⁸ *Natura* ist Ursprung und Ursache. Diese Deutung war augenscheinlich schon zu Thomas' Zeit nicht unumstritten. In seinem Kommentar zur Physik erwähnt er, daß „manche" Aristoteles' Definition korrigieren wollten und *natura* durch etwas Absolutes (*per aliquid absolutum*) zu bestimmen trachteten, nämlich als „eine den Dingen eingepflanzte Kraft". Thomas, gewöhnlich zurückhaltend im Gebrauch von Invektiven, stempelt diesen Versuch als „lächerlich" ab. Kategorisch hält er an der prinzipiellen Deutung fest: „Natur schließt die Relation von Prinzip ein".¹⁹

Natura ist Prinzip der *Bewegung*, ein Ausdruck, der im weiten Sinne von „Veränderung" und „Entstehen" aufgefaßt werden muß. Diese Zufügung bezeichnet den Ort dieses Naturbegriffs. Er ist in der Physik zuhause, denn diese Wissenschaft richtet sich auf dasjenige, was beweglich ist.

Natura ist *inneres* Prinzip. Diese Spezifizierung ist so wesentlich für *natura*, daß sie dem Unterschied zu anderen Prinzipien zugrunde liegt. Aristoteles nennt zwei davon. Im zweiten Buch der Physik stellt er „Natur" vor allem der menschlichen „Kunst" (*ars*) gegenüber, ein Prinzip, das außerhalb des Artefakts liegt.²⁰ An anderen Stellen wird Natur abgehoben von „Gewalt" (*violentia*). Das Aufgezwungene wird von Aristoteles (Ethic. Nicom. III, 1) definiert als „das, dessen Prinzip außerhalb ist, wobei das Zwang Erleidende nichts dazu beiträgt". Das Standardbeispiel einer erzwungenen Bewegung ist das Hochwerfen eines schweren Gegenstandes. Thomas stellt *natura* noch einem dritten äußerlichen Prinzip gegenüber, welches er *principium supra naturam* nennt.²¹ In diesem Gegensatz steht „Natur" gegenüber „Wunder", denn das Wunder ist eine Wirkung, die durch Gott außerhalb der natürlichen Ordnung hervorgebracht wird.

Ein eigener Akzent von Thomas besteht in seiner Differenzierung von Natur als inneres Prinzip. Aristoteles hatte im zweiten Buch der Physik

---

[17] M. Heidegger, Vom Wesen und Begriff der ‚Physis', Aristoteles' Physik B, 1, in: Wegmarken, Frankfurt am Main 1967, 313.
[18] In II Physic., lect. 2, 152.
[19] Ibid., lect. 1, 145: *„Ponitur autem in definitione nature „principium", quasi genus, et non aliquid absolutum, quia nomen naturae importat habitudinem principii."*
[20] Cf. In II Physic., lect. 14, 268: *„In nullo enim alio natura ab arte videtur differre, nisi quia natura est principium intrinsecum, et ars est principium extrinsecum."*
[21] In IV Sent. 43,1,1, sol. 3.

(c. 1) festgestellt, daß sowohl die Materie als auch die Form die „Natur" der Dinge genannt werden können; denn beide sind innere Prinzipien des Werdens der Dinge. Daraus zieht Thomas den Schluß, daß *natura* nicht nur ein *aktives* Prinzip ist, sondern auch *passiv* sein kann. Daß etwas den Einfluß einer äußeren Ursache erleidet, ist nicht per Definition gewalttätig oder widernatürlich. Wenn beispielsweise das Niedere vom Höheren zu etwas bewogen wird, wozu jenes eine natürliche Anlage hat, dann ist dieser Prozeß natürlich. Die Unterscheidung von *natura* in ein aktives und ein passives Prinzip spielt eine wichtige Rolle in Thomas' Werk.[22]

Bis dahin bleibt Thomas auf der Linie des aristotelischen Naturbegriffs. Nachdrücklicher jedoch als es bei Aristoteles geschieht, gibt er dem Konzept eine metaphysische Erweiterung. In seinem Kommentar zum V. Buch der Metaphysik, das eine Art philosophisches Lexikon darstellt, stellt er sich die Frage, warum hier der Terminus *„natura"* erörtert wird. Solch eine Diskussion scheint doch in die Domäne des Naturphilosophen zu fallen. Aber Thomas macht darauf aufmerksam, daß eine der Bedeutungen von Natur universale Reichweite hat und daher zur „ersten Philosophie" gehört.[23] Diese Bedeutung ist die letzte von ihm aufgeführte. Sie bezieht sich nicht auf das Prinzip des Entstehungsprozesses, d. h. die Materie oder die Form, sondern auf das Ziel. Jedes Werden endet in der *species* oder *essentia*, und auch diese wird *natura* genannt.

Diese Bedeutung von Natur wird von Thomas stets mit dem Naturbegriff, den er in einem Traktat von Boethius fand, verbunden. Diese Schrift, die im Mittelalter mit dem Titel *De duabus naturis* bezeichnet wurde, richtet sich gegen Irrlehren in der alt-christlichen Kirche, welche die zweifache Natur Christi leugneten. Im ersten Kapitel untersucht Boethius mehrere Bestimmungen von *natura*.[24] Er erwähnt auch Aristoteles' Definition, aber mit der kritischen Bemerkung, sie gelte lediglich für stoffliche Substanzen. Boethius schlägt eine breitere Definition vor, die so lautet: „Natur ist der ein jedes Ding durchformende spezifische Unterschied" (*unumquodque informans specifica differentia*). Diese Bestimmung des Boethius betrachtet Thomas als eine Präzisierung des metaphysischen Naturkonzepts. *Natura* ist die Essenz eines Dings, die durch die Definition bezeichnet wird, deren letzte Differenz die Vollendung bildet. Diese Bestimmung gilt für jedes Seiende und aus diesem Grunde, so Thomas, wird *natura* zu den *nomina communia* gerechnet.[25] Diesen Begriff von Natur setzt

---

[22] In II Physic., lect. 1, 144. Cf. In III Sent. 3,2,1 ad 6; 22,3,2,1; In IV Sent. 43,1,1,3; S. th. I—II, 6,5 ad 2; III, 32,4.
[23] In V Metaph., lect. 5, 808.
[24] Boethius, Contra Eutychen et Nestorium, in: The Theological Tractates, ed. H. F. Stewart, E. K. Rand and S. J. Tester, London and Cambridge (Mass.) 1962, 76—81. Thomas erwähnt in In II Sent. 37,1,1 die vier Bestimmungen von *natura* bei Boethius.
[25] In V Metaph., lect. 5, 823.

Thomas voraus, wenn er den Menschen den Horizont der geistigen und leiblichen Natur nennt.

Boethius' Bestimmung bringt den engen, onto-logischen Zusammenhang zwischen *natura* und dem definierenden Denken zum Ausdruck. Die Definition besagt, was etwas ist, bestimmt das spezifische Wesen des Dings und grenzt es dadurch von anderen ab. Dieser „Horizont" (*horismos*) ist genau die *natura* des Dings.

Aber auch in dieser Bedeutung behält *natura* den dynamischen Aspekt, der für Aristoteles' Konzept so kennzeichnend ist. Zu Beginn seiner Schrift De ente et essentia sagt Thomas, daß das Wesen von etwas auch „*natura*" genannt wird, aber dieser letzte Ausdruck konnotiert die Hinordnung auf die eigene Tätigkeit (*operatio*) des Dings.[26] Daß hier von „Tätigkeit" und nicht von „Bewegung" gesprochen wird, befestigt die These von der metaphysischen Erweiterung des Naturbegriffs. „Bewegung" ist nämlich der Akt des Unvollkommenen, d. h. desjenigen, das in Potenz ist; „Tätigkeit" dagegen ist der Akt desjenigen, das vollendet ist.

(2) Die Entfaltung von Thomas' Naturbegriff bleibt unvermeidlich etwas abstrakt. Die Analyse muß daher durch eine Betrachtung ergänzt werden, aus der ersichtlich wird, was die Bedeutung des Begriffs von *natura* für das Verständnis und die Deutung der Wirklichkeit ist. Es gibt einen berühmten Text von Thomas, der besonders für diesen Zweck geeignet ist, nämlich De veritate Q. 11, Art. 1: „Kann ein Mensch lehren oder Lehrer genannt werden oder allein Gott?"[27] Bei der Erörterung dieses Artikels ziehe ich auch andere Texte heran, in denen verwandte Fragen behandelt werden.[28]

In De veritate Q. 11, Art. 1 konstatiert Thomas, daß in bezug auf drei Fragen die gleiche Verschiedenheit in den Lehrmeinungen gefunden wird, nämlich hinsichtlich dessen, wie die Wesensformen zum Sein gelangen, wie die Tugend erworben wird und wie das Wissen erworben wird. Im Hinblick auf jede dieser Fragen bestehen drei Auffassungen. Der ersten Auffassung zufolge ist der Ursprung der Formen, der Tugend und der Wissenschaft vollkommen innerlich. Die zweite Position behauptet einen vollkommen äußeren Ursprung. Die dritte Position schlägt einen Mittelweg ein: ihr Ursprung ist teils innerlich, teils äußerlich. Es liegt nicht in meiner Absicht, detailliert auf diese Diskussion einzugehen, sondern ich will auf bestimmte Denkansätze hinweisen, in denen Elemente der obigen Analyse konkret werden.

---

[26] De ente, c. 1: „*Tamen nomen naturae hoc modo sumptae videtur significare essentiam rei secundum quod habet ordinem ad propriam operationem rei, cum nulla res propria operatione destituatur.*"

[27] Cf. Thomas von Aquin, Über den Lehrer — De magistro: Quaestiones disputatae de veritate Q. XI; Summa theologie I, q. 117, art. 1, hg., übers. und komm. von G. Jüssen, G. Krieger, J. H. J. Schneider, Hamburg 1988.

[28] De virtutibus in communi art. 8; S. th. I–II, 51,1; 63,1.

Erstens, die Diskussion wird durch den Gegensatz zwischen einer inneren und einer äußeren Betrachtungsweise beherrscht. Nun war das Gegenüber von innerlich und äußerlich für die Unterscheidung zwischen *natura* und anderen Prinzipien bestimmend. Die Diskussion kann deshalb auch im Sinne des letzten Gegensatzes formuliert werden. In mehreren Texten wird die innere Auffassung als die These beschrieben, nach welcher Wissenschaft und Tugend „von Natur" in uns sind,[29] wogegen als charakteristisch für die äußere Auffassung gilt, daß die Ursache des Werdens der Formen eine „übernatürliche" Wirkkraft ist.[30] Was daher zur Diskussion steht, ist das Verhältnis von *natura* zu anderen Prinzipien.

Zweitens, die drei konkreten Streitfragen sind von unterschiedlicher Art. Die erste, über den Ursprung der materiellen Formen, ist eine strikt naturphilosophische Frage; die übrigen zwei, über den Erwerb von Tugend und Wissenschaft, beziehen sich auf den Menschen und seine spezifischen Tätigkeiten, das Erkennen und Wollen. Mit dem unterschiedlichen Charakter der Fragen korrespondiert nun der zweifache Naturbegriff, den wir dargelegt haben. In der ersten Frage geht es um das physische Konzept von Aristoteles, in den letzten beiden ist der Naturbegriff metaphysisch erweitert: diese Fragen beziehen sich auf die Natur eines vollständigen, in seinem Wesen konstituierten Seienden, die menschliche Spezies, deren letzte Differenz die rationale Seele ist, und auf die Tätigkeiten, auf welche diese Natur hingeordnet ist.[31]

Drittens, in der Diskussion entscheidet sich Thomas für die Mittelposition. Der Ursprung der Formen ist weder vollkommen innerlich noch vollkommen äußerlich. Die Formen präexistieren wohl in der Materie, jedoch nicht in Akt. Ebensowenig darf ihre Entstehung auf eine übernatürliche Ursache zurückgeführt werden. Die Formen präexistieren in der Materie nur der Potenz nach, und sie werden verwirklicht durch eine natürliche Ursache, die qua Spezies mit demjenigen, das hervorgebracht wird, identisch ist („ein Mensch zeugt einen Menschen"). Die Tragweite dieser Position wird in De potentia Q. 3, Art. 8 und Summa theologiae I, Q. 45, Art. 8 gut sichtbar, wo Thomas die Frage aufwirft: „Ist dem Werk der Natur eine Schöpfung beigemischt?" (*Utrum creatio operi naturae admiscetur*). Seine Antwort ist negativ und seine Argumentation ist dieselbe wie in der Diskussion in De veritate: die Formen gehen aus der Wirksamkeit der Natur hervor.

Auf gleichartige Weise geht Thomas an die Fragen heran, wie Wissen und Tugend durch den Menschen erworben werden. Platon zufolge sind

---

[29] Cf. S. th. I–II, 51,1: „*Utrum aliquis habitus sit a natura;* 63,1: *Utrum virtus insit nobis a natura.*"
[30] Cf. De potentia 3,8.
[31] S. th. I–II, 63,1: „*Id quod convenit homini secundum animam rationalem, est ei naturale secundum naturam speciei.*"

uns Wissen und Tugend von Natur aus eingegeben; die Aufgabe des Menschen besteht nur darin, mögliche Behinderungen ihrer Ausübung zu beseitigen. „Anderen" zufolge, namentlich Avicenna, ist der Ursprung von Tugend und Wissen vollkommen äußerlich; Wissen wird in uns ausschließlich durch eine von uns getrennt existierende „tätige Intelligenz" erzeugt. Aristoteles nimmt auch in dieser Hinsicht eine Mittelposition ein: Wissenschaft und Tugend sind uns wohl qua Hinneigung (*secundum aptitudinem*) oder qua Anfang (*secundum inchoationem*) von Natur aus eingegeben, aber nicht qua Vollendung (*perfectionem*).[32] Im Menschen präexistieren „Keime" (*semina*) von Wissenschaft. Sie bilden die Prinzipien aller weiteren Erkenntnis, die durch Forschung und Studium erworben wird. Diese Keime bestehen in den ersten Begriffen des Verstandes, wie im Begriff von „Seiendem".[33] Die letztere Position verdient, Thomas zufolge, den Vorzug, weil in ihr die Wirkkraft der natürlichen Ursachen bewahrt bleibt. In Avicennas Auffassung werden dagegen alle Wirkungen ersten Ursachen zugeschrieben und die naheliegenden Ursachen übergangen.

Hier zeigt sich, daß im Begriff der *natura* eine philosophische Stellungnahme beschlossen liegt. Die Dinge besitzen eine eigene Wirksamkeit, und das gerade durch ihre Natur. Thomas wendet sich gegen „die Vorstellung von der Ohnmacht der Natur".[34] Mehr als Augustinus betont er die Eigenständigkeit des Natürlichen. Nicht allein Gott, auch der Mensch kann Lehrer genannt werden. Die Dinge besitzen ein inneres Prinzip von Aktivitäten, und diese Natur ist das Fundament für alle anderen Prozesse.[35] *Natura* ist Thomas' Verstehenshorizont der Dinge.

III. Der Horizont des Menschen

Zwei der drei Fragen in De veritate 11,1 beziehen sich auf die Natur des Menschen. Die Quaestio „Über den Lehrer" ist letztlich eine Diskussion über die Frage, was der Mensch von Natur vermag. Sie bildet darum einen natürlichen Übergang zu meinem zweiten Hauptthema: das Menschenbild des Thomas.

---

[32] De virtutibus in communi art. 8; S. th. I—II, 51,1; 63,1.

[33] De veritate 11,1: „*Dicendum est de scientiae acquisitione quod praeexistunt in nobis quaedam scientiarum semina, scilicet primae conceptiones intellectus... sicut ratio entis et unius.*"

[34] Cf. R. Specht, Die Vorstellung von der Ohnmacht der Natur, in: Islamic Philosophy and the Classical Tradition. Essays presented to R. Walzer, ed. S. M. Stern, A. Hourani and V. Brown, Oxford 1972, 425—436.

[35] S. th. I, 82,1: „*Oportet enim quod id quod naturaliter alicui convenit et immobiliter, sit fundamentum et principium omnium aliorum: quia natura rei est primum in unoquoque.*" De potentia 10,5: „*Omnia enim quae per artem et voluntatem vel intellectum fiunt, procedunt ab his quae secundum naturam sunt.*"

In unserem Ausgangstext, dem Prolog von Thomas' Kommentar zum III. Sentenzenbuch, bestimmte er den Menschen als „Horizont" der geistigen und körperlichen Natur in dem Sinne, daß dieser die „Mitte" zwischen beiden bildet. Die Analyse des Naturbegriffs hat deutlich gemacht, daß *natura* „Horizont" ist, aber nun im Sinne des definierenden Denkens. *Natura* ist die spezifische Differenz, durch welche das Wesen eines Dings von etwas anderem abgegrenzt wird. Im Anschluß an eine lange Tradition definiert Thomas die Natur des Menschen als „vernunftbegabtes Sinnenwesen" (*animal rationale*). So finden wir bei Thomas zwei Bestimmungen des Menschen und es ergibt sich die Frage nach dem beiderseitigen Verhältnis.[36]

Die erste Konzeption bringt die besondere Stellung des Menschen im Universum zum Ausdruck, die Würde seiner Natur. Aber der traditionellen Bestimmung des Menschen als *animal rationale* hat u. a. Heidegger (in seinem „Brief über den Humanismus") just vorgeworfen, sie achte die Menschlichkeit des Menschen zu gering. Der Mensch bleibt in den Wesenbereich der *animalitas* verstoßen.[37] Es ist daher nicht unbegreiflich, daß Kl. Kremer die Unverträglichkeit der beiden Ansätze bei Thomas behauptet hat. Die erste Bestimmung sucht den Menschen im Zuge einer Vertikalisierung zu bestimmen, indem der Mensch unmittelbar von der ihm übergeordneten Geistsubstanz her verstanden wird; die zweite Bestimmung („vernunftbegabtes Sinnenwesen") dagegen im Zuge einer Horizontalisierung, fast von unten, indem als Ausgangspunkt das dem Menschen mit anderen Lebewesen Gemeinsame genommen wird.[38] Aber ist diese Sicht richtig?

Die zwei Bestimmungen bringen etwas Verschiedenes zum Ausdruck — die eine die Stellung des Menschen, die andere sein Wesen —, sie hängen jedoch für Thomas eng zusammen. Um zu verdeutlichen, daß beide Ansätze nicht unverträglich sind, gehe ich von seiner Deutung der Tatsache aus, daß eine Diversität von Naturen besteht. Es gibt unbeseelte Dinge, Pflanzen, Tiere und geistige Substanzen. Diese Diversität von Naturen setzt eine Diversität von Formen voraus, denn jedes Ding erhält seine spezifische Natur und seine Vollkommenheit durch die Wesensform. Diversität von Formen ist nur denkbar, wenn die eine Form vollkommener ist als die andere. Diversität von Formen erfordert verschiedene Grade von Vollkommenheit (*Formarum diversitas diversum gradum perfectionis requirit*). Die Diversität der Naturen, und der diese Naturen bezeichnenden Definitionen, impliziert daher eine Ordnung, eine Hierarchie.[39]

---

[36] Cf. N. Hinske, Weiterbildung antiker Motive in der christlichen Philosophie: Thomas von Aquin, in: M. Landmann, De homine, Freiburg/München 1962, 112.
[37] M. Heidegger, Wegmarken, Frankfurt am Main 1967, 155.
[38] K. Kremer, Wer ist das eigentlich — der Mensch? Zur Frage nach dem Menschen bei Thomas von Aquin, in: Trierer Theolog. Zeitschr. 84 (1975), 136—137.
[39] S. c. G. III, 97.

Mit dieser hierarchischen Ordnung verbindet Thomas nun einen anderen Gedanken, der die Grenzen zwischen den diversen Naturen fließender macht. Er stellt im Universum „eine wunderbare Verknüpfung" (*mirabilis connexio*) der Dinge fest. Stets findet man nämlich, daß das Niederste der höheren Gattung das Höchste der niederen Gattung berührt. Niederste Wesen in der Gattung der Lebewesen gehen kaum über das Leben der Pflanzen hinaus, z. B. die Muscheln, die unbeweglich sind und nach Art der Pflanzen an die Erde gebunden sind. Zur Rechtfertigung dieser Kontinuität beruft Thomas sich immer auf eine Aussage des Pseudo-Dionysius: die göttliche Weisheit „verbindet das Ende des Höheren mit dem Anfang des Niederen". Die höhere Natur berührt in ihren äußersten Enden den Beginn der niederen Natur.[40]

Dieser Gedanke bildet die Basis von Thomas' Auffassung über die Stellung des Menschen in der Ordnung der Naturen. Seine Argumentation ist tatsächlich eine Anwendung des Kontinuitätsprinzips des Dionysius. Es ist also, so sagt er, auch etwas Höchstes in der Gattung der Körper anzunehmen. Dies ist der menschliche Körper, der das Niederste der höheren Gattung berührt, nämlich die menschliche Seele, die die letzte Stufe in der Gattung der geistigen Substanzen einnimmt. „Daher sagt man, die geistige Seele sei gleichsam der Horizont und die Grenze des Körperlichen und des Unkörperlichen".[41] Hier begegnen wir Thomas' erster Bestimmung des Menschen.

Die Ortsbestimmung des Menschen als „Horizont" berührt unmittelbar die spezifische Natur des Menschen, seine Wesensbestimmung. Die menschliche Seele bildet die unterste Stufe der geistigen Substanzen. Ihr Sein steht dem Stofflichen so nahe, daß sie mit einem Leib vereint wird.[42] Der Mensch ist ein inkarnierter Geist. Wegen seiner Stellung in der Hierarchie der geistigen Wesen hat der Mensch in unvollkommener Weise an der Intellektualität teil. Sein Wissen ist nicht von Natur aus vollendet; der menschliche Verstand ist in Potenz zum Geistigen. Aus dieser Bedingtheit folgt, daß die menschliche Erkenntnisweise „rational" ist. „Zur Natur des Menschen gehört, daß er die Vernunft (*ratio*) zur Erkenntnis der Wahrheit gebraucht".[43] Das Spezifische des Menschen, die letzte, seine Natur konstituierende Differenz, besteht darin, daß er ein „rationales" Wesen (*animal rationale*) ist.

---

[40] Ibid, II, 68. Siehe Pseudo—Dionysius, De divinis nominibus c. 7 (PG 3, 872 B). Ein Dossier aller Hinweise des Thomas auf die Aussage des Pseudo—Dionysius gibt B. Montagnes, L'axiome de continuité chez Saint Thomas, in: Revue des sciences philosophiques et théologiques 52 (1968), 202—221.
[41] S. c. G. II, 68.
[42] In II Sent. 3,1,6.
[43] In I Ethic., lect. 11, 132: „*Ad hominis enim naturam pertinet ratione uti ad veritatis cognitionem.*" Cf. S. th. I, 58,4.

In der Eigenart der rationalen Natur liegt es, daß sie, im Gegensatz zum *intellectus* der rein geistigen Substanzen, nicht sofort, in einem Blick, die Wahrheit der Dinge erfaßt.[44] Der Mensch ist für seine Verstandeserkenntnis von der sinnlichen Erfahrung abhängig. Die *ratio* läuft hin und her (*discurrit*), ihre Eigenart ist die Diskursivität. Die menschliche Vernunft schreitet langsam von einem zum anderen fort, wie von der Kenntnis der Wirkung zur Erkenntnis der Ursache.[45]

Obschon die menschliche Erkenntnis *per viam rationis* diskursiv verläuft, partizipiert sie doch an der eigenen Erkenntnisweise der rein geistigen Substanzen. Diese Teilhabe begründet Thomas wieder mit einer Berufung auf das Kontinuitätsprinzip des Dionysius: die niedere Natur berührt in ihrer Spitze das Ende der höheren Natur.[46] Die Kontinuität zwischen dem Niederen und dem Höheren tritt in diesem Fall im Prinzip der rationalen Erkenntnis zutage. Dieses Prinzip ist der *intellectus*: die *ratio* muß von Einsichten ausgehen, die nicht durch Schlußfolgern, sondern unmittelbar erfaßt sind. Ohne diese Einsichten wäre der Weg der Vernunft nicht begehbar; jene sind die Bedingungen der Möglichkeit der Diskursivität. Den Anfang des menschlichen Erkennens bilden „die ersten Verstandesbegriffe".

Diesen Gedanken, wir erinnern uns, führte Thomas auch in De veritate Q. 11, Art. 1 bei der Erörterung der Frage nach dem Wissenserwerb des Menschen an. Sein Standpunkt war, daß Wissen nicht von Natur vollständig im Menschen anwesend ist, sondern allein „dem Anfang nach". Im Menschen präexistieren Wissens-„Keime", welche die Prinzipien aller späteren Erkenntnis darstellen, nämlich die ersten Verstandesbegriffe. Die Analyse des thomasischen Menschenbildes hat unterdessen unser Verständnis dieser Auffassung vertieft. Wissen ist nicht von Natur vollständig im Menschen vorhanden, weil seine Natur „rational" ist. Diskursiv muß er Erkenntnis der Wirklichkeit erwerben.

Dasjenige, was der Mensch zuerst erfaßt, ist „Seiendes". Daraus folgt: die Reichweite des menschlichen Erkennens ist universal, denn „Seiendes" schließt nichts aus. Der Mensch besitzt eine intentionale Offenheit für alles, was ist. Die erste Konzeption des Verstandes weist deshalb noch auf ein anderes Merkmal der menschlichen Natur. Thomas bezeichnet dieses mit einer Aristoteles entlehnten Formel: die Seele ist „gewissermaßen alles" (*quodammodo omnia*).[47] Der Mensch, so könnte man sagen, ist durch „tran-

---

[44] S. th. I—II, 5,1 ad 1. Zu diesem Unterschied siehe die dokumentierte Arbeit von J. Peghaire, Intellectus et Ratio selon St. Thomas d'Aquin, Paris/Ottawa 1936.
[45] S. th. I, 58,3.
[46] Cf. De veritate 15,1; 16,1.
[47] Cf. S. th. I, 14,1: „*Natura autem rerum cognoscentium habet majorem amplitudinem et extensionem. Propter quod dicit Philosophus III De anima quod ‚anima est quodammodo omnia'.*" S. c. G. III, 112: „*Naturae autem intellectuales majorem habent affinitatem ad totum quam aliae naturae, nam unaquaeque intellectualis substantia est quodammodo omnia, inquantum totius entis comprehensiva est suo intellectu.*"

szendentale" Offenheit gekennzeichnet, ein Terminus, der hier in jeder Hinsicht gerechtfertigt ist, weil Thomas selbst den Ausdruck „gewissermaßen alles" bei seiner Ableitung der *transcendentia* „wahr" und „gut" verwendet (De veritate Q. 1, Art. 1). In unserem Anfangstext gründete Thomas die universale Position des Menschen auf den Gedanken, daß im Menschen, ontologisch gesehen, alle Naturen gesammelt seien. Hier wird die Universalität des Menschen auf seine geistige Natur gegründet, denn diese vermag erkennend „die Vollkommenheit des ganzen Universums" in sich aufzunehmen.[48] Der Horizont des Menschen ist unbegrenzt.

IV. Das natürliche Verlangen des Menschen nach Wissen und der Gedanke des Kreislaufs

(1) Kennzeichnend für die rationale Natur ist es, daß sie sich die Erkenntnis der Wirklichkeit noch aneignen muß. Wissenschaft ist die Vervollkommnung des Menschen. Dieses Verhältnis sieht Thomas im berühmten Eröffnungssatz von Aristoteles' Metaphysik zum Ausdruck gebracht, auf den er vielerorts verweist: „Alle Menschen verlangen von Natur nach Wissen" (I, c. 1, 980 a 21). In seinem Kommentar zur Metaphysik führt Thomas, über den Text von Aristoteles hinausgehend, drei Argumente für diese These an, die alle auf der Natur des verlangenden Subjekts, des Menschen, basieren. Ich beschränke mich auf sein drittes Argument.

Dieses Argument ist philosophisch am interessantesten, weil in ihm die natürliche Wißbegierde des Menschen mit dem neuplatonischen Kreislaufgedanken verbunden wird. Es lautet: „Es ist für jedes Ding verlangenswürdig, mit seinem Ursprung verbunden zu werden, denn darin besteht die Vollkommenheit eines jeden Dings. Dies ist auch der Grund, warum die Kreisbewegung die vollkommenste Bewegung ist, wie in dem VIII. Buch der Physik bewiesen wird, weil hier das Ende mit dem Anfang verbunden ist". Der Mensch nun kann durch seinen Verstand mit dem Ursprung verbunden werden. Daher ist im Menschen von Natur ein Verlangen nach Wissen.[49] Dieses Argument bringt, so stellt sich heraus, die drei Themata: Natur, Mensch und die *circulatio* zusammen.

Die Dynamik der Wirklichkeit ist für Thomas ein Prozeß von Ausgang und Rückkehr, ein Kreislauf. Ursprung und Ziel sind identisch. So wie die Dinge unmittelbar durch Gott geschaffen und nicht stufenweise aus ihm hervorgekommen sind, so ist Gott allein ihr Endziel. Der Kreislauf ist die vollkommenste Bewegung. Ausschließlich für diesen letzten Ge-

---

[48] De veritate 2,2: „*Et secundum hunc modum possibile est ut in una re totius universi perfectio existat.*"
[49] In I Metaph., lect. 1,4.

danken beruft sich Thomas auf Aristoteles: der Anfang ist mit dem Ende verbunden. Die Linearität ist für Thomas darum nicht ein adäquates Symbol christlicher Wirklichkeitsdeutung, weil eine Gerade nicht vollendet ist. Es kann ihr stets etwas hinzugefügt werden.

Im Prozeß der Rückkehr der Geschöpfe zu Gott nimmt der Mensch eine besondere Stellung ein. Die nicht-vernünftigen Wesen streben in ihren Tätigkeiten ja nur „implizit" nach Gott. Allein die vernünftige Natur ist in der Lage, sich „ausdrücklich" ihrem Ursprung zuzuwenden.[50] Die Rückkehr des Menschen zu Gott vollzieht sich in seinem natürlichen Verlangen nach Wissen, denn dieses kommt erst in der Erkenntnis der ersten Ursache, in Gott, zur Ruhe.[51] Die Vollendung des menschlichen Daseins, sein Glück, besteht in der Schau des Wesens Gottes (*visio Dei*), in welcher die Antwort auf die Frage, was Gott ist, einsichtig wird. In dieser Vereinigung mit dem Ursprung ist die Zirkelbewegung von Ausgang und Rückkehr vollendet.

Aber ist die menschliche Natur überhaupt zu dieser Gotteserkenntnis fähig? Es besteht aller Anlaß zu dieser Frage, denn der Mensch ist doch als *animal rationale* für seine Verstandeserkenntnis auf die sinnliche Erfahrung angewiesen. Wesenserkenntnis der unstofflichen Substanzen ist ihm nicht möglich. Thomas' Schlußfolgerung ist dann auch, daß der Mensch durch seine natürlichen Kräfte die Gottesschau nicht erlangen kann. Dieses Ziel geht über die menschliche Natur hinaus, es ist buchstäblich „übernatürlich". Die höchste Erkenntnis, welche die Philosophen aufgrund der wahrnehmbaren Wirkungen erreichen können, ist, *daß* Gott existiert. Die Frage, *was* er ist, können sie jedoch nicht beantworten.

Aber in der Gotteserkenntnis der Philosophen wird das menschliche Verlangen nach Wissen nicht befriedigt. Denn es bleibt von Natur das Verlangen, auch das Wesen Gottes zu erkennen. Das Glück des Menschen kann allein in der *visio Dei* bestehen. Mit dieser Konklusion gerät die Philosophie in eine existentielle Krise. Ausführlich bespricht Thomas im III. Teil der Summa contra Gentiles (c. 41 ff) die Lösungsversuche des Aristoteles, der griechischen Kommentatoren und arabischen Philosophen. Das Ergebnis seiner Analyse ist: die Philosophie bietet keine Aussicht auf Erfüllung des menschlichen Daseins. Angst, Bedrängnis (*angustia*) ist das aufgeladene Wort, mit dem Thomas die Situation charakterisiert (S. c. G. III, 48).

Es fällt auf, daß Thomas im IV. Buch der Summa contra Gentiles (c. 55) in seiner Reflexion über die Inkarnation auf diese existentielle Not zurückkommt. Der Mensch ist, so sagt er, „von der Verzweiflung niedergehalten" (*ipsa desperatione detentus*). Sein Glück scheint unerreichbar, die Gottesschau unmöglich. Wegen des Abstands beider Naturen scheint es

---

[50] De veritate 22,2.
[51] S. c. G. III, 25.

ausgeschlossen, daß der menschliche Verstand unmittelbar mit dem göttlichen Wesen vereint wird. Dieser Verzweiflung entnimmt Thomas ein Konvenienzargument für die Menschwerdung Gottes. Die Inkarnation war die effektivste Hilfe für den nach Glück strebenden Menschen. Denn dadurch, daß Gott die menschliche Natur mit sich vereinigen wollte, wird auf klarste Weise gezeigt, daß der Mensch durch den Verstand mit Gott vereint werden *kann*.[52]

(2) Philosophisch wichtig scheint mir die Frage, wie diese Möglichkeit, welche Thomas dem Menschen zuspricht, gedeutet werden muß. In einer Reihe von Schritten will ich eine Interpretation entwickeln, die sich auf Befunde in den obigen Abschnitten stützt. Die Beantwortung der Frage ist daher zugleich die Abrundung meiner Betrachtung.

Erstens, viele Kommentatoren, auch moderne wie K. Rahner, haben die Möglichkeit des Menschen zur Gottesschau als *potentia oboedientialis* aufgefaßt. Thomas hat diese Veranlagung eingeführt, um die Möglichkeit des Wunders, das Gott außerhalb der Ordnung der geschaffenen Natur bewirkt, zu begründen. Das Wunder ist von einem „gewalttätigen" Effekt zu unterscheiden, weil in jedem Geschöpf ein „Gehorsamsvermögen" besteht, das, was der Schöpfer bestimmt hat, in sich aufzunehmen. Wenn nun die Möglichkeit des Menschen zur Gottesschau diese Wunder-Potenz wäre, würde die innere Ausrichtung des Menschen auf seine Vollendung minimalisiert. Denn das „Gehorsamsvermögen" ist eine *allgemeine* geschöpfliche Bedingtheit.

Daß Thomas' Auffassung mehr beinhaltet als dieses Minimum, belegt ein Text, dem gewöhnlich wenig Aufmerksamkeit geschenkt wird und dessen Kontext wiederum die Lehre der Inkarnation bildet. Thomas' stellt die Frage nach dem „Wissen" Christi (S. th. III, 9). Wenn in Christus zwei Naturen sind, dann muß er ein menschliches und ein göttliches Wissen besitzen. Aber was ist menschliches Wissen? In einem Einwand wird behauptet, der Mensch habe zweierlei Wissen, eines gemäß seiner Natur, das andere über seine Natur hinaus, nämlich die selige Gottesschau. Dieses letzte Wissen scheint Christus nicht nötig zu haben, denn in ihm ist ein anderes und höheres übernatürliches Wissen, nämlich das göttliche Wissen.[53] Aber Thomas verwirft diesen Gedanken. Die Schau ist in gewissem Sinne (*quodammodo*) über die Natur des Menschen hinaus, insofern er nicht aus eigener Kraft dazu gelangen kann. Aber in anderer Weise ist die Schau

---

[52] S. c. G. IV, 55: „*Primum igitur hoc considerandum est quod incarnatio Dei efficacissimum fuit auxilium homini ad beatitudinem tendenti. ...Per hoc autem quod Deus humanam naturam sibi unire voluit in persona, evidentissime hominibus demonstratur quod homo per intellectum Deo potest uniri, ipsum immediate videndo.*"

[53] S. th. III, 9,2 obj. 3: „*Duplex scientia homini competit: una secundum suam naturam; alia supra suam naturam. Scientia beatorum, quae in divina visione consistit, non est secundum naturam hominis, sed supra ejus naturam. In Christo autem fuit alia supernaturalis scientia multo fortior et altior, scilicet scientia divina. Non igitur oportuit in Christo esse scientia beatorum.*"

gemäß seiner Natur (*secundum naturam*), insofern der Mensch durch seine rationale Natur dazu fähig (*capax*) ist.[54] Diese Formulierung macht deutlich, daß die Möglichkeit des Menschen zur Gottesschau mehr ist als ein Gehorsamsvermögen.[55] Die Möglichkeit bezieht sich auf die Natur des *Menschen*, sie ist eine innere Fähigkeit. Die Gottesschau ist dem menschlichen Wissen nicht fremd.

Zweitens, es gibt noch ein anderes Element in Thomas' Erörterung, welches unsere Aufmerksamkeit verdient: sein doppelter Gebrauch von „*natura*". Die Gottesschau ist einerseits „über" die Natur hinaus, anderseits „gemäß" der Natur. Um diesen doppelten Gebrauch zu verstehen, müssen wir auf unsere Analyse des Naturbegriffs in Abschnitt II zurückgreifen. Dort haben wir gesehen, daß Thomas *natura* als inneres Prinzip in ein aktives und ein passives Prinzip unterscheidet. Nicht jeder Einfluß des Höheren auf das Niedere ist per Definition „gewalttätig". Diese Unterscheidung muß Thomas' doppeltem Gebrauch des Begriffs zugrunde liegen: die Gottesschau ist „über" die (menschliche) Natur hinaus im aktiven Sinn, aber „gemäß" der Natur im passiven Sinn.

Den Hintergrund der Unterscheidung von *natura* in ein aktives und ein passives Prinzip bildet der Gedanke der hierarchischen Ordnung der Naturen. Thomas formuliert als allgemeine These: „Bei allen in einer Ordnung gestuften Naturen findet man, daß zur Vollendung der unteren Natur zweierlei zusammenwirkt: eines, das der Eigenbewegung entspricht, und ein zweites, das der Bewegung der höheren Natur gemäß ist".[56] Dieses „Zusammenwirken" erläutert Thomas durch ein Beispiel, welches er, wie so oft, der Bewegung der Elemente entnimmt. Das Wasser hat eine eigene Bewegung zu seinem natürlichen Ort, dem Zentrum. Aber durch den Einfluß seiner höheren Natur, des Mondes, hat es auch eine Bewegung von Ebbe und Flut. Im Universum wird jede niedere Natur durch sich selbst *und* durch die höhere Natur vollendet.

Drittens, diese doppelte Dynamik erhält jedoch beim Menschen eine besondere Form. Denn der soeben formulierten These fügt Thomas hinzu: „Nur die vernunftbegabte geschaffene Natur hat eine unmittelbare Hinordnung auf Gott". Diese Sonderstellung der menschlichen Natur gründet Thomas auf einen Gedanken, dem wir in Abschnitt III begegnet sind: der Horizont des Menschen ist unbegrenzt. Die Reichweite seines Erkennens ist universal, der Mensch besitzt eine transzendentale Offenheit. „Die übrigen Geschöpfe reichen nur an etwas Partikulares (*ad aliquid particulare*)

---

[54] Ibid., 9,2 ad 3.
[55] Thomas bezeichnet als ein Merkmal des Wunders, daß „*in natura recipiente non sit ordo naturalis ad illius susceptionem, sed solum potentiae obedientiae ad Deum*" (In IV Sent. 17,1,5,1).
[56] S. th. II–II, 2,3: „*In omnibus naturis ordinatis invenitur quod ad perfectionem naturae inferioris duo concurrunt: unum quidem quod est secundum proprium motum; aliud autem quod est secundum motum superioris naturae.*"

heran... Die vernunftbegabte Natur aber hat, insofern sie den universalen Charakter von Gut und Seiend erkennt, eine unmittelbare Hinordnung auf den universalen Ursprung des Seins".[57] Für den Menschen ist Gott die unmittelbar höhere Natur. Aufgrund der These, daß eine niedere Natur durch sich selbst und durch die höhere Natur vollendet wird, ergibt sich die Konsequenz, daß die Vollendung des Menschen nicht nur in dem besteht, was er kraft seiner Natur vermag, sondern auch in solchem, was ihm auf übernatürliche Weise durch Gott verliehen wird. Durch Gottes Gnade werden der menschlichen Natur einige Prinzipien hinzugefügt, wodurch die Gottesschau für sie erreichbar wird.

Viertens, dieses göttliche Handeln wird durch Thomas vom Kreislauf-Gedanken her gedeutet. Die Weise der Rückkehr des Menschen entspricht dem Ausgang der Dinge, denn Ziel und Ursprung des Universums sind eins. „Und darum, wie die erste Handlung, durch welche die Dinge ins Sein kommen (*exeunt*), nämlich Schöpfung, allein durch Gott ist, ...so ist die Verleihung der Gnade, wodurch der rationale Geist unmittelbar mit dem letzten Ziel verbunden wird, allein durch Gott".[58]

Mit dem *reditus* des Menschen ist der Kreis geschlossen. Mit den Worten des Prologs von Thomas' Kommentar zum III. Sentenzenbuch: alle Ströme der natürlichen Gutheiten sind zu ihrem Ursprung zurückgekehrt. *Ad locum unde exeunt, flumina revertuntur.*

---

[57] Ibid. 2,3: „*Ceterae creaturae non attingunt ad aliquid universale, sed solum ad aliquid particulare... Natura autem rationalis, inquantum cognoscit universalem boni et entis rationem, habet immediatum ordinem ad universale essendi principium.*"
[58] De veritate 27,3.

Physik und Natur im Kommentar des Thomas von Aquin zur aristotelischen Physik

JAKOB HANS JOSEF SCHNEIDER (Tübingen)

„Unsere Kenntnisse von den höchsten und göttlichen Wesen" — so schreibt Aristoteles im ersten Buch De partibus animalium[1] — „sind sehr beschränkt"; bei der Erkenntnis der vergänglichen Dinge, der Pflanzen und Tiere, jener Seienden, die „am Werden und Vergehen teilhaben", finden wir uns hingegen besser gestellt, da „wir mitten unter ihnen leben". Die Erkenntnis der höchsten Seienden verschafft uns zwar mehr Befriedigung als die derjenigen, die uns vor der Hand liegen; aber ebenso gibt uns die begreifende Sicht der geliebten Dinge mehr Freude als die genaue Beobachtung vieler anderer Dinge, so groß sie auch sein mögen. Die Tatsache, daß diese vergänglichen Seienden besser in die Reichweite unserer Fassungskraft treten und unserer Natur viel näher stehen, vermag sogar in einem gewissem Maß die Wissenschaft von den göttlichen Dingen zu kompensieren. Selbst wenn es sich um Seiende handelt, die keinen angenehmen Gesichtspunkt eröffnen, so hält doch die Natur, „die von diesen Dingen Architekt ist", demjenigen, der sich mit jenen Dingen befaßt, wunderbare Freuden bereit; vorausgesetzt, daß man auf die Ursachen zurückzugehen fähig und wahrhaft Philosoph sei. In jedem Werk der Natur nämlich gibt es etwas Staunenswertes.

Aristoteles Ansicht über die Schönheit und Geordnetheit der Natur impliziert ihre Umkehrung: Wer sich nicht wissenschaftlich mit dem befaßt, was von sich aus da ist, das menschlichem Dasein vorausliegt — mit der „Natur" nämlich, dem begreifend-wissenden Verhalten des Menschen zu jenem Seienden, das „er nicht ist und das er selbst ist"[2] —, dem entgeht nicht nur das lustvolle Vergnügen in der Betrachtung der Natur, sondern weit mehr: Für ihn gibt es so etwas wie „Natur" nicht. Die Entdeckung der Natur setzt ihre Differenz zu dem Althergebrachten voraus. Zwar ist der „Freund der Mythen" — so meint Aristoteles[3] — in gewisser Weise auch ein Philosoph; und wie die Alten, die „ersten Theologen" (protoi

---

[1] Aristoteles, De partibus animalium I, 5. 644 b 22—645 a 24.
[2] Martin Heidegger, Vom Wesen und Begriff der Physis. Aristoteles, Physik B, 1, in: Wegmarken, Frankfurt a. M. 1978 (2. Aufl.), 237—299, 237.
[3] Aristoteles, Metaph. I, 2. 982 b 18; 983 b 7—984 a 3.

theologesantes), über die göttlichen Dinge gedacht haben, ebenso hätten sie auch über die Natur gedacht. Was aber hier im Begriff der Natur als dem Inbegriff des Ursprünglichen ununterschieden bleibt, setzen die „ersten, die über die Wahrheit philosophiert" und nach den Ursachen und Prinzipien aller Dinge und der Wirklichkeit im Ganzen gesucht haben, auseinander. Die Entdeckung der Natur ist so „das Werk der Philosophie"; die „Natur... ein Ausdruck der Unterscheidung"[4]; denn nicht das Ganze der Wirklichkeit ist Natur: Es gibt solches, das von Natur aus ist und solches, das aufgrund anderer Ursachen ist[5]. Nach den Prinzipien aller Dinge fragen heißt daher, sie aus dem unterschiedslosen diffusen Zusammenhang der Wirklichkeit begrifflich auszugrenzen und sie nach einem bestimmten Gesichtspunkt zu ordnen.

Diese begriffliche Ausgrenzung eines Bestimmten der Wirklichkeit geschieht nach aristotelischem Verständnis durch die Definition des Wesens einer Sache. Es ist bezeichnend, daß Aristoteles in diesem Zusammenhang auf die historische Entwicklung der Philosophie hinweist: Man habe zwar seit den Tagen des Sokrates in die Richtung einer definitorischen Wesensbestimmung Fortschritte erzielt; aber „die Untersuchungen über die Natur standen schlecht; und die Philosophierenden wandten sich den nützlichen Tugenden und der Politik zu"[6]. In der von Aristoteles seinen Vorgängern unterstellten Unfähigkeit zur begrifflichen Wesensbestimmung sieht er offensichtlich den Grund für die Wende zur Politik und damit zu dem, was sich nicht der Natur, sondern menschlicher Praxis und Satzung verdankt. Der Berufung auf Geschichte, Satzung und Kultur, der These also, daß die überlieferte Praxisordnung nichts „Natürliches" an sich habe, steht aber die Berufung auf die Natur als das aller Praxisordnung zugrundeliegende Prinzip gegenüber. Die erste fundamentale Entgegensetzung ist in diesem Verstande die von Natur und Nomos. Dieser Gedanke des antithetischen Verhältnisses von Natur und Kultur hat entscheidende Bedeutung für das Naturverständnis selbst[7]: Deutet man die der Natur entgegenstehenden Begriffe wie Nomos, Kultur und Geschichte antinomisch, so ließe sich einerseits unter Natur jene einheitsstiftende Ursprünglichkeit verstehen, der gegenüber Kultur nur als Entfremdungsinstanz erscheinen kann; es ließe sich aber auch unter Kultur das dem Menschen und seiner

---

[4] Leo Strauss, Naturrecht und Geschichte, Frankfurt a. M. 1977, 83 f (Orig.: Natural Right and History, 1953); cf. auch: Georg Wieland, *Secundum naturam vivere*. Über den Wandel des Verhältnisses von Natur und Sittlichkeit, in: Kirche in der Zeit. Walter Kasper zur Bischofsweihe. Gabe der Katholisch–Theologischen Fakultät Tübingen, ed. Hermann J. Vogt, München 1990, 108–125.

[5] Aristoteles, Phys. II, 1. 192 b 8 sq.

[6] Aristoteles, *De partibus animalium* I, 1. 642 a 28–31.

[7] Cf. dazu und zum folgenden: Robert Spaemann, Art. *Natur*, in: H. Krings – H. M. Baumgartner – Ch. Wild (Ed.), Handbuch philosophischer Grundbegriffe, München 1973, 956–969, bes. 957; Georg Wieland, Secuncum naturam vivere, a. a. O., 109 f.

Lebenspraxis ursprünglich Zueigene verstehen, wobei dann Geschichte als ein zunehmender Fortschritt im Bewußtsein der Freiheit von der Natur zu begreifen wäre. Deutet man hingegen die Entgegensetzung von Natur und Kultur komplementär, so ließen sich die Einseitigkeiten in der Auflösung der antinomischen Deutung vermeiden.

Entscheidend ist hierbei, daß mit der Reflexion über die Natur zugleich der Gedanke der Differenz verknüpft ist. Außer dieser ethischen, in die humane Lebenspraxis fallenden Entgegensetzung von Natur und Geschichte gibt es freilich auch andere, das neuzeitliche Bewußtsein prägende antithetische Gestaltungen dieses Verhältnisses: z. B. Natur und Landschaft. Gerade diese Entgegensetzung ist von besonderer Bedeutung angesichts der Erfolge der modernen Naturwissenschaften: Natur als Landschaft ist die ästhetische Kompensation der aus dem metaphysischen Rahmen einer ehedem als kosmisches Einheitsprinzip verstandenen Natur herausfallenden Objektivierung der Natur als Gegenstand naturwissenschaftlich-technischer Verfügbarkeit. In dem Maße nämlich, in dem die Natur zum Gegenstand technischer Nutzung wird, gewinnen Dichtung und bildende Kunst in der ästhetischen Vergegenwärtigung des Ganzen der Natur jene menschliches Dasein „übersteigende" Einheit zurück, welche die wissenschaftlich-technische Rationalität aus dem Blick verlor. „Wir gehen so in die Landschaft hinaus, um in der „freien", aus der Nutzung herausgelösten Natur als der Natur selbst zu sein"; „Landschaft wird daher Natur erst für den, der in sie „hinausgeht" (*transcensus*), um „draußen" an der Natur selbst als an dem „Ganzen", das in ihr und als sie gegenwärtig ist, in freier genießender Betrachtung teilzuhaben"[8]. Die Ästhetik der Natur als Landschaft knüpft damit an das antike aristotelische Vorbild an, wonach die Natur als das wesentlich Ganze allem von Natur Seienden als Prinzip zugrunde liegt und in ihm gegenwärtig ist[9]. Die Natur wird dadurch Gegenstand der „Theoria", der „theoretischen Wissenschaft", daß der Mensch in der „freien" Erkenntnis des Ganzen der Wirklichkeit den Bereich menschlicher Praxis und Zwecksetzungen transzendiert und sich so zur begrifflichen Betrachtung der „ganzen Natur" erhebt.

Wenn daher Aristoteles den Menschen als ein von Natur aus politisches und sprachbegabtes Lebewesen begreift, dann ist die Natur nicht das dem Menschen schlechthin Gegenüberstehende, Fremde und Andere. Die Antithetik von Natur und Kultur ist in den Augen des Aristoteles deshalb fundamental, weil hier einerseits die Natur als Gegenstand der „freien" theoretischen Erkenntnis aus dem Bereich menschlicher Praxis als eigenständige Größe, nämlich als Prinzip alles von Natur Seienden ausgegrenzt

---

[8] Joachim Ritter, Landschaft. Zur Funktion des Ästhetischen in der modernen Gesellschaft, Münster 1978 (1. Aufl. 1963), 19,13 (= Schriften der Gesellschaft zur Förderung der Westfälischen Wilhelms-Universität zu Münster, Heft 54).
[9] L. c., 10 sqq.

und weil in ihr andererseits zugleich die Praxis als „Lebensvollzug" des von Natur Seienden gegliedert wird. Den Menschen als ein von Natur aus politisches Wesen begreifen heißt, die anfängliche Fremdheit und Andersheit der Natur zu überwinden und sie ihm als die vertraute wieder zurückzugeben. Aus diesem Grunde gehört die Natur der humanen Praxis und dem menschlichen Lebensvollzug ursprünglich zu. Sie ist das Zugrundeliegende der als „Lebensvollzug" begriffenen Praxis des von Natur Seienden, in der sie zur Verwirklichung kommt; ist Grenze und so Ermöglichungsgrund menschlichen Seinkönnens. In diesem Sinne der Komplementarität von Natur und Kultur ist auch das wissenschaftliche, im Staunen seinen Ausgang nehmende Verhalten des Menschen zu dem, was er nicht ist und doch zugleich selbst ist, zu verstehen. Deutet man nämlich Wissenschaft als Ausdruck des Verwirklichungsprozesses humanen Seinkönnens, so kann „Natur" nicht den Inbegriff der in den Koordinaten von Raum und Zeit beobachtbaren Erscheinungen darstellen. Dieses moderne Naturverständnis, das durch den antinomischen Gedanken der Beherrschbarkeit und Verfügbarkeit des von Natur Seienden geprägt ist, läßt den metaphysischen Horizont des Ganzen der Natur außer acht.

Nun lautet der traditionelle Titel für die Reflexion über das Seiende im Horizont des Ganzen „Metaphysik". Wenn aber die Natur allererst den Bezug zu dem Ganzen der Wirklichkeit als zu dem zugrundeliegenden Prinzip herstellt, aus dem heraus und in das hinein alles entsteht und vergeht, was von Natur ist, dann ist „Meta-physik... in einem ganz wesentlichen Sinne „Physik" — d.h. ein Wissen von der *physis* (*episteme physike*)"[10]; die Physik der eigentliche wissenschaftliche Einstieg in die Metaphysik; denn nur über ein angemessenes Verständnis der Natur eröffnet sich der menschlichen Vernunft jener umfassende Bereich der Wirklichkeit im Ganzen, dessen Vermittlung traditionell Aufgabe der Metaphysik ist. Ich möchte nun im folgenden diesem aristotelischen Ansatz und dessen Weiterentwicklung bei Thomas von Aquin nachgehen. Dabei werden zur Sprache gebracht: 1. Wie kann die Natur als Natur der theoretischen im Unterschied zur praktischen Betrachtungsweise dem Menschen eröffnet werden, und in welcher Weise läßt sich die Physik in den *ordo disciplinae* einordnen? 2. Wie gestaltet sich dann das Verhältnis der Physik zur Metaphysik? 3. Was bedeutet schließlich Natur als Gegenstand der Theoria im eigentlichen Sinne?

---

[10] Martin Heidegger, Vom Wesen und Begriff der physis, a.a.O., 239. „Die aristotelische ‹Physik› ist das verborgene und deshalb nie zureichend durchdachte Grundbuch der abendländischen Philosophie", ibid., 240.

I

Textgrundlage meiner Interpretation ist der Kommentar des Thomas von Aquin zur aristotelischen Physik bzw. De Naturali Auditu. Über die Authentizität des Kommentars bestehen keine Zweifel. Es handelt sich um einen vollständigen, alle acht Bücher der aristotelischen Physik umfassenden Kommentar des Thomas. Die Abfassungszeit läßt sich nicht exakt datieren[11]. Man muß dazu selbstverständlich die Entstehungsdaten der lateinischen Übersetzungen der aristotelischen Schriften heranziehen[12]. Da Thomas nun in seinem Physikkommentar von der Physica veteris translationis des Jakob von Venedig auf die Moerbekana, die in die Jahre 1260–1270 fällt, übergeht und Metaphysik Lambda als Buch XI und XII zitiert, dürfte er seinen Kommentar nicht vor Fertigstellung der Prima Pars der Summa Theologiae, also vor 1268, begonnen haben, in welcher er auf Metaphysik Lambda noch als Buch XI Bezug nimmt. Das Buch Kappa der aristotelischen Metaphysik ist nun im Zuge der Neuübersetzung der Metaphysik durch Wilhelm von Moerbeke, die mit einiger Wahrscheinlichkeit in die Jahre 1270 bis 1271 fällt, bekannt geworden; erst danach konnte man Metaphysik Lambda als Buch XII zitieren. Das läßt den Schluß zu, daß Thomas bereits an seinem Physikkommentar arbeitete, als ihm Metaphysik Kappa zugänglich wurde — zumindest aber, daß die Abfassungszeit derjenigen Teile seines Kommentars, in denen er Metaphysik Lambda als Buch XII zitiert, in die Jahre nach 1268 fällt, was zugleich die Annahme nahe legt, daß er den Kommentar zur aristotelischen Physik nicht in einem Zuge verfaßt hat. Nach allgemeiner Überzeugung liegt daher die Abfassungszeit in den Jahren 1268 bis 1271. Dafür spricht auch ein doktrineller Grund in der Frage nach der Ewigkeit der Welt, den Grabmann[13] anführt, der aber in meinen Augen nicht überzeugt. Zwischen der Auffassung des Thomas in der Summa Theologiae I, 46, 1, daß die aristotelischen Gründe (*rationes*) für die Ewigkeit der Welt nicht „*demonstrativae simpliciter, sed secundum quid*" seien, um gegenteilige Meinungen

---

[11] Cf.: I. T. Eschmann, A Catalogue of St. Thomas's Works, in: E. Gilson, The Christian Philopsophy of St. Thomas Aquinas, New York 1988 (2. Aufl.), 401 sq.; James A. Weisheipl, Friar Thomas d'Aquino. His Life, Thought, and Works, Washington D. C. 1983, 375 sq.; Martin Grabmann, Die Aristoteleskommentare des heiligen Thomas von Aquin, in: Mittelalterliches Geistesleben I, München 1926, Ndr. Hildesheim u. a. 1984, 266–313.

[12] Cf.: Bernard G. Dod, Aristoteles Latinus, in: The Cambridge History of Later Medieval Philosophy, edd. N. Kretzmann, A. Kenny und J. Pinborg, Cambridge, New York u. a. 1988 (1. Aufl. 1982), 45–79, bes. 75 sq.; cf. auch: G. Verbeke, Saint Thomas et les commentaires grecs sur la Physique d'Aristote, in: La philosophie de la nature de Saint Thomas d'Aquin. Actes du symposium sur la pensée de Saint Thomas tenu à Rolduc, les 7 et 8 Nov. 1981, ed. Leon Elders, Pontifica Accademia di San Tommaso, Vaticana 1982, 134–154.

[13] Martin Grabmann, Die Aristoteleskommentare des Hl. Thomas von Aquin, L. c., 274.

abzuwehren, und seiner Ansicht im Physikkomentar[14] besteht kein so großer Unterschied, wie Grabmann annimmt. Zwar ist Thomas im Physikkommentar der Überzeugung, Aristoteles habe hier wirklich die Absicht, *„quasi verum"* und nicht *„quasi ad rem dubiam"* zu beweisen, daß die Bewegung von immerwährender Dauer (*perpetuus*) sei. Das muß aber nicht seiner Ansicht in der Summa Theologiae widersprechen. Einerseits nämlich handelt es sich um einen Kommentar, in dem Thomas stets größte Sorgfalt darauf legt, die *intentio auctoris* wiederzugeben, die nicht notwendig seine eigene sein muß. Andererseits ist Thomas der Sache nach sowohl in seinem Sentenzenkommentar als auch in der Summa Theologiae unter Berufung auf Aristoteles Topik I, 11. 104 b 7–17 der Auffassung, daß sich weder die Ewigkeit noch die Nicht–Ewigkeit der Welt beweisen lasse, wobei er letzteres besonders in seiner Schrift De aeternitate mundi hervorhebt[15]. Diese Ansicht schlägt sich auch im Physikkommentar nieder; denn wenn der Schöpfungsbegriff nicht verstanden werden kann als eine Art von Bewegung (*motus*) und Veränderung (*mutatio*) und folglich *fieri* und *facere aequivoce* zu gebrauchen sind, dann bleibt die Frage nach der Ewigkeit der Welt offen[16].

Um 1260–1270 liegt die aristotelische Physik in mehreren Übersetzungen vor. Die älteste, die sog. Physica veteris translationis, aus dem Griechischen entstanden zwischen 1125 und 1150, stammt von Jakob von Venedig. Hinzu kommt um die Mitte des 12. Jhs. eine anonyme Übersetzung aus dem Griechischen, die sog. Physica vaticana, die uns fragmentarisch in nur einer Handschrift überliefert ist. Vor 1187 übersetzt Gerhard von Cremona die aristotelische Physik aus dem Arabischen. Zwischen ca. 1220 und 1235 übersetzt Michael Scottus die Physik aus dem Arabischen mit dem großen Kommentar des Averroes. Schließlich liefert in den Jahren 1260 bis 1270 Wilhelm von Moerbeke aus dem Griechischen eine revidierte Fassung älterer Übersetzungen der Physik. Zieht man die Entstehungszeiten der Übersetzungen anderer Teile der aristotelischen *libri naturales* heran, so darf man davon ausgehen, daß bereits um 1200 ein großer Teil dieses Schrifttums den lateinischen Autoren in Übersetzungen teils aus dem Griechischen und teils aus dem Arabischen bereit lag. Nach der Anzahl der Handschriften als Index ihrer Verbreitung zu urteilen, hat das

---

[14] In Phys. VIII, 2 n. 986: *„Quidam vero frustra conantes Aristotelem ostendere non contra fidem locutum esse, dixerunt quod Aristoteles non intendit hic probare quasi verum, quod motus sit perpetuus; sed inducere rationem ad utramque partem, quasi ad rem dubiam: quod ex ipso modo procedendi frivolum apparet"*. Vgl. auch: In Metaph. XII, 5 n. 2497. Interessant ist der Hinweis, den Grabmann (a. a. O.) auf eine der Intention nach gleichlautende Stelle im Physikkommentar des Siger von Brabant gibt: Quaestiones super libros Physicorum lib. VIII, q. 6, ed. Ph. Delhaye, 199 (= Philosophes Belges XV, Louvain 1941).

[15] Cf. dazu: John F. Wippel, Thomas Aquinas on the Possibility of Eternal Creation, in: Metaphysical Themes in Thomas Aquinas, Washington D. C. 1984, 191–214.

[16] Cf.: In Phys. VIII, 2 nn. 974 und 986. In De caelo I, 6 n. 64; I, 29 n. 287.

lateinische Mittelalter seine aus Aristoteles geschöpfte wissenschaftliche Bildung nicht über die Verbindung zu dem arabisch-islamischen Kulturbereich erhalten[17]. Auf Übersetzungen aus dem Arabischen griff man nur zurück, wenn die griechisch-lateinische Übersetzung keine vernünftige Interpretation erlaubte. Alle arabisch-lateinischen Übersetzungen des Aristoteles wurden dann, mit Ausnahme von De animalibus, durch Wilhelm von Moerbeke ersetzt. Auch Thomas legt seinem Physikkommentar den griechisch-lateinischen Text zugrunde. Den Aristotelesparaphrasen des Avicenna und den großen Kommentarwerken des Averroes kommt freilich im Zuge der Aristotelesrezeption im lateinischen Mittelalter hohe Bedeutung zu. Bei der averroistischen Interpretation des Aristoteles handelt es sich um eine profane Auslegung der Wirklichkeit, wie sie von den christlichen Autoren des lateinischen Mittelalters nicht unwidersprochen hingenommen werden kann. Der arabische Aristotelismus stellt daher eine große Herausforderung an die mittelalterlichen Autoren dar. Er gehört in den Rezeptionsvorgang des Aristoteles in der ersten Hälfte des 13. Jhs. und damit in die Auseinandersetzung um eine authentische Aristotelesinterpretation. Die ersten Aristotelesverbote an der Pariser Universität[18] zeigen, daß dieser Rezeptionsprozeß nicht ungestört verlief. Um die Mitte des 13. Jhs. ist er abgeschlossen; das uns bekannte *Corpus Aristolicum* liegt dann vollständig in lateinischer Übersetzung vor, mit Ausnahme der aristotelischen Politik, Rhetorik und Poetik, die Wilhelm von Moerbeke nach 1260 in neuer Übersetzung beisteuert.

Thomas von Aquin kommentiert die aristotelische Physik in einem wissenschaftlichen Klima, in dem das aristotelische Opus in lateinischen Übersetzungen präsent und durch das Kommentarwerk des Averroes und die Paraphrasen des Avicenna einschließlich die teilweise paraphrasierende Kommentierung des Albertus Magnus bereits eine Aristotelesinterpretation geleistet ist, die eine neue konkurrierende Situation schafft. Die Hauptquelle in seinem Physikkommentar ist Averroes. Wenn er ihn aber zur Klärung bestimmter interpretatorischer Fragen heranzieht, dann meist in ablehnender Haltung. So schließt sich Thomas etwa in der Frage nach der Bestimmung der Zeit Averroes an[19]. In der Hauptfrage aber nach der Struktur der Physik und ihrem Verhältnis zur Metaphysik bildet Averroes die Negativfolie, von der her Thomas seine eigene Interpretation entschieden abhebt. Die ablehnende Einstellung des Thomas gegenüber Averroes wird besonders deutlich in seiner Schrift „De unitate intellectus contra averroistas" (entstanden um 1270). Thomas nennt ihn dort den *„depravator"*

---

[17] Bernard G. Dod, Aristoteles Latinus, L. c., 52.
[18] Cf.: Fernand Van Steenberghen, Die Philosophie im 13. Jahrhundert, München, Paderborn u. a. 1977, 90—116. (Orig.: La philosophie au XIIIe siècle, 1966).
[19] Cf.: August Mansion, La théorie aristotélicienne du temps chez les péripatéticiens médiévaux, in: Revue néoscolastique de philosophie 36 (1934) 275—307.

des Aristoteles (cap. II in fine). In dieser Schrift scheint Thomas nicht allein zeigen zu wollen, daß Averroes Aristoteles falsch interpretiere, sondern daß Averroes Schuld an den Irrtümern etwa eines Siger von Brabant trage, die dann 1277 verurteilt wurden. „De unitate intellectus contra averroistas" richtet sich so gegen die Averroisten, die Vertreter eines radikalen und heterodoxen Aristotelismus an der Pariser Universität, besonders gegen Siger von Brabant.

Auch in seinem Physikkommentar ist die kritische und ablehnende Haltung des Thomas gegenüber dem radikalen Aristotelismus des Siger von Brabant besonders in der Frage nach der Ewigkeit der Welt deutlich. War Averroes der Ansicht, Aristoteles versuche im VIII. Buch seiner Physik nicht im allgemeinen (*in universali*) die Frage zu erörtern, ob die Bewegung ewig (*sempiternus*) sei, sondern versuche dies von der „ersten Bewegung" aufzuweisen, so verwirft Thomas diese Ansicht als „*omnino falsum*" und „*omnino frivola*"[20]; anders nämlich wäre die Argumentation des Aristoteles zirkulär. Man muß daher, um Aristoteles gerecht zu werden, von einem Unterschied in der Referenz des Bewegungsbegriffs ausgehen: Ein Anderes ist es, von der „*immobilitas primi motoris*" und ein Anderes von der „*perpetuitas motus in communi*" zu sprechen[21]. Dieser Unterschied ist nach Thomas' Auffassung deshalb von entscheidender Bedeutung, weil nur so der aristotelische Beweisgang mit dem christlichen Glauben in Übereinstimmung gebracht werden kann; denn auch wir — die Christen — nehmen nach unserem Glauben an, daß eine bestimmte Bewegung immer war, besonders bei den Menschen, die immer bleiben werden und ein unvergängliches Leben, sei es ein elendes oder ein glückliches, führen; so daß Aristoteles zwar zum einen „unserem Glauben" widerstreitet, daß nämlich die Bewegung immer gewesen sei — ein Attribut, das nur Gott zukommen könne — zum anderen aber nicht, und zwar deshalb, weil er nicht von der Bewegung des Himmels, sondern allgemein von der Bewegung handelt[22]. Allgemein von der Bewegung oder von der Bewegung im allgemeinen handeln bedeutet aber, deren Prinzipien zu erforschen unabhängig davon, ob das *subiectum* der Bewegung von Ewigkeit oder nicht von Ewigkeit her hervorgebracht worden sei; die Frage nach der Schöpfung kann so auch nicht unter dem Titel von *motus* und *mutatio* erörtert werden[23]. Die Konkordanz zwischen Aristoteles und dem christlichen Glauben läßt sich daher in den Augen des Thomas nur unter einer bestimmten interpretatorischen Voraussetzung der aristotelischen Physik aufrechterhalten: daß nämlich Aristoteles in den ersten sieben Büchern seiner Physik von den Prinzipien der Bewegung im allgemeinen handelt,

---

[20] In Phys. VIII, 1 n. 966; Averroes, In Phys. VIII, 1 (fol. 338 F und fol. 339 C).
[21] In Phys. VIII, 12 n. 1083; cf. auch: In Metaph. XII, 5 nn. 2488–2499.
[22] In Phys. VIII, 2 n. 986.
[23] In Phys. VIII, 2 n. 974.

während er im VIII. Buch versucht, diese auf die Dinge anzuwenden[24]. Die Parallelität mit der von Thomas aufgezeigten Struktur der aristotelischen Metaphysik, wonach die ersten Bücher das *ens commune* und seine Bestimmungen untersuchen, während das XII. Buch, ausgehend von der Substanzanalyse, von dem ersten ausgezeichneten Seienden, dem ersten Prinzip handelt, läßt sich unmittelbar erkennen. Gegenstand der *philosophia naturalis* ist aus diesem Grunde auch — wie Thomas meint, daß Aristoteles meinte[25] — das *ens mobile simpliciter* und jene Bestimmungen, die dem *ens mobile in communi* folgen, und nicht etwa ein *corpus mobile*; denn, daß alles Bewegliche ein Körper sei, wird allererst in diesem Buch bewiesen. In diesen Zusammenhang gehört auch, daß nach Thomas[26] der erste Beweger (*primus motor*) kein Gegenstand (*subiectum*) der *scientia naturalis* ist, sondern nur ihr Endpunkt (*terminus ad quem*). Da nun ein Endpunkt nicht von der Natur der Sache sein kann, deren Endpunkt er ist, wie ja auch das Ende einer Linie keine Linie ist, so ist auch der erste Beweger von einer anderen Natur als die Naturdinge. Freilich hat der *terminus ad quem* ein bestimmtes Verhältnis (*habitudo*) zu dem, wovon er gerade der *terminus ad quem* ist; und so steht auch der erste Beweger in einem bestimmten Verhältnis zu den Naturdingen, sofern er ihnen nämlich die Bewegung „einflößt". Aus diesem Grunde fällt er aber in die Betrachtung der *scientia naturalis* nicht *secundum ipsum*, sondern nur *inquantum est motor*. Der erste Beweger kommt daher in die Naturwissenschaft nicht als Subjekt, sondern nur als Prinzip des Subjekts hinein, als Bewegungsprinzip, das an ihm selbst die Grenzen der *scientia naturalis* übersteigt und so nicht zu deren Untersuchung gehört.

Gerade diese interpretatorische Struktur der aristotelischen Physik teilt Siger von Brabant nicht. Nach ihm ist das Subjekt der *scientia naturalis*, dessen *quia* in dieser Wissenschaft vorauszusetzen ist, das *corpus mobile*, denn einerseits sei jedes *ens mobile* ein *corpus*, nämlich ein aus Materie und Form Zusammengesetztes, und andererseits werde ja in der *scientia naturalis* nicht bewiesen — wie Thomas meint —, daß jedes *ens mobile* auch ein *corpus* sei, sondern „*omnia corpora naturalia esse mobilia motu locali*"[27]. Subjekt und damit Objekt unseres Verstandes, der *scientia naturalis* also, kann daher

---

[24] In Phys. VIII, 2 n. 972: „*Dicit (Aristoteles) ergo primo, quod ad propositum ostendendum debemus incipere ab his quae primo determinata sunt in Physicis, ut eis quasi principiis utamur. Per quod dat intelligere, quod praecedentes libri, in quibus de motu in communi determinavit, et propter hoc appellantur universaliter de Naturalibus, habent quandam distinctionem ad hunc librum octavum, in quo iam incipit motum ad res applicare.*" Cf. auch: *In De generatione et corruptione*, Prooem. n. 2: „*Et inde est quod Philosophus in Metaphysica simul determinat de ente in communi et de ente primo, quod est a materia separatum.*"
[25] In Phys. I, 1 nn. 3 und 4: „*Non dico autem corpus mobile, quia omne mobile esse corpus probatur in isto libro; nulla autem scientia probat suum subiectum; et ideo statim in libro de Caelo, qui sequitur ad istum, incipitur a notificatione corporis.*"
[26] Expos. In Boeth. Trin. V, 2 ad 3, ed. B. Decker, 177 sq.
[27] Siger von Brabant, Quaestiones super libros Physicorum, lib. I, q. 4, ed. Delhaye, 23 sq.

bei allen Naturdingen nur jenes eine sein, dem gemäß alle Bestimmungen in dieser Wissenschaft dem einen zugesprochen werden, nämlich dem *corpus mobile*[28]. Diese Sichtweise bei der Bestimmung des Subjekts der *scientia naturalis* wirkt sich auch auf die Bestimmung des Ersten Prinzips aus, dessen Sein — wie Siger von Brabant sich zwar in abgeschwächter Form, aber doch deutlich genug Averroes anschließt[29] — in der *scientia naturalis* bewiesen wird, da wir hier bei dem „für uns Bekannten" ausgehen müssen, um so das „an sich Bekannte" zu erlangen, also von der Wirkung her die Ursache zu erschließen haben. Die Einheit des *corpus mobile*, der *res sensibiles* und damit der sinnlich wahrnehmbaren Wirklichkeit verbürgt die Einheit der *scientia naturalis*, zu deren Aufgabe gehört, die Existenz des Ersten Prinzips zu beweisen. In der Konsequenz dieses Gedankens liegt, daß der Beweis der Existenz des Ersten Prinzips aus der Bewegung erfolgt und so das Beweismittel der Naturwissenschaft zu entnehmen sei. Wer dies bestreitet, widerspricht nach Siger dem Gedankengang des Aristoteles, der aus der Ewigkeit der „ersten Bewegung" auf die Ewigkeit eines *primum movens* und *primum mobile* schließt und so das Sein bzw. die Existenz des *Primum Principium* aus der Ewigkeit des *primus motus* beweist, das umgekehrt die Ewigkeit der Welt zur Folge hat, denn aus einem könne auch nur eines hervorgehen[30]. Zwar ist Siger der Auffassung, daß das erste Prinzip zu beweisen, nicht nur Aufgabe der Naturwissenschaft, sondern auch der Metaphysik sei und weiter nimmt er an, daß die Nicht-Ewigkeit der Bewegung und damit die These, daß die Welt einen Anfang habe, nicht bewiesen werden könne. Entscheidend ist aber seine averroistische Sichtweise, die sich ganz auf eine Aristotelesinterpretation verläßt und den Gedanken an eine Konkordanz zwischen Aristoteles und dem christlichen Glauben verwirft. In den Augen des Thomas ist eine solche Sichtweise fatal, da sie nicht nur den Anspruch der Theologie auf Wissenschaftlichkeit untergräbt, sondern auch die Ordnungseinheit des *ordo disciplinae* gefährdet.

Geht man nun der Frage nach, in welcher Weise sich die Physik als *scientia naturalis* nach Thomas in den *ordo disciplinae* einfügen läßt, so wird man von ihm zunächst auf die Vernunft und ihr Verhalten zu Ordnung verwiesen; denn „Sache des Weisen" ist es zu ordnen — vorzüglich von vielem auf ein gemeinsames Prinzip hin, und das Eigentümliche der Wissenschaft (*sapientia*) als Vollkommenheit der Vernunft, Ordnung zu

---

[28] Ibid., Lib. I, q. 2, ed. Delhaye, 22.
[29] Ibid., Lib. VIII, q. 3, ed. Delhaye, 192; Averroes, In Phys. VIII, 1 (fol. 340 E–F).
[30] Siger von Brabant, Quaestiones super libros Physicorum, Lib. VIII, q. 6, ed. Delhaye, 199. Das Prinzip „*unum secundum quod unum non est natum agere nisi unum*" findet man bei Avicenna Latinus, Liber de philosophia prima sive scientia divina, tr. 9, cap. 4, ed. S. Van Riet, Louvain/Leiden 1980, 481: „*ex uno, secundum quod est unum, non est nisi unum*"; vgl. auch: Albert Zimmermann, Ontologie oder Metaphysik? Die Diskussion über den Gegenstand der Metaphysik im 13. und 14. Jahrhundert. Texte und Untersuchungen, Leiden/Köln 1965, 182.

erkennen³¹. Wissenschaft wiederum ist das Werk der Vernunft, die im Medium des Begriffs prozediert. Hier ist die Vernunft ein in der Natur des Menschen angelegtes Vermögen, wirkend und tätig. Sie weiß sich in eine Natur eingebunden, zu der sie dann auch in ein natürliches Verhältnis treten kann. Ihr kommt von Natur aus eine eigene Tätigkeit zu, die Reflexion, durch die sie sich von anderen intellektiven Akten des Menschen, etwa denen der sinnlichen Wahrnehmung, unterscheidet³². Sie verfährt diskursiv. Bezieht sich nun sinnliche Erkenntnis unmittelbar auf einzelnes, so vermag die Vernunft in ihrer Distanz zur Sinnlichkeit und kraft ihrer Offenheit für alles Wißbare am Seienden allgemeine Strukturen zu erheben, durch die sie im Begriff das einzelne Seiende als das, was es ist, erkennt. Nicht eigentlich der Begriff ist so für sie das Gewußte, sondern durch ihn die Sache selbst; denn „nicht der Stein ist" — wie Aristoteles³³ sagt — „in der Seele, sondern sein Begriff (eidos)"; und dennoch wird der Stein erkannt, nicht aber der Begriff von ihm³⁴. Selbstverständlich ergreift die Vernunft im einzelnen Erkenntnisakt nicht das Ganze des Seienden. Erst ihre Aufmerksamkeit auf einen bestimmten und nach außen hin abgegrenzten Bereich des Wissens führt ihr einen Inhalt zu, den sie nicht schon von Hause aus hat, sondern den sie im bestimmten Modus ihres Hinsehens aus der Vielfalt des sie umgebenden Seienden als durchgehenden Bestand gewinnt. Der Erkenntnisakt der Vernunft läßt sich in diesem Sinne als Verwirklichungsprozeß des Allgemeinen der Vernunft deuten. Die vorgängige Hingerichtetheit der Vernunft auf das zu Erkennende und ihre Offenheit für alles Wißbare machen deutlich, daß sie auf Vollendung angelegt ist. Vollendung setzt aber die Natur und deren eigene Möglichkeiten voraus³⁵. In ihren Vollzügen und Tätigkeiten bringt die Natur zur Verwirklichung, was sie gleichursprünglich ihrem Begriff nach sein kann. Das die humane Vernunftnatur vorzeichnende Seinkönnen der menschlichen Natur kommt so im Erkenntnisakt zu seiner eigenen Bestimmung; im Erfassen der Wahrheit besteht dann auch das letzthinnige Glück (*finalis beatitudo*) des Menschen³⁶.

Freilich bringt sich im Erkennen die Vernunft nicht mit einem Male zu sich selbst. Menschliche Vernunft verwirklicht sich in der Mannigfaltigkeit

---

[31] In Metaph., Prooem.; In De caelo, Prooem. n. 1.
[32] De ver. I, 9 c; In Anal. post., Prooem. n. 1; cf. auch: Jakob Hans Josef Schneider, Kommentar zu: Thomas von Aquin, Über den Lehrer. De magistro. Quaestiones disputatae de veritate Quaestio XI und Summa Theologiae I, 117, 1, hrg. übers. u. komment. v. G. Jüssen, G. Krieger u. J. H. J. Schneider, Hamburg 1988, 87—92.
[33] De anima III, 8. 432 b 29—30.
[34] STh I, 76, 2 ad 4; cf. zur Abstraktionslehre bei Thomas: Ludger Oeing—Hanhoff, Abstraktion III, in: Historisches Wörterbuch der Philosophie, hrg. v. J. Ritter, Bd. I, Basel/Darmstadt 1971, 47—59; id., Wesen und Formen der Abstraktion nach Thomas von Aquin, in: Philosophisches Jahrbuch 71 (1963) 14—37.
[35] STh I, 1, 8 ad 2: „Cum enim gratia non tollat naturam, sed perficiat..."
[36] Cf. z. B.: In De caelo II, 18 n. 461; In Phys. I, 10 n. 79.

von Tätigkeiten und Bezügen zu Seiendem. Entsprechend liegt menschliches Wissen in einer Vielheit von Wissenschaften vor, die sich nach den Weisen, in denen sich Vernunft zu Ordnung verhält, unterscheiden lassen[37]. So gibt es eine Ordnung, welche die Vernunft nicht herstellt, sondern nur betrachtet. Hier handelt es sich um die Ordnung des von Natur Seienden (*res naturales*), zu welcher die *scientia naturalis* und auch die Metaphysik gehören. Weiter gibt es eine Ordnung, welche die Vernunft im Betrachten herstellt, zunächst in bezug auf ihren eigenen Akt; dazu gehört die *rationalis philosophia*, hauptsächlich die Logik, dann in bezug auf den Akt des Willens, womit sich die *moralis philosophia* befaßt. Schließlich gibt es eine Ordnung, welche die Vernunft im Betrachten herstellt hinsichtlich des mit ihrer Hilfe im sinnlich—materiellen Bereich Erwirkten, wozu die *artes mechanicae* gehören. Entscheidend ist hier der jeweilige Gesichtspunkt, unter dem sich Vernunft zu Ordnung verhält. Der eine Gesichtspunkt ist das reine Betrachten. Die Vernunft findet Ordnung vor; daher kann es von ihr auch nur ein Wissen geben, kein wissendes Hervorbringen. Hier hält sich die Vernunft bei sich selbst, geht nicht aus sich hinaus; ihr Ziel ist die Erkenntnis der Wahrheit und so ihre eigene Vollkommenheit. Der andere Gesichtspunkt ist die Hingeordnetheit der Vernunft auf das mit ihrer Hilfe Erwirkte. Hier vermag sie im Betrachten Ordnung zunächst in bezug auf sich selbst, dann auch in jenem Bereich herzustellen, der menschlichem Zugriff offen liegt und in den der Mensch kraft seines Willens verändernd eingreift. Ihr Ziel ist in dieser Hinsicht das „Werk" unter dem Aspekt des vom Menschen Wirkbaren[38]. Die Vernunft erfährt eine Ausdehnung und wird dadurch praktisch. Spekulative und praktische Vernunft unterscheiden sich so „vom Ziele her"[39]. Ziel der spekulativen Vernunft ist die Erkenntnis der Wahrheit; Ziel der praktischen das Werk.

Die Einteilung der Wissenschaften nach dem Gesichtspunkt der Ordnung — ob die Vernunft Ordnung vorfindet und nur betrachtet oder im Betrachten Ordnung herstellt — zielt in erster Linie auf eine Bestimmung der Ethik. Für die Bestimmung der *scientia naturalis* ergibt sich daraus jedoch ihre Zugehörigkeit zur spekulativen Vernunft und damit zu den spekulativen Wissenschaften. Sie ist eine spekulative Wissenschaft deshalb, weil in ihr solches wissend erhoben wird, das sich einem anderen intellektiven Prinzip als der menschlichen Vernunft verdankt. Die Ordnung, welche diese in den Naturdingen vorfindet, bleibt das Werk der Vernunft auch dann, wenn die natürlich—menschliche Vernunft sie im Betrachten

---

[37] In Eth. I, 1., Ed. Leonina XLVII/1, 3 f; cf. dazu: Wolfgang Kluxen, Philosophische Ethik bei Thomas von Aquin, Hamburg 1980 (2. Aufl.), 21—27.
[38] In Eth. I, 1. 1094 a 1, Ed. Leonina XLVII/1, 5; In Metaph. II, 2 n. 290.
[39] Aristoteles, De anima III, 10. 433 a 14—26; Thomas von Aquin, In De anima III, 9. 433 a 14, Ed. Leonina XLV/1, 245; STh I, 79, 11; cf. auch: Expos. In Boeth. Trin. V, 1, ed. B. Decker, 164.

nicht herzustellen vermag. Ordnung vorfinden und im spekulativen Tun wissend erheben bedeutet insofern, daß der Mensch für sich selbst im Betrachten des vielen auf eines, der vielen Naturdinge auf ein gemeinsames Prinzip hin, jene Naturordnung nachbildet, die an sich bereits Wirklichkeit ist, nur nicht in bezug auf ihn; sie wird es gerade in der spekulativen Tätigkeit der menschlichen Vernunft. Die These von der Kunst als Nachahmung der Natur setzt so die Ähnlichkeit (*similitudo*) der göttlichen und menschlichen Vernunft voraus. Wie die göttliche Vernunft das „*principium rerum naturalium*" ist, so die menschliche das „*principium eorum quae secundum artem fiunt*"[40]. Die Kunst verfährt, wie die Natur verfahren würde, wäre sie eine Kunst und umgekehrt. Sie geht von den Prinzipien auf die Schlußfolgerungen, vom Einfachen auf das Zusammengesetzte. Die Differenz von Kunst (*ars*) und Natur (*natura*) impliziert so auch die Selbständigkeit der beiden Bereiche, die nicht auf ein gemeinsames Prinzip zurückgeführt werden können; denn was von Natur ist, verdankt sich einem anderen Prinzip als das, was durch Kunst ins Sein gebracht wird. Zwar vermag die Natur der Kunst gewisse Prinzipien bereitzuhalten und auch hat sie exemplarische Bedeutung für das kunstmäßige Tun, aber sie vermag nicht die Kunst in ihrem wissenden Hervorbringen zu Ende zu führen, ebensowenig wie die Kunst das Werk der Natur vollendet. Aus diesem Grunde ist menschliche Vernunft in der Betrachtung dessen, was der Natur gemäß ist, nur des Erkennens fähig (*cognoscitiua tantum*), während sie in bezug auf die Kunstdinge sowohl *cognoscitiua* als auch *factiua* ist.

Die ausschließliche Möglichkeit eines theoretisch-spekulativen Verhaltens der Vernunft zu dem, was von Natur ist, verdankt ihre Grundlage der Unmöglichkeit eines im Wissen herzustellenden und damit verändernden Eingriffs des Menschen in die Ordnung der Natur. Der Gedanke der Beherrschbarkeit der Natur verliert seine Plausibilität mit der Anerkennung dessen, daß ja das Prinzip der Natur nicht zur Disposition steht und also nicht in die Verfügungsgewalt des Erkennenden fällt. Nur das aber vermag im Wissen handelnd und herstellend zu sein, dessen Prinzip im Handelnden und Herstellenden selbst liegt. So zeichnen sich die praktischen Wissenschaften, die *scientiae morales* und *artes mechanicae*, vor den theoretisch-spekulativen Wissenschaften dadurch aus, daß ihr Prinzip — sei es die Vernunft bei den *artes*, sei es die an der Vernunft orientierte Wahl (*prohaeresis, electio*) *in rebus moralibus* — im Handelnden bzw. Herstellenden selbst liegt[41]. Gerade das ist bei den *scientiae naturales* nicht der Fall. Hier liegt

---

[40] In Pol. I, Prol., Ed. Leonina XLVIII, A 69; In Phys. II, 4 n. 171; cf. auch: In Phys. II, 13 n 258; Durch Kunst wird auf die gleiche Weise etwas zustande gebracht wie durch Natur, wäre diese eine Kunst. So vermag zwar die Kunst etwas hervorzubringen, was die Natur als Natur nicht hervorzubringen in der Lage ist wie z. B. ein Haus; aber gerade in diesem Verhältnis erscheint die Natur nicht mehr als Natur, sondern als Nutzmaterial für das Herstellungsziel der Kunst.

[41] In Metaph. VI, 1 nn. 1152–1155; In Phys. II, 1 n. 145.

das Prinzip in dem betrachtend zu erhebenden Gegenstand, dem *ens mobile*; denn allererst unter dem Aspekt der Bewegtheit und Bewegbarkeit läßt sich das von Natur Seiende als Natürliches erheben, als *res naturalis* nämlich, in denen die Natur Prinzip ist, der innere Grund der Bewegung und Ruhe in dem, in dem sie wesentlich ist[42]. Die Natur als inneres Prinzip der Bewegung liegt insofern menschlichem Handeln und Herstellen voraus. Entscheidend für die Bestimmung der *scientia naturalis* als einer spekulativen Wissenschaft ist daher ihre eigene Struktur, daß sie nämlich solches betrifft, was ihr vorausliegt, und zu dem sich menschliche Vernunft nur aufnehmend-betrachtend verhalten kann.

Wesentlich aus drei Gründen weist Thomas die *scientia naturalis* den theoretisch-spekulativen Wissenschaften zu. Zum einen aus der Weise, in der sich die Vernunft zu Ordnung verhält — ein Verhalten, das, sofern es Ordnung vorfindet, nur theoretisch-spekulativ sein kann; zum anderen aus dem Strukturprinzip des Natur-Kultur-Verhältnisses — aus der These von der Kunst als Nachahmung der Natur, die eine Differenz und Selbständigkeit der beiden Wissensbereiche von Natur und Kunst zur Folge hat; und schließlich aus dem Grund, daß das, was von Natur ist, sich einem anderen Grund verdankt als dem menschlicher Erkenntnistätigkeit, nämlich der Natur selbst, in die der Mensch einbezogen ist. Die letzten Gründe der Natur und die natürliche Bewegung im allgemeinen erforschen[43] setzt die Differenz von Natur und Kultur, Theorie und Praxis voraus. Sie setzt aber ebenso — und mehr noch — ihre Einheit voraus; denn die These von der Kunst als Nachahmung der Natur findet ihre Legitimation in dem, daß das, was vom Menschen her Natur, von Gott her Kunst ist. In diesem Verstande nämlich ist „Natur" das Prinzip der Tätigkeit: Der Mensch ist Herr seiner Akte, Gestalter dessen, was ihn betrifft und doch nicht betrifft, da seine Natur nicht in ihm selbst gründet, vielmehr das seinem Erkennen und Handeln im vorhinein Zugrundeliegende ist. Es ist daher entscheidend, daß Thomas die Betimmung der *scientia naturalis* als einer theoretischen Wissenschaft im Zusammenhang mit den praktischen Wissenschaften erörtert. Natur kommt hier vor als das aller Praxis Vorausliegende, das sich zugleich aber nur in der entsprechenden Praxis zu sich selbst zu bringen vermag. Aus diesem Grunde ist auch für Thomas Natur und Kultur die erste, fundamentale Antithetik.

---

[42] In Phys. I, 1 n. 3: „*Naturalis enim philosophia de naturalibus est; naturalia autem sunt quorum principium est natura; natura autem est principium motus et quietis in eo in quo est; de his igitur quae habent in se principium motus, est scientia naturalis.*"

[43] Aristoteles, Meteor. I, 1. 338 a 20 sq.

II

Neben diesem horizontalen Ordnungsschema, nach dem Thomas mit Aristoteles die *scientia naturalis* der theoretisch-spekulativen Vernunft zuweist, das die Differenz von Theorie und Praxis voraussetzt, kennt Thomas auch die bei Aristoteles zu findende vertikale Einteilung der Wissenschaften in Physik, Mathematik und Metaphysik und *scientia divina* bzw. *theologia*[44], die er als theoretisch-spekulative Disziplinen in seiner Expositio Boethii De Trinitate, V[45] nach dem Kriterium der ins Allgemeine führenden Abstraktion zu unterscheiden sucht. Wenn nun die Metaphysik — wie Thomas zu Beginn seines Ethikkommentars ausführt — ein Teil der *scientiae naturales* ist, dann stellt sich die Frage, ob sie überhaupt als Lehre vom Seienden als solchen jene fundamentale Wissenschaft ist, in welcher die spekulative Vernunft auf die Wirklichkeit des Seienden im Ganzen reflektiert. Mit anderen Worten: Metaphysik wäre, zumindest in bezug auf den Beweis des „unbewegten Bewegers", des *Primum Principium*, an dem „der Himmel und die Natur hängen"[46], eine Spezialdisziplin der Physik. Die averroistische Sichtweise, daß der Beweis des *Primum Principium* im VIII. Buch der Physik im XII. Buch der Metaphysik bereits vorauszusetzen und also von der *scientia naturalis* zu erbringen sei, wäre ins Recht gesetzt. Um diese Konsequenz zu vermeiden, kommt es Thomas darauf an, die aristotelischen *libri naturales* zu systematisieren, und zwar nach dem wissenschaftstheoretischen Gesichtspunkt der Analytica posteriora, daß nämlich die Vernunft vom Allgemeinen, das sie zuvor am konkreten Seienden erhoben hat, auf das Besondere geht.

Entsprechend diesem wissenschaftstheoretischen Prinzip, aber auch schon aus Praktikabilitätsgründen, um sich nicht bei der Untersuchung des Besonderen wiederholen zu müssen[47], ist in den *scientiae naturales* ein Buch den anderen, die sich mit speziellen Thematiken der Naturwissenschaft befassen, vorzuordnen, in dem über das gehandelt wird, *„quae consequuntur ens mobile in communi"*, wie ja auch allen Wissenschaften die *philosophia prima* vorangestellt wird, die das, was dem *ens inquantum est ens* gemeinsam (*communia*) ist, bestimmt[48]. An den Anfang der naturwissenschaftlichen Schriften ist so die Physik bzw. De Naturali Auditu zu stellen,

---

[44] Cf.: In Metaph., Prooem.; In Metaph. VI, 1; In Phys. I, 1 u. ö.
[45] Cf. dazu: Siegfried Neumann, Gegenstand und Methode der theoretischen Wissenschaften nach Thomas von Aquin aufgrund der Expositio super librum Boethii De trinitate (= Beiträge zur Geschichte der Philosophie und Theologie des Mittelalters, Bd. XLI, Heft 2), Münster 1965.
[46] Aristoteles, Metaph. XII, 7. 1072 b 14.
[47] In De generatione et corruptione, Prooem. n. 2; vgl., zur Systematik der naturwissenschaftlichen Schriften des Aristoteles: August Mansion, Introduction à la Physique d'Aristote, Louvain/Paris 1942 (2. Aufl.), 38–52.
[48] In Phys. I, 1 n. 4; In De sensu et sensato, I, 1 n. 2.

die acht Bücher enthält und sich mit dem *ens mobile simpliciter* bzw. *in communi* befaßt. Dabei untersuchen nach Thomas[49] die beiden ersten Bücher die ersten Ursachen und Prinzipien der Natur, nämlich *materia, forma* und *privatio*, und ebenso die vier Ursachengattungen, während die folgenden Bücher *de motu in generali* handeln. Als zweites folgt in dieser Ordnung von der Bewegung im allgemeinen zu ihren spezifischen Bestimmungen De caelo et mundo, das von der ersten Bewegungsart, der Ortsbewegung, hier vorzüglich von der Kreisbewegung des Himmels (*caelum*) und der Sterne (*stellae*) in seinem ersten Teil und in seinem zweiten Teil (= III. und IV. Buch) von der Zahl der *elementa corporalia* (Feuer, Wasser, Erde und Luft) und ihrer Ortsbewegung handelt. Darauf folgt De generatione et corruptione, das sich mit der Bewegung auf die Form hin und mit dem ersten der Bewegung Fähigen, nämlich den Elementen beschäftigt, insofern diesen eine Veränderung im allgemeinen zukommt (*quantum ad transmutationes in communi*). Mit ihren speziellen Veränderungen (*speciales transmutationes*) befaßt sich der Liber Meteororum, in dem über das, was in den Höhen entsteht (*quae in excelsis generantur*), also zwischen Himmel und Erde wie z. B. die Sternschnuppen, Kometen, Regen und dergleichen, zu handeln ist. Von den der Bewegung fähigen, gemischten, unbeseelten Dingen handelt De mineralibus (eine pseudoaristotelische Schrift, Avicenna, übersetzt von Alfred von Sareshel) und von den beseelten De anima. Auch diese Schrift gehört zu den naturwissenschaftlichen Untersuchungen; gibt es doch unter dem beweglichen Seienden (*mobilia*) bestimmte Körper, die leben (*corpora viventia*), deren Lebensprinzip und damit das Prinzip der ihnen zukommenden spezifischen Bewegungsform die Seele ist[50]. Da nun die *scientia naturalis per modum concretionis sive applicationis principiorum communium ad quaedam determinata mobilia* fortschreitet, ist hier zunächst über die Seele *secundum se*, dann *secundum quamdam concretionem sive applicationem ad corpus*, dies *in generali*, und schließlich über die Anwendung der hierbei gefundenen Prinzipien auf die einzelnen Arten der Lebewesen und Pflanzen zu handeln. Dem ersten Teil ist die Schrift De anima gewidmet, dem dritten De animalibus et plantis[51]. Im zweiten bzw. „mittleren" Teil wird solches im allgemeinen betrachtet, *„quae sunt animae secundum quamdam*

---

[49] In Meteor. I, 1 n. 3. Einen gleichen Strukturaufbau der naturwissenschaftlichen Bücher hat auch: Anonymi Magistri Artium Parisiensis, Philosophica disciplina, ed. Cl. Lafleur, Quatre introductions à la philosophie au XIIIe siècle, Montréal/Paris 1988, 263 und Arnulfi Provincialis, Divisio scientiarum, ed. Cl. Lafleur, a. a.O., 332 sq. Cf. auch: Avicenna Latinus, Liber de anime seu sextus naturalibus, Prooem., ed. S. Van Riet Louvain/Leiden 1972, 9—13.

[50] In De sensu et sensato, I nn. 2—5; cf. auch: In De anima I, 2. 403 a 27, Ed. Leonina XLV/1, 10 sq.

[51] De animalibus ist der Sammelbegriff für die Bücher Historia animal., De progressu, De motu, De partibus, De generatione. De plantis ist eine pseudoaristotelische Schrift, von Nicholaus Damascenus, übersetzt von Alfred von Sareshel.

concretionem sive applicationem ad corpus". Das betrifft alle Lebewesen und alles Lebendige; entsprechend den vier Gradabstufungen des Lebendigen zunächst die Pflanzen, die eine ernährende Seele (*anima nutritiva*) besitzen, durch die sie leben, dann die *animalia imperfecta*, die ein Sinnesvermögen, jedoch nicht die Fähigkeit zur Fortbewegung haben (*motus progressivus*), weiter die *animalia perfecta*, die über diese Fähigkeiten verfügen und schließlich die Menschen, die sich darüber hinaus durch den Intellekt auszeichnen. Von großer Bedeutung ist in diesem Zusammenhang die Einordnung des Intellekts. Thomas ist hier anders als Albertus Magnus der Auffassung, daß Aristoteles deshalb außer De anima kein Buch De intellectu et intelligibili geschrieben habe, weil — hätte er es getan — dieses sicher nicht der *scientia naturalis* zuzuordnen wäre, wie Albertus Magnus das tut, sondern der *metaphysica*[52]. Der Intellekt nämlich, von sich her stofflos, getrennt, leidensunfähig, also keine Wirklichkeit (*actus*) eines Teils des Körpers, erfährt seine größte Konkretheit (*maxima concretio*) in der Seele und seine höchste Abstraktheit (*summa abstractio*), also Getrenntheit von der Materie, in den *substantiae separatae*. Seine Natur kann daher auch nicht im Modus der Konkretion oder Applikation auf den Körper untersucht werden, da er immer schon — zumindest in bezug auf den Menschen — als Seelenvermögen vorauszusetzen ist.

Hält man sich diesen systematisierenden Zugriff auf die *libri naturales* vor Augen, so wird deutlich, daß die *scientia naturalis* einen umfassenden Bereich der Wirklichkeit zu Wissen erhebt, das von den ersten Ursachen und Prinzipien der Natur und den Bestimmungen der Bewegung im allgemeinen, über den Himmel, das Entstehen und Vergehen der Körper aus der Veränderung ihrer Elemente, bis hin zu den lebendigen Wesen führt. Die *scientia naturalis* ist in diesem Verstande derart grundlegend, daß sie die dem Menschen offenstehende, sinnlich wahrnehmbare Wirklichkeit im Ganzen darzulegen vermöchte. Sie wäre insofern die grundlegende Wissenschaft, *prima philosophia*, wenn es nicht neben dem von Natur Seienden eine andere Wirklichkeit gäbe, die prinzipiell der Bewegung entzogen wäre[53]. Diese Wirklichkeit wiederum kann sich nach Thomas nur einer Vernunft eröffnen, die von Hause aus „Seiendes" von seiner materiellen Gebundenheit und damit von seiner Bewegtheit zu abstrahieren imstande ist; denn nur das ist am meisten erkennbar, was von der Materie am meisten getrennt ist — und zwar nicht nur von der „gezeichneten Materie" (*materia signata*), wie die im Allgemeinen angenommenen Formen der Naturdinge (*formae naturales in universali acceptae*), von denen die *scientia naturalis* handelt, sondern überhaupt von der sinnlichen Materie. Und dies

---

[52] In De sensu et sensato, I n. 4; In Phys. II, 4 n. 175; Albertus Magnus, De intellectu et intelligibili I, cap. 1, Opera Omnia, ed. A. Borgnet, IX, Paris 1890, 477 sq. Cf. dazu auch: Anonymi Magistri Artium Parisiensis, Philosophica disciplina, ed. Cl. Lafleur, L. c., 264.
[53] In Metaph. VI, 1 n. 1170; SCG I, 12.

wiederum nicht nur dem Begriff nach (*secundum rationem*) wie die mathematischen Gegenstände, sondern auch dem Sein nach (*secundum esse*), wie Gott und die Intelligenzen bzw. *substantiae separatae*[54]. Insofern handelt es sich einerseits um solches, das seiner Natur nach (wie Gott und die Intelligenzen) von der Materie getrennt und so an ihm selbst in Wirklichkeit erkennbar ist und andererseits um das, was von uns von den materiellen Bedingungen abstrahiert und so durch das Licht unserer tätigen Vernunft in Wirklichkeit erkennbar wird. Entsprechend lassen sich die *habitus scientiarum* und dann auch die *genera scientiarum* nach den verschiedenen Weisen der Getrenntheit (*separatio*) von der Materie unterscheiden[55]. Was nämlich sowohl dem Sein als auch dem Begriff nach von der Materie getrennt ist, gehört zur Metaphysik, was dem Begriff, nicht aber dem Sein nach von der Materie getrennt ist, zur Mathematik und was schließlich sowohl dem Begriff als auch dem Sein nach von der Materie abhängt, zur Physik. Da nun alles materiell Gebundene zugleich auch ein *ens mobile* ist, wird man zur *separatio a materia* die *separatio a motu* hinzunehmen müssen. Die Metaphysik erweist sich damit als eine wissenschaftliche Disziplin, die die *separata a motu et materia* zum Gegenstand hat, und zwar „nicht nur jene, die niemals in der Materie sein können wie Gott und die geistigen Substanzen, sondern auch jene, die ohne Materie sein können wie das gemeinsame Seiende (*ens commune*)"[56]. Das Separationsurteil hält nach Thomas fest, daß es nicht zum Begriff des Seienden und seinen Bestimmungen gehört, „in Materie und Bewegung zu sein, sondern daß es zu seiner *ratio* gehört, auch ohne Materie und Bewegung sein zu können, obgleich es zuweilen in Materie und Bewegung angetroffen wird"[57].

Die verschiedenen wissenschaftlichen Disziplinen nach der Abhängigkeit bzw. Unabhängigkeit ihrer Gegenstände von Materie und Bewegung einander zuzuordnen und so voneinander zu unterscheiden, ist keine originale Leistung des Thomas. Man kann eine ähnliche Ordnungsstruktur der Wissenschaften u. a. auch bei Dominicus Gundissalinus[58], Robert

---

[54] In Metaph. Prooem.

[55] In De sensu et sensato I, 1 n. 1; In Phys. I, 1 nn.2–3; cf. auch: Expos. In Boeth Trin. V, 1, ed. B. Decker, 165.

[56] In Metaph. Prooem.

[57] Expos. In Boeth. Trin. V, 4, ed. B. Decker, 195; cf. dazu: Ludger Honnefelder, Der zweite Anfang der Metaphysik. Voraussetzungen, Ansätze und Folgen der Wiederbegründung der Metaphysik im 13./14. Jahrhundert, in: Philosophie im Mittelalter. Entwicklungslinien und Paradigmen, ed. Jan P. Beckmann, Ludger Honnefelder, Gangolf Schrimpf und Georg Wieland, Hamburg 1987, 165–186; Jakob Hans Josef Schneider, Philosophie im Mittelalter, in: Allgemeine Zeitschrift für Philosophie 15. 3 (1990) 75–85.

[58] Dominicus Gundissalinus, De divisione philosophiae, ed. L. Baur, 14 sq. Wie er folgt auch Thomas bei der Bestimmung des Gegenstandes der *scientia naturalis* an der Stelle der aristotelischen Metaphysik VI, 1. 1026 a 14 anders als die Aristoteleseditoren Schwegler, Jaeger und Ross der Lesart *achoriston kai kinoumeneon*, also *non separata a materia*. Diese Lesart darf zurückgeführt werden auf den Metaphysikkommentar des Alexander von

Kilwardby[59] und anderen Autoren des 13. Jhs.[60] finden. Thomas folgt hier — wie auch Albertus Magnus — Avicenna[61] und einer an die spätantike theologische Deutung der aristotelischen Metaphysik anschließenden Tradition. Nach Thomas — und hier beginnt seine Originalität — kann der transkategoriale Gebrauch der *ratio entis* nur durch den Aufweis der Transmaterialität von „Seiendem" begründet werden. Eine solche Bestimmung der Transkategorialität von „seiend" bleibt so angewiesen auf den Nachweis immaterieller Substanzen. Die Metaphysik hat daher auch bei der Substanzanalyse anzusetzen und diese bis zu dem Nachweis von getrennt existierendem Seienden zu führen. Insofern wird der Begriff des „Seienden als Seienden" von einem ersten, ausgezeichneten Seienden her als dessen Prinzip bestimmt. Seiendes „ist" nur, sofern es am Akt des Seins „teilhat", das seinerseits nicht wiederum am Sein teilhat, sondern das Sein selbst ist; alles andere Seiende zeigt sich in dieser Hinsicht als geschaffenes. Der entscheidende Bezug zur Physik ist damit genannt: Wenn nämlich der Begriff des Seienden, den unser Verstand unmittelbar erfaßt[62], sich nicht auf die menschliche Erfahrungswirklichkeit beschränken läßt, sondern diese sich als unabgeschlossen und überschreitbar zeigt, dann hat die Metaphysik den Überstieg in die Transzendenz zu vollziehen, und zwar als Reflexion auf das den Begriff des Seienden als Seienden konstituierende Prinzip. „Seiendes" ist das durch den Akt des Seins Bestimmte; das Sein selbst der eigentliche Begriff der Metaphysik. *Ens* ist so der erste grundlegende Begriff; Metaphysik „erste Wissenschaft". Freilich bleibt die Metaphysik unter den Bedingungen der Endlichkeit menschlichen Daseins an die Voraussetzungen dieser Endlichkeit, die Erfahrung, gebunden. Insofern wird man mit ihr auch nicht den Anfang machen können; vielmehr ist sie im *ordo disciplinae* die „höchste" und daher „letzte" aus Vernunft erreichbare Wissenschaft[63]. In dieser Hinsicht besitzt sie den Charakter der Reflexion auf das den Anfang des Denkens Gründende, die sich auf eine breite Erfahrung der Wirklichkeit zu stützen hat und ihre wissenschaftliche

---

Aphrodisias, an welche sich auch andere mittelalterliche Autoren halten. Für Thomas steht dabei fest, daß, wie jede Wissenschaft, so auch die naturwissenschaftliche Untersuchung auf das Allgemeine geht, das gerade in der Physik 2 anders als in der Mathematik und Metaphysik — als an die Materie gebunden zu betrachten ist, so daß man hier die „Krummnasigkeit" nicht ohne „Nase" bestimmen kann. Cf.: In Phys. I, 1 n. 2; Expos. In Boeth. Trin. V. 2, ed. B. Decker, 175 sqq.

[59] Robert Kilwardby, De ortu scientiarum, cap. V, ed. A. G. Judy, 13 sq.
[60] Anonymi Magistri Artium, Accessus philosophorum, ed. Cl. Lafleur, L. c., 183 sq. Dieser Anonymus zählt übrigens wie auch Thomas in seinem Ethikkommentar die Metaphysik zur *naturalis philosophia*. Anonymi Magistri Artium, Philosophica disciplina, ed. Cl. Lafleur, L. c., 261. Arnulfi Provincialis, Divisio scientiarum, ed. Cl. Lafleur, L. c., 322.
[61] Avicenna Latinus, Liber De philosophia prima sive scientia divina, tr. I, cap. 2, ed. S. Van Riet, Louvain/Leiden 1977, 16 sq.
[62] De ver. I, 1.
[63] Cf.: Expos. In Boeth. Trin V, 1 ad 9, ed. B. Decker, 172.

Objektivität nur durch Rekurs auf die in der Physik ausgewiesene Wissenschaftlichkeit wahren kann.

Der Gedanke, daß der transkategoriale Gebrauch der *ratio entis* seine Berechtigung aus dem Nachweis der Transmaterialität von Seiendem bezieht, hat ein Zwiefaches zur Folge: Zum einen hängt die Möglichkeit der Metaphysik als Wissenschaft vom „Seienden als Seienden" von dem defizienten Modus der Physik ab, die gerade nicht das Ganze des Seienden, sondern nur das von Natur Seiende zum Gegenstand hat, also solches, das das Prinzip der Bewegung und Ruhe in sich trägt und sich so von anderem, den Kunstdingen etwa unterscheidet, die ihr Prinzip nicht in sich tragen; aber sich auch von dem unterscheidet, was der Bewegung und damit der Materialität entzogen ist. Zum anderen bleibt sie an die abstraktive Erkenntnisleistung der menschlichen Vernunft gebunden, da sie ihre Begriffe, durch die sie „Seiendes als Seiendes" erkennt, nicht einem höheren Prinzip verdankt, sondern aus der menschlichen Wirklichkeitserfahrung abstraktiv gewinnt. Für die Bestimmung der Physik als *scientia naturalis* bedeutet dies, daß sie ihren Erkenntnisgegenstand, nämlich das von Natur Seiende, unter dem Gesichtspunkt der Materialität und Mobilität bis zum Äußersten wissend zu erschöpfen hat. Der *terminus* naturwissenschaftlicher Betrachtung sind so die allgemeinen Strukturen (*formae*) des von Natur Seienden nicht als solche — dies überstiege die Grenzen naturwissenschaftlicher Forschung —, sondern sofern sie ihr Sein in der Materie haben, die aber dennoch als solche, eben als von der Materie getrennte, betrachtet werden können. Der ausgezeichnete Fall einer Form, die von sich her stofflos und also von der Materie getrennt ist, ist der Intellekt oder die *anima rationalis*, die ja als intellektive Kraft keine wirkende Tätigkeit (*actus*) eines körperlichen Organs sein kann, vielmehr als *forma corporis* einem solchen Körper, in dem sie ist, wie jede Form das Sein, hier das *esse naturale* gibt[64]. Die Physik muß insofern ihr Wissen über das, was überhaupt von Natur sein kann, bis an seine Grenzen führen, um so ihren Gegenstandsbereich bestimmen zu können. Sie setzt daher die Differenz zwischen dem, was von Natur und dem, was nicht von Natur, also nicht von sich her der Materialität und Bewegung unterworfen ist, voraus. Der *terminus ad quem* ihrer Betrachtung ist deshalb die *anima rationalis*, nicht sofern sie von der Materie trennbar (*separabilis*), sondern eine *forma in materia* ist. Der Gesichtspunkt der Trennbarkeit von Materie und Bewegung erweist sich damit als der maßgebende Gesichtspunkt der metaphysischen Betrachtung. Können wir aber nur dann ein sicheres und gewisses Wissen von einer Sache besitzen, sofern wir deren Ursache kennen, und zwar von den ersten bis zu den letzten, so hat die Physik ihre prinzipienforschende Erkenntnis

---

[64] In Phys. II, 4 n. 175. Cf. auch: In De anima I, 2. 403 a 3–403 b 16, Ed. Leonia XLV/1, 9–12.

auch bis zu der ersten Ursache, der *causa suprema* voranzutreiben[65], deren Betrachtung als solche zur Metaphysik gehört und die Grenzen der physikalischen Untersuchung übersteigt, die es wiederum ausschließlich mit dem zu tun hat, was das Prinzip der Bewegung und Ruhe in sich trägt, seien sie *corruptibilia* oder *incorruptibilia* wie die *corpora caelestia*[66]. Das bedeutet, die Daseinsbedingungen des Menschen auch philosophisch anzuerkennen: Unter den Bedingungen des gegenwärtigen menschlichen Daseins können wir — wie in der Physik deutlich wird — nur von den sinnlich wahrnehmbaren Wirkungen (*effectus sensibiles*), die in bezug auf uns anfänglich bekannter sind, auf die Ursachen schließen; wir kommen so aber zur Erkenntnis der ersten Ursachen, so daß die *scientia naturalis* der *scientia divina* durchaus etwas übermitteln („*tradit*") kann[67], nämlich die Erkenntnis des *propter quid* jener Wirkungen, aus denen wir die Erkenntnis des *quia* gewinnen.

Für die Metaphysik ist dies von entscheidender Bedeutung: Sie erweist sich als eine Wissenschaft, die auf das in der Physik Grundgelegte reflektiert und es, nämlich das *ens*, nicht als *ens mobile*, sondern als von Materie und Bewegung getrenntes und das heißt gerade als solches, im Horizont des Ganzen der Wirklichkeit auf sein Prinzip hin ausdeutet. Das wiederum setzt einen Begriff der Natur als Prinzip der *scientia naturalis* voraus, die sich für die metaphysische Dimension offen zeigt, also nicht auf eine mechanistische Interpretation festlegbar ist. Bereits die *anima rationalis* zeigt diese Dimension, bis zu der ja die Physik vorzudringen hat. In diesem Verstande ist dann die Metaphysik Reflexion auf die Wirklichkeit im

---

[65] In Phys. I, 1 n. 5; In Phys. II, 6 n. 196; In Anal. post I, 4.
[66] In Metaph. Prooem.; In Metaph. II, 2 nn. 295—296; In Phys. II, 11 n. 243. So gehört auch die *astrologia* als *scientia media* zwischen der „reinen" Mathematik und der Physik zur *scientia naturalis* und nicht etwa zu einer die Physik übersteigenden Wissenschaft — was man vermuten könnte, da ihre Gegenstände ja nach aristotelischem Verständnis *incorruptibilia* sind; und sie gehört zur Physik deshalb, weil sie die „Betrachtung der Geometrie und Arithmetik auf den Himmel und seine Teile anwendet" und in dieser Hinsicht ihr *terminus ad quem* die *materia naturalis*, also ein *ens mobile* ist; In Phys. II, 3 n. 164. Der Gesichtspunkt der Mobilität verbürgt hier die Einheit der Naturgebilde und entsprechend der Physik. Das hindert freilich nicht, daß die Natur der Naturgebilde oberhalb und unterhalb des Mondes jeweils eine andere ist. Die Unterscheidung zwischen einer sublunaren und supralunaren Welt macht deutlich, daß die Einheit der Natur und Physik hier gemeint ist als Einheit der Ordnung nach, nämlich als Zuordnung von geradlinigen als unvollkommenen und kreisförmigen als vollkommenen Bewegungsformen, und nicht Einheit der Materiestruktur der Naturgebilde. Erst dann, wenn auch der sichtbare Kosmos als ein solcher entdeckt wird, der mit der sublunaren Welt eine einheitliche materielle Struktur hat, wenn also „die Erde ein Stern unter Sternen" geworden ist, kann es eine einheitliche Theorie von der Natur als der ganzen und ursprünglichen geben. Für Thomas ist eine solche Theorie hingegen nur denkbar als Wissenschaft von dem *ens mobile in communi*, von dem also, was sowohl jenseits als auch diesseits des Mondes der Bewegung unterworfen ist.
[67] Expos. In Boeth. Trin. V, 1 ad 9, ed. B. Decker, 172 sq.

Ganzen, in die der Mensch einbezogen ist und der sich in dieser Reflexion zu sich selbst zu bringen vermag, bei der also die Vernunft ganz bei sich selbst sein kann. Am Leitfaden der Naturerkenntnis ist so nach Thomas der Einstieg in die Metaphysik als Wissenschaft des „Seienden als Seienden" zu gewinnen. In dieser Perspektive hängt die Möglichkeit der Metaphysik von dem Nachweis ab, daß es Seiendes auch jenseits der Natur, *trans physicam*[68], geben kann; dann aber muß sich die Natur entschieden als metaphysischer Begriff entfalten; denn trüge sie diese eröffnende Dimension auf das jenseits ihrer Liegende nicht bei sich, und zwar in ihrem Begriff, so bliebe die Physik die Fundamentalwissenschaft.

III

Geht man nun dem Begriff der Natur bei Thomas von Aquin nach, so gibt es für ihn wesentlich drei Bestimmungen[69]: *Natura* sei ursprünglich und erstlich „*a nascendo*", vom Geborenwerden oder Entstehen genommen und bezeichne die Erzeugung oder das Aufkeimen des Lebendigen; dann — in allgemeinerer Bedeutung — den Grund dieses Entstehens, das Prinzip der Bewegung in dem, in dem sie sich wesentlich und nicht akzidentell befindet — und das sei die Bestimmung des Aristoteles im zweiten Buch der Physik[70]; schließlich — in allgemeinster Bedeutung — bezeichne sie die „Natur", das „Wesen" einer Sache, und diese Bestimmung habe vor allem Boethius aufgegriffen, nach dem die Natur all das bezeichne, „was vom Intellekt auf irgendeine Weise begriffen werden kann"[71]. Die Bedeutung der Natur erweitert sich von ihrer konkreten Bestimmung, dem Prinzip der *generatio* des Lebendigen, auf ihre allgemeinste Bestimmung: das „Wesen" einer Sache, das zugleich als „Ziel" (*terminus*) der *generatio* erscheint. In diesem Sinne wird dann auch jede „Substanz" eine *natura* genannt, aber mit der Einschränkung, daß der Ausdruck „Natur" hier im Grunde nur „*secundum quamdam metaphoram et nominis extensionem*" gebraucht werde[72]. Als solche nämlich ist die Substanz nicht Natur, sondern hat sie als das Prinzip ihrer spezifischen Bewegung und Tätigkeit. Diese Einschränkung legt nahe, daß Thomas unter „Natur" das Entstehen und den Grund dieses Entstehens verstanden wissen will, die Quelle des Prozesses

---

[68] Expos. In Boeth. Trin. V, 1, ed. B. Decker, 166.
[69] STh III, 2, 1 c; I, 29, 1 ad 4; In Phys. II, 1 n. 145; In Metaph. V, 5 nn. 808—809; cf. dazu auch: Ludger Oeing-Hanhoff, Natur und Mensch bei Thomas von Aquin, in: Zeitschrift für katholische Theologie 101 (1979) 300—315.
[70] Cf.: In Phys. II, 1 n. 145: „*natura nihil aliud est quam principium motus et quietis in eo in quo est primo et per se et non secundum accidens.*"
[71] De ente et essentia, cap. 1, Ed. Leonina XLIII, 369 sq.
[72] In Metaph. V, 5 n. 823.

von etwas „aus etwas" (*ex aliquo*) „zu etwas hin" (*ad aliquid*)[73]. Das Entstehen des Nicht-Lebendigen kann insofern nicht eigentlich *natura* genannt werden[74], es bleibt daher auch zunächst zweifelhaft, inwiefern überhaupt die *essentia* eine *natura* sei, also das Prinzip der *generatio* in sich trage. Es ist noch nicht im vorhinein ausgemacht, daß die Natur die Wesensbestimmung einer Sache zum Ausdruck bringt und so eine metaphysische Dimension besitzt. Das wiederum kann sie nur unter der Voraussetzung, daß einerseits die Formbestimmtheit einer Sache das Prinzip der Natur in sich trägt, oder doch wenigstens ein der Natur vergleichbares Prinzip ist, und daß andererseits Seiendes durch die Form nicht gänzlich an ihm und in ihm selbst bestimmt ist, sondern seine „Natur" einen über sie hinausweisenden Aspekt in sich hat.

Nun „soll für uns" — so Aristoteles[75] — „Ausgangsgrundsatz" sein, daß das von Natur Seiende ein durch Bewegung Bestimmtes sei, „entweder Alles oder Einiges"; es gibt nämlich — so erläutert Thomas — manches, bei dem es zweifelhaft ist, ob es ein durch Bewegung Bestimmtes sei und auf welche Weise es sich bewege oder bewegt werde, wie z. B. die Seele, das Zentrum der Erde, die Himmelspole und die Formen der Naturdinge (*formae naturales*). Daß nun das von Natur Seiende ein durch Bewegung Bestimmtes sei, sich also bewege bzw. bewegt werde, ist offenkundig durch Induktion, die „methodische Erfahrung"; im übrigen sei es lächerlich, dies noch eigens beweisen zu wollen[76]. Es ist daher notwendig, in der Naturwissenschaft die Bewegung vorauszusetzen, wie es auch notwendig ist, die Natur vorauszusetzen, zu deren Wesensbestimmung (*definitio*) ja gehört, Prinzip der Bewegung zu sein. Das von Natur Seiende zu untersuchen bedeutet daher, das Wesen der Bewegung zu bestimmen. Die naturwissenschaftliche Betrachtung hat in der Bewegung ihren Ausgangspunkt und ihr Ziel. Besagt nun Erkenntnis eines Konkreten grundsätzlich Erkenntnis seiner Prinzipien[77], so hat sie das durch die Bewegung Bestimmte auf sein Prinzip, d. h. auf seine Natur hin zu untersuchen.

Entweder unterliegt nun alles der Bewegung oder nur einiges. Im ersten Fall wäre die Natur der Inbegriff alles Wirklichen, die Physik die „erste", grundlegende Wissenschaft. Im andern Fall ist sie das Prinzip der Unterscheidung und Ausgrenzung. Die Natur tritt hier sofort als Prinzip der Differenz auf: Es gibt unter allen Seienden einige, die von Natur her sind

---

[73] De principiis naturae, cap. 2, Ed. Leonina XLIII, 41; In Metaph. VII, 6 n. 1387.
[74] In Metaph. V, 5 n. 808. Klaus Oehler, Ein Mensch zeugt einen Menschen. Über den Mißbrauch der Sprachanalyse in der Aristotelesforschung, in: Antike Philosophie und byzantinisches Mittelalter. Aufsätze zur Geschichte des griechischen Denkens, München 1969, 95—145 hat gezeigt, daß Aristoteles' „eidos — Lehre" wesentlich in seinen naturphilosophischen und besonders biologischen Auffassungen gründet.
[75] Phys. I, 2. 185 a 12 ff (Übers. v. H. Wagner); In Phys. I, 2 n. 18.
[76] Phys. II, 1. 193 a 2—5; In Phys. II, 1 n. 148.
[77] Phys. I, 4. 187 b 12 f (Übers. v. H. Wagner).

und andere, die von anderen Ursachen her sind, z. B. durch Kunst (*ars*) oder Zufall (*casus*). Die „Gesamtheit des Seienden" läßt sich einteilen in die „Produkte der Natur und in die Produkte andersgearteter Gründe"[78]. Thomas nennt diese andersgearteten Gründe, nämlich Kunst (*ars, techne*) und Zufall (*casus, tyche*), und stellt so zugleich den Zusammenhang mit Platons Auffassung in Nomoi X her, die von denselben Gründen spricht und als Hintergrund der aristotelischen Naturtheorie dient[79]. Für Aristoteles wie auch für Thomas ist die platonische Erklärung der Bewegungsvorgänge und des Werdens in der sinnlich wahrnehmbaren Welt durch Rekurs auf die Partizipationsstruktur dieser Welt freilich nicht akzeptabel; das Werden eines konkreten Seienden wäre in dieser Hinsicht nur verstehbar, insofern es „von außen" durch die Ideen verursacht wird; das von Natur Seiende empfinge seine Bestimmungen, also auch die der Bewegung und des Werdens von außen, und ihm käme lediglich die passive Rolle der Eignung zu, die Ideen in sich aufzunehmen[80], was der offensichtlichen Struktur der Eigentätigkeit des von Natur Seienden widerspricht. Die platonische Auffassung gelangt danach nicht zu einem angemessenen Verständnis dessen, was es heißt, „von Natur her" im Unterschied zu dem, „von anderem her" zu sein. „Von Natur her" ist deshalb gerade jenes, dem die Natur als inneres Prinzip der Bewegung und Ruhe zukommt, und zwar nicht akzidentell, sondern wesentlich, *primo et per se*; wohingegen dem Artefakt, insofern es Artefakt ist, das Prinzip der Bewegung nicht innerlich, sondern nur von außen, zukommt, d. h. akzidentell, insofern es nämlich zudem noch „aus Stein oder Erde besteht". Aus der Entgegensetzung von Natur und Kunst wird deutlich, was Natur meint: das selbständige Anfangen, den Ursprung (*principium, arche*) von Bewegung und Ruhe in dem, in dem sie wesentlich ist. Insofern ist sie das „aktive Prinzip" (*principium activum*)[81] in dem von ihr her Seienden, das sich gerade als ein solches durch sie, und d. h. durch das Prinzip der Bewegung, Bestimmtes zeigt. Der Materie hingegen eignet die Rolle des „passiven Prinzips", da sie von sich her das ist, was bewegt wird. Die Natur wird so dem *principium formale* zugeordnet und das, was bewegt wird, dem *principium materiale*. Als Formalprinzip ist wiederum die Natur

---

[78] Phys. II, 1. 192 b 8 (Übers. v. H. Wagner); In Phys. II, 1 n. 142.
[79] In Metaph. VII, 6 n. 1381.
[80] Cf. etwa: Thomas von Aquin, De magistro (De ver. XI, 1 c). Thomas nennt in diesem Zusammenhang Avicenna und seine Lehre vom sog. *dator formarum*, der für die Veränderungsvorgänge in der sinnlich wahrnehmbaren Welt ursächlich ist; vgl. zu den unterschiedlichen Ansätzen des Avicenna und Thomas in bezug auf die Naturauffassung: James A. Weisheipl, O. P., Aristotle's Concept of Nature: Avicenna and Aquinas, in: Approaches to Nature in the Middle Ages. Papers of the Tenth Annual Conference of the Center for Medieval and Early Renaissance Studies, ed. by Lawrence D. Roberts, Binghamton/New York 1982, 137–160. Cf. auch: In Phys. II, 1 n. 143.
[81] In Phys. II, 1 nn. 143–144.

gerade nicht hervorbringend, kann so auch nicht als *causa efficiens* verstanden werden oder unter dem Titel eines „Motors", einer von außen wirkenden, antreibenden Kraft. Ein solches Verständnis setzte auseinander, was nach Thomas wesentlich zusammengehört: Form und Materie als konstitutive Prinzipien des konkreten, zusammengesetzten Seienden, dem „durch" die Natur der Charakter eignet, ein von Natur her Bestimmtes zu sein. Die Form kann daher auch nicht „Beweger" einer Bewegung sein; vielmehr ist sie als solche das Prinzip, die „Quelle" der Bewegung.

Insofern trägt die Natur den Gesichtspunkt des Prinzips bei sich[82]. Aus diesem Grunde ist sie auch nicht durch etwas „Absolutes", etwa als „Kraft in den Dingen" (*vis insita rebus*) zu bestimmen, sondern gleichsam als Gattung. Natur ist so „nur denkbar als Bestimmtheitsmoment an Gegenständen; sie ist selbst kein selbständiger Gegenstand"[83]. Sie ist — wie Thomas sagt[84] — das *principium quo*, Konstitutionsprinzip jenes Seienden, in dem sie wesentlich ist und welches sein Sein als *ens mobile*, das Bewegtsein nämlich, von ihr erhält. Sie ist daher auch zugleich das *subiectum*, als Materialprinzip, des von Natur Seienden und das *principium quo*, als Formalprinzip, durch das dieses aus Materie und Form Zusammengesetzte eben ein Bewegtes, ein durch das Prinzip der Bewegung, die Natur, Bestimmtes ist. An ihr selbst ist so die Natur gerade nicht ein Seiendes, sondern der „Weg ins Sein" (*via in esse*) und nach dem Verständnis von *generatio* der Weg in sie selbst (*via in naturam*)[85]. Insofern wird ein jedes durch die Natur bestimmte Seiende auch nur im Horizont der Natur als in dem ihm eignenden Wesen der Bewegtheit Stand haben; denn dadurch ist es gerade ein von Natur her Seiendes, daß die Natur in ihm das Prinzip seines Seins ist. Die Natur führt so das von ihr her Seiende nicht über es selbst hinaus in ein anderes, das nicht von ihr her wäre; sondern bringt es vielmehr zu ihm selbst zurück, in die ihm eigentümliche Wesensgestalt, die seine Natur ausmacht. Das konkrete selbständige Seiende, dessen die Natur als des Zugrundeliegenden bedarf und das im Modus der Bewegtheit von ihr sein Sein hat, „ist" daher selbst keine Natur, sondern „hat" sie als das zugrundeliegende Prinzip, als Materie nämlich, woraus es ist und als Form, in die hinein als in das Ziel die Bewegung des Werdens geschieht. Die Natur ist daher zugleich das letztlich Zugrundeliegende (*subiectum*) als

---

[82] In Phys. II, 2 n. 152: „*natura habet rationem principii*"; In Phys. II, 1 n. 145: „*nomen naturae importat habitudinem principii*"; cf. dazu: Jan Aertsen, Nature and Creature. Thomas Aquinas's Way of Thought, Leiden u. a. 1988 (= Studien und Texte zur Geistesgeschichte des Mittelalters, ed. A. Zimmermann, Bd. 21), 32, 76 sqq.

[83] Aristoteles, Physikvorlesung, übers. v. Hans Wagner, Darmstadt 1983 (= Aristoteles, Werke in deutscher Übersetzung, ed. H. Flashar, Bd. 11), 448; Thomas von Aquin, In Phys. II, 1 n. 145; Quodl. II, 2, ad 2 *(ad aliud vero quod in contrarium obiicitur)*.

[84] De pot. 2, 3 ad 6; In Phys. II, 2 n. 152; „*... compositum ex materia et forma, ut homo, non est ipsa natura, sed est aliquid a natura.*"

[85] In Phys. II, 2 n. 155; SCG I, 26: „*Generatio per se loquendo est via in esse*".

auch das Wesen dessen, das sie als konstitutives Prinzip der Bewegung besitzt, der Substanz, die durch sie ihr Sein im Modus der Bewegtheit hat, zu deren Wesen also gehört, ein Bewegtes zu sein[86]. Diese wiederum, deren „Sein von Natur ist", heißt dann eine „naturgegebene" (*secundum naturam*); aber auch alle anderen zusätzlichen Bestimmtheiten an ihr (*accidentia*), wie z. B. das Aufwärts Getragen Werden des Feuers, heißen „naturgegebene", obgleich sie keine Natur haben, wie die Substanz eine solche hat. Sie können daher als „natürliche" Bestimmtheiten nur angesprochen werden, sofern sie in der Substanz von einem solchen Prinzip, wie die Natur es ist, „verursacht" sind[87], d. h. ihr Sein in ihr haben.

Der von Thomas angeführte Gedanke der Differenz zwischen dem *ens per se*, der Substanz, und dem *ens in alio*, dem Akzidens, macht deutlich, daß die Natur zunächst nur in dem Horizont eines „durch sich" Seienden aufgesucht werden kann. Im eigentlichen Sinne ist Natur das Prinzip der *generatio* dieses „durch sich" Seienden, hinsichtlich der anderen Bewegungsformen ist sie es nur in abgeleitetem, nämlich durch die substantielle Veränderung vermitteltem Sinne. Nach dem Entstehungsgrund der Substanz fragen heißt, nach dem letzten ihr zugrundeliegenden Prinzip fragen, nach dem, was sie als dieses konkrete Ganze ins Sein gebracht hat. Hier liegt es nahe, an die Elemente, die letzten und also „elementaren Bausteine" der Naturdinge zu denken, an Feuer, Erde, Wasser und Luft – wie die „alten Naturphilosophen" (*antiqui naturales*), die einen solchen sinnlich wahrnehmbaren Körper als letztlich zugrundeliegenden Stoff (*prima materia*) annehmen, der selbst freilich jeder Prägung entbehren (*non formatum, arrythmiston*) muß, da ja aus ihm das Gestaltete entsteht; und zwar nach Art der Kunst – wie Thomas hinzufügt[88] –, durch die ja auch aus einem noch ungestalteten, aber doch schon wirklich seienden Material die Gestalt herausgestellt wird, jedoch als diese bestimmte Gestalt nicht schon im vorhinein Bestand haben und wirklich sein kann. In diesem Verstande wäre jedoch das durch Natur Gebildete nur ein akzidentelles; das von Natur Seiende akzidentelle Bestimmungen einer zugrundeliegenden materiellen Substanz; die Natur der Naturgebilde die Materie, aus der sie gerade bestehen. Die Prozessualität und das Entstehen und Vergehen des von Natur Seienden wären so nur denkbar als grenzenlose und doch nur beiläufige Wandlungsprozesse eines in stetiger Ruhe und Beständigkeit verharrenden Stoffes. Insofern wäre die Natur gerade nicht als Natur, d. h. als Prinzip der Bewegung und Ruhe verstanden.

---

[86] In Phys. II, 1 n. 146; STh I–II, 10, 1: „*Alio modo dicitur natura quaelibet substantia, vel etiam quodlibet ens. Et secundum hoc, illud dicitur esse naturale rei, quod convenit ei secundum suam substantiam. Et hoc est quod per se inest rei*".
[87] In Phys. II, 1 n. 147; De ente et essentia, cap. 6, Ed. Leonina XLIII, 380.
[88] In Phys. II, 2 nn. 149–150.

Freilich ist es richtig zu sagen, daß die Materie ein konstitutives Prinzip des von Natur Seienden ist, und als dessen Zugrundeliegendes das „Woraus" meint. Als dieses „Woraus" ist die Natur jedoch als reine Potentialität angesprochen, als jenes passiv Zugrundeliegende nämlich, das für eine prägende Gestaltung geeignet und offen ist. Die Materie als das „Woraus" läßt sich so jedoch nur in dem Verhältnis zu einem „Was" erfassen, durch das sie überhaupt solches sein kann, „woraus" etwas ist; an ihr selbst ist sie gerade nicht seiend und so auch nicht auf ihr Sein hin ansprechbar. Die Bedeutung der Natur auf das materiale Prinzip verkürzen hieße, sie nicht als Natur, als Prinzip der Bewegung und Ruhe in dem, in dem sie wesentlich ist, verstehen. Die Natur als Natur bleibt so recht eigentlich nur in dem „Was" erfaßbar, woraufhin das von ihr her Seiende als von ihr her Seiendes im Unterschied zu anderem Seienden allererst zu verstehen ist. „Durch" Natur ist daher jenes Seiende, in dem sich die Natur zu sich selbst bringt, sich in ihm verwirklicht und daher als das angesprochen werden kann, als „was" das konkrete Seiende ist, nämlich als ein von ihr wesentlich Bestimmtes. Insofern ist die Natur auch „mehr" das Formprinzip, durch das schließlich das konkrete Seiende das ist, was es ist und das sich kategorial auslegen läßt, als das Materialprinzip, das lediglich das „Woraus" meint, an ihm selbst aber sich jeder Erfaßbarkeit durch Begriffe entzieht; erfaßbar ist es nur in dem Verhältnis zu einem wesentlichen „Was", das die Materie gerade nicht als Materie trifft, sondern als das durch eine Form Bestimmte. „Von Natur her" wird man bei den Naturdingen daher auch nur sprechen können, sofern diesen eine Formbestimmtheit eignet, durch die sie in ihrem „Was" als Naturdinge ausgezeichnet sind. Natur meint so den Prozeß der Verwirklichung der Form und sie ist zugleich diese Form; denn *naturae est sibi simile generare* oder — wie das andere Philosophem lautet — *homo generat hominem*[89]. In dieser Bedeutung ist sie der Verwirklichungsprozeß des in ihrer Grenze als Möglichkeit Angelegten und zugleich ist sie diese Grenze und nicht ein gänzlich Ungeformtes. Der Prozeß des Übergangs von dem in ihr als Möglichkeit des konkreten Seienden Angelegten auf das hin, wozu das konkrete Seiende wird, ist zugleich zu verstehen als Verwirklichung dieser Möglichkeit am Seienden und insofern wesentlich das Herausstellen und Ausschöpfen dessen, was dieses sein kann, nämlich das eigentliche „Was" und „Umwillen" seiner Bewegtheit. Für Thomas, der hierbei Aristoteles folgt, wird so die Natur unter ihrer eigentlichen Bedeutung als *generatio* im Horizont der konstitutiven Prinzipien von Form und Materie ausgedeutet, wobei die Form als aktives Prinzip das „Mehr" gegenüber der Materie als dem passiven Prinzip ist.

---

[89] In Phys. II, 2 nn. 151—156; cf. auch: De ente et essentia, cap. 2, Ed. Leonina XLIII, 370: „*Per formam enim, quae est actus materie, materia efficitur ens actu et hoc aliquid*".

Die Natur umgreift so den ganzen Entstehungsprozeß eines konkreten Seienden, von seinem Ausgang bis zu seinem Abschluß, von seinem „Woraus" auf sein „Wohin" und „Was", das an ihm selbst wiederum das Prinzip der „Ruhe" besitzt, freilich nicht als Abwesenheit von Bewegung; denn das Wesen des von Natur her Seienden besteht ja gerade darin, durch die Natur seine Prägung und Wirklichkeit zu haben und das heißt: wesentlich bewegt und tätig zu sein. Das konkrete, von Natur her Seiende ist daher in seinem „Was" noch nicht zu seinem schlechthinnigen Abschluß gekommen, in seinem Wesen besitzt es noch den Aspekt und die Dimension des „Noch-Nicht-Seins", der *privatio* (*steresis*), die Aristoteles als das dritte Prinzip der Bewegung auffaßt und als eine noch-nicht-verwirklichte Formbestimmtheit am konkreten Seienden (*forma imperfecta*) eine reale Möglichkeit zu weiterer Vervollkommnung dieses Seienden darstellt. Insofern hat zwar das durch Natur Seiende in dem, „was" es ist, eine Vollkommenheit erreicht, diese zeigt sich aber im Grunde als eine noch unabgeschlossene, fähig zu weiterer Vervollkommnung[90]. Die *privatio* ist dafür das Prinzip; denn durch sie erfährt das konkrete Seiende eine Begrenztheit, die weiteren positiven Bestimmtheiten offen steht. Sie hält daher auch in der Entgegensetzung zur Formbestimmtheit das konkrete Seiende in Bewegung. Die Natur läßt sich in diesem Verstande nicht einfach als „Übergang" des der Möglichkeit nach zu einem der Wirklichkeit nach Seienden deuten; vielmehr ist sie dieser Übergang und als solcher trägt sie das Prinzip des *finis* (*telos*) in sich, der mit dem jeweiligen Abschluß der Bewegung nicht gleichgesetzt werden kann. „Ziel" des von Natur her Seienden ist daher auch nicht eine jeweils ihm zukommende Bestimmtheit, die sich ja im Verlauf etwa eines Wachstumsprozesses ändert, sondern das, wozu es von Natur her bestimmt ist, etwa Mensch zu sein. Natur ist daher von Hause aus beides: sowohl Prinzip der Bewegung als auch das in ihr sich zur Wirklichkeit bringende Ziel, nämlich das „Wesen" des von Natur Seienden als das durch die Form Bestimmte. Sie ist so wesentlich das Ganze von Prinzip und Prinzipiat im Unterschied zu den Kunstdingen, die als von einem anderen her Bestimmte ihren Ursprung nicht mehr erkennen lassen, sondern als abgeschlossene fertig dastehen. Natur ist im Gegensatz zu dem durch Kunst Seienden nicht in sich abgeschlossen; als das „Wesen", die „Natur" einer Sache ist sie Ursprung und Ziel des von ihr her Seienden und zugleich Prinzip des Tätigseins, des in Bewegungseins dieses Seienden. Das von Natur Seiende trägt so durch die ihm von Natur aus, also spezifisch zukommenden Tätigkeiten und Bewegungsformen die Dimension der Offenheit an sich; läßt sich in seinem Wesen nicht auf eine durch Natur jeweils zustande gekommene Bestimmtheit festlegen. Entsprechend kann dann auch die Natur nicht das Ganze des Seienden ausmachen; sie

---

[90] De ente et essentia, cap. 2, Ed. Leonina XLIII, 371: *„Contingit autem in rebus ut quod habet unam perfectionem, ad ulteriorem etiam perfectionem pertingat"*.

ist nur „eine Gattung des Seienden"[91], nämlich diejenige, die durch sie als Prinzip der Bewegung und Ruhe wesentlich geprägt wird.

Die Natur als eine Gattung des Seienden bestimmen bedeutet, sie aus dem Gesamt des Seienden nach dem Gesichtspunkt der Bewegtheit dieses Seienden auszugrenzen; zugleich stellt sie aber auch das Prinzip der Art des Seins dieses Seienden dar und ist als Bestimmtheitsmoment an dem von ihr her Seienden dessen „Natur", die wiederum durch den Begriff erkannt wird. Dennoch handelt es sich in der Physik nicht um eine Auslegung der Weisen, wie wir über die Natur sprechen, sondern um die Offenlegung eines wesentlichen Seinsverhältnisses, nämlich des von Natur Seienden im Sein der Bewegtheit. Die Physik ist in dieser Hinsicht keineswegs — wie Wolfgang Wieland das besonders den mittelalterlichen Aristotelesinterpreten unterstellt[92] — von der Metaphysik als „erster Philosophie" her bestimmt; sie ist nicht eine aus den Prinzipien der Metaphysik abgeleitete Wissenschaft der Naturdinge; ebensowenig ist sie auch nicht nur ein Bemühen, das „vorreflexive und vorprädikative Bewußtsein" von der Natur „unter" Begriffe zu bringen und sprachlich zu klären. Das ist weder die Absicht des Aristoteles noch die des Thomas. Es zeigt sich vielmehr in der Analyse des Naturbegriffs, so wie sie Thomas nach Aristoteles vorführt, daß sich die Natur als Prinzip der Bewegung und Ruhe nicht auf das „Woraus" der Bewegung beschränken läßt, sondern wesentlich und „mehr" noch das „Um-willen" und „Was" des von ihr her Seienden meint und so im Horizont einer dann freilich nur durch die Metaphysik zu bestimmenden Lehre vom Seienden als solchen und seinen Bestimmungen auslegbar ist. Dadurch nun, daß sie als das „Wesen" des von ihr her Seienden ansprechbar ist, trägt sie selbst den Verweis auf die Metaphysik, in der nicht mehr einschränkend das von Natur Seiende untersucht wird, sondern das Seiende als Seiendes; sie zeigt sich so als überschreitbar. Diesen Überschritt von der Betrachtung des von Natur Seienden zur Betrachtung des Seienden als solchen kann wiederum nicht die Physik leisten. Dazu bedarf es einer metaphysischen Betrachtungsweise, die solches in Blick nimmt, das sich einer naturwissenschaftlichen Betrachtung prinzipiell entzieht.

Nun kann man die Auffassung vertreten, daß ein solcher Überschritt verzichtbar sei; mehr noch, daß er sich im Grunde verbiete, da er zu der Entgegensetzung von Natur und „Übernatur" führt, aus der wiederum keine Erkenntnisse über das von Natur Seiende gewonnen werden können, da dem Menschen eine Einsicht in das Wesen dessen, das sich seiner unmittelbaren Erfahrungswirklichkeit entzieht, versagt sei. Man könne, ja müsse sogar eine Physik ohne Metaphysik treiben. Richtig an dieser Auffassung ist, daß sie die Selbständigkeit der Physik als Wissenschaft des

---

[91] Aristoteles, Metaph. IV, 3. 1005 a 34.
[92] Wolfgang Wieland, Die aristotelische Physik, Göttingen 1970 (2. Aufl.), 8, 18 ff.

ens mobile und die Unabhängigkeit ihrer Prinzipien und ihres begrifflichen Instrumentariums von der Metaphysik vertritt. Aristoteles und mit ihm in noch entschiedener Weise Thomas[93] teilen diese Ansicht. Insofern jedoch jene Auffassung impliziert, daß die Möglichkeit der Metaphysik mit dem Argument auszuschließen sei, in der Analyse des von Natur Seienden zeige sich keine Dimension des Seiendseins, die einen solchen Überstieg rechtfertige, trifft sie nicht das von Thomas in diesem Zusammenhang Gemeinte. Die Physik zeigt sich ja gerade deshalb überschreitbar, weil ihr Gegenstand, das von Natur Seiende, nicht vollständig in dem aufgeht, als was es als Seiendes sein kann. Der Begriff des Seienden erfüllt nicht seine volle Bedeutung in dem Begriff des von Natur Seienden. Das von Natur Seiende als eine Gattung des Seienden setzt vielmehr den vollständig erfüllten Bedeutungsgehalt des Seienden als Seienden voraus. Unter diesem Gesichtspunkt wird die Metaphysik zu einer Wissenschaft als Reflexion auf die Voraussetzungen menschlicher Erfahrungserkenntnis.

Da nun die menschliche Erkenntnis von der Erfahrung ihren Ausgang nimmt — denn „unser Verstand erkennt im gegenwärtigen Zustand nichts ohne eine Vorstellung (*phantasma*)"[94] —, wird zuvor die Wirklichkeit dieser Erfahrung wissenschaftlich, d. h. in der Physik, ausgelegt werden müssen. Die vor der Vernunft sich zu rechtfertigende und vom Menschen betriebene Wissenschaft (*philosophia humana*) dessen, was ihm vor der Hand liegt, betrachtet wiederum ihren Gegenstand nicht unter einem erfahrungsüberschreitenden Gesichtspunkt, etwa der Hinordnung des geschaffenen Seienden auf Gott, sondern insofern er ein solcher ist, z. B. das Feuer insofern es Feuer ist, und was ihm aufgrund seiner eigenen Natur zukommt, z. B. daß es dem Feuer zukommt, nach oben zu steigen[95]. Der Philosoph wird daher seine Beweisgründe aus den den Dingen eigenen Ursachen nehmen. Im ganzen folgt dann auch seine wissenschaftliche Erkenntnis einer anderen Ordnung als die der *doctrina fidei*, denn „in der Lehre der Philosophie, die die Geschöpfe an sich selbst betrachtet und von ihnen zur Erkenntnis Gottes hinführt, werden zuerst die Geschöpfe betrachtet und zuletzt Gott". Die Metaphysik wird in diesem Sinne von einer bestimmten Erfahrungswirklichkeit geprägt, welche hier die Erfahrung des Wissens von der Natur ist. Sie wird damit zu einem wesentlichen Teil ein Wissen von der Natur, von jener Wirklichkeit nämlich, die das Gesamt dessen darstellt, das dem Menschen in der Erfahrung gegeben werden kann, einschließlich jener Erfahrung, die der Mensch mit seinem eigenen Denken macht.

---

[93] Cf.: SCG I, 3: „*Quod cognoscere naturam creaturarum valet ad destruendum errores qui sut circa Deum*"; cf. auch: SCG III, 69: „*De opinione eorum qui rebus naturalibus proprias subtrahunt actiones*".

[94] SCG III, 41 § Quia ergo quidam. STh I, 84, 7 c.

[95] Dazu und zum folgenden: SCG I, 4.

Erfahrungen wiederum sind vielfältig, abhängig von Menschen und ihren geschichtlichen Erfahrungslagen. Entsprechend gibt es dann auch nicht die Metaphysik als das geschlossene System von Erkenntnissen einer erfahrungsunabhängigen Wirklichkeit, sondern eine Vielzahl von Metaphysiken, die jeweils verschiedene Antworten auf solche Erfahrungslagen darstellen. Bei Johannes Duns Scotus ist es die Erfahrung, die das wissenschaftliche Denken mit sich selbst gemacht hat: „Seiendes" ist nicht das durch den Akt des Seins Bestimmte, sondern die „Washeit", der das Sein zukommen kann; Metaphysik Wissenschaft vom Begriff des „Seienden als solchen" und den ihm zukommenden Bestimmungen; nur so nämlich läßt sich nach Duns Scotus das Problem einer theologischen Deutung der Metaphysik vermeiden. Bei Thomas von Aquin hingegen ist es die Erfahrung eines unmittelbaren Zugangs zu Aristoteles: Seiendes als das durch den Akt des Seins Bestimmte ist zugleich das eigentliche, durch sich Seiende, die Substanz, auf die wir sehend hinweisen können. Es ist jene Wirklichkeit, die uns in der Erfahrung begegnet. Das verbindende Band zwischen Physik und Metaphysik als Reflexion auf solche Erfahrungslagen ist hier die Natur. Sie hat ihr Sein in dem um eines Zieles willen Tätigen: *natura agit propter finem* ist die gängige Formel für die Zielbestimmtheit des von Natur Seienden. Die Frage nach der Natur ist so die Frage nach dem Grund der Tätigkeit des von ihr her Seienden, das seine Wirklichkeit in dem „Um-willen" seiner Tätigkeit, d. i. seines Seins besitzt.

Die Natur ist nicht grundlos tätig; in ihr geschieht nichts ohne Grund, d. h. durch blinden Zufall; denn „mag... der Zufall noch so sehr Grund des Weltalls sein, lange vor ihm sind notwendigerweise das Denken und die Natur der Grund für viele andere Dinge und für dieses Seinsganze"[96]. Das von Natur Seiende ist so unter jenes Ziel, das „Um-willen" seiner Tätigkeit gestellt, das für Aristoteles mit der Natur selbst zusammenfällt; denn die Natur ist hier das Ziel. Für Thomas hingegen ist es dies auch, aber es steht zugleich unter dem Denken einer Vernunft, die es dazu bestimmt, daß es das seiner spezifischen Natur entsprechende Ziel verwirklicht. Was daher für den Menschen Natur und so von ihm unabhängig ist, ist von Gott her das aus ihm Hervorgegangene und so durch Kunst[97]. Das von Natur Seiende ist vom „göttlichen Verstand, in dem alles so ist wie alle Kunstwerke im Verstand des Künstlers, gemessen"[98] und in bezug auf den die Natur betrachtenden menschlichen Verstand „maßgebend". Hier ist die Natur das Maß und zugleich das den menschlichen Verstand zur Erkenntnis der Wahrheit hin bewegende Prinzip. Der Mensch ist so

---

[96] Aristoteles, Phys. II, 6. 198 a 10−14 (Übers. v. H. Wagner).
[97] In Phys. II, 14 n. 268: „*Unde patet quod natura nihil est aliud quam ratio cuiusdam artis, scilicet divinae, indita rebus, qua ipsae res moventur ad finem determinatum*"; cf. auch: Dante Alighieri, Monarchia I, cap. 3 n. 2.
[98] De ver. I, 2 c.

durch die Betrachtung der Natur in ein Verhältnis zu ihr gestellt, das auf den Grund seines eigenen Seins verweist.

Insofern der Intellekt — so hält Thomas fest[99] — sein Verhältnis zu dem erkennt, was außerhalb seiner und von ihm unabhängig ist, erkennt er die Natur seines eigenen Akts, die wiederum nur erkannt wird, sofern die Natur des tätigen Prinzips, des Intellekts selbst, erkannt wird. In der Betrachtung dessen, was unter dem Maß des göttlichen Verstandes steht, geht der menschliche Verstand gewissermaßen aus sich hinaus, um in dem Ganzen der Natur diese und sich selbst als Grund dessen zu haben, was er selbst und das von Natur Seiende jeweils ist. In der Erkenntnis des durch ihn auf sein Sein hin kategorial auslegbaren Seienden gewinnt er seine eigene Natur zurück. Seiendes auf sein Sein hin auslegen bedeutet aber, es auf seine Natur, d. i. auf seinen Ursprung hin auslegen, durch den es das ist, was es ist. Die durch den Begriff zu leistende Erkenntnis des Wesens verweist daher auf den Ursprung; die Betrachtung der Natur auf ein letztes Prinzip, in dessen Erkenntnis der menschliche Verstand zu sich selbst kommt. Der Verstand geht in der Betrachtung dessen, was er nicht ist, aus sich selbst hinaus, um sich in der Erkenntnis der Natur als in dem Ursprung selbst zu haben und zu sich zurückzukehren. Gerade diese reflexive Struktur der Vernunft legitimiert eine über den begrenzten Ausschnitt des von Natur Seienden hinausgehende Betrachtung, für welche die Physik und damit die Erkenntnis der Natur der Leitfaden ist. Die Vernunft ist so fähig, sich in ihrer Reflexion nicht nur zum Abschluß zu bringen, sondern auch ihre eigenen Voraussetzungen zu bedenken und auf den Anfang zu gehen. Die Metaphysik ist so die wissenschaftliche Weise dieser Reflexion auf das den Anfang des Denkens Gründende.

---

[99] De ver. I, 9 c.

Metaphysica II

Motus est intrinsece aliter et aliter se habere
Die Zuständlichkeit der Natur als Konsequenz des ursprünglich praktischen Weltverhältnisses des Menschen

GERHARD KRIEGER (Bonn)

Der zitierten Definition zufolge faßt Johannes Buridanus Bewegung als einen Momentanzustand; anzunehmen, daß dieser, einmal erzeugt, weiterdauert, bis er durch äußere Kräfte zerstört wird, stelle deswegen, so A. Maier, nicht mehr als eine logische Folgerung dar. Weil Buridan aber unangetastet lasse, daß jede Bewegung einen Beweger benötigt, habe er diese Konsequenz, d. h. den Trägheitsgedanken nicht gefaßt.[1]

Unbestreitbar ist, daß Buridan am aristotelischen Grundprinzip der Bewegung „festhält"; ebenso, daß dieser Grundsatz als Grundlage der Dynamik mit dem Gedanken der Trägheit unvereinbar ist. Denn vom letztgenannten Standpunkt aus ist „zur Fortdauer einer geradlinigen Be-

---

[1] Diese Auffassung hat die genannte Autorin immer wieder geäußert, etwa im Zusammenhang der Erörterung der zitierten Bewegungsdefinition in: Zwischen Philosophie und Mechanik (Studien zur Naturphilosophie der Spätscholastik V), Rom 1958, 133 sq. Darin und in der darauf beruhenden Kritik an P. Duhems These von der Vorwegnahme des Trägheitsgedankens bei Buridan, cf. etwa in: Études sur Léonard de Vinci, Bd. III: Les précurseurs parisiens de Galilèe, Paris 1913, 214 sqq, und in: Le Système du Monde, Bd. VIII, Paris 1958, 328 sqq. ist ihr die Forschung gefolgt; stellvertretend dafür sei genannt J. Sarnowsky, Die aristotelisch-scholastische Theorie der Bewegung. Studien zum Kommentar Alberts von Sachsen zur Physik des Aristoteles, Münster 1989, 400 sqq. (= BGPhThM NF 32). Die genannte Bewegungsdefinition findet sich in Buridans Kommentar zur Aristotelischen Physik, der nach der Ausgabe Paris 1509, Nachdruck Frankfurt a.M. 1964 zitiert wird, im Zusammenhang seiner Auseinandersetzung mit dem Ockhamschen Bewegungsbegriff l. III, q. 7: *„Quaeritur, utrum motus localis est res distincta a loco et ab eo, quod localiter movetur."* Auf den näheren Kontext dieser Stelle wird im Folgenden noch eingegangen werden, cf. dazu weiter unten Anm. 34 und die entsprechenden Ausführungen im Text. Zu den literaturhistorischen Fragen bzgl. dieses und der übrigen Werke des Buridan cf. die entsprechenden Ausführungen bei B. Michael, Johannes Buridan: Studien zu seinem Leben, seinen Werken und zur Rezeption seiner Theorien im Europa des späten Mittelalters, Berlin (Diss. FU) 1985. Die folgende Skizze zum Bewegungs- und Naturbegriff des Buridanus und seiner „praktischen" Grundlegung beruht auf meinen Untersuchungen der Metaphysik und Physik dieses Autors im Rahmen meiner Habilitationsschrift: Weltbeherrschung statt Weltbetrachtung. Das Prinzip des Wandels der Theorie als Prinzip der Transformation der Metaphysik (Buridanus—Tartaretus—Galilei—Kant) Bonn 1990.

wegung mit konstanter Geschwindigkeit überhaupt keine Kraft erforderlich ..., und eine solche Bewegung (stellt) einen Zustand und keinen Prozeß" dar.² Dem entspricht aus Sicht der aristotelischen Physik zum einen die Unterschiedenheit von bewegender Kraft und dadurch bewirkter Bewegung; zum anderen erzeugt eine widerstandslos wirkende Kraft „keine sukzessiv erfolgende Bewegung, sondern eine instantane Ortsveränderung", also „eine mutatio, aber keinen motus."³

Doch ist es wirklich konsequent, aus der Kennzeichnung von Bewegung als bloßer Zuständlichkeit bei gegebener, sie verursachender Kraft auf die Permanenz der Bewegung zu schließen? Oder müßte die Folgerung nicht vielmehr lauten: Ist Bewegung als solche bloße Zuständlichkeit, erhält sich eine durch eine Kraft definierte bestimmte Bewegung so lange, wie sie nicht durch äußere Kräfte zerstört wird? Ließe sich in bezug auf diesen Unterschied zwischen der Bewegung als solcher und dem (bestimmten) bewegten Körper nicht sagen, daß die bewegende Kraft „von außen" bewegt, ohne doch als „Teil" vom Bewegten verschieden zu sein? Kann diese „äußere" Kraft dann noch etwas anderes sein als die „Masse" dieses Körpers selbst?

So gesehen reicht im besonderen Fall einer sich widerstandslos vollziehenden Bewegung, die die scholastischen Autoren in der Himmelsbewegung kennen, eine unendlich kleine (aber immer endliche) Kraft dazu aus, erstgenannte zu verursachen; es ist also keine (zusätzliche) Kraft erforderlich, einen (einzelnen) permanenten Bewegungszustand zu erhalten.⁴ Dies

---

² M. Jammer, Art. Impetus, in: HWP Bd. IV, Darmstadt 1976, Sp. 261.

³ A. Maier, Zwei Grundprobleme der scholastischen Naturphilosophie (Studien zur Naturphilosophie der Spätscholastik II), Rom ²1951, 224; zum erstgenannten Einwand 226. A. Funkenstein, Some remarks on the concept of Impetus and the determination of simple motion, in: Viator. Medieval and Renaissance Studies 2 (1971), 329–348, macht sowohl diesen wie den im Sinne der klassischen Mechanik vorgebrachten Einwand geltend.

⁴ Darauf, daß Buridan als erster diese Folgerung tatsächlich zieht, hat A. Maier bereits aufmerksam gemacht, in: Zwischen Philosophie und Mechanik, l.c. (wie Anm. 1) 223 sq. Aus dem Umstand, daß Buridan am Ende dieser Diskussion feststellt, es sei absurd, daß eine „*in infinitum parva potentia*" die Himmel bewegen könne, hat die genannte Autorin den Schluß gezogen, Buridan habe die infrage stehende Folgerung, „die der Auffassung der modernen Mechanik absolut richtig ist und deren Anerkennung die Entdeckung des Trägheitsprinzips bedeutet hätte", dann doch nicht gezogen, l.c. 236. In Wirklichkeit aber bezieht sich Buridan mit seiner Feststellung nur auf das zweite Teilglied der Disjunktion nicht-willentlicher, „mechanisch" wirksamer und willentlicher Verursachung der Himmelsbewegung. Unbestritten bleibt demnach die Möglichkeit einer unendlich kleinen, aber endlichen und nicht-willentlichen Verursachung, die Buridan mit dem Beispiel einer Fliege veranschaulicht. Im einzelnen bin ich auf die betreffenden Ausführungen Buridans in der neunten Quaestio des vierten Buches seines Physikkommentars in der genannten Habilitationsschrift eingegangen. Im übrigen wird der hier diskutierte Bewegungsbegriff seinerseits im Blick auf die Himmelsbewegung, genauer die des ersten oder äußersten Himmels eingeführt, cf. dazu weiter unten Anm. 34 und die betreffenden Ausführungen im Text.

heißt erstens, von der ursprünglichen Bewegungszuständlichkeit anzunehmen, daß sie ausgedehnt ist, damit bestimmte Bewegung möglich ist. Denn machte man die skizzierte Annahme nicht, müßte Instantaneität folgen. Zweitens verliert Natur ihre Bedeutung als von sich aus oder ursprünglich bestimmte und strukturierte Größe. Denn wenn jede Bewegung eines Naturgegenstandes nur möglich ist auf der Grundlage ursprünglicher Ausgedehntheit und Zuständlichkeit, dann ist Natur als solche über die bestimmte Ausdehnung oder Masse des Naturgegenstandes hinaus nichts anderes als diese ursprüngliche Zuständlichkeit oder, dynamisch ausgedrückt, Bewegtheit und Bewegbarkeit. Auf dieser Grundlage bewegt sich jeder Naturkörper selbst kraft seiner Masse und nicht aufgrund einer „äußeren Bewegungsverursachung" durch einen von ihm verschiedenen Bewegenden.

Damit wird nicht einfach Duhems These von der Vorwegnahme des Trägheitsgedankens bei Buridan wiederholt. Denn daß dieser am aristotelischen Grundprinzip der Dynamik „festhält", bedarf einer Erklärung, die (wie angedeutet) zeigt, daß er deswegen nicht in Widerspruch zur These von der Selbstbewegung gerät. Diese Erklärung soll im weiteren in vier Schritten erfolgen; und zwar ist zum einen auf die historischen und systematischen Bedingungen dieser Lösung einzugehen. Zweitens ist auf allgemeine Weise zu beschreiben, was sich im besonderen in der in Frage stehenden Lösung ausdrückt. Drittens wird diese Lösung im Blick sowohl auf die beiden genannten dynamischen Grundprinzipien wie auf die entsprechende Grundlegung kategorialer Bestimmungen erläutert. Abschließend werden die Folgen dieser Antwort in der Kosmologie betrachtet.

I

Auszugehen ist von der scotischen Theologie und Metaphysik, näherhin von der durch den „praktischen" Charakter der Theologie bedingten Infragestellung der Sinnerfülltheit der „Praxis" der Theorie. „Praktisch" ist die Theologie, weil sie in Gott einen Gegenstand hat, dem gegenüber seiner Singularität und Einzigartigkeit wegen der Mensch sich in rechter Weise nicht allein erkennend zu verhalten vermag. Hinzu muß die Liebe als die diesem Gegenstand angemessene Praxis treten. Einerseits wächst dadurch die Bedeutung der Metaphysik; denn die Theologie ist als Wissenschaft auf die metaphysische Erkenntnis des *ens infinitum* bezogen. Andererseits stellt gerade dies die Sinnhaftigkeit der Theorie selbst in Frage. Denn die Metaphysik erfaßt das *„primum obiectum notum"* nur in der Allgemeinheit des Begriffs des „unendlichen Seienden". Dadurch verweist sie von sich auf jene allein der (Offenbarungs-) Theologie offenstehende Erkenntnis Gottes als des höchsten und letzten Guten *„in particulari"*. Weil also der durch sein Objekt bestimmte Vollzug wegen der Allgemeinheit eben dieses Objekts selbst keine unmittelbar praktische Bedeutung besitzen kann,⁵ verliert er seine humane Sinnhaftigkeit und Glücksmöglichkeit.

Zu den Bedingungen jenes Schritts, der seinerseits den infragestehenden Bewegungs- bzw. Naturbegriff zur Folge hat, zählt demnach insbesondere folgendes:⁶ Angesichts der scotischen Theologie, die im Sinne der Analytica posteriora strenge Wissenschaftlichkeit und gleichzeitig unmittelbar praktische Bedeutsamkeit beansprucht, stellt sich zum einen die Frage: Wie ist eine Theorie spezifisch menschlicher Praxis möglich, die weder als Betrachtung eines allgemeinen Guten ohne wirklich praktische Bedeutung bleibt noch als Betrachtung des einen und höchsten Guten, das Gott ist, theologischen Charakter trägt? Gefordert ist demnach eine philosophische Theorie, der als Wissenschaft Notwendigkeit und Allgemeinheit zukommen und die gleichzeitig unmittelbar auf ein spezifisch menschliches Tun bezogen werden kann. Insofern der skizzierte Modus der Erkenntnis bei Scotus mit der „Unmittelbarkeit der Metaphysik" verbunden ist,⁷ wird auch Buridan bei seiner Lösung Unmittelbarkeit in Anspruch nehmen müssen. Weder darf dadurch das notwendige und allgemeine Bestimmtsein des Zugrundeliegenden dieser Erkenntnis ausgeschlossen sein, noch darf diese Bestimmtheit die direkte praktische Bedeutsamkeit des Erkannten verhindern. Bezogen auf die gesuchte Praxis lautet Buridans Problemstellung: Wie kann der Wille als unbedingt gedacht werden, ohne dabei auf den Schöpfer- und Heilsgott als sein Objekt zu rekurrieren?

Außer auf Scotus ist Buridan historisch gesehen noch auf die aristotelische Differenzierung von Theorie und Praxis verwiesen. Auf diesem Hintergrund stellt sich Buridan die Aufgabe, der aristotelischen Höherbewertung der Theorie vor der Praxis Rechnung zu tragen. Angesichts des scotischen Willensbegriffs kann er dazu jedenfalls nicht mehr auf die immanente Zielhaftigkeit einer allgemein menschlichen Natur rekurrieren.

---

⁵ Cf. Duns Scotus, Ord. prol. p 5 q. 1—2 nn. 301—302, ed. Vat. I 198 sq.; cf. dazu und zum scotischen Verständnis der Theologie als praktischer Wissenschaft sowie zum angesprochenen Verweisungszusammenhang von Theologie und Metaphysik: L. Honnefelder, Ens inquantum ens. Der Begriff des Seienden als solchen als Gegenstand der Metaphysik nach der Lehre des Johannes Duns Scotus (BGePhThM NF 16) Münster 1979, 9—46; J. H. J. Schneider, Thomas Hobbes und die Spätscholastik, Bonn (Diss.) 1986, 357—403; N. Hartmann, Philosophie und Theologie nach Johannes Duns Skotus, in: Wiss. Weis. 43 (1980), 196—212.

⁶ Ausführlicher und unter Bezug auf die entsprechenden Texte und die einschlägige Literatur habe ich mich dazu geäußert in: Die Stellung und Bedeutung der philosophischen Ethik bei Johannes Buridanus, in: Medioevo 12 (1986), 131—195, insbesondere 131—141.

⁷ Cf. dazu im einzelnen W. Kluxen, Die Originalität der Skotischen Metaphysik. Eine typologische Betrachtung, in: Regnum Hominis et Regnum Dei. Acta Quarti Congressus Scotistici Internationalis, Roma 1978, 304—313 (= Studia scolastica-scotistici 6); die skizzierte Kennzeichnung dort 307.

Auf dem genannten aristotelischen Hintergrund spitzt sich deswegen die skizzierte Problemstellung der philosophischen Begründbarkeit willentlich bestimmter Praxis für Buridan auf die beiden Fragen zu: Verdankt sich die Praxis der Theorie selbst einer praktischen Einsicht, d. h. einem entsprechenden Wollen? Und läßt sich dieses Wollen anders denn durch ein von Natur aus bestehendes Streben begründen?

Buridan antwortet auf die letzte Frage, daß das Wollen des Guten ausschließlich vermittelt, nämlich durch die erste, die Freiheit des Willens begründende Erkenntnis zustande kommt (*„non est immediate ab natura, sed mediante cognitione ... voluntas, quae est libera mediante cognitione prima"*).[8] Die Erkenntnis des Guten als solchen kann somit in nichts anderem als der ursprünglichen und allein rationalen Selbstbejahung des Willens bestehen. Das Gute überhaupt besteht demnach im Bestimmtsein gemäß der Form der Notwendigkeit und Allgemeinheit oder der des Wissens, d. i. in der Freiheit.[9] Und entsprechend kann es Bestimmtheit als erkannte nur geben

---

[8] Kommentar zur aristotelischen Metaphysik, Paris 1588 (1518), Nachdruck Frankfurt a.M. 1964, Fol 5 vb: *„appetitus animalis est, qui inclinat ad bonum vel apparens bonum mediante cognitione illius boni ... et non oportet credere, quod iste appetitus animalis sit omnino naturalis: quia hoc non esset bene credere: appetitus enim animalis per ipsam animam, quae est natura ipsius animalis, non est praeter naturam et per consequens naturalis. Sed non est consuetum illum vocari naturalem; quia non est immediate ab ipsa natura, sed mediante cognitione, et non est vis faciendo quomodo vocetur, quia nomina significant ad placitum."* Fol 6 va: *„... voluntas, quae est libera mediante cognitione prima ..."*

[9] Zum Freiheitsbegriff und zum entsprechenden Begriff der praktischen Vernunft cf. außer den in Anm. 6 genannten Beitrag meine Untersuchung zum Begriff der praktischen Vernunft bei Johannes Buridanus, Münster 1986 (= BGPhThM NF 28). Zum angesprochenen Zusammenhang von Reflexivität, Freiheit und Begründung des Guten seien hier zwei Texte aus Buridans Kommentar zur Nikomachischen Ethik Super decem libros ethicorum, Paris 1513, Nachdruck Frankfurt a.M. 1968 zitiert; der erste betrifft Buridans Definition der Freiheit, der zweite die Begründung des Guten als Ziel; aus dem erstgenannten Zusammenhang stammt im übrigen auch der unter Anm. 13 zitierte, den Primat der praktischen Vernunft formulierende Text:
Fol 205 va: *„libertate oppositionis agens dicitur libere agere, quia, cum agit aliquid, non praenecessitatur agendum illud per quodcumque aliud vel aliorum quorumcumque concursum. Sed omnibus entibus eodemmodo se habentibus sicut se habent, quando incipit agere praeter ipsammet actionem et sic manentibus, possibile est, ipsum non agere ... Hac libertate voluntas est libera, et nulla alia potentia est magis libera quam voluntas, et velle et nolle, id est volitio et nolitio, sunt primi actus, quorum sumus domini secundum istum modum libertatis et dominii ..."* Fol 207 va: *„dicendum est directe ... de libertate oppositionis ..., quod anima liberius producit actum volendi quam actum intelligendi, quia actum volendi primo et immediate producimus libere tamquam secundum se libere elicitum, actum autem intelligendi non producimus libere nisi consecutive tamquam libere imperatum. Et ideo actum intelligendi libere producimus propter libere producere actum volendi, per quem illum imperamus et propter unumquodque tale et illud magis."*
Fol 121 vb: *„sciendum, quod intellectus recte iudicat de fine, saltem quoad communem rationem per eius naturam absque ratiocinatione. Secunda hanc iudicii rectitudinem sequitur naturaliter rectitudo appetitus respectus illius finis. Tertio ex eo, quod ad finem tendit appetitus, intellectus movetur ad ratiocinandum, ut inquirat ea, quae ad illum finem valent. Per appetitum igitur finis determinatur intellectus ad ratiocinandum."*

nach Maßgabe dieser strengen Form des Wissens. Denn Erkenntnis ist ihrerseits nur dann ein Gut, sofern sie gewollt, d. h. gemäß eben der genannten Form zustande kommt. Ja, Erkenntnis oder Wissen wird selbst zum maßgeblichen Moment allen Wollens und Handelns. Denn Gutsein heißt, gemäß der Form der Notwendigkeit und Allgemeinheit wollen.

Dementsprechend kann Buridan auf der einen Seite von Vorrang der praktischen vor der theoretischen Vernunft mit dem normierenden Charakter der erstgenannten begründen: da die praktische Vernunft in dieser Weise für alle menschlichen Handlungen zuständig ist, gilt dies auch von der theoretischen Erkenntnis.[10] Ebenso kann man unter Voraussetzung dieses Primats der praktischen Vernunft von einer natürlichen Neigung zu Erkenntnis und Wissen sprechen; denn „natürlich" meint nichts anderes, als das menschliche Gute zu erstreben. Und dies kommt nur vermittels der praktischen Erkenntnis des Guten, kraft der Selbstbejahung des Willens zustande.[11]

Am Ende wird damit Selbsterkenntnis im Sinne der Reflexivität zum schlechthin guten und vollkommenen Tun. Denn diese Erkenntnis liegt in der Selbstbejahung des Willens allem übrigen Wollen und Handeln zugrunde. Sie ist also auch bei jener Betrachtung vorausgesetzt, der es um die theoretische oder philosophische Erkennbarkeit des Guten geht; d. i. jene Gestalt oder Sinnhaftigkeit der Theorie als solcher, die durch die scotische praktische Theologie in Frage gestellt wird. Diese Erkenntnis ist von strenger Allgemeinheit und Notwendigkeit und zugleich unmittelbar praktisch bedeutsam; dann sie hat zum Gegenstand, was sich ausschließlich und ursprünglich rational bestimmt und zugleich jeder Praxis als gewollter zugrunde liegt. Demzufolge bezieht Buridan die um ihrer selbst willen vollzogene Theorie, d. h. *sapientia* oder Metaphysik auf eben dieses Tun und begründet damit ihren Vorrang von der *prudentia*. Denn erstens, so heißt es, ist Selbsterkenntnis und Reflexivität ein schlechthin gutes und vollkommenes Tun und deswegen von der um eines anderen Guten willen vollzogenen Praxis unterschieden. Und zwar gilt dies unter Voraussetzung der Vermitteltheit des Guten sowohl vom göttlichen wie vom menschlichen Tun. Gegenstand dieser Selbsterkenntnis ist das Wollen als solches, Reflexivität meint Selbstbejahung des Willens.

Zweitens ist die auf die Selbstbejahung des Willens bezogene Erkenntnis ihrerseits reflexiver und als solche streng wissenschaftlicher Natur. Sie setzt zwar den Primat der Praxis oder der Freiheit voraus, da sie als

---

[10] Kommentar zur aristotelischen Metaphysik, l.c. Fol 3 rb—vb: „*ita est, quod intellectus practicus est nobilior et melior: quid probatur: quia intellectus practici est praecipere de omnibus actibus humanis: ergo eius est praecipere intellectui speculativo, quod speculetur ... nego, quod practicus praecipiat speculativo: sed temperatis passionibus et indigentiis repletis intellectus speculativus sine alterius praecepto speculetur. Ad hoc enim est naturaliter inclinatus. ...*"

[11] Fol 5 vb: „*Naturalis dicitur, quia inclinat in suum bonum ...*".

gewollte ursprünglich um der Freiheit willen geschieht. Doch ist ihr deswegen zugleich allgemeines und notwendiges Bestimmtsein oder Wahrheit als Ziel vorgegeben. Dementsprechend handelt es sich bei dem betreffenden Verhältnis um Erkenntnis um ihrer selbst willen oder um Theorie. Und eben dieses Verhältnis liegt in bezug auf die Selbstbejahung des Willens vor, da dieser Gegenstand nichts anderes ist als notwendiges und allgemeines Bestimmtsein. An die Stelle der scotischen Metaphysik als Ontologie und Transzendentalwissenschaft tritt bei Buridan die Metaphysik der Freiheit.[12]

Im Interesse der Wahrung des Vorrangs oder „Glücks" der Theorie gelangt Buridan also zu einer Begründung derselben, die diese ausschließlich „praktisch" legitimiert. Buridan kann deswegen feststellen: „Klugheit und moralische Tugend sind im normativen Sinne auf die theoretische Einstellung hingeordnet"; soweit ließe er sich — wenn auch nur mit Einschränkungen — aristotelisch verstehen. Diesen Rahmen verläßt er aber endgültig, wenn er fortfährt: „und diese" d. h. die theoretische Einstellung ist „auf die Vollendung des Willens oder der praktischen Vernunft hingeordnet" („*Actus prudentiae et actus virtutum moralium secundum principalem finem ordinati sunt propter habitus speculativos, qui iterum habitus speculativi ordinantur vel propter voluntatem perficiendam vel etiam propter intellectum practicum perficiendum*").[13]

II

Daraus ergibt sich allgemein der Gedanke der methodischen Konstitution des Gegenstandes der Wissenschaft, physikalisch der des Experiments. Denn wenn Theorie oder Wissenschaft ausschließlich „praktisch" begrün-

---

[12] L.c. Fol 3 rb—va: „*dico, quod metaphysica sive sapientia est omnium virtutum intellectualium optima et nobilissima ... Conclusionem istam probo: consideremus deum, cuius duo sunt opera, unum speculativum, scilicet intelligere et contemplari seipsum: alterum practicum ... modo constat, quod deus multo magis potest argui optimus ex illo opere speculativo quam ex illo opere practico: quoniam ex illo opere speculativo est simpliciter bonus et perfectus nullo alio indigens ... Igitur per simile homo dicitur simpliciter melior et nobilior ex contemplatione dei et super caelestium, quae est per metaphysicam, quam ex actibus humanis ad corpora nostra vel ad vicinos, de quibus est prudentia: ideo sapientia simpliciter est melior. Secundo arguitur sic: ... oportet concedere, quod prudentia ordinatur finaliter ad ipsam metaphysicam vel e converso: sed metaphysica non ordinatur finaliter ad ipsam prudentiam: quoniam metaphysica est summe speculativa: et finis speculativae non est nisi speculari veritatem ... igitur prudentia ordinatur finaliter ad ipsam metaphysicam.*"
Die analoge Begründung des Vorrangs der Metaphysik aufgrund ihres göttlichen Gegenstandes gilt aufgrund des Vorrangs der Freiheit. Denn da Natur als Basis des Vorrangs der Theorie ausscheidet, vermag Freiheit eine gegenstandsbezogene Vorrangigkeit der Metaphysik zu begründen, die in analogem oder übertragenem Sinne auch für die Betrachtung Gottes gilt.

[13] Super decem libr. ethic., l.c. (cf. Anm. 9), Fol 127 vb.

det ist, kann etwas im strengen Sinne nur gewußt werden, wenn es der Form seines notwendigen und allgemeinen Bestimmtseins nach erst hervorgebracht, d. h. auf methodischem Wege „hergestellt" wird. Denn einerseits höbe eine vorgängige Begründetheit dieser Form — sei es in Gestalt der scotischen *natura communis*, sei es in Gestalt wesenhafter Bestimmtheit auf seiten des erfahrbaren Naturgegenstandes — das „praktische" Fundament des Wissens, d. i. die Freiheit auf. Andererseits kann sich dieser nur um den Preis der Aufhebung ihrer Endlichkeit auch die inhaltliche Bestimmtheit oder das Gegebene selbst verdanken.

Stehen sich aber, so läßt sich einwenden, auf diese Weise der sich selbst bestimmende Wille auf der einen Seite und Natur auf der anderen Seite nicht völlig unvermittelt gegenüber? Bedarf es nicht doch einer kategorialen Struktur, um Erfahrung „machen" zu können? Wie aber, so lautet die Gegenfrage, kann diese Struktur begründet werden, wenn die Form des Wissens allein „praktisch", durch die Bestimmtheit des Willens normativ begründet bleiben soll?

Mit der Beantwortung dieser beiden Fragen läßt sich auf allgemeine Weise sagen, was im Besonderen der Fall ist, wenn Buridan auf der Grundlage des Trägheitsgedankens und ohne Widerspruch am aristotelischen Grundprinzip der Dynamik festhält. Und zwar besagt die Antwort, daß Buridan die Frage nach der für alle bestimmte Erfahrung bereits vorauszusetzenden Kategorialität und ihrer Begründung umgeht. Dies wiederum geschieht, indem er Metaphysik aus dem Feld der Wissenschaft ausgrenzt und methodisch Unmittelbarkeit und Gültigkeit der Erfahrung in bezug auf ihre Inhaltlichkeit unterstellt. Die objektive Gültigkeit des physikalischen Wissens beruht dann zum einen darauf, daß in der ihrerseits immer schon zugrunde gelegten Freiheit das Kontradiktionsprinzip oder die Form des Wissens selbst vorgegeben und begründet ist; zum anderen kommt das auf Erfahrung beruhende Wissen zustande, indem es eben als Wissen nach Maßgabe dieser Form „hergestellt" wird.

In zugespitzter Weise vermag Buridan dies zum Ausdruck zu bringen, indem er zum einen Bezug nimmt auf den scotischen Gedanken der „*quiditas*" und zum anderen auf die aristotelische Lehre der Subalternation der Wissenschaften. Im ersten Punkt greift Buridan, so läßt sich zusammengefaßt sagen, einen zentralen Gesichtspunkt der scotischen Metaphysik auf; letztgenannte richtet nämlich auf diese Weise die metaphysische Betrachtung auf „Strukturprinzipien washeitlicher Art",[14] d. h. auf Bestimmtheiten wie die „*humanitas*" und „*equinitas*". Im besonderen zeigt sich das

---

[14] W. Kluxen, Die Originalität der Skotischen Metaphysik, l.c. (wie Anm. 7), 308. Zu diesem Punkt ferner die in Anm. 5 genannte Arbeit Honnefelders sowie das betreffende Literaturreferat von W. Kluxen, Johannes Duns Scotus, in: G. Fløistad (Ed.), Contemporay philosophy. A new survey, Vol 6. Philosophy and Science in the Middle Ages, Dordrecht/Boston/London 1990, 387–397, hier: 389 sq.

bei der Gegenstandsbestimmung der Metaphysik, dem scotischen Verständnis des „*ens inquantum ens*": Metaphysik hat es nämlich nicht mit einem einzelnen und herausgehobenen Gegenstand, dem ausgezeichnet Seienden zu tun, sondern mit ersten, formal gefaßten Bestimmtheiten, insbesondere mit der „Seiendheit" (*entitas*). Mit dem Hinweis auf die aristotelische Lehre ist wiederum die Frage nach der Einheit des Wissens und der Wissenschaften aufgeworfen.

Buridan stellt zunächst fest, daß nicht die Metaphysik, sondern die anderen Wissenschaften die Washeiten betrachten.[15] Diese Aussage wird dann dahingehend eingeschränkt, daß die Einzelwissenschaften nicht selbst die Washeiten zu beweisen haben. Vielmehr setzen sie die betreffende Erkenntnis aufgrund eines übergeordneten Wissens voraus; oder aber sie gewinnen sie aufgrund empirischer Verfahren (*ex operationibus sensibilibus*).[16]

Buridan gesteht also auf der einen Seite zu, daß die Einzelwissenschaften die Erkenntnis washeitlicher Bestimmtheit voraussetzen. Andererseits spricht er von der Möglichkeit derartigen Wissens als Resultat einzelwissenschaftlichen Vorgehens. Dieser Gegensatz löst sich auf, wenn man die zuvor skizzierte Unterscheidung zwischen dem Kontradiktionsprinzip als Form des Wissens auf der einen Seite und dem nach Maßgabe dieser Form zustande kommenden Erfahrungswissen auf der anderen Seite zugrunde legt. Näherhin besteht die Auflösung darin, daß in den Einzelwissenschaften diese Form des Wissens immer schon vorausgesetzt wird, wenn sie auf methodischem Wege zu Erkenntnis gelangen. Diese Voraussetzung ist ihrerseits Gegenstand jenes „metaphysischen" Wissens, das sich auf die in der Selbstbejahung des Willens zugrunde liegende allgemeine und notwendige Form des Bestimmtseins richtet. In den Einzelwissenschaften kann es dann allerdings keine wirklich quiditative Erkenntnis geben. Denn deren Form ist entweder vor aller vom Gegenstand ausgehenden Bestimmung der Erkenntnis bereits vorausgesetzt; oder aber es handelt sich nicht um Erkenntnis. Die nämlich kommt als solche, d. h. ihrer Form nach nur als gewollte zustande und ist deswegen nicht durch den Gegenstand bedingt.

Diese Lösung wahrt zum einen die Aussage, daß Washeitlichkeiten nicht Gegenstand der Metaphysik sind. Denn jene Erkenntnis der Metaphysik der Freiheit hat keine Washeitlichkeit, sondern allein deren Form zum Gegenstand. Auf diese Weise wird zugleich die Einheit des Wissens und

---

[15] Kommentar zur aristotelischen Metaphysik, l.c. (wie Anm. 8). Fol 32 vb: „*Quaeritur ..., utrum sola metaphysica considerat quiditates rerum. Arguitur primo quod non: immo quod aliae scientiae considerant quiditates.*"

[16] L.c. Fol 33 ra: „*Oppositum arguitur per Aristotelem in principio huius sexti dicentem, quod nulla scientiarum specialium facit mentionem, scilicet per demonstrativam inquisitionem de quod quid est: immo si illae scientiae speciales utuntur illo, quod quid est in demonstrando aliquas passiones, ipsae accipiunt tale, quod quid est supponendo a scientia superiori quiditates vel etiam aliqualiter capiunt ipsum per aliquas coniecturationes ex sensu: hoc est dictu ex operationibus sensibilibus.*"

der Wissenschaften der Form nach begründet, nicht aber ein deduktiver Zusammenhang allen Wissens seinem Inhalte nach gefordert.

Buridan spricht denn auch der einzelwissenschaftlichen Erkenntnis ihren quiditativen Charakter ab; zugleich grenzt er die Metaphysik aufgrund der Einheit des Wissens aus dem Feld der Wissenschaft aus: Er stellt zuerst die Zuständigkeit der Physik für die Wesenserkenntnis des gesamten bewegbaren Seienden fest.[17] Er unterstreicht ferner, daß die Einzelwissenschaften das Wesen ihrer Gegenstände nicht gemäß dem Begriff der Washeitlichkeit betrachten.[18] Infolgedessen gilt von der wissenschaftlichen Betrachtung überhaupt, daß sie im strengen Sinne keine Wesensbetrachtung ist. Also zählt die Metaphysik, wenn sie denn eine solche Betrachtung anstellt, nicht zur Wissenschaft.[19]

Buridan vermag diesen Gedanken der methodischen Konstitution des Gegenstandes der Erfahrungswissenschaft ebenfalls mit Hilfe der Unterscheidung der demonstratio quia und der demonstratio propter quid zum Ausdruck zu bringen. Und zwar wird auf der einen Seite für das physikalische Wissen ein deduktiv-nomologischer Zusammenhang beansprucht, der vermittels der demonstratio propter quid zustande kommt. Da dieses Wissen andererseits nur auf dem Wege der Erfahrung gewonnen werden kann, betrifft der genannte Anspruch letztlich nur die Apriorität der Form der genannten Verbindung, d. h. die Form der Gesetzmäßigkeit des physikalisch Gewußten.[20] Dieser Form muß auch bei der Schlußfolgerung

---

[17] L.c. Fol 33 ra—b: „quiditates omnium rerum bene considerat naturalis vel saltem omnium rerum quiditates, ut evitetur logica obiectio: quia physica considerat homines, bruta et lapides et etiam mobilia tam motu circulari, sicut sunt corpora caelestia, quam motu recto, sicut sunt ista inferiora, et tamen unumquodque istorum non aliud est quam sua quiditas, ut suppono ad praesens. Igitur quiditates rerum considerat naturalis."

[18] L.c. Fol 33 rb: „nulla specialis scientia considerat quiditates rerum secundum rationes simpliciter quiditativas, nisi forte hoc sit supponendo a superiori scientia."

[19] L.c.: „Ex quo sequitur ..., quod nulla scientia considerat quiditates rerum: differt enim dicere ‚quiditates cinsiderat' et ‚considerat quiditates', quia dictum alias, quod talia verba ‚scio, cognosco, considero etc.' faciunt praedicatum a parte post positum appellare rationem, a qua sumitur tale praedicatum. Et ideo virtute sermonis sequitur ‚considerat quiditates, igitur considerat eas secundum rationes, secundum quas dicuntur quiditates', sed sic non sequitur, si dico ‚quiditates considerat', et sic, cum iam dictum sit ..., quod nulla scientia specialiter considerat quiditates secundum illas rationes, secundum quas dicuntur quiditates, sequitur simpliciter, quod nulla considerat quiditates, et tunc infero ..., quod sola metaphysica considerat quiditates rerum."

[20] Bereits A. Maier hat gezeigt, daß bei Buridan Naturfinalität, d. h. das „agere propter finem der entia naturalia ... durch die natürliche, gewissermaßen mechanische Determiniertheit ihres transeunt-kausalen Wirkens" ersetzt wird, in: Metaphysische Hintergründe der spätscholastischen Naturphilosophie (Studien zur Naturphilosophie der Spätscholastik IV), Rom 1951, 273—335, das Zitat 316 sq. Dem liegt wiederum zugrunde die Zurückführung dieser Form der Naturgesetzlichkeit auf die methodische Gewinnung der Naturerkenntnis, was methodologisch von Buridan in den im weiteren genannten Texten zu Beginn seiner Physik reflektiert wird; auf diese Texte und diesen Punkt ist A. Maier nicht eingegangen. Daß dieser Schritt erst von Buridan und nicht schon von Ockham getan wird, ergibt sich zumindest negativ in bezug auf letztgenannten aufgrund der

einer demontratio quia entsprochen werden, soll anders nicht mehr von Wissen gesprochen werden können. Einheit des Wissens und Unterschiedenheit der beiden demonstrationes sind zu wahren, sofern die demonstratio quia die Feststellung des Gegebenseins eines Inhaltes betrifft. Dessen notwendiges und allgemeines Bestimmtsein oder die Wahrheit der entsprechenden physikalischen Aussage beruht auf einer demonstratio propter quid, d. h. auf dem „Hergestelltsein" oder der methodischen Konstitution dieses Inhaltes im Experiment.

Buridan macht dies auf folgende Weise ausdrücklich: Er spricht zunächst davon, daß man die zu beweisende Schlußfolgerung vor den und ohne die betreffenden Prämissen zu bilden vermag. Andererseits ist das Wissen um die Prämissen der Grund des Wissens der entsprechenden Schlußfolgerung. Der damit behauptete deduktive Zusammenhang des Wissens betrifft aber nur dann auch dessen Inhaltlichkeit, ohne seine Erfahrungsbezogenheit zu leugnen, sofern es sich um einen gemäß der Form der Notwendigkeit und Allgemeinheit gebildeten Tatbestand handelt. Dies wiederum heißt, zwischen der apriorischen Form des Wissens und der aposteriorischen Feststellung des Gegebenseins eines bestimmten Inhaltes zu unterscheiden. Und im Sinne dieser Differenz werden demonstratio propter quid und demonstratio quia gegenübergestellt.

Eine demonstratio propter quid liegt vor, so heißt es, wenn jenes „Mittel" (*medium*), welches das Gegebensein eines Beweises bedingt, zugleich das in der Konklusion Bezeichnete verursacht. Dieses „Mittel" stellt ein jeder mittlerer Terminus dann dar, wenn er mit Notwendigkeit und Allgemeingültigkeit prädiziert werden kann. Jenes „Mittel" ist also nichts anderes als eben diese Form des Wissens, kraft der die Prämissen eines Beweises als solche fungieren. Und die Verursachung des in der Konklusion Bezeichneten kann auch nur diese Form der Bestimmtheit betreffen; riefe man nämlich das Bezeichnete in seinem Gegebensein (oder seiner „Existenz") hervor, beseitigte man dessen Endlichkeit zugunsten des Hervorbringens von notwendig und allgemein Bestimmten. Ist also die Form des Wissens bei aller einzelwissenschaftlichen Erkenntnis immer schon vorausgesetzt, erfolgt in der demonstratio quia nur die Feststellung eines bestimmten Gegebenen; denn anders, d. h. im Falle eines die Gegebenheit als solche betreffenden Verhältnisses handelte es sich nicht mehr um eine Feststellung, sondern um ein Hervorbringen im ursprünglich-schöpferi-

---

Untersuchungen G. Leibolds zu Ockhams Finalitätslehre in: Zum Problem der Finalität bei Wilhelm von Ockham, in: Ph Jb 89 (1982), 346–383, das folgende Zitat dort 372. Zum einen sind es Bedenken hinsichtlich der Autorschaft Ockhams bezüglich der Werke, in denen Naturfinalität weitgehend ausgeschaltet wird. Doch selbst wenn man diese Bedenken zurückstellt: Die Ausschaltung des Finalitätsgesichtspunkts blieb durchaus mit einer Metaphysik der Zwecke vereinbar, da zumindest nach dem Ockham der Quodlibeta „die natürlichen Dinge insgesamt als auch die mit Intellekt begabten Lebewesen ‚in prima cognitione' ... von Gott ihren Zweck ‚vorausgesetzt' erhalten."

schen Sinne. Und ein derartiges Verhältnis wäre ebenfalls nur um den Preis der Aufhebung aller endlichen Bestimmtheit des Hervorbringenden, d. h. des Menschen möglich.[21]

An dieser Stelle stellt sich die Frage nach der kategorialen Vermittlung der Form des Wissens und der Begründung dieser Kategorialität; oder besser: es zeigt sich, daß diese Frage bisher nicht beantwortet ist. Denn über den aufgewiesenen Zusammenhang zwischen der „praktischen" Begründung der Einheit des Wissens in der Metaphysik der Freiheit und der Ausgrenzung der Metaphysik als Ontologie aus dem Feld der Wissenschaft hinaus muß auf eine aller Erfahrung vorausliegende, aber nicht erfahrungsjenseitige, „metaphysische" Ebene rekurriert werden, um kategoriale Bestimmtheit begründen zu können. Indem Buridan Metaphysik aus dem Bereich der Wissenschaft ausschließt, unterläßt er genau diesen Schritt. Die aufgeworfene Frage wird also umgangen. Da alle inhaltliche Bestimmtheit des Wissens nicht anders denn durch Erfahrung zugänglich wird, kann Buridan diese wegen der fehlenden Begründbarkeit ihrer kategorialen Strukturiertheit nur als unmittelbar gültig unterstellen. In der Konsequenz betrifft dies wegen des angezeigten Mangels letztlich nur das bloße Gegebensein des Erfahrbaren.

Auf diesem Hintergrund erscheint der Zusammenhang zwischen jener anfänglich zitierten Bewegungsdefinition einerseits und Buridans Festhalten am aristotelischen Grundprinzip der Dynamik andererseits im neuen Licht. Und zwar ist dieser Zusammenhang Ausdruck und Folge dieser prinzipiell „praktischen" Begründung von Theorie und Wissenschaft und deren fehlender kategorialen Vermittlung. Zum einen wird es in der angedeuteten Weise mit dem Trägheitsgedanken verträglich anzunehmen, daß eine bestimmte Bewegung (und nicht Bewegung als solche) nur so lange dauert, bis sie durch äußere Kräfte zerstört wird. Denn auf der Grundlage von Gegebenheit als solcher oder bloßer, ursprünglicher Zu-

---

[21] Kommentar zur aristotelischen Physik, l.c. (wie Anm. 1), Fol 6 ra—b: „*non oportet praemissas esse causas conclusionis, quia potest conclusio formari ante praemissas et sine praemissis, immo etiam saepe ponitur conclusio probanda antequam probetur et antequam sit aliqua praemissarum. Ideo nec in esse nec in fieri dependet a praemissis. Secunda conclusio est, quod in omni demonstratione sive quia sive propter quid scientia praemissarum est causa scientiae conclusionis vel etiam scientiae praemissarum sunt causae scientiae conclusionis ... Sed tunc est ibi dubitatio, cum enim in omni demonstratione scientia praemissarum sit causa scientiae conclusionis et in nulla demonstratione praemissae sunt causa conclusionis, quomodo igitur differunt abinvicem demonstratio quia et demonstratio propter quid. Respondetur, quod quando medium, per quid fit demonstratio, significat causam eius, quod significatur per conclusionem, tunc est demonstratio propter quid, et si converso, tunc est demonstratio quia est, vel quando taliter se habent res, quod inde sunt vere illae praemissae et in taliter se habendo res, quod conclusio est vera, tunc est demonstratio propter quid et econverso est demonstratio quia est.*"
Es liegt an dieser Stelle auf der Hand, daß Buridan das Existenzprädikat als „reales", d. h. als objektiv gültiges ausschließt. Im einzelnen bin ich auf diesen Punkt im Rahmen meiner Habilitationsschrift eingegangen.

ständlichkeit (d. h. des Zustandes bloßer Bewegtheit und Bewegbarkeit) reicht eine unendliche kleine (aber immer endliche) Kraft wie die einer Fliege aus, einen durch eben diese Kraft definierten Bewegungszustand zu erzeugen; und es bedarf darüber hinaus keiner zusätzlichen Kraft, diesen Bewegungszustand zu erhalten. Allerdings stellt sich dann auch die Frage nach zumindest prinzipiell, d. h. kategorial faßbaren Grenzen bestimmter Bewegung. Gleichzeitig vermag Buridan aufgrund seines skizzierten Erfahrungsverständnisses ohne Widerspruch am aristotelischen Grundprinzip der Dynamik festzuhalten. Denn wenn er die unmittelbare Gültigkeit der Erfahrung unterstellt, muß er das fragliche Prinzip zumindest in seiner faktischen Geltung nicht anzweifeln. Und die skizzierte Frage nach einer mit der Annahme bloßer Zuständlichkeit kompatiblen Kategorialität wird in dem Maße um so dringlicher, wie die unterstellte, unmittelbare Gültigkeit der Erfahrung zweifelhafter erscheint. Im dritten Abschnitt sollen also die Konsequenzen der „praktischen" Grundlegung der Form des Wissens und seiner daraus resultierenden methodischen Gewinnung für den Zusammenhang der zitierten Bewegungsdefinition und Buridans Festhalten am aristotelischen Grundprinzip der Bewegung näher aufgezeigt werden.

III

Dieser Zusammenhang läßt sich folgendermaßen kennzeichnen: An die Stelle des Prinzips der „äußeren Bewegungsverursachung" tritt das der Selbstbewegung der Naturkörper. Das unmittelbare, phänomenale Erfahrungsverständnis erlaubt aber, am erstgenannten Grundsatz dem Wortlaut nach, nicht jedoch „prinzipiell" festzuhalten. Infolgedessen „kritisiert" Buridan die dem aristotelischen Grundsatz entsprechende „wirkliche" Erfahrung durch die „mögliche", nämlich experimentelle Erfahrung der Selbstbewegung der Naturkörper kraft ihrer Masse. Am letztgenannten Punkt stellt sich schließlich jene Frage nach der kategorialen Vermittlung der methodisch gewonnenen Erfahrungserkenntnis.

Allgemeiner oder prinzipieller betrachtet (*universalius*) handelt es sich bei „äußerer Bewegungsverursachung" demnach um Selbstbewegung.[22] Me-

---

[22] Kommentar zur aristotelischen Physik, l.c., l. VII q. 1, Fol 103 va: „*Quaeritur, utrum omne, quod movetur, movetur ab alio, vel quaestio formari potest universalius, scilicet utrum aliquid potest agere in seipso vel etiam pati a seipso.*" Buridan führt zu Beginn einige Argumente zur positiven Beantwortung an, auf die er sich dann zu Beginn des corpus articuli zur Begründung der ersten conclusio beruft, die die These von der Selbstbewegung bejaht: „*Prima est: quod idem potest agere in seipsum et movere seipsum vel per se vel per accidens vel mediate vel immediate, et hoc probant expresse rationes, quae adductae fuerunt in principio quaestionis.*" Die beiden Möglichkeiten sind hier nicht alternativ, sondern disjunktiv und bejahend gemeint: Allein durch sich selbst und unmittelbar ist der Wille zur Selbstbewegung in der Lage, auf akzidentelle und mittelbare Weise die Naturkörper, nämlich auf der Grundlage jener ursprünglicher Zuständlichkeit und deswegen im Sinne einer Ortsbewegung.

thodisch gesehen kommt es zum einen darauf an nachzuweisen, daß der erstgenannte, aristotelische Grundsatz auf einer demonstratio quia beruht; und in dem Maße, wie der betreffende Tatbestand mit Hilfe der These von der Selbstbewegung erklärt und auf experimentelle Weise „hergestellt" zu werden vermag, kann diese wiederum als empirisch bestätigt und ihres allgemeineren Charakters wegen als grundlegendes dynamisches Prinzip gelten.[23] Der Sache nach bedeutet dies folgendes: Der entscheidende Einwand gegen die Selbstbewegungsthese besagt, daß der sich selbst bewegende Gegenstand aus einem sich bewegenden sowie einem unbewegten und bewegbaren „Teil" zusammengesetzt sein müßte; phänomenal entspricht dem der Hinweis auf die Ruhelage eines Körpers bzw. auf die erforderliche „äußere Bewegungsverursachung".[24] Demgegenüber ist Ruhe als Zuständlichkeit oder als dynamisches Moment zu verstehen. Ruhe steht deswegen für Buridan nicht im strikt konträren, sondern bloß privativen oder relativen Gegensatz zur Bewegung; sie steht logisch gesehen im subalternen Verhältnis zur Zuständlichkeit aller Bewegung und bleibt demzufolge bei deren anfänglich genannter Definition unberücksichtigt.[25]

Im Lichte also des Begriffs der Bewegung als Momentanzustand betrachtet fällt bestimmte Bewegung nicht von vornherein unter die Alternative von Selbstbewegung oder äußerer Bewegungsverursachung. Dem Gegenstand ist vielmehr in seiner Masse ein „Teil" oder Prinzip immanent, welches bewirkt, daß er im Zustand der Ruhe so lange verharrt, wie dieses

---

[23] L.c. l. VII, q. 2, Fol 104 va–b: „*Sed tunc de controversia Commentatoris et beati Thomae, scilicet utrum illa demonstratio Aristotelis* (gemeint ist die das aristotelische Grundprinzip der Dynamik begründende, näherhin das dafür entscheidende Argument der Nichtteilbarkeit eines Bewegten, cf. die folg. Anm.) *sit demonstratio quia vel propter quid. ... Argumentum videtur esse a posteriori, sicut bene dicit Commentator, quia aliquid inesse alicui per se et primo est causa, quod non removetur ab eo propter remotionem ab aliquo alio, prout possumus imaginari causam et causatum.*" Buridan gibt an dieser Stelle nicht nur den Hinweis auf den bloß empirischen Charakter des fraglichen aristotelischen Prinzips. Zugleich verweist er in dem Hinweis auf Averroes auf die Erklärung der betreffenden Erfahrung durch die „mögliche", nämlich experimentelle Erfahrung der Selbstbewegung der Naturkörper.

[24] L.c. (wie Anm. 22): „*Et Aristoteles in octavo huius volens probare immobilitatem primi motoris dicit, quod moventis seipsum aliud aut primi movet aliud aut movetur. Sic arguitur etiam, quod grave non movetur ex se, quia non potest dividi in partem per se moventem et aliam partem per se motam.*" Die entsprechenden aristotelischen Überlegungen finden sich im fünften Kapitel des achten Buches der Physik.

[25] L.c. Fol 50 va: „*Et iterum numquam habitus debet describi per privationem sibi oppositam, sed oportet, quod fiat e converso. Sed iste terminus quiescere est privatio opposita huic termino moveri. Ergo mala est descriptio dicens et declarans quid nominis moveri, quod moveri sit aliter et aliter se habere ad quiescens. Nam loco huius termini quiescens ponemus descriptionem, tunc omnino idem terminus describitur per seipsum, scilicet sic: moveri est aliter et aliter se habere ad illud quod est aptum moveri et non movetur. Et hoc est manifeste inconveniens.*"

„Teil" oder Prinzip in seiner „von außen" wirkenden Kraft nicht verändert wird.[26]

Entsprechend der Reduzierung des fraglichen aristotelischen Grundsatzes auf eine bloß empirische Feststellung bedarf freilich auch die Selbstbewegungsthese einer erfahrungsbezogenen Bestätigung. Sie erfolgt im bekannten Experiment mit dem Blasebalg. Im Ergebnis zeigt sich nämlich, daß Buridan dieses Experiment nicht nur durchführt, um entsprechend der Tradition gegen Ockham die Selbständigkeit des Momentes der Ausdehnung zu beweisen. Darüber hinaus macht Buridan auf diese Weise gegenüber der traditionellen Auffassung deutlich, daß sowohl die Veränderbarkeit wie die Nichtveränderbarkeit des Volumens eines Gegenstandes nicht durch seine Wesensform bedingt ist. Dementsprechend fungiert allein die Masse als Bewegungsprinzip. Denn da derselbe Körper unter gleichen Bedingungen im einen Falle dem Volumen nach veränderbar, im anderen Falle aber nicht veränderbar ist, kann die Veränderbarkeit bzw. Nichtveränderbarkeit nicht einer Wesensform zugeschrieben werden; denn diese müßte die Veränderbarkeit immer oder zumindest in den meisten Fällen gewährleisten. Da der Gegenstand also dem Volumen nach veränderbar ist, ohne seine Gestalt zu verlieren, verhindert im einen Fall nichts anderes als die Ausdehnung die Veränderung; und im anderen Fall ist sie doch das, was veränderbar ist. Also gibt es Ausdehnung als selbständiges Moment, und folglich fungiert die *„quantitas materiae"*, d. h. Masse als alleiniges Bewegungsprinzip.[27]

In kategorialer Hinsicht heißt dies, die Elementarformen als letzte und grundlegende Aufbaustücke der Naturkörper zu negieren;[28] ferner, Sub-

---

[26] L.c. (wie Anm. 23): *„licet totum quantitativum non posset esse sine suis partibus quantitativis, non propter hoc oportet, quod totum dependeat ex suis partibus quantitativis, licet in aliquo genere causandi. ... Et quamvis concederetur, quod motus totius dependeret ex motibus partium suarum, non arguitur sic: motus totius dependet ex motibus partium, ergo totum non movetur per se et primo, quia sic inferretur, quod licet movetur per se et primo sive ab alio sive a seipso, quod non intendit Aristoteles. Sed Aristoteles videtur sic arguere: moveretur moveri a seipso, si moveretur a quodam alio, scilicet a parte, ergo illud totum non movetur a se per se et primo."*

[27] Dieses Experiment und die entsprechenden Texte sind bereits ausführlich bei A. Maier, Metaphysische Hintergründe der spätscholastischen Naturphilosophie (cf. Anm. 20), 141–223, zu Buridan insbesondere 209–217, vorgestellt worden; die Autorin hat allerdings die über den Nachweis der Ausdehnung hinausreichende Bedeutung dieses Experiments übersehen, was sich u. a. auch darin zeigt, daß sie Buridans kritische Haltung der traditionellen Auffassung gegenüber zwar sieht und erwähnt, aber nicht einzuschätzen und zu interpretieren vermag. Im einzelnen bin ich auf diese Texte in meiner erwähnten Habilitationsschrift eingegangen.

[28] Daß dies bei Buridan geschieht, hat bereits A. Maier angemerkt, in: An der Grenze von Scholastik und Naturwissenschaft, (Studien zur Naturphilosophie der Spätscholastik III) Rom ²1952, 138. Allerdings hat sie auch hier den Zusammenhang mit Buridans Bewegungs- und Naturverständnis nicht gesehen.

stantialität durch Quantität zu ersetzen bzw. damit zu identifizieren.[29] Buridans Beweisführung führt damit streng genommen nur zu negativen Resultaten; und im letztgenannten Punkt fehlt eine auf dieser Grundlage aufbauende Kategorialität. Auf diesem Hintergrund ergibt sich deswegen im Blick auf die Kritik, die das Blasebalg-Experiment bei Buridans Schülern, etwa bei Albert von Sachsen, gefunden hat, folgende Vermutung: Hier wird im Sinne des Hinweises auf die erforderliche Kategorialität geltend gemacht, daß Buridan zwar die Unveränderbarkeit von (bestimmter) Ausdehnung bewiesen, aber noch nicht die Bestimmtheit ihres Ausmaßes erklärt hat. So verstanden, hat Buridan in den Augen seiner Kritiker zwar die Funktion der Masse als Bewegungsprinzip nachgewiesen, aber noch nicht die Spezifizierung des Volumens der Naturkörper näher begründet.[30]

Voraussetzung also der experimentellen Konstitution des Gegenstandes der Physik ist der autonome Wille als Prinzip menschlicher Weltorientierung einerseits und Natur als Gegebenes oder bloße Zuständlichkeit auf der anderen Seite. Dementsprechend kennzeichnet Buridan das *„subiectum proprium"* der Physik: statt vom *„ens mobile"* spricht er bloß vom *„mobile"*, und zwar, weil der Terminus *„ens"* in Verbindung etwa mit *„homo"* oder *„albus"* nichts hinzufüge.[31] Folglich ist der natürliche Gegenstand negativ gesprochen das, was über kein Prinzip seiner Bewegung oder Ruhe verfügt.[32] Positiv gewendet ist Natur nur als „hergestellte" erkennbar; da sich

---

[29] Auch in diesem Punkt hat A. Maier auf entsprechende Äußerungen Buridans hingewiesen, nach denen nämlich „das grave ... a sua gravitate immediate und nicht von einer substantiellen Form bewegt wird." Da aber nach Auskunft eines anderen Textes „die substantialen Formen die ersten und wesentlichen aktiven Prinzipien für alle mutationes et quietes sibi convenientes" sind, hat sie vom Schwanken Buridans gesprochen, l.c. 168. In beiden Fällen handelt es sich aber um nichts anderes als um die Feststellung der Masse als alleinigen Bewegungsprinzips, d. h. um die Ersetzung bzw. Identifizierung der Substantialität durch bzw. mit Quantität. Und das erfährt seine Bestätigung im erläuterten experimentellen Beweis des eigenständigen Momentes der Ausdehnung.

[30] Der entsprechende Text, der sich bei A. Maier, Metaphysische Hintergründe der spätscholastischen Naturphilosophie, l.c. (wie Anm. 20), 221, zitiert findet, lautet hinsichtlich der genannten Vermutung folgendermaßen: *„dico, quod nec materia aeris resistit nec forma absolute, sed forma existens in tanta massa materiae."* Sollte sich im übrigen diese Vermutung bestätigen lassen, was zumindest grundsätzlich durch die Tatsache, daß Buridan Alberts Lehrer war, mehr unterstützt denn in Frage gestellt wird, wäre davon die Albert eher traditionell verstehende Interpretation J. Sarnowskys, cf. den Titel seines Buches (Anm. 1), wohl nicht nur in diesem Punkte betroffen.

[31] Kommentar zur aristotelischen Physik, l.c. l. I, q. 3, Fol 3 vb–4rb: *„dico, quod non facio magnam differentiam in proposito inter istum terminum ‚mobile' et inter istum terminum ‚ens mobile', quia licet hoc nomen ‚ens' simpliciter sumptum habeat intentionem communiorem, tamen sumptum cum additone ut dicendo ‚ens homo', ‚ens album', ‚ens exercitus' non addit super istum terminum, cui apponitur. Omnino enim convertitur ‚homo' ‚ens homo', ‚unus homo', ‚domus' ‚ens domus', ‚una domus'."*

[32] L.c., l. II, q. 2, Fol 29 vb: *„Notandum est, quae quaestio intelligitur de rebus naturalibus, quae sunt substantiae per se subsistentes, ut animalia, plantae et corpora caelestia, aer, aqua etc. ... Tunc*

Natur als bestimmt bewegte nur nach Maßgabe der vom Menschen selbst entworfenen oder hergestellten Bedingungen erschließt, sind *„res artificialis"* und *„res naturalis"* insoweit, gemäß der Form ihrer Erkenntnis unterschiedslos identisch. Aufgrund eben dieser Form, d. h. des methodisch oder experimentell vermittelten Zugangs wird Natur wiederum als das erkennbar, dem in seiner Masse das Prinzip seiner Bewegung und Ruhe immanent ist.[33]

Wie der freie Wille in seiner prinzipiellen Bedeutung immer schon vorausgesetzt werden muß, um Normativität „begründen" zu können, so gilt auch von der Natur als bloßer Zuständlichkeit, daß sie nicht das Resultat experimentell hergestellter Erfahrung sein kann. Infolgedessen erfolgt die Begründung der objektiven Gültigkeit des Begriffs der Bewegung durch Nachweis seiner Nichtwidersprüchlichkeit; und zwar führt Buridan ihn im Blick auf jene Bewegung, die im Rahmen der aristotelischen Physik die ursprüngliche und vollkommene Gestalt der Bewegung darstellt, d. i. die Bewegung des äußersten Himmels. Die Nichtwidersprüchlichkeit des fraglichen Begriffs wird also dadurch erwiesen, daß eine bestimmte Gestalt von Bewegung nach Maßgabe dieses Begriffs beurteilt wird. Weiterhin vermag Buridan mit Recht von der Denkmöglichkeit auf die objektive Gültigkeit des fraglichen Begriffs zu schließen. Denn dadurch wird gar nicht auf die objektive Gültigkeit oder Realität einer bestimmten Gestalt von Bewegung geschlossen. Deswegen kommt es nur zur „Kritik" jener vollkommenen Bewegung des äußersten Himmels. Darüber hinaus wird zwar Geradlinigkeit als erste und vollkommene Bewegungsrichtung behauptet; aber sie wird nicht mit der eines bestimmten bewegten Körpers identifiziert. Folglich offenbart sich an dieser Stelle erneut die Notwendigkeit einer kategorialen Vermittlung, um über die Zuständlichkeit (oder Relationalität) von Bewegung hinaus deren Bestimmtheit oder Realität zumindest prinzipiell festzulegen.

Der Sache nach kommt es also zur Aufhebung der Bezogenheit dieser Bewegung auf einen Ort und zur Negation ihrer Richtungsbestimmtheit aufgrund der Gestalt des Äthers. Der Form nach beruft sich Buridan zur Begründung der Definition der Himmelsbewegung als eines Momentanzustandes auf eben diese Definition der Bewegung als solcher; auf ihrer Grundlage und der Faktizität der Himmelsbewegung schließt er ferner auf

---

ponitur conclusiones et ... prima est, quod aliqua est res naturalis, quae nullum habet principium sui motus naturalis nec etiam suae quietis naturalis."

[33] L.c., Fol 30 rb: *„Ultimo videtur mihi esse concludendum directe de quaesito, quod Aristoteles non intendebat ponere differentiam rerum artificialium a rebus naturalibus, quia res artificiales sunt res naturales et non differunt ab eis. Sed voluit ponere differentiam inter haec nomina vel inter rationes ipsorum nominum naturale et artificiale. Res enim ex eo dicitur naturalis, quia intelligitur habere naturam in se, quae est principium suorum motuum naturalium et quietum, sed propter talem rationem non dicitur artificialis, immo propter aliam, scilicet quia facta ab arte sub tali dispositione vel taliter se habens."*

die objektive Gültigkeit einer solchen Bewegung ohne Bezugs- bzw. Ruhepunkt. Im Anschluß daran erfolgt schließlich die Entscheidung über die Richtungsbestimmtheit der ursprünglichen und vollkommenen Bewegung, d. h. die Negation der Ätherform als Bewegungsprinzip des ersten Himmels.[34]

Folglich kann es für die Erde keinen absoluten Ruhepunkt im Mittelpunkt des Universums mehr geben. Also kann auch die Wahrnehmung der Richtungsbestimmtheit von Bewegung nur relativ sein. Aufgrund seiner prinzipiellen Neubestimmung des menschlichen Weltverhältnisses fordert Buridan die Homogenität des Universums und die Phänomenalität der Erscheinungen. Wie vermag er aber noch zu einer definitiven Aussage über die Lage der Erde zu gelangen, wenn doch einerseits Bewegungswahrnehmung nur relativ sein kann, andererseits unmittelbare Gültigkeit der Erfahrung unterstellt wird? Buridan gelingt deswegen nur im prinzipiellen und methodischen Sinne die Grundlegung der kosmologischen Reform, nicht aber auch der tatsächlichen Beweisführung nach. Zum Abschluß sind also die Folgen der Neubestimmung von Natur und Bewegung in Buridans Kosmologie näher zu betrachten.

IV

Und zwar macht er entsprechend seinem praktisch motivierten Verständnis von Theorie und Wissenschaft den Gesichtspunkt des Nutzens zum Maßstab für die Entscheidung über die Lage der Erde im Kosmos. Von größtem Nutzen aber ist, was in streng allgemeiner und notwendiger Weise geschieht bzw. zu wissen, daß dies der Fall ist. Über die Lage der Erde vom Gesichtspunkt des Nutzens aus zu entscheiden, bedeutet also, daß zumindest die Bedingungen dieser Entscheidung allgemein kontrol-

---

[34] L.c., l. III, q. 7 (cf. Anm. 1), Fol 50 va–b: *„Tunc sit tertia conclusio, quod ultima, sphaeram moveri est eam intrinsece aliter et aliter se habere prius et posterius. Probatio, (quia per quid nominis est aliter et aliter se habere prius et posterius)*[a] *et tamen moveretur licet non se haberet prius et posterius ad aliquod extrinsecum ... Sed aliqui respondent, quod moveri est aliter et aliter habere ad aliquid quiescens aut simpliciter, si aliquid quiescit aut sub conditione, quia si aliquid quiesceret, se haberet ad aliud aliter et aliter. Sed ista evasio nihil valet, quia possibile est, quod ultima sphaera moveretur de facto, licet nihil de facto quiesceret. Ergo ista nullo modo se haberet de facto aliter et aliter ad aliquod quiescens nec ad aliquod extrinsecum. Ergo si non se haberet aliter et aliter intrinsece, ipsa nullo modo se haberet aliter et aliter de facto, ideo nullo modo mutaretur de facto, nam ad mutari requiritur aliter et aliter se habere simpliciter et de facto et non solum sub conditione ... Quarta conclusio est, quod motus ultimae sphaerae non est illa sphaera nec locus eius ... Ergo est mutatio secundum dispositionem aliam a substantia sphaerae sibi inhaerentem."*
a) *„non movetur propter aliter et aliter se habere prius et posterius ad aliquid extrinsecum."* ed. 1519, korrigiert nach A. Maier, l.c. (cf. Anm. 1). Die Autorin geht auf diese Aussage nur insoweit ein, als dadurch „der Einwand, daß die Bewegung immer auf einen ruhenden Körper bezogen werden muß, hinfällig wird", l.c. 126, Anm. 86.

lierbar, d. h. herstellbar sind. Man geht demnach davon aus, daß die Erde prinzipiell bewegt und bewegbar ist, um in ihrer tatsächlichen Zuständlichkeit nach Maßgabe der Form des Wissens erkannt und bestimmt werden zu können.[35]

Buridans Entscheidung besagt, daß die Erde im Mittelpunkt des Universums ruhen muß, da oder solange sie nicht rotieren muß. Denn es sei vernünftig, daß die Himmelsbewegung in Gestalt des kontinuierlichen und fortlaufenden In-Erscheinungs-tretens der Himmelskörper dem irdischen Geschehen und dem Menschen nützen soll. Sofern aber der Nutzen der Himmelsbewegung am größten ist, wenn die Erde ruht, wäre ihre Bewegung, unterstellte man sie, unnütz. Also muß angenommen werden, daß sich die Erde nicht bewegt.[36]

Nach dieser Entscheidung wird in dem Moment, in dem die Annahme der Erdrotation den Nutzen der Himmelsbewegung für das irdische Geschehen größer erscheinen läßt als die der Ruhe der Erde, diese unnütz. Was für den Menschen von Nutzen ist, bemißt sich nach Maßgabe der Form des Wissens. Ist es in diesem Sinne nützlicher, statt der Ruhe die Rotation der Erde zu unterstellen, d. h. sind die auf der Erde gegebenen Erscheinungen unter dieser Voraussetzung in streng notwendiger und allgemeingültiger Weise herstellbar oder doch zumindest beobachtbar, ist die Hypothese der Erdrotation diejenige, die durch die Erscheinungen bestätigt wird oder unter deren Voraussetzung derartige Beobachtungen bzw. Experimente besser erklärbar sind.

Die tatsächlich erfahrbare Ruhelage der Erde ist zwar kein Argument gegen ihre Rotation; denn Bewegungswahrnehmung kann aus prinzipiellem Grund nur relativ sein. Doch inwieweit vermag Buridan dann noch eine obzwar experimentelle, nichtsdestoweniger aber auf unmittelbarer Erfahrung beruhende Beweisführung bezüglich der Lage der Erde zu führen? Geht er über seine zitierte Entscheidung tatsächlich hinaus, indem er den größeren „Nutzen" der Annahme der Erdrotation nachzuweisen, diese also auf experimentelle Wege zu beweisen sucht?

---

[35] Quaestiones super libros quattuor de caelo et mundo, ed. E. A. Moody, Cambridge (Mass. USA) 1942, l. II, q. 22, 226: „*Quaeritur consequenter: Utrum terra semper quiescat in medio mundi. Et arguitur quod non, quia cuiuslibet corporis naturalis est vel potest esse aliquis motus naturalis; ergo terra vel movetur naturaliter vel saltem potest moveri naturaliter. Et si potest moveri naturaliter, tunc oportet quod aliquando moveatur, quia inconveniens esset dicere quod potentia naturalis frustraretur toto aeterno, ita quod nunquam exiret in actum.*"

[36] L.c., 232: „*Tunc est ultima dubitatio de illa consequentia: scilicet, ‚caelum semper movetur circulariter, ergo terra debet semper quiescere in medio'. Dico ergo quod sic debet quiescere quia non debet moveri circulariter, nec etiam tali motu recto quin semper medium gravitatis debeat manere medium mundi. Et ista consequentia ex hoc tenet, quia rationabile est quod caelum per suum motum proficiat ipsi terrae et habentibus in ea, applicando sibi continue et successive corpora caelestia, scilicet solem et astra alia. Modo ex qua caelum sic movetur quod huiusmodi successiva applicatio optime fit, si terra quiescat, ideo frustra moveretur, si moveretur; et nihil est ponendum frustra in natura. Igitur ponendum est quod non moveatur.*"

Buridan verfolgt an eben jenem Phänomen des frei fallenden Körpers, das unter Voraussetzung des aristotelischen Verständnisses das stärkste Argument gegen jede Erdbewegungstheorie ist, ein zweifaches Ziel: Zum einen entkräftet Buridan die phänomenale Aussagekraft dieses Beispiels. Und zwar verweist er darauf, daß der Gegenstand von der Luft in jene Richtung getragen werde, in die sich die Luft zusammen mit der Erde bewege. Folglich setze sich die Bewegung etwa eines Pfeiles aus zwei richtungsmäßig unterschiedlich bestimmten Bewegungen zusammen, während es uns so erscheint, daß er sich nur geradlinig aufwärts bewegt; weil wir also mit ihm zusammen ebenfalls geradlinig bewegt werden, nämlich in jene Richtung, in die wir uns gemeinsam mit der Erde und der Luft und dem von ihr getragenen Pfeil bewegen, nehmen wir diese Bewegung nicht wahr.[37]

Buridan bestreitet mit dieser Erklärung also die für die traditionelle Auffassung sprechende Aussagekraft des Phänomens, indem er in seiner Analyse die Erdrotation und eine dadurch bedingte, geradlinig-horizontale Pfeilbewegung voraussetzt. Dementsprechend gibt er auch eine dynamische Erklärung. Und zwar verweist er auf die Kraft des die Bewegung verursachenden Impetus. Diese Erklärung aber besagt dem Grundsatz nach nichts anderes, als daß die durch die Kraft definierte Bewegung so lange dauert, bis sie durch äußere Kräfte zerstört wird. Entsprechend kennzeichnet Buridan den Impetus als *res naturae permanentis* und identifiziert ihn mit der als Kraft wirkenden Masse. Es handelt sich also um die Erklärung nach der Masse als Bewegungsprinzip. Demzufolge bemißt sich jene Bewegung des Pfeiles aus dem Produkt aus Masse und Geschwindigkeit, und der ihm durch den Impetus mitgeteilte Impuls ist identisch mit seiner kinetischen Energie. Folglich setzt der Impetus der Translations-

---

[37] L.c., 229: „*Sed ultima apparentia, quam notat Aristoteles, est magis demonstrativa in proposito; scilicet, quod sagitta ab arcu emissa directe sursum cadit iterum in eodem loco terrae a quo emittebatur, quod non esset ita si terra tanta velocitate moveretur; imo ante casum sagittae, pars terrae a qua emittebatur sagitta esset elongata per unam leucam. Sed adhuc illi volunt respondere, quod ita contingit quia aer motus cum terra sic portat sagittam, quamvis sagitta non appareat nobis moveri nisi motu recto quia sic nobiscum portatur, ideo motum illum per quem portatur cum aere non percipimus.*"
Auf diese Aussage hat bereits F. Fellmann, Scholastik und kosmologische Reform, Münster 1971 (= BGPhThM NF 6), aufmerksam gemacht; er hat ihr im Blick auf die Frage der Phänomenalität der Erscheinungen allerdings keine weitere Aufmerksamkeit geschenkt. Nach M. Clagett, John Buridan, The compatibility of the earth's diurnal rotation with astronomical phenomena, in: E. Grant (Ed.), A source book in medieval science, Cambridge (Mass. USA) 1974, 500—503, hier: 503, verneint Buridan mit seinem Hinweis auf den Widerstand des Pfeiles, daß sich dieser, da er von der Luft getragen wird, in die gleiche Richtung bewege wie die rotierende Erde. Danach betrachtet erst Oremes die Translationsbewegung als Resultat des mechanisch funktionierenden Prozesses der Erdrotation. Clagett übersieht aber, daß Buridan mit dem Hinweis auf den Widerstand nicht die Translationsbewegung des Pfeiles negiert, sondern nur ihre gegenüber der gleichartigen Luftbewegung geringere Geschwindigkeit, cf. die folg. Anm.

bewegung der Luft Widerstand entgegen. Der vom Impetus bewegte Gegenstand führt deswegen die genannte Bewegung nicht mit derselben Geschwindigkeit wie die Luft aus, wenn auch zumindest so, daß er gegebenenfalls an eben jene Stelle zurückfällt, von der aus er in die Höhe geschleudert wurde.[38]

Nach dem Wegfall natürlicher Örter oder unter Voraussetzung der Homogenität des Universums steht für die tatsächliche Raum- und Zeitbezogenheit aller Erfahrung nur mehr eine „subjektive" und zugleich streng notwendige Begründung offen. In diesem Fall kommt es deswegen ebenfalls zur „Herstellung" von Bedingungen, die die Betrachtung von Raum und Zeit als reine Vorstellungen, ohne Bezug auf einen (bewegten) Gegenstand erlauben.[39]

A. Maier hat im Blick auf die weitere Geschichte des Bewegungsbegriffs geurteilt, daß Blasius von Parma in seiner Definition des *„motus localis"* als einer *„qualitas gradualis, intensibilis et remissibilis"* formuliert, was „als erster Johannes Buridan ausgesprochen"[40] hat. Anders allerdings als die genannte Autorin annimmt, ist sich dieser und folglich wohl auch Blasius über den Gehalt und die Tragweite der These klar geworden, daß es sich nämlich bei Bewegung als solcher um einen bloßen Momentanzustand handelt und daß die bloße Zuständlichkeit von Natur die Konsequenz eines ursprünglich praktischen Weltverhältnisses des Menschen darstellt.

---

[38] L.c. 229 sq.: *„Sed ista evasio non sufficit, quia impetus violentiae sagittae in ascendendo resisteret motui laterali aeris, ita quod non in tanto moveretur quantum aer moveretur; sicut si per magnum ventus movetur aer, sagitta emissa sursum non in tanto movetur lateraliter quantum ventus movetur, licet aliqualiter moveatur."* Die zitierte Definition des Impetus stammt aus der zwölften Quaestio des achten Buches der Physik Buridans und hat immer im Mittelpunkt der Auseinandersetzungen um den darin zum Ausdruck gebrachten Trägheitsgedanken gestanden. Auch auf diese Texte bin ich in der Habilitationsschrift im einzelnen eingegangen.

[39] Auf diese „Subjektivierung" von Raum und Zeit hat A. Maier ebenfalls schon aufmerksam gemacht. Sie hat sich dabei zum einen auf Texte aus dem achten Buch der Physik bezogen, in: Metaphysische Hintergründe der spätscholastischen Naturphilosophie, l.c. (wie Anm. 20), 135 sq; zum anderen auf Aussagen aus dem Zusammenhang jener Quaestio, die der Realität der Bewegung als solcher gewidmet ist (cf. Anm. 1 und 34), in: Zwischen Philosophie und Mechanik (wie Anm. 1), 129 sq. Allerdings hat sie den angesprochenen, notwendigen und allgemeingültigen Nachweis dieses Tatbestandes, den Buridan durch eine quasi experimentelle Isolierung der Raum- und Zeitvorstellung von der Erfahrung eines Bewegten erreicht, übersehen. Im einzelnen habe ich dies in meiner Habilitationsschrift untersucht.

[40] In: Zwischen Philosophie und Mechanik, l.c. (cf. Anm. 1), 147, 143. Der betreffende Text des Blasius findet sich dort ediert.

Eigenrecht und Relativität des Natürlichen bei Johannes Buridanus

Rolf Schönberger (München)

Daß die natürliche Wirklichkeit nicht wirklich, sondern nur Schein sei, dies versuchte Parmenides mit Argumenten zu erweisen, zu deren Prämissen es gehörte, daß das Undenkbare, das unmöglich zu Denkende nicht wirklich sein könne. Ohne hier das Problem erörtern zu wollen, ob denn diese „Theorie" selbst konsistent, d. h. denkbar ist, sei damit nur daran erinnert, daß schon in der Thematisierung der „Natur" keine Selbstverständlichkeit liegt. Der Naturbegriff der Griechen ist selbst nicht in seinem eigenen Sinn „natürlich", da er als Vorkommnis nicht unter sich selbst fällt. Dies vermag auch der kulturgeschichtliche Vergleich zu zeigen: Wenn man die Texte des Judentums betrachtet, dann muß man konstatieren, daß dort ein semitisches Äquivalent für den Begriff „Natur" überhaupt fehlt. Er fehlt sogar in der sog. Sapientialliteratur, obwohl diese den Hellenismus unbestrittenermaßen sonst vielfältig voraussetzt. Wenn man etwa liest, wie Jesus Sirach (Kap. 42/43) die Herrlichkeit der Sonne, des Mondes, der Sterne und einer Reihe anderer Erscheinungen der — „Natur" möchte man sagen —, preist, ist es wahrhaft erstaunlich, daß er einen entsprechenden Terminus gleichwohl nicht verwendet. Der antike Begriff „Natur" bezeichnet seit der Antike eine wesentliche Form von Wirklichkeit und einschlußweise ebenso eine fundamentale Einstellung zur Welt überhaupt. Das Ganze der Wirklichkeit wird aber nicht nur auch in der Antike, sondern hier zum ersten Mal als *physis* bzw. *natura* begriffen. Der Charakter eines von sich aus nicht selbstverständlichen Unternehmens ergibt sich nach diesen ganz knappen Hinweisen also zum einen aus seiner geschichtlichen Partikularität und zum anderen aus der griechischen Radikalität des philosophischen Fragens, in welcher der Sinn der Rede von Natur zumindest in einer Phase kritisiert wurde, in der aber durchgängig die angemessene Thematisierung kontrovers blieb.

Im großangelegten Unternehmen seiner Naturphilosophie hat Aristoteles jene Prämisse des Eleatismus von der Unwirklichkeit des Undenkbaren zwar konzediert, jedoch zu zeigen versucht, daß *physis,* soll heißen die *physei onta* wirklich denkbar sind. Man kann sie genauerhin dann denken, wenn Bewegung als der auszeichnende Grundzug des Natürlichen verständlich zu machen ist. Aristoteles gelingt dies, indem er auf eine

Differenz im Begriff des Seins aufmerksam wird. Es gibt nicht bloß eine Weise, wie etwas etwas ist: Es kann beispielsweise etwas auch der Möglichkeit nach etwas sein oder tun. Mit Hilfe dieser Unterscheidung läßt sich Bewegung als eine antizipatorische Struktur bestimmen, so daß man — ohne die Subtilität und argumentative Kraft der aristotelischen Überlegungen hier analysieren zu können — zumindest versucht ist, sich die paradoxe Formulierung zu erlauben: Die Möglichkeit, Natur zu denken, beruht auf der Möglichkeit, Möglichkeit zu denken.

Damit ist allerdings weder der logische Status noch der Gehalt des Naturbegriffs geklärt. In der Regel werden Begriffe bestimmt, indem sie gegen andere abgegrenzt, eben definiert werden. So kann auch das, was das natürlicherweise Seiende auszeichnet, nur bestimmt werden, wenn man es gegen anderes abhebt. Indem aber mit der Rede „von Natur" zugleich etwas gemeint ist, was durch Natur bestimmt ist, enthält der Begriff der Natur bereits selbst eine Beziehung auf anderes. Buridan sagt es im übrigen völlig klar, daß „Natur" ein Relationsbegriff ist.[1] Solche Gegenbegriffe sind für Aristoteles wie für die Griechen überhaupt *techne, nomos, praxis* etc. Von dieser Art ist der Begriff Natur meistens — nicht immer — geblieben: nämlich bestimmt zu sein durch seine wechselnden Gegenbegriffe: Natur — Kunst; Natur — Wille; Natur — Geist; Natur — Freiheit; Natur — Gnade, d. h. „Über"-natur. Die Eigentümlichkeit des Naturbegriffs besteht jedoch darin, daß er gerade nicht durch exklusive Bestimmungen gegen diese anderen eingegrenzt wird, sondern sie in der Regel in gewisser Weise mit umschließt. Wenn daher in der Thematisierung einer solchermaßen verstandenen Natur ein universeller Anspruch impliziert sein sollte, so ist die Konfliktmöglichkeit mit einem an der biblischen Schöpfungslehre orientierten Denken bereits abzusehen. Die folgende Zuwendung zu Johannes Buridan soll jedoch nicht primär unter diesem globalen Aspekt stehen, da sein Denken selbst bereits eine Reaktion auf diesen Konflikt und dessen gedankliche und institutionelle Austragung darstellt. Zunächst muß vielmehr der begriffliche Gehalt und der logische Status des Begriffes „Natur" und „natürlich" im Vordergrund stehen. Dabei wird sich allerdings zeigen, daß der Status der buridanischen Naturbetrachtung sich nicht interpretieren läßt, ohne jenen, die sog. Hochscholastik tiefgreifend bestimmenden, Konflikt als Folie zu benutzen.

Es ist zunächst wichtig zu sehen, daß der oben kurz skizzierte und für Aristoteles grundlegende Status des Naturbegriffs[2] auch noch für Buridan

---

[1] Phys. II, 4 (31va; vb sq.); Met. VII, 1 (42rb): „*hoc nomen „natura" quamvis supponat pro substantia, tamen non est absolutum, sed dicitur relative ad motum; hoc patet II Physicorum quia diffinitur per motum, ut quia natura est principium movendi illud in quo est primum per se et non per accidens.*" [Bei den Schriften Buridans werden die üblichen Ausgaben (bzw. deren Nachdrucke) und Siglen verwendet.]
[2] Cf. R. Spaemann, Natur, in: Philosophische Essays, Stuttgart 1983, 19—22.

zentral bleibt. Die ausführlichste und am stärksten differenzierende Bedeutungsanalyse findet sich seinem Metaphysik-Kommentar anläßlich der Frage, ob wir über die Prinzipien allen Wissens „natürlicherweise" verfügen. Was es heißt, auf eben diese Weise etwas zu haben, bestimmt Buridan durch sieben Gegenbegriffe: „Natürlich" ist 1. das, was nicht zufällig ist, sondern aus der *intentio agentis* hervorgeht; 2. das, was nicht gewaltsam, sondern aus einer natürlichen (soll wohl heißen inneren) Neigung hervorgeht; 3. das, was nicht künstlich ist; 4. das, was nicht übernatürlich (*supernaturale seu miraculose*) ist; 5. das, was nicht willentlich ist; 6. das, was nicht ungemäß (*disconveniens*) ist, wie etwa die Wärme dem Wasser; 7. das, was nicht erworben ist, sondern ursprünglich zugehört.[3] Auch in seinem Politik-Kommentar hebt Buridan die innere Differenz im Naturbegriff häufiger hervor.[4] Schon die dritte Frage im ersten Buch widmet Buridan einem in dieser Weise gestellten Problem: *utrum civitas sit a natura*? Wie Buridans Beantwortung der Frage zeigt, kann man sich nicht damit begnügen, das, was „von Natur" ist, gegen ein anderes abzugrenzen, sei es Konvention, Wille oder Gewalt. Das „von Natur" hat nämlich auch in sich bereits mehrere Bedeutungen; die Präposition „a" legt Buridan dabei zunächst auf einen kausalen Sinn fest.

Natur als „eine Weise, etwas zu sein" zu begreifen schließt ein, daß dadurch ein Ding gerade nicht klassifiziert wird, sondern andere, davon unterschiedene Momente an diesem zugelassen werden. Dies ist zwar einerseits bei Aristoteles noch offenkundig, wie W. Wieland zu Recht hervorgehoben hat,[5] doch beruht es andererseits auf der Voraussetzung, von Weisen des Seins zu reden — eine Präsupposition, die im Nominalismus wohl nicht widerlegt, jedoch obsolet geworden ist.[6] Auch hier bedarf es keiner Interpretationssophistik, sondern des schieren Verweises auf

---

[3] Met. II, 2 (9vb—10ra); ähnlich Eth. II, 2 (23ra): „*naturale aliquando distinguitur contra casuale, aliquando contra violentum, aliquando contra accidentale, aliquando contra supernaturale, aliquando contra disconveniens, aliquando contra animale seu voluntarium*" — worauf VIII, 18 (184va) nochmals verwiesen wird.

[4] Pol. I, 3 (4ra); II, 1 (25ra—rb).

[5] Wieland unterstreicht in seinen Untersuchungen (Die aristotelische Physik, Göttingen 1962), daß der aristotelische Begriff der Natur als dasjenige, was das Prinzip seiner Bewegung in sich hat, nicht als reine Selbstbewegung mißverstanden werden darf. Das von Natur Seiende hat nur einen Bewegungsursprung in sich: p. 234; cf. p. 236; 245; 260.

[6] Ein zugleich philosophischer wie historischer Zugang zu vergangenen Problemdiskussionen hat immer mit beiden Formen des In-den-Hintergrund-tretens zu rechnen, auch wenn aus der Eigenperspektive der Scholastik dieser Prozeß als ein bloß faktischer sozusagen nicht vorgesehen ist, und auch wenn im weitgehend herrschend gewordenen Habitus der Auslegung die Reflexion auf das Verhältnis von Kritik und Kritisiertem aus der Perspektive des letzteren allzu oft übergeht; cf. vom Vf., Realität und Differenz. Ockhams Kritik an der distinctio formalis, in: Die Gegenwart Ockhams, Weinheim 1990, ed. W. Vossenkuhl—R. Schönberger, 97—122; bes. p. 109 sqq.

Buridan-Texte, um zu zeigen, daß Buridan dies immer noch sagen kann. Diejenige Disponierung zum sittlich gelungenen Handeln, für welche die deutsche Sprache mittlerweile nur mehr ein altmodisch gewordenes Wort, nämlich Tugend, zur Verfügung hat, wird aristotelisch gerade so gedacht, daß es weder durch Natur ausschließlich noch ohne Natur definiert werden könnte. Daher bleibt Buridan auch hier durchaus im aristotelischen Rahmen, wenn er sagt: *„virtutes fiunt in nobis per naturam inchoative ... per doctrinam excitative sive provocative ... per consuetudinem perfective."*[7] „Natürlich" kann daher etwas bereits in einem anfangshaften wie auch in einem vollendeten Sinne sein.[8]

Aus dem bisherigen läßt sich also zunächst folgendes festhalten: Natur wird nicht primär begriffen als eine bestimmte Art oder Sphäre oder Region von Wirklichkeit, sondern als eine Weise von Wirklichkeit. Nicht um bestimmte Phänomene überhaupt zu klassifizieren, sondern um bereits sprachlich fixierte Phänomene in ihrem Status zu bestimmen, verwendet man in diesem Kontext die Rede von Natur. Auf dieser elementaren Ebene ist Buridans Naturbegriff seinem innerem Gerüst nach also noch der aristotelische.

Wie allerdings erst aus anderen (und wohl späteren) Texten hervorgeht, behält Buridan nicht einfach auch inhaltlich die aristotelischen Komplementärbegriffe bei. Zu nennen ist hier erstens die Einschmelzung der Unterscheidung von Natur und Kunst[9] und zweitens die Antithese von Natur und Freiheit. Obwohl Buridan nicht müde wird zu erklären, daß der Wille „von Natur" auf das Gute ausgerichtet ist[10] so wie der Intellekt auf die Wahrheit,[11] hält er doch den Unterschied fest, daß der Wille gar nichts Unbekanntes, also nicht durch den Intellekt Vermitteltes zu wollen vermag, während umgekehrt der Intellekt sich zwar irren kann, für Buridan jedoch in dessen finaler Ausrichtung auf Wahrheit doch so etwas wie eine Verbürgung seiner Wahrheitsfähigkeit liegt. Die Alternativität von Natur und Wille mag durch Duns Scotus zusätzliche Prominenz gewonnen haben, doch war die Diskussion um die göttliche Weise des Hervorbringens so

---

[7] Eth. II, 1 (22ra).
[8] Pol. IV, 17 (61va): *„Et hoc dicit Philosophus II Ethicorum ubi dicit, quod virtus inest a natura hominibus iniciative";* I, 3 (4ra).
[9] Phys. II, 1.
[10] Ebenso ist er „von Natur" frei: Quaestiones super de caelo et mundo II, 5 (ed. Moody p. 147): *„voluntas enim naturaliter libera est, et potest se libere determinare ad quam partem voluerit, sine necessitate alterius causae determinantis."*
[11] Eth. I, 11 (11va): *„veritas secundum quod de ea loquimur hic est conformitas nostrae cognitionis aut etiam nostri sermonis ad rem et haec veritas est perfectio ac bonum nostri intellectus."* Phys. I, 4 (6va); ib., f. 5va; Met. I, 5 (5vb); Phys. I, 4 (6va); I, 15 (19ra); Eth. VI, 1 (116va); Periherm. II, 11 (ed. Van der Lecq p. 101). Angesichts dieser ziemlich drastischen Formulierungen hat A. Maier sogar von einer Art „Wahrheitsinstinkt" gesprochen: Das Problem der Evidenz, in: Ausgehendes Mittelalter, Rom 1967 II p. 394 n. 52.

allgemein, daß hier ein spezifisch scotischer Einfluß die Größenordnung der Verschiebung verkennen würde.¹²

Eine der genannten Arten von komplementären Entgegensetzungen spielt allerdings nur im vermutlich frühen Politik-Kommentar eine gewisse Rolle, späterhin jedoch überhaupt keine mehr. Selbst die dabei zu verwendende Benennung ist nicht die buridanische, sondern notgedrungen eine viel später geprägte: Natur und Geschichte. Der Aspekt des Geschichtlichen, genauer des im forcierten Sinne verstandenen Heilsgeschichtlichen fungierte immer wieder als kritischer Begriff, um die Selbstverständlichkeit der Rede von der Natur zu unterlaufen. Gemeint ist hier insbesondere jener Einwand, bestimmte Phänomene im Zusammenhang des Menschen (etwa auch seine Art zu erkennen) ließen sich nicht völlig unbesehen als „natürlich" unterstellen; wenn Aristoteles dies in Unkenntnis der Geschichte von Urstand und Fall des Menschen tue, so sei dies einer der Sachverhalte, wo gegenüber einer aristotelisierenden, aber christlichen Theologie ein prinzipieller Vorbehalt bleiben müsse.¹³ Vor diesem Hintergrund könnte folgender kurzer Hinweis Interesse verdienen: In der Frage, ob irgendein Mensch von Natur ein Sklave sei (Pol. I, 6), nimmt Buridan ganz selbstverständlich im Interesse einer Konkordanz von christlichen Lehrern und Aristoteles die Rede von einem ursprünglichen *status innocentiae* in Anspruch.¹⁴ Auch wenn Buridan dort mehrfach die Unterscheidung von gefallener und nicht gefallener Natur verwendet, so zieht er daraus doch gleichwohl keine grundsätzlichen Folgerungen. Man vermag jedoch die Selbstverständlichkeit dieser Inanspruchnahme nur dann angemessen einzuschätzen, wenn man im Auge behält, daß das Argument von der möglichen Geschichtlichkeit des scheinbar von Natur so Seienden zu den wichtigsten Einschränkungen der philosophischen Vernunft gehörte. Es liegt also auch hier keine Reaktion auf Duns Scotus vor, denn spätestens dieser hatte diese Selbstverständlichkeit problematisch gemacht. Die extreme Gegenposition zu Scotus nimmt in dieser Hinsicht wohl Meister

---

¹² G. Krieger hat mehrfach scotische Ansätze als Hintergrund für Diskussionen Buridans herangezogen: G. Krieger, Der Begriff der praktischen Vernunft nach Johannes Buridanus, Münster 1986, 11 sq.; 13 sq. Die Stellung und Bedeutung der philosophischen Ethik bei Johannes Buridanus, in: Medioevo 12 (1986) 131–195, bes. p. 137–141; 154; 174; 176. Es scheint mir jedoch noch klärungsbedürftig, inwieweit es sich dabei nicht bloß um eine interpretatorische Kontrastierung, sondern um eine reale, historisch festzumachende scotische Beherrschung der Diskussionslage an der Pariser Artes-Fakultät des 14. Jahrhunderts handelt — so wie sich etwa für Buridan die Formen der Berücksichtigung etwa des Thomas oder des Albertus Magnus angeben ließen.

¹³ Cf. Et. Gilson, Jean Duns Scot, Paris 1952, 11 sqq.; 61–62; 67 sqq.; 521 sqq.; cf. im Index s. v. „état".

¹⁴ Pol. I, 6 (8ra–8vb); cf. I, 7 (10ra; 10va); VIII, 5 (114rb).

Eckhart ein, in dessen beiden Genesis-Kommentaren man vergebens nach einer Auslegung der Geschichte vom Sündenfall sucht.[15]

Die für die Bestimmung von Buridans Naturphilosophie bei weitem wichtigste Antithese ist jedoch zweifellos diejenige von *naturale* und *supernaturale* (= *miraculose*).[16] Entscheidend ist hier allerdings nicht, daß diese bei Aristoteles nicht vorkommt, sondern daß Buridan sie verwendet, um eine Naturphilosophie begründen zu können, die unter den spezifischen Bedingungen des 14. Jahrhunderts zu bestehen vermag. Was es nämlich heißt, die „Natur" auf natürliche Weise zu betrachten, kann jetzt nicht mehr wie bei Aristoteles selbst nur gegen eine alternative Naturspekulation (wie etwa den platonischen Timaios oder den vorsokratischen „Materialismus") definiert werden, vielmehr muß die Betrachtungsweise, welche unter den neuen Rücksichten jetzt „natürlich" heißen kann, gegen einen hypertrophen Theologismus verteidigt werden. Um dies nur mit jeweils einem Stichwort in Erinnerung zu rufen: Ein Ansatz wie der des Bonaventura setzt alle Aussagen unter den Maßstab letztgültiger Approbierbarkeit. Etwas ist entweder wahr und dann schlechthin akzeptabel, oder aber falsch, d. h. gefährlich. Selbst Aegidius Romanus hat seine Skepsis gegenüber dem Versuch zum Ausdruck gebracht, das aristotelische Denken auf einen partikularen Anspruch zu beschränken, aber unter der Voraussetzung einer solchen Einhegung intakt zu lassen.[17] Bonaventura hat jenen Anspruch u. a. insbesondere im Zusammenhang einer symbolistischen Auslegung des Hexaëmeron (!) formuliert. Nur ein Seitenblick sei darauf geworfen, daß seit dem 12. Jahrhundert immer wieder naturphilosophische Durchdringungen des Sechstagewerkes versucht wurden — wobei immer noch zu fragen bliebe, was im Zusammenhang eines völlig uniken Geschehens der Terminus Natur besagen könnte. Der vielleicht letzte großangelegte Versuch, Naturphilosophie und spekulative Exegese zur Konkordanz zu bringen, liegt wohl im Werk des Meister Eckhart vor, insbesondere in seinem Kommentar zum Johannesevangelium.[18] Weder eine unter theologischen Maßstäben zutagetretende und dann aus einer be-

---

[15] Hingegen bestimmt Eckhart bereits die Vielheit als solche als einen „Fall" (casus) vom Einen und durch dessen Konvertibilität mit den anderen Transzendentalien demzufolge auch als einen Fall vom Wahren, Guten und dem Sein: Joh. n. 526 (LW III p. 456 sq.); n. 692 (p. 609); n. 713 (p. 623).

[16] Vgl. M. H. Reina, L'ipotesi del ‚casus supernaturaliter possibilis' in Giovanni Buridano, in: La filosofia della natura nel medioevo, Milano 1966, 683—690; G. Federici Vescovini, La concezione della natura di Giovanni Buridano, ib., p. 616—624.

[17] De erroribus philosophorum I, 9 (ed. J. Koch p. 8): „*nec valeret, si aliqui vellent excusare ipsum, quia loquitur per viam naturae, cum crediderit nihil novi posse immediate a Deo procedere, sed omne novum contingere per viam motus et per operationem naturae.*"

[18] Eckhart, Joh. n. 3 (LW III p. 4); cf. n. 6 (p. 8); n. 13 (p. 12); n. 125! (p. 108); n. 137 (p. 116); n. 142 (119 sq.); n. 173 (p. 142); n. 185 (III p. 154 sq.); n. 275 (III p. 231); n. 492 (p. 424); n. 510 (p. 441); n. 668 (p. 580 sq.); eine Erläuterung dieses Programms bei L. Hödl, Naturphilosophie und Heilsbotschaft in Meister Eckharts Auslegung des Johannes-Evangeliums, in: La filosofia della natura nel medioevo, Milano 1966, p. 641—651.

stimmten Prämisse zu verwerfende Insuffizienz, noch eine von theologischen Interessen geleitete Konkordanz können selbstverständlich die Leitideen eines Magisters der Philosophie im 14. Jahrhundert sein. Es wäre jedoch ganz falsch, diese neue Situation nur von dem Gegensatz von Theologie und Philosophie her zu interpretieren. Dies würde dem begrifflichen Status des neuen Gegensatzes natürlich — übernatürlich nicht gerecht:

Wenn es nämlich richtig ist, daß sich die bisher betrachteten strukturellen Momente des Naturbegriffs noch im Horizont des aristotelischen Konzeptes bewegen, so sind doch gleichwohl damit nicht alle relevanten Bestimmungen zusammengetragen. „Natürlich" ist nämlich, wie bereits angedeutet, für Buridan auch eine Betrachtungsweise, man könnte sagen: eine Methode. Diese ist nun jedoch gerade nicht mehr im Sinne der schon genannten Bedeutungen „natürlich", sondern wird auf der Basis einer bewußten Entscheidung angewandt. Zwar hatte auch die Antike schon von einer natürlichen Theologie gesprochen; damit war jedoch eine Art der Betrachtung gemeint, die ungeachtet partikulärer Gesichtspunkte die Natur der Dinge selbst thematisiert und daher von allgemeiner Gültigkeit sein kann. Nun hat sich erstaunlicher Weise das Christentum fast ausschließlich mit dieser Form der „Theologie" auseinandergesetzt, aber erst seither spricht man von „natürlicher" Vernunft. Diese wiederum meint eine bestimmte Form der Wahrheitsverbürgung, welche definiert ist durch den Ursprung bzw. die Weise des Zustandekommens von Wahrheit. Wenn man nämlich jenen Ausdruck paraphrasiert als „mit den Mitteln der Vernunft", dann ist hiermit an einen Gegensatz gedacht, für den sich mit den sogenannten Mitteln der Vernunft gar keine Kategorie finden läßt, nämlich jeweils einzelne Handlungen Gottes, sei es eine Offenbarung, seien es außergewöhnliche Ereignisse, die auf einen Ursprung außerhalb der Natur und diesen darin zugleich als der Natur schöpferisch überlegen zeigen. Wo immer sich im Mittelalter eine selbständige Philosophie als Manifestation der natürlichen Vernunft etabliert, tut sie dies mit einer Kategorie, welche einen durch diese Selbständigkeit nicht definierbaren Ursprung hat. Es fällt daher auch nicht schwer, für diese Einstellung Belege aus der Theologiegeschichte anzuführen.[19] Am bekanntesten ist jedoch wohl jene Passage aus Albertus Magnus, die Buridan sogar selbst einmal anführt: *„Nam sicut dicit Albertus primo de generatione: quid ad nos de dei miraculis, cum de natura loquimur."*[20] Auf diesen Text haben sich ansonsten insbesondere averroistische Autoren berufen.[21]

---

[19] Thomas von Aquin, sth. I, 76, 5 ad 1: *„in constitutione rerum naturalium non consideratur quid Deus facere possit, sed quid naturae rerum conveniat"*; mit Berufung auf Augustinus, De gen. ad litt. II, 1, 2; PL 34, 263.

[20] Eth. I, 17 (17rb): Albertus, de gen. I, 22 (IV, 363 Borgnet); ähnlich Eth. I, 7, 5 (VII, 114 b Borgnet).

[21] Siger von Brabant, de an. intell. 3 (Bazán 83 sq.); Johannes von Jandun, in Met. I, 16 (13ra); cf. B. Nardi, La posizione di Alberto Magno di fronte all'averroismo, in: Riv. crit. di storia della filos. 2 (1947) 197.

Auf die Frage, was denn Natürlichkeit ihrer Form nach sei, haben wir oben sehr allgemein gesagt, sie ist eine Weise. Sie ist zwar auch eine Region, aber primär eine Weise zu sein, und eine Region nur, insofern bestimmtes Seiendes durch diese Weise zu sein primär bestimmt ist. Die oben genannten Entgegensetzungen sind keine epochalen Abgrenzungen, sondern sind gleichzeitige. Als Weise der Betrachtung, als Methode mithin, wird nun Natur zu derjenigen Denkform, die sich bei Buridan in markanter Weise vertreten findet. Eine solchermaßen ansetzende Untersuchung nimmt Natur als eine bestimmte Möglichkeit. Die Natur bestimmt darin einen Modus von Möglichkeit, der abzugrenzen ist gegen einen anderen Modus. Dieser ist terminologisch als eine übernatürliche, nur in der Form des Wunders realisierbare Möglichkeit gefaßt, der Sache nach jedoch als die eigentliche, jedenfalls aber doch als die umfassende Möglichkeit bestimmt. Die göttliche Allmacht ist faßbar als zweiter Aspekt, der jedoch mit diesem äquivalent ist. Sie ist der Intension nach gefaßt als Denkmöglichkeit und betrifft daher den weitesten Raum von Möglichkeit. Sie ist aber andererseits nicht reine Gedachtheit oder gar von ontologisch weiter nicht ausweisbarem Status. Vielmehr ist sie ein reales Vermögen, das als reale *causa* zu fungieren imstande ist.[22] Man muß die Frage stellen, was dies eigentlich naturphilosophisch erbringt. Ergeben sich daraus auch inhaltliche Konsequenzen oder handelt es sich nur um ein bestimmtes theologisches Vorzeichen vor der Klammer der Naturphilosophie, durch welches die internen Verhältnisse zwar noch einmal von außen bestimmt sind, aber für die Binnenstruktur ohne Implikationen bleibt?

Welche Funktion hat also der Allmachtsgedanke bei Buridan? Er wird bei ihm zum negativen Kriterium des Natürlichen. Der Gedanke einer Ursache, die jederzeit in jeden Prozeß einzugreifen imstande ist, aber auch als imstande gedacht wird, eine andere als die vorfindliche Welt zu etablieren, schafft einen ungeheuren Freiraum zur Ausbildung von Hypothesen. Die Kosmologie bedarf, um den Status ihrer Aussagen zu bestimmen, hypothetischer, im Modus des Potentialis formulierter Erwägungen. Erst wenn die naturphilosophische Theoriebildung diese Phase der Hypothesenbildung durchlaufen hat, kann entschieden werden, ob eine Behauptung einen faktischen oder einen notwendigen Charakter hat. Der Modalitätsstatus wird durch die hypothetisch möglichen oder nicht möglichen Varianten sichtbar.

Das Verfahren methodischer Separation bestimmt Buridans Philosophie zwar im Ganzen, doch nicht überall in derselben Weise. Das zunehmende

---

[22] Phys. I, 15 (19rb): „*agens non dicitur omnipotens ex eo quod possit facere impossibilia fieri vel etiam ex eo quod possit possibilia fieri aliter quam sint possibilia fieri: Deus non potest facere alium Deum sibi aequalem. Sed ipse est omnipotens quia potest facere omnia possibilia fieri ex modo quo sunt possibilia fieri; immo omne quod fit ipse facit et omne quod fiet ipse faciet; sed hoc erit ex subiectis praesuppositis et concurrentibus aliis agentibus particularibus*"; I, 22 (26ra).

Kontingenzbewußtsein, welches in der nominalistischen Ethik zu grotesken Erwägungen über die mögliche Geltung der Vorschrift des Gotteshasses geführt hat, wird in dem monumentalen (aber gleichwohl fragmentarisch gebliebenen) Ethik-Kommentar überhaupt nicht explosiv. Dies gilt nicht gleichermaßen für die naturphilosophischen Abhandlungen. Erst durch die Ausklammerung des über-natürlicherweise Möglichen konstituiert sich eine Philosophie von der Natur. Eine solche methodische Separation bezieht sich trotzdem notwendig, wenn auch negativ, auf das Ausgeklammerte. Dies gilt zunächst mit Bezug auf einzelne aristotelische Notwendigkeitsbehauptungen. Für einen Lehrer der *artes* im 14. Jahrhundert wird es unausweichlich, den Sinn des dabei unterstellten Notwendigkeitsbegriffs zu klären. Buridan kann jetzt sagen, die behaupteten Notwendigkeiten würden zwar gelten, doch nur natürlicherweise. Mit Bezug auf den Ursprung eben dieser Natur wird es unmöglich, diese Art von Notwendigkeit mit dem Notwendigen im absoluten Sinne zu identifizieren.

Es scheint allerdings, daß die Reflexion auf den Status von Aussagen nicht von ungefähr gerade in der Naturphilosophie eine solche überragende Rolle spielt. Nicht zufällig deshalb, weil sich die Naturphilosophie des Aristoteles nicht allein inhaltlich und methodisch von der platonischen tiefgreifend unterscheidet, sondern auch durch ihren Anspruch. Platon hatte sich durch das Problem der Möglichkeitsbedingungen von Wissen, von „Sich-Verstehen-auf" genötigt gesehen, von Ideen zu reden; wenn jedoch diese deshalb tauglich sind, diese Bedingungen zu erfüllen, weil sie selbst in gewisser Hinsicht dessen Gegenstände bilden, dann kann das Bewegte zwar — wie der Phaidon vorführt — durch seinen finalen Bezug auf jene Idee indirekt und je für sich erfaßt, jedoch nicht als kosmologisches Ganzes zum Gegenstand des Wissens im strikten Sinne werden. Platon spricht denn auch konsequenter Weise von *eikotes mythoi*.[23] Aristoteles hingegen erhebt in De caelo den dort oftmals unterstrichenen Anspruch rigoroser, d. h. absoluter Notwendigkeit.[24] Dies konnte in der christlichen Tradition nicht ohne tiefgreifende Korrektur rezipiert werden. Zwar ist es wohl überflüssig zu sagen, daß in der aristotelisch verstandenen Natur es sogar ein Prinzip der Unbestimmtheit und im Gedanken der Interferenz diverser Faktoren sich auch ein Raum für das Zufällige öffnet,[25] doch besteht die eigentliche Dignität des Kosmos in der Unveränderlichkeit seiner Strukturen, welche ihn wiederum zu einem möglichen Gegenstand

---

[23] Tim. 59 c; cf. 29 b; 48 d; 53 d; 56 b; 57 d; 59 d; 72 d.
[24] Etwa: 268 b 3 sq.; 269 a 19 sqq.; 272 a 22 sq.; 276 a 18 sqq.; etc.
[25] Buridan gesteht dies ausdrücklich zu: In der wichtigen Frage, ob *omne futurum de necessitate eveniet*, sagt Buridan, nachdem der eine Reihe von Pro-Argumenten aufgeführt hat: „*oppositum tenet Aristoteles et fides catholica*": Met. VI, 5 (35vb); cf. Periherm. I, 11 (ed. Van der Lecq p. 52). Buridan hat sogar — wie er selbst zugesteht — große Schwierigkeiten, den Nezessitarismus, den er mit Platon in Verbindung bringt, auszuräumen: 36ra; 36va.

des Wissens macht. Jene Strukturen könnten aber nur dann als strikt unveränderlich gedacht werden, wenn konstitutive Elemente des christlichen Verständnisses der Schöpfung uminterpretiert würden. Gerade die Verurteilung von 1277 hat jedoch dafür gesorgt, die wissenschaftspsychologisch nachvollziehbare Attraktivität des von Gilson so genannten Nezessitarismus durch das Zutagetretenlassen seiner Bedingungen zu relativieren.

Buridans Naturphilosophie ist nun eines der prägnantesten Beispiele dafür, wie dieser Situation entsprochen werden kann. Es wäre jedoch ganz falsch, hierin lediglich die Konfrontation zweier durch geschichtliche Herkunft und geistige Verfaßtheit völlig disparater Mächte zu sehen. Denn die christliche Theologie der Hochscholastik nimmt einerseits den Grundbegriff der Möglichkeit aus dem aristotelischen Denken auf und transformiert ihn doch zugleich tiefgreifend. Denn wenn die Verfaßtheit und sogar die Existenz dieser Welt deswegen als nicht notwendig gedacht wird, weil der Ursprung von Existenz wie Verfaßtheit dieser Welt durch sein Wesen dazu nicht genötigt ist, dann ist diese Welt auch als wirkliche nur eine mögliche. Hier muß man sich den Sinn dieser Möglichkeit deutlich vor Augen führen. Die Möglichkeit dieser Welt besteht zuletzt nicht darin, daß sich zu ihr logisch äquivalente Alternativen denken lassen, sondern darin, daß durch ihren Ursprung eine andere Welt möglich wird, weil dieser sie hätte erschaffen können. Allerdings sind diese beiden Sinne von Möglichkeit nicht als exklusive Alternativen zu verstehen; denn ohne diese innere Möglichkeit ließe sich nicht angeben, worauf sich das göttliche Können beziehen soll, aber ohne dieses Können, diese „Macht" blieben die anderen Möglichkeiten ontologisch unausgewiesen. Die Theorie, welche beides verbinden sollte, war die Lehre vom *possibile logicum*. Dieses meint — obwohl es den weitesten Raum von Möglichkeit definiert — keine autonome Möglichkeit, denn sie ist nicht reine Gedachtheit. Durch jene Identifizierung ist sie vielmehr im Sinne eines realen Könnens zu denken, welches daher als *causa* zu fungieren imstande ist.

Dabei ist wichtig, klar zu sehen, wie sich der neue Möglichkeitsbegriff zur aristotelisch gefaßten *dynamis* verhält. Buridans Auslegung zeigt nämlich, daß die Formel „*potentia simpliciter*" uneingeschränkt ernst zu nehmen ist. Die absolute Möglichkeit ist nicht eine „ganz andere", für uns gänzlich unnachvollziehbare, vielmehr ist ihr Umkreis genau durch das bestimmt, was für uns die oberste Bendigung der Denkbarkeit ist: Gott kann wirklich das zum Sein bestimmen, was wir denken können. Diese Möglichkeit des göttlichen Handelns berücksichtigt Buridan in der Weise, daß erst dadurch der Status des Natürlichen gegen das Supernaturale abgegrenzt wird. Diese Kategorie muß jedoch für den Philosophen Buridan leer bleiben, weil ein nicht-natürliches Geschehen in seinem Wie für uns nicht aufklärbar ist. Allerdings ergibt sich aus seiner prinzipiellen Möglichkeit, daß auch die wirkliche Natur (gegen Aristoteles) nur kontingent verfaßt ist.

Durch die Verbindung von Natur- und Notwendigkeitsbegriff war es daher unumgänglich geworden, die Naturphilosophie des Aristoteles einer grundsätzlichen Revision zu unterziehen. Damit sind also nicht jene inhaltlichen Revisionen gemeint, die Buridan an vielen einzelnen Lehren anbringt und von denen seine Impetustheorie nur die prominenteste ist — wenngleich man erwarten kann, daß solche Korrekturen auf prinzipielleren Gedanken oder Einstellungen beruhen. Für unser Thema muß folgendes beachtet werden: Ein Lehrer der Artes-Fakultät wie Buridan setzt nicht die theologisch motivierte Spekulation um das *possibile logicum* fort. Einer der führenden Pariser Nominalisten vermag aber auch nicht die aristotelische Lehre von der Möglichkeit ohne Eingriff zu übernehmen. Es kann hier nicht auf den Begriff der Bewegung ausführlich eingegangen werden. Daß er nicht mehr der aristotelische sein kann, ergibt sich schon aus der Eliminierung des Potenzmomentes aus dem Seinsbegriff, welches für Aristoteles, wie eingangs gesagt, konstitutiv war. A. Maier hat die Interpretationsgeschichte der aristotelischen Bewegungsdefinition nachgezeichnet.[26]

Auf diese Weise wird zum einen der Naturphilosophie ein gewisses Eigenrecht eingeräumt. Es beruht auf einer programmatischen Ausklammerung theologisch relevanter Fragestellungen. Mit dieser Selbstbescheidung vermag sich also die Philosophie auch von sich aus eine gewisse Selbständigkeit zu sichern, zu deren Stabilität allerdings am Ende noch eine Bemerkung zu machen sein wird.

E. Grant, der bedeutende amerikanische Kenner der mittelalterlichen Wissenschaftsgeschichte, hat das Separationsmodell Buridans ganz auf institutionelle Bedingungen zurückführen wollen. Ein am 1. 4. 1272 erlassenes Statut der Pariser Universität hat den Magistern der Artes untersagt, theologische Fragen zu disputieren oder gar zu determinieren.[27] Nun erwähnt Buridan sogar einmal diesen Eid, den alle Magistri zu Beginn ihrer Tätigkeit zu leisten hatten, als er von einem Einwand gegen seine Lehrweise berichtet. Er verteidigt sich aber damit, daß bei der Frage der Möglichkeit eines Vakuums nicht in vollständiger Weise alle theologischen Aspekte ohne Beeinträchtigung für die Erörterung ausgeklammert werden können.[28] Wie aber auch die Vorgeschichte des Separationskonzeptes zeigt, kommt dem Interesse der Theologie an einer Selbstbeschränkung der Philosophie deren eigenes entgegen, ihre Betrachtung des natürlicherweise Seienden und Geschehenden nicht durch Einbezug übernatürlicher, und

---

[26] Motus est actus entis in potentia..., in: Zwischen Philosophie und Mechanik, Rom 1958, 3—57.
[27] CUP nr. 441 (Denifle-Châtelain I p. 499).
[28] Phys. IV, 8 (73v—74r); dazu E. Grant, The Condemnation of 1277, God's absolute Power, and Physical Thought in the late Middle Ages, in: Studies in Medieval Science and Natural Philosophy, London 1981, cap. XIII p. 232—235.

insofern völlig kontingenter Möglichkeiten zu zerstören. Dies wäre einfach mit dem philosophischen Wissensanspruch nicht zu vereinbaren. Zudem könnte eine historisch breiter angelegte Untersuchung wohl unschwer plausibel machen, daß es nicht bloß eine Form, das Eigenrecht philosophischer Betrachtungsweise zu reklamieren und in Anspruch zu nehmen, gibt. Daher kann dieser Eid nicht als hinreichende Erklärung dienen.[29] Gewiß könnte man auch im Zusammenhang der buridanischen Unterscheidung im Begriff der Möglichkeit auf den Syllabus von 1277 verweisen, dessen Satz 184 lautete: „*quod possibile vel impossibile simpliciter, id est, omnibus modis, est possibile vel impossibile secundum philosophiam.*"[30] Doch würde man damit ipso facto die Plausibilität unterschätzen, die in einem Begriff der Möglichkeit als logischer Kohärenz liegt und welche nicht aufgeht in den Möglichkeiten, welche durch die schon bestehende Wirklichkeit eröffnet werden. Zumal jene Möglichkeit durch ein logisch äquivalentes Kriterium definiert wird, das — einmal formuliert — dem philosophischen Denken unmittelbar zugänglich ist, scheint es ohne weiteres nachvollziehbar, daß auch für Buridan in der jetzt vorfindlichen Wirklichkeit nicht alle Möglichkeiten erschöpft sind.[31]

Trotz des Votums für die theoretische Bedeutsamkeit als solcher seien einige Beispiele dafür gegeben, was Buridan durch die Allmacht möglich schien. Dies kann immer einen zweifachen Akzent haben. Entweder in einem separarierend-reduktiven Sinne (n u r übernatürlicherweise möglich) oder in einem eröffnenden Sinne (übernatürlicherweise immerhin m ö g l i c h): Der Himmel ist in übernatürlicher Weise geschaffen und ebenso vernichtbar, aber, da er keine *materia* enthält, ist dies natürlicherweise nicht möglich.[32] Darin liegt keine zur Konfliktvermeidung entworfene Zweigleisigkeit, die gewissermaßen unter der Generalklausel der Übernatürlichkeit die Wahrheit des christlichen Schöpfungsglaubens konzedieren, die aristotelische Kosmologie jedoch intakt lassen kann.[33] Buridan erwähnt in den Erwiderungen ausdrücklich, daß die Zerstörbarkeit weniger ein außerhalb des aristotelischen Horizontes liegender Gedanke, sondern kraft seiner Prinzipien ein Gegenstand möglicher Bestreitung. Buridan sagt dazu: „*quando dicitur quod deus potest velle non conservare caelum, ego concedo; ideo caelum est supernaturaliter annihilabile. Sed Aristoteles negasset quod Deus posset velle corrumpere vel annihilare caelum, propter hoc quod est immutabilis*

---

[29] McLaughlin hat die Tragweite dieser Eidesleistungen aufgrund von deren Vielzahl sehr relativiert: Intellectual Freedom and Its Limitations in the University of Paris in the Thirteenth and Fourteenth Centuries, New York 1977 (Phil. Diss. Columbia Univ. 1952), 23 sqq.
[30] Cf. R. Hissette, Enquête sur les 219 articles condamnés à Paris le 7 Mars 1277; Louvain-Paris 1977, 275 sq.
[31] Phys. I, 18 (22va): „*ego suppono quod deus multas creaturas potest creare quas numquam creabit.*"
[32] De caelo I, 10 (ed. Moody p. 46).
[33] In diesem Sinne: De caelo I, 16 (Moody 77); I, 23 (Moody 116).

voluntatis. Nec istud est contra libertatem suae voluntatis, quia Aristoteles reputat liberum simpliciter non quia potest inopposita, sed quia est sui ipsius gratia tanquam finis aliorum."[34] Gott kann etwa auch mehrere Engel innerhalb derselben Species erschaffen.[35] Gerade im Kommentar zu De caelo häufen sich die Unterscheidungen von dem, was natürlicherweise unmöglich ist, übernatürlich aber sein kann: daß ein im Kreis bewegter Körper unendlich sein kann;[36] daß von ihm die ganze Welt in gerader Richtung bewegt werden könnte;[37] daß Gott auch andere Welten neben dieser hätte erschaffen können;[38] ob irgendetwas außerhalb des Himmels sein könnte, wird in die Kompetenz der theologischen Fakultät verwiesen;[39] daß es mehrere Himmelsbewegungen geben könnte;[40] es wird die Frage untersucht: was folgt für einen ein Fuß großen Körper und darüber hinaus für das Verhältnis von Substanz und Quantität, wenn Gott alles andere vernichten, diesen aber zu einem zwei Fuß großen Körper verdünnen würde?[41] Für die göttliche Allmacht gibt es keinen höchsten Wärmegrad.[42]

Für den Sinn des Möglichkeitsgedankens bei Buridan ist also, wie zu zeigen versucht wurde, von besonderer Wichtigkeit, daß seine Funktion ausschließlich und ausdrücklich auf die Statusbestimmung der Naturphilosophie beschränkt bleibt. Die Konzession des Nicht- und Übernatürlichen ist eine abstrakte, die nicht in den faktischen Vollzug der naturphilosophischen Erörterung eingeht. In einen größeren Kontext gebracht: Gehörte es zu den herausragenden Aspekten der Aristoteles-Kritik bei Duns Scotus, daß die reale Verfaßtheit des Menschen zwar zutreffend bestimmt, aber aufgrund der unvermeidlichen Unkenntnis der Erbsündenlehre in ihrem Status als bloß geschichtlicher und eben nicht „natürlicher" Bestimmtheit ebenso unvermeidlich überschätzt wurde, so ist auch die Natur selbst nicht von jener alternativlosen Determiniertheit wie es scheinen könnte. Dies ist kein Rückzug in eine bloß konstatierende Naturphilosophie. Es bedarf im Prinzip immer noch des Nachdenkens über Gründe. Diese sind jetzt nur von anderer Art. Es sind nicht die Gründe dafür, warum etwas so sein muß wie es ist, sondern dafür, warum es so ist wie es ist, obgleich es anders sein könnte. Daß diese nicht immer angebbar

---

[34] De caelo I, 10 ad 2 (Moody 48).
[35] De caelo I, 11 ad 4 (Moody 53).
[36] De caelo I, 15 (Moody 70).
[37] De caelo I, 16 (Moody 75): „*sed de potentia divina determinatum fuit per episcopum Parisensis et per studium Parisiense, quod error esset dicere quod deus non posset movere totum mundum simul motu recto.*"
[38] De caelo I, 18 (Moody 84).
[39] De caelo I, 20 (ed. Moody p. 93): „*sed quid sit dicendum de hoc secundum fidei veritatem sive constantiam, debetis recurrere ad theologos*"; ähnliche Exklusion: De caelo I, 25 (Moody 123).
[40] De caelo II, 10 (Moody 170).
[41] Phys. I, 8 (11va).
[42] Phys. I, 12 (15vb).

sind, ist demgegenüber eher sekundär. Es kommt jedoch als zusätzliche Komponente der Rationalität die Reflexion auf den Status hinzu.

Allerdings kann man sich fragen, ob die Beschränkung auf das natürlicherweise Seiende tatsächlich bloß eine Statusbestimmung der Methode voraussetzt, oder ob sich schon daraus — und nicht erst aus der ohnehin inhaltlich orientierten Diskussion mit Zeitgenossen — eine Verengung der Naturphilosophie ergibt. Ist Buridans Naturphilosophie noch Kosmologie? Oder wird diese an die Schöpfungstheologie delegiert? Wenn Buridan die Schöpfung aus der Gültigkeit jener alten — und überall konzedierten — Formel des Kausalprinzips *„ex nihilo nihil fit"* ausnimmt, dann nicht, um — wie Thomas[43] und viele andere — eine eigene Verursachung des Seiendseins zu statuieren, welche Gegenstand der Metaphysik wäre, sondern vielmehr, um sie schlechthin zum Gegenstand des Glaubens werden zu lassen.[44] Zwar behält Buridan bei der Kausalität das kooperative Element des Zusammenwirkens von *causa particularis* und *universalis* bei, doch läßt sich letztere nicht als *causa essendi* fassen — selbst wenn es manchmal so aussieht.[45] So bleibt es zunächst bei der korrekten Fixierung der Unterscheidungen: Schöpfung setzt nur den Schöpfer selbst voraus, während ein natürliches Hervorbringen (*factio*) nicht allein ein *agens,* sondern auch ein *subiectum* voraussetzt, „in dem es geschieht."[46] Doch geht Buridan darüber nicht mehr hinaus. Er weist ein Argument zurück, mit dem Thomas von Aquin im Rahmen einer metaphysischen Ontologie versucht

---

[43] In Phys. VIII, 2 (974): *„quia omnis motus indiget subiecto, ut hic Aristoteles probat et rei veritas habet, sequitur quod productio universalis entis a Deo non sit motus nec mutatio, sed sit quaedam simplex emanatio. Et sic fieri et facere aequivoce dicuntur in hac universali rerum productione, et in aliis productionibus. Sicut ergo si intelligamus rerum productionem esse a Deo ab aeterno, sicut Aristoteles posuit, et plures Platonicorum, non est necessarium, immo impossibile, quod huic productioni universali aliquod subiectum non productum praeintelligatur."* Nicht bloß die Kompatibilität von Kausalsatz und Schöpfungslehre behauptet Thomas, sondern auch, daß bereits Platon wie Aristoteles die Grundstruktur kreativen Hervorgehens als Kausierung des Seins schlechthin — und bloß eines je bestimmten Seienden — eingesehen haben, demgegenüber der Zeitlichkeitscharakter ganz sekundär wird: nr. 975; VIII, 3 (996): *„quamvis Aristoteles poneret mundum aeternum, non tamen credidit quod Deus non sit causa essendi ipsi mundo, sed causa motus tantum, ut quidam dixerunt."*

[44] Phys. I, 15 (18vb): *„Et tunc ego pono duas conclusiones. Prima est quod possibile est aliquid fieri sine subiecto praesupposito ex quo vel in quo fiat et hanc conclusionem credo fide et non aliqua probatione nisi hoc auctoritate sacrae scripturae et doctorum fidei catholicae. Sic enim Deus fecit et creavit angelum et caelum et mundum et hanc conclusionem intendunt qui dicunt posse aliquid fieri ex nihilo vel etiam ex nihilo posse aliquid fieri. Secunda conclusio est quod necesse est omne quod fit naturaliter fieri ex subiecto praesupposito... sed tamen non puto quod haec conclusio sit demonstrabilis, sed est declarabilis per inductionem in qua non inventa est instantia; sic probat enim eam Aristoteles et tale reputari debet principium in scientia naturali."*

[45] Met. I, 4 (5va); IV, 3 (14va–b); Eth. IX, 7 (200ra). — Buridan rekurriert auf eine geläufige Unterscheidung: Thomas von Aquin, Sent. I d. 7, 1, 1 ad 3; Heinrich von Gent, Sum. 24, 6 (141rN); 22, 5 (135rEF); Duns Scotus, ord. II d. 1 q. 3 (VII p. 57).

[46] Phys. I, 21 (24vb).

hatte, den Gedanken der Schöpfung philosophisch unumgänglich zu machen. Thomas hatte von einer unendlichen Distanz von Sein und Nichtsein gesprochen. Eine endliche Ursache ist jedoch gerade dadurch in ihrer Endlichkeit gekennzeichnet, daß sie zur Entfaltung ihres Wirkvermögens bereits auf Bestehendes angewiesen ist.[47] Dieses Argument, das allerdings auch für Scotus schon nicht einleuchtend war, weist Buridan ohne Namensnennung als absurd zurück: „*absurdum est dicere quod sit infinita vel distantia aliqua de non ente ad ens; si enim sit aliqua distantia, ipsa est ens vel entia vel inter entia.*"[48] Zugleich wendet sich Buridan aber auch gegen Averroes, der mit großer Mühe versucht hatte (*laboravit*), die Schöpfungslehre als innerlich unmöglich zu erweisen. Dessen Argumente werden als zirkulär zurückgewiesen, jedoch ohne daß ihnen stärkere gegenübergestellt würden. Dies geschieht aus grundsätzlichen Gründen: Was immer zum Gegenstand der Naturbetrachtung soll werden können, muß sich auf die Elemente der Induktion zurückführen lassen. Für Aussagen über den Kosmos als ganzem fehlt also jede Grundlage, durch die gesagt werden könnte, ob sie wahr oder falsch sind. Der andere oben angedeutete Weg einer metaphysischen Konzeption von Ursächlichkeit ist nur für die historische Perspektive eine Alternative, für Buridan wird dies unter der Voraussetzung eines bestimmten Verständnisses von *ens* (dem wir hier nicht nachgehen können) gar nicht zum Gegenstand der Erwägung. Daher bleibt konsequenterweise ausschließlich die Möglichkeit, die kreative Form der Statuierung als *miraculose* zugleich zuzugestehen wie auch aus der theoretischen Durchdringung zu eliminieren. Die Naturphilosophie im Konzept Buridans muß auf den Gedanken einer Schöpfung verzichten. Sie kann ihn mit ihren Mitteln weder statuieren noch kritisieren.

Die Fundamentalaufgabe der Metaphysik, nämlich die Gewinnung eines angemessenen Wirklichkeitsbegriffs, macht diese unter der Voraussetzung einer bedingten Autonomie selbst zweideutig. Denn die Konzeption eines zwar autarken Wissens, welches zu den Gehalten des Glaubens kein Wissens-, sondern nur ein Anerkennungsverhältnis zu gewinnen imstande ist, muß hierdurch stark relativiert werden. Denn es ließe sich etwa am Beispiel von Buridans Diskussion der Ontologie des Akzidens[49] leicht zeigen, daß das Selbstverständnis der Metaphysik als Form, und zwar als Höchstform des Wissens, nicht dadurch zu stabilisieren ist, daß durch eine bewußte, d. h. methodische Abstraktion von theologischen Bestimmungen, von diesen freigehalten wird. Dieses Modell kolldiert am Ende also doch mit den theoretischen Ansprüchen, die von der Metaphysik einerseits

---

[47] Sth. I, 45, 5 ad 3.
[48] Phys. I, 15 (19rb).
[49] Met. IV, 6: „*utrum hoc nomen ens significet substantias et accidentia secundum unam rationem sive secundum unum conceptum.*"

und der Theologie andererseits erhoben werden. Hatte Duns Scotus versucht, solche Kollisionen zu vermeiden, indem er einerseits die philosophische Erkenntnismöglichkeit beschränkte, andererseits eine weitgehend entkosmologisierte Metaphysik zu entwickeln versuchte, so zeigt sich jetzt, daß auch dies noch nicht hinreichend war.

Das Denken verzichtet auf eine Einheitsleistung, von der man weiterhin unterstellt, sie müsse möglich sein und daher auch durchgeführt werden. Die Explikation dieser nicht-natürlichen, sondern mirakulösen Wirklichkeit, wird bei Buridan nicht geleistet. A. Ghisalberti hat dieses Buridan zum Vorwurf gemacht.[50] Wenn aber die hier vorgetragene Interpretation Buridans angemessen ist, dann geht dieser Vorwurf an Buridans Intention vorbei. Gewiß, eine den sog. „Synthesen" des 13. Jahrhunderts vergleichbare Zuordnung bleibt aus. Diese jedoch stammten allesamt von Theologen, und ein solcher ist Buridan nicht. Immerhin gehört Buridan einer sehr formalen Strukturbestimmung nach noch ganz in diese Tradition. Es ist eine noch kaum wahrgenommene Gemeinsamkeit der großen Autoren der Hochscholastik, daß sie die Wahrheit des Glaubens nicht als eine gegenüber der endlichen Rationalität ganz andere angesetzt haben. Jene ist zwar durch diese nicht erreichbar, doch *qua* Wahrheit liegt sie „über der Vernunft."[51] Dies gilt auch für den Philosophen Buridan.

Die Philosophie Buridans stellt nur die Kategorie des Non-Naturalen bereit; sie vermag aber nicht diejenigen Fälle positiv zu explizieren, in denen auf diese Kategorie zurückgegriffen werden muß. Diese Explikation kann für Buridan nur eine theologische sein. Mehr als die Konzession der Möglichkeit, nämlich eine inhaltliche Präjudizierung, wäre nicht mehr das, was Buridans Denken zu sein beansprucht, nämlich Philosophie. Sie ist allerdings eine Philosophie, die davon ausgeht, daß die Vernunft über die Generalhypothese der Allmacht Gottes verfügt. Buridan revidiert nicht die seit Scotus als zugestanden geltende Unbeweisbarkeit der göttlichen Omnipotenz. Es bedarf weder einer Plausibilisierungsleistung noch sonst einer Weise vernünftiger, d. h. legitimierender und nicht bloß faktischer Integration. Daß Gott allmächtig ist, ist für Buridan ohne Einschränkung die Wahrheit. Eine solche weiter nicht integrationsfähige, aber anerkannte Wahrheit wird zu so etwas wie einem Faktum. Es muß einfach als ein Gegebenes berücksichtigt werden. Die Form dieser Berücksichtigung ist dann aber die bereits aus anderen Autoren bekannte: Sie wird als ein logisches Äquivalent zur Widerspruchsfreiheit genutzt. Weil dem aber so

---

[50] La teologia di Giovanni Buridano, in: Riv. di filos. neoscol. 65 (1973), 17–53, p. 47 n. 58.
[51] *Supra rationem*: Bonaventura, in Hexaëm. XIX, 14 (V, 422 b); Albertus Magnus, s. Eth. I, 13 n. 80 (ed. Col. XIV, 1 p. 71); Thomas von Aquin, Sent. IV d. 10, expos. textus; s. Matth. XVI, 2 (1379); Siger v. Brabant, de an. int. 7 (ed. Bazán p. 108); in Met. III, 5 (Rep. Par.) (ed. Maurer p. 412).

ist, wird das schlechthin Mögliche nicht zu einem völlig vernunftexternen Gesichtspunkt. Erst wenn das *supernaturale* kriteriell nicht mehr einzuschränken wäre, dürfte von einem voluntaristischen Theologismus die Rede sein. H. Blumenberg hat nun tatsächlich und ohne Einschränkung Buridan dieser Richtung zugerechnet. Der Text allerdings, den er dafür als Beleg anführt — „*cum nihil scias de voluntate dei tu non potes esse certus de aliquo*" —, findet sich zwar in Buridans Metaphysik-Kommentar, aber unter denjenigen Argumenten, die seiner eigenen These gerade entgegenstehen.[52]

Das philosophische Wissen kann zum Glauben nur ein faktisches Verhältnis einnehmen. Der Glaube ist für Buridan eine Wahrheitsform, zu der sich das Wissen nicht in ein Verhältnis bringen kann, das wiederum von der Art des Wissens sein könnte. Die Wahrheit kann nur anerkannt werden. Darin ist also die Autarkie des philosophischen Wissens beschränkt. Sie ist aber keine, die sich dieser Anerkennung erst verdankte. Sie ist also zwar beschränkt, aber nicht dependent. Philosophie ist zum einen die höchste Form des Wissens, das Wissen aber nicht die einzige Form der Wahrheit. Diese Autarkie macht sich, wie gesagt, gerade darin geltend, daß die Grenzen philosophischer Kompetenz strikt eingehalten werden.

Daß kraft Gottes Allmacht alles logisch Mögliche auch real möglich werden könnte, kann die Philosophie im Verständnis Buridans nicht erreichen. Wenn sie sich aber aus dem Glauben eben dies vorgeben läßt, daß sich Gott wirklich auf alles das beziehen kann, das keinen logischen Widerspruch einschließt, dann vermag sie den ontologischen Status des natürlichen Geschehens zutreffend zu bestimmen. Dieser Gesichtspunkt des Möglichen hatte schon in der hochscholastischen Erörterung des Verhältnisses von Glaube und Vernunft eine wesentliche Rolle gespielt, wenn auch gleichsam in umgekehrter Richtung. Sowohl Thomas von Aquin wie Duns Scotus ordnen der Vernunft die Funktion zu, zwar nicht die Einsicht in die Gründe des faktisch zu Glaubenden, wohl aber die Möglichkeit des Glaubensinhaltes darzutun.[53] Die Dominanz des Möglichkeitsdenkens, die sich bereits aus der Reformation der Metaphysik bei Duns Scotus ergeben hat, erhält somit aus Buridans Konzept der Naturphilosophie zusätzliche Schubkraft.

Im ganzen betrachtet scheint Buridans Konzept seiner Philosophie doch ein instabiles zu sein. Die Verselbständigung der Philosophie im Mittelalter, welche bei Buridan innerhalb der Scholastik auf einem respektablen Niveau zu studieren ist, wird unter sehr massiven Konditionen versucht. Wenn sie zutreffen sollte, dann ließe sich aber auch ein anderes Faktum der

---

[52] Die Genesis der kopernikanischen Welt, Frankfurt 1965, p. 184; cf. Met. II, 1 (8va).
[53] Thomas, in de trin. 2, 1 ad 5; sth. II–II, 2, 10 ad 2: „*rationes quae inducuntur ad auctoritatem fidei, non sunt demonstrationes, ... sed removent impedimenta fidei, ostendendo non esse impossibile quod in fidei proponitur*"; Duns Scotus, ord. II d. 1 n. 139 (VII p. 70).

Philosophiegeschichte verständlich machen. Eines der Charakteristika der frühneuzeitlichen Denkgeschichte ist das umfängliche Aufgreifen theologischer Themen in der Philosophie. Dafür stehen nicht allein Descartes und Leibniz. Dies ließe sich aus der Perspektive des 14. Jahrhunderts als der Versuch verstehen, die durch Ausgrenzung zwar erreichte, aber bloß fragile Eigenständigkeit der Philosophie durch Integration von Theologumena zu einer stabilen zu machen.

Buridan on the Ontological Status of Causal Relations
A First Presentation of the Polemic "Questio de dependentiis, diversitatibus et convenientiis"[1]

J. M. M. H. THIJSSEN (Nijmegen)

Introduction

The publication of Wallace's "Causality and scientific explanation" has been instrumental in making it clear to historians and philosophers of science that causal thought is much older than modern science.[2] As early as Classical Antiquity, the principle of causality (i.e. a statement of the form "the same cause always produces the same effect") had a place in the study of nature. In fact, it was Aristotle who in his Metaphysics and Physics gave the earliest and most systematic codification of the notion of causality.[3] He too established the tradition in which a scientific explanation of the phenomena in nature is regarded as a causal explanation. According to Aristotle, to know things in a scientific way means to know the answers to the why-questions. In Aristotle's model of science these answers have to be causal.[4]

Causes thus function for Aristotle as reasons or explaining factors. With this move, Aristotle brought about an identity between causality as an epistemological and as an ontological category: men not only describe their experiences in terms of causes (the epistemological component), but, moreover, in ontological terms everything *has* a cause.

Although Aristotle's theory of causality, summarily presented above, was to dominate medieval science and philosophy of science, it did not remain unchallenged. Especially the 14th century witnessed some interesting new developments, such as an endeavour to eliminate final causes

---

[1] Research for this paper was made possible through a fellowship from the Royal Netherlands Academy of Sciences. I wish to thank Prof. Dr. H. A. G. Braakhuis for his comments on an earlier draft of this paper.
[2] W. A. Wallace, Causality and Scientific Explanation. Vol I. Medieval and Early Modern Science, Ann Arbor 1972.
[3] Aristotle, Phys. II, 3 and 4; Metaph. V, 2.
[4] Aristotle, Anal. Post. I, 2, 70 b 9–13; Metaph. I, 3, 983 a 24–31.

and restrict all varieties of natural causation to efficient causation, an elaboration of a theory of induction, and an attack on the alleged discernment of causal efficacy.[5] The last two topics — induction and the critique of causal efficacy — are directly linked with the subject of the present paper: the nature of causal relations. It is clear that induction as a method of acquiring knowledge is only possible if certain general propositions about the relation between causes and their effects are accepted, propositions which are not accepted by those who are sceptical of man's ability to discern causal patterns in reality. Although late-medieval scholars spent a lot of effort in discussing the ontological status of causal relations, they generally did not make the connection with their discussions of causal knowledge and induction, probably because these discussions occurred in different contexts.

After having dealt in the past with Buridan's views on induction and causal knowledge, I shall here attempt to cover part of the ontological side of the issue by presenting a hitherto unedited text of Buridan that treats the relation of a cause and its effect: the Questio de dependentiis, diversitatibus et convenientiis.[6] In view of the polemic nature of this Questio, it is an interesting witness to the discussions of the ontological status of (causal) relations in the 1330s at the University of Paris.

The text

The Questio de dependentiis, diversitatibus et convenientiis is one of Buridan's so called polemic works.[7] There are two extant manuscripts:
1. Klosterneuburg, Stiftsbibliothek, cod. 291, ff. 163ra—172ra. (XIV)
2. Praha, Státní Knihovna ČSR, cod. VII. E. 11, ff. 224r—254v. (XV)
The Prague manuscript was not available to me.[8]

In the Klosterneuburg codex the work under discussion is attributed to Buridan. The attribution is strengthened by the circumstance that our

---

[5] See for example A. Maier, Das Problem der Evidenz in der Philosophie des 14. Jahrhunderts, in: A. Maier, Ausgehendes Mittelalter II, Roma 1967, esp. 391—413, and A. Maier, Finalkausalität und Naturgesetz, in: A. Maier, Metaphysische Hintergründe der Spätscholastischen Naturphilosophie, Roma 1955, 273—339; J. R. Weinberg, Abstraction, Relation and Induction, Madison Wisc. 1965, 121—153.

[6] Buridan's views on induction and their relation to his and Autrecourt's theory of causal knowledge have been discussed in J. M. M. H. Thijssen, John Buridan and Nicolas of Autrecourt on Causality and Induction, in: Traditio, 43 (1987) 237—255.

[7] The most up to date catalogue of Buridan's works is B. Michael, Johannes Buridan: Studien zu seinem Leben, seinen Werken und zur Rezeption seiner Theorien im Europa des späten Mittelalters, Berlin 1985, Teil 2. The discussion of Buridan's polemic works on pp. 425—454 makes the older literature obsolete.

[8] The Prague manuscript was written between 1419—1446. The Questio de dependentiis, diversitatibus et convenientiis is anonymous. See Michael, 427—428.

text is referred to by some of the other polemic treatises that also mention Buridan as author. From these references it can, furthermore, be gathered that some of Buridan's polemic treatises are closely related to our text, not only as to their subject, but also as to the occasion of their composition.

The Questio de dependentiis, diversitatibus et convenientiis is Buridan's response to an attack by two anonymous masters of the Faculty of Arts — one of the English and one of the Picard Nation — against an earlier treatise, the Tractatus de diversitate generis ad speciem. This treatise has not been discovered yet. Buridan's response — our Questio — apparently sparked off a reaction by the two masters, and this in turn induced Buridan to write a third treatise: the Defensiones determinationis de diversitate generis ad speciem. This treatise has also been preserved in the Klosterneuburg manuscript, and follows immediately after our text (ff. 172vb–205va). Its incipit neatly sums up the connection between the three polemic treatises: (f. 172rb) *"Alias composui quemdam tractatum de diversitate generis ad speciem, contra quem duo magistri multipliciter dubitaverunt. Et iam solvi eorum dubitationes de hoc quod dixeram dependentias effectuum ex causis, aut convenientias vel diversitates rerum ad invicem nihil in rebus dependentibus, convenientibus vel diversis additur ultra eorum essentias. Nunc volo solvere dubitationes eorum de aliis que magis proprie tangunt questionem de diversitate generis ad speciem, et erit processus meus in declarando decem conclusiones."*

In sum, this incipit suggests the following order of composition: 1) Tractatus de diversitate generis ad speciem (not yet identified); 2) Our Questio de dependentiis, diversitatibus et convenientiis; 3) Defensiones determinationis de diversitate generis ad speciem.[9] In the Klosterneuburg codex our Questio (2) is dated 1332 and the Defensiones (3) is dated 1333.

The three treatises mentioned above are connected with a fourth polemic work of Buridan, his Tractatus de relationibus, whose only complete copy is preserved in München, Bayrische Staatsbibliothek, Clm 18789, ff. 187v–202r.[10] The Tractatus de relationibus is directed against a master Egidius de Feno, and was, according to the colophon, composed in 1334 in Paris. The subject matter of the Tractatus is obviously the same as that of the other three treatises: the ontological status of relations. But there is a more direct connection between the Tractatus de relationibus and the other works. On f. 200v of the Munich codex, Buridan makes the following remark: *"Ego vero alias dixeram, quod amplius de predictis (scil. de diversitatibus et dependentiis) nihil intendebam facere, sed nunc scripsi hec rogatus."* In all probability this remark refers to the explicit of the Defensiones determi-

---

[9] This order of composition is also suggested by other cross-references in Buridan's polemic works. See Michael, 425–432 for a discussion of these other references.

[10] The copy is dated 1486. See also Michael, 440–443. The Munich codex also contains some other polemic works of Buridan, but not our Questio, nor the Defensiones determinationis.

nationis de diversitate ad speciem: (Klosterneuburg, f. 205va/b) "*Ideo protestor, si in ista parte vel alias ipse vel alter contra me opponunt de ista materia vel de convenientiis, diversitatibus, dependentiis, quod ego non intendo me amplius defendere, scilicet quia sive de his sive de quocumque alio proposito de quo me conferre contingit, bene volo loqui his sed non ultra saltem scribendo, ne propter hoc occupatus studere non possum in aliis.*"[11] Apparently, Buridan changed his mind never to cover the subject of relations again, and gave a final exposition of this topic in the Tractatus de relationibus.

The circumstance that Egidius de Feno happened to belong to the Picard Nation led Michael to conjecture that the anonymous Picard master with whom Buridan was engaged in a polemic in the other three treatises, was also Egidius of Feno.[12] My first impression, however, is that the line of argumentation of Buridan's adversaries in our Questio and in the Tractatus de relationibus is completely different, and that this difference in argumentation is due to different adversaries, and not to a different problem context.[13]

A final word remains to be said about the Klosterneuburg codex. The manuscript is written in several 14th-century hands. Our text, together with three other polemic works of Buridan that are preserved in this codex, and the marginal notes which structure these texts, are all written in the same hand.[14] Furthermore, it is interesting to observe that not only Buridan's texts are written with a first-person narrator, but that the marginal notes too have been written entirely from the perspective of the author! Some examples of this are: (f. 164va) *Anglici contra conclusionem meam ratio prima*; (f. 165rb) *contra illorum responsiones*; (f. 165va) *prima conclusio contra eos*; (f. 173va) *ratio Pycardi contra me*; (f. 175rb) *Pycardus contra me*; (f. 181va) *conclusio Anglici contra quartam conclusionem meam*; (f. 206ra) *conclusiones mee*. On the basis of this evidence one could conjecture that ff. 163ra—229rb of the Klosterneuburg manuscript are Buridan's autograph! Given the fact, however, that the texts originated over a period of several years, it is perhaps safer to assume that the Klosterneuburg codex contains a copy that is close to either Buridan's autograph, or to an authorized

---

[11] This connection has also been noticed by Michael, 431.
[12] Michael, 443.
[13] I especially concentrated on the fifth chapter of the Tractatus de relationibus, which deals with causal relations (utrum relatio cause ad causatum et causati ad causam sint relationes reales). A more systematic comparison of both texts will have to await the forthcoming edition of the Tractatus de relationibus, by Dr. Rolf Schönberger. I wish to express my gratitude to him for kindly providing me with a copy of his edition of this treatise.
[14] In the Klosterneuburg manuscript Buridan's polemic works follow consecutively from f. 163ra to f. 215rb. The hand they are written in does not correspond to any of the other hands in this manuscript.

version of Buridan's texts, and that the scribe also included Buridan's marginal notes in the copy he was manufacturing.[15]

After these preliminary remarks, I will now present a transcription of those parts of Buridan's Questio de dependentiis, diversitatibus et convenientiis that are important for an understanding of his views on the ontological status of causal relations. At the same time, I have tried to render intelligible the structure of this Questio, which is quite unlike the more ordinary scholastic *Questiones*.[16]

⟨JOHANNI BURIDANI⟩
⟨QUESTIO DE DEPENDENTIIS, DIVERSITATIBUS ET CONVENIENTIIS⟩

⟨INTRODUCTIO: BURIDANUS POSUIT TRES CONCLUSIONES⟩

[f. 163ra] Ad defensionem veritatis quam quidam impugnare nituntur de dependentiis effectuum ex suis causis et de convenientiis et diversitatibus rerum ad invicem, volo nunc reiterare conclusiones quas de hoc alias satis vel nimis succincte declaravi.

⟨A⟩ Quarum prima est quod dependentia effectus ex sua causa nihil addit in effectu dependente ultra eius essentiam.

⟨B⟩ Secunda, quod convenientie vel diversitates essentiales seu quidditative, cuis⟨modi⟩ sunt convenientie vel diversitates aliquorum secundum speciem aut secundum genus, nihil addunt in rebus sic convenientibus vel diversis preter suas essentias.

⟨C⟩ Tertia conclusio est quod huismodi dependentie vel convenientie vel diversitates prout sunt relationes distincte a fundamentis, non sunt preter animam.

⟨PROBATIO CONCLUSIONUM⟩

Primam conclusionem probavi alias inducendo in diversis generibus causarum. In causa efficiente sic effectus dependet ab agente in hoc quod producitur ab eo. Et si dependet se ipso non per dependentiam realem sibi additam, habeo propositum. Si autem hoc sit per dependentiam realem

---

[15] According to the colophon, our Questio originated in 1332. The polemic work which immediately follows, is dated 1333. The two remaining brief treatises are without date. According to Michael, 427, the Klosterneuburg codex is of paper. As I have consulted a microfilm of this codex, I have been unable to study the watermarks.

[16] K = Klosterneuburg, Stiftsbibliothek cod. 291. The orthography is that of Classical Latin, with the preservation of the medieval *e* and the introduction of the Renaissance *u/v* distinction. Corrections of the text of the manuscript are indicated in the critical apparatus. Additions of the editor have been put between ⟨⟩. Deletions in the manuscript have not been indicated. Punctuation and capitalization have been adapted to modern usage.

superadditam, tunc illa dependentia iterum dependet ab aliquo agente a quo producitur, cum ipsa habeat esse post non esse. Et si dependet se ipsa et non per dependentiam aliam realem superadditam, pari ratione poteramus stare in primo, quia nulla ratio videtur cogere de uno que non cogat de alio. Si vero ipsa dependet per aliam dependentiam additam et realem, queram iterum de illa ut prius, et procedam in infinitum in essentialiter ordinatis. Quod reputo inconveniens.

Et eodem modo processi de causa finali et suo effectu, quod non repeto.

Sed repeto de causa materiali, ut per hoc appareat quod sepe dubitatum fuit, scilicet utrum inherentia accidentis sit de esse accidentis. Dixi ergo quod forma dependet a materia per hoc quod ipsa inheret[17] materie, aut per hoc quod materia subicitur ei, quod idem est. Si [f. 163rb] hoc sit per dependentiam realem sibi additam, tunc illa dependentia erit accidens reale, et sic dependebit iterum ab illo subiecto cum ei inhereat vel cum eius subiectum sibi subiciatur. Si autem sic dependeat non per aliam dependentiam sibi realiter additam, tunc pari ratione standum erat in primo. Si vero per aliam, procedam in infinitum.

Similiter repeto in causa formali, nam materia dependet a forma per hoc quod informatur ea, sive sit forma substantialis, sive forma accidentalis. Si autem hoc est per dependentiam realem additam, illa dependentia erit accidens informans materiam, et sic materia iterum dependebit ab illa et procedatur ultra ut prius.

Iterum, hanc conclusionem confirmavi auctoritate Linconiensis secundo Posteriorum, ubi dicit quod dependentia rationis uniuscuiusque entis ex primo principio nihil multiplicat in re dependente. Quod, si verum sit, non apperebit ratio cogens quin hoc possit dici de aliis causis et suis effectibus.

Secundam conclusionem probavi ... [f. 163va]
Tertiam conclusionem breviter probavi ...

⟨SED CONTRA ARGUUNT DUO MAGISTRI⟩
⟨RATIONES PYCARDI⟩

Duas primas istarum trium conclusionum duo venerabiles magistri nituntur destruere tam arguendo contra eas quam solvendo eorum rationes.

Quidam enim multum subtiliter et ordinate ad destruendum dictas conclusiones ponit quinque conclusiones. Prima est quod dependentia causati formaliter absoluti ex sua causa multiplicat veram formam realem superadditam entitati illius causati. Secunda conclusio est quod dependentia causati respectivi ex sua causa nihil reale multiplicat super essentiam illius causati. Tertia conclusio est quod dependentia causati ex sua causa nihil

---

[17] inheret] inhereat K

multiplicat in causa sive causa fuerit formaliter absoluta, sive respectiva, et sive etiam effectus fuerit formaliter absolutus vel respectivus. Quarta conclusio est quod identitates et diversitates essentiales plurium rerum formaliter absolutarum multiplicant veras formas reales in utroque extremorum. Quinta conclusio est quod identitates et diversitates essentiales plurium rerum formaliter respectivarum nihil multiplicant in rebus eisdem vel diversis.

Ad primam conclusionem arguit primo sic... [f. 164rb] ⟨3 rationes⟩
Deinde iste arguit ad suam conclusionem secundam tripliciter... ⟨3 rationes⟩
Deinde arguit ad suam tertiam conclusionem sic... ⟨2 rationes⟩
Deinde arguit sic ad quartam conclusionem... [f. 164va] ⟨3 rationes⟩

Deinde arguit ad quintam conclusionem sicut fecit ad secundam, nec plus, nec minus; ideo non repeto.

Sic ergo patet quomodo iste subtiliter arguit contra conclusiones meas.

⟨RATIONES ANGLICI⟩

Sed adhuc quidam alter sic arguit contra meam primam conclusionem. Primo ... [f. 164vb] ... Secundo iste arguit contra primam conclusionem meam et secundam per dicta mea in quibusdam aliis conclusionibus...

⟨INTENTIO BURIDANI⟩

Ista igitur sunt que alii dubitaverunt contra conclusiones quas posui prius, quibus repetitis procedam iterum sic. Primo repetam responsiones quibus isti voluerunt evadere rationes quibus conclusiones meas probaveram. Et huius⟨modi⟩ evasiones tollam, ut rationes mee in vigore suo non solum remaneant apud provectos, sed etiam apud iuniores lucide appareant remanere. [f. 165ra] Postea removebo rationes illorum quas iam repetii. Et ad differentiam ponendam inter illos duos doctores qui in presenti proposito mihi contrariantur, ego vocabo unum Pycardum et alterum Anglicum, quia Parisius nomine communi unus est de natione Pycardorum et alter de natione Anglicorum. Et protestor quod nihil mali intendo, sed solum addiscere et sustinere illud quod mihi videtur verum, et alia que ad hoc sequuntur. Et supplico quod sit fas unicuique nostrum imponere alteri omnem metam inconvenientie in speculativis, nihil tamen in moribus aut in fide.

⟨RATIONES ANGLICI ET PYCARDI⟩

Anglicus igitur ad primam rationem meam[18] de dependentiis respondet quod effectus absolutus dependet ab agente per dependentiam sibi realiter additam. Sed illa dependentia se ipsa dependet ab agente et non per aliam dependentiam realiter sibi additam.

---

[18] meam] mecum K

In eodem modo respondet Pycardus. Sed quando dicitur: non est alia ratio cogens quod unum illorum in dependendo ab agente magis requirat dependentiam sibi realiter additam quam alterum, ad hoc dicit Anglicus quod immo, quia regula est, ut dicit, quod quando aliquid inest aliquibus accidentaliter et denominative, oportet quod insit alicui formaliter et quidditative. Modo omnia absoluta dependent accidentaliter et denominative per dependentiam; ideo oportet quod dependentia se ipsa dependeat formaliter et quidditative.

Item ad idem iste alibi assignat aliam rationem, quia scilicet absolutum bene potest fundare relationem realem, sed relatio non potest fundare relationem propter tria. Primo, quia esset processus in infinitum. Secundo, quia relatio esset relativa. Tertio, quia tunc essent plures modi relationum distinguendi penes fundamenta quam tria. Cuius oppositum iste dicit esse notum ex quinto Metaphisice.

Pycardus autem aliam rationem assignat in hoc, scilicet quod absolutum dependet per additum et relativum non. Hoc enim est, ut dicit, quia natura in formaliter absoluto debuit et potuit facere tale additum, sed hoc [f. 165rb] natura non potuit neque debuit in formaliter respectivo. Natura quidem in absoluto debuit, quia non potuit aliquod ens formaliter absolutum facere habere habitudinem ad alterum per se ipsum. Etiam ipsa potuit, quia ens formaliter absolutum est tante virtutis, quod in eo possit fundari relatio realis superaddita. Sed in respectivo natura non debuit, quia potuit causatum formaliter respectivum facere dependere per se ipsum. Nec etiam potuit, quia ens formaliter respectivum non est tante virtutis, quod in eo possit fundari relatio realis superaddita. Et sic dictum est de dependentia effectus ex causa agente.

Ita ipsi respondent de dependentia ex fini vel ex materia vel ex forma, nisi quod Pycardus de dependentia materie a forma dicit quod materia dependet a forma per dependentiam additam. Sed cum dicitur: "illa dependentia informat materiam, et ita materia dependet ab ea", ipse concedit quod aliquo modo dependet ab ea. Et cum dicitur: "pari ratione standum erat in primo", dicit quod non, quia in primo natura debuit et potuit, sed non in secundo. In primo quidem natura debuit, quia oportet ut natura dependeat ex sua causa per se, dante sibi esse substantiale, et non potest esse per se ipsam. Etiam natura potuit, quia tam materia quam forma sunt entia absoluta, ita quod unum potuit fundare talem relationem et aliud terminare. Sed in secundo natura non debuit, quia illa dependentia non dat materie aliquod esse substantiale, sed esse accidentale solum. Et ideo natura non debuit esse sollicita de dependentia materie ex tali causa. Etiam, natura non potuit, quia illa dependentia est ens formaliter respectivum, et ideo non potest terminare talem relationem. Nam omne illud quod terminat dependentiam alterius, oportet ipsum esse independens independentia opposita dependentie illius cuius dependentiam terminat. Nam aliter non plus terminaret quam terminaretur. Ad istam intentionem dicit Commentator quarto Physicorum quod nisi locus quiesceret, frustra locatum moveretur ad ipsum.

⟨DEMONSTRATIO DEFECTORUM RESPONSIONUM ANGLICI ET PYCARDI⟩

Quia [f. 165va] rationem meam, de qua nunc locutum est, credo esse demonstrativam si modo debito sustineatur, et non est a demonstratione recedendum occasione responsionum cavillosarum, quia sic forte scientiam posset in ignorantiam verti vel in deceptionem, ideo declarandum est quomodo deficiunt reponsiones nunc statim recitate.

Et est advertendum primo quod ambo prius dicti magistri in hoc concordant mecum quod in relationibus realibus subordinatis non contingit in infinitum procedere. Secundo concordant mecum quod dependentia habens causam dependet ex illa causa, et etiam quod convenientia alia convenit secundum speciem alteri convenientie[19] cum qua est eiusdem speciei, et est diversa specifice ab aliqua alia relatione cum qua non est eiusdem speciei. Et similiter de diversitate. Tertio concordant mecum in hoc quod super dependentiam effectus ex sua causa non potest fundari relatio realis. Et eodem modo concordant quantum ad hoc de convenientia et diversitate; sicut apparebit post.

Sed mihi discordant, quia dicunt effectum absolutum non posse a causa dependere nisi per dependentiam realiter sibi additam; nec alteri convenire vel esse diversum, nisi per convenientiam vel diversitatem realiter additam. Secundo discordant mihi, quia dicunt relationem non posse fundare aliam relationem. Et per ista duo volunt rationem meam annullare.

⟨QUINQUE CONCLUSIONES CONTRA ISTOS DUOS MAGISTROS⟩

Volo igitur contra ista declarare quinque conclusiones. Prima est quod relatio potest fundari super relationem, ita quod alia et alia formaliter sive essentialiter erit relatio fundans et relatio fundata.

Secunda est specialiter descendendo ad propositum quod essendo dicto modo relationem fundantem aliam a relatione fundata tum dependentia potest fundari super dependentiam et super convenientiam et super diversitatem. Et similiter convenientia potest fundari super dependentiam et convenientiam et diversitatem. Similiter diversitas super dependentiam et convenientiam[20] et diversitatem, hic accipiendo dependentiam, convenientiam et diversitatem prout sunt essentialiter rationes sive relationes.

---

[19] convenientie] conveniente K
[20] convenientiam] consequentiam K

Tertia conclusio erit quod si dependentie vel convenientie vel diversitates, que sunt relationes fundate super res absolutas, sunt [f. 165vb] reales, tunc etiam convenientie vel diversitates vel dependentie que sunt relationes fundate super predictas dependentias, convenientias vel diversitates, erunt reales.

Quarta conclusio erit quod causatum absolutum modo quo res habens causam potest esse absoluta, dependet se ipso essentialiter a causa circumscripto omni eius accidente sive absoluto sive respectivo.

Quinta conclusio erit quod dependentie, convenientie vel diversitates que sunt relationes fundate super res absolutas, non sunt in re preter animam.

Primam conclusionem probo sic: quecumque relatio fundata super aliquod absolutum est posterior naturaliter illo fundamento absoluto. Ista, credo, conceditur ab omnibus. Sed ista posterioritas qua illa relatio, puta paternitas, est posterior suo fundamento, est quedam relatio. Ista est necessaria specialiter apud illos qui dicunt dependentiam effectus a causa esse relationem, quia non minus illa posterioritas dicit habitudinem ad fundamentum quam illa dependentia ad causam, vel etiam quam diversitas Sortis ad illud cui est diversus. Sed ista posterioritas necessario fundatur super relationem illam, puta paternitatem in habitudine ad fundamentum ipsius paternitatis. Hoc apparet ex terminis, quia aliter non diceremus quod paternitas est posterior fundamento suo. Etiam ficticium esset quod illa posterioritas esset relatio sine fundamento. Et absurdum esset quod fundaretur tamquam super immediatum fundamentum super fundamentum paternitatis, cum illud fundamentum non dicatur esse posterius sed prius. Nec fundatur super[21] animam, capiendo fundamentum prout hic loquuntur de eo, scilicet pro eo quod relatione fundata super ipsum refertur ad aliud. Hoc patet, quia dicendo "paternitas est posterior suo fundamento" non referimus animam ad illud fundamentum tali posterioritate, sed solum ipsam paternitatem; ergo paternitas que est relatio, fundat posterioritatem, que est alia relatio. Et sic relatio una potest alteram relationem fundare.

Sed mihi videtur quod Pycardus diceret quod illa posterioritas, licet sit relatio, tamen non est alia relatio a paternitate. Ideo probo quod est alia, quia relationes que sunt ad diversos terminos, sunt diverse[22] necessario. Nam omnes concesserunt usque nunc [f. 166ra] quod relationes distinguuntur ad distinctionem terminorum, quod est, quia esse relationis est ad suum terminum. Sed constat quod paternitas et illa posterioritas ad diversos terminos dicuntur. Quia paternitas ad filium dicitur seu ad illum qui est filius, sed illa posterioritas tamquam ad proprium terminum dicitur ad patrem seu ad illum qui est pater, quod patet ex vi verborum, quia

---

[21] super] *add.* aliud K
[22] sunt diverse] *repetivit* sunt diverse K

dicimus quod paternitas est posterior suo fundamento, scilicet illo qui est pater.

Isti duo magistri forte fugiendo dicerent, sicut iam videtur Anglicus dixisse, ut post videbitur, quod intentio eorum est quod relatio realis non fundatur super relationem aliam, sed relatio rationis bene. Ideo diceretur quod illa posterioritas est relatio rationis.

Sed licet sic dicendo concedatur hec prima conclusio mea, tamen adhuc volo ostendere quod illa posterioritas neccessario concedenda est ab eis relatio realis et distincta a paternitate.

Hoc est, probo per rationes eorum, qui arguebant quod dependentia causati absoluti ex causa est relatio realis distincta a causato. Primo per primam rationem Pycardi sic: si posterioritas paternitatis ad eius fundamentatum non adderet aliquid reale in paternitate, sequeretur quod in paternitate nullus esset respectus nisi ad filium. Ista patet, quia paternitas, prout distinguitur ab albedine sicut respectivum ab absoluto, nullam habitudinem dicit nisi ad filium. Ipsa enim non dicit formaliter habitudinem ad suum subiectum tamquam ad terminum plus quam accidens absolutum, cum impossibile sit relationem eandem dici formaliter ad diversos terminos, ut dictum fuit et magis dicetur post. Sed si in paternitate nihil sit formaliter respectivum nisi ad filium, tunc paternitas non habebit habitudinem ad suum subiectum vel fundamentum; et per consequens non erit naturaliter posterior eo, quia posterioritas est quidam habitudo. Sed istud consequens non minus est falsum quam quod causatum non dependeat a causa; et hoc dato quod anima non intelligeret.

Item, per secundam rationem ipsius arguitur sic: quandocumque de aliquibus circumscripto omni opere intellectus verificari possunt contradictoria, illa sunt diversa realiter. Sed sic est de paternitate et de eius posterioritate [f. 166rb] ad suum subiectum, quia dato quod non intelligeremus, tamen paternitas est formaliter habitudo ad filium. Sed posterioritas, qua ipsa est posterior fundamento, non est habitudo formaliter ad filium, sed ad fundamentum paternitatis, nisi dicas quod eadem relatio est formaliter ad diversos terminos. Quod non est concedendum, nec iste concedit, quia in tertia ratione sue quarte conclusionis ipse contradicit quod si Sor vixerit per decem annos et hodie generatur Plato, necesse est quod in Sorte sit de novo generata identitas que est idem specie Platoni; probatio, quia est idem ei et prius non erat. Ideo ex hoc non posset concludi talis generatio nove identitatis in Sorte, si eadem relatio posset formaliter dici ad diversos terminos. Quia dicerem quod ad esse Sortem eumdem Platoni sufficit identitas quam prehabebat ad Johannem, vel alia relatio quecumque in eo preexistens.

Item per rationem Anglici arguitur sic: paternitas est posterior naturaliter suo fundamento, dato quod non intelligeremus. Et non est posterior, nisi per posterioritatem; ergo posterioritas est preter animam relatio fundata super paternitatem, sicut ipse arguebat quod effectus dependet ab agente, dato quod anima non intelligeret. Et non dependet nisi per dependentiam; ergo dependentia est relatio realis fundata super causatum.

Et sciendum quod sicut argutum est de paternitate et de posterioritate eius ad suum fundamentum, ita posset argui de omni relatione quam isti ponerent esse realem, et de sua posterioritate. Et sicut de posterioritate paternitatis argutum est, ita potest argui de eius inherentia ad suum subiectum, aut de eius dependentia ex aliis causis. Et universaliter de omni habitudine habente originem ex natura rei, secundum quam nos possemus paternitatem comparare ad quodcumque aliud.

Dico ergo colligendo ea que iam in hac[23] prima conclusione probata sunt, quod primo probatum est, quod super relationem potest fundari relatio; secundo quod relatio fundans est alia a relatione fundata; tertio quod per rationes illorum non solum concluditur quod relatio fundans [f. 166va] est realis, sed etiam quod relatio fundata est realis. Et quia ipsi dicunt hoc esse falsum, ideo sequitur quod sue rationes non erant demonstrative, sed sophistice.

⟨SOLUTIO RATIONUM DUORUM MAGISTRORUM⟩

Tunc volo solvere rationes eorum, qui visi sunt probare[24] quod relatio non fundat relationem. Prima ratio Anglici erat, quod esset processus in infinitum.

Sed ponendo has relationes ab anima, ego sibi concedo, quia anima non potest in infinitum reflectere se super se et suam operationem.

Alia ratio sua erat quod relatio esset relativa.

Sed hoc non reputo inconveniens in entibus anime, nam scientia est scita et intellectio intellecta.

Alia ratio sua erat quod tunc essent plures modi relationum quam[25] illi tres quos posuit Aristoteles quinto Metaphysice.

Dico quod non, quia dependentia ex causa debet ad tertium modum reduci semper. Sed convenientia debet reduci ad illas relationes quas Aristoteles dicebat sumi secundum unum, cuius⟨modi⟩ sunt: idem, equale et simile. Et e converso diversitas debet reduci ad relationes sumptas secundum multa; et hoc est valde clarum.

Ratio vero Pycardi prima fuerit talis: capiendo causam[26] generaliter natura non facit pluribus quod potest facere uno. Sed ens formaliter respectivum potest referri ad aliud sine aliquo superaddito, cum ipsum sit formaliter et essentialiter ad aliud se habens; ergo natura ad referendum ipsum nihil facit in eo superadditum.

---

[23] hac] hanc K
[24] probare] probate K
[25] quam] quod K
[26] causam] causa K

Dicendum est concendendo maiorem; sed ad minorem dicendum est quod ens formaliter respectivum refertur se ipso sine addito ad suum proprium terminum. Sed dico quod ad quodcumque aliud ab isto proprio termino ipsum non magis se ipso refertur quam accidens quodcumque absolutum. Et voco proprium terminum entis formaliter respectivi generaliter illum a quo respectivum distinguitur ab absoluto. Et voco terminum proprium alicuius entis formaliter respectivi in speciali illum a quo unaqueque relatio ab omni altera relatione distinguitur. Verbi gratia: in generali dico quod relatio non distinguitur ab accidente absoluto per habere subiectum, vel causam efficientem, vel finalem, quia hec omnia habet accidens absolutum. Sed distinguitur ab absoluto per habere se ad terminum ad quem de essentiali significato et conceptu dicit habitudinem; verbi gratia: similitudo de suo [f. 166vb] significato et conceptu essentiali non dicit habitudinem ad suam causam efficientem, nec ad suam finem, nec ad suum subiectum, sed dicit solum habitudinem subiecti sui, sive sui fundamenti, ad illud quod est ei simile. Similiter exemplifico in speciali, si sex sunt duplum ad tres et triplum ad duo, dico quod istarum relationum termini proprii non sunt suum subiectum, scilicet sex, quia per hoc non distinguuntur; sed sui termini proprii sunt dimidium et sibi triplum, sive duo et tres. Nam per ista duplum et triplum fundata in senario vel super senarium distinguuntur. Dico ergo quod si dependentia, que est relatio causati ad causam, sic ad proprium terminum referatur ad suum subiectum vel fundamentum, sicut cum dicimus ipsam esse posteriorem naturaliter suo fundamento, illa non magis refertur ad illud subiectum se ipsa quam accidens absolutum ad suum subiectum. Quia ipsa, ut est relatio, non magis est essentialiter et formaliter ad suum subiectum quam accidens absolutum, sed solum, ut est relatio, ipsa est essentialiter et formaliter ad proprium terminum, scilicet ad causam. Et sic potest dici de paternitate et omnibus aliis relationibus, quas isti dicunt esse reales.

Secunda ratio istius fuit: quia fundans relationem dependentem debet esse independens, aliter non plus fundaret quam fundaretur. Sed relatio non est independens; ergo non potest fundare relationem.

Dicendum est ad maiorem quod fundans relationem debet esse independens ad illum terminum ad quem dependet relatio fundata tamquam ad terminum proprium et formalem. Sed possibile est quod dependeat ad alium terminum, verbi gratia: paternitas, ut visum fuit, fundat posterioritatem. Illa autem posterioritas dependet ad prius ut ad terminum[27] proprium. Ideo paternitas non dependet ad prius ut ad terminum proprium, sed ad filium.

Tertia ratio istius fuit; quia procederetur in infinitum.
Sed ad hoc iam responsum fuit.

---

[27] ut ad terminum] *repetivit* K

Adhuc est alia ratio istius, scilicet quod super relationem natura non debuit fundare nec potuit aliam relationem. Primo dicit quod non debuit, quia potuit facere relationem referri per se ipsam. [f. 167ra]

Sed ad hoc iam dictum est quod verum est ad terminum suum proprium, sed non plus potuit respectivum quam absolutum facere referri se ipso ad aliud quam ad suum terminum proprium.

Iterum, dicit quod natura non potuit relationem fundare super relationem, quia ens formaliter respectivum non est tante virtutis quod in eo possit fundari relatio realis.

Sed ad hoc dicendum es quod ad fundandum relationem non requiritur quod fundamentum habeat aliquam virtutem, nisi aliquis vellet omnem entitatem vocare virtutem. Sed in intellectu est virtus qua potest sive absolutum sive respectivum conferre ad aliud, et sic formare vel efficere relationem super illud tamquam super fundamentum. Immo, potest dici quod, quia relatio est minime vel nullius virtutis, ideo non potest intellectui resistere quin intellectus comparet eam alteri quam suo termino proprio; et per consequens quin posset super eam[28] fundare relationem.

Item, si fundamentum debeat habere aliquam virtutem ad hoc quod possit fundare relationem, quod non credo, tamen dicendum esset quod relatio virtutem talem habet, cum probatum sit quod de facto relatio fundatur super relationem, ⟨...⟩[29] et ut sic "ad unum dicere" non sunt nisi verba in dicendo quod hoc habet virtutem. Et hoc non, nisi ad hoc adducatur ratio efficax quare sic est in hoc et non sic[30] in illo.

Item, ut expediar de hoc quod iste dixit quod relatio non potest terminare relationem, quia omne quod terminat dependentiam alterius oportet quod sit independens independentia opposita dependentie illius cuius dependentiam terminat; nam aliter non plus terminaret quam terminaretur.

Ad hoc breviter sufficeret dicere sicut de fundare dictum fuit. Sed tamen causa solacii et propter addiscere debet dari talis distinctio de termino relationis. Relatio duplicem habet terminum, scilicet formalem et materialem sive fundamentalem. Terminus formalis est alia relatio correspondens illi et sibi opposita relative. Terminus fundamentalis vel materialis est fundamentum relationis, que est terminus formalis. Verbi gratia pater-[f. 167rb]nitatis terminus formalis es filiatio, et eius terminus materialis est fundamentum filiationis. Et sic due relationes que ad invicem opponuntur relative terminant se invicem formaliter, et ad invicem dicuntur formaliter. Ideo dictum est in libro Predicamentorum quod omnia relativa, si convenienter assignentur ad illud ad quod dicuntur oppositum, quod dicantur ad convertentiam. Sed materialis terminus paternitatis est illud super quod fundatur filiatio. Et tunc relatio et illud ad quod dicitur non dicuntur ad

---

[28] super eam] *repetivit* K
[29] *ommissio* K
[30] sic] sicut K

convertentiam propter non bonam, id est, non formalem assignationem termini. Et hoc totum determinat pulcherrime Aristoteles in Predicamentis et Linconiensis[31] scivit; ideo transeo. Et sicut dixi de dici ad convertentiam, ita debet dici ad esse simul nominaliter. Dico igitur quod terminus formalis cuiuslibet relationis[32] est essentialiter relatio et sic est dependens formaliter ad illud. Tamen, hoc non est ad illud ad quod dependet relatio quam terminat. Et sic terminus, licet sit formaliter dependens, tamen non dependet illa dependentia quam terminat, sed est talis dependentia independens; et hoc sufficit, et requiritur ad esse terminum formalem alicuius locutionis. Verbi gratia: paternitas dependet ad filiationem et filiatio ad paternitatem. Etiam paternitas terminat dependentiam filiationis. Ideo non dependet dependentia filiationis. Et sic etiam filiatio terminat paternitatem; ideo dependentia que est paternitas non dependet. Et si dicantur illi: "ergo est circulus", et ego concedo, si velis extrema oppositionis vocare circulum, aliter non. Et si dicas: "numquam terminabitur dependentia, ⟨ni⟩si terminetur ad independens", dico quod numquam terminabitur sic quod ipsa non sit amplius dependentia, sed terminabitur quantum sufficit. Nam paternitas sic terminatur ad filiationem, quod non dicitur ad aliud ultra formaliter. Et sic etiam filiatio terminatur ad paternitatem, quod non dicitur formaliter ad aliud ultra, sicut unus punctus sic terminat lineam quod ipsa ex illa parte non procedit ultra, et alter punctus sic quod non procedit ultra ex altera [f. 167va] parte. Sed de termino materiali dico quod ipse est independens, tam dependentia relationis quam fundat, quam dependentia relationis opposite. Ideo optime potest et fundare relationem et terminare materialiter, licet sit vere dependens ad aliud aliqua naturali dependentia.

Deinde probo secundam conclusionem que erat descendendo ad propositum, et probo primo quod super diversitatem fundatur dependentia, quoniam si ... [f. 168ra]

Tunc arguo quod illa dependentia est relatio realis per secundam rationem Pycardi sic: si dependentia ... [f. 168va]

Tunc probo quartam conclusionem, scilicet quod causatum absolutum modo quo res habens causam potest dici absoluta, dependet se ipso essentialiter a causa circumscripto omni eius accidente sive absoluto sive respectivo. Et arguo sic: Sor preter animam dependet ab agente suo. Aut ergo dependet ab illo se ipso essentialiter, aut nonnisi per relationem sibi additam. Istam divisionem omnes concedunt. Sed huius divisionis secundum membrum est impossibile; ergo primum est necessarium. Probo impossibilitatem secundi membri, quia si Sor preter animam dependet ab agente et nonnisi per dependentiam sibi realiter additam, tunc illa dependentia, cum habeat esse post non esse, dependet iterum preter animam ab agente a quo producitur in esse. Aut ergo se ipsa essentialiter dependet

---

[31] Linconiensis] beyardi K
[32] relationis] rationis K

ab illo agente, aut per aliam dependentiam iterum sibi realiter additam. Secundum non est possibile, quia procederetur in infinitum. Nec primum est in possibilitate, quia sequitur quod dependentia Sortis, que est relatio fundata in eo, dependeret ab illo agente prius naturaliter et immediatius quam Sor. Consequens est falsum; ergo et antecedens. Probo falsitatem consequentis, quia oportet concedere quod illa dependentia est accidens existens in Sorte tamquam in subiecto; et per consequens ipsa est posterior naturaliter Sorte. Ideo, si ipsa est posterior naturaliter Sorte, oportet quod ipsa posterius naturaliter producatur in esse ab agente quam Sor. Cum ergo nec Sor, nec illa dependentia dependeant ab illo agente, nisi in hoc quod producuntur in esse ab eo, sequitur [f. 168vb] quod illa dependentia non dependet prius naturaliter ab illo agente quam Sor, immo, posterius naturaliter et mediante Sorte, sicut effectus per accidens alicuius agentis dependet ab illo agente mediante effectu per se. Tunc probo consequentiam, quia illud quod se ipso essentialiter est aliquid, est illud aliquid prius naturaliter et immediatius quam illud quod non est illud aliquid se ipso essentialiter sed solum per alterum. Si ergo dependentia illa est se ipsa dependens consequenter ab agente, et Sor nonnisi per illam dependentiam, patet quod illa consequentia erat necessaria. Et confirmo arguendo in modo loquendi quorundam sic: certum est quod Sor est prior naturaliter quacumque dependentia que est accidens ipsius. Tunc ergo in illo signo pro quo Sorte est prior naturaliter illa accidentali dependentia, vel ipse dependet a quo producitur, vel non. Si sic, ergo se ipso essentialiter et non per dependentiam additam. Si non, ergo pro illo signo non dependet ab illo a quo producitur; quod implicat contradictionem, quia pro alio Sor ab agente suo dependere non dicitur, nisi quia ab eo in esse producitur.

Tunc respondeo ad rationes aliorum contra istam[33] conclusionem. Ad cuius evidentiam est sciendum quod, sicut causa aliqua potest esse per se vel per accidens alicuius effectus, ut domificator est causa per se domus et musicus est causa per accidens domus, ita aliquid potest dependere ab altero dupliciter. Uno modo per se et essentialiter. Alio modo per accidens. Iterum per se dupliciter, quia uno modo aliquid dependet ad alterum essentialiter tamquam ad terminum cum quo est simul natura, et dicitur ad convertentiam; verbi gratia: paternitas ad filiationem et tale est essentialiter relatio vel de genere seu predicamento relativo. Alio modo aliquid dependet essentialiter ad alterum tamquam ad illud per quod est tamquam per illud quod est causa eius et prius naturaliter eo. Et sic quodcumque preter Deum dependet essentialiter ad aliud vel ab alio, quia prima substantia causata a Deo non solum est a Deo vel propter Deum secundum sua [f. 169ra] accidentia, si habeat aliqua a materia, sed et secundum suam essentiam. Et tale dependens non oportet quod sit essentialiter relatio sive

---

[33] istam] ista K

de predicamento relativo, quia iam dictum est quod a tali dependentia nihil absolvitur sive secundum suam substantiam sive secundum sua accidentia, nisi Deus. Sed dico quod aliquid dependet accidentaliter per alterum per hoc quod aliquid sibi additum vel attributum dependet. Et hoc est dupliciter: aut quia immediate fundet illud quod consequenter est ad alterum, aut quia illi fundamento coniungitur. Verbi gratia de primo: hec albedo ad illam aliam albedinem dependet, quia similitudo fundata super eam dependet. Sed verbi gratia de secundo: nix dependet ad cignum dependentia similitudinis, quia coniugitur albedini, super quam fundatur similitudo que essentialiter dependet. Et iste modus est magis per accidens quam prior. Et adhuc possunt dari alii modi magis per accidens, sed non curo.

Sed sciam quod in hiis essentialiter se ipsis dependentibus nihil est aliud in re preter animam dependens quam dependentia qua dependet essentialiter, sicut non est aliud in re preter animam ens et entitas que est ens, nec esse rei et essentia qua res est, sicut nunc suppono et alias, si possum, declarabo. Nec mireris quia loquendo specialiter de dependentia qua res consequenter dependet ex causa, sive res illa sit absoluta sive respectiva, vel loquendo de causalitate qua res est essentialiter causa, licet sit absoluta, ego puto quod dependens et dependentia et causa et causalitas sunt nomina transcendentia, que rebus cuiuslibet predicamenti possunt applicari, et que preter animam nihil multiplicant in rebus quibus applicantur. Dimitto tamen nunc loqui amplius de huius⟨modi⟩ nominibus transcendentibus, nisi quod ad hoc dico quod, sicut non differunt entitas et res que dicitur ens, vel unitas et res que dicitur una, nisi per nostrum modum intelligendi, ita non differunt in predicamentis dependentia et res que dicitur dependens, [f. 169rb] nisi per nostrum ⟨modum⟩ intelligendi. Quomodo autem per modum intelligendi distinguantur predicamenta debet videri quarto Metaphysice, et alias, si potuero per Dei gratiam, declarabo.

Tunc dico ad primam rationem Pycardi ... [f. 169va]
Ad primam rationem Anglici dicendum est ... [f. 170rb]

Deinde probo quintam conclusionem quam usque nunc aliqualiter supposui, scilicet quod dependentie, convenientie vel diversitates que sunt relationes fundate super [f. 170va] res absolutas non sunt in re preter animam. Arguo sic: ...

⟨RECAPITULATIO⟩

Sic ergo patent evidenter predicte quinque conclusiones, et patet quomodo illa ratio quam alias feci de processu in infinitum in dependentiis, erat necesse et omnino impossibilis ad solvendum, quoniam omnia dicta nunc fundata fuerunt super illam rationem. Et apparet quomodo evasiones aliorum fuerunt sophistice vel quandoque narrative solum, sine probatione, cum tamen eis probatio incumbat, quia non est ponenda in natura pluralitas sine ratione cogente, ut dixi alias. Et in hoc omnes philosophi concordant.

⟨DE AUCTORITATE LINCONIENSIS⟩

Deinde, quia conclusionem quam per rationem predictam probaveram confirmavi auctoritate Linconiensis secundo Posteriorum dicentis quod dependentia a prima causa nihil multiplicat in re dependente, respondet Pycardus tripliciter. Primo ... [f. 170vb]

Iterum, dicit Anglicus ad hanc rationem vel auctoritatem quod illa propositio non debet reputari de mente Linconiensis, quia ...

⟨DE CONVENIENTIIS ET DIVERSITATIBUS⟩

Ex dictis itaque silogizare oportet brevissime de convenientiis et diversitatibus, sicut silogizatum fuit de dependentiis. Nam quinque conclusiones quas immediate probavi, non plus possunt applicari dependentiis quam convenientiis et diversitatibus. Et hoc est clarissimum inspicienti predicta in prima conclusione, in secunda, in tertia et in quinta. De quarta vero non est magnum dubium, quia ... [f. 171ra.]

Nunc volo ostendere quomodo isti debiliter responderunt ad rationes meas quas alias feceram ad probandum istas convenientias vel diversitates nihil addere in rebus convenientibus vel diversis super earum essentias. Prima ratio ... [f. 172ra]

Et hec ad presens sufficiant ad istam questionem.

⟨Colophon⟩ Explicit questio de dependentiis et convenientiis et diversitatibus determinata per magistrum Johannem Buridan anno domini 1332.

The ontological status of causal relations according to Buridan

As has already been remarked above, the prime interest of this Questio lies in the lively discussion it presents between Buridan and two of his contemporary adversaries, more than in a systematic exposition of Buridan's own position. It is indeed quite difficult to determine exactly which stance Buridan takes in this debate. For this reason, and because Buridan's views on relation as expressed elsewhere have hardly been taken into account, the following discussion should be considered tentative and provisory.[34]

---

[34] Other places where Buridan discusses relations, are Iohannes Buridanus, Quaestiones in Praedicamenta, ed. J. Schneider, München 1983, esp. 69—77 (q. 10 "utrum relationes sint

Although the 13th- and 14th-century debates over the ontological status of relations were marked by disagreement, they shared some principal assumptions that were derived from Aristotle's views on the subject.[35] As is well-known, Aristotle classified extra-mental reality into ten categories, including relation. One of the features of relation is that it is dependent upon other categories, such as quantity or quality. Thus, the relation "likeness" depends upon a common quality, whereas the relation "equality" depends upon the possession of a singe common quantity. Because of this dependence, Aristotle considered the category relation to be less real. Yet, as a category it had some reality. For this reason, the Scholastics generally accorded reality to categorical relations. The problem over which they came to disagree, however, was in what sense relations were real. Are real relations identical with their relata, or distinct from their relata?

Another of Aristotle's important contributions which came to shape the late-medieval debate was his view that real relations (as opposed to relations of reason) are accidents that inhere in a subject, and somehow refer to something else. For example the relational accident "paternity" exists in the father and refers to the child. Moreover, Aristotle maintained that no accident can exist in two different subjects. This means that, for example, the relational accident of "filiation" exists only in the child, although with reference to the father. There is no accident common to both paternity and filiation that inheres in both subjects, father and son. In other words, the view that one relation inheres in both its terms was rejected by Aristotle and the Scholastics. And yet, since a relation is "to something", medieval scholars came to ask in what way a relation depends on the other term, that is, other than the subject in which it inheres, and which thus is its foundation.

Finally, Aristotle's contribution to the Scholastic debate was his three-fold division of real categorical relations, based on differing foundations. The first class consists of numerical relations ("double", "half", "triple", "third") and also of relations such as "equality", "similarity" and "identity". The second class of relations are all causal in nature. Their foundations are the accidents of action and passion. Examples are "heating", "heated",

---

res distinctae a rebus absolutis") and Johannes Buridanus, Kommentar zur Aristotelischen Metaphysik, Parisiis 1518; Unveränderter Nachdruck, Frankfurt a. M. 1964, esp. V, q. 8 "utrum causalitates sive effectuationes rerum ad invicem sint dispositiones addite illis rebus: causis et causatis" and q. 9 "utrum sit aliqua relatio preter animam distincta a suo fundamento". Dr. Rolf Schönberger has communicated to me that he will also deal with Buridan's views on relations — basing hinself mainly on Buridan's Tractatus de relationibus — in his forthcoming Habilitationsschrift.

[35] For a general outline of the problem of relations in the later Middle Ages, the following three studies have proved especially helpful: Weinberg, 61–119; M. McCord Adams, William Ockham, Vol. I, Notre Dame, Ind. 1987, 215–276; A. G. Henninger, Relations. Medieval theories 1250–1325, Oxford 1989.

but also "father", "son". The third class, finally, is intentional, or psychological. The relatives of this group are "relative", because something else is relative to them (and not because they are relative to something). Examples are "thinkable" or "sensible", which are related to "thought" or "sensation". Here we will concern ourselves solely with the second class: the relations of cause to effect and effect to cause.

From the outset it is clear that in the Questio de dependentiis, diversitatibus et convenientiis (unlike for example in the Tractatus de relationibus) causal relations are discussed in terms of the dependence of an effect on its cause. In my opinion, the main thesis of this Questio is that: first, the dependence of an effect on its cause does not add anything to the essence of the effect that is dependent. This thesis is nothing but an alternative formulation of the thesis that relations are not distinct from the absolute things in which they inhere.[36]

Another important thesis of this Questio is that: second, it is possible to found a relation on another relation. This thesis is used as an auxiliary to prove the first thesis. In order to understand the connection between these two theses, it is necessary to evaluate some of the arguments used by Buridan and his two adversaries.

According to Buridan, in efficient causality an effect depends upon its agent in that it is produced by it. The dependence of an effect is by itself (*se ipso*) and not by anything added to the essence of the effect. The proof of this thesis amounts to showing that the counter-thesis — i. e. the thesis that the dependence of an effect is founded on a relation of dependence that is really added to the essence of the effect — leads to unwarranted consequences. The proof can be summarized as follows: suppose the dependence of the effect is founded upon another real dependence, this real dependence in its turn depends on another agent, either (a) by itself, or (b) by depending on yet another real dependence which is added to the essence of the effect. The second possibility (b) is rejected because it leads to an infinite chain of dependence relations. The first possibility (a) is rejected, because if one stops at the second agent, one could, for the same reason, have stopped at the first agent and have argued directly that the dependence of an effect is founded on the fact that it is produced by its agent. Buridan's thesis seems to be that the dependency of an effect on its cause is nothing but another way of expressing that an effect is produced by its cause: it belongs to the essence of an effect that it is produced.

His two adversaries, the English and the Picard masters, argue that the dependence of an effect on its agent is really added to the effect, and is itself founded on the agent. One way of endorsing their thesis is attacking

---

[36] See Buridanus, Quaestiones in Praedicamenta, 70 l. 37, from which it can be inferred that "relatio esset addita rei absolutatae" is an alternative expression for "relatio est res distinctae a rebus absolutis".

what is considered to be the alternative, i.e. the thesis that the dependence is founded on yet another relation of dependence. Against this thesis both masters argue that in general no relation can be founded on another relation.

Buridan refutes their arguments by turning their own arguments against them. He proceeds as follows. Firstly, he spends considerable effort in showing that a relation can be founded on another relation, one being the *relatio fundata*, the other the *relatio fundans*. Next, he argues that the relation that is founded on another relation (i.e. the *relatio fundata*) is real too, a consequence that is certainly denied by his opponents, but also by Buridan himself, so it seems. In sum, Buridan shows how the position of his adversaries — i.e. that a causal relation, or in general any real relation, is founded on an absolute entity — leads to the unwanted conclusion that a real relation can be the foundation of another real relation. What is basic to the whole argumentation is the idea that the foundation of a real relation on an absolute thing still somehow implies the involvement of other real relations like "posteriority", or "inherence".

In the following I will paraphrase Buridan's argumentation in some detail, concentrating on his treatment of the relation "paternity", a relation which traditionally was considered to be of the same order as "causality". Both are so-called extrinsic relations.[37] According to Buridan the relation "paternity", which like any other relation is founded on an absolute entity (*absolutum*), is posterior to its foundation. "Posteriority", however, is a relation too, because it is also a connection (*habitudo*) with its foundation. Thus, this is a case of a relation being founded on another relation: the relation "posteriority" is founded on the relation "paternity" (or on the relation "causality", for that matter).

Because both "paternity" and "posteriority" refer to different terms, viz. to "son" and "earlier" respectively, they are, indeed, distinct relations. Moreover, both relations, according to Buridan, are real relations (as opposed to rational relations). To prove this latter thesis, Buridan employs arguments and assumptions used by his adversaries. An example of this is the following. If the posteriority of paternity with regard to its foundation did not add anything to paternity — as would be the case with any other real relation, according to the Picard master — this would lead to a falsity. For, in that case, paternity would only have a connection (*habitudo*) with its term "son", but not with the subject in which it inheres; and as a consequence the relation of paternity would not be posterior to its subject or foundation "father", because posteriority is also a *habitudo*. It is, however, false to assume that the relation of paternity would not have a connection with its foundation; *ergo*, the basic assumption of the argument was false, and "posteriority" indeed is a real relation.

---

[37] Cf. McCord Adams, 268.

In the foregoing the point has been made that, according to Buridan, the dependency of an effect on its cause does not add anything to the essence of the effect. In other words, the relation of dependence may not be reified. In order to corroborate his view, Buridan adduces the authority of Robert Grosseteste, who maintains that *dependentia a prima causa nihil multiplicat in re dependente*. The ensuing discussion concerning the interpretation of Grosseteste's dictum makes clear, however, that Buridan's exegesis was not unchallenged.[38]

Be this as it may, the question as to how an effect is related to its cause, if not by something that is added to the effect, is still open. In this Questio, Buridan does not proceed beyond the point of maintaining that the dependence of an effect on its cause and the effect itself do not really differ: it is only our way of conceiving things, our *modus intelligendi*, which creates a difference between the causal relation and the effect itself. The relation of causality has no extra-mental substratum in reality, but it is a certain way of "looking" at an absolute entity, that is to say the effect. In this respect, "dependence" and "effect" can be compared to transcendental terms like *"ens"* and *"unitas"*, of which neither multiplies things in reality, when applied.

---

[38] Cf. Robertus Grosseteste, Commentarius in Posteriorum analyticorum libros; Introduzione e testo critico di P. Rossi, Firenze 1981, II, 1, 291 esp. l. 83—84. This passage is also discussed in Buridanus, Quaestiones in Praedicamenta, 71—72.

Physica

The Eternity of the World Discussion at Early Oxford

STEPHEN F. BROWN (Boston)

The portrait of how theology developed as a discipline at Oxford in the first half of the thirteenth century has changed dramatically over the past thirty years; indeed over the last ten years. This can be seen especially in the recent general studies on Grosseteste by James McEvoy and R. W. Southern.[1] It can be viewed, particularly, in the influence that Grosseteste exerted on Richard Fishacre, the Dominican who was the first person to lecture on Lombard's Sentences at Oxford in 1246, and on the first Franciscan, Richard Rufus of Cornwall, who commented the Sentences shortly before 1250.[2] The studies of R. James Long on Fishacre and Peter Raedts on Rufus have improved our knowledge of these two men and their conceptions of theology immeasurably.[3] Even more concretely, in regard to the question of the eternity of the world, the articles of Richard Dales, and his very recent book, "Medieval Discussions on the Eternity of the World", and the chapter on "The Work of the Six Days" in Raedt's book on Rufus, have advanced our knowledge of early Oxford theology in significant ways.[4]

What I intend to do is to examine how the conception of theology in the early Oxford authors influenced their treatment of the problem of the eternity of the world. I would like to show how the conception of theology these men had, affected the way they chose and read the authors who served as their authorities, and the way they interpreted the natural world discussed by these *auctoritates*.

---

[1] J. McEvoy, the Philosophy of Robert Grosseteste, Oxford, 1982; R. W. Southern, Robert Grosseteste. The Growth of an English Mind in Medieval Europe, Oxford, 1986.
[2] S. F. Brown, Richard Fishacre on the Need for Philosophy, in: A Straight Path. Essays in Honor of Arthur Hyman, ed. R. Link-Salinger, Washington, D. C. 1989, 23–36.
[3] R. J. Long, The Science of Theology according to Richard Fishacre. An Edition of the Prologue to his Commentary on the Sentences, in: Mediaeval Studies 34 (1972) 71–98; P. Raedts, Richard Rufus of Cornwall and the Tradition of Oxford Theology, Oxford 1987.
[4] R. C. Dales, Medieval Discussions of the Eternity of the World, Leiden 1990; P. Raedts, ibid., 152–200.

Robert Grosseteste

We will begin with the Hexaëmeron of Robert Grosseteste, probably completed in 1235. As you read chapters 8 and 9 of the first part of this work, you are quickly made aware that Oxford theology did not begin in an insular vacuum.[5] The Bishop of Lincoln, looking to the Paris of Philip the Chancellor and Alexander of Hales, notes[6] that:

> "There are certain men today who pursue philosophy with more vanity than Plato or Aristotle, and their pursuit has made them more demented than these Gentiles. For, our present day interpreters tell us that Aristotle did not hold that the world lacked a beginning in time, but say that on this issue the Philosopher rather held, in a way consistent with Catholic teaching, that there was a beginning of the world and of time."

After parading forth the books of Boethius, Augustine, Ambrose, and Basil on the many pagan views on the eternity of the world, Grosseteste, who translated and commented Aristotle's Physics, declares:[7]

> "We bring forth these authorities against certain contemporaries who, contrary to what Aristotle himself and his Greek and sacred commentators say, try to make a Catholic of the heretical Aristotle, believing with startling blindness and presumption, that they understand more clearly and present more truly the meaning of Aristotle from a corrupt latin translation than do the Gentile and Catholic thinkers who knew in great depth the original uncorrupted Greek text. Let them not deceive themselves and sweat uselessly at the task of making Aristotle a Catholic. For, by such a useless employment of their time and talents, they may rather, instead of making Aristotle a Catholic, make themselves heretics."

Now, Alexander of Hales, one of the defenders of Aristotle whom Grosseteste had in mind, did not exactly attempt to make Aristotle a Christian creationist. In regard to the eternity of the world, he did two things.[8]

First, he analyzed the Aristotelian proposition 'the world always existed' by using a twofold distinction. It could mean that the world never had a

---

[5] R. Grosseteste, Hexaëmeron, I, cc. 8–9, 58–64; R. C. Dales, ibid., 57–75.
[6] R. Grosseteste, ibid., I, c. 8, n. 2, 58: "*Sunt tamen quidam moderni, vanius istis philosophantes, immo demencius istis desipientes, qui dicunt maxime Aristotilem non sensisse mundum carere temporis inicio, sed eum in hoc articulo catholice sensisse, et temporis et mundi inicium posuisse.*"
[7] R. Grosseteste, ibid., I, c. 8, n. 4, 61: "*Hec adduximus contra quosdam modernos, qui nituntur contra ipsum Aristotilem et suos expositores et sacros simul expositores de Aristotile heretico facere catholicum, mira cecitate et presumpcione putantes se limpidius intelligere et verius interpretari Aristotilem ex litera latina corrupta quam philosophos, tam gentiles quam catholicos, qui eius literam incorruptam originalem grecam plenissime noverunt. Non igitur se decipiant et frustra desudent ut Aristotilem faciant catholicum, ne inutiliter tempus suum et vires ingenii consumant, et Aristotilem catholicum constituendo, se ipsos hereticos faciant.*"
[8] R. C. Dales, ibid., 65–70.

beginning — and, in this sense, he declares that the proposition is false. Or it could mean that the world is commensurate with the whole of time — and, understood in this way, the proposition is not only true; it is, according to Alexander, what Aristotle taught. Aristotle was speaking about these matters only in terms of natural mutation. Therefore, because creation is not a natural mutation, but above nature in its principles, his position does not touch upon creation. He merely holds that the world is commensurate with the whole of time.[9]

Alexander's second contention is already implicit in this distinction concerning the proposition "the world always existed." He makes the point that the philosophers who wished to prove that the world always existed proceeded only from the principles of natural philosophy. The way a theologian carries on his work and the way a natural philosopher proceeds are quite different. For Alexander, Aristotle must be understood only as a natural philosopher describing how the world of nature, already in existence, operates, and not how it came into existence in an absolute sense „after" it was not. Alexander did not make the Philosopher a Christian. He might claim that he just made Aristotle not anti-Christian. In so doing, he followed Philip the Chancellor's Summa de bono, where the same distinction is made.[10]

Alexander's claims, however, were, as we have seen, disturbing to Grosseteste. The main reason for Robert's disturbance can be seen in his appeal to Book XI of Augustine's City of God,[11] where Augustine says that certain philosophers, like Aristotle, held that the world was eternal, and thus seemed to say that the world was not made by God. As the Bishop of Hippo notes, "they are severely bent away from the truth and have minds suffering from the lethal disease of impiety." Grosseteste's most fundamental critique of Aristotle's view concerning the eternity of the world — and this is at the center of his rebuke of Philip the Chancellor and Alexander of Hales, who excuse Aristotle — is that Aristotle's portrayal of the world, in leaving aside any consideration of creation, is misunderstanding the nature of nature. What kind of a natural philosopher can

---

[9] R. C. Dales, ibid., 68—70.
[10] Philippus Cancellarius Parisienses, Summa de bono, ed. N. Wicki, I, 49: "*Hec enim est intentio secundum proprietatem illius philosophie ut ostendatur mobile et motum et tempus esse coaequeva, neque in amplius possunt rationes que ibi sumuntur ex principiis illius philosophie quod si ipsum mobile esset eternum, motus esset eternus, et tempus. Non fuit autem de proprietate illus philosophie investigare exitum primi mobilis in esse et sic separare nobili ab ignobili, ut in planetis, sed quod motus sit ab ignobili; nec determinat quod motor ille sit prima causa. Sed supra IX Metaphysice determinat Commentator quod sicut minorum corporum circularium motus est ab intelligentia, ita primi corporis a prima intelligentia. Secundum theologum non videtur hic fuisse dicendum primum mobile, sed nubeculam, quandam vel lucem confusam moveri super faciem abissi.*" Cf. R. C. Dales, ibid., 57sq., 68—70.
[11] Augustinus, De civitate Dei, XI, c. 4 (PL 41, 319; CCSL 48, 323s.).

someone be if he ignores the created nature of the world he explores? For Grosseteste, Aristotle's ignorance of the created character of creation is, in effect, a denial of the created character of nature.[12] In his technical arguments Grosseteste even pushes a step further and says that Aristotle was deceived in his conception of the "eternity" of the world by leaving out any consideration of the Creator. For, he thereby became the victim of a false imagination that before all time there is another time, just as he imagines that beyond every space is another space *usque ad infinitum*. This is, in Grosseteste's estimation, to confuse eternity with perpetuity.[13]

And with more of a look to his audience than to Aristotle, Grosseteste gives some advice:[14]

> "If you wish to be purged of this confusion of eternity and perpetuity, you can only do this if you purge your will (*mentis affectus*) of its love for temporal things; only when your mind (*mentis aspectus*) is immune to temporal entrapments may you be able to go beyond time and understand simple eternity where there is no extension before and after and from which proceeds all time, both before and after."

In brief, Aristotle forgot the Creator and thereby misunderstood the created nature of the world of nature; he also centered his attention so much on the natural world that he envisioned eternity after the model of temporal realities.

Richard Dales in his book, "Medieval Discussions of the Eternity of the World", rightly indicates how much Richard Fishacre and Richard Rufus depend on Robert Grosseteste.[15] I would like to tie the dependence of both of them also to Alexander of Hales. Alexander not only made claims regarding the eternity of the world and the philosopher's treatment of it, which Grosseteste (Fishacre and Rufus) opposed. He also did something else: he made the Sentences of Peter Lombard an ordinary textbook in the theology faculty taught at the ordinary time that had been the preserve of Sacred Scripture. He had done so in the 1220's before he became a Friar Minor.[16] Grosseteste saw this alteration as a diminution of Scripture study and a threat to the priority of its teaching. In relation to our present discussion of the eternity of the world, Grosseteste considers that if we ignore the signification and consignification of the opening

---

[12] R. Grosseteste, ibid., I, c. 8, n. 2, 58sq.
[13] R. Grosseteste, ibid., I, c. 8, n. 5, 61; cf. R. Grosseteste, Tractatus de finitate motus et temporis, ed. R. C. Dales, in: Traditio 19 (1963), 255sq.
[14] R. Grosseteste, Hexaëmeron, I, c. 8, n. 5, 61: "*Unde et huius erroris purgacio non potest esse nisi per hoc quod mentis affectus purgetur ab amore temporalium, ut mentis aspectus immunis a fantasmatibus possit transcendere tempus et intelligere simplicem eternitatem, ubi nulla est extensio secundum prius et posterius, et a qua procedit omne tempus et prius et posterius.*"
[15] R. C. Dales, ibid., 79sq.
[16] P. Lombard, Sententiae in IV Libris Distinctae, I, Prolegomena, ed. I. Brady, 117*sq.

words of Genesis ("In the beginning God created heaven and earth"), we are sure to miss the very words of Moses that show the inadequacies of Aristotle's vision of nature.[17]

Richard Fishacre

It is this opposition to the Sentences as an official ordinary textbook in the Scripture faculty that first tied together the Bishop of Lincoln and Richard Fishacre. And Fishacre did not play the role of simply following Grosseteste. In 1246 he defied Grosseteste and taught the Sentences as the ordinary text at the ordinary hours reserved for Scriptures. Against his bishop he argued that there is no difference between the study of scripture and the study of the Sentences. The study of the Scriptures had been reduced to moral and allegorical readings of the sacred texts. The more difficult doctrinal questions relating to Scripture had been pushed into a separate time period of disputations in the afternoon, since they demanded more time to settle them. Fishacre claimed that in lecturing on the Sentences at the ordinary time reserved for Scripture, he was in fact re-uniting the moral, allegorical, and doctrinal studies of the Scriptures which had become artificially separated. The young Dominican's argument won the day — perhaps because of its cogency, or perhaps because Pope Innocent IV sent a *sub secreto* letter to Grosseteste telling him not to fret — Fishacre's reading of the Sentences was not different a practice than what had been going on for two decades in Paris, with no great disturbance.[18]

Despite the fiesty tone of part of his prologue to the Sentences, where he justifies his procedures, Fishacre attempts to balance the moral and allegorial reading of the Scriptures and his wrestling with the thorny doctrinal issues found there. His commentary is an admirable balance of *affectus* and *aspectus* that is not found in the moral and allegorical reading of scripture in his era or in the separate doctrinal collections of questions of Praepositinus or Stephen Langton.[19]

It is true, to a great extent, that he uses Grosseteste's Hexaëmeron in a very truncated literal and digested form when he deals with the eternity

---

[17] R. Grosseteste, ibid., I, c. 8, n. 7, 62: "*Mundus enim, quia compositus est, factum esse se clamat. Quod autem factum est, habet esse post non-esse, et ita essendi inicium temporale ... Sic igitur in sermonis sui principio, dicens: In principio, facit Moyses stragem excercitus gravissimorum et innumerabilium errorum.*"
[18] Cf. S. F. Brown, ibid., 32.
[19] Cf. R. J. Long, The Moral and Spiritual Theology of Richard Fishacre: Edition of Trinity Coll. Ms O. 1.30 in: Archivum Fratrum Praedicatorum LX (1990) 5—143.

of the world, as Dales has shown.[20] What is a bit surprising, given his accustomed balance of *affectus* and *aspectus*, is his omission of the charge by Grosseteste that the ancients misunderstood the meaning of eternity because of their involvement with temporal things. There is, also, a positive difference, a modest addition of his own, in his attempt to explain in what sense God's will and his action to create are both eternal. In sum, Fishacre might disagree strongly with Grosseteste by commenting on the Sentences. His treatment of the eternity of world within this Commentary however, follows, in its general principles and theological outlook, the Bishop of Lincoln.[21]

Richard Rufus of Cornwall

Richard Rufus of Cornwall is much more complex. In strong opposition to Fishacre's position of commenting the Sentences, he declares: "The only reason I'm reading the Sentences is because my office demands that I do so."[22] Nor does he consider the study of the Sentences in any essential way a study of the Scriptures. There is a need to read the sacred writings; there is no necessity to read the Sentences. They might be useful as a help to understand some difficult passages of Scripture, but they are not a necessity.[23]

Though declaring the Sentences to be so unnecessary, Richard Rufus, somewhat ironically, commented them twice: once at Oxford; and a second time, as I believe in contrast to Raedts' suggestion, at Paris.[24] The Oxford

---

[20] Cf. R. C. Dales, The Influence of Grosseteste's Hexaëmeron on the Sentences Commentaries of Richard Fishacre, O. P. and Richard Rufus of Cornwall, O. F. M. in: Viator 2 (1971) 271–300, esp. 274–277.

[21] The addition by Fishacre is the following: "*Omnipotentiam, quia creare non mensuratur tempore sed subito est sicut velle; cui voluisse non posse vel scire, facere est, sed ab aeterno voluit; ergo ab aeterno fecit. — Solutio: suum velle et sua actio sunt idem, quia sunt eius substantia. Unde sicut aeterna est sua voluntas, similiter et actio eius. Unde et conclusio concedi potest pro significatione huius verbi 'fecit', non pro connotato. Sed si addatur accusativus, scilicet ab aeterno facit mundum, falsa est.*" (Ms. Balliol Coll. 62, f. 92ra).

[22] Cf. S. F. Brown, ibid., 33sq.

[23] R. Fishacre, In Sententias, I, prol. in: Oxford, Balliol Coll. Ms. 62, col. 3: "*Quibusdam placet hic quaedam generalia de ipsa theologia dubitare, et hoc gratia huius summae Magistri. Quod non videtur mihi necessarium, cum haec summa non sit ipsa theologia, nec aliqua pars eius. Est enim divina Scriptura in se integra, perfecta absque hac et omni alia summa. Sed sunt tales summae elucidationes aliquae aliquorum quae in illa obscure dicta sunt, propter nos utiles et adhibitae. Quia tamen mos est, aliqua et nos tangemus.*"

[24] Cf. P. Raedts, ibid., 62–63. Raedts, in my judgment, dismisses too easily the notices by both Thomas Eccleston and Roger Bacon that he read the Sentences at Paris when he suggests that this abbreviation of Bonaventure was made for an Oxford audience. Raedts' argument that Rufus adds a note about Merlin, a figure to those familiar with Celtic lore and one that would not be familiar to French students, seems to overlook the words of

commentary, while dependent on Grosseteste, is nonetheless independent of him in many developments concerning the problem of the eternity of the world.

The Oxford commentary, written just before 1250, parades forth the same texts from Augustine, Boethius, Basil, and Ambrose as did Grosseteste's Hexaëmeron.[25] In citing Augustine's *City of God*, book XI, chapter 4, he also, like Grosseteste, underscores the point that those who claim the world is eternal and without a beginning wished further to deny that it was created by God[26]. The denial of the created character of nature among the ancient philosophers is a constant theme for both Grosseteste and Rufus and gives them a common identity.

Like Grosseteste and Augustine, Rufus says that the cause of the error of many concerning the eternity of the world is that they cannot understand eternity except in terms of extension in time. This is not to understand eternity; it is falsely to imagine it.[27] Yet, there is no accent here in Rufus on how our involvement (*affectus*) with temporal things leads us astray. Rather, the general focus on *aspectus*, important for tough doctrinal questions, is intensified. In Grosseteste's works generally, and in his treatment of the eternity of the world in particular, the role of *affectus*, or where our heart is, is underscored. In Fishacre's commentary, *affectus* is a constant accent, yet, in the particular question concerning the eternity of the world it has been muted. In Rufus, *affectus* has not disappeared. But it is hard not to be struck by the more forceful accent given to *aspectus* in his Oxford Commentary, and particularly on this question on the eternity of the world.

Certainly, *in fundamento*, he follows Grosseteste. Rufus adds, however, striking intellectual sophistications. For example, after following Grosseteste almost word for word in presenting and refuting the Platonist principle that 'when you have a total and complete cause, then a total and complete effect must follow at the same time,' he disagrees with Grosseteste's answer. Grosseteste, by declaring that when you have an eternal

---

Bonaventure himself in Sentences II, d. 8, a. 4, n. 5, 219a: "*Item, communis opinio est de Merlino, quod generatus fuit a daemone incubo; sed si hoc daemon incubus non potuit nisi mediante corpore assumto, ergo idem quod prius.*" His other reason, namely that Rufus leaves out a reference that Bonaventure gives to the Gallican church (*et maxime in Ecclesia Gallicana*) can be explained without difficulty. Rufus is writing an abbreviation of Bonaventure's work. The words "*et mos ille servatur adhuc in pluribus Ecclesiis et maxime in Ecclesia Gallicana*" could very suitably be abbreviated by "*et mos ille servatur adhuc in pluribis Ecclesiis.*" If other reasons arise when this Rufus abbreviation of Bonaventure is edited, then they would have to be considered. The arguments of Readts, however, only seem to suggest the possibility; they do not, in themselves, support the actuality of this work being done at Oxford.

[25] Infra, nn. 1—8.
[26] Infra, n. 5.
[27] Infra, n. 18.

cause and a temporal cause you are dealing with two different levels of causes, in effect opens himself up to a certain objection.[28]

The objection is that since a temporal cause can produce at the same time its temporal effect, then why can't an eternal cause *a fortiori* produce at the same time an eternal effect? Rufus, in his first reflection, does not see the problem as existing on the level of eternal and temporal causality, but rather on the level of necessary and free causality. An eternal necessary cause would have to submit to the principle as stated, and thus would have to produce an eternal effect. A eternal free cause, however, does not act according to a necessary pattern. It has options, and therefore can produce in a manner that it chooses. Its effect, thus, does not have to be at the same time, but at a time that the eternal free cause has chosen.[29]

Yet, Rufus, by accentuating the free eternal causality of God, seems to be very cautious to avoid pure arbitrariness on the part of God's creative activity. He announces very forcefully the contingency of creatures and their utter dependence on God by citing Augustine's Contra Felicianum: a creature on its part is a corruptible being that gets its substance from the will of the omnipotent God. Further on, in discussing the nature of created things, he speaks of some beings who have a beginning but not an end, due to the will of their Maker, and adds the words of Plato's Timaeus: "The heavenly bodies by nature are dissoluble, but by the will of their Maker they are indissoluble." Yet, despite these accents on the contingency of creatures and their dependence on the will of their Maker, Rufus attempts to avoid the image of having an arbitrary God.[30]

When other contemporaries argued that God creates at a particular time and not before because He wills to do so and that there is no other reason than His will, Rufus searches for a more fundamental reason. The reason why God has not created at an earlier time is that He alone is eternal, and that his eternity and immutability are the reason why He does not create at an earlier time.[31] In fact, there is no earlier time. God alone is eternal and creation on its part implies a change and implies the beginning of time. Before creation there is no time. Or, as he puts it:[32]

> "God eternally willed by his unchangeable will that the world would not be eternal but temporal, since the world can only be temporal."

We might use an expression like "before the world existed," but here, according to Rufus, the term 'before' cannot have any temporal meaning.

---

[28] Infra, nn. 13—14.
[29] Infra, n. 15.
[30] Infra, nn. 10, 28.
[31] Infra, n. 18.
[32] Ibid.

He picks up a distinction of one of his predecessors between what is 'prior by nature or eternity' and what is 'prior in time.' He speaks of an 'instant of nature or eternity' or a 'now of nature or eternity,' but in no way do these phrases refer to temporal instants or temporal 'nows.' Fortified with these distinctions, Rufus is willing to admit that the world is posterior temporally to eternity in the sense that time is posterior to eternity; he also admits that eternity by eternity itself is prior to time. However, the opposite claims are not valid. It is illogical to say that '*a* is by eternity prior to *b*, therefore *b* is by eternity posterior to *a*,' or '*b* is by time posterior to *a*, therefore *a* is by time prior to *b*.'[33]

Just as people might confuse 'prior' and 'posterior,' so might they also confuse 'in potency' and 'in act,' or other expressions, like 'creatable' and 'created'. What we must mean, according to Rufus, when we say "the world was creatable from eternity" is that 'the world' was the subject of God's knowledge and only had the reality of being a subject of his knowledge. Its creatability does not give it any kind of real entity as a possible distinct from being the subject of God's knowledge.[34]

These and a number of other instances indicate the greater subtlety and dedication to *aspectus* or intelligence that Richard Rufus brings to his study of the eternity of the world. He is much more involved in the intellectual puzzles this problem brings than either Fishacre or Grosseteste.

Yet, the dependence on Grosseteste is most real, and not only a dependence on the Bishop of Lincoln's Hexaëmeron, but also on the Tractatus de finitate motus et temporis where Grosseteste considers the arguments of Aristotle's Physics in favor of the eternity of the world. This dependence on Grosseteste's Tractatus is most evident, since Rufus repeats Aristotle's first argument *fere verbotenus* from that work, and also follows the refutations that Grosseteste has given of it.[35] What Rufus has added to Grosseteste's presentation and refutation of Aristotle at this point are not any new words. His more speculative approach throughout the whole question, however, has set up a new context in which to read the very words of Grosseteste. Grosseteste has become more clear through Rufus' efforts.

One last point we might underline concerning Rufus' treatment, a point Raedts has already made,[36] is the presence of Moses Maimonides and those whom the Rabbi cites among the small crowd of people defending Aristotle. This is the first explicit appearance of Maimonides' Guide in Oxford, though Grosseteste earlier mentioned him. Rufus' judgment is not favor-

---

[33] Infra, n. 23.
[34] Infra, nn. 31, 53.
[35] Infra, nn. 52–54; cf. R. Grosseteste, Tractatus de finitate ..., 257.
[36] Cf. Raedts, ibid., 194sq.

able. Although certain statements of Moses might not hurt or might be acceptable if understood correctly, for the most part, Maimonides, and those whom he cites, speak falsely. Richard warns those who are not well tutored that they should read the Rabbi's writing either cautiously or not all, since many false and frivolous things are contained in it.[37]

Conclusion

Theology, in the writings of Grosseteste, Fishacre, and Rufus, gradually developed as a more scientific and more theoretical discipline. At Oxford, there were translations of Aristotle's works by Grosseteste, and also commentaries on these works by Grosseteste himself, as well as by Rufus and Roger Bacon. There are not parallel commentaries on Aristotle at Paris in the first half of the century. Why the difference? I suggest that it is because of the nature of theological study at the two great universities at this period. Oxford read (publicly) the works of Aristotle, but did not integrate them as directly and immediately into theology. Paris forbade the public reading of Aristotle's works, but in theology his influence grew more directly in strength. The Sentences commentaries, much more doctrinal than the Scripture commentaries, started twenty years earlier at Paris than at Oxford as the ordinary text in the Theology Faculty. The incorporation of Aristotle's method and content into theological discussion was much stronger at Paris than at Oxford, even though Oxford was 'ahead' in commenting on the works of Aristotle. When Fishacre's more famous Dominican student, Robert Kilwardby, discussed the relationship of other studies to that of theology, he made an important distinction that was characteristic of the Oxford of his time: the relationship between theology and philosophy is not one of subalternation, but one of philosophy serving theology.[38] At Oxford they did not try to refute Aristotle on his own philosophical terms but from the perspective of theology and the Scriptures. They studied him seriously, as we see in the examination of the problem of the eternity of the world. Yet, they do not climb within his texts and refute him on philosophical grounds. Their view of nature is that of created nature, and the created character is never forgotten or set aside for methodological reasons. Theology is queen, and philosophy remains at her service.

---

[37] Infra, nn. 39—51.
[38] R. Kilwardby, Questiones in librum primum Sententiarum, I, q. 14; ed. J. Schneider, München 1986, 35: "*Respondeo: Non est hic continentia subalternationis sed continentia principalitatis et famulatus est hic.*"

Appendix

The text of Richard Rufus of Cornwall is edited from the manuscript of Oxford, Balliol College 62, ff. 103va—105ra.[39] The manuscript is well described in R. A. B. Mynors, Catalogue of the Manuscripts of Balliol College Oxford (Oxford, 1962), 43 and in Peter Raedts, Richard Rufus of Cornwall and the Tradition of Oxford Theology (Oxford, 1987), 20—25.

[Richard Rufus *In II Sententiarum.*, d. 1, q. 1]

[1.] Errores philosophorum circa creationem mundi qui hic tanguntur in prima parte distinctionis et secunda breviter, universalius in principio notandi sunt.

[Opiniones Philosophorum de aeternitate mundi contra quas disputatur]

[2.] Ait ergo Ambrosius, *Hexaëmeron*, in principio:[40] Plato cum discipulis eius tria principia posuit esse increata ac sine initio: Deum, exemplar et materiam; "et Deum non tamquam creatorem materiae sed tamquam artificem ad exemplar, hoc est ideam, intendentem fecisse mundum de materia." Et cito post: "Ipsum mundum semper fuisse et fore Aristoteles usurpat dicere; contra autem Plato non semper fuisse et semper fore praesumit astruere. Istud nititur Aristoteles probare in VIII *Physicorum*,[41] et idem in XI *Metaphysicae*,[42] ubi probat veram conclusionem per falsum medium, scilicet esse substantiam separatam aeternam per motus aeternitatem, quae nulla est. Et idem in ultima conclusione VIII *Physicorum*.[43]
[3.] Et testantur qui viderunt quod omnes expositores eiusdem loci Aristotelis exponunt dictum locum de duratione motus, temporis et mundi ex utraque parte in infinitum.
[4.] Et Boethius, in libro *De consolatione philosophiae*,[44] plane asserit tam Aristotelem quam Platonem sensisse mundum initio caruisse.
[5.] Et Augustinus, *De civitate Dei*, lib. XIII,[45] refert Platonem sensisse mundum esse animal maximum, beatissimum, sempiternum. Refert etiam idem Augustinus, lib. XII, cap 10,[46] Apuleum cum multis aliis credidisse

---

[39] Infra, nn. 1—54.
[40] Ambrosius, Hexaëmeron, I, c. 1 (PL 14, 123; CSEL 32—1, 3).
[41] Aristot., Physica, VIII, c. 1, tt. 4—11 (251 a 8—b 29).
[42] Aristot., Metaphysica, IX, c. 8, t. 17 (1050 b 8—27).
[43] Aristot., Physica, VIII, c. 10, tt. 78—86 (266 a 10—267 b 26).
[44] Boethius, De consolatione philosophiae, V, pr. 6 (PL 63, 858sqq.; CCSL 94, 101sq.).
[45] August., De civitate Dei, XIII, c. 17 (PL 41, 390; CCSL 48, 399).
[46] August., ibid XII, c. 10 (PL 41, 357sq.; CCSL 48, 364sq.).

mundum et hominem semper fuisse. Idem, etiam libro XI, cap. 4,[47] refert quod quidam posuerunt "mundum aeternum sine ullo initio, et ideo nec a Deo factum volunt;" et hi "nimis aversi sunt a veritate et letali morbo impietatis insaniunt."

[6.] Quidam alii ponunt mundum Deo coaeternum, ita tamen quod a Deo sit et factus sit. Sed istud dupliciter diversi posuerunt, nam quidam mundum a Deo factum, scilicet per eius voluntatem, tamen coaeternum. Quod recitat Augustinus, *De civitate Dei*, lib. XI, cap. 4,[48] dicens: "Qui a Deo mundum quidem factum fatentur, non tamen eum temporis volunt habere sed suae creationis initium, ut modo quodam vix intelligibili semper sit factus, dicunt quidem aliquid, unde sibi Deum videntur velut a fortuita temeritate defendere, ne subito illi venisse credatur in mentem quod numquam ante venisset, facere mundum, et accidisse illi voluntatem novam, cum in nullo sit omnino mutabilis." De istis Platonicis et de ipso Platone recitat idem, libro X, cap. 31[49] sic dicens: "Quamquam et de mundo et de his quos in mundo deos a Deo factos scribit Plato, apertissime dicat eos esse coepisse et habere initium, finem tamen non habituros sed per conditoris potentissimam voluntatem in aeternum mansuros esse perhibeat. Verum id quo modo intelligant invenerunt, non esse hoc, videlicet temporis, sed substitutionis initium. Sicut enim, inquiunt, si pes ex aeternitate semper fuisset in pulvere, semper ei subesset vestigium; quod tamen vestigium a calcante factum nemo dubitaret; nec alterum altero prius esset, quamvis alterum ab altero factum esset. Sic, inquiunt, et mundus atque in illo dii creati et semper fuerunt semper exsistente qui fecit, et tamen facti sunt."

[7.] Quidam alii ponunt Deo coaeternum et a Deo factum, sed ipso invito. Quos recitat Basilius in *Hexaemeron*, homelia prima,[50] sic dicens: Quamvis Deum mundi esse fateantur auctorem, ita tamen fatentur ut sine voluntate ipsius processisse; confirment tamquam obumbrationem quandam virtutis divinae, sicut ex corpore umbram et ex luce fulgorem.

[8.] Ex praedictis Plato sibi ipsi videtur contrarius, nam alicubi affirmat mundum carere initio. Alibi vero insinuat mundum habere initium.

[Quaestio prima: An sit creatio?]

[9.] Sit ergo nobis quaestio in medio proposita in principio: an sit creatio omnino aut non sit.

[10.] Quid non sit videtur, nam omne quod fit fit *a* et ex sibi convenienti. Non est autem convenientia inter nihil et aliquid. Ergo ex nihilo non fit

---

[47] August., ibid., XI, c. 4 (PL 41, 319; CCSL 48, 323sq.).
[48] August., ibid.
[49] August., ibid., X, c.31 (PL 41, 311; CCSL 48, 324).
[50] Basilius, Hexaëmeron, I, c. 7 (PG 29, 18).

aliquid. Et hoc est quod posuerunt fere omnes philosophi, scilicet, ex nihilo nihil fit.[51] Quid autem est creatura? Augustinus, *Contra Felicianum*:[52] "Creatura est, ex eo quod adhuc non est, aut aliquando non fuit, rei cuiuslibet corruptibilis, quantum in se, est Dei Patris omnipotentis voluntate facta substantia." — Sed puto ad praedictum argumentum quod propositio 'quod fit fit' etc., in causa agente per se, et non secundum accidens, sive mediata sive immediata, universaliter vera est. Sed non in genere causae materialis universaliter est vera: non enim omne quod fit ex materia fit. Et cum dicimus aliquid fieri ex vel de nihilo, non notatur ibi circumstantia causae materialis, sed accipitur ibi 'ex' [ex] I *Posteriorum*,[53] sicut: ex nocte fit dies.

[11.] Item, actio non exigit quid agat, sed in quid; ita dicit Philosophus.[54] Ex quo videtur quod creare exigat materiam substantialem, et ita ut prius. — Sed puto quod illud intelligendum est de actione artificis diminuti, qui scilicet indiget necessario materia subiecta. Non est autem hoc nomen de actione Dei, scilicet creatione; sed econverso illa exigit quid agatur et non in quid.

[12.] Item, posita tota et plena causa alicuius, necesse est totum et plenum effectum eiusdem causae simul cum ea coexistere. Deus autem talis causa est, quia omnipotens est, cui nulla accidit nova condicio vel sapientiae vel potentiae vel voluntatis. Ergo si mundus ab eo factus est, semper simul cum eo coexsistit, et est aeternus.

[13.) Hic solvunt aliqui[55] quod haec ratio necessaria est in his quae participant mensuram eiusdem generis, utpote quod ambo sint temporalia vel ambo aeterna. "Si autem causa et causatum non participent eiusdem generis essendi mensuram non potest eis coaptari illa regula, ut dicatur: 'exsistente causa, necessario coexsistit causatum." Tempus vero et aeternitas non sunt eiusdem generis mensurae, et ideo in his non tenet. Sed in Patre et Filio "quorum uterque aeternus, et Pater causa Filii, secundum Augustinum,[56] Damascenum[57] et Chrysostomum,"[58] ambo coaeterni sunt. Sed "Deus aeternus causa est mundi temporalis et praecedit mundum non tempore sed simplici aeternitate."

[14.] Sed contra hanc responsionem quaerunt quidam: cum causa temporalis possit facere suum causatum esse simul tempore cum ipsa, quare non similiter causa aeterna sufficiens possit facere suum causatum sibi

---

[51] Cf. Aristot., Physica, I, c. 4, tt. 33–34 (187 a 26–b 1).
[52] August., Contra Felicianum, c. 7 (PL 42, 1162).
[53] Potius Aristot., Metaph., II, c. 2, t. 7 (994 b 2): "*Sic enim dies fit ex diluculo, quoniam post hoc est.*"
[54] Aristot., Physica, V, c. 3, t. 15 (226 a 10–13).
[55] R. Grosseteste, Hexaëmeron, I, 8 (ed. R. Dales), 62.
[56] Chrysostomus, In Epist. ad Hebr. hom. 2, n. 2 (PG LXIII, 21).
[57] Damascenus, De fide orthodoxa, ed. E. M. Buytaert, Louvain-Paderborn 1955, 30.
[58] August., De Trinitate, V, cc. 13–14 (PL 42, 920).

coaeternum, cum causa aeterna in infinitum sit potentior causa temporali? — Sed haec quaestio mihi videtur nulla, nam hoc est quaerere quare Deus non possit facere temporale aeternum.

[15.] Respondi tamen potest ad praedictam quaestionem aliter, ut videtur, quod dupliciter est causa vel principium rei: principium naturale agit sine ratione et agit necessitate. Et ideo posita tali causa sufficiente, statim ponitur effectus. Causa autem voluntaria non agit necessitate sed pure voluntarie et cum potestate rationabili quae semper valet ad opposita. Et praeterea, nulla necessitas accidit in Deo; unde in ipso non tenet propositio praedicta.

[16.] Item, sicut arguit Augustinus, *Contra Maximinum*,[59] ut habitum est I libro, d. 20, quaero: Deus aut potuit creare mundum sibi coaeternum aut non? Si non, impotens fuit. Si sic: aut noluit, et tunc invidit; aut voluit, et tunc fecit. — Sed ad istud iam responsum est, ut videtur, quia hoc posse esset posse facere temporale aeternum et creaturam Deum, et hoc est post non posse.

[17.] Item, idem eodem modo se habens semper natum est idem facere. Ergo Deus qua ratione tunc fecit mundum et semper fecit et faciet. Et sic videtur quod aut numquam creandus fuit mundus aut ab aeterno, quia ex parte Dei non est ratio aliqua, ut videtur, quare nunc et non prius, cum omnino similiter semper se habeat; nec in re facienda erat causa quia ipsa nihil fuit.

[18.] Ad istud respondent aliqui quare tunc et non prius creavit mundum, quia sic fuit optimum. Et quare hoc? Quia Deus sic voluit, cuius voluntatis causa alia non est. Vel aliter: haec quaestio fundatur super falsam imaginationem qua imaginatur tempus fuisse ante mundum. Et hanc quaestionem recitat Augustinus, *De civitate Dei*, libro XI, cap. 5,[60] dicens: "Ita quaeritur cur potius tunc et non antea factus sit mundus, quemadmodum quaeri potest cur hic potius ubi est et non alibi. Nam si infinita spatia temporis ante mundum cogitant ... cogitent similiter extra mundum infinita spatia locorum. Nunc autem nec extra mundum est locus, nec ante mundum fuit tempus." Unde Augustinus, libro eodem et capitulo eodem:[61] "Quis non videat quod tempora non fuissent nisi creatura fieret, quae aliqua motione mutaretur?" — Omnino mihi videtur, ut prius, quod haec quaestio nulla est: quare, scilicet, tunc et non prius fecit mundum? Hoc est enim quaerere quare non ab aeterno fecit mundum: nihil enim prius mundo nisi aeternum. Ab aeterno ergo voluit Deus voluntate incommutabili mundum esse non ab aeterno, sed ex tempore, hoc est quando mundum esse possibile est. Cum ergo quaeritur an fuit causa in Deo quare non prius fecit mundum, verum videtur quod in ipso fuit causa. Haec enim videtur causa, quia

---

[59] August., Contra Maximinum, II, c. 7 (PL 42, 762).
[60] August., De civitate Dei, XI, c. 5 (PL 41, 320; CCSL 48, 325).
[61] August., ibid.

scilicet ipse solus es aeternus. Unde sua aeternitas et sua incommutabilitas videtur causa quare non fecit mundum ab aeterno. Unde Augustinus, libro eodem, cap. 4:[62] "Sic credant et mundum ex tempore fieri potuisse, non tamen ideo Deum in eo faciendo aeternum consilium voluntatemque mutasse."

[19.] Item, si mundus incoepit, prius fuit verum mundum non esse et postea fuit verum mundum esse; 'prius' autem et 'posterius' sunt differentiae temporis; fuit igitur tempus ante mundi creationem. Aut aliter ducitur haec oppositio: si est primum instans temporis et mundi, in illo instanti quod vocetur *a*, verum fuit mundum esse et prius fuit verum mundum non esse. Aut ergo in eodem instanti aut in alio. Si in eodem, contra: affirmatio et negatio quae sunt termini generationis minus distant quam quae sunt termini creationis; illae enim causae habent saltem materiam; secundae vero nihil omnino, quia creatio est ex nihilo. Cum igitur esse et non esse quae sunt termini generationis in eodem instanti simul esse non possint, multo magis esse et non esse quae sunt termini creationis simul esse non poterunt. Igitur, ambo ista 'mundum esse' et '[mundum] non esse' non sunt vera in primo instanti temporis; igitur 'mundum non esse' fuit verum in alio instanti praecedenti primum instans. Et inter haec duo instantia erit tempus medium; ergo ante primum instans temporis [tempus] est; quare tempus est ab aeterno.

[20.] Hic respondetur quod in omni creato non esse praecedit esse; sed in quibusdam non esse praecedit esse tempore, ut in animabus quae nunc creantur; in quibusdam vero non esse praecedit esse solum natura seu aeternitate. Cum ergo in primo creato dicitur prius non esse quam esse non affirmatur et negatur esse respectu eiusdem mensurae, sed esse negatum dicit nunc aeternitatis, esse affirmatum primum nunc temporis. Unde inter ista duo nunc non est tempus medium. Isti responsioni hucusque consentio. Sed isti idem addunt aliquid de subtili quod non verum esse intelligo. Dicunt enim quod in primo nunc temporis simul sunt esse et non esse primae creaturae, et generaliter de omnibus creatis de nihilo. Consimilem dant iudicium quod putant probare sic: Omne quod est solum natura prius alio, nihil prohibet ipsum esse simul tempore cum illo. Sed non esse primi creati solum natura prius est quam esse eiusdem; ergo etc. — Non credo quod istud teneat. Non enim sequitur nisi si [illud quod] est solum natura prius non est tempore prius. Sed ultra non sequitur: 'non est tempore prius illo, ergo potest esse tempore simul cum illo,' nam non esse nec est prius tempore, nec simul tempore cum illo. Magis adhuc conantur explanare quod dicunt: non esse, cum sit pura negatio, de se nullam quaerit mensuram; esse vero quaerit. Igitur esse et non esse, si quaerunt distinctionem secundum tempus, hoc non erit nisi quia illud non

---

[62] August., ibid.

esse ponit aliquid, scilicet aliquod esse aliud ab esse negato. Ita est in extremis generationis, nam ibi est primo quidem esse in potentia, deinde vero esse in actu, et ista esse diversa sunt causae diversorum nunc temporis. Sed non esse quod est extremum dictionis [est] pura negatio, et non ponit aliquod esse; unde non est causa alicuius nunc temporis. Sed aliud extremum creationis, scilicet esse est causa unius nunc temporis. Sic ergo in his utrisque sufficit unum nunc temporis, et compatiuntur se in uno. Et exemplificat in hoc de luce: quod ipsa eodem numero in eodem nunc temporis est in oriente et occidente, tamen prius natura in oriente. — De hoc exemplo dictum est primo libro, dist. 37M, quod falsum est quod hic dicitur de luce, et similiter de angelo.

[21.] Item, satis manifestum videtur quod dicunt non esse quod est pura negatio et esse de eodem subiecto simul esse vera. Tamen affirmatio et negatio de nullo eodem simul sint verae. Nec hoc capit intellectus aliquis omnino, scilicet, quod de eodem simul affirmatio et negatio.

[22.] Item, non esse quod est extremum generationis, si supponit aliquod esse, ergo non est simpliciter negativa, quia ex pure negativa numquam sequitur affirmativa. Quod si hoc, non contradicit esse affirmato. Ergo, si debet contradicere, omnino nihil ponet.

[23.] Item, si negatio potest esse vera cum contradictoria affirmatione, pari ratione poterit affirmatio esse vera cum contradictoria negatione. Si enim compatiuntur se in eodem nunc temporis, possunt et se compati in nunc aeternitatis. Ex quo sequitur quod mundum esse fuit verum ab aeterno. Distinguit Augustinus, in libro *Confessionum* XII G,[63] 'prius' et 'posterius' quattuor modis: aeternitate, tempore, electione, origine. Aeternitate: sicut Deus omnia; tempore, sicut flos fructum; electione, sicut fructus florem; origine, sicut sonus cantum. — Haec praedicta mihi non placent, sed magis videtur quod non esse mundi, si praecederet esse, non tempore praecedit, nam non est tempus ante mundum; sed praecedit natura seu aeternitate, quia ab aeterno verum fuit non esse mundum. Et mundum est posterius, tempore scilicet, nam et ipsum tempus posterius est aeternitate. Posterius, dico, se ipso tempore, ut iste ablativus designet rationem mensurae, et aeternitas est prior tempore, se ipsa aeternitate. Nec sequitur: a est aeternitate prius ipso b; ergo b est aeternitate posterius ipso a; et hoc tum quia in aeternitate non est prius et posterius, tum quia aeternitas non communicatur ab utroque, scilicet a et b.

[24.] His ergo dimissis, redeamus ad obiectiones.

[25.] Si mundus finem non habet, ergo nec initium, nam dicit Ambrosius, *Hexaëmeron*, homilia prima:[64] "Quae initium habent, et finem habent; et quibus finis datur, initium dari constat." Ecce quod convertuntur 'habere initium' et 'habere finem.'

---

[63] August., Confessiones, XII, c. 29 (PL 32, 842; CCSL 27, 239).
[64] Ambrosius, Hexaëmeron, I, c. 3 (PL 14, 127; CSEL 32—1, 9).

[26.] Et ideo Basilius, in *Hexaemeron*, homelia prima:[65] Omnia quae ex tempore coeperunt, necesse est tempore terminari. Si est initium temporale, de fine non est dubitandum.

[27.] Unde Damascenus[66]: Omne quod incipit et finitur per naturam.

[28.] Sed puto quod haec intelligenda sunt secundum natura ipsorum creatorum. Sunt tamen aliqua quae habent initium et non finem. Sed hoc est per conditoris voluntatem, ut innuit illa sententia Platonis supra. Et idem Plato in *Timaeo*[67]: "Corpora caelestia natura sunt dissolubilia, voluntate autem conditoris indissolubilia."

[29.] Item, si est creatio, creat Deus postquam non creavit, et movet postquam non movit; ergo factus est de non-movente movens; ergo est mutabilis. Aut si ab aeterno movet, movere autem et moveri correlativa sunt et simul natura, ergo ab aeterno est motus.

[30.] Hic iterum dicunt aliqui quod Deus fuit motor ab aeterno et movens. Unde motor vel movere non incoepit esse. Sed tamen motus incoepit esse: movere enim natura prius est quam moveri, sicut actio quam passio: est enim eius causa. — Istud iterum mihi non placet, quia Deus incoepit esse Dominus, sicut docet Augustinus, sic et incoepit creare et movere et agere. Unde Augustinus, *Confessionum*, libro XI:[68] "Audenter dico 'antequam faceret Deus coelum et terram, non faciebat aliquid.' Si enim faciebat, quid nisi creaturam faciebat? Sic ergo incoepit creare, movere, et agere." Sed haec verba 'movere', 'agere', non proprie dicuntur de Deo, sicut hic docet Magister in secunda parte distinctionis: non enim agit Deus instrumentis corporalibus sed verbo — "dixit enim et facta sunt." Ab aeterno autem dixit, ut fieret mundus tunc quando esse incoepit. Ipse ergo semper uniformiter se habuit et ante et post: non enim aliter movit vel fecit cum creavit quam ante. Sed tunc factum est quod non ante. Ex his patet quod nulla est in ipso mutatio etsi nunc quidem sit creans, prius vero non. Sed in ipso creato est mutatio, scilicet de non esse ad esse.

[31.] Item, si creat et agit Deus, erit ibi actio, ergo et passio, et patiens; quare et passivum sive passibile. Est autem natura prius passibile quam patiens, sicut combustibile quam combustum. Quaero ergo: Potentia quae notatur in hoc ipso passibile, ratione cuius est passibibile prius natura quam patiens, in quo est in quantum haec potentia? Aut in aliquo aut in nihilo? Si in aliquo, ergo prius fuit aliquid antequam crearetur. Si in nihilo, ergo ipsum nihil est passibile, et erit patiens. Quare, ipsum nihil creabitur et fiet. — Hic puto quod istud passibile non est priusquam patiens, nec proprie dicitur hoc passibile vel patiens; — sed dicatur creabile et creatum. Et puto quod creabile non est prius creato natura vel tempore, sed solum

---

[65] Basilius, Hexaëmeron, I, c. 3 (PG 29, 10).
[66] Damascenus, De fide orthodoxa, I, c. 3 (PG 94, 795).
[67] Plato, Timaeus; ed. I. Wrobel, 43.
[68] August., Confessiones, XI, c. 12 (PL 32, 815; CCSL 27, 201).

secundum modum intelligendi. Talis enim regula, puto, non tenet nisi in eis quae habent causas seminales in materia praeiacenti. Ipsa autem prima creatura non prius fuit creabilis, nec in potentia, nec passiva nec activa, nam ipse Deus etiam non potuit prius creare primam creaturam: hoc enim esset ab aeterno creare — hoc oppositio in adiecto. Melius sic dicitur: mundus fuit creabilis ab aeterno, hoc est, fuit subiectus scientiae Dei et tale esse habuit. Sed non fuit creatus ab aeterno, id est, non habuit esse in materia. Et est unum prius altero; et est haec positio in mundo et in aliquo. Nec tamen mundus est ab aeterno nisi praedicto modo.

[Dubitatio de transmutatione]

[32.] Ex dictis solvi potest, ut videtur, alia difficultas quae hic solet induci, talis: si est transmutatio prima — vocetur illa *b*, — oportet igitur quod sit transmutabile primum — et sit illud *a*. Prius est *a* transmutabile quam transmutetur, quia transmutabile prius est eo quod transmutatur. Prius igitur est *a* transmutabile transmutatione *b* quam transmutetur transmutatione *b*. Prius ergo habet hanc dispositionem qua est transmutabile, et posterius habet aliam dispositionem, scilicet quod transmutatur; ergo *a* transmutatur ab hac dispositione in illam, et ista transmutatio praecedit transmutationem *b*, quia *b* est finis et terminus huius transmutationis. Ergo, transmutatio *b* non est prima, quia *b* est transmutatio qua *a* transmutatur, et haec alia transmutatio est qua *a* mutatur ab hac dispositione transmutabile ad hanc dispositionem transmutari.

[Dubitatio de motu]

[33.] Haec videtur esse vis dictionis ipsius Aristotelis[69] qua nititur ad aeternitatem motus: detur enim motus primus, et dicatur *b*. Mobile primum quod movetur illo motu dicatur *a*. Mobile est prius eo quod movetur: combustibile enim prius est eo quod comburitur. Est igitur *a* prius mobile quam moveatur. *A* igitur aut est factum aut perpetuum. Si factum, sua factio transmutatio erat, et illa praecessit *b*. Ergo aliqua transmutatio praecessit *b*; ergo *b* non fuit prima. Si *a* fuit perpetuum, ergo aeternaliter fuit mobile. Sed non aeternaliter movebatur. Aut igitur erat aliquid motivum ipsius ab aeterno, aut non. Si non, et nunc est quando movetur; ergo motivum fuit factum, et illa factio praecessit *b*, et ita ut prius. Si motivum fuit aeternum, et mobile similiter, et tamen non movebatur ab aeterno, ergo vel unum fuit in dispositione in qua non potuit movere vel alterum in dispositione in qua non potuit moveri, vel utroque modo.

---

[69] Aristot., Physica, VIII, c. 2, t. 4 (25 la 8—15).

Quocumque istorum dato, sequetur quod sit aliqua mutatio praecedens *b*; ergo *b* non fuit prima.

[34.] Ad hoc dici potest, ut prius, quod creabile non est prius eo quod creatur nisi secundum modum intelligendi apud nos, et quod creatio primae creaturae fuit prima mutatio omnino, et illa non fuit motus. Aristoteles autem ponit quod omnis mutatio quae non est motus sequitur motum; et hoc est falsum simpliciter.

[35.] Vel potest aliter dici quod non sunt duae transmutationes, scilicet *b* et illa quae ab hac dispositione transmutabile ad hanc dispositionem transmutari, quia creari est creatum esse, nam non est successivum. Unde haec dispositio transmutabile est terminus initialis *b* transmutationis. Non est ergo *b* finis alicuius transmutationis. Sed est medium quoddam secundum rationem inter creabile et creatum. Sunt etiam omnia ista tria 'creabile', 'creari', 'creatum' unum et idem secundum subiectum, sed differentia solum secundum rationem, nam "dixit Deus et facta sunt." Ecce non est hic nisi verbum Dei, et ipsum factum quod est finis *b* transmutationis, nam illa omnia tria sunt unum secundum rem, ut prius dixi. Ex his apparet quod non sunt ibi duae transmutationes diversae.

[36.] Volunt tamen multi et diversimode in his excusare Aristotelem.

[37.] Quidam sic: motus est divisibilis in infinitum eo quod continuus. Unde quocumque motu dato, partes habet; et pars prior toto; ergo non est motus primus. — Istud nihil est, quia eius rationes nituntur ad hoc quod sit ponere motum quin sit ponere alium extra illum praecedere ipsum, quia vel factio mobilis, vel factio motivi, vel remotio prohibentis in altero vel in utroque.

[38.] Alii aliter: linea habet principium intrinsecum sui, scilicet punctum. Motus autem habet principium extra se sed non intra, et hoc dicunt Aristotelem intendere. — Et istud nihil est, nam tempus habet principium sui intrinsecum, scilicet instans. Et vult Aristoteles aperte quod omne nunc est principium futuri et finis praeteriti; et istud est falsissimum.

[Opinio Rabbi Moysis]

[39.] Quidam[70] multa verba faciens et de se ipso et de aliorum opinionibus, dicit quod omnis motio est exitus de potentia ad actum. Et istud est simpliciter falsum.

[40.] Item, dicit quasi pro principio quod omne mutatum constat ex partibus. Et est simpliciter falsum.

---

[70] Moses Maimonides, Guide of the Perplexed, II, Intro., n. 5 and II, c. 17; tr. S. Pines, Chicago, London, Toronto 1963, 236 and 297. On the arrival of Maimonides into Paris, cf. W. Kluxen, Literaturgeschichtliches zum lateinischen Moses Maimonides in: Recherches de la Théologie ancienne et médiévale 21 (1954), 23—50.

[41.] Item, dicit, *Praeparatorio* decimo nono[71], quod omne illud cuius esse habet causam, possibile est quantum est in ipso. Et est falsum omnino.

[42.] Item, addit quod omne illud quod est in potentia habet partem possibilitatis, et potest reperiri in aliquo tempore sine actu. Istud si bene intelligatur, non nocet, ut videtur.

[43.] Iterum, addit quod omne illud quod est in potentia ad aliquid de necessitate habet materiam, quam possibilitas semper est in materia. Et istud bene mihi placet, si recte intelligatur.

[44.] Idem, alibi[72] recitans sententiam Aristotelis ait: "Omne incipiens antecedit mutatio quae est exitus illius rei ad actum postquam illa res non fuit." Et istud est simpliciter falsum.

[45.] Recitat iterum quod materia prima non generatur. Et hoc proprie loquendo procedi potest. Sed addit quod ipsa materia prima non sit, quia si ipsa fieret, fieret ex alia materia, et tunc materia facta esset habens formam.

[46.] Generaliter accipit 'generari' pro 'fieri', et ideo simpliciter mentitur.

[47.] Supponit iterum[73] quod omne factum habet in tempore possibilitatem praecedentem factionem suam. Ex quo consequenter et disputat sic: antequam mundus factus esset, sua factio aut erat possibilis, aut necessaria, aut impossibilis. Si necessaria, semper fuit mundus. Et hic mihi videtur quod hypothesis falsa et consequentia invalida, et quod in hypothesi sit implicita contradictio. Si factio sua fuit impossibilis, tunc nullo modo potuit mundus esse. Et si factio sua fuit prius possibilis, quid erat subiectum illius possibilitatis? Et nos in his sentimus quod iste idem miser alibi affirmat quod res quae facta est ex nihilo illam nullo modo praecessit possibilitas vel in esse vel in intellectu. Ipse tamen idem hanc eandem solutionem infirmat, dicens: Sine dubio sunt duae possibilitates, scilicet possibilitas materiae, ut fieret talis, et possibilitas operantis, ut sic faciat. Et male reprehendit 'sine dubio': hoc enim non est verum, nisi supposita praeiacente materia subiecta mutationi secundum quod huiusmodi.

[48.] Item, quaerit ipse[74] sibi ipsi obiciendo: si Deus quod modo vult alio tempore non vult, nonne est hic mutatio? Et respondet quod non, quoniam necessitas voluntatis et quidditas eius est secundum hunc modum, ut velit et non velit. Et nescit quid loquitur iste miser, nam haec esset vere mutabilitas in quacumque voluntate omnino.

[49.] Item, dicit alibi:[75] "In hoc consentio quod omne illud quod dicit Aristoteles de his quae sub caelo lunae, totum est verum sine dubio, et

---

[71] Moses Maimonides, ibid., II, Intro, n. 19, 238; n. 23, 239; n. 24, 239.
[72] Ibid., II, c. 14, 286.
[73] Ibid., 287.
[74] Ibid., II, c. 18, 301.
[75] Ibid., II, c. 22, 319.

non recedet aliquis a verbo suo, si ille quid non intelligit, aut qui vult sustinere opinionem propriam et fugere alienam.

[50.] Sed teste beato Ambrosio *De officiis*, libri I:[76] "Aristoteles asserit Dei providentiam usque ad lunam descendere," et quod terrarum curam non habeat, nec maris etc.

[51.] Ecce vide cui credas, et pro modulo meo consulo praecipue minus litteratis aut caute aut omnino huius miseri scriptum non aspicere, nam multa falsa et frivola asseruntur in illo.

[52.] Potest etiam aliter formari ratio Aristotelis[77] sic: Detur motus primus, scilicet b. Est ergo b postquam non fuit. Sed omne quod est postquam non fuit, prius fuit in potentia; ergo b prius fuit in potentia, et deinde in actu. Sed omne quod exit de potentia priore ad actum exit per mutationem aliquam; ergo si b de potentia exivit ad actum non exit nisi per aliquam mutationem praecedentem b, et ita b non fuit mutatio prima. Illa propositio 'omne quod de potentia priore' etc. sic ostenditur: Cum aliquid est in potentia et nondum egreditur ad actum, aut hoc est quia causa efficiens et movens nondum est, aut si hoc fuerit, quia motivum et mobile disiuncta sunt. Si primo modo, oportet quod per aliquam mutationem praecedentem fiat ipsum agens. Et summatim dici potest quod causa quare aliquid quod est in potentia nondum egreditur ad actum est defectus alicuius conditionis ex parte agentis vel ex parte patientis quam conditionem oportet adquiri per aliquam mutationem antequam fiat de potentia agente actu agens, et ita omnem mutationem necesse est aliam praecedentem.

[53.] Et ad istud dici potest quod illa propositio falsa est 'omne quod est postquam non fuit prius fuit in potentia' nisi intelligatur de potentia activa Creatoris. Potest et aliter dici quod cum dicitur 'prima mutatio fuit postquam non fuit', distinguendum est quod si haec dictio 'postquam' significet ordinem temporum, implicita est in hac sermone contradictio, quia implicatur quod tempus praecessit primum motum. Et tunc non est haec divisio sufficiens: motus aut est perpetuus aut fuit postquam non fuit, quia sub neutra parte huius divisionis cadit motus, nec tempus, nec mundus. Si autem haec dictio 'postquam' significet ordinem temporis ad aeternitatem, et hoc verbum 'est' consignificet tempus vel nunc temporis, et hoc verbum 'fuit' consignificet aeternitatem, verum est quod mundus et tempus et motus est postquam non fuit; et priusquam essent fuerunt in potentia, si designetur prioritas aeternitatis ad tempus et potentia non dicat potentiam causae materialis sed causae efficientis. Illa autem propositio 'Omne quod de potentia priore exit ad actum' etc. vera est si significetur prioritas temporalis. Et sic tenet eius probatio. Si autem significetur prioritas aeternorum ad temporalia, falsa est.

---

[76] Ambrosius, De officiis, I, c. 13 (PL 16, 37sq.).
[77] Aristot., Physica, VIII, c. 2, t. 4 (251 a 8–15).

[54.]Iterum, illa ratio quod non esse mundi et eius esse dividuntur prioritate et posterioritate, et 'prius' et 'posterius' non sunt simul tempore, ergo ante mundum fuit tempus. In hoc, sicut supra dictum est, puto quod sit error in eo quod non distinguitur inter prioritatem temporis et prioritatem quae significat ordinem aeternitatis ad tempus. Non esse namque mundi et eorum quae cum mundo coeperunt non mensuravit tempus sine initio sed aeternitas. Non ergo fuit eorum non esse prius tempore quam esse eorum sed fuit prius et in priori mensura quam eorum esse, quia eorum non esse in aeternitate fuit et eorum esse in tempore.

Gott und die Welt.
Zum achten Buch der Physik des Albertus Magnus
(nach dem kritisch erstellten Text)

PAUL HOSSFELD (Bonn)

Diese Darstellung mit einer ausführlicheren Inhaltsangabe, einer Quellenanalyse und einer Kritik der philosophischen und naturphilosophischen Voraussetzungen schließt sich meinen Untersuchungen zum dritten Buch[1], zum vierten Buch[2] und zum ersten Traktat des fünften Buchs[3] an mit den Themen ‚Bewegung im allgemeinen', ‚Das Unendliche'; ‚Ort, örtlicher Raum und Zeit', ‚Die Verneinung der Existenz eines Vakuums'; ‚Die Ewigkeit aus philosophischer Sicht' und ‚Die Bewegungs- und Veränderungsarten'.

I. Inhalt des ersten Traktats des achten Buchs

Bevor Albert sich an die Erklärung seiner aristotelischen Vorlage macht, die bekanntlich nicht von ihm aus dem Griechischen ins Lateinische übersetzt worden war, stellt er mit Rückgriff auf das im vierten Buch über die Zeit und die Ewigkeit Gesagte und mit einem Vorgriff auf den Aristotelestext und den Kommentar des Averroes, vor allem aber mit Blick auf Moses Maimonides mit seinem Dux neutrorum sicher, daß Gott durch Ewigkeit und nicht durch Zeit, ferner durch seine Schöpferkraft als erste Ursache der Welt vorausgeht, mag diese auch immerwährend, also ohne Anfang und Ende sein, betrachtet man sie in ihrer Bewegung und Veränderung nach naturphilosophischen Prinzipien (Buch 8 Traktat 1 Kapitel 1 = 8,1,1).

Die Frage nach der Immerwährendheit/Stetigkeit (*perpetuitas*) der Bewegung hängt auf das engste mit der Frage nach einer steten Zeit zusammen. ‚Dogmen'- oder meinungsgeschichtlich vertrat Plato die Ansicht, daß die Welt in der Vergangenheit begann und mit ihr die Zeit; und die

---

[1] Philosophia Naturalis 24,1 (1987) 15–42.
[2] Miscellanea Mediaevalia 18 (1986) 1–42. Albertus Magnus über die Ewigkeit aus philosophischer Sicht; in: Archivum Fratrum Praedicatorum LVI (1986) 31–48.
[3] Miscellanea Mediaevalia 20 (1989).

wie er dachten, vertraten zugleich auch, daß die Bewegung, auch die des Entstehens und Vergehens, nicht immer war. Aber wer meinte, es gäbe unendlich viele sich ablösende Welten, behauptete zwar nicht, daß es zahlenmäßig nur eine immerwährende Bewegung/Veränderung gibt, wohl aber artgemäß (*in genere*). Anaxagoras und Empedokles sind typische Vertreter einer Lehre, nach der es einmal keine Bewegung gab und, so Albert (!), es einmal keine Bewegung geben wird. Nach Anaxagoras lag jedoch ein Urgemenge vor, in dem alle Formgestalten der zukünftigen Welt schon unendlich lang wirklich, jedoch verborgen, vorlagen, die die erste Intelligenz mithilfe idealer Formen, so Albert (!), aus dem Verborgenen ans Licht bringt; nach Empedokles begann die Bewegung in einem gewissen begrenzten Teil der Zeit und danach begann in einem gewissen Teil der Zeit Ruhe, und dies so unaufhörlich weiter, weshalb es nach Empedokles nicht eine ewige Bewegung gibt, sondern zwei Bewegungen, die sich ununterbrochen ablösen (*duos sibi sic succedentes continue*), wobei sie im konkreten Einzelfall von einer Zeit der Ruhe unterbrochen werden. Weil man nun über Beweger nur etwas durch ihre Bewegungen wissen kann und somit über das erste Prinzip (oder den ersten Anfang?), gilt es, diesen Zusammenhang eingehend zu betrachten (8,1,2).

Nach der Bewegungsdefinition, die bereits im dritten Buch gegeben wurde, setzt die Bewegung als Vollendung (*perfectio*) eines Bewegbaren oder dessen, was bewegt wird, insofern es bewegt wird, ein Bewegbares voraus; das übrigens ist selbstverständlich unabhängig von der Definition. Aber die Bewegung setzt auch ein Bewegendes voraus, weil sie nicht nur Wirklichkeitsvollzug (*actus*) des Bewegbaren ist, sondern auch Wirklichkeitsvollzug des Bewegenden. Weil nun die Ortsbewegung gegenüber den anderen Bewegungsarten der Änderung und der Veränderung dadurch ausgezeichnet ist, daß das Bewegende ohne Verzögerung sogleich (*statim*) wirkt, sofern es nicht von außen behindert wird, können wir wie folgt schließen: Läßt sich zeigen, daß die Ortsbewegung als Ursache aller Bewegungen stetig (*perpetuus*) ist, dann ist auch substanzhaft (*secundum substantiam*) stetig, was von ihr bewegt wird, und ist auch stetig, was bewegt. Daß es eine erste immerwährende Bewegung geben muß, ergibt sich daraus, daß andernfalls die Bewegung einmal entstanden sein müßte. Ist die Bewegung entstanden, setzt dieses Hervorbringen (*generatio*) eine Bewegung voraus, da das Hervorbringen oder Erzeugen das Ende oder das Ziel (*finis*) einer Bewegung ist; also gibt es auch vor dem Entstehen eines ersten Bewegbaren eine Bewegung; also gibt es auch eine Bewegung vor der ersten Bewegung, was unmöglich ist. Ähnliche Gründe lassen sich anführen, wollte man behaupten, daß das erste Bewegende und das erste Bewegbare durch irgendeine Anlage (Disposition) an ihrer Bewegung gehindert werden. Der Eintritt in die Bewegung setzt eine Veränderung bei den Disponierten voraus, d. h., es gibt eine Veränderung vor der ersten Bewegung. Und wenn es eine Veränderung vor der ersten Bewegung gibt, dann gibt es auch eine Bewegung vor der ersten Bewegung, die die Ursache jener Veränderung ist. Dies sind die Gründe des Aristoteles und gewisser Peripatetiker, die beweisen, daß die Bewegung nicht entstanden ist (8,1,3).

Wenn eine erste Bewegung und somit ein erstes Bewegendes und ein erstes Bewegbares weder irgendwann erzeugt noch zunächst gehemmt, aber dann als entstanden gedacht werden können, und wenn es nach Meinung aller Philosophen, wie Averroes sagt, auch nicht möglich ist, daß aus nichts etwas entstehen kann, so ist es doch möglich, daß Gott etwas aus dem Nichts erschaffen konnte; der Erzeugung/Hervorbringung (*generatio*) aus dem Nichts, die tatsächlich unmöglich ist, steht die Erschaffung (*creatio*) aus dem Nichts gegenüber. Und daß Gott die Welt erschaffen hat, bezeugt selbst Aristoteles in seinem Buch De natura deorum[4], der auch bezeugt, daß es eine Proportion zwischen Gott als der ersten Ursache und der von ihm bewirkten Natur gibt, weil Gott alles unsagbar überragt, wie Aristoteles überliefert (in der Tat: der Liber de causis!)[5]. Averroes sagt, daß Gott, der durch seinen Verstand die Welt bewirkte, nicht vor der Welt in einer vergangenen Zeit war; das ist durchaus wahr, weil Gott der Welt durch Ewigkeit, nicht durch Zeit voraufgeht. Was also von einem aufschiebenden Willen (*voluntas dilatoria*) gesagt wird, hält Albert nicht für wahr. Aber wenn Averroes sagt, es sei nicht einzusehen, wenn man sagt, Gott, von Ewigkeit existierend, habe die Welt oder irgendein Ding der Welt in der Zeit, die nach der Ewigkeit ist, nach der Erkenntnis nur einer Idee bewirkt, ist das nicht wahr, weil der göttliche Verstand als Ursache von Gottes Wissen über der Zeit steht; dieser Verstand ist Ursache der Bewegung in der Zeit, wenn er auch nicht von Ewigkeit Ursache der Bewegung war; eine Veränderung geht hierbei zu Lasten der schließlich entstandenen Sache, nicht zu Lasten des wirkenden Verstandes. Averroes vermochte es eben nicht, ein Erschaffen aus dem Nichts zu vertreten, da er nur die Erzeugung (*generatio*) aus einem solchen Vorhandenen einräumt und es auch nicht als Minderung der Macht Gottes ansieht, wenn dieser aus einer schon vorhandenen Materie die Welt gestaltet, statt daß er sie aus dem Nichts erschafft. Mit Recht lehnt Averroes allerdings ein Erzeugen aus dem Nichts ab. Doch auch Überlegungen zur ersten Form/Gestalt führen zum Ergebnis, daß sie weder aus sich sein, noch der Materie entstammen kann, sondern von Gott als erster Ursache aus dem Nichts erschaffen wurde.

---

[4] Verwechselt mit Cicero, De natura deorum; siehe die Stelle aus dem 1. Buch Kapitel 13 (ed. C. F. W. Mueller 15, 18 sq.); siehe auch Albertus Magnus, Physica, pars. I. Ed. Colon. t. 4,1, 205,3: ‚quia Aristoteles expresse in libro De natura deorum dicit mundum creatum esse a deo'. Albertus, De XV problematibus. Ed. Colon. t. 17,1, 38,66—67: ‚*Et ut utamur probabilitate ipsius Aristotelis, quam Tullius ponit in I libro De natura deorum*'.
[5] Liber de causis V (VI) (ed. A. Pattin, 59,22).

Aber die ganze hier vorliegende abschweifende Erörterung soll nur darlegen, daß die Welt nicht durch Erzeugung (*per generationem*) begann und daß es in der Vergangenheit keine Zeit gab, in der es nicht eine Bewegung gab (8,1,4).

Aus dem Zustand (*condicio*) der Zeit wird wie folgt bewiesen, daß die Bewegung in keiner vergangenen Zeit anfing. Es gibt nämlich bei den Dingen das Früher und das Später nur auf Grund der Zeit; bei den nichtbewegten Dingen, weil um sie herum Zeit ist, bei den bewegten, weil bei ihnen das Früher und das Später von sich aus (*per se*) vorliegen. Wo also das Früher und das Später eigentlich genannt werden, dort gibt es Zeit. Aber wo etwas anfängt, ist dieses jetzt und nicht früher; also gibt es bei jedem Neuen, das anfängt, ein Früher und ein Später; also gab es vor ihm Zeit, in der es nicht war, und gibt es Zeit später als jene, in der es war und anfing. Wenn es aber Zeit gibt, ist es nötig, daß es auch Bewegung gibt, weil die Zeit Zahl der Bewegung und deren Eigenschaft (*passio*) ist. Wenn also die Zeit immerwährend ist, ist auch die Bewegung immerwährend. Daß aber die Zeit immerwährend (*perpetuum*) ist, wird durch Autoritäten, d. h. durch alle Philosophen außer Plato, bewiesen und durch vernünftige Überlegung.

Die Zeit ist nämlich ohne das Jetzt (*nunc sive instans*) nicht zu denken, das zwischen Vergangenem und Zukünftigem ist und diese verbindet und unterscheidet und immer das Ende des Vergangenen und der Anfang des Zukünftigen ist, und dies immer wieder aufs Neue in einem Fluß, weil das Jetzt nicht wie ein Punkt auf der Linie steht, weshalb es auch *Instans* (*in-stans* = Nichtstehendes) heißt. Weil das Jetzt immer das Ende des Vergangenen ist und der Beginn des Zukünftigen, ist die Zeit immerwährend. Dasselbe gilt auf Grund des Zusammenhangs von Zeit und Bewegung für die Bewegung, nur ist zu beachten, daß man sich bei der Beweisführung nicht an eine zweitrangige Bewegung mit begrenzter Zeit hält, sondern an die oberste, d. h. erste, d. h. einfachste und schnellste Bewegung, nämlich die tägliche des ersten Bewegbaren (*primi mobilis*) unter den Himmelskörpern (*inter orbes caelestes*) (8,1,5).

Albert unterbricht die umschreibende Auslegung (Paraphrase) seiner Übersetzungsvorlage des Aristotelestextes, um darzulegen, daß der Beweis von einer immerwährenden Zeit zwar annehmbar (*probabilis*), aber nicht zwingend ist. In Zusammenhang damit lehnt er den Gedanken ab, die Zeit folge nicht der Bewegung, sondern der Veränderung (*mutatio*) oder der Materie, weil die Zeit nicht das Maß einer einfachen Veränderung (wie des Entstehens oder Vergehens) sein kann. Albert vertritt zudem, wie er sagt, zusammen mit vielen Peripatetikern und vielen Theologen, aber gegen viele Theologen der Sarazenen, der Juden und der Christen die Auffassung, daß alles zugleich erschaffen wurde und nicht nacheinander. Plato wird von ihm getadelt, weil dieser den Himmel aus präexistierender Materie entstehen ließ (8,1,6).

Mit derselben Begründung, mit der bewiesen wurde, daß die Bewegung in der ganzen Vergangenheit immerwährend war, wird nach Aristoteles, der das Haupt (*princeps*) der Peripatetiker ist, auch bewiesen, daß sie die ganze Zukunft hindurch immer dauern wird; denn jedes Vernichten (*corruptio*) eines Bewegenden oder Bewegbaren oder beider ist nach dem Nachlassen (*cessatio*) der Bewegung. Aber das Vernichten ist das Ende einer Bewegung; also gibt es eine Bewegung, deren Ende das Vernichten nach der letzten Bewegung ist, und es ist nötig, daß in jeder Bewegung irgendetwas zum Vernichten bewegt, und dies nennt Albert das Vernichtende (*corrumpens*); also gibt es irgendetwas Bewegbares und ein Bewegendes und ein Bewegtes nach der letzten Bewegung, was nicht einzusehen ist, weil bei keiner Art/Gattung eingesehen werden kann, daß irgendetwas nach dem Letzten ist. Ähnlich läßt sich argumentieren, wenn das Bewegende und das Bewegbare zunächst daran gehindert wurden, zu bewegen und bewegt zu werden. Aber töricht und einer Einbildung gleich ist es zu behaupten, etwas könne ohne Ursache/Grund (*causa*) anfangen und aufhören. Ähnlich verhält es sich mit den Ausführungen des Empedokles und des Anaxagoras zu diesem Thema. Allerdings gilt die Beweisführung des Aristoteles nicht für jeden Fall und ist daher nur tauglich, aber nicht zwingend. Doch darüber später ausführlicher (8,1,7).

Auf Grund der Beweisführung des Aristoteles und, wie oft, mit zusätzlichen Gedanken und charakteristischen Sprachbrocken aus dem Kommentar des Averroes zur Physik des Aristoteles zeigt Albert, daß die Meinungen des Anaxagoras, des Empedokles und des Demokrit nicht haltbar sind. Sie berufen sich in ihrer Beweisführung letztlich auf voraussetzungslose Prinzipien, die aber bei ihnen in der Tat zu begründende Ursachen sind. Es bleibt also dabei, es gab keine Zeit ohne Bewegung noch wird es eine Zeit ohne Bewegung geben (8,1,8). Das wird auch nicht von denen widerlegt, die mit einer sophistischen Beweisführung einen Beginn und ein Ende jeder Veränderung und letztlich auch jeder Ortsveränderung annehmen, so daß aus der Zeit heraus auf einmal Bewegung beginnt und die Bewegung einmal enden wird, nach der es aber weiterhin Zeit gibt. Sie weisen daraufhin, daß jede Veränderung von einem Gewissen und zu einem Gewissen (*ex quodam in quiddam*) ist, sich also als begrenzt erweist, und daß die große Welt der kleinen Welt der Lebewesen, insbesondere der des Menschen, entspricht, wo aus Ruhe heraus auf einmal Bewegung beginnt (8,1,9). Ihre Gründe werden entkräftet (8,1,10).

Fünf Kapitel lang läßt Albert dann die Auslegung der aristotelischen Vorlage ruhen, bis er seine paraphrasierende Tätigkeit mit dem zweiten Traktat seines achten Buchs wiederaufnimmt. In einer ersten Abschweifung (*digressio*) spricht Albert erneut die bisher im ersten Traktat angeführten Lehrmeinungen durch, also die des Empedokles und des Anaxagoras, denen Epikur beigestellt wird, die der Atomisten, dann Platos und der von Albert so genannten Stoiker mit Pythagoras gleichsam als Großvater und Plato gleichsam als Vater, schließlich die des Aristoteles als Schulhaupt der Peripatetiker. Es geht um die Frage, ob die Bewegung immerwährend bzw. ewig ist und ob die Welt ewig ist. Mit einem Vorgriff auf die Werke De anima, De caelo et mundo, De generatione et corruptione und Metaphysica des Aristoteles in lateinischer Übersetzung vertieft Albert die bereits vorgetragenen Lehrmeinungen. Im Hinblick auf Plato greift er auf das schon im ersten Teil seiner Physik Dargelegte zurück oder bezieht sich unmittelbar auf den Timaeus Platos. Für die Auffassung der Peripatetiker läßt er bald mehr Avicenna bald Averroes sprechen, besonders aber führt er an, was Moyses Aegyptius, also Moses Maimonides, als Begründung des Aristoteles und der Peripatetiker zum Thema ‚Ewigkeit der Welt' in nach Albert sieben Punkten vorbringt, von Albert ergänzt durch einen weiteren Grund aus dem Kommentar des Averroes (8,1,11).

Ähnlich vertieft Albert die Lehrmeinung derer, die seiner Meinung nach sophistisch zu beweisen versuchten, die Welt habe einen Anfang und sei nicht immerwährend oder ewig; z. B. so: Jede Dauer einer Ursache folgt auf ein Sein, das dauert; was also einen Anfang im Sein hat, hat einen Anfang in der Dauer. Aber gemäß allen Philosophen hat die Welt einen Anfang im Sein, also hat sie einen Anfang in der Dauer. Was jedoch einen Anfang in der Dauer hat, fing an; also fing die Welt an. Zu dieser Schlußkette wurde Albert von Gedanken des Moses Maimonides im Dux neutrorum angeregt; er stützt sich auf Aussagen oder auf charakteristische Wörter oder Stichwörter dieser Schrift, ohne diese bzw. Moses Maimonides zu erwähnen. Nachdem Albert zwei Beweise in Form einer Hinführung zum Unmöglichen und vier taugliche Beweise angeführt hat, bemüht er sich darum, sie möglichst im Geist der Peripatetiker zu entkräften; z. B so: Die Dauer folgt auf ein dauerndes Sein gemäß der Natur und nicht entsprechend der Zeit; was danach vorgebracht wird, daß das, was einen Anfang im Sein hat, auch einen Anfang in der Dauer hat, räumen sie ein, wenn der Anfang im Verstand der wirkenden Ursache angenommen wird. Aber wenn er für irgendeinen Beginn der Dauer angenommen wird, so leugnen sie. Dann folgt nicht, was darüber hinaus vorgebracht wird, nämlich daß die Welt anfing, weil nicht jedes zu sein anfing, was eine bewirkende Ursache hat, mag auch jedes begonnen haben, das einen Beginn seiner Dauer hat. Die Sonne ist nämlich gleichzeitig mit dem Tag über dem Horizont und ist dennoch dessen bewirkende Ursache. — Einen Beweisgrund hält Albert für unerschütterlich und sehr stark, nur fehle die Beweisführung; es geht hierbei um das Weiterleben der Seelen nach dem Tod in einer bestimmten Anzahl. Das erfordere, daß die Welt einen Anfang haben mußte, denn einer ewigen Welt entspräche eine unendliche Zahl von Seelen (8,1,12).

Nach dieser ausführlichen Vorarbeit meldet sich Albert selbst mit seiner Lehrmeinung und mit seinem Glauben über die Schöpfung zu Wort: Laßt uns also dem Schöpfer des gesamten Seins Lobsprüche geben (so auch

Moses Maimonides!) und sagen, daß die Welt vom ersten und alleinigen Schöpfergott durch Erschaffen anfing, wobei wir sagen, daß auch die Zeit und die Bewegung mit dem Erschaffen des ersten Bewegbaren anfingen und mit dem Erschaffen des ersten Bewegers, der dem ersten Bewegbaren, dem Himmel, inwendig ist. — Weiterhin vertritt Albert die Auffassung, daß Gott der Welt durch Ewigkeit voraufgeht, wobei das Vorher Gottes und das Nachher der Welt nur die Ordnung der Ewigkeit zur Zeit angeben, aber nicht die Zeit. Weil die Ewigkeit eine nicht nachlassende Dauer ohne Anfang und Ende ist, läßt sie sich mit der Zeit vergleichen. Deshalb ist es zugleich unsinnig zu fragen, warum Gott so lange wartete, bis er die Welt bildete.

Bei der metaphysischen Frage, ob die verursachten Seienden naturnotwendig von der ersten Ursache fließen oder durch Wahl eines Willens, unterstellt Albert hier in der Physik, daß die erste Ursache die Dinge mithilfe des freien Willens und des Wissens hervorbringt; darin weiß er sich durch die Peripatetiker und vor allem durch Aristoteles unterstützt und bestärkt. Und Albert fährt fort: Aber dies vorausgesetzt sage ich, daß Gott die Welt aus nichts machte, weil er das Bewegbare und die erste Bewegung und die erste Materie machte und ihr die Formen aller Entstehbaren einverleibte und machte, daß jene durch eine zusammenhängende Erzeugung aus ihr hervorgebracht wurden. Aber die Tat/Handlung der ersten Ursache, die das Erschaffen ist, fand in keinem Zugrundegelegten statt, weil sie keine Tätigkeit im eigentlichen Sinne ist, sondern vielmehr das Aufweisen eines Dings im Sein war (*demonstratio rei in esse*), nachdem durchaus nichts entsprechend der Macht ihres Willens und der Vollendung ihres wirkfähigen Wissens vorlag. — Bevor Albert nun seine Lehrmeinung begründet, wendet er sich gegen irgendwelche, die sich brüsten, bewiesen zu haben, was sie auf keine Weise bewiesen hatten, und die Kette ihrer Folgerungen aus dem Satz hervorgehen ließen, daß dem vollkommeneren Handelnden/Tätigen auch die vollkommenere Weise des Bewirkens zukommt; Albert weist dies begründet zurück. Sein eigener Beweis geht davon aus, daß jedes Zusammengesetzte (*compositum*) einen außer ihm befindlichen Vollender und Begrenzer (*perfector et terminator*) seiner Formung benötigt, der das ihn Erzeugende ist, weil er das, was erzeugt wird, zur Ähnlichkeit der Form und der Substanz hervorbringt. Bei den Elementen ist es aber so, daß ihre Formen nach Aristoteles und Avicenna von den Kräften des Himmels (*orbis*) und vom Ortsraum (*a loco*) erzeugt werden; die entsprechende Entfernung vom Himmel macht das eine zum Feuer und eine andere Entfernung das andere zur Luft, und ähnlich beim Wasser und bei der Erde. Ähnlich verhält es sich bei allen Himmeln und Sternen, die wie jeder Körper aus Materie und Form zusammengesetzt sind. Das, was sie begrenzt (festlegt), muß zumindest gemäß der Natur vor ihnen und außerhalb von ihnen sein. Man kann nun einwenden, sie wären nicht gestaltet und begrenzt, weil jedes Zusammengesetzte irgendeine Ursache seiner Zusammensetzung hat, da ja jedes Zusammengesetzte eine erste Ursache ist oder von der ersten Ursache stammt oder von irgendeinem anderen, das durch ein Vermittelndes oder durch mehrere Vermittelnde von der ersten Ursache stammt. Fest steht, daß es keine erste Ursache ist, weil die erste Ursache einfach und nicht zusammengesetzt ist. Stammt das Zusammengesetzte von der ersten Ursache oder von einem anderen ab, das von der ersten Ursache stammt, dann folgt, daß es außerhalb von ihm eine begrenzende und vollendende Ursache hat, die ihm an Zeit und durch Natur oder allein durch Natur voraufgeht.

Nach diesem Teil seiner Beweisführung fragt Albert nach der Ursache jeder Verschiedenheit, die er (und ‚man') am Himmel feststellen kann, sei es in der Substanz oder bei den Himmelsbewegungen. Und er fährt fort: Wenn man sagt, daß die Verschiedenheit der Materie die Ursache der Verschiedenheit der Form ist, wird es vielfältig unzutreffend sein, und es genügt im Augenblick zum Beweis dafür dreierlei anzuführen; zum ersten, daß die Verschiedenheit der Materie vielmehr auf Grund der Verschiedenheit der Form besteht als umgekehrt, weil nur das die Materie verschieden macht, was sie vollendet und begrenzt; aber nur die Form vollendet und begrenzt/bestimmt die Materie. Sodann: Wenn die Verschiedenheit der Materie die Ursache der Verschiedenheit der Form wäre, wäre es nötig, daß es immer noch irgendeine Ursache der Verschiedenheit der Materie gibt, und diese läge wiederum vor der Materie der Himmel, da ja das, was in irgendeinem die Verschiedenheit macht, von Natur aus vor jenem ist, in dem jene Verschiedenheit entsteht; und jenes wäre wiederum dasselbe oder verschieden. Auch wenn es dasselbe wäre, das sich auf dieselbe Weise verhielte, könnte es nicht irgendeine Verschiedenheit bewirken, weil es von nur einem Einfachen nur ein Einfaches gibt. Es trifft daher nicht zu, daß die Verschiedenheit der Form aus der Verschiedenheit der Materie bei den Himmeln und den himmlischen Körpern hervorgeht. Drittens folgte als Ungereimtheit, daß es im Himmel notwendigerweise aktive und passive Qualitäten gäbe, die die Himmelsmaterie dazu verschieden machten, daß der eine Teil die Form eines Sterns aufnähme, der andere aber nicht. Das jedoch hieße, daß dieselben Qualitäten die Materie zu einer Formveränderung änderten (*alterarent ... ad transmutationem*) und so der Himmel entsteh- und vergehbar wäre, der sich doch fern der entgegengesetzten/ konträren Verhältnisse befindet, wie Aristoteles ohne Zweifel an zahlreichen Stellen gesagt hat.

Bei der Frage, ob der Himmel von einer Ursache hervorgebracht wurde, die durch ihre Natur und mit Notwendigkeit handelt oder die durch Wissen, Wollen und Wahl tätig ist, entscheidet sich Albert für letztere Antwort. Eine durch ihre Natur und notwendig tätige Ursache bringt als einzige nur ein einziges hervor, wie bewiesen wurde. Wir sehen aber am Himmel (*in orbe*) eine große Verschiedenheit, die durch eine Ursache mit auswahlfähigem Willen erklärt werden kann; diese Ursache ist Weisheit, die entsprechend einem idealen Verstand die Verschiedenheit des Himmels vorausordnete und vorausbestimmte (*sapientia praeordinans et praeconstituens secundum idealem rationem diversitatem orbis*). Und Albert fährt fort: Aber weil sie in der Form und in der Materie hervorbringt, wie vorher bewiesen wurde, steht fest, daß sie nicht aus einer anderen Materie hervorbringt, die vor der Materie des Himmels ist, noch aus einer anderen Form, noch aus einem anderen Zusammengesetzten, weil dies notwendig ins Unendliche ginge, da sie mit demselben Grund jene Materie und Form hervorbringen würde aus einer Materie oder aus einer Form oder aus beiden; also bringt sie aus dem Nichts hervor. Dieses nennen wir Erschaffung (Schöpfung); also wurde der Himmel aus dem Nichts erschaffen, und aus demselben Grund wurde das andere aus dem Nichts herausgeführt und besonders die erste Materie (*materia prima*).

Von der ersten Ursache läßt sich fernerhin sagen, daß sie weder in der Substanz noch im Wirklichkeitsvollzug (*in actu*) veränderlich ist, wohingegen der Himmel im Wirklichkeitsvollzug veränderlich ist, allerdings nicht in der Substanz; also haben sie kein gemeinsames Maß. Weil jedoch die Ewigkeit Maß Gottes ist, die Zeit aber das Maß des Himmels, insofern er sich bewegt, wie im vierten Buch bewiesen wurde, so wird Gott ewig sein und die Welt zeitlich. Da aber die Ewigkeit der Zeit voraufgeht wie die Ursache dem Verursachten, geht Gott durch Ewigkeit der Welt voraus.

Wenn sich ferner zwei zueinander so verhalten, daß das eine durch Natur dem anderen voraufgeht, dann ist das erste irgendeine Natur des Folgenden und tritt in dessen Substanz ein. Die erste Ursache aber ist nicht irgendeine Natur, die mit der Substanz irgendeines Erschaffenen zusammensetzbar ist, wie durch sich (von selbst) klar ist und wie der Philosoph sagt (in der Tat: der Liber de causis), daß das Erste alle Dinge regiert, außer daß es mit ihnen vermischt wird; also geht die erste Ursache nicht allein durch Ordnung der Natur ihren Erschaffenen/Geschöpfen voraus, sondern auch durch das Sein und durch Dauer (*duratione*). Auf diese Weise wird bewiesen, daß sowohl die Welt erschaffen wurde als auch daß Gott durch die Dauer/Weile der Ewigkeit (*duratione aeternitatis*) der Welt voraufgeht. Wir haben also die Begründung (*ratio*) unserer Lehrmeinung, und wenn wir keine so starke Begründung hätten, dächten wir betreffs dieser Materie nichts, da es ja in der Philosophie abscheulich und schimpflich ist, irgendetwas ohne Begründung zu vertreten. Aber obgleich uns diese Begründung besser zu sein scheint als alle Begründungen des Aristoteles, sagen wir dennoch nicht, daß sie beweiskräftig (*demonstrativa*) ist, noch glauben wir, daß das eine oder das andere beweisbar (*demonstrabile*) ist. Und da wir ja auch schon im Vorhergehenden über den Ausgang der Zeit in das Sein gesprochen haben und über den Ausgang der Materie in das Sein, werden wir hier keine weiteren Gründe anführen (8,1,13).

Nachdem Albert seine Lehrmeinung über die von Gott als der ersten Ursache erschaffene Welt dargelegt hat, entkräftet er die von den Peripatetikern angeführten Gründe zugunsten einer Ewigkeit der Welt. So weist er zum Beispiel auf die beiden Voraussetzungen bei der Behauptung hin, daß es immer eine Bewegung vor einer Bewegung geben müsse, nämlich eine praeexistierende Materie als Grundlage und eine ewige Zeit, die nicht zugleich mit dem Himmel begann. Aber wir verneinen jede dieser beiden Voraussetzungen und es entsteht kein Widerspruch. Was Aristoteles über den Beginn der Zeit sagt, haben wir schon als nicht notwendig gezeigt. Aber was sie über die Ungezeugtheit und Unzerstörbarkeit der ersten Materie sagen, räumen auch wir ein, da ja nicht dasselbe ist, daß irgendetwas unerzeugbar ist und daß irgendetwas unerschaffen ist; dies wurde im ersten Buch genügend dargelegt. — Auch weist Albert die Meinung der Peripatetiker zurück, das Können/Vermögen (*posse*) gehe immer bei dem, was entsteht, dem Sein voraus; bei dem nämlich, was erschaffen wird, wird das Können/Vermögen zugleich mit dem Sein hervorgebracht. Die Peripatetiker täuschten sich darin, daß sie meinten, es bestehe eine Ähnlichkeit zwischen dem Beginn der Prinzipien der Natur und der in der Natur vollendeten Dinge. Das ist nicht wahr, weil die Dinge in der Natur aus der Materie heraus entstehen und in die Materie hinein vergehen und in der Materie im Vermögen vorliegen, bevor sie entstehen. Die Prinzipien der Natur aber wie die Form und die Materie und das erste Bewegbare mußten mit seiner Bewegung nicht notwendig so beginnen; vielmehr begann das Gemachte aus dem Nichts heraus. — Albert stützt sich bei diesen Erwiderungen ohne Namens- und Buchangabe auf die Gedanken des Moses Maimonides und dessen Dux neutrorum, mehr oder minder deutlich, mehr oder minder umfangreich, wie er es schon in den beiden vorhergehenden Kapiteln tat. Und mit Hilfe des Moses Maimonides ‚knetet' sich Albert seinen Aristoteles zurecht, der in der Tat seine Beweise für eine Ewigkeit der Welt und der Zeit nicht für echte Beweise gehalten habe (8,1,14).

Weiter von den Gedanken des Moses Maimonides beeinflußt, ohne ihn zu erwähnen, setzt sich Albert erneut mit der Lehrmeinung der Schule (*secta*) der Peripatetiker auseinander, um dabei die Vortrefflichkeit (*praeeminentia*) der eigenen Meinung vorzuführen. Richtig hätten die Peripatetiker und selbst Aristoteles gesehen, daß die Welt von der ersten Ursache mit Hilfe des Verstandes und des Willens hervorgeht, aber sie lassen sie mit Notwendigkeit hervorgehen. Und weil nach ihrer Meinung von dem einen Ersten nur Eines hervorgeht, sagen sie, daß von der ersten Ursache die Intelligenz hervorgeht, die entsprechend der Naturordnung das erste Verursachte ist. Mag auch das Erste gemäß dem Grund der Auflösung (oder: Rückführung?; *resolutio*) das Sein (*esse*) sein, ist dennoch bei dem, was ist, die Intelligenz oder die intellektuelle Substanz am einfachsten und am vermögendsten (*simplicius et potentius*). Diese ist freilich auf irgendeine Weise zusammengesetzt, da sie ja sich erkennt und ihr Intellekt über sich reflektiert. Von der ersten Intelligenz geht als das verursachte erste Körperliche der einförmige/einfache Himmel hervor und andererseits auf seiten der Tätigkeit der ersten Intelligenz die zweite Intelligenz oder die Intelligenz der zweiten Ordnung. Von dieser und von der ersten Ursache, zusammen mit der ersten Intelligenz, geht die Intelligenz der dritten Ordnung hervor sowie deren Himmel, und so fort durch alle Himmel. Die Peripatetiker sahen nämlich, daß sie nicht sagen können, die Entfernung des einen Himmels vom anderen trage irgendetwas zu den Unterschieden der Himmel bei, wie es bei den Elementen geschieht; daher führten sie die Verschiedenheit (bzw. die Unterschiede) der Himmel auf die Verschiedenheit der Intelligenzen zurück. Dann aber folgt nach der Meinung Alberts, daß es unedle Himmelskörper gibt mit zahlreichen Bewegungen, weil der unedle Himmelskörper durch zahlreichere Bewegungen bewegt wird als der edle, wie Aristoteles in De caelo et mundo lehrt. Somit ist der Himmelskörper unedler, der von der ersten Quelle der Vortrefflichkeit (*a fonte primo nobilitatis*) weiter entfernt steht; also müssen die unteren Gestirne und Himmel unedler sein und mehr Bewegungen haben. Und dies ist nicht wahr, sagt Albert, weil die Sonne, die viel tiefer als die anderen Gestirne steht, der vortrefflichste unter allen Himmelskörpern ist und der Himmel der Sonne weniger Bewegungen als der Himmel des Saturn hat, der dennoch viel höher steht.

Weiterhin, so fährt Albert fort, lehrt uns Aristoteles durch zwei Belege (*documenta*), daß die Elemente nur eine Materie haben. Es gibt nämlich nur eine Bewegung bei der Art der einen Materie, und alle Elemente werden durch eine gerade Bewegung bewegt, nämlich als Aufsteigen oder Absteigen; ferner werden die Elemente ineinander verwandelt und zwar, insofern sie von einem Ersten verursacht werden. Ineinander verwandelt werden aber nur die, die in demselben Raum (*spatio*) zueinander bewegt werden. Weil es aber nun nur eine Bewegung bei der Art der Himmelskörper in bezug auf ihre Himmel gibt, scheint es von ihnen nur eine Materie zu geben, obwohl sie nicht ineinander verwandelt werden, da sie nicht zueinander bewegt werden. Deshalb sagt Aristoteles, jeder Himmelskörper bestehe aus seiner ganzen Materie. Daher fragt Albert, ob der vorhin genannte Hervorgang diese Verschiedenheit der Materie bewirkt. Es scheint nicht so, weil die ersten Intelligenzen, von denen die Himmel hervorgehen und verursacht werden, nur durch den wirkfähigen Intellekt (*per intellectum operativum*) handeln, und dieser macht die Körper nur verschieden, wenn er durch Wahl wirkt, wie er will. Dies führt aber zur Übereinstimmung mit dem, was wir sagen, daß die Welt von der ersten Ursache durch Wahl und Wille hervorgeht. Dabei unterscheiden sich unsere Meinungen insoweit, als diese sagen, die Himmel rühren von der ersten Ursache her vermittels der Intelligenzen, die die ersten in der Ordnung dessen sind, was ist, wir jedoch sagen, daß sie absolut von der ersten Ursache entsprechend der Wahl ihres Willens herrühren; ein jedes(!) dieser beiden kann nur durch wahrscheinliche Überzeugungen (*persuasio-*

nibus probabilibus) glaubhaft gemacht werden. Mag auch die Intelligenz unter den Wesen einfacher und mächtiger/vermögender sein, weil sie alles umfaßt (*ambit*), was ist, weil alles Erkannte entsprechend irgendeiner Weise demselben angehört, keiner der Philosophen hat jemals geglaubt, daß es Intelligenzen gibt außer in den Himmeln, oder daß bei den Sternen auch die Intelligenzen den Himmeln seinsgemäß voraufgehen, sondern nur gemäß einem Vernunftgrund (*secundum rationem*). Weil deswegen weder der Himmel der Intelligenz seinsgemäß voraufgeht noch umgekehrt die Intelligenz dem Himmel, räumt man ein, daß beide verursacht sind. Mithin ist es nötig, daß jedes von ihnen zugleich von ein und derselben Ursache hervorgeht. Davon sage ich allerdings, daß es wahr ist, und füge hinzu, daß die Materie, die sowohl in himmlisches als auch in elementarische Seiende geteilt wird, von demselben hervorgeht; somit erscheint die ganze Ausrichtung der beiden Meinungen klar. Aber all dies werden wir mit heißem Bemühen in der Ersten Philosophie behandeln und auch gründlich (*disquisite*) untersuchen, wo wir auch die Namen der Verfasser geben, die dies geschrieben haben, weil wir hier nur vorbringen können, was die Lehre leichter verständlich macht.

Albert streift zum Schluß dieses Traktats, der von der Immerwährendheit der Bewegung und der Ewigkeit oder der Zeitlichkeit der Welt handelt, die Frage, ob die Welt einmal aufhören wird oder nicht. Sein eigener Glaube ist, daß sie einmal anfing und einmal in gewisser Hinsicht (*secundum aliquid*) aufhören wird, aber nicht einfachhin (*non simpliciter*). Im übrigen verweist er diesbezüglich auf die Theologie (8,1,15).

II. Die alten Drucke. Die Quellenanalyse

Der kritisch nach sechs Handschriften[6] edierte Text zeigt als erstes, wie unzuverlässig der Text der alten Editionen ist, also des Frühdrucks (Venedig 1517) und der von ihm abhängigen Drucke von Jammy (Lyon 1651) und Borgnet (Paris 1890). Ich konnte in dem für diese Untersuchung wichtigen ersten Traktat des achten Buchs der Physik Alberts 155 schwere Sachfehler feststellen, die allen drei alten Editionen gemeinsam sind. Dazu gesellen sich 21 Sachfehler der Edition von 1890 (Borgnet), die diese gemeinsam mit der Edition von 1651 (Jammy) hat oder allein aufweist. Nachfolgend einige Beispiele, bezogen auf den gebräuchlichen Text von Borgnet im dritten Buch seiner (unvollständigen) Edition der Werke des Albertus Magnus:

---

[6] Siehe dazu Ed. Colon. t. 4,1, XI–XV.

S. 522a,23 (B.8 Tr. 1 K. 1): statt *perpetuitate* lesen die Editionen *proprietate*
522b,34 (8,1,1): statt *simul* lesen sie *ipsius*
522b,3 von unten (8,1,1): statt *productionem* lesen sie *creationem*
523a,3–4 (8,1,1): statt *praecessionem* ... *ad tempus* lesen sie *processionem* ... *a tempore*
524b,19 (8,1,2): statt *vita et vivis* lesen sie *vita*
524b,23 (8,1,2): statt *immortalis* lesen sie *immobile* bzw. *immobilis*
526b,14 (8,1,3): statt *quidem* lesen sie *quietem*
528b,18 (8,1,3): statt *una enim scientia est contrariorum* haben die Editionen nach *activae contrariorum* ein Homoioteleuton
528b,25 (8,1,3): statt *expellens* lesen sie *excellens*
529b,23 (8,1,4; Überschrift): statt *mundum* lesen sie *motum*
529b,7 von unten (8,1,4): statt *mobili* lesen sie *motu*
531a,10 von unten (8,1,4): statt *narratione* lesen sie *natura*
532b,13 von unten (8,1,5): statt *nunc* lesen sie *non*
532b,10 von unten (8,1,5): statt *et sicut medium* lesen sie *sic etiam medium mundi*

533a,6 (8,1,5): statt *rectae* lesen sie *dictae*
534a,7 (8,1,6): vor *est accipere* lassen die Editionen ein Textstück von etwa drei Zeilen Länge aus
535a,3 von unten (8,1,7): statt *movere non movere* lesen sie *non movere*
535b,3 (8,1,7): statt *prius* lesen sie *patet*
536a,18 (8,1,7): die Editionen lassen durch Homoioteleuton *scilicet amicitia et lis, et licet mobile sit uno modo,* aus
544b,4 (8,1,11): statt *Speusippus* lesen sie *Leucippus*
545b,11 von unten (8,1,11): statt *Aristoteles* lesen sie *Anaxagoras*
546a,10 (8,1,11): statt *modo stat* lesen sie *monstratur*
546a,23 (8,1,11): durch Homoioteleuton lassen die Editionen zwischen *fieri* und *antequam* anderthalb Zeilen aus
546b,18 (8,1,11): durch Homoioteleuton lassen die Editionen zwischen *actum* und *quod* gut eine Zeile aus
547b,7 (8,1,12): durch Homoioteleuton lassen die Editionen zwischen *ergo* und *recipienti* (richtig: *accipienti*) gut eine Zeile aus
549a,30 (8,1,12): durch Homoioteleuton lassen die Editionen zwischen *sed* und *in* zwei Zeilen aus

Im Unterschied zum Frühdruck weist Borgnet beispielsweise folgende Fehler zusätzlich auf:

522a,10 von unten (8,1,1): *aeternitate, concluditur deum praecedere mundum* fehlt bei Borgnet
522b,23 (8,1,1): statt *causatum* liest Borgnet *causam*
524b,17 (8,1,2): statt *vivis* liest Borgnet *unius*

528b,37 (8,1,3): statt *cognitive* liest Borgnet *continue*
535b,25 (8,1,7): statt *movens* liest Borgnet *manens*
545b,21 (8,1,11): statt *veritatem* liest Borgnet *varietatem*

Die zu paraphrasierende Vorlage oder Hauptquelle seiner Physik fand Albert in der Translatio vetus vor, die ich mir an Hand von fünf Handschriften aus dem 13. Jahrhundert halbwegs kritisch selbst erstellte[7]. Da inzwischen der kritisch edierte Text dieser Aristotelesübersetzung in der Veröffentlichungsreihe des Aristoteles Latinus vorliegt, Editor: Jozef

---

[7] Siehe dazu Ed. Colon. t. 4,1, XVI–XVII.

Brams, verweise ich zugleich auf diesen Text. An 34 Stellen stimmt der Text der Physik Alberts vom 1. Traktat des achten Buchs mit einer Lesart überein, die von dem Übersetzungstext abweicht, den ich nach Bekker/Prantl (C. Prantl, Leipzig 1879) zu erstellen versuchte; z. B.:

Albert (Borgnet S. 526a,3): *res* = a (Codex Nürnberg, Cent. V, 59; f. 55 v. 4 = Bekker 251 a 1 > Translatio vetus; Graec.)

Albert (Borgnet 526a,9): *mobiles* = e (Codex Paris, Bibl. Nat. lat. 14386; f. 143r,6 von unten = Bekker 251 a 3 ἀκίνητοι; Translatio vetus: *immobiles*, z. B. in d = Codex Erfurt 31; f. 49 v. 8 von unten)

Albert zog neben der Translatio vetus jene Translatio Arabico-Latina heran, die im Kommentar des Averroes zur Physik des Aristoteles jeweils dem kommentierenden Text des Averroes vorangestellt ist und dem Michael Scotus/Scottus zugeschrieben wird. Mindestens an 74 Stellen hat Albert auf diese zweite Vorlage zurückgegriffen. Dazu einige Beispiele:

Alb. (Borgnet 524b,1—2): *tempus, in quo nihil moveri contingat omnino* = Transl. vetus (z. B. a = Codex Nürnberg, Cent. V; f. 55r,17): *quod moveri nihil* (250 b 12: ὥστε κινεῖσθαι μηδέν) = Transl. Mich. (in: Averroes, Commentarius, Venetiis 1562, f. 338D): *corruptione, in qua nihil movebitur omnino*

Alb. (Borgnet 524b,7—8): *motus neque factus est sive generatus* = Transl. vetus (z. B. a; f. 55r,17—18): *neque factus* (250 b 12: οὔτ' ἐγένετο) = Transl. Mich. (f. 338D): *motus nec fuit generatus*

Alb. (Borgnet 524b,13 ... 15): *entibus ... his* = Transl. vetus (z. B. a; f. 55r,19): *hiis que sunt* (250 b 14: τοῖς οὖσιν) = Transl. Mich. (f. 338E): *entibus*

Alb. (Borgnet 525a,39. 45—46): *intellectus activus practicus ... intelligentiam primam* = Transl. vetus (z. B. a; f. 55r, letzte Zeile): *intellectum* (250 b 26: νοῦν) = Transl. Mich. (f. 339H): *intelligentia*

Alb. (Borgnet 527b, 11. 9. 7. 3 von unten): *quae sunt ... erant in ... praeterito ... fuerit ... dispotitionem* = Transl. vetus (z. B. a; f. 55v,17) *que sunt preerant* (251 a 20—21: ὄντα προϋπῆρχεν) = Transl. Mich. (f. 342K): *in praeterito ... fuerit talis dispositionis*

Alb. (Borgnet 532a, 2 von unten): *praeter unum* = Transl. vetus (z. B. a; f. 56r,8): *extra unum* (251 b 14: ἔξω ἑνός) = Transl. Mich. (f. 346B): *praeter unum*

Alb. (Borgnet 532b,17—18 von unten): *nunc sive instans* = Transl. vetus (z. B. a; f. 56r,12): *nunc* (251 b 20: νῦν) = *instans* Transl. Mich. (f. 346H)

Zehn Interlinearvarianten konnte ich bei der Konstituierung der Translatio vetus ausmachen, die eine Parallele zu Worten Alberts darstellen oder von ihm übernommen wurden; z. B.:

Alb. (Borgnet 524a,31; Überschrift): *incepit ... esse* = c^1, (Codex Erfurt, Ampl. Fol. 29; f. [51r,18]) = Bekker 250b 11: γέγονέ (*factus sit*)

Alb. (Borgnet 525b, 21. 23): *temporis ... in alia parte* = b¹ (Codex Paris, Bibl. Nat. lat. 6. 325; S. 78r,10 = Bekker 250 b 27: μέρει ... ἠρεμεῖν (*parte ... quiescere*)

Abgesehen von seiner aristotelischen Vorlage hat Albert, wie bei ihm üblich, auch andere Schriften des Aristoteles herangezogen bzw. deren Gedanken wie selbstverständlich mitverarbeitet und deshalb deren Herkunft nicht immer eigens erwähnt; nämlich De anima, De caelo et mundo, etwas mehr De generatione et corruptione, noch mehr Metaphysica und schließlich die Meteora, De partibus animalium, De somno et vigilia und Topica. Den Liber de causis schreibt er dem Aristoteles zu und ebenso die Schrift De natura deorum des Cicero.

Wie bereits im kritisch edierten ersten Teil der Physik (mit den Büchern 1—4) aufgezeigt wurde[8], hat Albert den Kommentar des Averroes zur Physik des Aristoteles intensiv herangezogen; das erstreckt sich nicht selten bis auf nebensächliche Formulierungen. So geschah es denn auch hier. Interessanter als auf diesbezügliche Einzelheiten einzugehen, dürfte es sein, u. a. die Autoren vorzuführen, die Albert dem Kommentar des Averroes entnommen hat, ziemlich eindeutig oder nur wahrscheinlich.

Alb. (Borgnet 523b, 18; Buch 8,1,1): *Academici* dürften auf Averr., Physica Buch 8 Komm. 2 (f. 339L): *opinio Platonis de mundo* zurückzuführen sein.

Alb. (Borgnet 525a, 20; Buch 8,1,2): *Plato ... dixit mundum incepisse in praeterito et tempus incepisse cum ipso, sicut nos inferius ostendemus* ist ein Vorgriff auf Averr., Physica Buch 8 Komm. 2 und vor allem auf Komm. 10 (f. 339L und f. 346F) und bzw. oder auf den Text der Translatio vetus (Bekker 251 b 17—19)

Alb. (Borgnet 525b; Buch 8,1,2): Nach der Nennung des Empedocles (Borgnet 525a), die durch die Translatio vetus wie durch den griechischen Text belegt ist, können die folgenden fünf bis sechs Erwähnungen des Namens Empedocles durch den Averroestext (zum Teil mit Erwähnung des Namens) angeregt sein wie einige Worte belegen, die dazwischenliegen. Siehe Averr., Physica Buch 8 Komm. 2 (f. 339M; f. 340A. C) und Buch 8 Komm. 14 und 15 (f. 348F; f. 351G/H).

Alb. (Borgnet 529b, Ende; 8,1,3): *Ecce istae sunt rationes Aristotelis et quorundam Peripateticorum* geht wahrscheinlich auf folgende Textstele im Kommentar des Averroes zurück; Buch 8 Komm. 9 (f. 345E): *Et secundum hoc erit opus Alfarabii quasi complementum ad illud, quod declaravit Arist. hic ...*

Alb. (Borgnet 532a,11 von unten; 8,1,5): Der Verweis auf das vierte Buch (*in quarto libro*) stammt aus dem Kommentar des Averroes = Buch 8 Kommentar 10 (f. 346D).

---

[8] Siehe dazu Ed. Colon. t. 4,1, 309—311.

Alb. (Borgnet 544b,9—10): *datores omnium formarum*. Zu den Formulierungen *dator formarum* und *datores formarum*[9] konnte Albert von Platons Timaios in der Übersetzung des Chalcidius[10] angeregt worden sein[11]. Aber in dem hier vorliegenden Fall dürfte Albert seine Formulierung aus den ins Lateinische übersetzten metaphysischen Schriften Avicennas[12], Algazels[13], des Moses Maimonides[14] oder des Averroes[15] entnommen haben. Da sich im ersten Traktat des achten Buchs von Alberts Physik mehr oder minder starke Einflüsse der Gedanken des Avicenna, des Algazel, des Averroes und des Moses Maimonides nachweisen lassen, entscheide ich mich bei diesem Ratespiel für Averroes, der schon im Kapitel vier von Albert erwähnt wurde mit Gedanken, die man mit den Kommentaren 17 und 18 des 12. Buchs der Metaphysik des Averroes belegen kann.

Moses Maimonides wird von Albert zwar nur zweimal namentlich erwähnt[16], aber der ungenannte Einfluß auf die Kapitel 11 bis 15 ist erstaunlich groß. Ich konnte beim Edieren 44 Mal den Dux neutrorum des Moses Maimonides anmerken, von denen der kleinere Teil nur Anklänge, der größere Teil wörtliche oder teils wörtliche teils sinngemäße Übernahmen darstellen; nachfolgend die Gesamtübersicht und anschließend einige bemerkenswerte Beispiele:

Alb. (Borgnet 549b); Buch 8,1,13 = Moses Maim., Dux neutrorum B. 1 K. 63
Alb. (Borgnet 548a und 548b); 8,1,12 = 1,67—68
Alb. (Borgnet 548b); 8,1,12 = 1,67
Alb. (Borgnet 549b); 8,1,13 = 1,68
Alb. (Borgnet 551b); 8,1,13 = 1,71
Alb. (Borgnet 549b); 8,1,12 = 1,72
Alb. (Borgnet 547a; 547b; 549b); 8,1,12 = 1,73
Alb. (Borgnet 547a); 8,1,12 = 2,1—2
Alb. (Borgnet 549a); 8,1,12 = 2,1
Alb. (Borgnet 549b); 8,1,13 = 2,5
Alb. (Borgnet 544b); 8,1,11 = 2,13
Alb. (Borgnet 548b/549a); 8,1,12 = 2,13

Alb. (Borgnet 543a); 8,1,11 = 2,14
Alb. (Borgnet 547a); 8,1,12 = 2,14
Alb. (Borgnet 548a); 8,1,12 = 2,14
Alb. (Borgnet 548b); 8,1,12 = 2,14
Alb. (Borgnet 549a); 8,1,12 = 2,14
Alb. (Borgnet 549b); 8,1,13 = 2,14
Alb. (Borgnet 546b); 8,1,11 = 2,15
Alb. (Borgnet 550a); 8,1,13 = 2,15
Alb. (Borgnet 554b); 8,1,14 = 2,15
Alb. (Borgnet 555a); 8,1,14 = 2,15
Alb. (Borgnet 553b); 8,1,14 = 2,16
Alb. (Borgnet 555a); 8,1,14 = 2,16
Alb. (Borgnet 554a); 8,1,14 = 2,18
Alb. (Borgnet 554b); 8,1,14 = 2,19
Alb. (Borgnet 554b); 8,1,14 = 2,19
Alb. (Borgnet 548a); 8,1,12 = 2,20—22

---

[9] Siehe Ed. Colon. t. 4,1, 331, Stichwort *dator*.
[10] Timaeus 41CD; J. H. Waszink, 35,20 sqq.
[11] Siehe Alb., De caelo et mundo. Ed. Colon. t. 5,1, 152,87—89 mit der Anmerkung 88.
[12] Prima Philosophia Traktat 9 Kapitel 5; S. Van Riet 490,3 und 493,2.
[13] Metaphysica Teil I Traktat 5; J. T. Muckle 124,8.
[14] Dux neutrorum Buch 2 Kapitel 13; Parisiis 1520, f. XLVIr.
[15] Metaphysica Buch 12 Komm. 18; Venetiis 1560 f. 325E und f. 326A; auf f. 326A dem Avicenna zugeschrieben.
[16] Alb., Physica (Borgnet 545a); 8,1,11 und (Borgnet 546b); 8,1,11.

Alb. (Borgnet 555b); 8,1,15 = 2,20
Alb. (Borgnet 556a); 8,1,15 = 2,20
Alb. (Borgnet 549a); 8,1,12 = 2,22
Alb. (Borgnet 554b); 8,1,14 = 2,22
Alb. (Borgnet 551b); 8,1,13 = 2,23
Alb. (Borgnet 555b); 8,1,15 = 2,23
Alb. (Borgnet 556a); 8,1,15 = 2,23

Alb. (Borgnet 556b); 8,1,15 = 2,23
Alb. (Borgnet 556b); 8,1,15 = 2,23
Alb. (Borgnet 556b); 8,1,15 = 2,28
Alb. (Borgnet 534b); 8,1,6 = 2,31
Alb. (Borgnet 548a); 8,1,12 = 2,31
Alb. (Borgnet 554b); 8,1,14 = 2,31

Alb. (Borgnet 555a,28 sq.); 8,1,14: *dico omnino mihi videri Aristotelem bene intellexisse non esse necessitatem in suis rationibus, quibus visus est probare mundum aeternum esse et tempus esse aeternum. Et hoc manifestat in pluribus locis libri caeli et mundi ... Et hoc erat signum, quod ipse scivit se demonstrationem non habere ...* = Moses Maim., Dux neutrorum B. 2 K. 16 (Parisiis 1520, f. XLVIIIr): *Volo in hoc capitulo ostendere, quod Aristoteles non inducit demonstrationem super antiquitate mundi secundum senteniam ipsius: nec errat in hoc: quoniam ipse scit quod non habet demonstrationem in hoc ... dicit Aristoteles in libro coeli et mundi ...*

Alb. (Borgnet 555b,19 sq.); 8,1,15: *Bene enim viderunt Peripatetici et ipse Aristoteles, quod absque dubio mundus procedit a prima causa per intellectum et voluntatem, sed dicunt, quod procedit per modum necessitatis; dicunt enim, quod notum est per se, quod ab uno primo non procedit nisi unum, et ideo dicunt, quod a prima causa procedit intelligentia, quae est secundum naturae ordinem causatum primum; licet enim primum secundum rationem resolutionis sit esse, tamen in his quae sunt, simplicius et potentius est intelligentia sive substantia intellectualis, quae quidem, quia intelligit se et suus intellectus reflectitur super se, composita est per aliquem modum compositionis ...* = Moses Maim., Dux neutrorum B. 2 K. 20 (f. Lv), K. 23 (f. LIIIv): *Aristoteles et omnes qui profundaverunt in philosophia convenerunt in hac propositione quod ex simplici non potest provenire nisi unum simplex ... Et secundum hanc intentionem dixit Aristoteles quod a Creatore non provenit proventum primo nisi unus intellectus simplex solummodo ... inter causam et causatum semper est aliqua comparatio necessaria ... dixit Aristoteles quod intelligentia prima est causa secundae ... coeli causa est intelligentia ... in ipsa intelligentia est compositio: quia intelligit substantiam suam ...*

Alb. (Borgnet 554b,10—11. 13. 16. 21. 25. 26—27. 32); 8,1,14: *exeat de potentia ad actum ... intellectus agens ... agat et ... non ... varietatem ... domus ... impediens ... aeterno* = Moses Maim., Dux neutrorum B. 2 K. 19 (f. L), K. 15 (f. XLVIIv/XLVIIIr); diese Wörter stimmen bei sinngemäß gleichem bis ähnlichem Zusammenhang überein.

Zum Abschluß der Quellenanalyse sei noch gesagt: Es kann verwirren, wie Albert ungewollt echte Gedanken des Aristoteles mit platonischen und neuplatonischen Gedanken verquickt, die er als aristotelische Gedanken ausgibt[17]. Und es kann enttäuschen, über dem Edieren feststellen zu

---

[17] Z. B. Alb., Physica B. 8 Tr. 1 K. 4 (Borgnet 530b und 531a). Siehe Cicero, De natura deorum B. 1 K. 13; C. F. W. Mueller, 15,18 sq.; B. 2 K. 6 n. 17 und Liber de causis V (VI); Pattin, 59,22. Siehe auch Alb., Physica. Ed. Colon. t. 4,1 205,3—4 und Alb., De XV problematibus. Ed. Colon. t. 17,1, 38,66 sqq. Ferner: siehe oben im Text.

müssen, wie stark Albert auch noch dort geistige Anleihen z. B. bei Moses Maimonides macht, wo es in seinen abschließenden Digressionen, immerhin ein Drittel des ganzen ersten Traktats des achten Buchs, um seine eigene, letztlich aus dem religiösen Glauben erwachsene, Überzeugung geht. Er erweckt hier den Eindruck, das eigene Philosophieren möglichst zu vermeiden[18]. Mit Moses Maimonides weiß er, daß man den Glauben an eine Weltschöpfung mit der Vernunft nur untermauern, nicht aber streng beweisen kann. Aber er ist überzeugt, daß seine Begründung stärker ist als die des Aristoteles. Mit Moses weiß er zudem, daß dem sich nur auf seine Vernunft stützenden Aristoteles klar ist, daß er keine wirklich verläßliche Begründung hat.

III. Kritik der philosophischen/naturphilosophischen Voraussetzungen

Wer vom naturwissenschaftlich geprägten Weltbild der Gegenwart ausgeht, das durch die geglückte Landung auf dem Mond und durch Nahaufnahmen und Bodenanalysen verschiedener Planeten unseres Sonnensystems großartig bestätigt wurde, wer andererseits zugleich für philosophische Gedankengänge aufgeschlossen ist, betrachtet verwundert die Lehrmeinung Alberts des Großen zum Thema ‚Gott und die Welt', die sich der naturphilosophischen Spekulation des Aristoteles anschließt und sich mit ihr auf der Grundlage des neuplatonisch eingefärbten Bibelglaubens eines Moses Maimonides auseinandersetzt. Es scheint sich um eine andere Welt zu handeln als die unsrige. Das liegt daran, daß das Denken von Aristoteles bis Albertus Magnus (und noch darüber hinaus) von ‚Axiomen' oder Voraussetzungen ausgeht, die uns nicht mehr so selbstverständlich sind.

Die philosophische Voraussetzung in der Beweisführung, daß das Einfache oder das Eine nur ein Einfaches oder ein Eines hervorbringt[19], ist dem nicht einsichtig, der nicht begreift, wie der begrenzte Menschengeist mehr als eine ahnende ‚Erkenntnis' von dem soll haben können, was höchstens in Richtung dessen zu suchen ist, das man ‚rationalistisch' ein Einfaches oder das eine Einfache oder das einfache Eine nennt, als hätte

---

[18] Siehe dazu auch: P. Hoßfeld, Albertus Magnus über die Ewigkeit aus philosophischer Sicht. Archivum Fratrum Praedicatorum LVI (1986) 44—48.

[19] Alb., Physica 8,1,13 (Borgnet 551b,41—42). Aristoteles, Metaphysica Buch 12 Kapitel 8 (1073 a 28); Arist. Lat. XXV, 2 (ed. G. Vuillemin-Diem) 216,4: ‚est necesse ... sempiternum motum a sempiterno moveri et unum ab uno'. Moses Maimonides, Dux neutrorum B. 1 K. 71 (Parisiis 1520, f. XXXIr), B. 2 K. 23 (f. LIIIv): ‚ex simplici non potest provenire nisi unum simplex'.

man es begriffen, weil man gleichsam im ‚Herzen' dieses einfachen Einen wohnt. Eine weitere fragwürdige philosophische Voraussetzung liegt vor, wenn man vom *mundus parvus,* also von der kleinen Welt der höheren Lebewesen, auf den *mundus magnus,* also auf die eigentliche Welt, schließt[20]. Das erkennt auch Albert und lehnt diesen Schluß ab. Aber in gewisser Weise schließt er dann doch vom Menschen als *mundus parvus* mit Intellekt und mit freiem Willen dergestalt auf die Natur der ersten Ursache, als gäbe es hierbei mehr als bloß einen Hauch von Ähnlichkeit, um die große Verschiedenheit am Himmel durch das Wirken einer weisen Ursache mit freiem Willen zu erklären. Mehr als bis zu einer Ahnung wird es nicht langen[21]. Ferner: Es ehrt Albert zwar, wenn er im Anschluß an Moses Maimonides und mit ihm zugesteht, keine zwingende Beweisführung geliefert zu haben; doch er war sich nicht darüber im klaren, daß auch die Bibel als Gottes Wort und letzte Erkenntnisquelle für seinen Schöpfungsglauben ‚prismatischen Brechungen' unterworfen war[22].

Die folgenden naturphilosophischen Voraussetzungen lassen sich heute nicht mehr aufrechterhalten: 1. Die Kreisbewegung der Gestirne ist vollkommener als die sublunare Geradeausbewegung. 2. Bei den Gestirnen, vom Mond bis zur Sonne, von den Planeten bis zu den Fixsternen der Milchstraße, gibt es nur die Ortsveränderung, aber keine Qualitäts- und Substanzveränderung. 3. Die Gestirne werden von Intelligenzen gesteuert, und die sublunaren Bewegungen zum jeweiligen Ortsraum als dem natürlichen Raum der natürlichen leblosen Körper sind das Ergebnis eines innewohnenden Verlangens.

Zu 1. Die Gestirne haben eine Geradeausbewegung als ‚Flucht'bewegung ‚in den Raum hinein' und Spiralbewegungen; siehe unsere Sonne mit ihrer Milchstraßen‚kreis'bewegung in Richtung der ‚Flucht'bewegung der Milchstraße, die in einem lockeren Verbund mit anderen Galaxien ‚daherfliegt'; und es gibt elliptische Bewegungen der Planeten um die Sonne — eine unter Milliarden! —, die in der Tat elliptisch geformte Spiralbewegungen sind.

Zu 2. Seitdem man die Fusionsvorgänge in den Sonnen kennt und Gesteinsanalysen von Mondgestein durchführen konnte, ist die qualitative

---

[20] Siehe Alb., Physica 8,1,9 (Borgnet 539b,42 sqq.) zusammen mit 8,1,13 (Borgnet 552a,32 sqq.).

[21] Siehe auch: P. Hoßfeld, Die beiden Naturphilosophen Albertus Magnus (gest. 1280) und Nicolai Hartmann (gest. 1950) im Zeichen des Aristoteles; in: Philosophia Naturalis Bd. 24 Heft 3 (1987), 237—252.

[22] Siehe die Geschichte der historisch-kritischen Erforschung der Bibel seit Richard Simon (1638—1712). Wer auch immer die Botschaft der Genesis empfing, er war gleichsam ein Prisma mit Brechungsindex. Wenn ich nicht irre, ist die Frage ‚Was ist Inspiration?' noch nicht endgültig geklärt. Ist dies überhaupt möglich?

und substanzielle Veränderung der ‚oberen‘ und ‚höherwertigen‘ Weltsphäre oder des Himmels gewiß. Übrigens: Die ‚Chemie‘ ist überall im Weltall dieselbe.

Zu 3. Spätestens seit Menschen auf dem Mond waren, Sondengeräte auf dem Mars und auf der Venus landeten und Meßdaten zur Erde funkten, zudem Sonden aus dem sublunaren Bereich der Menschen nach den Gesetzen der Gravitation und der Fliehkraft um ferne Planeten herum flogen, ist gewiß, daß es in der Welt in einem Maß ‚unteleologisch‘ oder blind mechanisch zugeht, wie man es an Hand des aristotelischen und platonisch/neuplatonischen Weltbildes nicht hätte vermuten können.

Insbesondere muß darauf hingewiesen werden, daß das aristotelische und somit auch das albertsche System des Weltaufbaus als ein geschlossenes System keinen in etwa berechneten[23] oder quantifizierbaren Energiehaushalt kennt, sei es insgesamt oder in seinen Teilen, mit der Angabe von Energiegefälle, Energieverbrauch, Energieverstrahlung, Energieverschleiß oder Energie‚verplemperung‘, Energieausgleich auf niedrigem bis niedrigstem Niveau. Der Verlauf der Himmels- und Gestirnsbewegungen scheint aus einem unbekannten Vorrat an Energie zu schöpfen; oder auf Grund der Intelligenzen der Gestirne kommt der Energienachschub ‚von draußen‘; oder es spielt sich wie bei einem Perpetuum Mobile ab oder wie bei einer idealisierten Himmelsmechanik, die Energieverluste durch Reibung, z. B. die der Erde durch die dauernde Ebbe-Flut-Bewegung, nicht zu berücksichtigen braucht.

Und doch scheint es wenigstens für Alberts Lehrmeinung einen Lichtblick zu geben, wenn man sich dem Urknallmodell der Weltentstehung anschließt[24], das augenblicklich große Chancen hat, mehr als eine bloße Hypothese unter anderen Hypothesen zu sein. Irgendwann vor Zig Milliarden Jahren kam es zu einer Materieverdichtung mit folgendem Urknall mit anschließender Bildung von Gestirnen, Galaxien, Planeten usw., die sich mit großer Geschwindigkeit nach allen Richtungen wegbewegen und irgendwann durch Energieausgleich in ein totes oder ausgebranntes Weltall auslaufen, wo sich nichts mehr tut. Der Begriff der Energie findet in diesem Modell seinen Platz, ebenso der des Energiegefälles, der Energieverstrahlung und des Energieausgleichs, also anders als bei Aristoteles mit einer immerwährenden Bewegung ohne einen weltumfassenden Energie-

---

[23] Demgegenüber ist es heute möglich, wenigstens grob den Energievorrat und das weitere ‚Schicksal‘ der Sonne anzugeben, bis sie ausgebrannt nicht mehr leuchtet und wärmt.

[24] K. Hübner, Die biblische Schöpfungsgeschichte im Licht moderner Evolutionstheorien; in: Naturwissenschaft und Glaube, Bern 1988, 173 sqq., von dem ich bedacht abweiche; und A. Gierer, Physik, Leben, Bewußtsein. Über Tragweite und Grenzen naturwissenschaftlicher Erkenntnis; in: Naturwissenschaft und Glaube, 115 sqq., dem ich weitgehend zustimmen kann.

ausgleich. Aber es bleibt die hinter den physikalischen Fakten auftauchende Frage nach dem Wer oder Was[25] und dem Wie, die man m. E. in Richtung auf die Lösung Alberts beantworten kann, aber eben nur in Richtung auf diese Lösung.

---

[25] W. Weischedel, der Gott der Philosophen, 2 Bde, München 1975 (3. Auflage); Band 2, 217: „Das Vonwoher der radikalen Fraglichkeit steht genau an der Stelle, an der im traditionellen Sprachgebrauch Gott steht ... Mit dem Wort ‚Vonwoher' ist die uns heute noch zugängliche Wahrheit des Ausdrucks ‚Gott' betroffen. Damit ist der im Zeitalter der Nihilismus einzig mögliche Begriff des Gottes der Philosophen ausgesprochen ..." 218: „Das Vonwoher hat ersichtlich eine andere Weise des Seins als das, was von ihm her ermöglicht wird: die Wirklichkeit in ihrer radikalen Fraglichkeit". P. Hoßfeld, Zur philosophischen Theologie des radikalen Hinterfragens. Neue Zeitschrift für systematische Theologie und Religionsphilosophie; 23. Band 1981 Heft 1/2, 108 sqq.

How Different was Quantitative Science from Qualitative Science?

GEORGE MOLLAND (Aberdeen)

It is part of the conventional wisdom to assume that an essential feature of the Scientific Revolution of the seventeenth century was a large-scale shift from doing qualitative science to doing quantitative science. This has an intuitive plausibility, but a precise analysis of what is being asserted is more difficult. Much of the problem arises from the customary vagueness of meaning of the word "qualitative". For instance, under its entry in the *Oxford English Dictionary*, we read, "Relating to, connected with or concerned with quality or qualities. Now usually in implied or expressed opposition to QUANTITATIVE." This is not very informative, and almost makes the question posed in the title of this article redundant. However, philosophical historians have been more probing, and Etienne Gilson, for example, writing on Descartes, emphasized what could be seen as the quasi-subjective nature of most qualities, a theme which was later to be formalized in the attempted distinction between primary and secondary qualities:

> "There is indeed a difference between representing to oneself the confusion of two natures after one has distinguished them, and thinking of them as a single nature before one has recognized that they are distinct. The latter case is that of the child; he perceives his impressions as things, and this supposed reality masks from him the true reality. Now, the Aristotelian physics of scholasticism rests entirely on the hypothesis that the child's universe is the real universe; it describes to us precisely what the universe would be if our sensible and affective impressions were things; it consecrates and stabilizes definitively the error of our first years in supposing the existence of real forms or qualities, which are none other than the confused impressions of our infancy, named, described and classed as so many realities."[1]

From a related, but somewhat different, perspective Alexandre Koyré pointed to an apparent lack of fit between perceived qualities and quantitative accounts of them:

---

[1] E. Gilson, Études sur le Rôle de la Pensée Médiévale dans la Formation du Système Cartésien, Paris 1930, 170.

"⟨Galileo's contemporaries⟩ knew that quality, as well as form, being non-mathematical by nature, cannot be treated in terms of mathematics. Physics is not applied geometry. Terrestrial matter can never exhibit exact mathematical figures; the 'forms' never 'inform' it completely and perfectly. There always remains a gap. In the skies, of course, it is different; and therefore mathematical astronomy is possible. But astronomy is not physics. To have missed that point is precisely the error of Plato and of those who follow Plato."[2]

This view can receive strong medieval support, for, as the late James A. Weisheipl emphasized[3], Albertus Magnus had a strong aversion to the *error Platonis*, and was highly suspicious of attempts to give overly mathematical accounts of the natural world.

"⟨Mathematicans⟩ do not accept quantity according to being, but according to imagination, and they proceed according to the imagination's power of composing figures and angles, not according to the power of the imagined thing, for many of the geometers' figures are in no way found in natural bodies, and many natural figures, and especially those of animals and plants, are not determinable by the art of geometry."[4]

Koyré also pointed to what he saw as another incompatibility between quality and quantity: "Quality can be ordered, but not measured. The 'more or less' we are using in respect to quality enable us to build a scale, but not to apply exact measurement."[5] But here our suspicions begin to arise, for if matters were that simple, what, for instance, would happen to our modern concept of temperature, which we daily regard in quantitative terms? And here we may appropriately return to the Middle Ages, and to the Schoolmen's principal authorities. Aristotle can appear to support Koyré's view:

"Of quantities some are discrete, others continuous. ... Discrete are number and language; continuous are lines, surfaces, bodies, and also, besides these, time and place . ... Only these we have mentioned are called quantities strictly, all the others derivatively; for it is to these we look when we call the others quantities. For example we speak of a large amount of white because the *surface* is large. ... Thus only those we mentioned are called quantities strictly and in their own right, while nothing else is so in its own right, but, if at all, derivatively."[6]

---

[2] A. Koyré, Metaphysics and Measurement: Essays in Scientific Revolution, London 1968, 37–38.
[3] J. A. Weisheipl, Albertus Magnus and the Oxford Platonists, in: Proceedings of the American Catholic Philosophical Association 32 (1958), 124–139.
[4] Physica III, tr. 2, cap. 17, in: Albertus Magnus, Opera Omnia, ed. A. Borgnet, Paris 1890–1899, III, 325. Cf. A. G. Molland, Mathematics in the Thought of Albertus Magnus, in: Albertus Magnus and the Sciences: Commemorative Essays 1980, ed. J. A. Weisheipl, Toronto 1980, 463–478.
[5] Op. cit. (n. 2), 91.
[6] Cat. 6, 4b20–5b11.

But this restrictive view was not unambiguously accepted in the Middle Ages, and we may quote the vivid argument of Dana B. Durand, writing some fifty years ago, with regard to Nicole Oresme:

> "If we were in the mood of Duhem, looking for a precursor, we might say, here is the forerunner of Descartes indeed, not merely as the inventor of analytical geometry, but as the initiator of the conception that all natural phenomena may be mathematically reduced to magnitude, figure and motion!"[7]

Since Durand wrote these lines much critical editorial work has been performed, which greatly facilitates appraisal of his assessment (although we shall not here concern ourselves with what I would regard as the red herring of analytical geometry[8]).

At the beginning of his remarkable *Tractatus de configurationibus qualitatum et motuum* Oresme wrote:

> "Every measurable thing except for numbers is imagined in the manner of continuous quantity, and so for its measurement it is necessary that points, lines, surfaces, or their properties, be imagined, in which, as the Philosopher held, measure or ratio is first found. In others it is recognized by similarity, when they are referred to them by the intellect. Every successively acquirable intensity is to be imagined by a line erected perpendicularly on a point of the space or subject of the intensible thing. ... For whatever ratio is found between intensity and intensity among intensities that are of the same kind (*eiusdem rationis*), a similar ratio is found between a line and a line and conversely."[9]

And after this he went on to develop his famous doctrine of „graphical" representations of the intensities of qualities across the subject which they inform. In this he has often been seen as anti-Aristotelian, but I think it historically more illuminating to regard him as reflecting (from a particular viewpoint) Aristotle's ambivalence towards mathematics. Aristotle had often appeared to play down the role of mathematics in the interpretation of nature (and this side of him could easily be emphasized by an Albertus Magnus), but he had also to admit the effective power that it exerted in such sciences as optics, astronomy and music, and even medicine, for geometry explained why circular wounds heal more slowly[10]. And, in important recent articles, Steven J. Livesey[11] has shown how William of

---

[7] D. B. Durand, Nicole Oresme and the Mediaeval Origins of Modern Science, in: Speculum 16 (1941), 167–185, at 180.

[8] Cf. A. G. Molland, Oresme Redivivus, in: History of Science 8 (1969), 106–119.

[9] Nicole Oresme and the Medieval Geometry of Qualities and Motions. A Treatise on the Uniformity and Difformity of Intensities known as Tractatus de configurationibus qualitatum et motuum, ed. M. Clagett, Madison 1968, 164–166.

[10] Anal. Post. I. 13, 79 a13–15. On these themes cf. R. D. McKirahan, Aristotle's Subordinate Sciences, in: British Journal for the History of Science, 11 (1978), 197–220.

[11] S. J. Livesey, William of Ockham, the Subalternate Sciences, and Aristotle's Theory of *metabasis*, in: British Journal for the History of Science 18 (1985) 127–145; and The Oxford Calculatores, Quantification of Qualities and Aristotle's Prohibition of Metabasis, in: Vivarium 24 (1986), 50–69.

Ockham and others developed a liberal interpretation of Aristotle's apparent prohibition of *metabasis* (moving from one discipline to another for purposes of demonstration), and Oresme may be seen as acting within this tradition.

But Oresme was probably less interested in theoretical justifications for his doctrine than in its potential explanatory power. He explicitly compared it to ancient atomism (presumably regarding his view as more acceptable than the often suspect Democritean one), and in the manner of many later pioneers of the Scientific Revolution even held that it could make intelligible occult virtues, which might otherwise have to be regarded as brute facts, for by its means,

> "There could be assigned a general rationale of certain occult virtues and marvellous effects or experiments whose causes are otherwise unknown, but nevertheless a specific and determinate cause most often lies hid on account of this kind of imperceptible and occult figuration of qualities. Thus on account of the hiddenness of the cause some stupid nigromancers have said that virtues were in precious stones because of the presence of certain incorporeal spirits who settled in them."[12]

Oresme also thought that his doctrine could be applied to the speeds of motions, and in this he may be regarded as following and attemptedly systematizing a tradition established by Thomas Bradwardine and others.

At the beginning of his *Tractatus de proportionibus* of 1328 Bradwardine wrote that,

> "It falls to any successive motion to be proportioned to another in speed, on which account natural philosophy, which considers motion, must not ignore the ratio of motions and speeds in things moved. And, because the knowledge of this is necessary and very difficult, and is not treated fully in any part of philosophy, we have composed this work about the ratio of speeds in things moved."[13]

Bradwardine was very self-conscious about his insistence on the quantifiability of speeds and motions, and used the example of music to counter objections that no real mathematical proportionality was involved. "If there were no ratio between powers on account of their not being quantities, then for the same reason there would not be between sounds. And so the modulation of the whole of music would perish."[14] Following this Bradwardine produced his now-famous "law of motion", which *inter alia* shows that the language of proportionality could be a fairly adequate substitute for the later language of functionality, even if it was not nearly so commodious for purposes of detailed mathematical argument.

---

[12] Oresme, op. cit. (n. 9), 236–238.
[13] Thomas Bradwardine, Tractatus de Proportionibus, ed. H. L. Crosby, Madison 1955, 64.
[14] Ibid., 106.

But, although qualities and motions could be regarded as quantifiable, they were not really quantified. Part of the difficulty was that there was no firm basis of empirical measurement, but also there was the problem of what were the correct representations for the intensities of different qualities and motions, so that Richard Swineshead could write, "According to what the intensity and remissness of a quality are to be measured (*attendi*), there are many positions."[15] Swineshead himself tried in complicated, if not convoluted fashion, to find the correct position, but Oremse seemed to acknowledge that there was an inevitable element of relativism involved, and wrote simply that, "According to the multiple denominations speed is multiply varied or denominated."[16]

The seventeenth century was far more self-confident, if not arrogant and iconoclastic. In his urge to mathematize nature Descartes banished almost all qualities to the realm of subjectivity, and can be regarded as reasserting what some had regarded as an Aristotelian incompatibility between quality and quantity, though now with a very different emphasis.

> "I recognized that nothing at all pertained to the nature or essence of body, except that it was a thing with length, breadth, and depth, capable of various shapes and various motions, and that its figures and motions were only modes, which by no power could exist without it; but that colours, odours, savours, and suchlike, were only sensations existing in my thought, and differing no less from bodies than pain differs from the shape and motion of the weapon inflicting it."[17]

Oresme had, albeit mutedly, expressed concern about the lack of perceivability associated with elements of his doctrine, but Descartes could impatiently brush such difficulties aside:

> "Nor do I think that anyone who uses his reason will deny that we do much better to judge of what takes place in small bodies which on account of their minuteness alone escape our senses, by the example of what we perceive by sense to occur in large ones ⟨and by these means to give reasons for all that is in nature, as I have tried to do in this treatise⟩, than, in order to explain certain given things, to invent I don't know whatever others, that have no similitude with those that we do sense ⟨such as are first matter, substantial forms, and the great array of qualities which many are in the habit of supposing, any of which can more difficultly be known than all the things which one pretends to explain by their means⟩."[18]

---

[15] Calculator. Subtilissimi Ricardi Suiseth Anglici Calculationes noviter emendate atque revise, Venice 1520. On the use of the verb "*attendere*" cf. A. G. Molland, Continuity and Measure in Medieval Natural Philosophy, in: Mensura, Maß, Zahl, Zahlensymbolik im Mittelalter, Berlin & New York 1983, 132–144 (= Miscellanea Mediaevalia 16/1).

[16] Oresme, op. cit. (n. 9), 280.

[17] Responsio ad Sextas Objectiones, in: Oeuvres de Descartes, ed. C. Adam & P. Tannery, Paris, 1897–1913, VII, 440, IX–1, 239.

[18] Principia Philosophiae IV. 201, in: Ibid., VI, 324–325, XI–2, 119–120.

Nevertheless he could appear to make concessions:

> "Know also that in order to keep my peace with the philosophers, I have no desire to deny that which they imagine to be in bodies in addition to what I have given, such as their *substantial forms*, their *real qualities* and the like; but it seems to me that my explanations ought to be approved all the more because I shall make them depend on fewer things."[19]

But these remarks are clearly tongue-in-cheek, made probably for theological reasons, and only serve to highlight his sense of doing something radically new. The quantitative is now trying to conquer the qualitative rather than marry it in an amicable union of the type which many medieval schoolmen tried to promote.

---

[19] Metereologica 1, in: Ibid., VI, 239; translation from R. Descartes, Discourse on Method, Optics, Geometry, and Meteorology, tr. P. J. Olscamp, Indianapolis 1965, 268.

Thomas Wylton on the Instant of Time

CECILIA TRIFOGLI (Pisa)

Introduction

In a passage of Physics IV, 11 Aristotle offers an account of the temporal instant which does not seem to fit completely its primary description as a durationless temporal point and a boundary between the past and the future[1]. Although the account itself turns out to be obscure, Aristotle's approach is based on an assumption which plays a central role in his deduction of the definition of time as number of motion in respect of before and after, namely that time is ontologically dependent on motion (and motion, in turn, on spatial magnitude), not only because it is an *accidens* of motion, but also because some basic properties of time must be understood by reference to corresponding properties of motion[2]. In the passage of Physics IV, 11 Aristotle is concerned with solving the puzzle of whether the instant is always different from time to time or always the same[3], and he appeals to the principle of the ontological dependence of time on motion and of the temporal instant on the mobile substance. He thus argues that the identity and the diversity of the temporal instant are to be conceived of as analogous to the identity and the diversity of the mobile substance:

> "The 'now' in one sense is the same, in another it is not the same. In so far as it is in succession, it is different ... but its substratum is the same; for motion, as was said, goes with magnitude, and time, as we maintain, with motion. Similarly, then, there corresponds to the point the body which is carried along, and by which we are aware of the motion and of the before and after involved

---

[1] Cf. Aristotle's Physics, A Revised Text with Introduction and Commentary by W. D. Ross, Oxford 1979, IV, 11, 219 b 9—33. For some modern discussions about Aristotle's treatment of the temporal instant, cf., for instance, F. D. Miller, Aristotle on the Reality of Time, in: Archiv für Geschichte der Philosophie 56 (1974) 141—155; J. Annas, Aristotle, Number and Time, in: The Philosophical Quarterly 25 (1975) 108—111; G. E. L. Owen, Aristotle on Time, in: Articles on Aristotle, 3. Metaphysics, eds. J. Barnes, M. Schofield, R. Sorabji, London, 1979, 146—154; D. Bostok, Aristotle's Account of Time, in: Phronesis 25 (1980) 158—161; J. W. Summers, Aristotle's Concept of Time, in: Apeiron 18 (1984) 62—63.

[2] Cf. Aristoteles, Phys., IV, 11, 218 b 21—219 b 2.

[3] Cf. ibid., 10, 218 a 8—30.

in it. This is an identical *substratum* (whether a point or a stone or something else of the kind), but it is different in definition — as the sophists assume that Coriscus' being in the Lyceum is a different thing from Coriscus' being in the market-place. And the body which is carried along is different, in so far as it is at one time here and at another there. But the 'now' corresponds to the body that is carried along, as time corresponds to the mention ⟨read: motion⟩ ... Hence ... also the 'now' as a substratum remains the same (for it is what is before and after in movement), but its being is different ..."[4].

This explanation strongly suggests a conception of the temporal instant as a persisting entity in time which receives different accidental determinations; in this way the instant is indeed analogous to the mobile substance, but it does not seem to be reducible to a durationless temporal point, analogous to a point in a line.

Neither Greek commentators nor Averroes shed much light on the nature of such a persisting entity, but they all attempted to clarify its relation to time itself, maintaining that the persisting instant is, in some sense, a cause of time. In order to explain the causality of the instant, however, they resorted once more to the structural dependence of the order of time on that of motion and of magnitude. For instance, Simplicius affirms:

"The point is what generates magnitude, provided that a line is the flux of a point, and the line is the primary magnitude, whereas the body which is carried along is what generates motion, and the instant is what generates time. Therefore, as the same point generates magnitude when it undergoes flux, but not when it is placed next to an another point, and the same body, when it is carried along, generates motion, so the instant too, being the same according to the *substratum*, but receiving the 'before' and 'after', in being numbered, determines and generates time"[5].

The same idea is expressed by Philoponus, who underlines the dynamic character of the persisting instant:

"... and the instant is the efficient cause of time, since the flux of the instant generates time"[6].

Averroes simply summarizes the Greek commentators' position:

---

[4] Ibid., 11, 219 b 12—27. The English translation of this passage is taken from: The Complete Works of Aristotle, the Revised Oxford Translation, ed. J. Barnes, Princeton 1984, I, 372.
[5] Simplicii In Aristotelis Physicorum Libros Commentaria, ed. H. Diels, Berlin 1882, 722 (Commentaria in Aristotelem Graeca IX). The English translation of the passages quoted from Simplicius' and Philoponus' Commentaries is mine.
[6] Ioannis Philoponi In Aristotelis Physicorum Libros Commentaria, ed. H. Vitelli, Berlin 1887, 727 (Commentaria in Aristotelem Graeca XVI).

"... et secundum hunc modum translatio sequitur translatum et tempus instans, quoniam instans agit tempus sicut translatum translationem et punctus mensuram, ut geometrae dicunt, quoniam, cum movetur, facit mensuram"[7].

The passages quoted above show that the Greek and Arabic commentators were aware of the difference between the persisting instant introduced by Aristotle in Physics IV, 11 and the common description of an instant as a durationless boundary between the past and the future, since, for instance, they admit that the persisting instant is not analogous to a stationary point in a line, but to a moving point, although their attempts to establish its nature and its causality do not go much farther than Aristotle's account.

Despite the obscurity of the Aristotelian notion of the persisting instant, most Medieval commentators supported it and supplied it with a definite content, which reflects, in general, their own interpretation of the relation between time and motion.

The object of this paper is the analysis of the conception of the persisting instant elaborated by Thomas Wylton, an early XIVth century English commentator[8]. His conception is mainly expounded in two questions of his Quaestiones libri Physicorum (L. IV, q. 22: *Utrum instans maneat unum et idem in toto tempore*; L. IV, q. 23: *Utrum instans causet tempus*)[9]. He also deals with this topic in a question of his Quodlibet (q. 15: *An nunc secundum substantiam sit mensura propria rei generabilis et corruptibilis secundum esse permanens eius*), where he defends the notion of the persisting instant against Duns Scotus' objections[10].

---

[7] Averrois Cordubensis Super Aristotelis de Physico Auditu, Venetiis 1562, reproduced by Minerva G. M. B. H., Frankfurt 1963, IV, t.c. 104, f. 183vaG (Aristotelis Opera cum Averrois Commentariis IV).

[8] Thomas Wylton was member of Merton College from 1288 to at least 1301 and *magister artium* in Oxford. From 1304 to 1312 he studied theology in Paris and there became *magister theologiae* in 1312. On his biography, cf. A. B. Emden, A Biographical Register of the University of Oxford to A. D. 1500, III, Oxford 1959, 2054—2055.

[9] Wylton's Quaestiones libri Physicorum were probably written before 1304—5 in Oxford. Cf. Z. Kuksewicz, De Siger de Brabant à Jacques de Plaisance. La théorie de l'intellect chez les Averroïstes latins des XIIIe et XIVe siècles, Wrocław 1968, 176—177, 181, 279—280. The Quaestiones are contained in three mss.: Cesena, Bibl. Malatestiana, ms. Plut. VIII sin. 2, ff. 4r—141v; Città del Vaticano, Bibl. Vaticana, ms. Vat. Lat. 4709, ff. 1r—143r; Madrid, Bibl. Nacional, ms. 2015, ff. 1r—217v. The quotations from Wylton's Quaestiones libri Physicorum are based on the Cesena ms., and are corrected, when it is necessary, with the other two mss. For IV, qq. 22—23, cf. ms. Cesena, Plut. VIII sin. 2, ff. 68ra—70ra.

[10] Wylton's Quodlibet was probably disputed at the end of 1315 in Paris. Cf. A. Maier, Zu einigen Sentenzenkommentaren des 14. Jahrhunderts, in: Archivum Franciscanum Historicum 51 (1958) 383—385. The Quodlibet is contained in the ms. Città del Vaticano, Bibl. Vaticana, ms. Borgh. 36, ff. 47ra—96va; q. 15, ff. 85rb—87va. In the q. 15 Wylton quotes at length Scotus' treatment of the temporal instant which is found in: Ioannis Duns Scoti Ordinatio II, dist. 2 pars 1 q. 2, ed. Commissio Scotistica, Civitas Vaticana

1. The Ontological Status of the Persisting Instant

In his analysis of the persisting instant, Wylton constantly uses the expressions *"secundum substantiam"* and *"secundum esse"* to indicate, respectively, the permanent and the changing aspect of the instant. Although these expressions are not the traditional ones[11], their meaning is still the one fixed by Aristotle in the passage of Physics IV, 11 through the analogy with the identity and the diversity of the mobile body, as it is clear from the following passage:

> *"Cum igitur mobile secundum substantiam maneat idem in toto motu, variatur tamen secundum esse aliud et aliud, quoniam nunc in theatro, nunc in foro, sic est de instanti, quia secundum substantiam est idem, variatur tamen secundum esse"*[12].

In order to avoid some objections against this account of the identity and the diversity of the instant, arising from the ambiguity of the term *"esse"*, he adds that this term, when applied to the changing aspect of the mobile substance and of the instant, must be understood in the sense of *esse accidentale* and not of *esse essentiale*:

> *"Tamen distinguendum est de esse mobilis et eodem modo de esse instantis. Unum est esse mobilis quod consequitur essentiam suam, quod dicitur actus primus mobilis, aliud est esse accidentale, puta esse in theatro, esse in foro. Loquendo de primo esse, sicut instans manet secundum substantiam, sic manet secundum esse. Loquendo de alio esse, sic variatur esse mobilis secundum quod est in alia parte spatii. Eadem distinctio danda est de instanti"*[13].

Besides these linguistic clarifications, Wylton also establishes the ontological status of the persisting instant, supporting a sharply realistic conception, according to which such an instant is a real individual entity and not merely a conceptual entity. He declares his realistic position in the question of his Quodlibet where he deals with Duns Scotus' criticisms against the persisting instant.

Scotus found some radical difficulties in the idea of a persisting element of time, which takes on different accidental determinations, as a sort of

---

1973, 198—208 n. 95—115 (Ioannis Duns Scoti Opera Omnia VII). For a brief outline of the Medieval treatment of Aristotle's doctrine of the persisting instant and, in particular, of Scotus' position, cf. A. Maier, Metaphysische Hintergründe der spätscholastischen Philosophie, Roma 1955, 108 n. 35.

[11] Averroes, for instance, uses the expression *secundum subiectum* and *secundum rationem* or *secundum definitionem* to indicate respectively the permanent and the changing aspect of the instant. Cf. Averroes, op. cit., IV, t.c. 104, f. 183rbF, 183vaH. Thomas Aquinas, whom Wylton regards as an *expositor* of Aristotle's Physics, follows Averroes' use, saying that the instant is *idem subiecto et aliud et aliud ratione*. Cf. S. Thomae Aquinatis In octo libros Physicorum Aristotelis Expositio, ed. P. M. Maggiolo, Torino—Roma 1965, IV, lectio 18, n. 4, 287.

[12] Thomas Wylton, In Phys., IV, q. 22, ms. cit., f. 68rb—va.
[13] Ibid., f. 68va.

temporal substance undergoing change, and he was lead to deny its existence. So he maintained that there is only a multiplicity of instants, which come into existence one after another, each of them being a durationless boundary between the past and the future. To put it in Aristotelian terms, according to Scotus, there are only different instants *secundum esse*, but there is no underlying permanent *substratum*-instant in which they successively inhere[14]. Although this position seems to clash with Aristotle's account in Physics IV, 11, Scotus tried to show that the denial of a really persisting instant reflects, in fact, Aristotle's intention. He thus offered an alternative and original interpretation of Physics IV, 11, according to which the identity of both the mobile substance in motion and the instant in time must be understood as a conceptual kind of identity. More in detail, quoting Scotus' interpretation, Wylton affirms:

> "*Dicit ergo doctor iste quod intentio Philosophi non est ibi declarare quod nunc secundum substantiam maneat idem in toto tempore, sed contrarium. Unde dicit pro intentione Philosophi ibidem quod pro nunc secundum substantiam intendit quodcumque nunc secundum se consideratum, quod ut sic est idem, sed illud idem nunc consideratum in ordine ad tempus praeteritum et futurum, cum sit terminus praeteriti et initium ⟨finis ms.⟩ futuri, dicitur distingui secundum esse. Et eodem modo de mobili, non loquitur de mobili secundum substantiam, intendendo per ipsum mobile secundum substantiam naturam mobilis absolute, quod praecedit motum et manet substantialiter idem in toto motu, ... sed per mobile secundum substantiam intendit mobile ut est sub una aliqua mutatione considerata secundum se, ut autem sub illa mutatione terminat praeteritum et initiat futurum, secundum hoc dicitur alibi et alibi esse*"[15].

In other words, for Scotus, in Physics IV, 11 Aristotle is concerned only with the instantaneous states taken on successively by the mobile body — e. g. with Coriscus' being in the Lyceum and Coriscus' being in the market-place — but not at all with their permanent *substratum*. On the other hand,

---

[14] Scotus deals with this topic in the section of his Commentary on Sent. II, dist. 2, devoted to the *mensura durationis existentiae angelorum*. In particular, Scotus maintains that there is no distinction between the existence of an angel and the measure of its existence; the digression on the ontological status of the temporal instant is introduced in the reply to an *instantia* against his position. Although from a doctrinal point of view the same treatment of the temporal instant is found both in the Ordinatio and in the Lectura in Sent. II, Wylton refers only to the Ordinatio. Cf. Ioannes Duns Scotus, op. cit., dist. 2 pars 1 q. 2, ed. cit., 198—208 n. 95—115; id., Lectura in secundum librum Sententiarum, dist. 2 pars 1 q. 2, ed. cit., Civitas Vaticana 1982, 126—129, n. 82—92; ibid., q. 3, 133 n. 105, 137—139 n. 114—124 (Ioannis Duns Scoti Opera Omnia XVIII). On the different versions of Scotus' Commentary on Sent. II, cf., for instance, C. Balić, Les Commentaires de Jean Duns Scot sur les quatre livres des Sentences, Louvain 1927, 92—134.

[15] Thomas Wylton, Quodl., q. 15, ms. cit., f. 85vb. I have corrected Wylton's text using the parallel passage of Scotus' Ordinatio. Cf. Scotus, Ordinatio II, dist. 2 pars 1 q. 2, ed. cit., 203—204 n. 106—107. A similar attempt to weaken the ontological meaning of the identity of the temporal instant is found in Simplicius' remarks about the passage of Physics IV, 11. Cf. Simplicius, op. cit., 724—725.

none of these states is really permanent, as long as the body is in motion. Although Scotus' explanation of the identity *secundum substantiam* is not completely clear, it evidently implies that such an identity is not to be assigned to a single entity persisting through motion, but to each of the different successive stages of motion, so that, when Aristotle compares the identity of the instant with that of the moving body, he does not introduce, according to Scotus, any kind of persisting element of time.

Wylton firmly rejects Scotus' interpretation through a detailed analysis of the passage of Physics IV, 11, aiming at establishing that such an interpretation and, in particular, the denial of a single persisting element in motion are is in contrast with Aristotle's intention, since Wylton concludes:

"*Philosophus intendit per unitatem mobilis secundum substantiam unitatem alicuius singularis demonstrati, quod manet idem secundum se in toto motu, et per alietatem mobilis secundum esse aliud et aliud esse mobilis secundum diversam dispositionem formae secundum quam est motus*"[16].

From this realistic interpretation of the identity of the mobile body in motion it follows immediately a similar realistic interpretation of the identity of the instant in time:

"*Ex quo sequitur propositum, quoniam, cum conformiter loquatur hic de unitate et alietate ipsius nunc et ⟨nunc et* inv. ms.⟩ *de unitate et alietate ipsius mobilis in motu, sequitur quod per nunc secundum substantiam intendit aliquam mensuram correspondentem ipsi mobili secundum substantiam, quod idem numero secundum substantiam manet [idem] semper ... per nunc autem secundum esse intendit diversa esse accidentalia ipsius nunc, secundum quae mensurat mobile secundum diversa eius esse accidentalia*"[17].

This passage apparently contains two relevant points: 1) the first one concerns the ontological content of the instant *secundum substantiam* and of the instant *secundum esse*; the former is to be identified with the measure of the mobile substance, the latter with the measure of the accidental determinations which this substance receives in motion, or, in Scholastic terms, with the measure of the *mutata esse*; 2) the second one concerns the relation between the instant *secundum substantiam* and the instant *secundum esse*; although they have a different ontological status, they seem also to have a basic common property, since each of them is a kind of measure.

Both these points, however, belong to that part of Wylton's discussion which heavily reflects traditional interpretations related to some aspects of Aristotle's doctrine of the persisting instant and which is not completely

---

[16] Thomas Wylton, Quodl., q. 15, ms. cit., f. 86va; cf. also ibid., f. 86rb.
[17] Ibid., f. 86va.

integrated with Wylton's own contributions[18]. In particular, like important earlier commentators, Wylton often repeats the formula stating that the instant *secundum substantiam* is the measure of the permanent being of the mobile substance, whereas the instant *secundum esse* is that of its changing determinations, and he also resorts to it in crucial contexts, but he does never succeed in providing it with a satisfactory explanation[19]. Furthermore, the similarity between the two kinds of instant, suggested by this formula, is misleading, since, as it will appear in the next paragraph, Wylton maintains a radical distinction between them.

2. The Nature of the Instant *secundum esse* and of the Instant *secundum substantiam*

Although Wylton relies on the Aristotelian model of the moving substance in order to vindicate the reality of the persisting instant, this model turns out to be completely inadequate to illustrate his position on the nature of the instant, since neither he assumes the instant *secundum substantiam* as a "temporal substance" which undergoes a sort of temporal becoming, whose instantaneous stages are the instants *secundum esse*, nor his theory has any essential connection with a dynamic conception of time, which some modern scholars have read into Aristotle's treatment of the persisting instant[20]. In Wylton's view, the nature of the instant *secundum esse* and that of the instant *secundum substantiam* are both to be understood

---

[18] The wide-spread Medieval doctrine according to which the persisting instant is a measure of the mobile substance and the changing instant is that of the *mutata esse* stems from Aristotle's obscure analogy between the measure or number of motion, i.e. time, and that of the moving body: "Just as the moving body and its locomotion involve each other mutually, so too do the number of the moving body and the number of its locomotion. For the number of the locomotion is time, while the 'now' corresponds to the moving body, and is like the unit of number" (Aristoteles, Phys., IV, 11, 220 a 1—4, trad. cit., 372). For some modern discussions about this analogy, cf. note 1.

[19] Cf. Thomas Wylton, In Phys., IV, qq. 22—23, ms. cit., ff. 68ra—70ra, passim; id., Quodl., q. 15, ms. cit., ff. 85rb, 86va—87va. When Wylton attempts to explain in which sense the instant *secundum substantiam* is the measure of the moving substance, he simply reformulates Aristotle's analogy between the permanence of this substance and that of the instant, as it is clear from the following argument taken from the q. 15 of his Quodlibet: "*nihil ex parte temporis potest poni mensura rei mutabilis secundum suam permanentiam nisi vel tempus vel nunc secundum substantiam vel nunc secundum esse. Alia non inveniemus tradita ab Aristotele quae sibi possint adaptari ut mensura. Sed certum est quod tempus, cum sit per essentiam successivum, non est propria mensura rei secundum esse permanens, nec instans vel nunc secundum esse, ⟨quia⟩ est raptim transiens, ita quod sibi repugnat habere esse permanens, repugnantia contradictionis, et per consequens non est mensura alicuius secundum eius permanentiam. Relinquitur ergo quod nunc secundum substantiam sit eius propria mensura, quia secundum substantiam suam est permanens, sicut relinquitur quod etiam habet unitatem et distinctionem conformem ipsi mobili, scilicet quod est unum secundum substantiam et multa secundum esse*" (ms. cit., f. 85rb).

[20] Cf., for instance, F. D. Miller, art. cit., 147—155.

within a background of a quantitative conception of time, according to which time is a unidimensional quantity inhering in motion: the instant *secundum esse* is an intrinsic element of such a quantity, whereas the instant *secundum substantiam* is neither an intrinsic element of time nor strictly a quantitative notion, but it is a formal principle related to the causality exerted by time on motion[21].

More in detail, the instant *secundum esse* represents the common notion of a temporal instant as a durationless temporal element, analogous to a point in a line, which is the boundary between the past and the future or between any two successive periods of time. In Scholastic terms, the instant *secundum esse* is a *terminus continuativus et divisivus temporis*.

Wylton also admits that, as far as the quantitative structure of time is concerned, only the instant *secundum esse* is relevant and the instant *secundum substantiam* plays no role. This negative side of his conception of the instant *secundum substantiam* is clearly expressed, for instance, in the discussion of an argument against the reality and permanence of such an instant. With reference to the assumption of an instant *secundum substantiam* as distinct from the instant *secundum esse*, the argument affirms:

"*Si detur quod sit aliud, cum utrumque sit indivisibile et eiusdem generis quantitatis, cum inter quaecumque indivisibilia eiusdem quantitatis intranee cadat quantitas media, sequetur quod inter nunc secundum substantiam et nunc secundum esse cadat tempus medium, et per consequens necessario distabunt, sicut duo termini eiusdem quantitatis, et per consequens, uno existente, cum sint termini quantitatis successivae, impossibile est quod aliud sit. Et sic non manebit instans secundum substantiam in toto tempore*"[22].

Wylton replies to this objection by denying that the instant *secundum substantiam* is an indivisible temporal boundary:

"*Et cum dicitur quod inter quaecumque indivisibilia quae sunt intranea quantitati cadit quantitas media etc., dico quod hoc est verum de indivisibilibus quae sunt continuativa et divisiva illius quantitatis, quae indivisibilia sunt eiusdem rationis; sed nunc secundum substantiam, ut dicetur, non est intraneum tempori sicut terminus continuativus et divisivus temporis, est etiam alterius rationis ab ipso nunc secundum esse, et ideo bene possunt simul esse*"[23].

In other passages he also denies that the instant *secundum substantiam* is adequately described by some basic quantitative properties (e. g. indivisibility), which are peculiar to the instant *secundum esse*[24].

---

[21] For the essential aspects of Wylton's doctrine of time, cf., especially, Thomas Wylton, In Phys., IV, qq. 19–20, ms. cit., ff. 64rb–67va.
[22] Thomas Wylton, Quodl., q. 15, ms. cit., ff. 85vb–86ra.
[23] Ibid., f. 87rb.
[24] The difference between an indivisible in a quantitative sense and the instant *secundum substantiam* is declared especially in Wylton's reply to the objections arising from the "flux" of the instant. Cf. Thomas Wylton, In Phys., q. 23, ms. cit., f. 69ra–b, 69vb–70ra; id., Quodl., q. 15, ms. cit., f. 87ra.

To indicate the ontological content of the instant *secundum substantiam*, Wylton uses the non-quantitative term *"dispositio"*. In introducing his answer to the question *"Utrum instans causet tempus"*, he declares:

> *"Primo praemitto quid intelligo per instans ⟨sc.: secundum substantiam⟩. Et breviter intelligo per instans quandam dispositionem realem consequentem formam primi mobilis in primo mobili causatam a primo motore, et intelligo quod consequitur primum mobile sub ratione primi simpliciter, sicut tempus sequitur primum motum, ut dictum est, et potest dici mensura et unitas primi mobilis in quantum tale"*[25].

Both the reference to the privileged relation of the instant *secundum substantiam* to the *primum mobile* and that to the measure and the unity of the *primum mobile* reflect traditional aspects of Wylton's discussion[26]. The original and essential point contained in the quoted passage is the identification of the instant *secundum substantiam* with a *dispositio*. This identification, although appealing, is *prima facie* obscure, since *"dispositio"* has, first, a qualitative connotation, which does not seem to fit well Wylton's quantitative conception of time, and, second, a relative connotation, being a disposition to something, but nothing is said about its correlative term.

Unfortunately, Wylton does not offer a systematic treatment of the instant as *dispositio*, but some light is shed on this topic by his analysis of the relation between time and motion.

Like most Medieval commentators, Wylton assumes that time is a successive quantity which inheres in motion, but his greatest doctrinal contribution consists in a lucid explanation of the metaphysical commitments of such an assumption. Although succession is commonly believed a basic property of motion, he carefully distinguishes between two conceptual levels in evaluating this common belief, arguing that, when motion actually exists, it is always joined with succession, but it is not intrinsically successive, or, in Wylton's terms, motion is successive only *secundum esse*, but not also *secundum quidditatem*. As a consequence, the succession of motion is to be explained by a formal principle different from motion itself, namely time. This explanation of the relation between time and motion appears clearly in the following passage:

> *"Ergo imaginor sic quod, sicut lignum habet partem extra partem per quantitatem inhaerentem sibi, quae est accidens posterius ligno, illa tamen partibilitas vel divisibilitas non est alia ligni et alia quantitatis in ligno, sed eadem partibilitas, quae est quantitatis primo per essentiam, est ligni participatione et per accidens, ratione quantitatis extendentis lignum, sic imaginor hic. Motus in esse suo naturali habet partem extra partem, puta*

---

[25] Thomas Wylton, In Phys., IV, q. 23, ms. cit., f. 69va.
[26] On the instant *secundum substantiam* as a measure of the mobile substance, cf. note 19. The privileged relation between such an instant and the *primum mobile* reflects Averroes' doctrine according to which time is a measure of every motion, but it inheres only in the first motion, and which is accepted also by Wylton. Cf. Averroes, op. cit., IV, t.c. 98, ff. 178rbF—179vaI; Thomas Wylton, In Phys., IV, qq. 31—32, ms. cit., ff. 76ra—77ra.

partem priorem et posteriorem. Ista autem partibilitas extra eius quidditatem est et sibi inest per quantitatem inhaerentem sibi, puta per tempus. Ideo eadem partibilitas, puta secundum prius et posterius, quae est temporis essentialiter, est motus primi participatione, in hoc quod est subiectum istius quantitatis quae est tempus"[27].

In this passage Wylton indeed deals with a quantitative notion of time, which is, however, devoid of any strictly physical meaning, since time is considered in the metaphysical status of a formal principle, conferring a formal determination (i.e. succession) upon motion. Within this metaphysical background, the notion of the instant *secundum substantiam* as *dispositio* is to be placed. For Wylton assumes that, in order to explain how succession (i.e. time) can inform motion, it is necessary to postulate in the substance which undergoes motion a *dispositio* to succession. So, as Wylton declares, the instant "*secundum substantiam est praesuppositum in mobili tanquam ratio per quam mobile, cum movetur, habet successionem in partibus motus*"[28]. Since the instant *secundum substantiam* does not itself constitute the formal determination represented by time, but it is a necessary condition for the inherence of this determination in motion, it is also classified, within the Aristotelian division of four types of cause, as a sort of material cause of time. So, referring to the fact that this instant is not properly the material cause of time, since it is not the subject of time, Wylton declares:

"*Verumtamen pro tanto habet instans secundum substantiam rationem causae materialis respectu temporis, quia est praesuppositum ex parte temporis ad hoc quod tempus vel in mobili vel in motu recipiatur*"[29].

To illustrate in which sense the instant *secundum substantiam* is a material cause of time, Wylton also uses a characteristic example concerning the relation between the colour of a mixed body and the *determinata proportio* of primary qualities which this colour presupposes. This example appears in his answer to an argument which denies that the instant is a material cause of time, since it is not the subject of time:

"*Alia ratio probat quod non est nec causa materialis intrinseca temporis nec extrinseca, sicut subiectum. Et concedo. Est tamen ratio formalis subiecti, puta mobilis primi, ratione cuius tempus recipitur in motu, qui est eius immediatum susceptivum, non subiectum. Exemplum: sicut determinata proportio inter qualitates elementares est ratio per quam mixtum habet talem colorem, tanquam subiectum coloris, color tamen non est in illa determinata proportione nec tanquam in subiecto nec tanquam in immediato susceptivo, quod est superficies, sed sicut in dispositione ad hoc quod corpus sit coloratum, sicut subiectum coloris, vel etiam ad hoc quod superficies sit susceptivum immediatum coloris, sic hic, primum mobile ad hoc quod sit subiectum temporis requiritur tanquam praesup-*

---

[27] Thomas Wylton, In Phys., IV, q. 20, ms. cit., f. 65va—b.
[28] Ibid., q. 23, ms. cit., f. 69vb.
[29] Ibid.

positum haec dispositio, quae est instans, requiritur etiam tanquam praesuppositum ad hoc quod tempus consequatur motum sicut primum susceptivum, unde ad causam materialem habet reduci"[30].

Conclusion

The result of the preceding analysis is that Wylton's major contribution to the Aristotelian doctrine of the persisting instant consists in the introduction of the instant *secundum substantiam* as a *dispositio* to succession. Although this notion of temporal instant is elaborated within the doctrinal context of a quantitative conception of time, it is not itself a quantitative notion. It might alternatively be classified as a metaphysical notion, since the conceptual model which Wylton seems to have in mind when he deals with the instant as *dispositio* is, ultimately, the metaphysical opposition between matter and form. This model is applied to motion and time, since the former is in its own nature devoid of the successive quantity represented by time; so motion is analogous to matter, time to a form and the instant *secundum substantiam* is analogous to the potentiality or disposition of matter to form, since it is considered a formal principle necessary to explain how motion can receive time. Viewed in this light, the notion of instant as *dispositio* stems from Wylton's analysis of the relation between time and motion, which is, perhaps, the greatest achievement of his reflection on the nature of time, but it cannot be treated exhaustively in this paper[31].

---

[30] Ibid. In the q. 15 of the Quodlibet, Wylton repeats the example of the colour, and, although he classifies the instant as a sort of efficient cause of time, his explanation of the causality of the instant is essentially the same as that which is found in the Qq. super Physicam. Cf. Thomas Wylton, Quodl., q. 15, ms. cit., f. 87rb–va.

[31] I am preparing a comprehensive publication on Wylton's natural philosophy, in which this topic will be widely discussed.

Philosophia naturalis I

Enchantements et désenchantement de la Nature selon Nicole Oresme

JEANNINE QUILLET (Paris)

C'est à une critique serrée des *Mirabilia* que se livre Nicole Oresme dans les Quodlibeta[1]. Dans le droit fil de la philosophie aristotélicienne de la nature, elle traque le «merveilleux» sous toutes ses formes, tout en s'interrogeant sur la signification et la valeur de ce qu'il est convenu d'appeler l'ordre naturel. L'entreprise de démythologisation de la nature, solidaire de la lutte permanente qu'a menée, tout au long de ses écrits, l'évêque de Lisieux contre la magie et les arts divinatoires[2], s'inscrit dans le cadre d'une réflexion sur le schéma cosmologique aristotélico-ptoléméen qui, s'il est ébranlé (nous pensons en particulier à l'hypothèse de la rotation de la terre sur elle-même en vingt-quatre heures, défendue dans le Livre du Ciel et du Monde[3], ou encore, dans ce même ouvrage, à la position d'une identité de nature entre mécanique céleste et terrestre[4], au point qu'Oresme osa comparer le mouvement des planètes à un système d'horlogerie), n'en demeure pas moins la référence obligée, ce qui est «nouveau» ne pouvant être admis qu'*ex suppositione*. Ce texte des Quodlibeta, probablement une *reportatio*[5], est animé d'un double mouvement: le premier dépouille l'acception commune de *mirabile* de son mystère; le second répond à l'ambition du philosophe qui, une fois l'explication rationnelle du merveilleux effectuée, se livre à l'étonnement au sens fort du terme devant de telles explications pour mieux en cerner les limites et la portée.

On pourrait, dans un premier temps, faire appel aux ressources de la rationalité pour dénoncer des phénomènes apparaissant comme des pro-

---

[1] B. Hansen, Nicole Oresme and the Marvels of the Nature: A critical Edition of his Quodlibeta with English Translation and Commentary, Princeton University, Ph. D. 1974, University Microfilms, Ann Arbor, Michigan, U.S.A, 2 vol.
[2] J. Quillet, La philosophie politique du Songe du Vergier, Paris, 1977, 105–124. L'information la plus récente sur ce point être consultée dans: Autour de Nicole Oresme, éd. J. Quillet, Paris, 1990, notamment dans la contribution de M. Lejbowicz, 119–176.
[3] Maître Nicole Oresme, Le Livre du Ciel et du Monde, éd. et trad. angl. de A. D. Menut et A. Denomy, Madison, 1968, U.S.A.
[4] Ibid. passim, et J. Quillet, Les quatre éléments dans le Livre du Ciel et du Monde, Stuttgart (1983), 63–75; La gauche et la droite du ciel selon N. Oresme, Economie et Société Paris (1987), n° 1, 119–127.
[5] Cf. l'Introduction aux Quodlibeta éd. Hansen, op. cit. vol. I, 21 sq.

diges, c'est à dire des effets dont les causes nous échappent; dans un second temps, s'efforcer d'en découvrir les causes, et dans un troisième temps, une fois ces causes découvertes, poser le problème de l'intelligibilité même de l'ordre naturel dans sa globalité.

En d'autres termes, il y aureait un premier niveau du *mirabile*, comme, précisément, non conforme à l'ordre du monde, singulier, bizarre, objet de superstitions et de croyances magiques, qui transforme le monde en une forêt de symboles et qu'il s'agit de « désenchanter ». Par quel moyen? En recourant à l'observation, à l'expérience, et surtout à l'explication causale, dont S. Caroti a analysé les principaux moments dans un travail récent[6]. Le *mirabile* se situe à la rencontre, au point d'insertion, pourrait — on dire, de l'homme dans le monde; en d'autres termes, il concerne au moins autant la subjectivité humaine que la nature elle-même; il s'agit du monde perçu, senti, vécu: aussi Oresme consacre-t-il les trois premiers chapitres des Quodlibeta à désenchanter un tel monde, au plan successivement, de la vision, de l'audition, du toucher; à débusquer les erreurs des sens, mais aussi, celles de l'imagination, du dérèglement des humeurs, de la passion, ou de toute autre forme d'infirmité. Dans tous les cas, jugement et sens interne jouent un rôle capital, tout autant, du reste, comme l'expose le quatrième chapitre, pour ce qui concerne les opérations de l'âme et du corps et de leur union[6]. Le *mirabile*, c'est l'aspect subjectif de l'erreur, c'est l'interprétation trompeuse de phénomènes très divers: *Circa operationes anime seu operationes ex parte anime et etiam anime et corporis simul cadunt aliqui errores et diversitates mirabiles*. Il s'agira alors de démonter les mécanismes conduisant à l'erreur, de montrer comment se crée l'illusion, comment se constitue la croyance, quels sont les facteurs qui la favorisent, étant entendu qu'il ne saurait y avoir rien de surnaturel en ce bas monde, ni guère d'influence du supralunaire sur le sublunaire.

Diversité, complexité, contingence, singularité, telles sont les figures du monde tel qu'il apparaît à l'homme. Nous sommes généralement dans le domaine du variable, en sorte qu'il est difficile de fixer et de mesurer les proportions qui s'étalent entre un minimum et un maximum. Par exemple, comment savoir quelle est la puissance d'un homme? Comment mesurer la subtilité d'un esprit, et le fait qu'elle ne dépasse pas certaines limites? Qui peut savoir s'il est possible que tel ou tel a été ou sera d'une subtilité supérieure à celle de Platon décrivant dans le Ménon l'esclave découvrant telle règle de géométrie? Plus précisément, comment déterminer avec précision les modalités d'actions des corps naturels?[7]. Comment rendre intelligible le processus causal tout en restant fidèle au schéma aristotélicien, et ne pas voir qu'on doit envisager les cas où plusieurs causes concourrent

---

[6] Quodlibeta (que nous abrègerons désormais en Quodl. éd. cit. f° 62 r sq. I, 300, sq.
[7] S. Caroti, Autour de N. Oresme, op. cit. 85–118.

à produire un effet et qu'alors, il faut établir une hiérarchie des causes?[8]. C'est dans la diversité de la trame causale que s'insinue le *mirabile*, explication paresseuse de processus dont la raison humaine est incapable de rendre compte de manière absolument certaine.

Un doute spéculatif est ainsi jeté sur l'ensemble des processus naturels, étant donné l'impossibilité où nous sommes de définir le concept même de degré[9], a fortiori celui de proportion, que seul Dieu connaît, en sorte que c'est la porte ouverte à toutes sortes de prédictions et de prophétismes invérifiables, compte tenu du caractère conjectural de toute prévision. Certes, entre le minimum et le maximum, il est vraisemblable qu'on puisse calculer un optimum[10]; cependant, la seule chose certaine, c'est que Dieu est le terme maximum. Tout le reste n'est qu'hypothèses. Mais de telles hypothèses sont-elles fondées en vraisemblance? Il faut distinguer la connaissance de l'universel de celle du singulier. Mais là encore, il faut considérer les degrés: on peut connaître une chose de façon singulière et, dans de rares cas, de façon générale. Il n'est donc pas impossible qu'un homme sache des choses admirables (*mirabilia*), tel l'esclave du Ménon[11], concernant le temps, présent, passé ou futur, plus qu'un autre, du fait qu'en lui peuvent concourir un plus grand nombre de causes qu'en l'autre. Mais encore une fois, c'est une tâche impossible de les dénombrer, étant donné l'extrême diversité des facteurs qui entrent en jeu. Que tous ces effets puissent se ramener à quelques grands principes est possible, mais ces derniers ne peuvent être connus de manière certaine. Que telle ou telle conjecture puisse être avancée, tout ce que je peux savoir concernant sa plausibilité revient à dire que ce n'est pas impossible et pourquoi ce ne l'est pas. Ce qui peut paraître clair à un esprit cultivé peut être considéré comme *mirabile* à un esprit inculte, comme la croyance en l'action à distance ou la télépathie, ou encore le recours à l'action démoniaque ou à toute autre explication magique[12], alors que le cas par exemple, du feu, peut être expliqué par le recours à des *species* qui engendrent de la chaleur dans l'air, qui elle-même engendre d'autres *species*; par exemple encore, le son d'une cloche qui se répand et provoque un écho alors que le mouvement de la cloche a cessé.

Plus absurdes encore sont les croyances en l'action à distance, que N. Oresme mentionne également dans le De Configurationibus[13], que des

---

[8] Quodl. II, n. 12, 611.
[9] Ibid. I, 64 r 22 sq., 316.
[10] Ibid. I, 65 v 10 sq., 326.
[11] Ibid. I, 68 r 10 sq., 348.
[12] Ibid. I, 69 v, 364.
[13] M. Clagett, Nicole Oresme and the medieval Geometry of Qualities and Motions, Tractatus de Configurationibus qualitatum et motuum, Madison—Milwaukee—London, 1968, 380 sq.: *Dicunt (Avicenna et Algazel) alia mirabilia per hoc fieri posse* (c'est à dire par la seule pensée, sans intermédiaire) *est nimis absurdum et irrationabile; est etiam remotum a*

savants comme Avicenne et Algazel ont pourtant soutenues. Elles sont contraires à la raison et à la foi. De telles actions ne sont en aucune façon explicables par les voies naturelles; elles ne peuvent être ramenées à des causes naturelles, par aucune méthode rationnelle. Autre absurdité: l'imagination d'autrui ne peut me mouvoir, car la matière ne peut être agie par l'intellect, non seulement dans un même sujet, mais aussi dans d'autres. Cela est contre la philosophie, purement et simplement[14].

En définitive, il est clair que les *mirabilia* ont des causes naturelles qu'il est possible et vraisemblable de découvrir, sans pour autant recourir à des influences occultes, à l'action des démons, ni, du reste, à Dieu lui-même, car ces phénomènes se produisent ici bas, sans concerner en rien la transcendance divine. Il faut donc s'efforcer d'en rendre compte par des explications causales naturelles et se contenter de ces explications, si insatisfaisantes soient-elles. Le refus du symbolique, d'un univers de signes peuplant le monde pour l'homme, constitue une étape décisive dans le processus de désenchantement de la nature, mais ce qu'il faut aussi démythifier de manière principielle, c'est l'homme et les croyances auxquelles il adhère, en se tournant vers l'analyse des puissances psychiques et de leur mode d'action, par quoi, à travers les Quodlibeta, se dessine un véritable traité des passions de l'âme, dont l'élucidation rendra compte, sinon du problème de la croyance, du moins de celui de la crédulité humaine, principal responsable de la vison «enchantée» de la nature. Car l'homme est partie intégrante de la nature et les processus psychiques de sa constitution doivent également s'expliquer par des causes naturelles, qu'il s'agisse de l'imagination ou de la sensibilité, mais aussi des procédures de l'intelligence elle-même, notamment au niveau du jugement. Une telle analyse évalue les obstacles qui se dressent pour une approche objective et c'est à une exploration de la subjectivité que se livre Oresme pour démonter les mécanismes de la croyance et pour en montrer l'importance pour l'appréciation des *mirabilia*.

L'anthropologie oresmienne est, en gros, celle d'Aristote, mais le propos est différent: le début des Quodlibeta est éloquent à cet égard: *Ut autem aliqualiter pacificentur animi hominum, quamvis sit extra propositum, aliquorum que mirabilia videntur causas proposui hic declarare et quod naturaliter fiant sicut ceteri effectus de quibus communiter non miramur*[15]. Croire au merveilleux est une maladie de l'âme, car tout ce qui se produit dans l'univers est conforme à l'ordre du monde. De même que le médecin ne saurait dire à Socrate,

---

philosophie et fidei nostre dissonum. Propter quod de hoc est articulus Parisius condempnatus. L'éditeur précise dans son Commentaire (490) qu'il s'agit de l'article 210 de la Condamnation de 1277: *Quod materia exterior obedit substantie spirituali: Error, si intelligatur simpliciter, et secundum omnem modum transmutationis*. On trouve dans les Quodl. de nombreuses allusions à des articles de la condamnation de 1277.

[14] Quodl. I, 71 r, 5 sq., 372.
[15] Ibid. I, 39 v, 84.

s'il était malade, quelle est son infirmité ni comment on peut la soigner s'il ne l'a pas examiné ni considéré les circonstances singulières qui ont créé son état, de la même façon, il faut faire appel à la science aristotélicienne de l'âme comme cadre général de l'analyse, et en même temps examiner les cas singuliers. En effet, en matière de philosophie morale, les philosophes se sont contentés d'énoncer des règles générales: pourtant Aristote lui-même n'a-t-il pas dit qu'il ne saurait y avoir dans le domaine de la morale et de la politique de lois qui ne pourraient être changées ou modifiées?

C'est ainsi qu'Oresme entreprend de mettre l'accent sur l'extrême diversité de l'espèce humaine et sur l'impossibilité de tenir un discours univoque sur ses différences, ou, mieux encore, sur les degrés que laisse entrevoir une telle diversité, qu'il est impossible de rationaliser, en raison de la singularité des cas. La structure des puissances de l'âme décrites par Aristote étant donnée, il faut considérer, concernant le problème des *mirabilia*, la fonction de la mémoire, réserve des *species*[16], et celle du *sensus communis*, c'est à dire de cette partie de l'âme dont le propre est la connaissance. Ces deux fonctions fondamentales sont elles-même dépendantes de nombreux facteurs engendrant l'erreur. Le rôle de l'imagination, entendue ici dans son sens empirique, c'est à dire comme faculté de reproduire des images, et non dans son sens spéculatif, concourt à la diversité des réactions spécifiques et donc à la production de *mirabilia*, que l'on peut démystifier en posant à leur propos qu'il suffit de savoir ce qui n'est pas impossible et pourquoi ce ne l'est pas[17].

Comment en effet l'âme humaine subit-elle les passions? Oresme n'en n'énumère pas moins de douze: amour-haine, désir-répulsion, délectation-tristesse, espoir-désespoir, crainte-audace, colère et mansuétude; Aristote en a posé six autres[18], qui peuvent facilement être ramenées aux premières: il s'agit du zèle, de la grâce, de l'indignation, de la miséricorde, de l'envie et de la vergogne. Ces passions, que l'on peut expliquer par l'action de la chaleur et du froid, du mouvement, ou encore par celle de la lumière ou des ténèbres, sont l'expression de l'union de l'âme et du corps, car l'âme, aussi longtemps qu'elle est unie au corps, ne peut rien faire sans lui, qu'il s'agisse de l'âme intellective ou sensitive. De ces «mouvements» de l'âme, Aristote a traité dans son De motibus animalium[19], ainsi qu'Avicenne dans le De viribus cordis. On peut encore ramener l'ensemble des passions à

---

[16] Ibid. I, 66 r sq. 330. Nous n'entrerons pas, dans le cadre de ce travail, dans la discussion sur la nature des *species*, qui ont fait l'objet de nombreuses analyses de la part des commentateurs de la pensée oresmienne. On trouvera des informations récentes dans la contribution et les notes de S. Caroti, Autour de N. Oresme, op. cit., passim.

[17] Quodl. I, 69 r, 358: «... *sed sufficit michi quod sciam quod non sit impossibile et quod sciam quare non est impossibile* ».

[18] selon Oresme. Cf. Quodl. II, n. 90, 656.

[19] Quodl. I, 74 r, 400.

deux fondamentales: joie et tristesse, qui elles-même sont fonction de la chaleur et du froid. Ainsi l'audace, la force d'âme, le désir, la joie, la largesse et la prodigalité, ou encore la colère, la mansuétude, peuvent être fonction de la chaleur, soit tempérée, soit au contraire excessive. En revanche, la crainte, la tristesse, la haine et le désespoir sont des manifestations du froid, par l'intermédiaire des humeurs et des esprits corporels[20].

Parmi ces phénomènes, certains sont le propre de l'âme, d'autres du corps, d'autres encore sont communs à l'âme et au corps. Comprendre, se rappeler, est le propre de l'âme; avoir chaud ou froid relève du corps; quant aux opérations communes, elles sont, par exemple, la nutrition, la digestion, et d'autres encore. Les esprits sont, selon Avicenne, faits d'une substance lumineuse en sorte que l'âme se réjouit à la lumière et s'attriste dans les ténèbres. Ces esprits constituent un *quasi-medium* entre l'âme et le corps[21] ou entre la lumière et le corps. Ils sont divers, en quantité, qualité et substance, car, comme le dit Aristote dans la Politique, la nature n'a pas fait l'homme comme un couteau de Delphes[22]. Les esprits sont des *res materiales*, par opposition aux *res spirituales* que sont l'âme, la lumière et les *species* d'un objet; ils sont à placer sur le même plan que les nerfs et les humeurs.

Dire que les mouvements corporels peuvent être ramenés au chaud et au froid, c'est comprendre qu'il y a peut-être autre chose de plus fondamental, comme la lumière, les *species*, et même la rareté et la densité. En effet, si un esprit est raréfié, il se meut de telle façon, en même temps que l'organe qu'il meut; s'il est condensé, le mouvement et son organe seront différents. Pourtant, la lumière et les ténèbres ne sont-elles pas des qualités plus fondamentales que le chaud et le froid? Quoi qu'il en soit, on voit bien pourquoi les passions ne permettent pas de juger droitement, comme le note Aristote dans la Rhétorique[23]; l'amour et la haine sont des obstacles au jugement correct. C'est aussi l'opinion de Boèce dans la *Consolatio*, car les passions tombent dans l'excès, comme l'établit la philosophie morale qui en traite. La passion est une impulsion à agir, alors que l'*habitus* est une disposition naturelle ou acquise d'une puissance en vue de l'action. Communément, la vertu naturelle obéit à celle de l'imagination et par conséquent cette dernière agit sur le corps. Comme le note Aristote dans le De physionomia, les âmes suivent les corps; leurs opérations se diversifient en fonction de la diversité des complexions corporelles. Lorsque l'âme est libre, elle résiste aux mouvements corporels, comme le fait l'homme continent, maître de ses vertus naturelles.

---

[20] Ibid. 74 v 20 sq. 404.
[21] Ibid. I, 75 r, 406.
[22] Aristote, Politique, 1252 a 34 – b 5.
[23] Quodl. I, 76 v sq., 420 – 422.

On le voit, le processus de désenchantement de la nature concerne aussi la nature de l'homme et ses puissances, dont l'élucidation permet de conclure que les *mirabilia* ont des causes naturelles, qu'il est possible et vraisemblable de découvrir. En revanche, il y a des effets admirables que précisément les hommes n'admirent pas, parce qu'ils leur paraissent naturels, inclus dans le cours régulier de l'ordre naturel[24]: nous pourrions ajouter: œuvre de la puissance ordonnée de Dieu. Ce que nous parvenons à comprendre et à inclure dans des procédures rationnelles sont, véritablement, de l'ordre du merveilleux, que la tâche du philosophe consiste précisément à mettre en question. Quels sont les fondements de nos connaissances en philosophie? Quelle intelligibilité conférer au processus causal? Les principes de la connaissance ne nous sont-ils connus que pour autant qu'il faille les entendre *quantum ad homines ipsa pro notis recipientes*?[25].

C'est ce que confirme une *quaestio* des Quodlibeta: qu'est-ce que la substance, ou encore la qualité; y en a-t-il un nombre déterminé dans la nature? Voila des difficultés admirables, et il ajoute: *Et quamvis multis appareant faciles, michi tamen difficiles videntur, ideo nichil scio nisi quia me nichil scire scio.*

Il s'agit, à ce niveau, de scruter l'intelligibilité et les limites de la connaissance humaine tout en ayant conscience qu'elle est, au plan spéculatif, seulement probable, ce qui autorise un usage du même ordre de l'imagination, dans sa dimension théorique, celle qui émet des hypothèses et fait intervenir la *subtilitas*, cette pointe aigue de l'esprit[26]. S'agit-il de scepticisme à proprement parler? Nous pensons qu'il s'agit plutôt d'une conscience aigue de la contingence de l'ordre naturel, suspendu à la puissance absolue de Dieu, et du refus du dogmatisme, lié au sentiment que la raison humaine n'énonce pas le nécessaire mais le possible et qu'à cet égard elle est plus proche de l'opinion et de l'opinable que du jugement catégorique; l'opinion est en effet génératrice de certitudes, non de vérité.

La série des Questiones qui fait suite aux Quodlibeta ne peut que confirmer ce point de vue en accumulant les interrogations qui restent sans réponse. Ce qui est proprement de l'ordre du *mirabile*, c'est l'impossibilité de répondre, ce qui ne veut pas dire qu'il n'y ait aucune réponse possible. Entre la crédulité qui caractérise ceux qui se fient aux apparences illusoires et la constatation objective des limites de l'explication rationnelle se situe ce domaine du vraisemblable dont les mathématiques nous offrent le modèle bien réglé, mais dont il n'est pas facile d'user au plan de la philosophie naturelle. On concèdera que Dieu peut faire de manière

---

[24] Ibid. 80 r sq. 448.
[25] Quodl. q. 21, (54 v b, cité par S. Caroti, op. cit. 86 et Quodl. II, n. 107 du ch. IV, 661.
[26] J. Quillet, L'imagination selon Nicole Oresme, Archives de Philosophie; Paris (1987) 50, 2, 219−227.

miraculeuse une infinité de choses[27]; c'est de l'ordre de sa toute puissance absolue, mais on remarquera que des saints ont prétendu avoir été témoins de miracles, sans doute pour entraîner les hommes à la dévotion et à la prière[28]; on regrettera par ailleurs qu'encore maintenant de nombreux théologiens, peu soucieux de la recherche des causes immédiates et naturelles, croient souvent trop vite et sont abusés: ceux là ne sont pas attentifs à la parole de l'Evangile: «Soyez prudents comme des serpents»...[29]. Bref, on dit plus de choses que ne sont les choses en vérité, c'est pourquoi on ne peut guère se fier à de tels discours, car nombreux sont ceux qui en font de telle sorte[30]. L'ère des miracles est révolue, continue Oresme, car le miracle, dans son sens obvie, est ce à quoi on ne peut assigner aucune cause, ainsi que le Christ l'a dit à ses disciples à propos de l'aveugle de naissance[31]. Certes, de bonnes gens, dévôts, croient immédiatement aux miracles, sans chercher à comprendre, mais d'autres y croient par esprit de lucre, ou par crainte; les gens simples et ignorants y adhèrent aussi, car tout homme est plus ou moins simple ou ignorant, et se fie aux apparences, même s'il s'agit de clercs bons et probes; ces derniers en effet disent bien des choses simplistes, surtout en interprétant des faits singuliers, d'où naissent entre eux bien des controverses[32]. Et Oresme de s'interroger à nouveau: pourquoi les hommes sont-ils si crédules, pourquoi adhèrent-ils à ce qu'ils s'imaginent être des *mirabilia*, à des choses impossibles et ne veulent-ils pas, en revanche, croire à ce qui est possible et vrai? Pourquoi les hommes trouvent-ils admirable que l'aimant attire le fer et non qu'une pierre tombe?[33].

Quel enseignement tirer de ces quelques remarques sur les perspectives oresmiennes concernant le désenchantement de la Nature? Il nous semble qu'il est essentiellement d'ordre éthique: la prudence — celle des serpents de l'Evangile — dans l'approche des phénomènes naturels est de règle, tant en ce qui concerne le *mirabile*, fruit de la crédulité et de la faiblesse humaines que l'explication rationnelle elle-même, pour autant qu'elle laisse irrésolue la question du fondement des premiers principes: *Unde ut sepe dixi non scitur nec scibilia est nisi a Deo maximus terminus*[34]. Et encore: *Solus Deus talia scilicet terminos rerum et potentiarum et magnitudinem novit et numerum*

---

[27] Quodl. I, 60 r 288.
[28] Ibid. I, 60 r 288.
[29] Ibid. I, 60 v sq. 292.
[30] Ibid. I, 60 v 290: *Breviter plura inde dicuntur quam sit rei veritas et ideo rara (est) fides ideo, quia multi multa loquuntur*. L'éditeur traducteur remarque en note (II, 601, n. 119): «The interpretation of this sentence is somewhat conjectural ...».
[31] Jean, I, 4.
[32] Quodl. II, Appendix I 87 r, 712.
[33] Ibid., 723.
[34] Ibid. I, 65 v 15, 328.

proportionum intermediarum et diversitatem inter eos contingentes[35]. Cela vaut pour toutes les disciplines humaines. Seule la science infinie de Dieu peut donner une réponse au questionnement de la Nature. Est-ce à dire qu'il faille renoncer à expliquer ou à «imaginer», au sens spéculatif du terme? Toute l'œuvre d'Oresme est là pour témoigner du contraire: *Plus est mirandum quando natura ita ordinate procedit et agit quam si quandoque erret sive mutetur ab assueto quia ad primum requiruntur multe cause ordinate*[36]. On ne saurait mieux dire. Il reste cependant que la vision qu'a l'évêque de Lisieux de l'univers est celle d'un monde où la Providence serait étrangement absente.

---

[35] Ibid. I, 63 r, 310.
[36] Ibid. I, 53 v sq., 222.

Quis terram aut aquam neget vivere?[1]
Das Problem der Lebendigkeit
in der spätmittelalterlichen Elementenlehre

MARTIN KINTZINGER (Stuttgart)

Die anscheinend rhetorische Frage des Marsilio Ficino (1433—1499), die wir unseren Ausführungen hier voranstellen, ist schon als naturphilosophisches Anliegen keineswegs selbstverständlich. Erst recht in bezug zur Elementenlehre stellt sie ein Novum dar und zeigt die neuartigen Vorstellungen naturphilosophischen Denkens in der Renaissance. Daß bis dahin ein weiter Weg zurückzulegen war, zeigt ein Blick auf markante Ausprägungen der Elementenlehre im Hochmittelalter. Selbstverständlich können wir nicht von einer allgemein anerkannten Lehre ausgehen. Statt dessen halten wir uns an die Werke herausragender Denker, die gerade in ihren eigenwilligen und neuartigen Gedanken das in ihrer Zeit Vorstellbare zeigen.

Hochmittelalterliche Texte zur Elementenlehre sind bekanntlich stets im Kontext der Rezeption und Auseinandersetzung mit den Werken Platos und Aristoteles' zu verstehen. Von Adelard von Bath bis zu Urso von Salerno am Ende des 12. Jahrhunderts finden wir in jener Zeit eine Reihe selbständiger Denker, die sich zur Elementenlehre äußern und die überlieferten antiken Grundlagen dabei oft überwinden.[2]

Als Zeugen aus der Mitte dieses Jahrhunderts führen wir Wilhelm von Conches (1080—1154) an. Er bleibt zunächst grundsätzlich der aristoteli-

---

[1] Marsilio Ficino, Über die Liebe oder Platons Gastmahl. Übersetzt von K. P. Hasse, ed. P. R. Blum, Hamburg 1984, Oratio sexta III, 190: *Quis enim adeo mente captus est, ut partem vivere dicat, totum neget? (...) Quis terram aut aquam neget vivere, que vitam animalibus ex se genitis tribuunt?* Die folgenden Ausführungen legen Ergebnisse einer umfangreicheren Untersuchung vor, die in Kürze erscheinen wird. Für weitere Belegstellen und Literaturnachweise zu den hier genannten Thesen sei auf diese Studie verwiesen.
[2] Cf. W. Stürner, Natur und Gesellschaft im Denken des Hoch- und Spätmittelalters. Naturwissenschaftliche Kraftvorstellungen und die Motivierung politischen Handelns in Texten des 12. bis 14. Jahrhunderts, Stuttgart 1975 (= Stuttgarter Beiträge zur Geschichte und Politik, 7/1). Id. (Ed.), Urso von Salerno. De commixtionibus elementorum libellus, Stuttgart 1976 (= Stuttgarter Beiträge zur Geschichte und Politik, 7/2). A. Nitschke, Naturerkenntnis und politisches Handeln im Mittelalter. Körper — Bewegung — Raum, Stuttgart 1967 (= Stuttgarter Beiträge zur Geschichte und Politik, 2), 104—113.

schen Lehrtradition verhaftet: Die Elemente Erde, Wasser, Luft und Feuer sind nach der ihnen eigenen Schwere und Leichtigkeit zu unterscheiden sowie nach ihren jeweiligen Qualitäten.[3] Entsprechend nimmt die Erde — als das schwerste Element — die unterste Position ein, dann folgen Wasser und Luft. Als leichtestes kommt dem Element Feuer die oberste Position zu.[4] Schwere und Leichtigkeit, die jedem Element seinen Ort (*locus*) zuweisen, sind natürlich (*naturaliter*); die aus ihnen folgende Anordnung der Elemente entspricht den natürlichen Gegebenheiten.[5]

In dieser Form beinhaltet die Lehre von den vier Elementen die Vorstellung einer alles umfassenden (Schöpfungs-)Ordnung. Die Teile der Ordnung folgen, entsprechend ihren naturgegebenen Eigenschaften, gleichsam hierarchisch aufeinander, ordnen sich nach einem Oben und Unten. Wirkungskräfte, die zwischen den Elementen als Teilen der Ordnung zu beobachten sind, streben ebenfalls nach oben oder unten, auf das nächsthöhere oder -tiefere Element. So zeigen sie ihrerseits die feste Verortung des Elements, von dem sie ausgehen. Sobald dessen Position geändert würde, müßten sie zu deren Wiederherstellung wirken und erneut Leichtes über Schwereres und Schweres unter Leichteres bringen.[6]

Nun zu den vier Qualitäten (*qualitates*) der Elemente: warm, trocken, kalt und feucht. Den natürlichen Gesetzen folgend, sind nur die Verbindungen warm-trocken, warm-feucht, kalt-feucht und kalt-trocken möglich, eine Verbindung warm-kalt oder feucht-trocken hingegen ist unmöglich.[7]

Wenn die Lehre von Schwere und Leichtigkeit sowie diejenige von den elementischen Qualitäten alle Teile der geschaffenen Ordnung betreffen, so müssen sie für Unbelebtes wie für Belebtes gelten. Von Lebewesen und deren Eigenschaften ist allerdings, wie wir sehen, in diesem Zusammenhang nicht die Rede. Das Nachdenken über die Eigenschaften der Elemente bringt die Naturwissenschaft des 12. Jahrhunderts offenbar nicht zwingend zu einem Interesse an den Eigenschaften des Lebenden, denkt Elemente und Lebewesen nicht zusammen und fragt so auch nicht nach einem Lebendigen in den Elementen.

---

[3] Zu Wilhelm von Conches: Nitschke, Naturerkentnis (Anm. 2), 97–104 und passim.

[4] Wilhelm von Conches, Philosophia, Hg., übersetzt und kommentiert von G. Maurach. Pretoria 1980, IX (34), 33: *Elementorum vero talis est dispositio, quod inferiorem locum obtinet terra, deinde aqua, postea aer, superiorem ignis.*

[5] Ibid., X (35), 33: *Iuxta terram posita est aqua, quia, cum naturaliter gravis sit, etsi non quantum terra, secundum locum obtinere debuit. Deinde est aer qui gravior igne et levior aqua merito inter utrumque ponitur.*

[6] Cf. ibid., X (35), 33: *Si enim aliquid inferius terra esset, naturaliter gravis, ad illud tenderet (gravis enim naturaliter tendunt deorsum). Si vero aliquid supra ignem esset, ex levitate ad illud tenderet et dissolvi at aliis quaereret.*

[7] Ibid., IX (34), 33: *Cum enim sunt IIII elementa et IIII illorum qualitates, inde fiunt VI complexiones, quaram IIII quidem sunt possibiles, duae impossibiles. Sunt autem IIII possibiles: calidum et siccum, calidum et humidum, frigidum et humidum, fridigum et siccum. Duae vero impossibiles sunt: calidum et fridigum, humidum et siccum.*

Gerade an diesem Punkt bringt Wilhelm von Conches einen neuen Gedanken ins Spiel. Er spürt der Entstehung von Lebewesen nach und kommt dabei zu folgender Erklärung: Die Sternenkörper sind von feuriger Natur, geraten dadurch in Bewegung und erwärmen so die unter ihnen liegende Luft. Diese wiederum bewirkt, daß auch das Wasser erwärmt wird und so können nun in dem erwärmten Wasser verschiedene Arten von Lebewesen entstehen.[8]

Bis hierhin ist der Zusammenhang zur Elementenlehre noch recht weit. Lediglich die räumlich gedachte Reihenfolge von Feuer, Luft und Wasser untereinander — so daß Wirkungskräfte von oben nach unten gehen — erinnert an die elementische Ordnung. Zur Unterscheidung der so entstandenen Lebewesen voneinander greift Wilhelm nun direkt auf die elementischen Qualitäten zurück. Von ihnen leitet er die Eigenschaften der Tiere ab. Einige der Tiere haben demnach mehr von den oberen Elementen in sich, dies sind die Vögel. Sie entsprechen dem Element der Luft. Wie dieses und anders als etwa das Feuer haben sie nicht nur Anteil an der Leichtigkeit, sondern auch an der Schwere. Deshalb finden wir sie nicht nur in der Luft, ihrem eigentlichen Lebensraum, sondern mitunter auch auf der Erde. Sie bewegen sich also in zwei durch ihre Schwere und Position innerhalb der Ordnung unterschiedenen Elementen.

Anders die Fische. In ihnen überwiegt der Anteil am Element Wasser, so daß sie nur in diesem zu leben vermögen.[9] Nicht erst für die Ausbildung ihrer Eigenschaften, sondern bereits für die unmittelbare Entstehung der Lebewesen ist eine elementische Qualität ausschlaggebend: die Wärme. Lebewesen werden *ex calore* erzeugt, durch einen Erwärmungsprozeß. Sobald Wärme mit dem Element Wasser zusammenwirkt, entwickelt sie offenbar eine lebenschaffende Kraft. Dasselbe geschieht in Verbindung mit dem Element Erde. Dieser Vorgang führt zur Entstehung der Landtiere und der Menschen. Wieder sind die Lebewesen in ihren Eigenschaften nach dem Anteil an elementischen Qualitäten bestimmt.

Wo das Element Feuer vorherrscht, entstehen cholerische Lebewesen wie der Löwe, wo mehr von der Erde vorherrscht, melancholische wie Stier und Esel. Wenn in einem Lebewesen der Anteil am Element Wasser überwiegt, so ist es phlegmatisch, wie das Schwein.[10] Diese Charakterisie-

---

[8] Ibid., XIII (42.1), 37: *Corporibus stellarum sit creatis, quia igneae sunt naturae, coeperunt movere se et ex motu aera subditum calefacere. Sed mediante aere aqua calefacta est et ex aqua calefacta diversa genera animalium creata sunt.*

[9] Ibid., XIII (42.1), 37: *Quorum quaedam, quae plus habuerunt superiorem elementorum, aves sunt; unde aves modo sunt in aere ex levitate superiorum, modo descendunt in terram ex gravedine inferiorum. Alia vero, quae plus aquae habuerunt, pisces sunt; unde in hoc solo elemento nec in alio possunt vivere.*

[10] Ibid., XIII (42.2), 38: *Istis sic creatis ex aqua effectu superiorum, ubi tenuior fuit aqua ex calore et creatione praedictorum desiccata, apparuerunt in terra quasi quaedam maculae, in quibus habitant homines et alia quaedam animalia. Sed cum terra ex superposita aqua esset lutosa, ex calore bulliens, creavit ex se diversa genera animalium, et si in aliqua plus abundaverit ignis, colerica nata sunt ut leo; si terra, melancolica ut bos et asinus; si vero aqua, flegmatici ut porci.*

rung der Eigenschaften von Lebewesen leitet sich aus der antiken Säfte- und Temperamentenlehre ab. Ihre mittelalterliche Rezeption kennt schematische Aufstellungen, in denen neben den vier menschlichen Lebensaltern und den Jahreszeiten die Körpersäfte (Blut, Gelbe Galle, Schwarze Galle, Phlegma) und die durch sie bestimmten Temperamente (Sanguiniker, Choleriker, Melancholiker, Phlegmatiker) erscheinen. Entsprechend werden die vier Elemente eingefügt — in der Reihenfolge: Luft-Feuer-Erde-Wasser — und die elementischen Qualitäten — in der Reihenfolge: warm/feucht-warm/trocken-kalt/trocken-kalt/feucht.[11]

Die Elemente lassen sich also in ein Lehrgebäude einfügen, das ausdrücklich nur nach den Eigenschaften von Lebewesen fragt. Mit anderen Worten: An ihnen ist dieselbe natürliche Ordnung zu erkennen, die sich auch anderweitig zeigt, in den Jahreszeiten und menschlichen Lebensaltern sowie eben in den Körpersäften. Darin entsprechen und verbinden sich die verbreiteten Zyklentheorien und die Lehre von den Säften mit der Elementenlehre. Allerdings müssen wir an dieser Stelle festhalten: Die Elemente werden in einem solchen Schema nur in Analogie und durch ihren Einfluß auf die Eigenschaften der Lebewesen angeführt. Es wird nicht die Frage gestellt, ob etwa Lebendes zu den Elementen wesensmäßig dazugehöre oder gar Eigenschaften des Lebenden die Elemente kennzeichnen könnten.

Blicken wir wieder auf Wilhelm von Conches. Er fand eine über die Parallele innerhalb des Viererschemas hinausgehende Verbindung zwischen Elementen und Lebewesen in deren Entstehung und Fortleben innerhalb der Elemente und unter dem Einfluß elementischer Qualitäten und Kraftwirkungen.

Andere Autoren des 12. Jahrhunderts haben dieselben Fragen gestellt und eigene Gedanken entwickelt zur Wirkung der Wärme bei der Erschaffung von Leben und zum Zusammenhang von Elementen, deren Qualitäten und den durch sie entstehenden Lebewesen. Die Vorstellungen bleiben oft und im wesentlichen so, wie wir sie hier bei Wilhelm beobachtet haben. Sie finden sich nicht nur in naturwissenschaftlichen Abhandlungen

---

[11] Cf. J. Viret, Le quaternaire des éléments et l'harmonie cosmique d'après Isidore de Séville, in: Les quatre éléments dans la culture médiévale. Actes du colloque des 25., 26. et 27 mars 1982, ed. D. Buschinger. A. Crépin, Göppingen 1983, 7—25 (= Göppinger Arbeiten zur Germanistik, 386). H. Watanabe-O'Kelly, Melancholie und die melancholische Landschaft. Ein Beitrag zur Geistesgeschichte des 17. Jahrhunderts, Bern 1978, 15 sq.; J. Schlobach, Zyklentheorie und Epochenmetaphorik. Studien zur bildlichen Sprache in der Geschichtsreflexion in Frankreich von der Renaissance bis zur Frühaufklärung. (Humanistische Bibliothek. Abhandlungen, Texte, Skripten), München 1980. Grundlegend für den Zusammenhang von Säfte- und Elementenlehre: R. Klibansky, E. Panofsky, F. Saxl, Saturn und Melancholie. Studien zur Geschichte der Naturphilosophie und Medizin, der Religion und der Kunst. Übersetzt von C. Buschendorf, Frankfurt 1990, 41—44, 48 sq. und passim.

über die Elemente, sondern auch in theologischen, sogar in mystischen Texten, die der Entstehung von Welt und Kosmos und der Bestimmung des (menschlichen) Lebens nachspüren.[12]

Die Eigenschaften und Wirkungen der Elemente sowie die Entstehung und die Eigenschaften der Lebewesen stehen zugleich im Mittelpunkt des Interesses. Durch die Beobachtung natürlicher Gegebenheiten — wie des spezifischen (elementischen) Lebensraumes bestimmter Tierarten — kommen beide Bereiche zueinander. Selbst diese Verbindung wurde im ausgehenden 12. Jahrhundert wieder freigegeben. Maßgebend hierfür war Albertus Magnus (1200—1280). Seine Lehre vom Streben alles Geschaffenen nach der eigenen *bonitas,* ausgelöst durch den *appetitus,* das *desiderium* zur Überwindung der *privatio,* umfaßt Belebtes und Unbelebtes.[13]

Lebewesen und Materie unterliegen gleichermaßen dem von ihm beschriebenen Streben. Die Elemente allerdings berücksichtigt er in diesem Zusammenhang nicht. Anders als bei Wilhelm von Conches finden wir hier keine Verbindung mehr zwischen Lebendem und Elementen. Sie gehören verschiedenen Bereichen des Geschaffenen an und werden nicht — sei es auch nur zur Analogiebildung — zusammengedacht.

Wenden wir uns nun dem Spätmittelalter zu. Autoren naturwissenschaftlicher, naturphilosophischer und -theologischer Texte haben nicht selten die hochmittelalterlichen Lehrtraditionen und Gedankengebäude ohne tiefgehende eigene Bearbeitung übernommen. So kann es vorkommen, daß sie etwa Vorstellungen des frühen und des späten 12. Jahrhunderts vermischen, ohne die grundlegenden Unterschiede zwischen ihnen zu beachten.

Ein Zeuge für eine solche Rezeption der hochmittelalterlichen Gedanken zu den Elementen einerseits, den Eigenschaften des Lebenden andererseits, ist Konrad von Megenberg (1309—1374). Er kennt zunächst die hierarchisch gedachte Schöpfungs-Ordnung. In ihr kommen den vier Elementen feste Positionen zu. Das materielle oder elementische Reich, das er von

---

[12] Eine ausführliche Darstellung dazu erfolgt an anderer Stelle (cf. Anm. 1).

[13] Alberti Magni Ordinis Fratrum Praedicatorum Metaphysica. Libros VI—XIII. (Opera omnia. Tom. XVI, Pars II), ed. B. Geyer, Münster 1964, Lib. 11, tract. 2, cap. 36, 527: *(...) primus motor ut bonum omnis boni movet omnia quae sunt, et quod omne quod est, desiderat ipsum ut bonum et optimum suum et quod omnia quae sunt, aliquam consequuntur eius bonitatem.* Ibid., 528: *Per hoc enim vincitur malitia privationis.*
Alberti Magni ordinis fratrum praedicatorum. Physica. Pars I. Libri 1—4. (Opera omnia, Tom. IV, Pars I), hg. P. Hoßfeld, Münster 1987, Lib. 1, tract. 3, cap. 16, 52: *Cum enim forma sit quoddam divinum et optimum et appetibile, dicimus quod privatio est contraria ei (...). Sed materia per hoc quod est inmixta privationi, nata est appetere ipsam formam quae est divinum et optimum (...) et hoc modo est appetitus et desiderii causa.* Cf. Nitschke, Naturerkenntnis (Anm. 2), bes. 123—130. P. Hoßfeld, Über die Bewegungs- und Veränderungsarten nach Albertus Magnus, in: Die Kölner Universität im Mittelalter. Geistige Wurzeln und soziale Wirklichkeit, ed. A. Zimmermann, Berlin/New York 1989, 128—143 (= Miscellanea Mediaevalia, 20).

einem himmlischen Reich unterscheidet, gliedert sich in vier Stücke: das Erdreich als Weltmittelpunkt, das vom Wasser umgeben wird wie dieses von der Luft und die Luft vom Feuer. So sind die Elemente als vier konzentrische Kreise vorzustellen. Das Oben und Unten der hierarchischen Ordnung ist hier durch die geringere oder größere Entfernung vom Mittelpunkt der Schöpfung ausgedrückt – und bewahrt.[14] Zur Erklärung führt Konrad die elementischen Qualitäten der Schwere und Leichtigkeit an. Nach dem göttlichen Schöpfungswillen steht immer das Schwere unter dem Leichteren.[15]

Es fällt auf, daß die einzelnen Aussagen zur Elementenlehre recht unvermittelt nebeneinander stehen und nicht wirklich auseinander entwickelt werden. So kann es auch nicht überraschen, daß die Frage nach den Elementen als Lebensraum nicht gestellt wird, somit dieses Einfallstor für eine Verbindung von Elementenlehre und Lebendigkeitsvorstellungen verschlossen bleibt. Daß beides für Konrad dennoch nicht völlig unvermittelt ist, belegt seine Rezeption der Säfte- und Temperamentenlehre und der darin enthaltenen Analogiebildung zwischen Elementen und Eigenschaften der Lebewesen. Charakterunterschiede zwischen Menschen erklärt er mit der unterschiedlichen Teilhabe an den elementischen Eigenschaften. Zusammen mit kosmischen Kräften verleihen sie einem Menschen bei der Geburt geheime Neigungen, bestimmte Begabungen und Fähigkeiten.[16]

Was wir bereits oben über solche Vorstellungen gesagt hatten, gilt auch hier: Ein wesenhafter Zusammenhang von Elementen und dem Bereich des Lebenden besteht nicht. Hinsichtlich der Genese der Lebewesen läßt sich diese Feststellung präzisieren: Eine kausale oder genetische Verbindung ist nur in einer Richtung zu erkennen. Wirkungskräfte, wie sie von den Elementen auf die Lebewesen einschließlich der Menschen ausgehen, sind nicht auch umgekehrt vorstellbar. Eigenschaften des Lebenden werden nicht auf die Elemente selbst übertragen, Elemente und Lebendigkeit

---

[14] Konrad von Megenberg, Die deutsche Sphaera, ed. F. B. Brévart, Tübingen 1980 (= Altdeutsche Textbibliothek, 90), 9: *Daz gantz werk oder daz ganz gepeu aller diser werlde wirt in zwai reich gestukt. Daz erst ist daz elementisch oder daz matergleich reich; daz ander ist daz himelisch reich. Daz elementisch reich hat vier stukke. Daz klainst ist daz ertreich, und daz ist reht als ain gemeinaer mittelpunkt aller werlt. Umb daz ertreich ist wazzer, umb daz wasser ist luft, umb den luft ist feuer.*

[15] Ibid., 9: *Also hat der oberst got die vier element gesetzet, daz ie daz swerst unter dem leihtern stet, wanne erd ist mer swer wann wazzer, und wazzer mer denne luft, und luft denne feur, daz lauter ist.*

[16] Konrad von Megenberg. Werke. Ökonomik, ed. S. Krüger, Stuttgart 1984 (= Monumenta Germaniae Historica 500–1500. Staatsschriften des späteren Mittelalters, 3.5), Lib. 3, cap. 7, 37: *Et hec varietas ex elementorum graduali provenit latitudine, quam nemo phisicorum seu eciam medicorum punctualiter concipere potest concurrentibus in hiis differenciis astrorum variis aspectibus et quasi viribus innumeris eorum in puerorum concepcione, formacione et nativitate, que super corpora humana influunt occultas quodammodo affecciones, ex quibus humana ingenia secundum plus et minus ingrossantur aut subtiliantur.*

nicht zusammengedacht.

Die Elementenlehre des frühen 12. Jahrhunderts hatte die Frage nach dem Einfluß der Elemente auf die Natur der Lebewesen gerade mit Blick auf deren elementische Lebensräume gestellt. So blieb wiederum ein Bezug des Lebens zu den Elementen gewahrt. Indem Konrad zwar ebenfalls elementischen Kräften Wirkung auf die Eigenschaften von Lebewesen zugesteht, die elementischen Lebensräume aber gerade außer acht läßt, verschließt er sich diesen Zugang.

An derselben Stelle setzt nun jener Gedanke des Marsilio Ficino an, den wir unseren Betrachtungen hier vorangestellt haben. Er fragt: Wer wollte von einem Teil sagen, daß es lebe, dem Ganzen aber das Leben absprechen? Wer wird der Erde oder dem Wasser nicht zuerkennen, daß sie leben, wo sie doch den von ihnen erzeugten Lebewesen — die in ihnen ihren Lebensraum haben — Leben geben? Entsprechend müssen dann auch die gegenüber Erde und Wasser noch vornehmeren Elemente Luft und Feuer leben.[17] Als Kernsatz läßt sich also formulieren: Die Elemente haben Lebendes in sich, das von ihnen und in ihnen erzeugt ist, und auch sie selbst leben, sind lebendig. Hier dringt die Wissenschaft der frühen Renaissance zu einer bis dahin undenkbaren Vorstellung durch. Andere Autoren sind auf eigenen Wegen zu ähnlichen Ansichten gelangt. Nur Ficino aber formuliert ausdrücklich die Überzeugung von der Lebendigkeit der Elemente.

Vollziehen wir nach, wie er seine Gedanken entwickelt. Zunächst fällt auf, daß er im Rahmen einer Ordnung bleibt, die den Elementen feste Positionen zuweist. Luft und Feuer sind demnach vornehmer als Erde und Wasser. Zugleich verzichtet er aber darauf, diese Positionen durch die elementischen Qualitäten — angefangen bei Schwere und Leichtigkeit — zu erklären. Dieser Verzicht auf überkommene Erklärungsmuster ist nicht selbstverständlich für ihn, was sich daran zeigt, daß er an anderer Stelle eingehend die gängige Säfte- und Temperamentenlehre rezipiert.[18]

Ficino überwindet die Vorstellung von den elementischen Qualitäten, um Eigenschaften und Wirkungen der Elemente nun seinerseits eigenständig erklären zu können. Grundlage der Argumentation ist seine Deutung der Liebe als Antrieb allen Handelns in irdischer wie kosmischer Welt. Sie bewirkt eine Anziehung zwischen den Dingen. Ihren Ausgangs-

---

[17] Marsilio Ficino, Über die Liebe (Anm. 1), Oratio sexta, III, 190: *Quis enim adeo mente captus est, ut partem vivere dicat, totum neget? (...) Quis terram aut aquam neget vivere, que vitam animalibus ex se genitis tribuunt? Quod si feces iste mundi vivunt viventiumque sunt plene, cur non aer et ignis excellentiores mundi partes viventiaque in se similiter habeant celique similiter?*

[18] Cf. Klibansky, Panofsky, Saxl, Saturn und Melancholie (Anm. 11), 368—378 und passim. Zu Ficino grundlegend: P. O. Kristeller, Die Philosophie des Marsilio Ficino, Frankfurt/M. 1972 (= Das Abendland, N.F. 1). Die hier interessierenden Fragen stehen bei Kristeller allerdings nicht im Mittelpunkt.

punkt findet sie in der Selbstliebe, der Anziehung eines Dinges zu sich selbst. Diese wirkt sich als Instinkt der Fortpflanzung und Vermehrung aus, als das Streben, sich selbst Gleiches hervorzubringen. So erklärt sich dann die Fortpflanzung der Lebewesen, der Pflanzen, Tiere und Menschen.[19]

Fortpflanzung und Vermehrung sind auch von früheren Autoren häufig als Eigenschaft der Lebewesen und Ausdruck des Lebenden beschrieben worden. Das Neuartige bei Ficino ist nun, daß er an dieser Stelle auch die Elemente einführt, sie in einer Reihe mit den Lebewesen nennt und ihnen die Eigenschaft des Lebenden zuspricht. Es ist der Instinkt der Vermehrung, durch den die Sterne ihr Licht auf die Elemente ausbreiten und diese sich gegenseitig bewegen: das Feuer die Luft, diese das Wasser und das Wasser die Erde.[20] Gerade die Freundschaft zwischen Gestirnen und Elementen garantiert die Stabilität der elementischen Ordnung. Wenn sie in gegenseitiger Liebe ihre Kräfte vereinen, bewirken sie damit Klarheit der Luft, Ruhe des Wassers. Fruchtbarkeit der Erde und Gesundheit der Lebewesen.[21]

Aus der Selbstliebe eines Dinges, die dessen Vermehrung bewirkt, folgen Handlungen der Liebe, der Anziehung zwischen verschiedenen Dingen. Wieder dient die gegenseitige Wirkung der Elemente aufeinander als Beispiel: Die Erde zieht Wasser zu sich wie dieses die Luft und die Luft das Feuer.[22] Schließlich wird die Liebe sogar zum Antrieb solcher Handlungen, die auf den ersten Blick ihr Gegenteil zu erreichen scheinen. Übermäßige Selbstliebe läßt ein Ding das andere, dem es sich in gegenseitiger Anziehung zuwenden sollte, verlassen. Dadurch wird die elementische Ordnung gestört.[23] Dieser Gedanke führt noch einen Schritt weiter: Ebenso erklärt sich auch die scheinbare Feindschaft zwischen Teilen der geschaffenen Welt. Sie ist deshalb nur eine scheinbare, weil in Wahrheit alle Glieder des Schöpfungswerkes durch Liebe einander verbunden sind und folglich keineswegs Feindschaft gegeneinander hegen können.[24]

---

[19] Ibid., Oratio tertia, II, 82: (...) herbe queque et arbores cupide sui seminis propagandi sui similia gignunt. Animalia quoque bruta et homines eiusdem cupiditatis illecebris ad procreandum sobolem rapiuntur.

[20] Ibid., Oratio tertia, II, 82: Per hunc ignis sui caloris communione aerem movet, aer aquam, aqua terram. Ac versa vice terra ad se trahit aquam, hec aerem, ille ignem (...).

[21] Ibid., Oratio tertia, III, 88: Inest sideribus et elementis quatuor amicitia quedam quam astronomia considerat (...). Est enim iis moderatur amor, quando, invicem mutuis viribus temperatissime consonant (...). Ex illo aeris grata temperies, aque tranquillitas, terrarum fertilitas, animalium sanitas.

[22] Ibid.

[23] Ibid., Oratio tertia, III, 88: Est et amor immoderatus, quando unum aliquid illorum se ipsum amat nimium, alia quoddammodo derelinquit (...) Ex hoc contraria (sc. terrarum fertilitatis etc.) proficiscuntur.

[24] Ibid., Oratio tertia, III, 90: Quamobrem omnes mundi partes quia unius artificis opera sunt eiusdem machine membra inter se in essendo et vivendo similia, mutua quadam caritate sibi invicem vinciuntur.

Wo also ein Ding ein anderes zerstört, so geschieht dies aus der Selbstliebe, die ja danach strebt, sich selbst Gleiches hervorzubringen. Wo ein Ding ein anderes aus Furcht vor Zerstörung flieht, ist es wiederum von der Liebe dazu angetrieben, um sich so selbst zu erhalten. Als Beweise dienen erneut Beispiele aus der Welt der Lebewesen und zugleich solche aus dem Bereich der Elemente. Ein Lamm meidet den Wolf nicht aus Abneigung gegen ihn, sondern gegen seine eigene Zerstörung, die ihm durch den Wolf zustößt. Umgekehrt frißt der Wolf das Lamm ebenfalls nicht aus Haß, sondern aus Eigenliebe — zur Selbsterhaltung. Gleiches gilt für die Menschen. Ein Mensch haßt nicht den anderen als solchen, sondern dessen Fehler und Schuld. Der Neid gegen Mächtigere und Klügere erklärt sich dann aus dem Streben, ihnen nicht unterliegen zu wollen.

Ebenso flieht das Feuer das Wasser nicht aus Haß, sondern um nicht von der Kälte des Wassers ausgelöscht zu werden. Auch das Wasser löscht das Feuer nicht aus Haß, sondern eben um durch Vermehrung der eigenen Eigenschaft, der Kälte, aus dem Körper des Feuers sich selbst Gleichartiges hervorzubringen. Da alles natürliche Verlangen zum Guten und nicht Bösen strebt, ist es nicht die Absicht des Wassers, das Feuer zu zerstören — was böse ist —, sondern eben das Feuer ihm gleich zu machen — was gut ist. Bedürfte es dazu nicht der Zerstörung des Feuers, so würde das Wasser es nicht auslöschen.[25]

Fassen wir zusammen. Elemente zeigen Handlungsantriebe und Wirkungen, die als Eigenschaften der Lebewesen zu beschreiben sind, als Ausdruck des Lebenden. Sie müssen also selbst Lebendigkeit besitzen, belebt sein.

Einen anderen Gedankengang Ficinos hatten wir bereits kennengelernt: Weil die Elemente Lebewesen in sich haben, denen sie erst das Leben geben, müssen auch sie selbst über Lebendigkeit verfügen. Die Schlußfolgerung bleibt dieselbe: Die Elemente leben.

Anders als bei den hochmittelalterlichen Autoren, führt bei Ficino das Nachdenken über die Elemente einerseits und die Eigenschaften des Lebenden andererseits zu einer Durchdringung und Verbindung beider Bereiche. Die Elemente haben bestimmenden Einfluß auf die in ihnen ent-

---

[25] Ibid., Oratio tertia, IV, 92: *Porro agnus lupi vitam figuramque non odit, sed sui pernitiem que a lupo infertur exhorret. Neque lupus agni odio, sed amore sui eum lacerat atque devorat. Neque homo hominem sed vitia hominis horret. Neque potentioribus aut acutioribus dotes suas, illorum odio, sed nostri benevolentia invidemus, metuentes ne illis penitus succumbamus.* Oratio tertia, IV, 90: *Quod sit ita est, nulla operis huius membra inimica esse inter se ullo pacto possunt. Non enim ignis aquam, aque odio fugit, sed sui ipsius amore, ne ab aquae frigore extinguatur. Neque ignem aqua odio ignis extinguit, sed quodam amplificandi proprii frigoris appetitu trahitur ad aquam sibi similem ex ignis corpore procreandum. Nam cum omnis appetito naturalis ad bonum nullaque ad malum tendat, aque propositum est non ignem extinguere, quod est malum, sed aquam sui similem, quod bonum est, generare. Quod si absque ignis interitu explere posset, ignem utique non consumeret.*

stehenden und lebenden Wesen. Deren Lebendigkeit wirkt nun aber gleichsam zurück und ist auch den Elementen selbst eigen.

Noch eine weitere bedeutsame Neuerung findet sich bei Ficino. Er spürt nicht nur der Entstehung und den Eigenschaften der Lebewesen nach, sondern dringt zu einer grundsätzlichen Erklärung ihrer Handlungsantriebe vor. Demnach folgen alle Handlungen und Wirkungen des Lebenden der Liebe/Selbstliebe — als einem fundamentalen Prinzip.

Die Vorstellung einer elementischen Ordnung in irdischer und kosmischer Welt wird nicht aufgegeben. Statt dessen verzichtet Ficino, wie wir gesehen hatten, auf die überkommene Lehre von der Schwere und Leichtigkeit sowie den vier Eigenschaften der Elemente. Elementische Kräfte und Wirkungen erklären sich, wenn auch innerhalb der umfassenden Ordnung, durch das Prinzip der Liebe selbständig und unabhängig von der bekannten Qualitätenlehre. Sie taugt nicht mehr, das Leben zu begründen oder zu erklären. Statt dessen ist die Liebe eine elementische Kraft schlechthin. So wird der innere Zusammenhang von Elementenlehre und Lebendigkeitsvorstellung bei Ficino hergestellt. Aus der Vorstellung eines Prinzips als Antrieb allen Handelns und Wirkens in der geschaffenen Welt erklärt sich, daß Elemente und Lebewesen Zeugen für dieselben Eigenschaften des Lebenden sind, in derselben Weise Lebendigkeit besitzen.

Ein Prinzip als Handlungsantrieb, wenn es auch erst durch sein Wirken in den Dingen deutlich wird, ist doch von diesen unabhängig zu denken. Es geht nicht aus einem Lebewesen hervor oder gehört ihm wesensmäßig an. Vielmehr besteht es für sich und die Lebewesen — so also auch die Elemente — haben ihrerseits an ihm Teil. Die beschriebenen Eigenschaften und Wirkungen sind dann nicht mehr als spezifische Lebensäußerungen eines Lebewesens zu verstehen, die diesem zugehören und es von anderen unterscheiden. In der Teilhabe am Prinzip der Liebe treffen sich alle Lebewesen. Freilich bleiben ihre aktuellen Eigenschaften und Wirkungen unterschiedlich, wie das Beispiel von Wolf und Lamm zeigt. Dennoch sind sie gleichermaßen Ausfluß des Prinzips der Liebe.

Nun stellt sich die Frage, ob ein solches Verständnis der Elementenlehre auch bei den Zeitgenossen Ficinos vorkommt, so daß wir es als ein besonderes Denken der Renaissance von den früheren Vorstellungen abheben können.

Ein bedeutender Zeuge dafür ist Leonardo da Vinci (1452—1519). Wie Ficino verläßt auch er die traditionellen Bahnen der Qualitätenlehre, geht aber noch einen wichtigen Schritt weiter. Die elementische Ordnung, die bei Ficino zumindest noch als gedanklicher Rahmen im Hintergrund blieb, kennt er nicht mehr. Er verzichtet darauf, aus (in der Lehrtradition überlieferten) umfassenden kategorialen Einheiten auf die Einzeldinge zu schließen. Statt dessen geht er gerade umgekehrt vor. Durch beschreibende

Beobachtung erschließt er sich eine Vielzahl von Einzelphänomenen, aus denen er dann induktiv die natürlichen Gegebenheiten ableitet, denen diese folgen.[26]

Immer wieder ist ihm die Frage nach den Eigenschaften der lebendigen Körper ein zentrales Anliegen. So erklärt er beobachtete natürliche Vorgänge, indem er eigene Vorstellungen von Lebendigkeit entwickelt. Folgen wir ihm zunächst bei einem einfachen Experiment. Er nimmt mit der Hand einen Stein auf, schleudert ihn in die Luft und beobachtet, wie der Stein wieder zu Boden fällt. Der Stein ist durch die menschliche Hand aus seiner natürlichen Lage herausgerissen, von seinem natürlichen Ort — auf der Erde — entfernt worden. Nun strebt er dorthin zurück. Dafür braucht er eine Art von Lebendigkeit, die ihm natürlicherweise nicht eigen ist. Dem Stein wird durch das Fortwerfen eine Bewegung aufgezwungen, die ihn von seinem natürlichen Ort entfernt. Die Bewegung verleiht dem Stein Gewicht und das Verlangen, wieder dorthin zurückzukehren. Beides läßt ihn auf die Erde hinabfallen.

An welcher Stelle ist nun bei diesem Vorgang Lebendigkeit anzunehmen? Leonardo erklärt: Bewegung und Gewicht erzeugen eine Kraft, die dem bewegten Körper Leben verleiht, solange er seinen natürlichen Ort noch nicht wieder erreicht hat.[27] Leben (Lebendigkeit) kann von einer lebenspendenden Kraft kurzzeitig verliehen werden. Dauer und Ende dieser verliehenen Lebendigkeit werden durch das Erreichen des natürlichen Ortes bestimmt.

Zwei grundlegende Gedanken sind damit ausgesprochen: Auch materielle Körper, die von sich aus kein Leben besitzen, können Lebendigkeit verliehen bekommen und, vor allem, Lebendigkeit ist losgelöst von der wesensmäßigen Zugehörigkeit zu lebendigen Körpern denkbar. Die durch das Kriterium wesensmäßiger Lebendigkeit gesetzte Grenze zwischen Le-

---

[26] Cf. R. A. Steiner, Theorie und Wirklichkeit der Kunst bei Leonardo da Vinci, München 1979, 34—40 (= Die Geistesgeschichte und ihre Methoden. Quellen und Forschungen, 7). K. D. Keele, Leonardo da Vinci's elements of the science of man, New York etc. 1983, 79—92.

[27] Leonardo da Vinci, Tagebücher und Aufzeichnungen. Übers. und hg. T. Lücke, Leipzig (2. Aufl.) 1952, 7: Was ist Kraft? Ich erkläre die Kraft für ein geistiges, unkörperliches, unsichtbares Wirkungsvermögen, das in den Körpern zu kurzem Leben erweckt wird, wenn sie durch einen zufälligen Zwang — etwa wenn ein Stein durch eine Hand hochgehoben und in die Luft geschleudert wird — aus ihrer natürlichen Lage und Ruhe gebracht werden. Ich habe sie geistig genannt, weil in dieser Kraft ein reges unkörperliches Leben ist; und ich nenne sie unsichtbar, weil der Körper, in dem sie entsteht, weder an Gewicht noch an Umfang zunimmt.

Cf. A. Nitschke, Körper in Bewegung. Gesten, Tänze und Räume im Wandel der Geschichte, Zürich 1989, 245. M. Wolff. Geschichte der Impetustheorie. Untersuchungen zum Ursprung der klassischen Mechanik, Frankfurt/M. 1978, 255 sq. M. Putscher, Pneuma, Spiritus, Geist. Vorstellungen vom Lebensantrieb in ihren geschichtlichen Wandlungen, Wiesbaden 1973.

bewesen und den übrigen Dingen der geschaffenen Welt wird für eine
selbständige Neubestimmung von Leben und Lebendigkeit verfügbar.

Fragen wir nun danach, ob sich aus Leonardos Lebendigkeitsvorstellung
Folgen für sein Verständnis der Elemente ergeben. Durch sein analytisches
Verfahren wird er frei, die Elemente ebenso wie die übrigen Dinge und
Lebewesen zu beobachten und zu beschreiben. Dies führt ihn dazu, die
Aussagen der Qualitätenlehre — insbesondere über Schwere und Leichtigkeit der Elemente — als Lehrgebäude zu überwinden, um sie zugleich
experimentell auf ihren Wahrheitsgehalt hin zu überprüfen.

Schwere und Leichtigkeit sind nicht feststehende, sondern zufällige
Eigenschaften der Elemente. Sie entstehen durch das Aufeinandertreffen
zweier Elemente, wobei stets das eine leichter, das andere schwerer sein
muß als sein Gegenüber. Wenn Luft ins Wasser geblasen wird, hat sie dort
Leichtigkeit und strebt nach oben, um das Wasser wieder zu verlassen.
Das Wasser hingegen hat, sobald es über der Luft ist, Schwere und strebt
nach unten. Sie besitzen die Schwere oder Leichtigkeit aber nicht von sich
aus, sondern gewinnen sie erst durch ihr Zusammentreffen. Sobald die
Luft wieder nach oben aus dem Wasser entwichen ist, haben beide weder
Schwere noch Leichtigkeit. Sie sind dann wieder an ihrem natürlichen
Ort, von dem sie durch die ihnen aufgezwungene Bewegung (das Hineinblasen der Luft ins Wasser) entfernt worden waren. Ähnliches ließ sich
bei dem fortgeworfenen Stein beobachten, der wieder zur Erde zurückfiel.
An seinem natürlichen Ort, in seiner eigenen Sphäre, hat ein Element
keine Eigenschaften wie Schwere oder Leichtigkeit.[28]

Damit die Elemente solche Eigenschaften gewinnen können, ist — wie
das Experiment zeigt — zuvor ihr Aufeinandertreffen, ihre Bewegung
erforderlich. Bewegung wird durch Wärme oder Kälte erzeugt, die wie-

---

[28] Ibid., 519: Welcher Unterschied zwischen den zufälligen Eigenschaften des Wassers und
den zufälligen Eigenschaften der Luft und des Feuers besteht. Das Wasser läßt sich nicht
in sich verdichten (...) liegt es doch in seiner Natur, Schwere und Leichtigkeit zu
gewinnen.
Ibid., 14: Schwere ist eine zufällige Erscheinung, hervorgerufen durch die Bewegung
der unteren Elemente in den oberen. Leichtigkeit (...) wenn das dünnere Element unter
das dichtere gezogen wird, denn dieses bewegt sich dann (...) und gewinnt dadurch
Gewicht. Dieses wird erzeugt, sobald dem Element der Widerstand fehlt, und da dieser
Widerstand durch das Gewicht überwunden wird, so ändert es seine Lage nicht ohne
Änderung seines Wesens und gewinnt also während der Änderung die sogenannte
Leichtigkeit.
Ibid., 452 sq.: Kein Element hat Gewicht in seiner Sphäre. Aber wenn ein Element
zufällig in ein leichteres gerät, so erzeugt es sofort Schwere und da es dort nicht getragen
werden kann, fällt es in sein eigenes Element zurück, wo diese Schwere sofort vergeht.
Schwere ist eine gewisse Wirkung, die entsteht, wenn ein Element in ein anderes gezogen
wird. Da dieses dort nicht aufgenommen werden kann, versucht es in unaufhörlichem
Kampf in seine Lage zurückzukehren.

derum von der Nähe oder Ferne zur Sonne herrühren.²⁹ Hier berühren sich nun Leonardos Überlegungen zu den Elementen und zu den lebendigen Körpern. Der Zusammenhang von Wärme, Bewegung und der Gewinnung zufälliger Eigenschaften gilt für die Elemente gleichermaßen wie für die Lebewesen. Wärme und Kälte bringen Bewegung in die Elemente. Zugleich findet sich in den lebendigen Körpern eine Wärme, die die Säfte bewegt und den Körper am Leben erhält.³⁰ Auch die Säfte- und Temperamentenlehre wird also von Leonardo aufgenommen und neu bestimmt.

Die Entsprechungen zwischen lebendigen Körpern und Elementen gehen hier noch einen Schritt weiter: Wie die Säfte im menschlichen Körper, so wirkt das Wasser im Weltkörper. Wasser ist der Lebenssaft der Erde und wird wie die Körpersäfte durch Wärme bewegt — anders als diese freilich durch seine eigene, natürliche Wärme.³¹ Aus diesen Überlegungen schließt Leonardo, daß Bewegung die Ursache allen Lebens sei.³² Wieder umfaßt Leben in seinem Verständnis die lebendigen Körper (Lebewesen) und die Elemente gleichermaßen. Die Elemente haben zugleich Einfluß auf die Lebendigkeit der Körper. Diese wachsen und vermehren sich durch das Wasser. Dafür ist eine Bewegung des Wassers erforderlich, die von der Wärme des Feuers ausgelöst wird. Noch mehr bewirkt das Feuer: Es erzeugt die Lebenswärme der Welt, die alles Leben erhält.³³ Seine Flamme zeigt an, wo Leben möglich ist, denn sie lebt wie die atmenden Lebewesen nur dort, wo die Luft dafür geeignet ist.³⁴

Lebenserhaltung und Wachstum, Vermehrung und Fortpflanzung waren auch von früheren Autoren als Eigenschaften des Lebenden beschrieben

---

[29] Ibid., 14: Leichtigkeit und Schwere werden verursacht durch die unmittelbare Bewegung. Bewegung wird erzeugt durch Wärme und Kälte (...) Das Licht und die Wärme des Weltalls kommen von der Sonne, seine Kälte und Finsternis von der Entziehung der Sonne.

[30] Ibid., 15: Jede Bewegung der Elemente kommt von der Wärme und Kälte. Ibid., 578: Die in den lebendigen Körpern verbreitete Wärme bewegt die Säfte, die jene ernährt. Die Bewegung, die der Saft macht, bedeutet Selbsterhaltung und Belebung für den Körper, der ihn birgt.
Cf. Gustavo Costa, Leonardo da Vinci and the aesthetics of the four elements, in: Symposium 37 (1983), 171—185, hier 175 sq.

[31] Ibid., 577: Wasser ist zum Lebenssaft dieser trockenen Erde bestimmt. Die Ursache, die es gegen den natürlichen Lauf der schweren Dinge durch die Adern bewegt, gleicht derjenigen, welche die Säfte in allen möglichen lebendigen Körpern bewegt.

[32] Ibid., 25: Die Bewegung ist die Ursache allen Lebens.

[33] Ibid., 517: Wasser ist der Zusatz und Saft aller lebendigen Körper (...) Es bindet die Körper und mehrt sie beim Wachsen.
Ibid., 20 f.: Lebenswärme der Welt kommt vom Feuer, das in der ganzen Erde verbreitet ist und der Sitz des triebhaften Lebens ist.

[34] Ibid., 58 sq.: Wo die Flamme nicht lebt, lebt auch kein atmendes Tier. Wo die Luft nicht geeignet ist, die Flamme zu empfangen, kann keine Flamme leben, noch irgendein Lebewesen der Erde oder der Luft.

worden. Sie kennzeichnen bei Leonardo sowohl die lebendigen Körper als auch die Elemente. Beide werden in derselben Weise beobachtet und in ihren Lebensäußerungen beschrieben. Die lebenspendende und -erhaltende Wirkung der Elemente, ihre Eigenschaften als Ausdruck eigener Lebendigkeit, stellen sie in eine Reihe mit den lebendigen Körpern. Wieder, wie schon bei Ficino, muß die Schlußfolgerung sein: Die Elemente leben. Es entspricht allerdings Leonardos streng analytischem Vorgehen, daß er eine derartige kategorische Aussage nicht trifft. So können wir hier nur eine inhaltliche, nicht auch wörtliche Entsprechung zu Ficino festhalten.

Auch in einem anderen Gedanken weicht er von Ficino ab und geht zugleich über ihn hinaus. Spätere Autoren sind ihm darin gefolgt, zwischen den Elementen als materiellen Erscheinungsformen und einer Vorstellung von elementischer Substanz in diesen zu unterscheiden. Wenn die Elemente, wie wir gesehen hatten, wieder an ihren natürlichen Ort streben, wo sie weder Schwere noch Leichtigkeit haben, so sind sie dort in ihrem „eigenen" Element.[35] Das jeweils „eigene" Element, das einem materiellen Element zugrunde liegt, nimmt das Verständnis der vier Elemente als Ordnungsform der irdischen und kosmischen Welt wieder auf. Es sind freilich nicht diese, sondern nur die materiellen Elemente, die experimentell beobachtet werden können. Diejenigen ihrer Eigenschaften, die früher durch die Qualitätenlehre beschrieben wurden, sind jetzt als zufällige erkannt und also nicht in ihnen festgelegt.

Anders verhält es sich mit der Fähigkeit der Elemente, solche Eigenschaften durch das Zusammentreffen mit anderen Elementen überhaupt erst annehmen zu können, wie auch und vor allem mit den Ausdrucksformen der Lebendigkeit in den materiellen Elementen. Beides empfangen sie von ihren „eigenen" Elementen. Was über das Lebende in den Elementen und deren eigene Lebendigkeit zu sagen war, gilt also auch für diese „eigenen", für die vier Elemente.

Spuren dieser neuen Vorstellungen finden sich auch bei anderen zeitgleichen oder späteren Denkern. Eingehend beschäftigt sich Theophrast von Hohenheim, genannt Paracelsus (1493–1541), mit der lebenspendenden Kraft der Elemente. Aus der Luft haben demnach alle Dinge das Leben, sie ernährt alle Lebewesen wie auch die Menschen.[36] Die Erde

---

[35] Ibid., 383: Kein Element hat Schwere oder Leichtigkeit in seinem eigenen Element.
[36] Theophrast von Hohenheim gen. Paracelsus, Philosophia de generationibus et fructibus quatuor elementorum. (Sämtliche Werke, 1. Abteilung. Medizinische, naturwissenschaftliche und philosophische Schriften, 13), ed. K. Sudhoff. München/Berlin 1931, 16: (...) der luft, der atem, aus dem al ding das leben haben; dan er ist der luft und gibt den luft, der die drei element neret und den menschen in seinem leben, wo dieser luft nicht were, so möchten wir nicht leben.
Zum Verhältnis von Ficino und Paracelsus: Klibansky, Panofsky, Saxl, Saturn und Melancholie (Anm. 11), 284.

bringt Nahrung für Tiere und Menschen hervor und ernährt sie. Sie hat die Kraft der nährenden Dinge, die zu dem Lebendigen gehört.[37] Zur lebenserhaltenden Kraft der Erde gehört es schließlich, die Samen der Lebewesen in sich zu bergen und ihre Fortpflanzung sicherzustellen.[38] Paracelsus kennt die lebenspendende und -erhaltende Kraft der Elemente. Er bestimmt ihre Eigenschaften nach dem Einfluß, den sie auf die Lebewesen und deren Lebendigkeit haben, wie er sich im übrigen auch scharf von der Qualitätenlehre absetzt. Dennoch beschreibt er die Elemente selbst nicht als lebendig.

Weiter geht darin Giordano Bruno (1548—1600). Wenn er untersucht, wie die einzelnen Elemente die lebendigen Körper am Leben erhalten, vermischen sich (anders und stärker als bei Paracelsus) Elementenlehre und theologisch-spekulative Gedanken. Die Luft (gleichgesetzt mit dem Geist) teilt Leben und Wachstum aus, ist selbst lebendig und gibt anderen das Leben.[39] Als Ursprung aller Wärme läßt das Feuer die Dinge eigene Bewegung, Leben und Empfinden haben.[40] Durch das Wasser erfahren sie Wiedergeburt, Wiederherstellung und Reinigung.[41] Die Erde schließlich als beständigstes und kleinstes Element ist die Mutter aller Dinge. Dieser Gedanke taucht auch bei Paracelsus auf. Durch Teilhabe an ihr und Einheit mit ihr leben alle Dinge.[42]

Auch Bruno beschreibt die entscheidende Bedeutung, die den Elementen für die Eigenschaften des Lebenden zukommt, überträgt diese allerdings nicht ausdrücklich auf die Elemente selbst. Mehrfach — vor allem bei seinen Ausführungen zur Luft, indirekt auch zur Erde — wird gleichwohl deutlich, daß die so beschriebenen Elemente selbst an der Lebendigkeit teilhaben müssen. Trotz der hier nur angeschnittenen Parallelen in den

---

[37] Ibid., 56: (...) zu erneren den menschen und das vihe mit seiner speis und angehörenden noturft in das element erden komen ist, als alle beum, kreuter und andere gewechs der erden (...) also das dise kraft alein im element terra ist und sonst in keim andern (...) und ist aus der ursachen ein element, das in im stet die kraft der nerenden dingen, so zu dem lebendigen gehörent.

[38] Ibid., 57: In disem element terra ligt der same des holzes, der wurzen, der kreuter und der schwemmen und die kraft, das der stamm an tag kompt (...) dieser samen ligt unsichtbar und kompt aus art des elements, das allein diser sam ist und auch sein haus und stat, darin es kocht wird.

[39] Giordano Bruno, De rerum principiis et elementis et causis. (Iordani Bruni Nolani opera latine conscripta, Vol. III. Faksimile-Neudruck der Ausgabe von Fiorentino, Tocco und anderen. Neapel/Florenz 1879—1891), Stuttgart-Bad Cannstatt 1962, 523: (...) de spiritu (...) definimus ipsum esse substantiam per se mobilem et motu suo vitam, vegetationem et consistentiam rebus animatis communicare. Ipse per se vivens et alia per ipsum.

[40] Ibid., 518 sq.: (...) principium enim calefactivum dicimus ignem; motus, vita, sensus, in omnibus his, quae per se moventur, vivunt et sentiunt.

[41] Ibid., 526 sq.: (...) aqua est (...) Hinc ut cognoscimus rerum principium et materiam, ita et principium regenerationem, refectionum et purgationum.

[42] Ibid., 530: Terra est elementum solidissimum, simplicissimum (...) Huius participatione et unione omnia vivunt (...) unde mater rerum merito appellatur.

Aussagen Ficinos und Leonardos sowie Paracelsus' und Brunos zeigt der Vergleich schnell, welche Höhe der eigenständigen Durchdringung jene erreichen. Dem entspricht, daß bei ihnen die Verbindung von Elementenlehre und Lebendigkeitsvorstellung mit einer Genauigkeit der Beobachtung und Beschreibung wie auch einer gedanklichen Konsequenz durchgeführt wird, wie sie in späteren Schriften — trotz aller inhaltlichen Übernahmen und Entsprechungen — offenbar nicht wieder zu finden ist.[43]

Fassen wir zusammen: Marsilio Ficino und Leonardo da Vinci geben die überlieferte Qualitätenlehre endgültig auf. Sie erschließen sich eigenständige Zugänge zum Verständnis der Elemente, zur Beantwortung der Frage nach den Eigenschaften der Lebewesen und zur Bestimmung von Lebendigkeit. Durch neue Fragestellungen und Beobachtungsverfahren gelangen sie zu einer engen Verbindung zwischen Elementen und Lebendem, zu der Ansicht, daß die Elemente nicht nur Leben spenden und erhalten, sondern ihrerseits über Lebendigkeit verfügen. Dieser über das bisher Gedachte weit hinausgehende innere Zusammenhang von Elementenlehre und Lebendigkeitsvorstellung ist zweifellos wesentlich durch den wissenschaftlichen Kenntnisstand und die davon beeinflußte Weltsicht des Renaissance-Humanismus ermöglicht worden. Für beides stehen die Namen Ficinos und Leonardos. Auch andere humanistischem Gedankengut verpflichtete Autoren wie Paracelsus und Bruno nehmen diese Vorstellungen auf und führen sie mit eigenen Ansätzen aus. Inwieweit sie breiter rezipiert worden sind, bleibt eine offene Frage, die in diesem Rahmen nicht beantwortet werden kann.[44]

Abschließend halten wir also nochmals fest, daß der Versuch, die vier Elemente mit Begriffen und Ausdrucksformen des Lebenden zu beschreiben, ihnen gar selbst Lebendigkeit zuzusprechen, zumindest einige der exponiertesten Vertreter des Renaissance-Humanismus intensiv beschäftigt hat. Die Frage des Marsilio Ficino: *Quis terram aut aquam neget vivere?* hat sich der hochmittelalterlichen Naturwissenschaft so nicht gestellt und wäre noch zwischen dem 14. und 16. Jahrhundert von (in dieser Hinsicht) traditionell denkenden Autoren wie Konrad von Megenberg anders beantwortet worden, als es bei Ficino geschieht.[45] Diese Frage und die Vorstellung, die ihr zugrunde liegt, zeugen von neuen Wegen naturphilosophischen Denkens, wie sie im europäischen Spätmittelalter entdeckt wurden.

---

[43] Zum Hintergrund cf. E. Cassirer, Individuum und Kosmos in der Philosophie der Renaissance (Studien der Bibliothek Warburg, 10. Nachdruck der Ausgabe Leipzig/Berlin 1927) (6. Aufl.) Darmstadt 1987, 183 und passim.
[44] Grundlegend Klibansky, Panofsky, Saxl, Saturn und Melancholie (Anm. 11), passim.
[45] Cf. ibid., 291 sq.

Natur und Mensch in der Auffassung des Johannes von Glogau

MIECZYSLAW MARKOWSKI (Krakau)

Die Autorität Alberts des Großen als eines hervorragenden Naturwissenschaftlers hatte einen entscheidenden Einfluß auf die Gestaltung des mittelalterlichen Naturalismus. Dieser wurde nicht nur von seinen Anhängern fortgesetzt; geprägt wurde er gleichfalls von einigen anderen Repräsentanten des alten Weges (*via antiqua*). Unter ihnen muß wenigstens der hervorragende Schüler des Thomas von Aquin, Ägidius von Rom, erwähnt werden. Einen wesentlichen Beitrag leisteten auch Naturwissenschaftler und Ärzte, die an die medizinischen Werke des Hippokrates, Galen und Avicenna anknüpften. Vertreter des neuen Weges (*via nova*), mit ihrem Vordenker Johannes Buridan an der Spitze, knüpften — obwohl sie sich programmgemäß von den philosophischen Voraussetzungen der *via antiqua* lossagten — dennoch in gewisser Weise an den von Albert dem Großen angeregten und von Ägidius von Rom entwickelten Naturalismus an. Die tiefgründige Erkenntnis der Geheimnisse der Welt, insbesondere ihrer hervorragendsten Schöpfung — des Menschen —, stand bei ihnen jedoch im Vordergrund. Sie begannen damit, von einer metaphysischen Erörterung der Seele abzugehen und eine immer größere Aufmerksamkeit auf die naturwissenschaftliche Betrachtung des ganzen Menschen zu lenken. Gegenstand von besonderen und tiefgründigen Forschungen wurde der Zusammenhang zwischen Körper und Seele einerseits und den einzelnen Sinnen andererseits. Dadurch, daß man die Seele auf die gleiche Art und Weise wie andere Gegenstände der Natur behandelte, verlor die spekulative Psychologie an Bedeutung. Die Konturen einer rein naturalistischen Anthropologie begannen sich abzuzeichnen. Es entwickelte sich in diesem Zusammenhang auch eine neue Wahrnehmungstheorie. Deutliche humanistische Tendenzen tauchten indessen in der Ethik auf. In dieser Hinsicht unterschied sich der Naturalismus des XIV. Jahrhunderts von demjenigen der zweiten Hälfte des XIII. Jahrhunderts. Als eine noch komplexere Richtung kann der Naturalismus des XV. Jahrhunderts gelten. Während in der ersten Hälfte dieses Jahrhunderts an der Krakauer Universität sich Einflüsse des Naturalismus aus der neuen Schule des XIV. Jahrhunderts bemerkbar machten, mußten sie in der zweiten Hälfte dieses Jahrhunderts den Tendenzen weichen, die an die Traditionen der alten Schule aus dem

XIII. Jahrhundert anknüpften. Dieser letzteren Strömung gehörte auch Johannes von Glogau an.

In seinen Vorlesungen an der Krakauer Artistenfakultät[1] in den Jahren 1468—1496 und 1498—1507 und in seinen zahlreichen naturwissenschaftlichen Werken entwickelte Johannes von Glogau eine spezifische Konzeption des Naturalismus. Indem er einerseits den in der ersten Hälfte des XV. Jahrhunderts an der Krakauer Universität verbreiteten Naturalismus des gemäßigten Terminismus und andererseits den zu jener Zeit in Italien modernen Naturalismus des Renaissance-Humanismus abschwächte, propagierte er eine Richtung, die zwar an die Konzeption von Albert dem Großen und Ägidius von Rom anknüpfte, die aber auch Anschauungen von Denkern des XV. Jahrhunderts, insbesondere solcher aus Paris und Köln, u. a. einiger Thomisten wie Johannes Versor, Lambertus de Monte und des Albertisten Johannes de Mechlinia verbreitete. Sichtbar ist dies in den Kommentaren des Johannes von Glogau zur Physiognomie[2] und Metaphysik[3], besonders aber zur Physik[4] und zur Psychologie[5].

Der peripatetischen Tradition folgend übernahm Johannes von Glogau die von Aristoteles formulierte Definition der Natur als Prinzip und Ursache von Bewegung und Ruhe[6]. Eine solche Formulierung umfaßte nicht den ganzen Reichtum des Begriffes der Natur in der philosophischen und naturwissenschaftlichen Tradition des Mittelalters. Unter Berufung auf Boethius konzentrierte er sich auf vier Bedeutungen von Natur[7]. In der weitesten Bedeutung werden Natur alle jene natürlichen Dinge genannt, die existieren und für den menschlichen Intellekt erkennbar sind[8].

---

[1] Liber diligentiarum Facutatis Artisticae Universitatis Cracoviensis, pars 1, ed. W. Wisłocki, Cracoviae 1886. (= Archiwum do Dziejów Literatury i Oświaty w Polsce IV).

[2] Ioannes de Glogovia, Phisinomia hinc inde ex illustribus per venerabilem virum magistrum Joannem Glogoviensem diligentissime recollecta, Cracoviae 1518.

[3] Id., Komentarz do Metafizyki, ed. R. Tatarzyński, Warszawa 1984 (= Opera philosophorum medii aevi. Textus et studia VII).

[4] Id., Quaestiones super octo libros „Physicorum" Aristotelis, ed. M. Zwiercan (im Manuskript).

[5] Id., Questiones librorum ‚De anima' magistri Joannis Versoris per magistrum Joannem Glogoviensem alme Universitatis Studii Cracoviensis, maioris collegii collegiatum pro iuniorum in philosophie studiis institutione noviter emendatum(!), Cracoviae 1514.

[6] „*Utrum diffinicio nature: Natura est principium et causa movendi et quiescendi eius, in quo est primum per se et non secundum accidens, sit bene posita?*" Id., Quaestiones super octo libros „Physicorum" Aristotelis, 1. II, qu. 26, cms BJ (= Biblioteka Jagiellońska in Kraków) 2017, f. 97v.
„*Istis notabilis sic stantibus est conclusio responsalis: Diffinicio nature ab Aristotele est sufficienter assignata.*"Ib., 97v.

[7] „*Pro qua deffinicione intelligenda sciendum, quod secundum intencionem Bohecii: Natura capitur quatuor modis.*" Ibid., 96r.

[8] „*Primo capitur natura pro omni isto, quod cum est, ab intellectu nostro, apprehendi potest. Isto modo omnis res participans esse potest dici natura et sic res naturalis dicitur natura et hec est communissima accepcio nature.*" Ibid.

Von einem solchen Begriff der Natur sind natürlich Gott und die sog. göttlichen Substanzen, d. h. die reinen Geister, ausgeschlossen. In einer engeren und eigentümlicheren Bedeutung bezieht sich der Begriff der Natur auf solche natürliche Seiende, die ein Zugrundeliegendes des Handelns und des Empfindens sind[9]. Ein solches Verständnis von Natur betrifft nicht die Form der Dinge, denn diese ist das, dank dem das zusammengesetzte Seiende (*compositum*) handelt. Während man die Natur in der weitesten Bedeutung auf Akzidentien beziehen kann, fallen diese nicht unter die engere Bedeutung von Natur. Hinsichtlich der ersten und zweiten Bedeutung wird in der Metaphysik von Natur gesprochen. In einer dritten Bedeutung wird die Natur als das Prinzip von Bewegung und Ruhe aufgefaßt[10]. Diese Auffassung von Natur stimmt mit der oben angeführten Definition der Natur überein. In dieser Hinsicht wird von Natur in der Naturphilosophie und in den Naturwissenschaften gesprochen. Der vierte Begriff der Natur besitzt eine allgemeine Bedeutung und bezieht sich auf den spezifischen Unterschied eines Dinges[11]. Johannes von Glogau kannte also verschiedene Auffassungen von Natur. Er wählte seinen Naturbegriff jeweils nach dem Charakter der berührten Probleme. Wenn er von der Erde, genauer gesagt von der sublunaren Welt, handelte, bevorzugte er einen dynamischen Begriff von Natur[12].

Ähnlich wie andere Denker des Mittelalters war Johannes von Glogau nicht nur als Metaphysiker[13], sondern auch als Naturphilosoph[14] tief davon überzeugt, daß der Himmel und die ganze Natur (worunter er die Erde, in der damaligen Terminologie die sublunare Welt, verstand) in ihrem Sein ganz von Gott abhängig waren. Solche Anschauungen kann man als typisch für die mittelalterlichen christlichen Denker ansehen. Indem er jedoch — Albert dem Großen folgend — die bedeutsame Rolle des göttlichen Willens im Schöpfungsakt hervorhob[15], neigte er der augustinischen Tradition zu. Anknüpfend an Vers 20 des elften Kapitels des Buches der Weisheit, daß Gott alles nach Maß, Zahl und Gewicht geschaffen habe[16], gab er seinen neuplatonischen Sympathien Ausdruck. Zu einer solchen

---

[9] „*Secundo capitur natura striccius et plus proprie pro substancia. Unde dicit Bohecius natura est, que agere et pati potest. Et isto modo proprie supposita dicuntur natura et encia naturalia.*" Ibid.
[10] „*Tercio capitur natura pro principio motus et quietis.*" Ibid.
[11] „*Quarto capitur natura pro differencia specifica rei. Et sic dicimus alia est natura auri, alia natura argenti, alia hominis, alia bovi.*" Ibid., 96r—v.
[12] „*Sequitur corrolarie quarto et ultimo, quod cum dicitur: Natura est principium motus et status.*" Ibid., 1, II, qu. 25, 94v.
[13] „*Cause enim prime est causa entis et causa modorum entis, unde et dicitur duodecimo huius: ,A Deo dependet caelum et tota natura'.*" Id., Komentarz do Metafizyki, 1. I, qu. 1, 23.
[14] „*A Deo dependet celum et tota natura.*" Id., Quaestiones super octo libros „Physicorum" Aristotelis, 1. II, qu. 26, 96v.
[15] „*Omnia enim, que natura producit, voluntate divina producit, ut ostendit Albertus secundo Phisicorum.*" Ibid., 1. III, qu. 42, 144v.
[16] „*Natura enim est ministra Dei, modo Deus in numero, ordine et pondere omnia facit.*" Ibid.

Sichtweise der Wirklichkeit neigten im XV. Jahrhundert vor allem einige Vertreter des italienischen Renaissance-Humanismus mit Marsilio Ficino an der Spitze, nach denen die Mathematik der Schlüssel zu einem besseren Verstehen der Wirklichkeit sein sollte. Die Hervorhebung der Natur als einer Dienerin Gottes zeugt von der Gleichzeitigkeit des augustinischen Voluntarismus, des neuplatonischen Mathematismus und des albertistischen Naturalismus in den Schriften des Johannes von Glogau.

Schon im Jahre 1410 war in Krakau die Einteilung der Natur in *natura naturans* und *natura naturata* bekannt. Zu einer späteren Zeit wurde sie auch von anderen Krakauer Philosophen übernommen, u. a. von Michael Falkener aus Breslau[17]. Bei Johannes von Glogau nahm diese Einteilung jedoch eine naturwissenschaftliche Bedeutung an. Es scheint, daß es sich bei ihm ähnlich wie bei Johannes Scotus Eriugena um eine naturwissenschaftliche Interpretation des Schöpfungsaktes und um die Einteilung der Realität in eine schaffende und geschaffene handelt. Obwohl Eriugena die Natur in vier Teile teilt, kann diese Einteilung schließlich auf nur zwei Glieder zurückgeführt werden[18]. Wie bei Eriugena die mit Gott identifizierte Natur schafft (*creat*), so bringt bei Johannes von Glogau die *natura naturans,* die auch die erste Ursache ist, alles hervor (*producit*). Daher hängt auch der Himmel und die ganze Natur von Gott ab. Als Ergebnis der Tätigkeit der schaffenden Natur entsteht die *natura naturata,* d. h. die Schöpfung, die sowohl von Gott als auch von der Naturordnung abhängig ist[19]. Albert dem Großen folgend bezeichnete der Krakauer Philosoph sie

---

[17] „*Primo namque dixi, quod in verbis premissis tangitur omnium rerum conditor et auctor in hoc quod dicitur, ,natura', natura enim communi dividitur divisione in naturam naturantem et naturam naturatam. Primam quidem naturam omnium esse conditorem et auctorem, si secundum fidem loquimur, non constat esse immanifestum, cum hec omnia fidei rudimenta enotescere faciunt et ostendunt. Si autem luminis naturalis raciones investigare voluerimus cursumque nature omnium diligencius scrutari desideraverimus, hoc ipsum reperire poterimus et valemus.*" Predigt über praktische Philosophie aus dem Jahre 1410, cms BJ 513, 44v, ed. P. Czartoryski, Wczesna recepcja „Polityki" Arystotelesa na Uniwersytecie Krakowskim, Wrocław 1963, 184 (= Monumenta z dziejów nauki i techniki XXI).
„*Natura naturans est causa prima omnia in esse producens.*" Michael Falkener de Wratislavia, Epitoma figurarum in libros „Physicorum" et „De anima" Aristotelis in Gymnasio Cracoviensi elaboratum, Cracoviae 1518, bIa.
„*Natura est, que dependet a natura naturante.*" Ibid.

[18] Cf. Ph. Böhner, E. Gilson, Historia filozofii chrześcijańskiej. Od Justyna do Mikołaja Kuzańczyka, übersetzt von S. Stoma, Warszawa 1962, 262—263; E. Gilson, Historia filozofii chrześcijańskiej w wiekach średnich, übersetzt von S. Zalewski, Warszawa 1966, 115—117; B. Geyer, Die patristische und scholastische Philosophie, Basel/Stuttgart 1958, 170—172.

[19] „*Deus, qui est natura naturans omnium.*" Ioannes de Glogovia, Exercitium veteris artis, Cracoviae 1516, VIb.
„*Quedam est natura naturans et est causa prima, omnia in esse producens. Dicitur enim primo Celi: Ab hoc quidem ente cuntis derivatum est esse et vivere hiis quidem clarius, hiis vero obscurius. Et primo Methaphisice dicitur: Deus videtur omnibus causare esse. Et duodecimo Methaphisice dicitur: A Deo dependet celum et tota natura.*" Id., Quaestiones super octo libros „Physicorum"

als eine Art Kraft, die mittels der sphärischen Bewegung von der ersten Ursache abstammt, sich über alle natürlichen Dinge ergießt und zum Prinzip von Bewegung und Ruhe wird[20]. Die Tätigkeit dieser zwei unterschiedlichen Arten der Natur erläuterte er auch am Beispiel der Ausbreitung des Sonnenlichts[21]. Seine Anschauung von der Abhängigkeit der geschaffen Natur von der schaffenden Natur begründete er ferner mit der Autorität des Averroes, dem zufolge die Natur das Werk einer unbeirrbaren Intelligenz ist, da sie von dem weisesten Weltenlenker geleitet wird[22]. Die Einführung der Intelligenz in die sphärische Bewegung als mittelbares Glied zwischen der schaffenden und der geschaffenen Natur weist hingegen erneut auf einen neuplatonisierenden Naturalismus in der allgemeinen Sichtweise der Wirklichkeit hin.

Die *natura naturata* wurde von Johannes von Glogau dichotomisch noch in eine allgemeine und eine einzelne geteilt[23]. Die erstere ist von Gott abhängig und ist die Ursache vieler Seienden[24]. Diese Auffassung der Natur erinnert an das zweite Glied von Eriugenas Einteilung der Natur, die geschaffen ist und schafft. Die allgemeine Natur kann entweder Substanz oder Akzidens sein[25]. Als Substanz ist sie das Wesen der Dinge, als Akzidens dagegen drückt sie irgendeine Eigenschaft der ersten Qualitäten aus[26]. Erst in dieser ausführlichen Erläuterung der Natur wechselt Johannes von Glogau auf den Boden des Aristotelismus über. Diese grundlegende Konzeption des Wesens der Dinge und der ersten Qualitäten wurde nämlich von allen mittelalterlichen Peripatetikern angenommen. Das konstitutive Prinzip der natürlichen Dinge ist die einzelne Natur[27]: Als aktive

---

Aristotelis, cms BJ 2017, 1. II, qu. 26, 96v.
„*Alia est natura naturata et est, quo dependet a Deo et natura naturalitate.*" Ibid.

[20] „*Et de ista loquitur Albertus primo Phisicorum capitulo quinto, cum dicit in hec verba: Natura est quedam vis egrediens a prima causa per motum orbis, que cum egressa est, diffunditur in omnibus rebus naturalibus et fit in eis principium motus et status.*" Ibid.

[21] „*Subiungit simile, quod a sole egreditur. Quod quidem unum est iuxta solem, a quo egreditur et postea descendens diffunditur in hiis, que recipiunt illud, ex quibus capit diversitatem et divisionem.*" Ibid.

[22] „*De illa eciam natura dicit Commentator duodecimo Methaphisice: Opus nature est opus intelligencise non errantis. Ipsa enim dirigitur a directore sapientissimo, qui eam errare non facit, ut patebit in ultimo dubio.*" Ibid.

[23] „*Et hec natura [naturata] est duplex: universalis et particularis.*" Ibid.

[24] „*Universalis est natura, que est universaliter causa plurium et est dependens a Deo.*" Ibid.

[25] „*Et illa est duplex: quedam substancialis et quedam accidentalis.*" Ibid.

[26] „*Substancialis est essencia rei vel quidditas et isto modo capit naturam Aristotelis septimo Methaphisice. Cum dicit, quod natura rei est quidditas rei. Accidentalis est, que sequitur faccionem et mixtionem qualitatum primarum. Et sic natura est naturalis virtus rei et proprietas. Et sic dicimus ista herba a natura est calida, ista a natura frigida, ut dicimus reubarbarum a natura sanat coleram. Et isto modo natura est quedam vis insita rebus ex similibus similia producens.*" Ibid.

[27] „*Alia est natura particularis, que est principium rerum naturalium, res naturales constituens.*" Ibid.

ist sie eine Form, dank der das zusammengesetzte Seiende wirkt[28], als passive ist sie die erste Materie[29]. Dieser Auffassung der einzelnen Natur liegt der aristotelische Hylemorphismus zugrunde.

Aus dem oben Gesagten erhellt, daß Johannes von Glogau in seiner Auffassung der Natur an die naturwissenschaftlichen Anschauungen Alberts des Großen anknüpfte, der für ihn zu einer Quelle verschiedener philosophischer Einflüsse wurde. Die allgemeine Sichtweise der Welt, welche die Relation zwischen der schaffenden und erschaffenen Natur betrifft, besitzt Merkmale eines modifizierten neuplatonischen Emanatismus. Erst die konkrete Erklärung der Wirklichkeit stützt sich auf den Aristotelismus, insbesondere auf die naturwissenschaftliche Theorie des Hylemorphismus. Als durch die Popularisierung platonischer und neuplatonischer Anschauungen, die besonders von italienischen Vertretern des Renaissance-Humanismus des XV. Jahrhunderts ausging, Platon neben Aristoteles wieder zu einer großen wissenschaftlichen Autorität wurde, wurde eine Verbindung der platonischen und aristotelischen Sichtweise der Wirklichkeit auch durch Universitätslehrer und Kommentatoren der Werke des Aristoteles versucht. Hier möchte ich nur auf den Dominikaner Dominik von Flandern hinweisen[30]. Während in der Krakauer *via communis* der ersten Hälfte des XV. Jahrhunderts der doktrinale Konkordismus sich nur auf die Aussöhnung der Anschauungen der großen Denker der alten und neuen Schule beschränkte, versuchte man in der zweiten Hälfte dieses Jahrhunderts, als es zu einer besseren und vollständigeren Kenntnis der antiken Philosophen kam, aus den Anschauungen der zwei größten Philosophen des Alterums — Platon und Aristoteles — eine kohärente Theorie zu konstruieren. Eine Anregung hierzu fand man besonders im Albertismus. Johannes von Glogau war sich natürlich darüber im klaren, daß die genannten antiken Philosophen auf eine je verschiedene Art an die Wirklichkeit herantraten. Er nahm sogar an, daß die von Platon vertretene Konzeption der Philosophie der natürlichen Art des Philosophierens, eben der des Aristoteles, fremd sei[31]. Für die christlichen Denker des Mittelalters war auch der objektive Idealismus Platons nicht annehmbar. Ihrer Auffassung nach besaß der Idealismus einen subjektiven Anfang. Die Ideen

---

[28] „*Et illa est duplex: activa, ut forma. Ipsa enim forma est racio agendi, qua compositum agit, unde et dicitur secundo ‚De generacione': Proprium est forme agere, materie vero pati.*" Ibid.
[29] „*Natura autem pasiva est ipsa materia, que secundum se nullius activitatis est nec quid, nec quale, nec aliquid alterius cathegorice existens.*" Ibid.
[30] M. Markowski, Definicje substancji w „Komentar zu do Metafizyki" Dominika z Flandrii, „Studia Mediewistyczne" 6 (1964) 43—49.
[31] „*Plato non est philosophatus humano modo, modus enim philosophandi naturalis et humanus est ex sensibilibus ad intelligibilia assurgere et ex illis corruptibilibus et sensuatis in cognicionem divinorum et speculabilium procedere, quem modum Aristoteles secutus est in philosophando.*" Ioannes de Glogovia, Quaestiones super octo libros „Physicorum" Aristotelis, cms BJ 2017, l. I, qu. 13. 47v—48r.

als die exemplarischen Prinzipien der natürlichen Dinge existierten nämlich in Gott als dem Schöpfer der ganzen Natur[32]. Als erster Beweger spielte Gott auch eine wichtige Rolle in der Kosmologie und Astronomie[33].

Im Mittelalter wurde die Lehre von der Seele dem Bereich der Naturphilosophie zugeordnet[34]. Ähnlich tat es auch Johannes von Glogau. Er nahm nämlich an, daß sich die Seele unter Anteilnahme des ganzen Körpers bewegt, der die Wirk-, Formal- und Zweckursache ist[35]. Die Seele ist, als ein Akt des Körpers, mit der Materie vereint. Damit gehört die Lehre von der Seele zur Physik oder Naturphilosophie[36]. Die menschliche Natur besitzt nach Meinung des Krakauer Philosophen auf vielfache Weise einen dienenden Charakter[37]. Als Prinzip kann sie mittels des Körpers bewegen.

Johannes von Glogau maß der metaphysischen Erörterung der Seele als einer reinen Form kein so großes Gewicht bei, wie es Thomas von Aquin tat[38], vielmehr hob er — ähnlich wie Ägidius von Rom — den natürlichen Aspekt hervor, indem er die Seele wie andere natürliche Formen als Vervollkommnung des menschlichen Körpers behandelte[39].

---

[32] „*Cum ydee sunt raciones exemplares rerum naturalium, ideo debent poni in eo, qui est auctor tocius nature et ille est Deus gloriosus.*" Ibid., 49r.

[33] „*Iuxta communem philosophorum katholicorum sentenciam primi motoris substancia est Deus benedictus in secula.*" Ibid., 1. VIII, qu. 89, 243v.

[34] „*Sic etiam scientia libri de anima pertinet ad naturalem philosophiam.*" Id., Questiones librorum De anima ..., IIv.

[35] „*Et licet non movetur per se, quia dicitur sexto Phisicorum nihil movetur nisi corpus tamen anima habet ordinem ad motum et ad ens mobile pertinet. Dicitur enim secundo De anima, quod anima est causa corporis in triplici genere cause efficientis formalis et finalis.*" Ibid.

[36] „*Forme phisice secundum esse et operari sunt coniuncte materie et eciam diffiniuntur in materia. Unde et dicitur secundo De anima: Anima est actus corporis. Et de illis speculabilibus est ipsa phisica, que dicitur naturalis philosophia.*" Id., Quaestiones super octo libros „Physicorum" Aristotelis, 1. I, qu. 4, 6v.

[37] „*Natura autem humana est multipliciter serva et ancilla, modo ancilla non potest per omnia suae dominae perfectionem habere et cognoscere. Quod autem natura humana sit multipliciter serva et ancilla, patet primo ex parte corporis, quod est multis indigentiis et necessitatibus subiectum, quod ex parte intellectus nostri et animae, quia intellectus noster in principio sui est sicut tabula rasa indigena et picturis et formis intelligibilibus, si de potentiis ad actum deduci debet.*" Id., Komentarz do Metafizyki, 74.

[38] „*Natura vero est principium motus et moveri, non potest aliquid, nisi sit corpus.*" Id., Quaestiones super octo libros „Physicorum" Aristotelis, 1. I, qu. 4, 13v.

[39] „*Notandum tertio ... Sciendum, anima consideratur dupliciter: Uno modo, ut est forma substantialis et perfectio corporis dans ei esse, et ut ipsa anima est principium operationum in corpore, et sic proprie dicitur anima. Anima enim dicitur ab animando et proprium est anime animare, vivificare et informare corpus, et hoc modo anima pertinet ad naturalem philosophum. Secundo consideratur anima absolute secundum suam substantiam, ut est forma simplex non dependens secundum esse a corpore, et isto modo anima consideratur a methaphisico et sic anima accepta habet similitudinem cum substantiis separatis. Unde Commentator dixit eam esse infimam intelligentiam, ut patet 3° De anima.*

Sequitur correlarie: Non est inconveniens diversos artifices considerare de ipsa anima diversimode, et sub diversa consideratione; patet correlarium ex notabili, et patet ex simili quia motores orbium considerantur a naturali philosopho et etiam a methaphisico, considerando enim motores orbium

Ein so gestalteter Körper ist ein Ganzes, die Seele dagegen ist nur ein Teil des Menschen, sofern dieser ein zusammengesetztes Seiendes (*compositum*) ist[40]. Das Abgehen von der Behandlung des menschlichen Körpers als erster Materie und seine Anerkennung als ein durch die vegetative und sensitive Seele belebtes Seiendes im Akt war ein Ausdruck der naturalistischen Ansicht vom Zusammenwirken von Seele und Körper im Menschen. Hier knüpfte der Krakauer Gelehrte deutlich an die ägidianische Auffassung der aristotelischen Konzeption der Seele als substantieller Form des Körpers an[41]. Während in der zweiten Hälfte des XIII. Jahrhunderts der Streit über den Begriff der Seele und ihre Vereinigung mit dem Körper zwischen dem platonisch-augustinischen Idealismus und dem aristotelischen Realismus die Diskussionen beherrschte, tauchten im späten Mittelalter verschiedene Deutungen der aristotelischen These von der Verbindung der Seele mit dem menschlichen Körper auf. Von den naturalisierenden Tendenzen zog sich jedoch Johannes von Glogau in seiner Auffassung der Verhältnisse der Seele zur Potenz zurück. In diesem Fall knüpfte er an die Theorie an, die von Thomas von Aquin, Albert dem Großen und ihren Anhängern vertreten wurde, insbesondere den Kölner Philosophen aus dem XV. Jahrhundert.

Die Entwicklung der Naturwissenschaften im späten Mittelalter führte einerseits dazu, daß man sich intensiv mit den Geheimnissen des Weltalls befaßte, was zu einer Entwicklung der Kosmologie und Astromomie führte, andererseits zu einer Verschiebung des Schwergewichts der Erörterungen über die menschliche Seele auf den ganzen Menschen. Dies bewirkte, daß sich die aus dem XIII. Jahrhundert stammende spekulative Psychologie, die von den Repräsentanten der alten Schule propagiert wurde, im späten Mittelalter allmählich in eine philosophische Anthropologie wandelte. Auch das Interesse an Anatomie, Physiologie und Physiognomie des Menschen wuchs. Es kam zu einer „Nobilitierung" der Medizin und zu einer Rehabilitation der Astrologie. Während die Vertreter der platonisierenden Tendenzen die Prärogative einer universalen Wissenschaft der Mathematik zuschrieben und die Anhänger des Aristotelismus der Metaphysik, sahen die Fürsprecher des Renaissance-Humanimus des XV. Jahrhunderts in der Astrologie die allgemeine Wissenschaft. Es entstand sogar eine neue Wissenschaft unter dem Namen Iatromathematik,

---

absolute secundum eorum substantias, considerantur a methaphisico, ut patet XII Methaphisice. Si autem considerantur motores orbium in ordine ad motus, quorum cause efficientes, sic considerantur a naturali philosopho, ut patet VIII° Phisicorum. Constat autem, quod anima est motor corporis, quare correlarium verum." Id., Questiones librorum De anima ..., 8v.

[40] *„Cuius est considerare totum, illius etiam est considerare partes illius totius, sed philosophus naturalis considerat totum corpus animatum, cuius anima est pars, quare concluditur, quod ad naturalem philosophum pertinet considerare de ipsa anima."* Ibid., 9v.

[41] Cf. Z. Kuksewicz, Jana z Głogowa koncepoja duszy, „Studia Mediewistyczne" 6 (1964) 194 sqq.

eine Heilkunde, die zugleich auf der Medizin und der Astrologie beruhte. Eine solche Wandlung der Interessen war Ausdruck naturalisierender Tendenzen und gründete in der Konzeption der Natur.

Johannes von Glogau war der Meinung, daß der Mensch manchmal dank der ärztlichen Kunst selbst gesunden kann. Er fügte jedoch hinzu, daß die Heilung hauptsächlich durch die Kräfte der Natur erfolgt. Daher darf die Medizin nur als ein Instrument der Natur behandelt werden. Sowohl Galen[42] als auch Hippokrates[43] waren davon überzeugt, daß der Arzt, obwohl er Erfahrung besitzt[44], nur ein Diener der Natur und nicht ihr Lehrer ist. Ähnlich wie viele Denker hob Johannes von Glogau hervor, daß weder Gott noch die Natur etwas zwecklos tun[45]. Er stand auch auf dem Standpunkt, daß es in der Natur nichts Überflüssiges gibt[46] und daß sie immer um eines Zweckes willen tätig ist[47].

Die genannten theoretischen Prämissen fanden ihren praktischen Widerhall. Ein Beispiel für das naturwissenschaftliche Interesse des Johannes von Glogau unter seinen zahlreichen Werken aus diesem Bereich ist die hohe Bewertung der wissenschaftlichen Physiognomie[48], was zu seiner Zeit eine Seltenheit war, und ihre Erforschung hauptsächlich auf der Grundlage der Schriften solcher Ärzte wie Almansor, Konstantin von Afrika und Avicenna[49]. Nicht nur eine naturwissenschaftliche Ausrichtung, sondern auch ein medizinisches Interesse tritt gleichfalls in dem De anima-Kommentar des Johannes von Glogau auf, besonders im Kommentar zum zweiten Buch. Sichtbar wird das z. B. in der naturalistischen Konzeption der individuellen vegetativ-sensitiven Seele. Bei seiner Entscheidung für fünf innere Sinne im Menschen hob er deutlich hervor, daß diese Meinung allgemein von den Ärzten und insbesondere von Avicenna angenommen

---

[42] „*Unde bene dixit Hippocrates, quod ‚medicus est minister naturae et non magister'.*" Id., Komentarz do Metafizyki, 77.

[43] „*Alii autem sunt effectus, qui simul producuntur ab arte et a natura, ut patet de sanitate, que quandoque generatur per beneficium et medicine et ex ea parte fit ab arte, licet principaliter aquiritur per virtutem nature. Natura enim, inquit Galienus, est, que sanat, medicus enim minister est nature, non magister, unde videmus, quod si natura succumbit et debilis medicina nunquam facere potest sanitatem et hoc ideo, quia instrumentum non operatur, nisi motum ab agente principali, medicina autem est instrumentum nature.*" Id., Quaestiones super octo libros „Physicorum" Aristotelis, 1. II, qu. 29, 106r.

[44] „*Experiencia est rerum magistra.*" Ibid., 1. IV, qu. 43, 159r.

[45] „*Deus et natura nihil faciunt frustra.*" Id., Komentarz do Metafizaki, 35: cf. Quaestiones super octo libros „Physicorum" Aristotelis, 1. VIII, qu. 85, 234r.

[46] „*Natura enim non abundat in superfluis.*" Id., Quaestiones super octo libros „Physicorum" Aristotelis, 1. II, qu. 30, 110v.

[47] „*Istis notabilibus sic stantibus est conclusio prima: Natura agit propter finem.*" Ibid., qu. 34, 123v.

[48] „*Argumentum in artis physionomiae veritatem, quomodo prisci philosophi eam veritatis scientiam ostendunt, proprietatum et conditionum humanarum disciplinam, quomodoque hii confutendi sunt, qui hanc scientiam vanam et inutilem dicunt.*" Id., Phisionomia ..., 2A.

[49] Cf. Z. Kuksewicz, Jana z Głogowa koncepcja duszy, 143.

wurde⁵⁰. Johannes von Glogau verwarf jedoch explizit die Lehre des Thomas von vier inneren Sinnen⁵¹. Gegen die Philosophen und im Einvernehmen mit den damaligen Ärzten war er der Meinung, daß der Gemeinsinn sich im Gehirn und nicht im Herzen befindet⁵². Es könnten noch viele Beispiele von dieser Art angeführt werden.

In seiner Auffassung von Natur und Mensch knüpfte Johannes von Glogau, den konkordistischen Bestrebungen des XV. Jahrhunders folgend, an die Traditionen eines modifizierten Platonismus und Neuplatonismus sowie an den im Mittelalter unterschiedlich interpretierten Aristotelismus an. Metaphysische Spekulationen wurden bei ihm von naturwissenschaftlichen Problemlösungen verdrängt. Obwohl er Texte vieler mittelalterlicher Philosophen benutzte, insbesondere die entsprechenden Werke des Johannes Versor, bevorzugte er jedoch die Anschauungen Alberts des Großen und Ägidius' von Rom. Die naturwissenschaftliche Behandlung physiologischer und psychischer Phänomene bewirkte, daß er vorzugsweise die von den damaligen Ärzten entwickelte Theorie vertrat. Bei der Lösung der Probleme von Natur und Mensch folgte Johannes von Glogau hauptsächlich den spätmittelalterlichen naturalistischen Tendenzen, die in den Anschauungen Alberts des Großen und Ägidius' von Rom wurzelten.

---

[50] „*Notandum tertio, quod Avicenna et communiter medici ponunt sensus quinque interiores loco et organo et operatione distinctos, et hii ponunt ymaginativam realiter distingui a fantasia, ut patebit inferius.*" Id., Questiones librorum De anima ..., 126b.

[51] „*Notandum secundo, quod aliqui posuerunt sensus interiores solum quattuor. Dicit enim Thomas, quod potentia ymaginativa non est distincta a fantasia. Illa enim operatio, que est componere unam formam sensitivam cum alia, ut componere speciem auri cum specie montis, constituendo aureum montem, que est operatio fantasie, solum reperitur in homine, ad quam operationem faciendam sufficit ymaginativa, que propter unionem ipsius in homine cum ratione particulari quodammodo cum intellectu; patet ergo, quod ymaginativa et fantasia secundum ipsum non distinguuntur. Hanc etiam operationem, scilicet dum eos ymaginativam distingui a fantasia, sed ista positio est insuficiens propter experientias certas, quas experimur in nobis et animalibus perfectis.*" Ibid., 126v—127r.

[52] „*Notandum est primo, quod de materia presentis questionis magna reperitur inter philosophos diversitas, utrum scilicet sensus communis sit in corde vel in cerebro sicut in organo. Communiter enim philosophi simplices dicunt sensum communem esse in corde, licet medici dicunt sensum communem esse in cerebro.*" Id., 123r—123v.

Medieval Natural Philosophy in Russia: Some Aspects

MICHAEL N. GROMOV (Moskau)

Ideas of natural philosophy occupy an important place in the structure of philosophical conception of Russia in the period before Peter I. They include: The European Middle Age's views of God as a substance and a basis of existence; a doctrine of hierarchical organization of the universe according to Dionysius Areopagita; a theory of macrocosm (the world as a whole) and microcosm (the world as a man); a classical notion of the elements; various trends of physic-physical parallelism; a division of human soul into three parts (reasonable, sensible, volitional); ideas of hesychasm about "the divine light", etc.

Written original sources, which show us the essence of Russian medieval natural philosophy are the following: 1) The Bible, "The Book of books", in which cardinal principles of medieval consciousness were formed[1], especially in Bible's components such as Genesis, containing cosmogonical ideas; the book of Job, where a connection of a man and his Creator was interpreted in a dialogical form; the Psalter, which influenced all topics of the medieval world view; the Apocalypse, creating an intensive eschatological tone.

2) Numerous commentaries on the biblical texts, whole complex of the exegetic literature. In Russia explanatory and historical books-interpretations of the Old Testament on the basis of Christian doctrine were widely spread. For example, there several versions of the Exegetic Psalter. Included were the Exegetic Psalter by the 24 authors, which was translated by Maksim the Greek in the 16th century[2] and the Exegetic Psalter by Brunner of Wurzburg, translated from Latin by Dmitrij Gerasimov[3]. In addition, there were the interpretation of the book of the prophet Daniel by Hyppolite of Rome, the interpretation of the book of Job by Olympiodor of Alexandria, commentaries on the Genesis by John Chrysostom, the Exegetic Apocalypse by Andre of Caesarea and other similar works.

---

[1] See The Bible and Medieval Culture, ed. W. Lourdaux a. D. Verhelst, Leuven 1979; R. Picchio, The Function of the Biblical Thematic Clues in the Litera-Code of Slavica Orthodoxa, in Slavica Hierosolimitana 1 (1977), 1—31.

[2] Moscow, State History Museum, Barsov coll., 16th cent. MS 25.

[3] Moscow, State History Museum, Sinod coll., 17th cent. MS 305.

3) Works of Church fathers. Next to the Bible, these had the greatest prestige among the people. From philosophical point of view most important are the following: Corpus Areopagiticum, Hexaëmeron by Basil the Great, The Fount of Knowledge by John Damascene (Πηγή γνώσεως), etc. Besides there existed Encheridion by Epictetus with commentaries by Maksim the Confessor, Dioptre by Philippe the Monotroper, selected dicta by ancient and medieval authors like Bee (Μέλισσα), fragments and pseudo-epigraphs by Aristotle[4].

4) Apocrypha of Old and New Testaments. Besides the literature approved by the Church, there was a great number of apocrypha, on various origin, in which were interpreted esoteric images, topics, and symbols of the Holy Scripture. This abundance of literature containing biblical themes included a considerable quantity of natural philosophical ideas, which were already known in the time of esseues, therapeutists, gnostics, other sects in the Eastern Mediterranean area, and has lately spread throughout Christian countries. They brought "a spirit of innovation to inaugurate the tradition of change by the concession of established authority"[5].

5) Works with "nomadic plot". There were also works with a so-called "nomadic plot", translated from one language into another and widespread among numerous peoples in the East and West under different titles. For instance, Old Indian Panchatantre, translated into Arabic under the title "Calilar and Dimnar", had two versions in Europe — Greek and Latin. From the Greek variant was made a Slavonic one under the title "Stephanites and Ihnelates", in its turn having several wordings[6]. In didactic medieval literature animals were compared with men — in Latin Bestiaries as well as in the Byzantine-Slavonic Physiologus — by emphasizing special characteristics of physiognomy and behaviour.

6) Russian original sources. The most famous of them were "The Word About Law and Grace" by metropolitan Ilarion[7], "A Message from Metropolitan Nikifor to Vladimir Monomarch"[8], works of Maksim the Greek, Nil of Sora, Kiril of Turov, Simeon of Polotsk and philosophical courses of Kievo-Mogiljanskaja and Slavonic-Greek-Latin academies[9], including commentaries on Aristotle's works and other monuments of written language.

---

[4] W. F. Ryan, Aristotle and Pseudo-Aristotle in Kievan and Muscovite Russia, in: Pseudo-Aristotle in the Middle Ages, ed. J. Kraye, W. F. Ryan a. C. B. Schmitt, London 1986, 97–109.
[5] R. Moore, The Origin of European Dissent, London 1977, 283.
[6] Stefanit i Ihnilat. Srednevekovaja kniga basen po russkim rukopisjam 15–16 vekov, ed. O. P. Lihachova, J. S. Lurje, Leningrad 1969 (in Russian).
[7] Die Werke des Metropoliten Ilarion, ed. L. Müller, in: Forum slavicum 37 (1971).
[8] Russkie dostopamjatnosti, v. 1, Moskva 1815, 59–75 (in Russian).
[9] J. M. Stratij, V. D. Litvinov, V. A. Andrushko, Opisanie kursov filosofii i ritoriki professorov Kievo-Mogiljanskoj akademii, Kiev 1982 (in Russian).

7) Russian Azbukovniks (something like ABC-books). They were special lexicographical encyclopaedic dictionaries of foreign terminology (Greek, Latin, Hebrew, German, Polish and others) as well as dictionaries of biblical symbolism and interpretation of onomastica sacra, which explained the most important images and conceptions for medieval consciousness[10].

Now we turn to the basic problems and ideas of the Russian medieval natural philosophy. The central concept of medieval mentality is the concept of God. Besides purely religious meaning, it has a philosophical sense as well, regarding the figurative idea of the highest spiritual substance with its own attributes such as eternity, infinity and absolute existence. It is important, that anthropomorphous orientation is peculiar to the given notion of the Lord, as a man was made in the image of God, while the Creator by himself personifies the ideal-maximum of human traits. He is the most generous, exceedingly wise, gentle and pleasing. In the Russian language all the highest traits of God are transmitted by the emphasized transcendent prefix 'pre' analogous with Greek prefix ὑπέρ and Latin 'super'.

Nicholas of Cusa named a combination of the figurative notion of the substance and maximum ideal of human abilities in one superidea of an *absolutum maximum*[11]. This fundamental ontological concept became the basis of all thinking about universe, mankind and nature.

"What is a man, I wonder?" — inquired Vladimir Monomarch in his work "The Sermon" and continued: "Great you are, God, and your deeds are marvellous and your name is blessed and glorious for ever all over the world". To these lines, borrowed from the Psalter, he added his own thoughts, which ocurred to him by association of Basil the Great's Hexaëmeron. He was astonished by the diversity of God's creatures, especially by the variety of human faces, each of them having its own individual aspects. "Let us admire these miracles of God. He created a man out of the dust. He diversified human faces. Assembling all people you can see that everybody has its own look and according to the divine Wisdom nobody is like the other"[12]. The divine image of the Saviour as a forefather reflects through all human faces, while the develish appearance of Satan becomes apparent through vices, passions and spite, distorting them.

Hierarchy as a method to organize the material and spiritual world is one of the dominant methods of medieval consciousness. As Thomas

---

[10] L. S. Kovtun, Azbukovniki 16—17 vekov, Leningrad 1989 (in Russian).
[11] Nicolaus Cusanus, De docta ignorantia, I, 2 and 4.
[12] Pouchenije Vladimira Monomarcha, in: Izbornik (Zbornik proizvedenij literatury Drevnej Rusi), Moskva 1969, 146—71 (in Russian).

Aquinas wrote: "perfection of the universe demands inequality from things, for the sake of realization of all stages of perfection"[13]. In accordance with the theory of Dionys the Areopagite, nine angelic ranks of heavenly hierarchy (after that of banished Lucifer) correspond to nine earthly ranks. In the Azbukovnik, in the Slavonic language, there is the following description of them: heavenly hierarchy consists of thrones, cherubs, seraphs, supremacies, forces, powers, beginnings, archangels and angels; earthly hierarchy includes patriarchs, metropolitans, bishops, priests, deacons, hypodeacons, reads, choristers and monks. "On the heaven nine ranks constantly sing, on the earth nine ranks glorify the Lord"[14].

In conformity with medieval metaphysics of light the superresplendent hierarchy of angels unites and subordinates all stages of the universe by radiating the light in a way of divine emanation. All this energy of spiritual potential gradually decreases as well as the intensity of radiation. The Pantocreator is the epicentre of radiation. This conception is reflected in icon-painting, for instance the icon "Our Savior in Majesty", where Christ enthroned is depicted[15]. The dark abyss of the universe serves as a background of the icon to make out portraits of angels through it and winged allegories of evangelists (angel, eagle, lion, calf). Apophatical theology manifests itself as one of the points of oriental antirationalistic mystical tradition[16].

The outside material world is apprehended by medieval man as macrocosm. Man becomes similar to microcosm, corresponding to the outside world. They both unite with each other and exist on the basis and under the influence of the highest spiritual substance to organize a single ontological triad[17]. This is one of the basic natural philosophical doctrines in the history of philosophy. Russian sources show it in a different way. In the Azbukovnik the notion of cosmos is subdivided into "upper" and "lower" cosmos, reflecting heavenly and earthly hierarchy and it's also a subdivision into "big world" (macrocosm) and "small world" (a man)[18].

The doctrine of macrocosm and microcosm is closely connected with the theory of the four elements. We can find signs of this theory in many civilizations. The European tradition follows the classical Greek conception systematized by Empedocles[19]. The Slavonic term '*stichija*' reflects the

---

[13] Thomas Aquinas, Summa theologiae, I, q. 48, a. 2, c.
[14] Moscow, State Lenin Library, Tikhomirov coll., 17th cent. MS 445, fo. 16v.
[15] E. Smirnova, Moscow Icons 14th—17th Centuries, Leningrad 1989, 280—1, pl. 105.
[16] J. Pieper, Scholastik: Gestalten und Probleme der mittelalterlichen Philosophie, München 1986, 61—74.
[17] D. Levy, Macrocosm and Microcosm, in: The Encyclopedia of Philosophy, ed. P. Edvards, v. 5, New York; London 1967, 121—5.
[18] Moscow, State Lenin Library, Piskarjov coll., 17th cent. MS 197, fo. 65.
[19] D. O'Brien, Empedocles' Cosmic Cycle, Cambridge 1969.

Greek one 'στοιχεῖον' and is similar to the Greek notion of 'ἀρχή' as well as it is equivalent to the Latin term *elementum*. The four elements — earth, water, fire and air — create the multiformity of the material world consisting in the dialectic of conflict and unity. The fifth element — the *quinta essentia* — joins them to occupy the infinite cosmos. Besides the four elements, which are understood as material substances, there are four basic properties to distinguish: cold, hot, wet and dry. The four elements and their four properties make up the natural philosophical figure of eight, so number 'four' and number 'eight' get their symbolic interpretations[20].

Teaching of the elements spread all over the Eastern and Western countries. For example, it is used by German Catholic theologian and philosopher Honorius Augustodunensis in his Clavis physicae and by Moslem Central Asiatic scholar al-Biruni in his Canon of Masuder Russia is not the exception in this case, as numerous sources confirm. In the second by antiquity manuscript Izbornik 1073 year in the work of Iustin the Philosopher "About the right faith" is told, that a human body just as the whole world "is made up of earth, air, water and fire"[21]. Theory of the four elements altogether with criticism of ancient natural philosophies is examined in details by John Exarch the Bulgarian in his Hexaëmeron. He criticized them for their willingness to give the status of substance for one of the elements, but thanks to their endless discussions they could not come to the conclusion and get the truth, which was found in the monistic doctrine of God as Absolute[22].

The theory of the elements as the basic conception of Russian natural philosophy has its reflection not only in literary sources, but also in painting. For instance, the four elements are depicted in the corners of one of the miniatures, belonging to the Library of Academy of Science in Leningrad. Male figures, expressing masculine elements (fire and air) are on the top of the picture. At the bottom of it, are figures of woman, symbolizing female elements (water and earth). In the centre of the list one can see people, cultivating the land, with a town above them. The whole picture demonstrates the image of the harmonious earthly life[23].

Symbolic interpretations of numbers are typical for the Middle Ages[24]. Mystical numerology serves to systematize empirical experience, to discover noumenal contents of natural and social phenomena, to find the highest purpose of human being. In Russia in the 17th century the medieval

---

[20] M. N. Gromov, K istolkovaniju apokrifa o sotvorenii Adama, in: Trudy Otdela drevnerusskoj literatury, v. 42, Leningrad 1989, 256—8 (in Russian).
[21] O. M. Bodjanskij, Izbornik velikogo knjazja Svatoslava Jaroslavicha 1073 goda s grecheskim i latinskim tekstami, Moscow 1883, 31 (in Russian).
[22] R. Aitzetmüller, Das Hexaemeron des Exarchen Johannes, Bd 1—7, Graz 1958—1975.
[23] Istorija estestvoznanija v Rossii, t. I, Moskva 1957, 90 (in Russian).
[24] Mensura — Mass, Zahl, Zahlensymbolik im Mittelalter, ed. A. Zimmermann, Miscellanea Mediaevalia 16/1 und 16/2, Berlin/New York 1983—1984.

type of thinking dominated in contrast to the West. During this time Nicholas Milesku Spafarij creates his Arithmologia. He enumerates the multitude of the numerical stable stereotypes, gives symbolic explanations of them, comprehends the magical tie between the four elements, four seasons, four monarchies (Chaldea, Persia, Greece, Rome) and four continents (Asia, Europe, Africa, America), and so on[25].

There were many interesting details about the elements in the apocryphal literature. For example, the work Galen on Hippocrate[26]. Here we are informed, that "a man or so-called "small world" was also created from the four elements: blood, phlegm, brown bile and black bile". These elements are in the humane body in a liquid state. Then, the autor characterizes each element. So, blood is red, sweet and similar to air. Phlegm is white, salty, and corresponds to water. Brown bile is bitter, similar to fire, and black bile is sour symbolizing earth. Further we find information of where in the human body the elements occur, how the organs connect with different elements[27].

In the beginning of the 16th century famous in European Elucidarium, people's encyclopaedia of the natural philosophical contents Kleine Kosmographie, going back to the works of Honorius Augustodumensis, was translated from German. It consists of teaching of the elements, some anthropological topics and astrological interpretations, underlining the tie between human character, temper and heavenly bodies. In Russia the Elucidarium was considered to be one of the apocryphal books, although it was widely spread[28]. Maksim the Greek criticized it for a number of reasons. It contradicts the canon as well as for the pagan image of God as a potter, who created the material world out of the chaos, named 'ilin'. Old Russian 'ilin' is a Slavonic transcription of the Greek term ὕλη, potential matter of Aristotle.

Among natural philosophical apocrypha there is a cycle of legend about God creating the first man on earth, in particular the "Legend of how Adam was created by God" (the original is a manuscript of the 17th century). This small source is full of interesting ideas about Adam's creation out of the eight beginnings, about his seven-day existence in the paradise (the symbolic prototype of the life of individual man as well as the life of mankind), about seventy diseases, thanks to the devil coming into exis-

---

[25] Nikolaj Spafarij, Estetičeskije traktaty, podg. teksta O. A. Belobrovoj, Leningrad 1978, 87—124 (in Russian). See also Milescu Nikolae, Aritmologia, etica si originalele lor latine, ed. P. Olteanu, București 1982.
[26] M. Besobrasof, Handschriftliche Materialien zur Geschichte der Philosophie in Russland, Leipzig 1892, 11.
[27] Leningrad, State Public Library, Kiril-Belozersk mon. coll., 15th cent. MS XII, fo. 219—22.
[28] J. Matl, Deutsche Volksbücher bei den Slaven, in: Germanisch-Romanische Monatsschrift 5 (1955) H. 3, 200—1.

tence, and etc. Such doubtfull works led to "ontological and moral problems"[29], evoked interest in knowing the world and man's place in it.

According to the given source, Adam was created in the following way: 1) body from the earth, 2) bones from the stone, 3) blood from sea, 4) eyes from the Sun, 5) thoughts from cloud, 6) spiritual light from light, 7) breathing from wind, 8) warmth from fire[30]. This interpretation is one of the Old Russian variants of the classical theory of the elements. Many different versions may be found among Russian and European manuscripts.

The symbolic thinking of the Middle Ages try to establish a connection between nature and man, things and ideas, world and book. The universe becomes similar to the physical realization of Genesis. Besides an empirical purpose of all things, phenomena, processes have a meaning of mystical symbols to interprete by theologians and philosophers. Symbolism acts as "a bridge between the experience of the senses and that which lies or reaches beyond"[31].

In this sense the Psalter is the best image, helping to understand the idea. It was explained and interpreted many times in many sources. Russian Azbukovnik suggests three meanings of the word 'Psalter'. Firstly it's a Hebrew musical instrument with ten strings, secondary it's a psalm-book, which inspired king and prophet David to comply, thirdly it's a man by himself having his own ten strings. They are the five senses of the body and the five senses of the soul. The man, using the abilities of his body and soul may try to become the similar to the vibrating instrument, glorifing God, who is a single, like David, playing psalter and composing exalted psalms in His honor. Then we find a description of what is implied under the ten human senses, named in the book. "There are five senses of the soul: intellect, sense, word, dream, essense of the soul. The five senses of the body include vision, hearing, taste, sense of smell and sense of touch". According to them the man is called "a psalter of the ten strings"[32]. Images of the king David, psalter and the man as an instrument, sounding in God's hands, are one of the central themes in the medieval literature, sculpture and painting.

It is necessary to examine not only oral and written monuments, but cultural heritage in its entirety, to understand images and symbols of the Middle Ages. Keeping in mind the fruitful semiotic research of modern

---

[29] A. E. Naumow, Apokryfy w systemie literatury cerkiewnosłowiańskiej Wrocław etc., 1976, 75.

[30] Moscow, State Lenin Library, Rumjantsev coll., 17th cent. MS 370 fo. 147–8.

[31] G. B. Lander, Medieval and Modern Understanding of Symbolism: A Comparison, in: Speculum LIV (1979) No 2, 225. See also P. Zerbi, Mentalità, ideali e miti del Medioevo, Milano 1985, 11–20.

[32] Moscow, State History Museum, Museum coll., 17th MS 2653, fo. 55–69.

time, a ciphered code of the medieval culture can be revealed that lends unity and harmony to the creative works of the time. Integration of sources and a complex source study help to describe the natural philosophical conceptions of the Middle Ages more accurately, in a well-substantiated and thorough manner.

Let us consider the monuments of architecture and arts. The Medieval architecture, especially sacral has deep ideological contents. A temple is not only a place to pray, but it is a model of the universe, created by means of architecture in a style of the given time[33]. The cathedral of Cologne produces the finest effect as a result of Gothic thinking, while the Gothic by itself seams to be "a stone scholasticism"[34].

The Gothic basilicas reflect dynamic vectorial tendency forward along the central nave and high to the air gabled roof, underlined by lancet windows and portals. The traditional Byzantine temple of the cross-cupola's style has more static composition, characterized for the contemplative type of thinking. It is a model of the universe in plastic according to the Christian Topography by Cosma Indicopleuste, where the image of celestial sphere closely connects with the image of the earth in the form of Noah's Ark[35].

The horizontal three-part structure of the temple (church-porch, refectory, altar) symbolizes the gradual transition to the truth of Christianity by degree of consecration (consecrated, believers, priests). The vertical structure of the temple is also composed of three-parts (bottom part, walls, space under the domes). They personify the three levels of existence (material, spiritual, divine). As usual the portrait of Pantocreator is accommodated in the central cupola, the sacrament of eucharists is depicted on the altar wall, and scenes of the Last Judgement are on the Western wall above the entry.

It is necessary to stress that the temple is a model of the universe, full of life, and divine service performs this function. The melody of the universe sounds in the temple (in accordance with Gregory of Nyssa), while the history of the mankind, starting with the creation of Adam and ending by the arrival of the Saviour, his sufferings, crucifixion and resurrection is expressed again and again through daily, weekly and yearly cycles. The temple is a dynamic, inspired, and vital model of being, which simultaneously unites the past, the present and the future by means of the gold ground of eternity, dominating the aesthetics of the Orthodox Church, in the lustre of mosaics, and in the golding of icons, domes and crosses.

---

[33] R. Ivančević, Uvod u ikonologiju, in: Leksikon ikonografije, liturgike i simbolike zapadnog kršćanstva, red. A. Badurin, Zagreb 1985, 34—5.
[34] E. Panofsky, Die Perspektive als symbolische Form, in: Aufsätze zu Grundfragen der Kunstwissenschaft, Berlin 1961, 111—5.
[35] W. Wolska, La Topographie chrétienne de Cosmas Indicopleustés, Paris 1962, 116—7.

The high, usually five-row iconostasis occupies the central place in the interior of the Russian Church. German art critic Konrad Onasch named it "the pictorial Summa Theologiae of the East Church, an iconic representation of the conceptual-imperceptible cosmos, in line with the iconic theology of Byzantium"[36].

The rows of iconostasis are arranged in a particular order. The lowest row is a local one, next is a festive row, then a turn of the deesis tier, followed by a prophet row. The last and the highest row is a row of forefathers. It reflects the history of the mankind from Adam and Eve, from biblical prophets and apostles to Byzantine and Russian saints, venerated in a native country, from the scale of the universe to the local realities — that is its diapason.

Entering the temple, taking part in the mystery of public worship, man feels, experiences and imbibes the paradigms of Christianity not only in a rational way, but using all means and senses of his own being: not only in his mind, but in his soul. He is shaken by antinomies of eternal and transient, of spirit and flesh, of good and evil, of heaven and earth. Through images of Christian Art, through harmonious singing of the choir, which, in the Orthodox Church, sounds like a living organ of human voices, vibrating for God's glory, he discovers the dialectics of existence. Here macrocosm and microcosm connect with each other. The common harmony of the universe unites mankind with human individuality. Art is considered to be a mirror of mankind's biography and a bright realization of its selfconsciousness[37].

The Russian icon has a deep philosophical sense also. E. N. Trubetskoj, the philosopher, names it "a speculation in colour". Contemporary investigators S. S. Averintsev and B. V. Raushenbach understand Old Russian painting as one of the means of conveying philosophical ideas, typical for the Russian Middle Ages. There are series of investigations, devoted to semiotics of the icon. Icon-painting expresses ontological, natural philosophical, anthropological ideas by plastic, antiverbal means[38].

Take for instance, the world famous icon "Trinity" by Andrew Rublev[39]. It depicts three pensive angels, conversing with each other about the sense of being. The composition of rounded lines creates the contour of the universe, the sphericity of which was already substantiated by ancient Greeks. Every detail has its deep symbolic meaning. A building behind the left angel, who depicts God the Father, is not only an architectural

---

[36] K. Onasch, Identity Models of Old Russian Art, in: Medieval Russian Culture, ed. H. Birnbaum a. M. Flier, Berkeley etc. 1984, 186.

[37] G. Richter, Ideen zur Kunstgeschichte, Stuttgart 1976, 11–20.

[38] E. Trubetskoj, Die religiöse Weltanschauung der altrussischen Ikonenmalerei, Paderborn 1927; L. Ouspensky u. W. Lossky, Der Sinn der Ikonen, Bern u. Olten 1952.

[39] F. Winkelmann, Die Trinitätsikone Andrej Rubljovs, in: Byzantinoslavia L (1989) F. 2, 197–202.

ground, it is a conception of the world as comfortable existence in the form of the well-equipped town. A tree behind the middle angel, who depicts God's Son, Logos, Christ, is not only the oak of Mamre, under which our forefather Abraham hosted the three wanderers who visited him, but also the tree of knowledge of good and evil, the cross tree, one of the ancient prototype of human consciousness. A mountain behind the right angel, depicts the Holy Spirit. It is not only landscape, but a symbol of spiritual ascent to knowledge of the highest secrets of existence.

Rublev's Old Testament Trinity expresses the trinitarian conception of the universe in plastic form without any word, category or syllogism. It is not less philosophical than the Old Indian Trimurty, the triad of Hegel and the trichotomy of Kant. Russian investigator V. A. Plugin devotes a monograph to the analysis of Rublev's works and their philosophical contents[40]. He connects Rublev's creation with spreading ideas of Hesychasm in Russia.

Hesychasm comes into existence in Byzantium as an ascetic theory of inner spiritual concentration. Deeply worked out by Gregory Palamas it has a great influence on the Russian thinking in the 14th—15th centuries[41]. Hesychasm finds its reflection in the activity of Sergious of Radonezh, and his followers, in the works of Andrew Rublev and Epiphanius the Wise, in literature, painting and architecture of the given period. Academician D. S. Lichachev names "an epoch of the Russian pre-Renaissance". Unfortunately, the Russian pre-Renaissance does not achieve its well-developed forms and does not lead to the Renaissance proper because of the influence of the powerful centralized state-church organization and the absence of early bourgeois sprouts. However, we find its elements in the Russian culture of that period. In particular the theory of Favour's light, the divine light of flesh, the heightened interest for the inner life of man, the humanizing of consciousness. Instead of the sharp contrast between spirit and matter, typical for the Early Middle Ages, a new conception of humanizing the nature of man, ideas of heavenly and earthly unity, and the body's rehabilitation as a God-created place for the soul becomes firmly established[42].

The greatest thinker of Russian Hesychasm is Nil of Sora (1433—1508)[43]. He spent several years in the Orthodox East, visited Palestine, Constantinople and Athens. After returning he founded a small and

---

[40] V. A. Plugin, Mirovozzrenie Andreja Rubljova. Drevnerusskaja zhivopis' kak istoricheskij istochnik, Moskva 1974 (in Russian).
[41] J. Meyendorff, Byzantine Hesychasm: Historical, Theological and Social Problems, London 1974.
[42] D. S. Lichatschow, Der Mensch in der altrussischen Literatur, Dresden 1975.
[43] F. von Lilienfeld, Nil Sorskij und seine Schriften, Berlin 1963.

secluded monastery on the bank of the Sora river in the north of Russia, and became the ideological leader of the party of "nonhoarders". His main work "The Big Canon" contains the theory about the five stages of the origin of human passions. The first one is "threshold", the preface, the first impression, occupying the human soul without its will; the second is "combination", the interest of the impressed soul, created by the image; the third is "composing", the flaring up of the flame, being attached to it; the fourth is "subordination": the image becomes instilled into the consciousness; the fifth is "passion", the replacement of tempory subordination by constancy: the image becomes inseparable form human nature, devouring it.

Conformably to the monk's life Nil of Sora gives the following instructions for resisting the passions: 1) to cut them off the beginning; 2) to obtain spiritual concentration without influence from outside; 3) to repeat protective prayers, especially the Lord's Prayer; 4) to remember about transient earthly life and eternal heavenly being. He also gives meditational advice and ascetic recommendations in the spirit of hesychastic "prudent deeds". Nil of Sora appeals to the teachings of Nil of Sinaj, increasingly popular during the Middle Ages, regarding the eight vices: namely gluttony, lechery, greed for money, anger, grief, despondency, vanity, pride; and the eight virtues, namely fasting, charstity, non-hoaring, mercy, faith, patience, modesty, humility[44].

The high level of philosophical anthropology of Nil of Sora is explained by his acquaintance with patristic literature, which determined the basic theoretical lines of the Russian medieval thought. He uses the work De coenobiorum institutis by John Cassian of Rome, the founder of monkhood in Gallia. The theory of the five stages is borrowed from κλῖμαξ by John Lestvichnic, in which the six stages of formation of fits of passion are examined (πάλη — 'fight' is omitted).

In the 17th century in Russia, through the meditation of Byelorussia and Ukraine, the influence of Aristotelianism grew, kept within the limits of late scholasticism. To imitate Jagelon University together with the Jesuit academy in Wilna the main centers for preparing professional philosophers for Orthodox Eastern Europe are established in Kievo-Mogiljanskaja and in Slavonic-Greek-Latin academies. Courses of natural philosophy at these educational institutions work out the traditional peripatetic schemes along with some works of criticism and some borrowing from philosophical conceptions of Descartes, Bacon, Leibniz and other

---

[44] M. S. Borovkova-Majkova, Nila Sorskogo Predanie i Ustav, St. Petersburg 1912, 11—91 (in Russian).

modern thinkers[45]. At the same period in Russia different works of natural sciences and philosophy were translated from Latin, German, Polish and others.

As a whole the 17th century became a transitional period in the history of Russia from medieval type of culture to the new European one. For all this the style of baroque plays the role of specific antimedieval type of culture, compared with the Western Renaissance, while in the West baroque plays the role of counter-reformation.

It is impossible to give a full description of Russian medieval natural philosophy in details in a single article, that is why its main task is to show its presence in the common structure of philosophical thinking in the Old Russia, illustrating its spread through the diversity of sources, including the non-verbal.

The last point is typical for the Russian philosophy of feudalism in general. Unlike the West, natural philosophy in Russia does not separate into a specific sphere of professional activity and does not become the well-developed theoretical trend like Thomism and Aristotele's scholasticism[46]. It finds itself in the other spheres of creation, resorting to expression of philosophical ideas by means of literature, art, sermon, practical morality[47].

This tendency of Russian philosophy, reflected in modern time in the works of F. Dostoevskij, V. Solovjev, N. Rerich, was founded at the time of the apostlic mission of St. Cyril, who understood the philosophy as a life-creating theory, contrary to the abstract theorizing[48]. St. Cyril and Methodius translated the main part of the Bible into Slavonic and as a result of it theology and philosophy were developed in a language familiar to people, while in the West these branches of knowledge were developing in the language of the intellectual elite like classical Latin[49]. Considered in one way, this peculiarity of Russian philosophy prevented it from becoming a professional kind of activity. On the other hand, it contributed to the spreading of philosophical potential in various spheres. It explains the high level of philosophizing in Russian literature (both medieval and

---

[45] V. M. Nichik, Iz istorii otechestvennoj filosofii konca 17-nachala 18 veka, Kiev 1978 (in Russian).

[46] F. van Steenberghen, La conception de la philosophie au moyen âge, in: Philosophie im Mittelalter. Entwicklungslinien und Paradigmen, ed. J. P. Beckmann, e. a., Hamburg 1987, 187—99.

[47] M. N. Gromov, N. S. Kozlov, Russkaja filosofskaja mysl' 10—17 vekov, Moskva 1990, 262—4 (in Russian). See also Th. M. Seebohm, Ratio und Charisma: Ansätze und Ausbildung eines philosophischen und wissenschaftlichen Weltverständnisses im Moskauer Russland, Bonn 1977, 4—7.

[48] D. Obolensky, Sts. Cyril and Methodius, Apostles of the Slavs, in: St. Vladimir Seminary Quarterly VII (1963) 1—11.

[49] J. Schütz, Konstantins Philosophie und seine Bestallungsurkunde als Philosoph, in: Wiener Slavistisches Jahrbuch 31 (1985) 89—98.

contemporary), as well as the dominant influence of the artistic, aesthetic and symbolic thinking in Russia. Therefore it is no accident that the heart of images of religious philosophy is personified by Sophia. This key symbol of Russian wisdom, borrowed from Byzantium and established in the Middle Ages, became one of the dominants of Russian philosophy in general.

I wish to conclude this article with the words of the German Slavic specialist Werner Philipp, who investigated the specific position of the medieval Russian in the East-West system and demanded constant attention for apprisal of all its cultural phenomena:

> Russia did not belong to the "East" if this term is regarded as identical with Asia; and Russia was not a "western country" if "the West" means Latin civilization. On the fundament of the inherited spiritual Byzantine tradition, Russia became a distinct historical entity of her own within Europe[50].

---

[50] W. Philipp, Russia's Position in Medieval Europe, in: Russia. Essays in History and Literature, ed. L. Legters, Leiden 1972, 37.

Philosophia Naturalis II

Das „Naturale" und das „Supranaturale" in der averroistischen Philosophie

ZDZISLAW KUKSEWICZ (Warschau)

Es gehört zu den Grundkenntnissen über die mittelalterliche Philosophie, daß die lateinischen Averroisten, die sich nur als Philosophen bezeichneten, die Ebene der Philosophie und die Ebene des Glaubens streng unterschieden und daß sie es für angemessen hielten, daß die Philosophie einige dem Glauben widersprechende Thesen behaupten dürfe, obwohl die Glaubenslehren wahr seien. Die Einstellung der Averroisten gegenüber dem Glauben und der Philosophie wurde einst von den Historikern als „Theorie der doppelten Wahrheit" bezeichnet; jedoch wissen wir nunmehr, daß der Ausdruck „doppelte Wahrheit" die averroistischen Lehren entstellt und daß eine „Theorie", das heißt ein System logisch verbundener Thesen, über die Beziehung der Philosophie zum Glauben in den averroistischen Werken nur selten zu finden ist[1].

Obwohl die überwiegende Mehrheit der averroistischen Schriften ausschließlich Äußerungen enthält, die auf eine strenge Trennung zwischen Philosophie und Glauben zwar hinweisen, aber dem Glauben immer Recht geben, finden sich bei einigen Averroisten Versuche, den Zwist zwischen Glauben und Philosophie theoretisch zu erklären. Diejenigen Averroisten, die in Betracht kommen, sind die drei wichtigsten Mitglieder der „Schule" — Siger von Brabant, Boethius von Dacien und Johannes von Jandun.

Siger von Brabant

Ausführlichere Bemerkungen Sigers von Brabant zu diesem Thema findet man in den Quaestiones super Metaphysicam, in De anima intellectiva und in den Quaestiones super Physicam. In der Metaphysik unterscheidet Siger von Brabant das Wissen der Philosophie, das auf der *„ratio"* gegründet ist, von dem Wissen, das aus dem Glauben kommt und durch *„testimonia prophetarum"*, nicht durch die Argumentation, erworben wird.

---

[1] Zur Polemik über die sogenannte „Theorie der doppelten Wahrheit" cf. F. Steenberghen, Maître Siger de Brabant, Louvain–Paris 1977, 242; L. Hödl, Über die averroistische Wende der lateinischen Philosophie des Mittelalters, in: „Recherches de Théologie ancienne et médiévale" 39 (1972), 171–204.

Dieses letzte Wissen enthält zwar die Wahrheit, aber es ist der rationalen Methode nicht zugänglich und über sie erhaben[2]. Daraus folgt, daß die „Realität" sowohl von der Philosophie erforschte als auch noch andere, nicht erkennbare Momente und Prozesse enthält, wobei die letzten nur durch die über die „ratio" erhabenen Wege — den Glauben und die „*testimonia prophetarum*" — erkannt werden können.

Das Sigersche Werk De anima intellectiva enthält dieselbe Auffassung von der Philosophie einerseits, und vom wahren Wissen andererseits, das von dem Glauben ausgeht und über die rationale Argumentation erhaben ist. Jedoch ist diese Auffassung viel präziser. Den Weg der Philosophie bezeichnet Siger hier als „*rationes naturales*" und stellt fest, daß der menschliche Verstand, der diesen Weg gehen muß, nichts von dem erforschen kann, was dank der „*miracula Dei*" in der Welt existiert[3]. Der Begriff „*testimonia prophetarum*" wird aber auch weiter gefaßt: Obwohl es scheinen könnte, daß diese „*testimonia*" gleichfalls „*miraculose*" erworben sein müßten, stellt Siger von Brabant fest, daß die Propheten einige Kenntnisse, die den Menschen nur mittels des Glaubens zugänglich sind, auch „*naturaliter*" erwerben können[4].

Zwei neue Elemente treten in der Schrift De anima intellectiva auf, die uns sehr wichtig scheinen: der Begriff der „*rationes naturales*" und der Begriff der „*miracula*". Der Begriff „*rationes naturales*" wird in diesem Zusammenhang im weiteren Sinne als „in die Naturphilosophie gehörend" aufgefaßt; er soll als Gegensatz zu „*miraculose*" verstanden werden. Die Einführung des Begriffes „*miracula Dei*" bedeutet, daß eine göttliche Intervention in der Welt stattfindet, die reale Veränderungen in dieser Welt bewirkt.

Die Quaestiones super Physicam enthalten nur ein kleines Textstück über das Verhältnis von Philosophie und Glauben[5], aber dieser Text ist sehr inhaltsreich und wichtig. Die Auffassung von der Philosophie und von dem, was der Glaube vermittelt, ist — ebenso wie die Bezeichnung

---

[2] „*Nec debet aliquis conari per rationem inquirere quae supra rationem sunt*". Sigeri de Brabantia, Quaestiones super Metaphysicam, III, 15, ed. C. A. Graiff, Louvain 1948, 140, 21—22. „*In hiis quae fidei, via est ex testimonio prophetae, non argumento.*" Ibidem, II, 29, 92—94.

[3] „*Quaerimus enim hic solum intentionem philosophorum et praecipue Aristotelis, etsi forte Philosophus senserit aliter quam veritas se habeat et sapientia, quae per revelationem de anima sint tradita, quae per rationes naturales concludi non posset. Sed nihil ad nos nunc de Dei miraculis cum de naturalibus naturaliter disseramus.*" Sigeri de Brabantia, De anima intellectiva, in: Siger de Brabant, Quaestiones in tertium De anima, De anima intellectiva, De aeternitate mundi, ed. B. Bazàn (Philosophes Médiévaux, XIII), Louvain 1977, 83—84, 244—248.

[4] „*Sicut (...) ab hominibus cognoscuntur naturae insensibiles quas bruta non cognoscunt, sic nihil prohibet naturaliter homines quosdam propheticos quorumdam cognitionem habere, ad quae communis ratio hominis non ascendat, nisi credendo testimonio prophetae.*" Ibidem, 99—100, 100—106.

[5] Cf. Sigeri de Brabantia Quaestiones super Physicam, in: (als anonym) Ein Kommentar zur Physik des Aristoteles aus der Pariser Artistenfakultät um 1273, ed. A. Zimmermann (Quellen und Studien zur Geistesgeschichte der Philosophie, XI), Berlin 1968, 3.

„*miracula*" für die göttliche Intervention in der Welt — identisch mit der Auffassung, die wir aus De anima intellectiva kennen. Die Beschreibung der beiden Ebenen, des Wissens und der Realität, ist jedoch in der Physik viel reicher. Eindeutig sagt Siger in diesem Werk, daß er hier die Philosophie im umfassenden Sinne meint, indem er ankündigt, sowohl die Naturphilosophie als auch Ethik und Metaphysik zu behandeln[6].

Die Philosophie bezieht sich auf den „*communis et consuetus cursus naturae*"; den Ausgangspunkt der philosophischen Analysen bilden „*causae inferiores*", und alles, was der Philosoph über die Welt weiß, erfährt er „*ratione*" oder „*rationis lumine*". Der Glauben dagegen vermittelt den Menschen Wahrheiten, die „*manifesta lumine divinae revelationis*" sind, und dieses „*lumen*" bleibt den Philosophen verborgen. Der Glauben gibt nämlich den Menschen ein Wissen darüber, was sich der „*causa suprema*" verdankt und aus der Erforschung der „*causae inferiores*" nicht erkennbar ist[7]. Sigers Äußerungen in der Schrift De anima intellectiva über die Propheten entspricht in der Physik eine vollständigere Auffassung ihrer Kenntnisse: die Propheten, die „*spiritu prophetiae*" aus dieser Welt ihre Kenntnisse schöpfen, können sich auch irren, denn sie haben kein Wissen über den göttlichen Willen, der „anders" entscheiden kann[8].

Wie in De anima intellectiva, verteidigt Siger von Brabant auch in der Physik die Philosophie gegen den Vorwurf, dem Glauben zu widersprechen, indem er beide relativ begreift: der Philosoph, der nur aus den rational erforschten „niedrigeren Ursachen" seine Schlüsse zieht, kann nicht im Widerspruch zum Glauben stehen, der seine Lehren an der „*causa suprema*" orientiert[9].

Darf man von einer von Siger von Brabant dargelegten Theorie des Naturgemäßen und des Übernatürlichen sprechen? In seinen Werken finden sich die Begriffe „*naturaliter*" und „*naturalis*" und bedeuten das Wissen, das sich dem Wissen über die „*miraculosa*" widersetzt (sie werden also in einem weiteren Sinn als bloß „naturphilosophisch" verstanden). Der Begriff „*supranaturale*" erscheint überhaupt nicht; der Begriff „*naturale*" schließlich bezieht sich nicht auf die dem Philosophen zugängliche Realität, sondern nur auf das Wissen. Ohne alle drei Begriffe zu benutzen, hat Siger

---

[6] „*Intendimus tractare de rebus naturalibus, moralibus et divinis.*" Ibidem, 3.

[7] „*In hoc nullatenus praeiudicantes veritati fidei orthodoxae, quae manifestata est lumine divinae revelationis, quo non fuerunt philosophi inquantum huiusmodi illustrati; sed communem et consuetum cursum rerum attendentes, nec de divins miraculis disserentes, de ipsis rebus rationis lumine iudicarunt.*" Ibidem. auch unsere Anm. 9.

[8] „*Quin imo etiam sancti prophetae, imbuti veridico spiritu prophetiae, attendentes ordinem causarum inferiorum, praedixerunt aliqua eventura, quae tamen non evenerunt, quia a causa prima non sic fuerunt ordinata.*" Ibidem.

[9] „*Ex hoc enim quod philosophus concludit aliquid esse necessarium vel impossibile per causas inferiores investigabiles ratione, non contradicit fidei quae ponit illa posse aliter se habere per causam supremam, cuius virtus et causalitas non potest comprehendi ab aliqua creatura.*" Ibidem.

jedoch eine Unterscheidung sowohl in bezug auf die Realität als auch das Wissen getroffen. In der Realität sieht Siger sowohl die Welt samt ihren „*causae inferiores*" als auch die Welt, in der die „*causa superior*" dank ihrer „*miracula*" einige von den „*causae inferiores*" nicht erzeugbare Effekte eingeführt hat. Beim Wissen unterscheidet Siger das natürliche Wissen über diese Welt vom Glauben, der aus der Offenbarung kommt und Kenntnisse über die „*causa suprema*" und ihre Effekte in der Welt übermittelt.

Boethius von Dacien

Drei der Werke des Boethius von Dacien geben seine Ideen über das Verhältnis von Philosophie und Glauben wieder: die Quaestiones super De generatione, die Quaestiones super Physicam und die Schrift De aeternitate mundi. In dem ersten Werk findet man nur eine sehr kurze Bemerkung zu diesem Thema, in dem zweiten hat Boethius seine Auffassung ausführlicher geschildert, aber nur in dem dritten finden wir eine eingehende Analyse des philosophischen Wissens und der höheren, von Gott übermittelten Kenntnisse.

Die Quaestiones super De generatione unterscheiden die Natur von dem Prinzip dieser Natur und bestätigen, das der Naturphilosoph alle seine Forschungen im Rahmen der Natur halten muß; infolgedessen kann er sich über das höhere Prinzip nicht äußern, da es diesen Rahmen überschreitet[10].

Die Quaestiones super Physicam enthalten eine Reihe von kurzen Bemerkungen bezüglich der Philosophie und des Glaubens. Diese Bemerkungen können in zwei Kategorien geteilt werden: die Bemerkungen, die sich mit der Philosophie überhaupt befassen, und die Bemerkungen über die Naturphilosophie.

Sein Interesse an der „Philosophie im umfassenden Sinne" bezieht Boethius auf die „Theoretische Philosophie" — die Naturphilosophie, die Mathematik und die Metaphysik, und beweist, daß keine von diesen philosophischen Disziplinen die Erschaffung der Welt „*de novo*" beweisen kann[11]. Die philosophischen Disziplinen, die sich der rationalen Beweisführung bedienen, sind jedoch nicht die einzige Wissenschaft: es gibt noch eine „*alia scientia*", welche die philosophischen Disziplinen überschreitet

---

[10] „*Nullus artifex potest concedere aliquid vel negare nisi ex principiis suae scientiae. (...) Et quia natura, licet non sit primum principium simpliciter, est tamen primum principium quod physicus sive naturalis debet considerare, et ideo, cum nulla factio sit possibilis secundum naturam nisi illa qua est ex subiecto et materia (...) ideo physicus naturalis nullam aliam factionem considerare potest.*" Boethius de Dacia, Quaestiones super De generatione, in: Boethius de Dacia, Opera omnia, vol. 5, pars I, ed. G. Sajo, Hauniae 1971, 8, 95—9, 104.

[11] Cf. Boethius de Dacia, Quaestiones super Physicam, in: Boethius de Dacia, *Opera omnia*, vol. 5, pars II, ed. G. Sajo, Hauniae 1974, 141, 46—50.

und den Menschen Wahrheiten mitteilt, die von diesen Disziplinen nicht erworben werden können. Diese *„alia scientia"* wird *„scientia legis modernae idest christianae"* genannt[12].

Bei den Bemerkungen der zweiten Kategorie, welche die Naturphilosophie zum Gegenstand haben, unterscheidet Boethius die Natur samt ihren eigenen Prinzipien von dem *„primum principium simpliciter"*. Der Naturphilosoph erforscht die Natur und deren Prinzipien, die Materie und die Form, und sein Wissen enthält sowohl *„per se nota"* als auch rational erworbene Kenntnisse. An das *„Primum principium simpliciter"* kann er nicht heranreichen. Er kann auch die Glaubenslehren nicht entdecken, denn das, worüber uns der Glauben belehrt, wurde von Gott *„miraculose"* begründet[13].

Das Werk De aeternitate mundi enthält eine ausführliche Analyse, in der Boethius von Dacien versucht, den Widerspruch zwischen den Lehren der Philosophie und den Lehren des Glaubens bezüglich der Entstehung der Welt aufzuheben. Das Ziel seiner Analysen besteht in der Erklärung, warum die Thesen des Glaubens und nicht die Thesen der Philosophie wahr sind, aber auch wie es möglich ist, sowohl die Thesen der Philosophie als auch die der Religion als annehmbar und nicht-widersprüchlich zu betrachten. Auch in diesem Werk wie in den Quaestiones super Physicam werden die Naturphilosophie und andere philosophische Disziplinen getrennt betrachtet. Das Hauptgewicht der Analysen des Boethius liegt jedoch in der Naturphilosophie, da auf diesem Gebiete widersprüchliche Thesen der Philosophie und des Glaubens klar aufzutreten scheinen.

Die von dem Naturphilosophen erforschte Realität heißt Natur, und eine der Regeln der Natur bestimmt, das alles aus einem bereits existierenden Subjekt entsteht und ein absoluter Beginn „aus nichts" unannehmbar ist. Dieser Begriff „unannehmbar" muß jedoch genau verstanden werden: er bedeutet, „unannehmbar im Rahmen der Natur". Denn die Natur ist nicht das einzige, was existiert: Über der Natur gibt es nämlich ein Prinzip (Gott), das die Natur selbst verursacht hat. Diesem Prinzip

---

[12] *„Aliae sunt scientiae quae docent veritates ad quas non est possibilis scientia per inquisitionem humanam, sicut scientia legis modernae idest christianae."* Ibidem, 141, 52—55. *„Sufficienter potest homo esse sciens per philosophicas disciplinas quae acquiri possunt per rationem humanam, sed de alia scientia non potest, quae transcendit rationem naturalem et humanam."* Ibidem, 141, 57—60.

[13] *„Natura est primum principium quod physicus considerare potest, et ideo incipit physicus a primis principiis naturalibus, ut a materia et forma."* Ibidem, 142, 73—76. *„Naturalis non potest reducere in aliquid quod excedit suam considerationem; sed primum principium excedit considerationem naturalis."* Ibidem, 141, 41—43. *„Dico tamen quod motus primus potest esse novus, et huius non potest dari ratio, quia miraculorum non est dare rationem, quia si sic, non esset miraculus."* Ibidem, 275, 191—193. *„Licet non omnis veritas potest ostendi per rationem, omnis tamen veritas physica debet esse nota per se vel talis quod ipsam ostendere potest per rationem."* Ibidem, 275, 200—203.

kommt es zu, die Natur und die Welt aus nichts zu erzeugen[14]. Die Erschaffung der Welt ist jedoch nicht die einzige göttliche Tätigkeit: Gott hat auch, nachdem er die Welt erschaffen hat, den ersten Menschen erschaffen; er hat auch für die Möglichkeit der Auferstehung der Toten gesorgt[15]. Daraus folgt, daß die göttliche Tätigkeit nicht auf den ersten „Impuls" begrenzt werden kann, nach dem alles nur gemäß den erschaffenen, natureigenen Regeln geschieht: Es gibt auch danach die göttliche Intervention in der bereits erschaffenen Welt.

Der Unterscheidung der Natur und des *Primum principium* entspricht eine Unterscheidung des Wissens des Naturphilosophen und des Wissens „des Christen" (des Glaubens). Der Naturphilosoph kann die Natur erforschen und die Realität nur gemäß den Regeln der Natur erkennen. Aus diesem Grunde kann er weder die Erschaffung der Welt noch die künftige Auferstehung der Toten entdecken — vielmehr muß er die Möglichkeit solcher Ereignisse entschieden zurückweisen, da sie den Regeln seiner Wissenschaft widersprechen. Er kann jedoch die Kenntnisse der Effekte der höheren „*causa*", Gottes, aus dem Glauben schöpfen, ohne daß er über diese „*causa*" oder ihre Effekte durch seine eigenen Kräfte und aufgrund seiner Wissenschaft — der Naturphilosophie — irgendetwas erfahren könnte[16].

Obwohl mehrere Aussagen des Boethius die Welt von Gott samt seiner diese Welt betreffenden Aktivität streng unterscheiden, erscheinen Gott und Welt gewissermaßen als verbunden. Denn die gesamte Realität (d. h. „alles, was es gibt") ist einem „zweistufigen Gebäude" ähnlich: Die „erste Stufe", Gott, ist die absolute Ursache und als solche hat er die „zweite Stufe", die Natur, erzeugt. In der Natur herrschen Regeln, gemäß denen alle Prozesse in der Welt geschehen. Da aber die Erzeugung der Natur diese Regel überschreitet, muß sich Gott an sie nicht halten, auch wenn er in die bereits erschaffene Natur eingreift.

---

[14] „*Quamvis natura non sit primum principium simpliciter, est tamen primum principium in genere rerum naturalium, et primum principium quod naturalis considerare potest.*" Ibidem, Tractatus de aeternitate mundi, ed. G. Sajo, Berlin 1964, 43, 309—312. „*Natura de qua intendit naturalis, nihil potest facere nisi per generationem.*" Ibidem, 46, 376—377. „*Natura enim omnem suum effectum facit ex subiecto et materia, factio autem ex subiecto et materia generatio est.*" Ibidem, 45, 367—368. Cf. Anm. 16.

[15] „*Haec sit veritas (...) simpliciter quod (...) primus homo erat et quod homo mortuus redibit vivus sine generatione et idem numero.*" Ibidem, 46, 385—387.

[16] „*Veritatem tamen illam quam ex suis principiis causare non potest nec scire, quae tamen contrariatur suis principiis et destruit suam scientiam, negare debet (...) ut hominem mortuum immediate redire vivum et rem generabilem fieri sine generatione, — ut ponit christianus (...) ista debet negare naturalis, quia naturalis nihil concedit, nisi quod videt esse possibile per causas naturales. Christianus autem concedit haec esse possibilia per causam superiorem quae est causa totius naturae.*" Ibidem, 47, 407—416. „*Et bene enim in talibus creditur auctoritati divinae et non rationi humanae.*" Ibidem, 60, 750—751.

Eine gewisse Überwindung der strengen Trennung der weltlichen und der göttlichen Realität spiegelt sich auf der Ebene des Wissens ab, denn der Vorwurf eines Widerspruches zwischen dem Wissen der Naturphilosophie und dem Glauben wird auch von Boethius von Dacien zurückgewiesen. Wie er mehrmals wiederholt, darf man die Thesen der Naturphilosophie und die Thesen des Glaubens nicht als einander widersprechend ansehen, denn diese Thesen sollen relativ aufgefaßt werden: die Thesen der Naturphilosophie sind gültig im Rahmen dieser Wissenschaft und in bezug auf die Natur; die Thesen des Glaubens dagegen in bezug auf die „causa superior"[17]. Das ist im Grunde genommen dieselbe Vorstellung, die Siger von Brabant geäußert hatte.

Boethius von Dacien erweitert seine Analysen auch auf die übrigen Teile der „Theoretischen Philosophie" — auf die Mathematik und die Metaphysik. Hier jedoch erwähnt er keine zum Glauben im Gegensatz stehenden Thesen[18].

Da Boethius nicht nur die Naturphilosophie, sondern auch die übrigen Teile der „Theoretischen Philosophie" in Betracht gezogen hatte, kann er nicht mehr den Begriff der „Natur" als Grundlage seiner Lösung benutzen. Er weist jetzt auf eine allen Zweigen der Philosophie gemeinsame Basis ihrer Beweisführung hin — auf die rationale Argumentation. Logischerweise ist auch die Natur als der Gegenstand der Boethianischen Analysen verschwunden: jetzt beschäftigt er sich nur mit dem Wissen — mit dem Glauben und mit der Philosophie[19]. Der Widerspruch zwischen dem Glauben und der Philosophie ist jetzt noch leichter beseitigt, denn seiner Meinung nach betreffen die Glaubenslehren nunmehr solche Probleme, die von der Philosophie überhaupt nicht berührt werden.

Aufgrund des Gesagten stellen wir jetzt die Frage, die schon in Hinblick auf Sigers Auffassung gestellt wurde: Hat Boethius von Dacien eine Theorie des *„naturale"* und des *„supranaturale"* vorgelegt? Obwohl man bei diesem Autor wegen seiner viel reiferen und umfangreicheren Analysen von einer theoretischen Auffassung des Problems der Philosophie und des Glaubens sprechen kann, enthält diese Theorie nicht die Begriffe des Naturgemäßen und des Übernatürlichen. Das Wort „Natur" und das Wort *„naturaliter"* werden in rein aristotelischem Sinne verstanden und beziehen sich nur auf die Naturphilosophie und deren Gegenstand. Diese Termi-

---

[17] „*Nec propter hoc contradicit fidei, quia ipse dicit hoc non esse possibile secundum causas naturales. Ex talibus enim ratiocinatur naturalis. Fides autem nostra dicit hoc esse possibile per causam superiorem quae est principium et finis nostrae fidei, Deus gloriosus (...). Ideo nulla est contradictio inter fidem et philosophum.*" Ibidem, 60, 757—762.

[18] Cf. ibidem; cf. Anm. 19.

[19] „*Nullus autem philosophus per rationem potest ostendere motum et mundum esse novum, quia nec naturalis, nec mathematicus nec divinus.*" Ibidem, 50, 505—507. „*Et, quia multa sunt de talibus quae fides ponit, quae per rationem humanam investigare non possunt, ideo ubi deficit ratio, ibi suppleat fides.*" Ibidem, 51, 523—525.

nologie erscheint jedoch nur in den Analysen der Naturphilosophie; in den Analysen, die sich auf die Mathematik und Metaphysik beziehen, verschwinden die beiden Begriffe. Die Bezeichnung „*supranaturaliter*" oder „*supra naturam*" taucht dagegen überhaupt nicht auf. Unsere Antwort wird aus dem Grunde die gleiche sein wie diejenige, die wir hinsichtlich der Auffassung Sigers von Brabant geben wollen: Es gab Hinweise auf eine solche Theorie des Naturgemäßen und des Übernatürlichen, ohne daß sie selbst explizit entwickelt worden wäre.

Johannes von Jandun

Ausführlichere Bemerkungen über die Philosophie und den Glauben finden wir bei Johannes von Jandun im dritten Buch seiner Quaestiones super De anima, das um 1317 entstand, und in den Quaestiones super Metaphysicam, die nach 1318 verfaßt wurden. Nur zwei Bemerkungen zu diesem Problem tauchen in seinen auf 1315 datierten Quaestiones super Physicam auf. Es sind jedoch nur vereinzelte Bemerkungen; nirgendwo betrachtete Johannes von Jandun dieses Problem so ausführlich und systematisch, wie es Boethius von Dacien in seiner Schrift De aeternitate mundi getan hatte.

In den Quaestiones super Physicam erklärt Johannes von Jandun, warum die Realität anders ist, als sie von den Philosophen beschrieben wird; dieses „Anderssein" bezieht sich auf den Ursprung der Welt. Den Grundlagen der Philosophie nach ist die Erschaffung der Welt „*ex nihilo*" unmöglich; jedoch kann Gott durch seinen Willen die Welt „*ex nihilo*" erzeugen[20].

Diese Auffassung der Beziehung von Philosophie und Glauben wurde in den beiden späteren Werken zu einer vollständigen Theorie entwickelt, wobei wir zum ersten Mal eine präzise Auffassung der naturgemäßen und der übernatürlichen Ordnung entdecken.

Sowohl die Metaphysik als auch De anima enthalten nur sehr kurze Bemerkungen hinsichtlich der naturgemäßen Ordnung; die übernatürliche Ordnung dagegen wird viel ausführlicher betrachtet. Die Bezeichnung „*supranaturaliter*", „*supra naturam*" wird von Johannes von Jandun im

---

[20] „*Tenendum est tamen simpliciter et cum fide christiana quod ipse deus produxit omnia de novo ex nihilo (nullo) praeexistente subiecto (...) Hunc auem modum ingnoraverunt philosophi gentiles, nec mirum quia non potest cognosci ex sensibilibus nec convinci ex aliquibus, quae cum sensibilibus concordant.*" Johannes de Janduno, Quaestiones super Physicam, I, 22, Venetiis 1484, f. 18vb. „*Sed dico secundum fidem (...) quod deus supremus potuit incipere motum de novo per suam voluntatem et producere de novo ipsum mobile.*" Ibidem, VII, 4, f. 103rb.

Zusammenhang mit der Erschaffung der Welt mehrmals wiederholt[21]. Die Explikation der göttlichen übernatürlichen Tätigkeit, die die Welt betrifft, orientiert sich an der Allmacht Gottes: da Gott allmächtig ist, kann er Wunder wirken[22]. Den Begriff *„omnipotentia Dei"* versteht Johannes von Jandun als einen unendlichen „Abstand" der göttlichen Tätigkeit gegenüber den naturgemäßen Prozessen: *„cum sua opera distent in infinitum super opera naturae"* (Metaph. XII, 18, f. 138rb). Die Natur kann die Effekte, die von Gott verursacht werden, nicht erzeugen; sie sind für die Natur auch nicht erfaßbar: „hoc, quod natura non est nata intelligere et sapere" (Metaph. XII, 16, f. 138rb). Nicht nur der absolute Beginn der ganzen Welt beruht auf Gottes wundersamem Wirken. Das Verbleiben derselben Akzidentien in der veränderten Substanz *„in scaramento altaris"*, die unmittelbare Erschaffung der menschlichen Seele, ihre Unsterblichkeit wie auch viele andere Eigenschaften der menschlichen Seele sind gleichfalls Effekte des übernatürlichen göttlichen Eingreifens in die bereits erschaffene Welt[23]. Im dritten Buch der Quaestiones super De anima findet man noch eine äußerst wichtige Bemerkung, die den Lauf der naturgemäßen Prozesse charakterisiert. Die menschliche Seele ist unsterblich dank der göttlichen Intervention, obwohl sie *„de se"* vernichtbar ist: *„divina virtute perpetuabitur in futurum quamvis es se annihilabilis est"* (De anima III, 5, col. 245). Somit hebt für Johannes von Jandun das göttliche Eingreifen die Regel der Natur in diesen wenigen Fällen auf, denn dem Wesen der Dinge nach treten diese Effekte nicht ein. Diese Effekte sind Wunder. Was heißt aber für Johannes von Jandun „Wunder"? Obgleich er diesen Begriff nicht erklärt, scheint aus dem Gesagten klar, das Wunder für ihn eine göttliche Intervention und deren Folgen bedeuten, welche den naturgemäßen Gang der Prozesse in der Welt ändern: sie sind Ereignisse, die gegen die Naturgesetze zustande kommen. Den Begriff „Wunder" finden wir schon in den Werken Boethius' und Sigers. Johannes von Jandun benutzt jedoch in diesem Zusammenhang das Wort, das von Siger und Boethius vermieden wurde: „übernatürlich". Die wundersame Tätigkeit und die *„creatio"* wird der „übernatürlichen" Tätigkeit gleichgesetzt[24].

Es gibt also eine zweifache Ordnung der Wirklichkeit: einerseits die natürliche Ordnung, gemäß der alles in der Welt nach strengen Regeln der Natur wirkt und auf natürliche Weise Wesen und Eigenschaften besitzt,

---

[21] „Quia non potest convinci ex sensatis, tamen fit super naturam." Ibidem, II, 7, f. 29rb. „Unde illud non est naturale principium in quod resolvuntur, sed supranaturale et miraculosum." Idem, Quaestiones super Metaphysicam, Venetiis 1553, VII, 1, f. 138rb.

[22] *„Unde hoc non est naturaliter, sed miraculose, et est opus omnipotentiae dei."* Ibidem, VII, 1, f. 88rb.

[23] Cf. ibidem; cf. idem, Quaestiones super De anima, III, 5, Venetiis 1487, col. 257.

[24] „Illud quod fit per potentiam dei et miraculose." Idem, Quaestiones super Metaphysicam, VII, 1, f. 88rb. *„Sed supranaturaliter aliquid bene incipit de novo sine motu idest per creationem."* Ibidem, XII, 6, f. 130vb–131ra. Cf. Anm. 21.

und andererseits die übernatürliche Ordnung der Wirklichkeit, gemäß der die Welt, teilweise dank der göttlichen Intervention, einige Elemente und Prozesse enthält, die gegen die Regeln der Natur eingeführt wurden. Die erste Ordnung bedeutet die Welt, die sein sollte; die zweite dagegen die Welt, die wirklich existiert.

Dieser zweifachen Ebene der Wirklichkeit entspricht eine zweifache Ebene des Wissens: das Wissen der Philosophie und das Wissen des Glaubens. Das Wissen der Philosophie ist auf die *„demonstratio naturalis"* gegründet; die „sinnlichen Dinge" sind seine Quelle und die Argumentation sein Vorgehen. Dieses Wissen betrifft die natürliche Ordnung der Wirklichkeit und ist allen Menschen eigen, die nur vernunft- oder naturgemäß vorgehen. Das Wissen, das der ganzen Menschheit von Gott durch die Offenbarung gegeben und durch seine Wunder bestätigt wurde, läßt sich vom Menschen weder entdecken noch beweisen, denn alles, was der Mensch weiß, gründet auf der Beobachtung der materiellen Dinge und auf Argumentation[25]. Es folgt daraus, daß das höhere Wissen einige, auf dem übernatürlichen Wege eingeführte Bestandteile und Prozesse in der Welt beschreibt, und eine Korrektur des „naturgemäßen Bildes" darstellt, das von der Philosophie gegeben wird.

Erst bei Johannes von Jandun dürfen wir von einer Theorie des Naturgemäßen und des Übernatürlichen im präzisen Sinne sprechen, denn dieser Philosoph wendet als erste unter den Averroisten die drei Begriffe *„natura"*, *„naturaliter"*, *„supranaturaliter"* auf die Philosophie und auf den Glauben an. Wie bei Siger von Brabant und im Gegensatz zu Boethius von Dacien, versteht er die Bedeutung des Begriffes „Natur" nicht streng gemäß der aristotelischen *„divisio scientiarum"*, sondern als „die Realität, die den menschlichen Kenntnissen zugänglich ist". Dieser Auffassung der Natur entspricht das naturgemäße Wissen, das mit der Beobachtung beginnt und dem Weg der rationalen Beweisführung folgt. Aus diesem Grunde halten wir die Theorie des Johannes von Jandun für eine Fortentwicklung, in einigen Punkten auch für eine Änderung, der Sigerschen Auffassung des Verhältnisses der zwei Ebenen[26]: der Philosophie und des Glaubens, aber auch der göttlichen und der weltlichen Realität.

---

[25] *„Et illud non potest demonstrari ex sensatis, quia nihil de novo naturaliter incepit nisi per motum et transmutationem."* Ibidem, f. 131ra. *„Unde bene verum est, quod Aristoteles et Commentator hoc non viderunt, quia non posuerunt, nisi quod potest convinci ex sensatis, sed illud non potest demonstrari naturaliter nec convinci ex sensatis, quia est super naturam et opera eius."* Ibidem, f. 138ra—rb.

[26] Siger von Brabant eliminiert den Widerspruch zwischen der Philosophie und dem Glauben: Er berichtet, wie die Propheten ihre Kenntnisse erwerben, und — wie es Van Steenberghen interpretiert (Maître Siger de Brabant, 238) — er scheint das göttliche Eingreifen in die Welt mehr als eine Vervollständigung der Natur zu betrachten denn als Gewalt. Johannes von Jandun betrachtet die göttliche Intervention in die Welt als widersprüchlich zu den Naturgesetzen, und auf die zwei ersten Fragen geht er überhaupt nicht ein.

Wie am Anfang dieses Aufsatzes bemerkt wurde, enthalten nur wenige averroistische Werke ausführlichere Bemerkungen, die die Beziehung des Glaubens und der Philosophie zu klären versuchen. Auch Sigers frühere Werke und Johannes von Janduns Quaestiones disputatae enthalten nur bloße Formeln, die auf eine strenge Trennung von Philosophie und Glauben hindeuten. In den Schriften der anderen Pariser Averroisten des 14. Jahrhunderts — Johannes von Göttingen, Hugo von Utrecht, Peter von Modena — finden wir gleichfalls keine Analysen dieses Problems[27]. Angesichts der sehr niedrigen Anzahl bekannter Werke dieser Autoren dürfen wir jedoch nicht behaupten, Johannes von Jandun sei der einzige Averroist des 14. Jahrhunderts gewesen, der eine Theorie des Naturgemäßen und des Übernatürlichen entwickelt hat.

Wenn wir uns jedoch dem Bologneser Milieu des 14. Jahrhunderts zuwenden, wird das Bild der averroistischen Schule reicher. Mehrere Werke der Bologneser Averroisten, darunter auch große Kommentare zu den Aristoteles-Schriften, sind bekannt, und die Liste der Autoren ist umfangreich: Taddeo da Parma, Matheus von Gubbio, Anselm von Como, Jakob von Piacenza, Theodoricus von Magdeburg. Alle diese Philosophen haben in ihren Werken nur darauf hingewiesen, das der Philosoph die Glaubenswahrheit, im Fall eines Konflikts mit der Philosophie, annehmen und philosophische Thesen als falsch betrachten muß. Ihre *„declaratio fidei"* ist manchmal sehr umfangreich; nichtdestoweniger folgen ihre Lösungen Aristoteles und Averroes[28].

Diese Regelmäßigkeit ist wichtig angesichts der Tatsache, daß Johannes von Jandun eine große Autorität für die Bologneser Averroisten war und seine Werke ihnen gut bekannt waren. Man kann mit einiger Sicherheit annehmen, daß die Averroisten in Bologna jegliches Interesse an einer theoretischen Auffassung der Beziehung zwischen den Glaubenslehren und der Philosophie völlig verloren hatten.

---

[27] Cf. Johannes de Goettingen, Sophisma, in: Z. Kuksewicz, Sophisma on the Intellect and the Intention by John of Jandun, an early XIVth Century Parisian Averroist, „Mediaevalia Philosophica Polonorum" 1980, 77, 841. Cf. Hugo de Traiecto (Utrecht) Quaestiones super I–II De anima, MS Erfurt Amplon. 336, ff. 30ra–54vb, MS Leipzig, Univers. 1363, ff. 145ra–171ra. Cf. Petrus de Mutina, De quiddidate substantiarum sensibilium, MS Erfurt F XX. Weder das Werk des Hugo von Utrecht noch das Werk des Peter von Modena enthält Bemerkungen über die Philosophie und die Glaubenslehren. Johannes von Göttingen erwähnt die Opinio fidei unter anderen Opiniones: *„Et prima quidem opinio est fidei et veritatis."*

[28] Cf. Quaestiones de anima di Taddeo da Parma, ed. S. Vanni Rovighi, Milano 1951, 52, 63. Cf. Quaestiones de anima attribute a Matteo da Gubbio, ed. A. Ghisalberti, Milano 1981, 181. Cf. Averroïsme bolonais au XIVe siècle, ed. Z. Kuksewicz, Wroclaw 1965, 254, 255, 178–180, 145. Cf. Jacobi de Placentia Lectura cum Quaestionibus super tertium De anima, ed. Z. Kuksewicz, Wroclaw 1967, 65, 66. *„Ista positio, quamvis sit probabilis, nihilominus tamen simpliciter est falsa (...) Oppositum eius tamen firmiter profiteor tamquam articulum fidei."* Theodoricus de Magdeburg, Quaestiones super Physicam, MS München Clm 8405, f. 85rb.

Erlaubt dieses Bild der averroistischen Werke des 13. und 14. Jahrhunderts, von einer „Averroistischen Theorie des *Naturale* und des *Supranaturale*" zu sprechen? Wenn man diese Begriffe in strengem Sinne nimmt, kann man eine solche Theorie nur bei Johannes von Jandun finden. Wenn man jedoch eine später eingeführte Terminologie auf die Werke der früheren Autoren anwendet, könnte man eine solche Theorie auch Siger und Boethius zuschreiben. Wir ziehen es aber vor, diese Interpretation zu meiden, zumal weder Siger noch Boethius die Bezeichnung „*supranaturaliter*" benutzt haben.

Man kann jedoch das folgende Schema zeichnen, das nur die gemeinsamen Grundlinien der Theorie der drei Averroisten enthält: Es gibt eine doppelte Ordnung, die sowohl die Realität als auch das Wissen betrifft. In der Realität existiert einerseits die Ordnung der von Naturgesetzen regierten Welt, andererseits die Ordnung des göttlichen Eingreifens in diese Welt. Auf der Ebene des Wissens existiert die Ordnung der rational vom menschlichen Verstand erworbenen philosophischen Kenntnisse über die Welt (d. h. über die erste reale Ordnung) und ferner die Ordnung des von der Offenbarung geschaffenen Glaubens, der die Menschen über das göttliche Eingreifen in die Welt (d. h. über die zweite reale Ordnung) belehrt. Die Ordnung der Philosophie und die Ordnung des Glaubens sind streng getrennt, denn die Glaubenslehren lassen sich weder entdecken noch beweisen. Daraus folgt jedoch keine ebenso strenge Trennung der beiden Ordnungen in der Realität. Denn in der Tat existiert nur eine Realität: die von Gott „korrigierte" Welt, die auf zweifache Weise erkannt wird.

Das Problem einer wissenschaftlichen Erkenntnis der vergänglichen Dinge bei Aegidius Romanus[*]

SILVIA DONATI (Pisa/Köln)

1. Einführung

Nach Aristoteles sind Notwendigkeit, Ewigkeit und Unvergänglichkeit erforderliche Eigenschaften eines Gegenstandes des wissenschaftlichen Erkennens[1]. Bei den mittelalterlichen Diskussionen über den Stand der Naturwissenschaften tritt die aristotelische Bestimmung des Wissenschaftssubjekts in den Vordergrund, denn die Naturdinge scheinen die Forderungen der Unvergänglichkeit und der Beständigkeit gar nicht zu erfüllen. Mit Ausnahme der Himmelskörper sind sie nämlich vergänglich. Vielmehr sind einige Arten von Naturdingen, wie beispielsweise metereologische und astronomische Phänomene, nur zeitlich begrenzt und ereignen sich selten, so daß bei ihnen der Fall der leeren Klasse häufig auftritt. Nun kann man bezüglich der Arten, die sich stetig durch die ununterbrochene Entstehung immer neuer Individuen verwirklichen, gewissermaßen von Ewigkeit sprechen, insofern eine Art als Ganzes und als Universale von einer Wissenschaft betrachtet wird[2]. Es verhält sich aber anders mit Phänomenen wie dem Regen oder der Finsternis. Denn nachdem sie einmal vergangen sind, vermögen sie sich anscheinend nicht mehr von reinen *figmenta* zu unterscheiden, z. B. von der Chimäre oder vom Bockshirsch (*hircocervus*), welche keine Wirklichkeit besitzen und daher nicht zum Gegenstand einer Wissenschaft werden können.

Die Forderung der Unvergänglichkeit, die von Aristoteles an den Gegenstand der Wissenschaft gestellt wird, spielt also bei der Frage nach der

---

[*] Diesem Aufsatz liegt eine Untersuchung zugrunde, die dank eines Stipendiums der Deutschen Forschungsgemeinschaft durchgeführt wurde. Ich bin Dr. A. Speer (Thomas–Institut, Köln) für die Korrektur der deutschen Übersetzung sehr dankbar.
[1] Cf. Anal. Post. I, 8, 75b 24 sqq., Ethica Nic. VI, 3, 1139b 22−24.
[2] Dazu cf. z. B. Sancti Thomae de Aquino Expositio libri Posteriorum, lib. I, 16, Roma−Paris 1989, 61, 109−62, 115 (= Opera Omnia I* 2): „...*Etsi enim ista sensibilia corruptibilia sint in particulari, in uniuersali tamen quandam sempiternitatem habent; cum ergo demonstratio datur de istis sensibilibus in uniuersali, non autem in particulari, sequitur quod demonstratio non sit corruptibilium nisi per accidens, sempiternorum autem est per se*".

Möglichkeit einer wissenschaftlichen Erkenntnis der Naturdinge eine sehr wichtige Rolle. Bei den mittelalterlichen Autoren sind bekanntlich mehrere Lösungen dieser Frage zu finden, die sich voneinander im wissenschaftstheoretischen aber zugleich auch im ontologischen Hinblick abheben, nämlich in bezug auf die unterschiedlichen Interpretationen der genannten aristotelischen Forderung sowie auch hinsichtlich der unterschiedlichen metaphysischen Lehren, die im Hintergrund dieser verschiedenen Wissenschaftstheorien stehen.

Hier seien nur einige Grundlösungen erwähnt. Einige Denker sind der Meinung, die aktuelle Existenz des Gegenstandes sei eine erforderliche Voraussetzung für eine Wissenschaft. Siger von Brabant vertritt beispielsweise die Auffassung, eine notwendige Aussage, wie es die wissenschaftlichen Sätze sind, sei nur dann wahr, wenn ihr Subjekt wirklich existiere. Im Licht der metaphysischen Lehre von der Ewigkeit der Arten bleibt jedoch das Problem bei Siger, der sich im übrigen nur mit andauernden Arten wie „Mensch" befaßt, rein theoretisch[3]. Bei anderen Autoren stellt sich auch die Frage, ob zeitlich begrenzte Phänomene wie der Regen einen adäquaten Gegenstand der wissenschaftlichen Erkenntnis darstellen. Nun verneinen im Grunde einige Denker diese Frage und schreiben der Wissenschaft von nicht aktuell existierenden Naturdingen nur eine bedingte Notwendigkeit (*scientia ex suppositione* oder *ex conditione*) zu, wobei sie sich dasselbe Verständnis der Wissenschaft und denselben Wahrheitsbegriff als Ausgangspunkt nehmen wie bereits Siger[4]. Bei anderen Autoren heißt es dagegen, die aktuelle Existenz des Gegenstandes sei keine notwendige Voraussetzung für eine Wissenschaft. Die Frage wird von einigen im Rahmen einer essentialistischen Theorie[5], von anderen auf Grund psycho-

---

[3] Das Problem wird von Siger in dem bekannten Sophisma: „*Utrum haec sit vera: homo est animal, nullo homine existente*", behandelt. Dabei weist er die Annahme als widersprüchlich zurück, eine Art wie „Mensch" könne völlig aufhören. Dazu cf. B. C. Bazán, La signification des termes communs et la doctrine de la supposition chez Maître Siger de Brabant, in: Revue philosophique de Louvain 77 (1979) 345–372.

[4] Dazu cf. *infra*, Abschnitt 3.

[5] Es gibt mehrere Varianten der essentialistischen Lösung. Sie stimmen in der Annahme überein, die Grundlage der wissenschaftlichen Erkenntnis sei die Wesenheit und nicht die aktuelle Existenz. Zu den Auffassungen des Aegidius Romanus und des Heinrich von Gent, die zu dieser Lehrrichtung gehören, cf. Abschnitt 2. Zu den Vertretern der essentialistischen Lösung zählt auch Albertus Magnus; dazu cf. De intellectu et intelligibili, lib. I, tr. II, cap. 3, Parisiis 1890, 494–495 (= Opera Omnia IX). Zu einigen essentialistischen Stellungnahmen bei englischen Autoren cf. O. Lewry, The Oxford Comdemnations of 1277 in Grammar and Logic, in: English Logic and Semantics, from the End of the Twelfth Century to the Time of Ockham and Burley, ed. H. A. G. Braakhuis, C. H. Kneepkens, L. M. de Rijk, Nijmegen 1981, 235–278 (= Artistarium, Suppl. I); id., Grammar, Logic and Rhetoric 1220–1320, in: The History of the University of Oxford, I, ed. J. I. Catto, Oxford 1984, 401–433; id., Oxford Logic 1250–1275: Nicholas and Peter of Cornwall on Past and Future Realities, in: The Rise of British Logic, ed. P. O. Lewry, Toronto 1985, 19–62 (= Papers in Mediaeval Studies 7). Das

logischer Überlegungen gelöst⁶. Andererseits werden Autoren wie Johannes Buridanus und Wilhelm von Ockham Lösungen finden, welche der nominalistischen Position entsprechen, die sie vertreten. Der erste beantwortet die Frage nach der Unvergänglichkeit des Wissenschaftssubjekts innerhalb seiner semantischen Theorie durch den Begriff der *suppositio naturalis*⁷; beim letzteren wird dagegen das Problem der Notwendigkeit des Dinges zum Problem der Notwendigkeit des Schlußsatzes, welcher nach Ansicht Ockhams den unmittelbaren Gegenstand der Erkenntnis darstellt⁸.

Thema dieses Beitrags ist die Auffassung des Augustiner-Magisters Aegidius Romanus. Entsprechend der generellen Orientierung des metaphysischen Denkens dieses Autors fällt dessen Lösung in den Rahmen der essentialistischen Tradition: Grundlage der wissenschaftlichen Erkenntnis ist nach seiner Ansicht nicht die aktuelle Existenz, sondern die Wesenheit. Wie sich aus der folgenden Analyse ergeben wird, erfordert aber die Bezeichnung der Auffassung des Aegidius als „essentialistisch" eine Präzisierung. Denn obwohl der Augustiner für seine ziemlich radikale Formulierung der Lehre vom realen Unterschied zwischen Wesenheit und Dasein bekannt ist⁹, verwendet er bei der Frage nach dem Fundament der

---

Interesse der englischen Autoren für dieses Thema wurde wahrscheinlich durch das 1277 von Robert Kilwardby erlassene Verurteilungsdekret verstärkt; denn auch der Grundsatz, die Wahrheit eines notwendigen Urteils setze die aktuelle Existenz des Subjekts voraus, wurde hiervon betroffen.

⁶ Der Autor einer anonymen Sammlung von Sophismata, die im Codex Erfurt, Wissenschaftliche Bibliothek der Stadt, Amplon. Q. 328, Fol. 1—73vb erhalten ist und zu den unsicheren Werken des Robert Kilwardby zählt, vertritt beispielsweise die Meinung, hinreichende Grundlage der Wahrheit eines notwendigen Urteils sei einfach das Fortbestehen der *species* im erkennenden Verstand; dazu cf. Lewry, The Oxford Comdemnations, 245—246, id., Grammar, Logic and Rhetoric, 423. Zur Verfasserschaft des Werks cf. auch H. A. G. Braakhuis, Kilwardby vs Bacon. The contribution to the discussion on univocal signification of beings and non—beings found in a sophism attributed to Robert Kilwardby, in: Mediaeval Semantics and Metaphysics. Studies dedicated to L. M. de Rijk, ed. E. P. Bos, Nijmegen 1985, 111—142 (= Artistarium, Suppl. II).

⁷ Nach Ansicht des Buridanus setzt die Wahrheit des wissenschaftlichen Satzes die Existenz eines *suppositum* voraus. Da aber derartige Sätze zeitlos sind, können dabei die Termini gemäß ihrer *suppositio naturalis* sowohl gegenwärtige als auch vergangene oder zukünftige Dinge bezeichnen. Infolgedessen ist die aktuelle Existenz des Gegenstandes keine erforderliche Bedingung für die Wahrheit der Wissenschaft. Dazu cf. T. K. Scott, John Buridan on the objects of demonstrative science, in: Speculum 40 (1965) 654—673; L. M. de Rijk, The Development of Suppositio naturalis in Mediaeval Logic. II, in: Vivarium 11 (1973) 43—79; J. M. M. H. Thijssen, Buridan on the Unity of a Science. Another chapter in Ockhamism?, in: Ockham and Ockhamists, ed. E. P. Bos and H. A. Krop, Nijmegen 1987, 93—105 (= Artistarium, Suppl. IV).

⁸ Zur Auffassung Ockhams cf. die in der Anm. 7 zitierten Werke.

⁹ Nach Ansicht des Aegidius Romanus unterscheiden sich Wesenheit und Dasein als zwei verschiedene *res* voneinander; dazu cf. z. B. Aegidii Romani Theoremata de esse et essentia, theor. 12, ed. E. Hocedez, Louvain 1930, 66—77 (= Museum Lessianum 12).

Wissenschaft große Mühe darauf, eine allzu platonisierende Lösung zu vermeiden. Er wird also der Wesenheit an sich, unabhängig von ihrer Existenz in den Dingen oder im erkennenden Verstand betrachtet, jede Art des Seins verweigern. Vielmehr wird er seine Wissenschaftstheorie auf einer weiteren ontologischen Grundlage aufbauen, welche er in dem für seine Lehre kennzeichnenden Begriff der potentiellen Existenz in den Ursachen findet.

Zum Schluß dieser einleitenden Bemerkungen sei noch etwas zur Geschichte unseres Themas gesagt. Die Frage nach der Unvergänglichkeit des Wissenschaftssubjekts hat selbstverständlich ihren natürlichen Ort in den Kommentaren zu den logischen Werken des Aristoteles und findet sich daneben auch ziemlich häufig in der Sophismataliteratur. Sie gehört aber ebenfalls in die Kommentare zu den *libri naturales* des Aristoteles wie z. B. zur Schrift De generatione et corruptione, wo sie sich aus der Natur der Sache selbst heraus ergibt. Nun scheint Aegidius Romanus einer der ersten Autoren zu sein, die dieses Problem in der klassischen Fragestellung: *„Utrum corrupta re remaneat eius scientia"* innerhalb eines Kommentars zu diesem aristotelischen Werk behandeln[10]. Für spätere Kommentatoren, bei denen diese Formulierung immer wiederkehrt, stellt die Behandlung des Aegidius einen Anhaltspunkt dar. Die Autoren der Folgezeit werden die Meinung des Augustiner-Magisters häufig erwähnen und sie zu den klassischen Lösungen der Frage zählen, wobei aber diese Lehre oft auch kritisiert wird[11]. Obwohl hier auf die Frage nach der Nachwirkung der

---

[10] Das Problem wird z. B. von Boethius von Dacien in seinen Quästionen zur Schrift De generatione, die kurz vor dem Kommentar des Aegidius entstanden sind, lediglich angedeutet. Wie aus seinem eigenen Sophisma: *„Utrum rebus corruptis oporteat corrumpi scientiam de rebus"*, folgt, war Boethius an dieser Frage sehr interessiert. Zum Text des Sophisma des Boethius cf. M. Grabmann, Die Sophismataliteratur des 12. und 13. Jahrhunderts mit Textausgabe eines Sophisma des Boethius von Dacien, Münster 1940, 84–89 (= Beiträge z. Gesch. d. Philos. u. Theol. d. Mittelalters XXXVI, 1). Zur Auffassung des Boethius cf. die in der Anm. 55 zitierten Werke. Zur Entstehungszeit seiner Quästionen zur Schrift De Generatione, die spätestens auf das Jahr 1271 zurückgehen, cf. Boethii Daci Quaestiones de generatione et corruptione, ed. G. Sajó, Hauniae 1972, LX (= Corpus Philosophorum Danicorum Medii Aevi V, 1). Zur Entstehungszeit des Kommentars des Aegidius, der um 1274 verfaßt wurde, cf. S. Donati, Studi per una cronologia delle opere di Egidio Romano. I: Le opere prima del 1285 – I commenti aristotelici, in: Documenti e studi sulla tradizione filosofica medievale 1 (1990) 36–42.

[11] Beispielsweise seien einige Kommentare zur Schrift De generatione erwähnt, in denen ähnliche Fragestellungen auftreten: die Quästionen des Aegidius von Orléans, eine anonyme Sammlung von Quästionen aus dem Codex Firenze, Bibl. Mediceo–Laurenziana, Fiesol. 161 (zu diesen beiden Werken cf. *infra* Abschnitt 3), die Quästionen des Bartholomaeus von Bruges (cf. Hs. Leipzig, Universitätsbibliothek 1427, Fol. 17va–18ra), die Quästionen des Johannes Buridanus (cf. Hs. Clm. 19551, Fol. 106va–107rb) und schließlich eine anonyme Sammlung von Quästionen, die zu den zweifelhaften Werken des Nicolaus von Oresme gezählt wird (cf. Hs. Vat. lat. 2185, Fol. 42ra–b); zur Zuschreibung dieses Kommentars cf. Ch. H. Lohr, Medieval Latin Aristotle Commentaries. Authors: Narcissus–Richardus, in: Traditio 28 (1972) 297. Mit

Auffassung des Aegidius nicht mit aller Ausführlichkeit eingegangen werden kann, wollen wir einige dieser kritischen Reaktionen innerhalb der Kommentare zur Schrift De generatione im dritten Abschnitt des vorliegenden Aufsatzes erforschen.

2. Die aegidianische Lösung: das *esse in suis causis*

Die frühesten Überlegungen des Aegidius Romanus zur Frage der Unvergänglichkeit des Wissenschaftssubjekts finden sich in dem schon erwähnten Kommentar zur Schrift De generatione et corruptione, wo die Diskussion sich insbesondere auf die Naturwissenschaften bezieht. In diesem Frühwerk zeichnet sich die aegidianische Lösung bereits in ihren wesentlichen Merkmalen ab. Die Betrachtung der aristotelischen Wissenschaftstheorie im späteren Kommentar zu den Analytica Posteriora nimmt aber Aegidius dann zum Anlaß, seine Auffassung in bezug auf zwei grundlegende erkenntnistheoretische Begriffe, nämlich den Begriff der Definition und den Begriff des wissenschaftlichen Beweises, zu ergänzen[12].

Im Kommentar zur Schrift De generatione bei der Behandlung der Frage: „*Utrum corrupta re remaneat eius scientia*"[13], unterscheidet Aegidius zwei verschiedene Aspekte des Problems: die Bedeutung der Termini und die Wahrheit des Erkennens. Im Hinblick auf die Bedeutung der Termini stellt sich die Frage, ob die Wörter noch eine univoke Bedeutung besitzen, falls die von ihnen bezeichneten Dinge vergehen. Es handelt sich bekanntlich um ein für die mittelalterliche Sprachphilosophie klassisches Problem, und es ist wohl kaum zu bezweifeln, daß es für die Möglichkeit einer Wissenschaft überhaupt von entscheidendem Gewicht ist. Denn das Wissen wird durch Worte vermittelt und setzt daher die Eindeutigkeit der Termini voraus.

In Übereinstimmung mit seinen meisten Zeitgenossen vertritt nun Aegidius die Meinung, das Wort behalte eine univoke Bedeutung, falls das Bedeutete vergehe. Dieser Auffassung liegt die These zugrunde, daß die Dinge von den Termini nicht unmittelbar bezeichnet werden, sondern nur

---

Ausnahme des an letzter Stelle erwähnten Kommentars finden sich in allen diesen Werken Hinweise auf die Lehre des Aegidius Romanus. Über die weite Verbreitung des Kommentars des Aegidius Romanus darf man sich nicht wundern, denn schon am Ende des 13. Jahrhunderts wurde bekanntlich Aegidius bezüglich mehrerer Werke des Corpus Aristotelicum als *novus expositor* dem Thomas von Aquin gegenübergestellt, der zu dieser Zeit bereits als *antiquus expositor* galt; dazu cf. Donati, Studi per una cronologia, 5—6, Anm. 7.

[12] Zur Datierung des Kommentars zur Schrift De generatione cf. *supra* Anm. 10. Zur Datierung der endgültigen Fassung des Kommentars zu den Analytica Posteriora, die auf die Jahre 1287—1295 ca. zurückgeht, cf. Donati, Studi per una cronologia, 55—65.

[13] Cf. Aegidius Romanus, Commentaria in libros de generatione et corruptione, lib. I, Venetiis 1505, Nachdr. Frankfurt a. M. 1970, Fol. 3rb—vb.

insofern sie vom erkennenden Verstand betrachtet werden. Da der Begriff, welcher das formale Element der Bedeutung darstellt, erhalten bleibt, besitzen die Wörter demnach eine univoke Bedeutung, auch wenn die Dinge vergangen sind[14].

Die zweite Frage betrifft, wie gesagt, die Wahrheit der Erkenntnis: Hängt die Wahrheit des wissenschaftlichen Erkennens von der aktuellen Existenz dessen Gegenstandes ab? Diese Frage wird von Aegidius durch die Analyse der Art und Weise beantwortet, wie die beiden metaphysischen Bestandteile des Dinges, nämlich die Wesenheit und die Existenz, sich zu dem *scibile*, d. h. zum Gegenstand der Wissenschaft, verhalten. Seine Antwort lautet Nein: Die aktuelle Existenz des Wissenschaftssubjekts bildet keine notwendige Voraussetzung für die Möglichkeit einer Wissenschaft.

Ausgangspunkt dieser Antwort ist für den Augustiner-Magister etwas Selbstverständliches: Disziplinen wie die Metereologie und die Astronomie nämlich, deren Gegenstände nicht immer existieren, werden gleichwohl allgemein als Wissenschaften angesehen, und die Annahme, sie würden durch das Vergehen ihrer Gegenstände ihre Geltung verlieren, widerspricht den allgemeinen Vorstellungen über deren wissenschaftlichen Charakter. Diese Gedanken kommen bei der Widerlegung der Meinung deutlich zum Ausdruck, beim Vergehen der Dinge werde auch jede Wissenschaft im wahrsten Sinne zerstört: „*...Videtur omnino ridiculum dicere quod, si habeo scientiam de rosa, adveniente hieme, perdam scientiam meam...*"[15]. Zur Bestätigung seiner Meinung führt Aegidius im späteren Kommentar zu den Analytica Posteriora ferner einige Überlegungen an, die aus der Betrachtung der sogenannten „abstrakten" Wissenschaften entspringen. Die Wahrheit der geometrischen Theoreme setze nämlich die aktuelle Existenz der geometrischen Figuren nicht voraus. Ansonsten ließe sich nicht erklären, daß die euklidische Geometrie auch solche Figuren wie den gleichmäßigen Dodekaeder erforscht, obwohl möglicherweise kein gleichmäßiger Dodekaeder in der Wirklichkeit existiert[16].

---

[14] Cf. op. cit., Fol. 3va: „*...In significato aliquid est materiale, ut res, et aliquid formale, ut conceptio... Cum per nomen significetur res ut concepta, quantumcumque varietur res, ex quo manet conceptio, a quo* (fortasse pro: *qua*) *significatum recipit formam et speciem, significatum ipsum non variabitur; idem ergo significat nomen re existente et corrupta*". Aegidius macht sich hier eine These zu eigen, die bei seinen Zeitgenossen sehr verbreitet war. Einer der seltenen Vertreter der entgegengesetzten Auffassung war Roger Bacon, nach dessen Ansicht die Wörter ihre Bedeutung nicht behalten können, falls die bedeuteten Dinge vergehen. Dazu cf. J. Pinborg, Bezeichnung in der Logik des XIII. Jahrhunderts, in: Der Begriff der Repraesentatio im Mittelalter. Stellvertretung, Symbol, Zeichen, Bild, ed. A. Zimmermann, Berlin–NewYork 1971, 238–281 (= Miscellanea Mediaevalia 8); A. de Libera, Roger Bacon et le problème de l'appellatio univoca, in: English Logic and Semantics, 193–234; Braakhuis, Kilwardby vs Bacon.

[15] Cf. Aeg. Rom., De gen. I, Fol. 3rb.

[16] Cf. Aegidius Romanus, Super libros Posteriorum Analyticorum, lib. I, Venetiis 1488, Nachdr. Frankfurt a. M. 1967, Fol. b^{6}ra.

Worin besteht nun der Grund für den nicht-existentiellen Charakter des wissenschaftlichen Erkennens? Dieses Merkmal ist nach Aegidius auf die Natur des Erkenntnisvermögens zurückzuführen und entspricht der Natur des Verstandes, der eine abstrahierende Erkenntniskraft ist. Weil eigentlicher Gegenstand des Verstandes nicht die Individuen, sondern die Universalien sind, welchen an sich betrachtet keine Existenz zukommt, richtet sich der Verstand nicht auf das aktuelle Sein. Es ist deshalb diesem Vermögen gleichgültig, ob seine Gegenstände wirklich existieren oder nicht[17].

Das, worauf der Verstand sich gemäß seiner Natur richtet, ist dagegen die Wesenheit. Dies faßt der Augustiner-Magister in einem Grundsatz zusammen, der in seinen Werken häufig wiederkehrt: *„quod quid est est obiectum intellectus"*[18]. Im Kommentar zu den Analytica Posteriora wird das Verhältnis der Wesenheit zum Gegenstand der Erkenntnis durch die Unterscheidung zwischen zwei Begriffen des Seienden, nämlich des aktuell Existierenden und des prädikamentalen Seienden, weiter verdeutlicht:

„Si ergo quaeratur utrum oporteat res esse actualiter ad hoc quod de eis sit scientia, patet quod non per rationes tactas... Accidit enim rei ut est scibilis et ut ad intellectum comparatur quod actualiter sit, cum dictum sit quod res sic accepta abstrahatur per intellectum a suo actuali esse. Sed si quaeritur utrum oporteat quodlibet scibile saltem esse rem aliquam praedicamenti, dato quod actualiter non existat, dici debet quod sic. Nam, cum scientia non sit nisi de ente, ut plane videtur hic velle Philosophus, et ens per se dividatur in decem praedicamenta, ut vult Philosophus V Metaphysicae, oportet quodlibet scibile esse rem aliquam alicuius praedicamenti. Res autem collocantur in praedicamento non per suum actuale esse, sed per suam quidditatem..."[19].

In diesem Text wird der zufällige Charakter des aktuellen Seins in bezug auf den Verstand, der von der Existenz abstrahiert, hervorgehoben. Gegenstand der Wissenschaft ist dagegen das kategoriale Seiende, welches nach Aegidius das Seiende *per se* darstellt. Damit ist aber auch die Rolle der Wesenheit bezüglich der Erkenntnis schon bestimmt, denn das kategoriale Seiende ist insofern als *ens per se* zu bezeichnen, als diese Art des Seins einem jeden Ding von der Wesenheit verliehen wird[20]. Daraus folgt,

---

[17] Cf. op. cit. II, Fol. m^{8}vb.
[18] Cf. z. B. Aeg. Rom., De gen. I, Fol. 3va.
[19] Cf. Aeg. Rom., Anal. Post. I, Fol. b^{6}ra.
[20] Das prädikamentale Seiende wird *ens per se* genannt, weil es auf einem inneren Prinzip des Dinges, nämlich der Wesenheit, beruht. Dieser Art des Seienden wird von Aegidius das Seiende im Sinne des aktuell Existierenden als *ens per participationem* und *ens per accidens* gegenübergestellt. Denn die aktuelle Existenz gehört den Geschöpfen nur durch die Teilhabe am *esse* Gottes und ist von Gottes Wirkursächlichkeit abhängig. Der zufällige Charakter der aktuellen Existenz läßt sich im übrigen nach Ansicht des Aegidius nur auf Grund des realen Unterschiedes zwischen Wesenheit und Dasein erklären. Dazu cf. z. B. Theoremata de esse et essentia, theor. 13, 78–84, und *infra*, Anm. 26.

daß die Wesenheit und nicht die aktuelle Existenz die Grundlage der Wissenschaft darstellt.

Steht der Vorrang der Wesenheit hinsichtlich des Erkennens fest, so bleibt dennoch eine Frage offen, welche von entscheidender Bedeutung für die Möglichkeit der Wissenschaft ist: Wie kann ein Nichtexistierendes als eine reale Wesenheit und ein reales Seiendes bezeichnet werden, und worin besteht seine Wirklichkeit? Wie kann sich nämlich eine reale, nicht existierende Wesenheit von einem reinen *figmentum* unterscheiden? Ohne Zweifel handelt es sich dabei um die Kernfrage der essentialistischen Lösung, an der sich die verschiedenen Formulierungen dieser Theorie voneinander abheben. Gerade in dieser Hinsicht zeichnet sich die Besonderheit der Lehre unseres Autors von Anfang an mit aller Deutlichkeit ab.

Zur Charakterisierung der aegidianischen Lösung ist nun bedeutungsvoll, daß der Augustiner-Magister eine andere Auffassung kennt, der gemäß die Möglichkeit der Wissenschaft in der Wesenheit gründet, und daß er seinen eigenen Standpunkt von dieser Theorie scharf abgrenzt. Ausgangspunkt jener Lehre, mit welcher er sich im Kommentar zur Schrift De generatione auseinandersetzt, ist die Unterscheidung zwischen zwei Arten des Seins, nämlich dem *esse essentiae* und dem *esse actuale*, d. h. der aktuellen Existenz. Wenn die Dinge gemäß dem *esse actuale* vergehen — so heißt es —, bestehen sie gemäß dem *esse essentiae* fort; infolgedessen bleibt die Wissenschaft erhalten, auch wenn die Dinge hinsichtlich des aktuellen Seins nicht mehr existieren[21].

Nun ist diese Lösung für Aegidius vom metaphysischen Standpunkt aus unhaltbar. Er weist nämlich die Annahme zurück, die Wesenheit könne beim Vergehen der aktuellen Existenz fortbestehen. Die Wesenheit — so lautet sein Einwand — besitzt das *esse* eines Universale; die Universalien existieren aber nur in den Individuen und werden daher durch das Vergehen der Individuen *per accidens* zerstört. Mit anderen Worten ist der Gedanke, die Wesenheit an sich könne fortdauern, im Grunde genommen

---

[21] Cf. Aeg. Rom., De gen. I, Fol. 3rb: „*Has autem difficultates quidam ut evaderent, dixerunt quod res habet duplex esse, esse essentiae et esse actuale; corrupta autem re quantum ad esse actuale, remanet quantum ad esse essentiae. Et quia remanet quantum ad tale esse, potest de re corrupta esse scientia*". Diese Auffassung zählt zu den klassischen Lösungen der Frage nach der Unvergänglichkeit des Wissenschaftssubjekts und wird im Lauf der Kontroverse häufig erwähnt. Außer dem Kommentar des Aegidius Romanus und den im Abschnitt 3 betrachteten Werken cf. z. B. Siger von Brabants Sophisma: „*Utrum haec sit vera: homo est animal, nullo homine existente*", in: Siger de Brabant, Écrits de logique, de morale et de physique, éd. B. Bazán, Louvain–Paris 1974, 54–55 (= Philosophes Médiévaux XIV), und die gleichnamige Quaestio in einem anonymen Metaphysikkommentar aus dem Codex Cambridge, Peterhouse, 152; zu diesem zweiten Text cf. A. Zimmermann, Eine anonyme Quaestio: „Utrum haec sit vera: Homo est animal homine non existente", in: Archiv für Geschichte der Philosophie 49 (1967) 183–200, insbes. 187.

nur eine Wiederaufnahme der Lehre von den abgetrennten Universalien und daher unvertretbar[22].

Derartige Extreme des Realismus will Aegidius vermeiden. Seine eigene Erläuterung des ontologischen Status der nicht aktuell existierenden Wesenheit beruht auf der Abgrenzung dreier Arten des Seins, welche einem Ding zukommen können: „*Ad cuius evidentiam notandum quod res habent tripliciter esse: in se ipsis, in suis causis et apud intellectum*"[23]. Das *esse* eines Dinges in sich selbst bezeichnet die aktuelle Existenz des Individuums. Unter dem *esse in suis causis* ist dagegen die potentielle Existenz zu verstehen, die einem Ding dann zukommt, wenn die Ursachen bestehen, von denen es bewirkt werden kann. Schließlich bedeutet der Begriff des *esse apud intellectum* das Gedachtsein, welches etwas besitzt, wenn es vom Verstand betrachtet wird. Nun unterscheiden sich diese drei Seinsbegriffe nach ihrem Umfang. Denn allem, was in sich selbst das *esse* besitzt, kann auch das *esse* in den Ursachen und im Verstand zukommen, nicht aber umgekehrt. Ferner kann alles, was potentiell in den Ursachen existiert, auch im erkennenden Verstand bestehen, aber nicht umgekehrt. Gerade auf diesem Begriff des *esse in suis causis* baut Aegidius seine Lehre auf. Der Augustiner-Magister sieht nämlich das ontologische Fundament der nicht existierenden Wesenheit in ihrer potentiellen Existenz in den Ursachen; denn nach seiner Ansicht kann etwas als eine reale Wesenheit dann bezeichnet werden, wenn es wenigstens potentiell in seinen Ursachen existiert[24].

Die Lösung des Aegidius läßt sich an den klassischen Beispielen der Chimäre und der Rose im Winter erläutern. Man muß nämlich den tiefen metaphysischen Unterschied berücksichtigen, der diese beiden Arten von Seienden trennt. Das Sein der Chimäre zeichnet sich dadurch aus, daß es vom Verstand völlig abhängig ist, weil dem Begriff der Chimäre außerhalb der erkennenden Seele nichts entspricht. Daher ist die Chimäre nur ein *figmentum* des Verstandes und kein wirkliches Seiendes. Faßt man dagegen den Fall der Rose im Winter ins Auge, so hat man mit etwas zu tun, das gewissermaßen an der Wirklichkeit teilhat. Denn selbst wenn die Rose keine aktuelle Existenz besitzt, entspricht jedoch unserem Begriff etwas Reales, nämlich die Potentialität der Ursachen, durch welche die Rose im Frühling wieder hervorgebracht sein wird. Im Unterschied zu der Chimäre kann also die Rose im Winter als ein wirkliches, wenn auch nicht aktuell existierendes Seiendes bezeichnet werden. Anders gesagt gründet die aegidianische Lösung in der Einteilung des Seienden in aktuell und potentiell

---

[22] Cf. Aeg. Rom., De gen. I, Fol. 3rb: „*Sed hoc improbatur, quia res, secundum esse actuale habet particulare esse, sed ‹secundum› esse essentiae habet esse universale; universalia autem, licet non corrumpantur per se, tamen corrumpuntur per accidens; corrupto enim Sorte, corrumpitur homo qui est in Sorte... Corrupta ergo re quantum ad esse actuale, corrumpitur quantum ad esse essentiae...*".
[23] Cf. op. cit., Fol. 3va.
[24] Ibid.

Seiendes. Sowohl das aktuelle wie auch das potentielle Seiende sind nämlich als Arten des wirklichen Seienden zu betrachten und demnach vom bloßen Gedachtsein abzugrenzen[25].

Wie kommt es aber nun, daß die potentielle Existenz in den Ursachen als hinreichende ontologische Grundlage für eine reale Wesenheit gilt? Die Verbindung der beiden Begriffe, *esse in suis causis* und *esse praedicamentale* — nämlich jenes *esse*, welches von der Wesenheit verliehen wird —, ist im Lichte des aegidianischen Verständnisses der Wesenheit als Potentialität in bezug auf die weitere Aktualität des Daseins zu verstehen[26]. Weil die Wesenheit an sich eine Potentialität zum Dasein bezeichnet, genügt es der *ratio quidditatis*, daß das Ding nur potentiell existiert. Daraus folgt nach Ansicht des Aegidius, daß die potentielle Existenz in den Ursachen die einzige Voraussetzung für eine reale Wesenheit darstellt.

Als Grundlage der Wesenheit sowie des prädikamentalen Seins, welche allein unter die Betrachtung der wissenschaftlichen Erkenntnis geraten, ist aber das *esse in suis causis* ebenfalls als eigentliches Fundament der Wissenschaft zu betrachten; als erforderliches Merkmal des Gegenstandes der wissenschaftlichen Erkenntnis gilt nämlich nur das Sein in den Ursachen:

> *„Quidditas autem intelligitur aliquid in potentia ad esse actuale; quidditatem ergo habent non solum quae actualiter existunt et quae sunt in se et sunt coniuncta suo actuali esse, sed etiam dicuntur habere quidditatem et sunt res praedicamenti et possunt intelligi ab intellectu et esse quid scibile quae non sunt in se nec habent actuale esse, sed sunt in suis causis et possunt esse"*[27].

In diesem Sinne interpretiert Aegidius auch die Forderung, die Aristoteles an das Wissenschaftssubjekt stellt. Wenn Aristoteles behauptet, die Kenntnis des *„quia est"* des Subjekts solle vorgängig zu der Wissenschaft

---

[25] Dazu cf. Aegidii Columnae Romani Quodlibeta, II, Q. 6, Lovanii 1646, Nachdr. Frankfurt a. M. 1966, 63—64: *„Dicemus nos quod res habeat duplex esse reale, habeat insuper tertium esse secundum considerationem. Habet enim primum esse in suis causis, et sic est in potentia; rosa quippe actu non existens est in potentia materiae et in virtutibus activis et passivis, ex quibus tamquam ex propriis causis producitur rosa. Habet etiam rosa esse in se ipsa, et sic habet esse in actu. Tertio potest considerari rosa ut circa ipsam versatur intellectus"*. Zur Datierung des Quodl. II, das auf das Jahr 1287 zurückgeht, cf. P. Glorieux, La littérature quodlibétique de 1260 à 1320, Le Saulchoir, Kain 1925, 140—148 (= Bibliothèque thomiste 5); E. Hocedez, Richard de Middleton. Sa vie, ses oeuvres, sa doctrine, Louvain—Paris 1925, 479 (= Spicilegium sacrum lovaniense 7).

[26] Insofern die Wesenheit eine Aktualität bezeichnet, besitzt sie nach Ansicht des Aegidius die Bestimmung der Erkennbarkeit durch sich selbst. Dagegen besitzt sie die aktuelle Existenz nicht durch sich selbst, sondern nur durch die Wirkursächlichkeit Gottes, da in den geschaffenen Seienden die Wesenheit sich vom Dasein real unterscheidet (cf. *supra* Anm. 20). Das aber heißt, daß die Wesenheit an sich eine Potentialität in bezug auf die aktuelle Existenz darstellt. Dazu cf. z. B. Aeg. Rom., Theoremata de esse et essentia, theor. 10—12, 52—77.

[27] Cf. Aeg. Rom., Anal. Post. I, Fol. b⁶ra; cf. auch id., De gen. I, Fol. 3va.

gegeben sein, ist nach Ansicht unseres Autors nur die potentielle Existenz in den Ursachen gemeint[28].

Auf Grund dieser Überlegungen werden Disziplinen wie die Metereologie oder die Astronomie ausgewiesen. Denn wenn auch Ereignisse wie der Regen oder die Finsternis völlig aufgehört haben, so daß kein Individuum dieser Art aktuell existiert, können dennoch derartige Phänomene durch ihre Ursachen wieder hervorgebracht werden; sie behalten also ein potentielles Sein in den Ursachen. Im Unterschied zu den reinen *figmenta* bleiben sie daher Realbegriffe und bilden adäquate Gegenstände der Erkenntnis[29]. Es wird bei dieser Erläuterung auch hervorgehoben, daß das Fortdauern in den Ursachen nicht auf die Individuen, sondern nur auf die Arten zutrifft; denn die natürlichen Agentien können ein Individuum nicht wieder hervorbringen, nachdem es einmal vergangen ist. Da die Individuen als solche aus dem Bereich der Wissenschaft herausfallen, spielen solche Überlegungen für das Problem der wissenschaftlichen Erkenntnis allerdings keine Rolle[30].

Bei der Bestimmung des *scibile* im allgemeinen erweist sich also das *esse in suis causis* als der Kernbegriff. Ganz im Rahmen derselben Gedanken bewegt sich aber auch im einzelnen die Untersuchung der Gegenstände beider wissenschaftlicher Verfahren, nämlich der Definition und des Beweises. In seinem Kommentar zu Anal. Post. I, 10 stellt Aegidius die Frage, welches *esse* durch die Definition zum Ausdruck gebracht wird[31]. In der Antwort verweist er zwar auf die traditionellen Begriffe des *esse essentiae*, des *esse praedicamentale* und des *esse quidditativum*, führt allerdings diese drei Begriffe auf die potentielle Existenz in den Ursachen zurück:

„*Dicendum quod incomplexa possunt secundum triplicem* (pro: *triplex*) *esse considerari... Ut sunt in suis principiis, sic a quibusdam dicuntur habere esse essentiae, a quibusdam esse praedicamentale, a quibusdam esse quidditativum... Rosa ergo, ut significat determinatam essentiam et naturam, dicitur habere esse essentiae, ut dicit rem determinati praedicamenti, dicitur habere esse praedicamentale et, ut est obiectum et non significatum intellectus, dicitur habere esse quidditativum... Sed ⟨ad hoc⟩ quod rosa significet determinatam essentiam aptam natam integrari ex talibus principiis vel quod rosa dicat rem determinati praedicamenti vel quod sit non significatum, sed obiectum intellectus, non oportet quod rosa sit in se et in actu, sed sufficit quod sit in suis causis...*"[32].

---

[28] Cf. id., De gen. I, Fol. 3vb.
[29] Cf. op. cit., Fol. 3va–b: „*Dicendum est quod, si res corrumperetur ita quod nec remaneret in se nec in suis causis, sed solum esset ens apud animam, non remaneret scientia rei; si enim corrumperetur pluvia in se et in suis causis et solum esset ens apud animam et non esset plus ens quam chimaera, de pluvia scientia esse non posset. Tamen, quia corruptibilia ista numquam sic corrumpuntur quin remaneant in suis causis..., dicamus scientiam talium remanere eis corruptis*".
[30] Cf. op. cit., Fol. 3vb.
[31] Cf. Aeg. Rom., Anal. Post. I, Fol. e^{6}rb–va.
[32] Ibid.

Esse essentiae, esse praedicamentale und *esse quidditativum* — so erklärt Aegidius — sind die Begriffe, durch welche gewöhnlich das *esse* bezeichnet wird, das einer Realdefinition entspricht. Diesen drei Begriffen liegt ein und dieselbe Natur zugrunde, nur unter verschiedenen Gesichtspunkten betrachtet. Man spricht nämlich von *esse essentiae*, insofern etwas eine bestimmte Natur besitzt. Das *esse praedicamentale* bezieht sich dagegen auf die Einordnung in die Kategorien, die durch die Wesenheit erfolgt. Schließlich bringt der Begriff des *esse quidditativum* den objektiven Charakter zum Ausdruck, welcher einer Wesenheit zukommt und wegen dem sie vom erkennenden Verstand als ein wahrer ‚Gegenstand', ein Gegebenes, erfaßt werden kann. Bei einem *figmentum* ist dagegen die Bezeichnung „*significatum*' angemessener, denn es gibt dabei kein Gegebenes, das zum Gegenstand der Erkenntnis in einer Realdefinition werden kann; es geht nur um einen Denkinhalt, der durch ein Wort vermittelt und von einer Namensdefinition ausgedrückt wird.

Grundlage dieser Bestimmungen, welche die Wesenheit in bezug auf die Definition kennzeichnen, ist aber wiederum das *esse in suis causis*. Das wird am klassischen Beispiel der Rose im Winter erklärt. Es ist nämlich für Aegidius ganz offensichtlich, daß die nur potentiell in den Ursachen existierende Rose noch immer alle Eigenschaften aufweist, die die Wesensmerkmale des Gegenstandes einer Realdefinition ausmachen: die Bestimmtheit, die Einordnung in die Kategorien und den objektiven Charakter eines wahren ‚Gegenstandes'.

Zum Begriff des *esse in suis causis* kehrt Aegidius auch bei der Untersuchung der Grundlage des wissenschaftlichen Beweises zurück. Im Kommentar zu Anal. Post. II, 7, wo das Verhältnis der Definition zur Demonstration betrachtet wird, stellt er die Frage: „*Quomodo demonstratio se habet ad esse*"[33]. Nach seiner Ansicht müssen drei Arten des Seins auseinandergehalten werden, zu denen der Beweis sich unterschiedlich verhält, nämlich das *esse verum*, das *esse praedicamentale* und das *esse actuale*. Es ist nun offensichtlich, daß der Beweis sich wesentlich auf das *esse verum* bezieht; denn Ziel eines Beweises ist gerade, auf einen wahren Satz zu schließen. Was das Verhältnis des Beweises zu den beiden anderen Arten des Seins betrifft, so handelt es sich dabei um eine schwerwiegende Frage; denn im Grunde genommen geht es hier darum, was die Wahrheit des wissenschaftlichen Satzes verbürgt: das *esse praedicamentale* oder das *esse actuale*.

Eine Stelle seines Kommentars zum Liber de causis, an welcher Aegidius auf die Wahrheit der analytischen Sätze zu sprechen kommt, macht deutlich, was für die wissenschaftliche Erkenntnis als Wahrheitskriterium gilt:

„*Dicimus quod quaelibet res est id quod est per essentiam, et id quod est per essentiam verificatur de re etiam re non existente, ut homine existente, verum est quod homo sit*

---

[33] Cf. op. cit. II, Fol. n¹rb–va.

animal et, homine non existente, verum est quod homo sit animal, aliter tamen et aliter. Nam homine non existente, non est vera ista propositio, ‚homo est animal', nisi una hac veritate, videlicet quod res importata per ‚hominem' habet essentialem habitudinem ad rem importatam per ‚animal'. Sed homine existente, haec propositio, ‚homo est animal', est vera duplici veritate, videlicet propter essentialem dependentiam subiecti ad praedicatum et propter actualem existentiam amborum in tertio; homine enim existente, vera est haec propositio, ‚homo est animal', quia id quod importatur per ‚hominem' et quod importatur per ‚animal' actualiter existunt in illo eodem individuo sive in illo eodem homine qui ponitur actu esse."[34]

Am klassischen Beispiel des Satzes: „*homo est animal*", erklärt Aegidius, daß auf analytische Urteile primär ein Begriff der Wahrheit zutrifft, welcher als eine *essentialis habitudo* des Prädikats zum Subjekt zu verstehen ist — ein Wahrheitskriterium, welches in der Wesenheit gründet und von der aktuellen Existenz völlig absieht. Die faktische Wahrheit im Sinne der aktuellen Existenz des vom Subjekts- und Prädikatsbegriff bezeichneten Merkmals in einem und demselben Suppositum ist dabei zwar möglich, spielt aber offenbar nur eine sekundäre Rolle.

Mit diesen Gedanken stimmen die Überlegungen des Kommentars zu den Analytica Posteriora über das Wahrheitskriterium der wissenschaftlichen Sätze vollständig überein. Aus der Betrachtung der geometrischen Demonstrationen, die unabhängig von der aktuellen Existenz der geometrischen Figuren wahr sind, ergibt sich, daß das *esse actuale* keine erforderliche Bedingung für die wissenschaftliche Wahrheit darstellt[35]. Grundlage der Wahrheit — auch hier als *essentialis habitudo* des Prädikats zum Subjekt aufgefaßt — ist vielmehr die Einordnung des Subjekts in die Kategorien, das *esse praedicamentale*, und daher die Wesenheit:

„*Est autem secundum esse rei, quod dicit veritatem propositionis. Et tale esse praesupponit primum esse; primo enim intelligitur quod aliquid sit res praedicamenti et quod habeat habitudines ad debita principia et ad debitas proprietates et postea ⟨quod⟩ de tali re formentur propositiones verae; propositio ergo vera explicat illas habitudines quas res habet. Tale autem esse quod dicit veritatem propositionis demonstratio concludit. Intelligitur ergo quod demonstratio sit inter duplex esse, videlicet inter esse praedicamenti et esse quod dicit veritatem propositionis, quorum unum praesupponit et aliud concludit*"[36].

Im Hintergrund dieser Überlegungen steht offenbar eine bestimmte Vorstellung von Wissenschaft, nämlich als der Erkenntnis eines Gegenstandes, die durch das Beweisen der Eigentümlichkeiten aus den Ursachen gewonnen wird. Welche sind also die Bestimmungen, die es ermöglichen,

---

[34] Cf. Aegidius Romanus, Super librum de causis, prop. 20, Venetiis 1550, Nachdr. Frankfurt a. M. 1968, Fol. 67v L—M. Der Kommentar zum Liber de causis geht auf die Jahre 1289—1291 ca. zurück. Daher wurde das Werk fast gleichzeitig mit dem Kommentar zu den Analytica Posteriora verfaßt. Dazu cf. Donati, Studi per una cronologia, 65—69.
[35] Cf. Aeg. Rom., Anal. Post. II, Fol. n¹va.
[36] Ibid.

daß etwas als Subjekt eines wahren Schlußsatzes in einem Beweis zu fungieren vermag? Aus der Betrachtung der Struktur der Demonstration läßt sich entnehmen, daß es auf bestimmte Eigentümlichkeiten und auf bestimmte Prinzipien innerlich bezogen sein muß, welche in der Demonstration als Bewiesenes und als Beweismittel gelten können. Das geschieht aber einfach durch die Einordnung in die Kategorien. Denn wenn etwas sich als eine bestimmte Natur in die kategoriale Struktur des Seienden einfügt, dann steht es auch in Verbindung mit gewissen Eigentümlichkeiten, die von seiner Wesenheit herrühren, und mit gewissen Prinzipien. Damit ist auch die Antwort auf die anfängliche Frage gegeben, wie die Demonstration sich zum *esse praedicamentale* verhält. Denn das *esse praedicamentale* bildet den Boden, worin die demonstrative Wahrheit wurzelt. Vom möglichen Subjekt eines Beweises muß nämlich vorausgesetzt werden, daß es eine *res praedicamenti* ist, was hinsichtlich der Demonstration einfach bedeutet, irgendwelche Eigentümlichkeiten und Prinzipien überhaupt zu besitzen. Welche diese Eigentümlichkeiten im einzelnen sind, wird danach durch den Beweis erschlossen[37]. Bezüglich der Demonstration ist also das *esse praedicamentale* als Grundlage des *esse verum* vorauszusetzen, welches seinerseits das Ziel der Demonstration darstellt.

Nun wiederholt sich bei der Bestimmung des Subjekts des wissenschaftlichen Beweises der Gedankengang, dem wir bei der Erforschung des ‚*scibile*‘ und des ‚*definibile*‘ schon begegnet sind. Es wird nämlich gezeigt, daß alles, was in den Ursachen potentiell existiert, auf bestimmte Prinzipien und Eigentümlichkeiten wesentlich hingeordnet ist. Auch hinsichtlich der Demonstration läßt sich somit das Problem der Grundlage der Erkenntnis durch den Begriff des *esse in suis causis* erläutern:

> „*Hoc est ergo esse rem praedicamenti, quod de ea possit esse scientia vel quod habeat habitudinem ad debita principia et ad debitas proprietates. Ad tale autem esse sufficit quod res sit in suis causis, quia, si est in suis causis, cum scire sit per causam, de ea poterit esse scientia. Rursus, eo ipso quod res est in suis causis, quantum est de se, dicit aliquid determinatum ad certam speciem et, per consequens, quantum est de se, ab ea sunt aptae natae fluere debitae proprietates. Ergo quod habet tale esse, videlicet in suis causis, est res praedicamenti, et de eo potest esse scientia, et de eo possunt formari propositiones verae...*"[38].

Zum Schluß dieser Darstellung der aegidianischen Lehre soll noch näher untersucht werden, wie sie sich von anderen Formulierungen der essentialistischen Auffassung unterscheidet. Aus der vorliegenden Analyse er-

---

[37] Cf. op. cit., Fol. n¹vb: „*Dicendum quod unum et idem esse supponit et concludit demonstratio, aliter tamen et aliter; nam in generali tale esse supponit, in speciali autem tale esse concludit et demonstrat. Supponit enim demonstratio quod res illa de qua debet aliquid demonstrari quod sit res praedicamenti ‹et› quod habeat habitudines ad aliquas proprietates, et postea concludit specialiter quod habet habitudinem ad hanc proprietatem...*".
[38] Cf. op. cit., Fol. n¹rb – va.

gibt sich, daß Aegidius die für jede Wissenschaftstheorie grundlegenden Probleme der Erkennbarkeit, der Definibilität, der Beweisbarkeit und der Wahrheit durch die Begriffe der Wesenheit, des *esse praedicamentale* oder des *esse essentiae* erörtert, was allen essentialistischen Lösungen gemeinsam ist. Was nun als kennzeichnendes Merkmal der aegidianischen Lehre gilt, ist, wie gesagt, die Art und Weise, wie diese Begriffe interpretiert werden. Nach Ansicht unseres Autors sind *esse essentiae, esse praedicamentale* und *esse quidditativum* lediglich als Bestimmungen zu verstehen, welche der Wesenheit in ihrem Verhältnis zum erkennenden Verstand zukommen. Ontologisch betrachtet bezeichnen sie nicht eine Art der Wirklichkeit, die etwa zur Wesenheit an sich gehört; sie sind vielmehr auf das existentielle Sein, sowohl aktuell als auch potentiell, als ihr ontologisches Fundament zurückzuführen. Dies geht aus einer Bemerkung deutlich hervor, die sich im Kommentar zur Schrift De generatione über die andere von Aegidius widerlegte essentialistische Lösung findet:

> „*...Proprie ergo loquendo non remanet res nisi ut est aliquid in se ipsa. Sed si dicentes res remanere secundum esse essentiae, cum corrumpuntur secundum esse actuale, sed permanere rem* (fortasse pro: *si per manere rerum*) *secundum esse essentiae intelligere vellent existentiam earum in suis causis, secundum quam competit rebus ut sint obiectum intellectus et ut possunt intelligi secundum suam quidditatem, bonum intellectum haberent; ideo improprie loquerentur*"[39].

Zur Erläuterung dieses Standpunkts sind auch einige Einwände anzuführen, die Aegidius gegen Heinrich von Gents Auffassung vom *esse essentiae* erhebt. Im Anschluß an Avicenna hatte bekanntlich Heinrich von Gent drei verschiedene Arten des Seins, nämlich das *esse naturae*, das *esse rationis* und das *esse essentiae*, der Wesenheit zugeschrieben. Nach seiner Ansicht kommt der Wesenheit das *esse naturae* insofern zu, als sie in den Individuen existiert. Das *esse rationis* bezeichnet dagegen die Existenz der Wesenheit im erkennenden Verstand als Gedachtes. Schließlich versteht Heinrich unter dem *esse essentiae* eine Art des realen Seins, welches zu der Wesenheit an sich, losgelöst von ihrem Verhältnis sowohl zu den Individuen wie auch zum Verstand, gehört und die Wahrheit der wissenschaftlichen Erkenntnis begründet. Diese Art des *esse* geht dem *esse naturae* und dem *esse rationis* metaphysisch voraus. Ferner besitzt die Wesenheit gemäß diesem *esse* weder das Merkmal der Partikularität noch der Universalität und ist weder zur Existenz noch zur Nichtexistenz bestimmt. Und obwohl Heinrich die Grundlage des *esse essentiae* im Verhältnis der Wesenheit zu der Idee sieht, die im Gottesverstand existiert und als Exemplarursache des Dinges wirkt, erschöpft sich dieses *esse* nicht im Gedachtsein der Idee,

---

[39] Cf. Aeg. Rom., De gen. I, Fol. 3va. Cf. auch id., Anal. Post. I, Fol. e⁶va.

sondern nach Heinrichs Meinung scheint es gewissermaßen an sich eine Art der Wirklichkeit zu bezeichnen[40].

Nun setzt sich Aegidius in Quodl. II, Q. 6 bei der Behandlung der Frage: „*Utrum sit aliqua essentia quae se habeat per indifferentiam ad esse et ad non esse*", mit Heinrichs Auffassung auseinander; dabei weist er gerade die These zurück, das *esse essentiae* sei sowohl vom *esse naturae* wie auch vom *esse rationis* zu unterscheiden und zwar als eine Art des realen Seins:

> „*Sed non videtur hoc bene dictum nec etiam nos intelligimus ita esse ut isti dicunt. Res enim considerata secundum esse essentiae habet esse rationis et intellectus est ille qui fertur in ipsam essentiam secundum se, et ipsa essentia creata secundum se non habet esse, sed solum habet considerationem apud intellectum; unde esse essentiae, prout est aliud ab esse naturae, est esse secundum intellectum...*"[41].

Neben dem *esse naturae* und dem *esse rationis* gibt es nach Ansicht des Aegidius keine dritte Art des Seins. Abgesehen von ihrer Verwirklichung in den Individuen besitzt also die Wesenheit kein anderes Sein als das Gedachtsein durch einen Begriff. Was Heinrich als das *esse* der Wesenheit an sich versteht, wird ihr in der Tat durch ihr Verhältnis zum erkennenden Verstand verliehen. Und als Gedachtes ist die Wesenheit wohl universal, nur wird sie nicht unmittelbar als universal begriffen. Denn zuerst richtet sich der Verstand auf die Wesenheit an sich; nachdem er dann die Wesenheit durch einen Begriff erfaßt hat, erkennt der Verstand den vom Begriff vermittelten Denkinhalt als mehreren Individuen gemeinsam und daher als universal. Anders gesagt ist die Betrachtung der Wesenheit als universal eine *intentio secunda*, weil sie einen zweiten Akt des Erkennens erfordert[42].

Nun sind aber Existenz und Nichtexistenz der Wesenheit, sofern diese lediglich gedacht und nicht real ist, gleichgültig, da nämlich der Verstand von diesen Merkmalen abstrahiert. Was das reale Seiende betrifft, so beruft sich Aegidius dabei auf seine eigene Einteilung des Seins in das aktuelle Sein des Dinges in sich und das potentielle Sein in den Ursachen. In beiden Zuständen ist die Wesenheit entweder zur Existenz oder zur Nichtexistenz bestimmt. Denn dem aktuellen Seienden gehört offenbar die Existenz; genau betrachtet sollte dagegen das potentielle Seiende als Nichtexistierendes bezeichnet werden. Genauso wie das *esse essentiae* rühren darum nach Aegidius auch alle anderen Merkmale, die Heinrich der

---

[40] Zu Heinrichs Lehre cf. J. Paulus, Henri de Gand. Essai sur les tendances de sa métaphysique, Paris 1938, 67—135 (= Études de Philosophie Médiévale XXV); J. F. Wippel, Thomas Aquinas, Henri of Gent, and Godfrey of Fontaines on the Reality of Nonexisting Possibles, in: id., Metaphysical Themes in Thomas Aquinas, Washington D. C. 1984, 163—189.

[41] Cf. Aeg. Rom., Quodl. II, Q. 6, 62. Dazu cf. auch Paulus, Henri de Gand, 126.

[42] Cf. Aeg. Rom., Quodl. II, Q. 6, 62.

Wesenheit an sich zuschreibt, von deren Verhältnis zum Verstand und von der Art und Weise her, wie sie vom Verstand erkannt wird[43].

Faßt man also die Auffassung des Aegidius hinsichtlich des *esse essentiae* zusammen, so ergibt sich aus der vorangehenden Analyse folgendes: *Esse essentiae, esse praedicamentale, esse quidditativum* und derartige Begriffe bezeichnen nach Ansicht des Aegidius nicht eine Art des realen Seins, welches der Wesenheit an sich zukommt, sondern sie beziehen sich vielmehr auf die Wesenheit als Gegenstand der Erkenntnis. Das ontologische Fundament dieses Gedachtseins besteht entweder in der Verwirklichung der Wesenheit in den aktuell existierenden Individuen oder auch in der potentiellen Existenz der Dinge in den Ursachen, was ebenfalls eine hinreichende Grundlage der Erkenntnis darstellt[44].

3. Die Kritik der aegidianischen Lösung: die *scientia ex conditione*

Indem Aegidius die erforderliche Bestimmung des Gegenstandes der Erkenntnis auf die potentielle Existenz in den Ursachen reduziert, scheint er die essentialistische Auffassung von ihren weitergehenden metaphysischen Voraussetzungen befreien zu wollen. Im Verlauf der folgenden Kontroverse, wie sie in den Kommentaren zur Schrift De generatione verfolgt werden kann, wird die Lehre vom *esse in suis causis* zu einer der klassischen Lösungen. Sie ruft aber anscheinend bei den späteren Kommentatoren große Bedenken hervor und wird häufig kritisiert. In diesem Abschnitt wollen wir zwei Zeugen dieser Widerlegungen betrachten: einmal den Kommentar des Aegidius von Orléans, der zum Ende des 13. Jahrhunderts der Pariser Artistenfakultät angehörte[45], zweitens einen

---

[43] Cf. op. cit., 64: „*Cum ergo quaeritur utrum sit aliqua essentia quae habeat se per indifferentiam ad esse et non esse, dicendum est quod, si loquamur de esse reali, non, quia secundum huiusmodi esse, vel consideratur ut est in suis causis et in potentia, vel ut est in se ipsa. Secundum hoc non est indifferens ad esse et non esse, quin potius, cum habet esse in potentia, habet non esse in actu, quia quod est in potentia magis se habet ad non esse quam ad esse. Si vero consideretur ut est in se ipsa, sic est actu, et sic existens magis se habet ad esse quam ad non esse. Si vero res consideretur prout circa ipsam versatur intellectus, tunc indifferens est ei esse vel non esse. Quamvis enim forte multum referat antequam scientia de aliqua re est in actu utrum res sit vel non sit, attamen, postquam habemus scientiam de aliqua re, utputa rosa, potest eam intellectus intelligere sive sit sive non sit*".

[44] Die aegidianische Lehre vom *esse in suis causis* scheint von Gottfried von Fontaines übernommen zu werden; dazu cf. Wippel, Thomas Aquinas.

[45] Zum philosophischen Denken des Aegidius von Orléans cf. Z. Kuksewicz, Gilles d'Orléans était–il averroïste?, in: Revue philosophique de Louvain 88 (1990) 5–24. Von den Quästionen des Aegidius zur Schrift De generatione erwähnt Lohr folgende handschriftliche Abschriften: Paris, Bibl. Mazarine, 3493, Fol. 217r–240v; Paris, Bibl. Nat., lat. 15805, Fol. 32r–36v; Vat. lat. 3015, Fol. 55r–67v; Vat. lat. 3061, Fol. 127r–144v; Pal. lat. 1059, Fol. 36r–49v; dazu cf. Ch. H. Lohr, Medieval Latin Aristotle Commentaries.

anonymen Kommentar aus dem Codex Firenze, Bibl. Mediceo—Laurenziana, Fiesol. 161[46]. Die Autoren beider Werke bewegen sich ganz im Rahmen derselben wissenschaftstheoretischen Gedanken. Ihre Bedeutung für unsere Untersuchung liegt in der vom Standpunkt des Aegidius stark abweichenden Auffassung, von welcher ihre Einwände ausgehen.

Dieser Auffassung der beiden Magister liegt ein Wahrheitsbegriff zugrunde, der stärker an der faktischen Wahrheit orientiert ist. Von diesem Ausgangspunkt weisen beide ganz konsequent den Gedanken einer Wissenschaft im eigentlichen Sinne von nicht aktuell existierenden Dingen zurück. Infolgedessen anerkennen sie Disziplinen wie die Metereologie und die Astronomie nicht als wissenschaftliches Erkennen im wahrsten Sinne und billigen ihnen nur eine Art von bedingter Notwendigkeit zu.

Bei der Behandlung der Frage: *„Utrum corruptis rebus possit remanere scientia"*, setzen sich beide Kommentatoren mit verschiedenen Auffassun-

---

Authors A—F, in: Traditio 23 (1967) 325. Eine weitere Abschrift dieses Werkes, die vom Kopisten dem Aegidius ausdrücklich zugeschrieben wird, scheint aber in der Hs. Firenze, Bibl. Nazionale Centrale, Conv. Soppr. E. 1. 252, Fol. 141r—159r enthalten zu sein; dazu cf. W. Fauser, Der Kommentar des Radulphus Brito zu Buch III De anima, Münster 1974, 59 (= Beiträge z. Gesch. d. Philos. u. Theol. d. Mittelalters, N. F. 12). Die handschriftliche Überlieferung der Quästionen des Aegidius ist ziemlich verworren. Wie sich aus den noch unvollständigen Angaben ergibt, die von R. A. Gauthier, in: Bulletin Thomiste 9 (1954—1956) 217, Anm. 2, und Kuksewicz (Gilles d'Orléans, 7, Anm. 3) mitgeteilt worden sind, müssen dabei zwei Fassungen unterschieden werden; denn der von der Hs. Nat., lat. 15805 überlieferte Text weicht vom Text der Hss. Mazarine 3493 und Pal. lat. 1059 ab. Bei unserer Untersuchung der Quaestio: *„Utrum corruptis rebus possit remanere scientia"*, wurden folgende Hss. herangezogen: Conv. Soppr. E. 1. 252 (Fol. 142rb—vb), Mazarine 3493 (Fol. 217rb—218ra), Vat. lat. 3015 (Fol. 55rb—va) und Vat. lat. 3061 (Fol. 127rb—va). Die Hs. Pal. lat. 1059 blieb uns dagegen unzugänglich; die Hs. Nat., lat. 15805 enthält diese Quaestio nicht, weil der Text in diesem Codex unvollständig ist. Aus dem Vergleich der vier oben erwähnten Hss. in unserer Quaestio ergibt sich nun folgendes: Die Pariser Hs. und beide Vatikanische überliefern einen im wesentlichen identischen Text, von dem die Hs. Conv. Soppr. E. 1. 252 stark abweicht. Wie aus einem, wenn auch nur oberflächlichen Vergleich der Hs. Conv. Soppr. E. 1. 252 mit der Hs. Nat., lat. 15805 in dem beiden Hss. gemeinsamen Teil des Kommentars hervorgeht, scheint andererseits die Florentiner Hs. denselben Text wie Paris, Nat. zu bezeugen. Demgemäß können die Angaben von Gauthier und Kuksewicz folgendermaßen ergänzt werden: Alle vier Hss., Mazarine 3493, Vat. lat. 3015, 3061 und Pal. lat. 1059, scheinen eine und dieselbe Fassung zu überliefern, während die Hss. Conv. Soppr. E. 1. 252 und Nat., lat.15805 Zeugen, die erste vollständig, die zweite unvollständig, der anderen Fassung sein dürften. In der folgenden Darstellung beziehen wir uns auf die Hss. Conv. Soppr. E. 1. 252 und Vat. lat. 3015, die um der Klarheit willen als Fassung A und Fassung B bezeichnet werden.

[46] Der Codex ist als Zeuge von Texten aus dem Pariser und italienischen Averroismus bekannt. Zum Inhalt der Hs. und zu weiteren Literaturangaben cf. die neueste Beschreibung in: Aegidii Romani Opera Omnia, I. 1/2*, Catalogo dei manoscritti: Italia (Firenze, Padova, Venezia), a c. F. Del Punta, C. Luna, Firenze 1989, 37—49. Die Frage: *„Utrum de re corrupta possit esse scientia"*, findet sich in den Fol. 57vb—58rb.

gen auseinander, welche die Möglichkeit einer Wissenschaft von nicht aktuell existierenden Dingen verteidigen. Zunächst wird die Lehre vom Fortbestehen der Dinge gemäß dem *esse essentiae* erforscht, die von Aegidius selbst widerlegt worden war. Wie schon bei Aegidius Romanus wird sie auf Grund metaphysischer Überlegungen zurückgewiesen. Diese Lehre — so erklärt Aegidius von Orléans — wäre korrekt, wenn ihre Voraussetzung berechtigt wäre, wenn nämlich die Dinge, obwohl gemäß dem *esse actuale* vergangen, gemäß dem *esse essentiae* erhalten blieben. In Übereinstimmung mit dem Augustiner-Magister hält er aber diesem Standpunkt den Einwand entgegen, die Wesenheit werde durch das Vergehen der Individuen *per accidens* zerstört[47].

Zweitens wird die aegidianische Lehre vom Sein in den Ursachen untersucht; sie wird vom wissenschaftstheoretischen Standpunkt aus als unzureichend abgelehnt[48]. Die Kritik beider Autoren richtet sich gerade gegen den Grundgedanken dieser Auffassung, daß die potentielle Existenz in den Ursachen eine hinreichende Grundlage für die Wesenheit als Gegenstand der Erkenntnis bilde. *Scibile simpliciter* ist nach Ansicht beider Kommentatoren nur das zu nennen, was aktuell existiert. Als Gegenstand der Wissenschaft im eigentlichen Sinne — so Aegidius von Orléans — kann nur das *ens simpliciter* bezeichnet werden: „...*Cum scientia simpliciter sit de ente simpliciter, cum res destructa quantum ad esse actuale in se, manens in suis causis, non sit ens simpliciter, tunc de ipsa, ut sic, non manet scientia simpliciter...*"[49]. Ganz im Gegensatz zu seinem Namensvetter vertritt er ferner die Meinung, das in den Ursachen potentiell Existierende könne nicht durch eine Realdefinition erfaßt werden, sondern lediglich durch eine Namensdefinition:

„...*Remanere in suis causis est remanere solum virtute et potentialiter et non actu. Quod autem non est actu non habet essentiam de tali; et quod non habet essentiam non contingit sciri quod est res, sed solum quod dicitur per nomen; ergo illud quod remanet in suis causis est tale quod de ipso solum scitur quid est nominis...*"[50].

---

[47] Cf. Fassung A (ms. cit., Fol. 142rb): „*Et isti verum dicunt, si fundamentum suum esset verum, scilicet quod, si remaneret esse essentiae destructo esse actualis existentiae, tunc verum est quod scientia maneret, quia scientia debetur rei secundum esse essentiae. Videntur tamen errare in suo fundamento, cum dicunt quod, destructo esse actualis existentiae, remanet esse essentiae; istud enim videtur esse impossibile...*". Cf. auch Fassung B (ms. cit., Fol. 55rb—va). Die Lehre vom Fortbestehen gemäß dem *esse essentiae* wird mit besonderer Ausführlichkeit vom Anonymus widerlegt (cf. ms. cit., Fol. 57vb—58ra).

[48] Eine gewisse Unstimmigkeit hinsichtlich der Bewertung der Lehre vom *esse in suis causis* ist in den beiden Fassungen des Kommentars des Aegidius von Orléans zu merken. Die Fassung B weist die aegidianische Lösung mit größerer Entschlossenheit zurück (cf. ms. cit., Fol. 55va): "...*Secunda opinio similiter non valet nec est sufficiens...*". Das Urteil der Fassung A ist milder; die aegidianische Auffassung wird als „*satis probabilis*" bezeichnet, obwohl sie nicht für ganz hinreichend gehalten wird (cf. ms. cit., Fol. 142va): "...*Ista via satis est probabilis... Sed istud adhuc non videtur omnino tutum...*".

[49] Cf. Fassung A, ms. cit., Fol. 142va.

[50] Cf. Fassung B, ms. cit., Fol. 55va.

Ähnliche Überlegungen finden sich im anonymen Kommentar: Weil die Erkenntnis das *esse* voraussetze, sei ein adäquater Gegenstand der Wissenschaft im wahrsten Sinne nur das, was das *esse simpliciter*, d. h. die aktuelle Existenz, besitze. Für die Definition und den wissenschaftlichen Beweis — so behauptet der Autor — bildet die potentielle Existenz in den Ursachen keine hinreichende Grundlage; erforderlich dabei ist die aktuelle Existenz in einem Suppositum[51].

Wie läßt sich nun die Position beider Kommentatoren erklären? Wie schon gesagt, stützen sie sich auf ein streng im Sinne der faktischen Wahrheit aufgefaßtes Wahrheitskriterium. Dies wird im Kommentar des Aegidius von Orléans sehr deutlich zum Ausdruck gebracht:

„*...Re corrupta secundum esse suum specificum et secundum omnia supposita, corrumpitur scientia simpliciter illius rei et non remanet. Et hoc declaratur, quia verum est quod, [remanente] etiam re corrupta, potest bene eadem ratio et idem conceptus remanere in anima; sed haec ratio in anima existens non dicit totam naturam scientiae, sed ad scientiam plus requiritur quam ista ratio seu conceptus. Cuius probatio est quia, si ista ratio esset idem quod scientia, tunc, ubi esset una ratio et conceptus, ibi sufficienter esset scientia. Sed hoc est falsum, quia possum habere conceptum unum de Sorte sedente et stante, et tamen ibi est aliquando veritas, aliquando falsitas secundum variationem rei, ut dicitur in Praedicamentis. Sed scientia est habitus semper verus, quem semper veritas consequitur; sed ad veritatem requiritur conformitas rationis seu conceptus ad ipsam rem; ergo ad scientiam requiritur talis conformitas rationis ad rem, et hoc est formale in scientia. Sed rebus corruptis, talis conformitas non potest esse; ergo, rebus ‹corruptis›, non potest esse scientia, sed corrumpitur*"[52].

Wesensmerkmal der Wissenschaft — so erklärt dabei Aegidius von Orléans — ist die Wahrheit. Was nun unter dem Wort ‚Wahrheit' verstanden wird, ist eine Übereinstimmung zwischen Gedanken und Wirklichkeit. Wenn aber kein Ding existiert, besteht dieses Verhältnis des Gedankens zur Wirklichkeit nicht mehr und folglich keine Wahrheit. Von diesem Standpunkt aus ist offensichtlich auch die potentielle Existenz in den Ursachen keine hinreichende Grundlage der Wahrheit.

Die Frage: „*Utrum corruptis rebus possit remanere scientia*", wird demgemäß von beiden Autoren teilweise verneint: Nachdem die Dinge einmal vergangen sind, bleibt keine Wissenschaft im eigentlichen Sinne erhalten. Von Dingen wie meteorologischen und astronomischen Phänomenen, welche gemäß ihrer potentiellen Existenz in den Ursachen fortdauern und sich in der Zukunft wieder ereignen werden, wird allerdings die Möglichkeit einer Wissenschaft im sekundären Sinne eingeräumt, die diese Autoren als *scientia ex conditione* oder *ex suppositione* bezeichnen.

---

[51] Cf. Anonymus, ms. cit., Fol. 58ra.
[52] Cf. Fassung B, ms. cit., Fol. 55va. Ähnliche Überlegungen finden sich auch in der Fassung A (cf. ms. cit., Fol. 142vb) und bei dem Anonymus (cf. ms. cit., Fol. 58ra).

Was ist nun unter diesen Ausdrücken zu verstehen? Beide Magister scheinen an eine Art der Erkenntnis zu denken, die in der Betrachtung der Umstände und der Ursachen besteht, durch die ein gewisses Phänomen bewirkt wird. Im Gegensatz zum klassischen Modell der Wissenschaft besagt diese Art der Erkenntnis nämlich nicht, *was* dieses Phänomen ist, sondern lediglich *wie* es sich ereignet, und sie wird nur durch Konditionalsätze ausgedrückt:

> „*...Si aliquid corrumpitur quantum ad esse sui specificum et possit redire secundum esse sui specificum, sicut eclipsis et pluvia etc., de his corruptis potest esse scientia ex suppositione. Et hoc per conditionales propositiones, scilicet [secundum]* ‚*quando fiet intus positio* (pro: *interpositio*) *diametraliter terrae inter solem et lunam, erit eclipsis*‘, *haec est vera et necessaria, et* ‚*quando fuerit frigidum condensatum in nubibus etc., erit pluvia*‘, *et sic de aliis...*"[53].

Die Anwendung der Konditionalsätze erklärt sich aus der Betrachtung der Bedingungen, unter denen diese Art der Urteile wahr ist. Im Unterschied zu bejahenden kategorischen Sätzen setzen Konditionalsätze nämlich die Existenz des Subjekts nicht voraus. Denn Konditionalsätze können auch dann wahr sein, wenn sowohl der Vordersatz als auch der Folgesatz falsch sind. Ein Konditionalsatz wie: „wenn die Erde sich *diametraliter* zwischen den Mond und die Sonne schiebt, dann kommt es zur Mondfinsternis", bleibt daher noch wahr, auch wenn das Phänomen der Mondfinsternis aufgehört hat[54].

Es ist nun offensichtlich, daß die Notwendigkeit einer solchen Wissenschaft in der notwendigen Abhängigkeit der Wirkungen von ihren Ursachen gründet. Weil die ursächliche Beziehung eine notwendige ist, gewin-

---

[53] Cf. Fassung B, ms. cit., Fol. 55va. Cf. auch den Anonymus (ms. cit., Fol. 58ra): „*Si autem res remaneat in causis et sit corrupta in effectu, dicendum quod non simpliciter et in actu scientia esse potest, sicut supra probatum est, sed ex conditione, ut, quando causae concurrent, erit illud, ut grando vel aliquid simile; et ideo demonstratio procedens ex talibus accipit quasdam propositiones conditionales...*". Eine leicht abweichende Erklärung findet sich in der Fassung A des Kommentars des Aegidius von Orléans. Hier scheint der Autor zu meinen, Phänomene wie der Regen oder die Finsternis, wenn sie nicht aktuell existieren, werden darum *ex conditione* erkannt, weil die sie betreffenden kategorischen Sätze nur *conditionaliter* wahr seien; sie wären nämlich wahr, vorausgesetzt, daß ihre Subjekte existierten (cf. ms. cit., Fol. 142va): „*...sicut de pluvia, quae modo non est, manet scientia ex conditione, sicut quod, si pluvia esset modo, vera essent illa quae profero de ea, sicut quod est aqua guttatim cadens, non tota simul, et quod habet esse per condensationem nubis, et sic de aliis quae possunt verificari de pluvia. Eodem modo, eclipsi non existente, non manet scientia eius simpliciter, sed ex conditione, sicut, si terra esset interposita inter solem et lunam, vera essent quae proferrentur de eclipsi*". Eine ähnliche Formulierung findet sich auch bei Aegidius Romanus, der die Lehre von der *scientia ex suppositione* schon widerlegt; cf. Aeg. Rom., De gen. I, Fol. 3rb.

[54] Cf. Fassung B, ms. cit., Fol. 55va: „*Unde potest esse bene aliqua condition⟨al⟩is tota vera, et tamen antecedens falsum est simpliciter, consequens similiter, sicut tota ista est vera:* ‚*si asinus volat, asinus habet alas*‘*... Similiter in proposito,* ‚*si terra interponatur inter solem etc.*‘*, tota vera est. Et tamen antecedens falsum est, quod scilicet terra sic interponitur inter solem et lunam. Et* ‚*luna eclipsatur*‘ *similiter falsa, eclipsi existente corrupta. Sed tota condition⟨al⟩is est vera*".

nen auch Phänomene wie der Regen und die Mondfinsternis hinsichtlich ihres Verhältnisses zu den Ursachen eine Art der Notwendigkeit. Daher können sie unter diesem Gesichtspunkt zum Gegenstand einer wissenschaftlichen Erkenntnis werden:

> „*Unde Philosophus dicit, I Posteriorum, quod de illis quae saepe fiunt est scientia non ut saepe sunt, sed ut semper sunt, id est in comparatione ad suas causas non impeditas; unde ex suppositione suarum causarum non impeditarum est scientia de ipsis; et sic ex suppositione*"[55].

Aber gerade darum, weil es sich lediglich um eine bedingte Notwendigkeit handelt, ist hier nur von einer unvollkommenen Wissenschaft die Rede.

4. Schlußbemerkungen

Unter der klassischen Fragestellung: „*Utrum corrupta re remaneat eius scientia*", wird von den mittelalterlichen Autoren die Kernfrage jeder Wissenschaftstheorie aufgerollt: Worin besteht die Grundlage des wissenschaftlichen Erkennens? Im vorliegenden Aufsatz wurden zwei voneinander sehr unterschiedliche Antworten untersucht. Die Lösung des Aegidius Romanus zeichnet sich durch eine scharfe Unterscheidung zwischen dem faktischen und dem wissenschaftlichen Wahrheitsbegriff aus und knüpft daher an die essentialistische Tradition an, welche die Notwendigkeit der Wissenschaft in der Beständigkeit der Wesenheit verankert. Er ist aber nicht dazu bereit, diesen Weg bis zu seinen letzten metaphysischen Konsequenzen zu verfolgen und die Wesenheit als eine an sich bestehende Realität zu postulieren. Als letzte ontologische Grundlage der Erkenntnis

---

[55] Cf. Fassung A, ms. cit., Fol. 142va–b. Boethius von Dacien, der im übrigen die Lehre von der *scientia ex suppositione* auf alle vergänglichen Dinge anzuwenden scheint, spricht hinsichtlich der vergänglichen Dinge von Notwendigkeit *quantum ad consequentiam ex suis causis et principiis*; dazu cf. z. B. Boethii Daci Quaestiones De generatione, lib. I, Q. 5b, 14–15. Zur Auffassung des Boethius cf. J. Pinborg, Die Handschrift: Roma Biblioteca Angelica 549 und Boethius de Dacia, in: Classica et Mediaevalia 28 (1969) 373–393; id., Logik und Semantik im Mittelalter. Ein Überblick, Stuttgart-Bad Cannstatt 1972, 78–79 (= Problemata 10); id., Zur Philosophie des Boethius de Dacia. Ein Überblick, in: Studia Mediewistyczne 15 (1974) 165–185. Bemerkenswert ist auch, daß schon in Robert Grossetestes und Thomas von Aquins Kommentaren zu den Analytica Posteriora Überlegungen zu Phänomenen wie der Fisternis vorkommen, die an die Theorie der *scientia ex suppositione* erinnern. Sie kommen bei der Kommentierung der Stelle zum Ausdruck, auf die auch Aegidius von Orléans in der oben angeführten Passage verweist — nämlich Anal. Post. I, 8, 75b33–35 —, und die in diesem Zusammenhang häufig zitiert wird. Zu Robert Grossetestes und Thomas von Aquins Auffassungen cf. Pinborg. Die Handschrift, 376; W. A. Wallace, Causality and Scientific Explanation, Ann Arbor 1972, I, 31–33, 74–75; id., Aquinas on the Temporal Relation Between Cause and Effect, in: The Review of Metaphysics 27 (1973–1974) 569–584.

gilt darum für Aegidius die potentielle Existenz in den Ursachen; durch diesen Begriff, auf welchem die verschieden Aspekte seiner Wissenschaftstheorie aufgebaut werden, versucht er die Möglichkeit einer wissenschaftlichen Erkenntnis von Naturdingen zu rechtfertigen. Die zweite von uns untersuchte Theorie bewegt sich dagegen in einer ganz anderen Richtung. Sie hält an einem weit strengeren Wahrheitsbegriff fest und scheint keinen Unterschied zwischen faktischer und wissenschaftlicher Wahrheit anzuerkennen. Dementsprechend weist sie die Lehre vom *esse in suis causis* als unzureichend zurück. Sie muß aber auch darauf verzichten, einige Bereiche der Naturphilosophie wie Meteorologie und Astronomie als wissenschaftliche Erkenntnisse im wahrsten Sinne auszuweisen.

Der Gegenstand der Naturphilosophie
Nicoletto Vernias und seine Auseinandersetzung
mit den Auffassungen des Mittelalters

NOTKER SCHNEIDER (Köln)

1. Die von Aristoteles in den Zweiten Analytiken systematisch entwickelte Wissenschaftstheorie verlangt für eine jede Wissenschaft die genaue Kennzeichnung ihres Gegenstandes. Der Gegenstand konstituiert allererst die Wissenschaft, unterscheidet eine Wissenschaft von jeder anderen und erlaubt die Bestimmung der Über- und Unterordnungsverhältnisse der Wissenschaften untereinander, mithin die Stellung einer Wissenschaft im System der Wissenschaften.

Betrachten wir die Physik (Physik, Naturphilosophie oder Naturwissenschaft sind in dem hier zur Diskussion stehenden Zeitraum in der Regel völlig äquivalente Bezeichnungen), die theoretische Wissenschaft ist und sich einerseits als Wissenschaft von den Weisen des kunstfertigen Umgehens mit den Dingen und des technischen Herstellens und andererseits als theoretische Wissenschaft von den praktischen Wissenschaften unterscheidet, so bestimmt Aristoteles an verschiedenen Stellen recht deutlich deren Gegenstand in Abgrenzung von den Gegenständen der anderen theoretischen Wissenschaften. Gerade bei der Abgrenzung der theoretischen Wissenschaften untereinander bekommt die exakte Bestimmung des Gegenstandes besondere Bedeutung. Es ist bekannt, daß Aristoteles in unterschiedlichen Zusammenhängen unterschiedliche Aspekte der Gegenstände der Wissenschaften hervorhebt. Für Mathematik und Physik gemeinsam gilt (im Gegensatz zur „ersten Philosophie"), daß sie Wassein und Dasein ihres Gegenstandes nicht beweisen, sondern voraussetzen, „ohne darüber Rechenschaft abzulegen"[1]. Es wird an dieser Stelle der Metaphysik[2] jedoch noch mehr über den Gegenstand der Physik gesagt: So betrachtet die Physik diejenigen Seienden, „die das Prinzip der Bewegung und Ruhe in sich selbst haben", was der Definition der „Natur" entspricht, womit Gegenstand also die natürlichen Seienden wären.[3] Als theoretische Wis-

---

[1] οὐδένα λόγον ποιοῦνται (Metaph. VI (E) 1, 1025b10).
[2] Cf. ibid. 1025b18—1026a 6.
[3] Cf. Phys. II 1, 192b20; cf. auch im „Lexikon" der *Metaphysik* (Metaph. V (Δ) 4, 1015a13—19).

senschaft erweist die Naturwissenschaft sich, weil „offenbar ist, daß sie weder praktisch noch hervorbringend ist". Gegenstand der Betrachtung nun ist ein Seiendes (ὄν), das bewegt werden oder sich bewegen kann und nicht (von der Materie) trennbar ist. Bei einem solchen Seienden spricht man von einem „Körper" und auch Aristoteles bezeichnet in De caelo die Körper und ihre Eigenschaften, Veränderungen und Prinzipien als Gegenstand der Naturbetrachtung.[4]

Zusammenfassend läßt sich mithin sagen, daß die Naturwissenschaft sich mit der Gattung der beweglichen, Veränderung unterworfenen Seienden zu befassen hat, die nicht getrennt von Materie betrachtet werden, mit für sich bestehenden Seienden, die das Prinzip ihrer Bewegung und Ruhe in sich selbst haben und mithin natürliche Substanzen sind, und, insofern es sich um materielle Substanzen handelt, mit dreidimensionalen Körpern.[5]

2. Betrachtet man ganz wahllos einige Antworten, die mittelalterliche Aristoteleskommentatoren auf die Frage nach dem *subiectum naturalis scientiae* gegeben haben, so findet man die genannten Bestimmungen wieder: *corpus mobile, ens mobile, substantia naturalis, corpus naturale, ens naturale*; daneben gibt es zahlreiche Bestimmungen, die abgeleitete oder sekundäre Eigenschaften wie die Wahrnehmbarkeit, die Möglichkeit des Entstehens und Vergehens, die Materialität und Ausgedehntheit etc. betreffen.[6] Im Gegensatz zur aristotelischen Vorlage treten diese Antworten jedoch in der Regel nicht gemeinsam auf, sondern werden — zumindest teilweise und in bestimmter Hinsicht — als gegensätzlich und sich ausschließend betrachtet. Solche Gegensätze werden die Diskussionen des Mittelalters und — wie wir sehen werden — auch noch der Renaissance beschäftigen,

---

[4] Cf. De caelo I 1, 268a 1—6 und III 1, 298a27—b 5.
[5] Diese Bestimmungen sind vielfach beschrieben und untersucht worden, es sei hier deshalb nur pauschal auf einige besonders instruktive Darstellungen hingewiesen, die auch die Einzelheiten schildern, auf die hier nicht eingegangen werden kann: A. Mansion, Introduction à la Physique d'Aristotélicienne, 2ème ed., Louvain—Paris 1946, v. a. 38—52 u. 122—205; I. Craemer-Ruegenberg, Die Naturphilosophie des Aristoteles, Freiburg—München 1980, v.a. 9—13. — Den Zusammenhang mit dem wissenschaftlichen Vorgehen in den Einzelpragmatien untersucht W. Kullmann, Zur wissenschaftlichen Methode des Aristoteles, in: G. A. Seeck (Ed.), Die Naturphilosophie des Aristoteles, Darmstadt 1975, 301—338; id., Wissenschaft und Methode. Interpretationen zur aristotelischen Theorie der Naturwissenschaft, Berlin—New York 1974. — Im Zusammenhang mit der Wissenschaftstheorie der Zweiten Analytiken sei verwiesen auf die zweisprachige Ausgabe: Aristoteles, Zweite Analytiken. Mit Einleitung, Übersetzung und Kommentar hrsg. v. H. Seidl, Würzburg—Amsterdam 1984 (=Elementa—Texte I). Nach wie vor zu vergleichen ist auch der Kommentar von W. D. Ross, Aristotle's Prior and Posterior Analytics, Oxford ²1957.
[6] Cf. zu dieser Liste auch S. Donati, Una questione controversa per i commentatori di Aristotele: Il problema del soggetto della fisica, in: Misc. Mediaev. 20 (1989), 111—127, hier 111.

das Bekenntnis zu der einen oder der anderen Antwort trägt zur Schulenbildung bei.

Dabei darf nicht der Eindruck entstehen, die Kommentatoren des Mittelalters hätten entweder einen ganz anderen Wissenschaftsbegriff für die Naturwissenschaft als Aristoteles gehabt oder verträten weit voneinander abweichende naturwissenschaftliche Konzepte. Beides ist (cum grano salis) nicht der Fall: Man ist sich untereinander und mit Aristoteles durchaus darüber einig, daß die Naturwissenschaft dem in den Zweiten Analytiken entworfenen Modell zu folgen hat. Man befindet sich vor allem aber auch darüber im Konsens — und nur dieser Aspekt soll hier verfolgt werden — welche Gattung von Dingen die Naturwissenschaft zu untersuchen hat, im allgemeinen nämlich Substanzen, die wahrnehmbar sind und den verschiedenen Weisen der Bewegung unterliegen und die materiell, körperlich und ausgedehnt sind.[7] Gelegentlich wird die an dieser Frage entzündete Kontroverse geradezu für gegenstandslos erklärt, weil es hinsichtlich der *res considerata* keinerlei Streit gibt.[8] Diskutiert wird also nicht die Gattung der betrachteten Gegenstände, sondern die Frage, unter welchem Aspekt sie betrachtet werden müssen oder genauer: als was sie zu betrachten sind und was an ihnen zu untersuchen ist.

Gleichwohl waren die Überlegungen über diesen formalen Aspekt des Gegenstandes keineswegs müßig, dienten sie doch zum einen dazu, sich der Übereinstimmung mit dem aristotelischen Wissenschaftsmodell zu versichern, und waren sie zum anderen gerade wegen dieses Wissenschaftsmodells für die jeweilige Wissenschaft überaus konsequenzenreich. Wenn eine Wissenschaft, der aristotelischen Beschreibung zufolge, im Studium einer bestimmten Gattung von Seienden besteht, die ihr *genos-hypokeimenon* darstellt und deren Eigenschaften und ihr an sich zukommenden Akzidentien sie beweisen soll[9], so konstituiert das *genos*, das Subjekt der Wissenschaft ist, diese Wissenschaft allererst in ihrer Einheitlichkeit und in ihrer Verschiedenheit gegenüber anderen Wissenschaften.[10] Weil aber das der Wissenschaft zugrundeliegende und sie konstituierende *hypokeimenon* in der Wissenschaft vorausgesetzt werden muß und von ihr selbst

---

[7] Es hat freilich auch Ausnahmen gegeben: Von Johannes Canonicus, der das aristotelische Konzept der Physik deshalb als zu eng ablehnt, weil es die Engel, obgleich bewegliche Seiende, aus dem physikalischen Diskursuniversum ausschließt, spricht Nicoletto Vernias, wovon die Rede noch sein wird; cf. dazu auch S. Donati, l. c., 113.

[8] So betont z. B. Walter Burley, Quaestiones in Physicam (Ms. UB Basel, F. V. 12, f. 110va), daß es sich bloß um einen Wortstreit handelt: „*Ideo, nec est curandum ad praesens, sive subiectum huius vocetur corpus mobile sive substantia mobilis vel corpus naturale vel substantia naturalis vel corpus sensibile. Ista enim a philosophis habentur pro eodem, quantum est a parte rei.*" (Zitiert nach S. Donati, l. c., 113.) — Cf. S. H. Thomson, Unnoticed questiones of Walter Burley on the Physics, in: Mitteilungen des Instituts für österreichische Geschichtsforschung 62 (1954), 390—405.

[9] Cf. An. Post. I 7, 75a42—b 2.

[10] An. Post. I 28, 87a38—b 2.

nicht mehr bewiesen werden kann, führt eine Verschiebung auf der Ebene des Gegenstandes zu falschen Schlüssen innerhalb der Wissenschaft oder gar zu einer ganz anderen Wissenschaft.

3. Die mittelalterlichen Kontroversen scheinen sich nun jedoch weniger auf die recht klaren Bestimmungen der Metaphysik zu beziehen, als vielmehr auf eine Stelle in Phys. VI 4, an der Aristoteles die zur Diskussion stehende Frage eigentlich gar nicht thematisiert. Dort geht es im Grunde um den Beweis für die These, Veränderung bzw. Bewegung (κίνησις) sei nur an einem teilbaren Gegenstand möglich.[11] Dieser Beweis bereitet den Kommentatoren seit Simplikios und Themistios erhebliche Schwierigkeiten, die allerdings nicht unser Thema betreffen.[12] Sie lassen sich befriedigend lösen, wenn man annimmt, Aristoteles spreche hier überhaupt nur von Prozessen in der Körperwelt; durch diese unausgesprochene Einschränkung des Gegenstandsbereichs scheint nun aber auch eine indirekte Antwort auf die Frage nach dem Gegenstandsbereich der Physik gegeben zu sein. Ein anderer Gesichtspunkt aber ist in diesem Zusammenhang von noch größerer Bedeutung — er belegt zugleich, in wie hohem Maße den mittelalterlichen Kommentatoren die wissenschaftstheoretischen Forderungen der Zweiten Analytiken auch an einer für derlei Grundsatzfragen eher entlegenen Stelle gegenwärtig waren: Es stellt sich nämlich die Frage, was Aristoteles in Phys. VI 4 eigentlich beweist, oder enger auf unsere Frage zugeschnitten: Was beweist er hinsichtlich des Verhältnisses von Körper und Bewegung? Wie Donati gezeigt hat, kommen als mögliche Beweisziele in erster Linie drei Thesen in Betracht[13]: Es wird bewiesen, 1) daß ein beweglicher, veränderlicher Körper existiert oder 2) daß alles, insofern es beweglich, veränderlich ist, Körper ist oder 3) daß Bewegung eine Eigenschaft ist, die Körpern und nur Körpern zukommt. Ohne die Möglichkeiten und ihre Unterschiede im einzelnen zu diskutieren, kann doch soviel festgehalten werden: Im Falle der ersten Möglichkeit kann das *corpus mobile* nicht Gegenstand der diesen Beweis führenden Wissenschaft sein, da der Gegenstand vorausgesetzt werden muß, hier die Existenz des *corpus mobile* aber allererst bewiesen werden soll, was bei der zweiten und dritten Antwort nicht der Fall ist; vor allem die dritte Alternative bietet deutlich den klassischen Fall, in dem von einem vorausgesetzten Gegenstand Eigenschaften bewiesen werden sollen.

---

[11] Cf. Phys. VI 4, 234b10sqq.
[12] Fragwürdig mußte im Anschluß an diese Stelle z. B. die Möglichkeit von Veränderung innerhalb der Seele oder des νοῦς werden, sollten diese nicht teilbar sein; soll sich alle Veränderung sukzessive und kontinuierlich vollziehen, so scheint die Möglichkeit instantaner Veränderung ausgeschlossen, was Phys. I 3, 186a13—16 offen widerspricht, wo gerade diese Möglichkeit mit Nachdruck gegen Melissos geltend gemacht wird, und ebenso (mit Beispiel) Phys. VIII 3, 253b23—26.
[13] Cf. S. Donati, l. c., 115.

4. Bevor auf die diese Betrachtung veranlassende Quästio des Nicoletto Vernias näher eingegangen werden soll, empfiehlt sich ein kurzer Blick auf den für die mittelalterlichen Diskussionen äußerst wichtigen Gegensatz zwischen Albertus Magnus und Thomas von Aquin in diesem Streit.[14] Für Albert ist diese Frage noch kein großes Problem: das γένος ὑποκείμενον der Physik, dessen Eigenschaften bewiesen und dessen Teile und Unterschiede genauer betrachtet werden sollen, ist das *corpus mobile*.[15] Diese Auffassung findet sich vielfach auch bei Thomas, und zwar keineswegs nur in seinen frühen Schriften[16], nicht aber in den einschlägigen Kommentaren, nämlich denen zur Physik und zur Metaphysik, in denen das Subjekt der Physik mit dem *ens mobile* identifiziert wird[17]. Die Abweichung von der Auffassung seines Lehrers erklärt sich nun offenbar durch die thomasische Interpretation der zitierten Passage aus Phys. VI 4[18]: Da in der Physik bewiesen wird, daß alles Bewegliche bzw. Veränderliche Körper ist, kann das *corpus mobile* nicht Gegenstand der Physik sein, vielmehr muß es das dem *corpus* übergeordnete *ens mobile* sein. Da Aristoteles an dieser Stelle allerdings überhaupt nicht den von Thomas zugrundegelegten Satz „*omne mobile est corpus*" beweist, sondern nur, daß jedes *mobile* teilbar sein muß, wird man davon ausgehen müssen, daß für Thomas ein unmittelbarer Zusammenhang zwischen Körperlichkeit einerseits und Ausdehnung und Teilbarkeit andererseits bestand, der ihn dazu berechtigte, den Beweis für die Teilbarkeit des *mobile* als einen solchen für dessen Körperlichkeit zu lesen.

5. Im Jahre 1480 besinnt sich der Paduaner Aristoteliker[19] Nicoletto Vernias auf die im Mittelalter heftig geführte Kontroverse, auf deren

---

[14] Diese Betrachtung darf sich kurz fassen, da das Problem bereits von S. Donati, l. c., ausführlich dargestellt wurde.

[15] Cf. Albertus Magnus, Physica I tr. 1 c. 3 (in: Alberti Magni Physica, Pars I, Libri 1—4, ed. P. Hossfeld, Münster 1987, 5sqq.); cf. hier besonders: „*Omnis enim scientia est alicuius generis subiecti, de quo probantur passiones et cuius considerat partes et differentias. Hoc autem in omni scientia naturali absque dubio est corpus mobile, prout motui subicitur.*" (l.c. 5, 23—27)

[16] Cf. z. B. Thomas v. Aquin, De ver. q. 14 a. 8 (ad 16): „*(...) sicut etiam corpus mobile est subjectum naturalis Philosophiae (...)*" (ed. Mandonnet, Paris 1925, 400sq); ähnlich An. Post. I lect. 41; nicht ganz so deutlich auch S. theol. I q. 84 a. 1.

[17] Thomas v. Aquin, In octo libros Physicorum Aristotelis expositio I lect. 1 (Taurini—Romae 1965, 4, n. 4): „*Non dico autem corpus mobile, quia omne mobile esse corpus probatur in isto libro; nulla autem scientia probat suum subiectum: et ideo statim in principio libri de Caelo, qui sequitur ad istum, incipitur a notificatione corporis.*"; In Metaphysicam Aristotelis Commentaria VI lect. 1 (Taurini—Romae 1915, 353, n. 1155): „*Ens enim mobile est subjectum naturalis philosophiae. (...) Sic patet, quod naturalis scientia est circa determinatum subjectum, quod est ens mobile (...)*".

[18] S. Donati, l. c., 116, weist richtig darauf hin, daß Thomas selbst keinen direkten Bezug zu dieser Belegstelle herstellt, sich jedoch bei späteren Diskussionen stets der Hinweis auf die erwähnte *Physik*—Stelle findet.

[19] Namentlich in der älteren Literatur (cf. z. B. Ueberweg—Geyer, Grundriß der Geschichte

Grundlegung bei Aristoteles und auf die Stellungnahme seiner Zeit zu diesem Problem. Vernias (ca. 1420—1499)[20] gehört zu den bedeutenden Aristotelikern, den sich mehr und mehr für Albertus Magnus interessierenden Averroisten, die an der Paduaner Universität im 15. und 16. Jh. wirkten.[21] Man mag deren Reihe mit Paulus von Venedig (1372—1429) beginnen lassen, der sich im Gegensatz zu seinem Schüler Gaetano di Thiene (1387—1465) noch nicht sehr an Albert orientiert, diesen wiewohl kennt und als Quelle etlicher *mirabilia* nutzt. Schüler des Gaetano di Thiene war Vernias, der nicht nur Kopien der Werke des Albert besaß, sondern sich auch umfänglich auf diese bezieht.[22] Die folgende Generation, deren Wirken bereits vorwiegend im 16. Jh. stattfindet und als deren Vertreter der Schüler des Vernias, Agostino Nifo, sowie Pietro Pomponazzi und Marcantonio Zimara genannt seien, verhalten sich Albert gegenüber zwar kritischer, aber überaus respektvoll.

Die hier herangezogene Quästio des Nicoletto Vernias findet sich unter dem Titel *Quaeritur an ens mobile sit totius naturalis philosophiae subiectum*

---

der Philosophie, Bd. 2: Die patristische und scholastische Philosophie, [11]Berlin 1928, 618) wird Vernias in der Regel als Averroist bezeichnet, wie die ganze Paduaner Schule der Zeit generell als averroistisch gilt; es wird sich zeigen, weshalb diese Zuordnung zu ungenau ist, um aufrecht erhalten zu werden.

[20] Es sei hier ohne Anspruch auf Vollständigkeit nur auf die wichtigsten Arbeiten zu Nicoletto Vernias hingewiesen: E. P. Mahoney, Albert the Great and the „Studio Patavino" in the Late Fifteenth and Early Sixteenth Centuries, in: Weisheipl (ed.), Albertus Magnus and the Sciences, Toronto 1980, 537—563. Id. (ed.), Philosophy and Humanism. Renaissance Essays in Honor of Paul Oskar Kristeller, New York 1976. Id., Saint Thomas and the School of Padua at the End of the Fifteenth Century, in: Proc. of the Americ. Phil. Assoc., Thomas and Bonaventure 48 (1974), 277—285. — B. Nardi, Saggi sulla cultura veneta del quattro e cinquecento, Padua 1971. — P. Sambin, Intorno a Nicoletto Vernia, in: Rinascimento 3 (1952), 261—268. — Noch unverzichtbar sind auch folgende historische Arbeiten: P. Ragnisco, Nicoletto Vernia: Studi storici sulla filosofia padovana nella 2a metà del secolo decimoquinto, Venedig 1891. R. Persiani, Nicoletto Vernia, Contributi biografici e bibliografici, in: Rivista Abruzzese 8 (1893), 199—212. — Für weitere bibliographische Hinweise sei verwiesen auf Ch. H. Lohr, Commentateurs d'Aristote au moyen âge latin. Bibliographie de la littérature secondaire récente, Fribourg 1988, 143.

[21] Den großen Einfluß, den die Philosophie des Albertus Magnus auf die Paduaner Philosophen ausübte, hat eingehend untersucht und nachgewiesen E. P. Mahoney, Albert the Great and the *Studio Patavino* in the Late Fifteenth and Early Sixteenth Centuries, in: J. A. Weisheipl (Ed.), Albertus Magnus and the Sciences. Commemorative Essays 1980, Toronto 1980, 537—563.

[22] Detaillierte Hinweise bietet Mahoney, Albert the Great ..., 546—550. — Ein bezeichnendes Licht auf die Wertschätzung, die Vernias Albertus, aber auch Thomas, entgegenbringt, wirft der Hinweis, den er seiner Edition des Aristoteles Latinus von 1483 mit den Kommentaren des Averroes beigibt: Wo die Kommentare des Averroes fehlen, mag der Leser sich an Thomas und Albert wenden! (Vgl. F. E. Cranz, Editions of the Latin Aristotle Accompanied by the Commentaries of Averroes, in: E. P. Mahoney (Hg.), Philosophy and Humanism. Renaissance Essays in Honor of Paul Oskar Kristeller, New York 1976, 116—128; hier 118sq.)

verschiedentlich mit den Quästionen des Marsilius von Inghen zu De generatione et corruptione gedruckt.[23] Von den sehr zahlreichen Gesichtspunkten, unter denen die Untersuchung von Vernias gelesen werden kann, soll hier nur der im Vordergrund stehen, der die Auseinandersetzung des Renaissancephilosophen mit den mittelalterlichen Kommentatoren, aber auch mit seinen oben genannten unmittelbaren Vorgängern in Padua betrifft. Deren nämlich läßt Vernias viele ausführlich zu Wort kommen, läßt sie miteinander diskutieren und disputiert seinerseits mit ihnen. Eine einfache Übersicht zeigt, daß Philosophen verschiedener Richtungen vertreten sind, zeigt zugleich aber auch, daß ganze Schulen, wie etwa die nominalistische, vollkommen fehlen; erwähnt und diskutiert werden:

   I. Aristoteles — Avicenna — Averroes
  II. Albertus Magnus — Thomas v. Aquin
 III. Aegidius Romanus
  IV. Johannes Duns Scotus — Antonius Andreas — Johannes Canonicus
   V. Johannes von Jandun
  VI. Paulus von Venedig — Gaetano di Thiene

Es fehlen also, wie auf den ersten Blick erkennbar ist, Nominalisten aller Richtungen, so z. B. Wilhelm von Ockham, Johannes Buridanus und seine Schüler Marsilius von Inghen und Albert von Sachsen (deren Werke den Text des Vernias transportiert haben), es fehlt aber auch z. B. Petrus Aureoli; mithin vermißt man zahlreiche Philosophen, die sich gerade auf naturphilosophischem Gebiet Namen gemacht haben, die weit über das 14. und 15 Jh. hinaus Klang besaßen. Andererseits sind wichtige Schulen vertreten: Neben Aristoteles und den arabischen Autoritäten finden sich die bedeutendsten Dominikaner und Franziskaner und der auch in naturphilosophischen Fragen nicht hoch genug einzuschätzende Augustinereremit Aegidius Romanus, als ausgewiesener Averroist jedoch nur kurz Johannes von Jandun, wenn man die Paduaner Kollegen zunächst einmal nicht dazu zählt.

---

[23] Als Quelle dient hier: Marsilius von Inghen — Albert von Sachsen, Quaestiones in libros de generatione et corruptione, Venedig 1505, Nd. Frankfurt/M. 1970, Minerva. Der Text der Quästio findet sich dort fol. 129va–131vb, zwischen den Quästionen von Marsilius v. Inghen und Albert v. Sachsen; es sei darauf hingewiesen, daß dieser Band mit fol. 65 beginnt, vorangegangen sind ursprünglich Kommentar und Quästionen des Aegidius Romanus zu demselben Werk des Aristoteles (Aegidius Romanus, Commentaria in libros de generatione et corruptione. — Quaestiones super primo libro de generatione et corruptione, Venedig 1505, Nd. Frankfurt/M. 1970, Minerva.). — E. P. Mahoney, 1. c. 547, nennt einen etwas früheren Druck, in: Marsilius de generatione et corruptione cum expositione Egidii, Venedig 1500, fol. 226ra–228rb.

6. Da die Quästio zu umfangreich ist, um hier abgedruckt zu werden, soll die folgende Diskussion durch einen kurzen Blick auf die Gliederung des Textes vorbereitet werden.[24]

Nach einer kurzen Einleitung, die Schwierigkeit und Bedeutung der Frage für die Wissenschaft hervorhebt, teilt Vernias seine Untersuchung, die in aristotelischer Weise voranschreiten soll, in drei Artikel:

1. Die von Aristoteles und Averroes abweichenden und zur Widerlegung anstehenden Meinungen werden mit ihren Grundlagen vorgestellt;
2. die als einheitlich verstandene Auffassung von Aristoteles und Averroes wird dargelegt;
3. die Argumente für die falschen Ansichten werden abschließend beantwortet.[25]

Diese Gliederung ist allerdings übersichtlicher als die Durchführung, in der Darstellung, Widerlegung und Bezugnahme auf die Quellen und Autoritäten in oftmals schwer durchschaubarer Weise ineinander verwoben sind.

Im einzelnen wird im 1. Artikel die Lösung des Thomas von Aquin in ihrem Gegensatz zu der des Albertus Magnus vorgestellt, sodann die des Aegidius Romanus, der sich auch gegen Thomas wendet, und schließlich kommen die oben genannten franziskanischen Skotisten zu Wort; beiläufig werden Paulus von Venedig und Gaetano di Thiene kritisiert.

Der 2. Artikel interpretiert keineswegs nur die Lehre von Aristoteles und Averroes, sondern bezieht die *opiniones* der diskutierten Philosophen sogleich auf diese Lehre und untersucht deren Übereinstimmung mit dieser. Zentral ist die Entwicklung von acht Bedingungen, die das *subiectum naturalis philosophiae* erfüllen muß.

Der vergleichsweise kurze 3. Artikel liefert die angekündigte Widerlegung der entgegenstehenden Meinungen, greift dabei jedoch im wesentlichen nur bereits zuvor Gesagtes wieder auf.

7. Die Diskussion beginnt mit der korrekten Wiedergabe der bereits oben einleitend referierten Auffassung des Thomas von Aquin, wonach das *ens mobile* Gegenstand der Naturphilosophie ist; auch das dafür gegebene

---

[24] Es versteht sich beinahe, daß der Text an zahlreichen Stellen verderbt ist, wiewohl der Inhalt nahezu immer rekonstruiert werden kann; ich gehe auf diese und andere editorische Probleme in diesem Zusammenhang nicht ein, sondern werde sie allenfalls bei gegebenem Anlaß streifen. Es sei überdies erwähnt, daß aus dem Text der Quästio des Nicoletto Vernias nur sparsam zitiert werden soll; diese Zitate sollen im folgenden nur mit der Folio–Angabe der benutzten Ausgabe (cf. vorige Anmerkung) versehen werden.

[25] „In ista igitur quaestione more Aristotelico procedendo tria facere institui: Primo opiniones ab Aristotele et suo Commentatore deviantes cum suis fundamentis adducam eas improbando, secundo quid Aristoteles et Commentator in tanta quaestione sentiant declarabo, tertio ad argumenta pro falsis opinionibus adducta respondebo."

Argument entspricht dem, was oben gesagt wurde.[26] Mit dem Hinweis auf den Gegensatz zu Albert in diesem Punkt sind auch die beiden wichtigsten zu diskutierenden Positionen vorläufig abgesteckt.

Aegidius Romanus wird, bevor seine eigene Ansicht überhaupt genannt wird, sogleich mit zwei Argumenten gegen Thomas eingeführt: Zum einen macht er geltend, daß bei dessen Gegenstandsbestimmung die Naturwissenschaft der Metaphysik untergeordnet wäre, was schon allein deshalb nicht der Fall sein darf — wie unter Rückgriff auf die Autorität und Metaph. VI 1 geschlossen wird —, weil es drei *habitus speculativi primi non subalternati* gibt. Für das aegidianische Argument gibt es jedoch, wie gezeigt wird, auch einen sachlichen Grund: Eine Wissenschaft ist einer anderen dann untergeordnet, wenn ihr Gegenstand sich von dem einer anderen (übergeordneten) Wissenschaft nur durch eine zusätzliche akzidentelle Bestimmung unterscheidet, die selbst nicht aus den spezifischen Prinzipien dieses Gegenstandes ableitbar ist.[27] So unterscheidet sich z. B. die Wissenschaft von der Perspektive, die Optik, von der übergeordneten Geometrie, indem diese von der Linie, jene aber von der sichtbaren Linie handelt, wobei die Sichtbarkeit jene zusätzliche beiläufige Bestimmung ist, die nicht aus den spezifischen Prinzipien der Linie abgeleitet werden kann. Für den vorliegenden Fall ergibt sich mithin, daß das *ens* selbstverständlich Gegenstand der Metaphysik ist, während die *mobilitas* die zusätzliche Bestimmung darstellt, die nicht aus den Prinzipien des Seienden, insofern es seiend ist, abgeleitet werden kann.[28] Die Physik kann aber — so der zweite Einwand gegen die thomasische These — auch nicht ein Teil der Metaphysik sein, da Metaph. VI zufolge beide Wissenschaften und darüberhinaus die Mathematik voneinander verschiedene *partes principales philosophiae* sind.[29] Das wird überdies sachlich gezeigt, u. a. dadurch, daß das *ens mobile* insofern ein *ens per accidens* ist, als die Vereinigung von *ens* und *mobile* eine beiläufige

---

[26] „*Quantum ad primum invenio angelicum doctorem sanctum Thomam Aquinatem, compatriotam nostrum, in principio libri De Physico Auditu voluisse ens mobile et non corpus mobile contra Albertum, merito cognomine magnum appellatum, esse totius physicae naturalis subiectum, quod sic arguit: Omne mobile esse corpus probatur in isto libro, nulla autem scientia probat suum subiectum, et ideo statim in principio libri De Caelo, quia sequitur ad istum, incipit a notificatione corporis, haec ipse formaliter.*" ‹129va›.

[27] „*illa scientia subalternatur alteri, cuius subiectum includit subiectum alterius cum conditione accidentali, quae non fluit ex principiis illius subiecti propriis cui additur*" ‹129va›.

[28] Vernias selbst hält diese Bestimmung zwar nicht für falsch, wohl aber für unzureichend, wie er zum Schluß seiner Untersuchung darlegt: „*Rationes Aegidii contra Sanctum Thomam facile solvuntur. Ad primam dicitur quod non sufficit ut scientia aliqua alteri subalternetur, quod addat conditionem accidentalem, sed ulterius requiritur quod medium sub medio contineatur, ut vult Albertus Magnus primo Metaphysicae, ita quod principia subalternatae probentur in scientia subalternante. Constat autem quod principia philosophiae sunt per se nota, ut motum esse et pluralitatem entium esse, et ideo a nullo probari possunt. Ideo tres sunt habitus primi non subalternati, scilicet mathematicus, metaphysicus et divinus, V° Metaphysicae.*" ‹131vb›.

[29] Ibid.; der Beleg findet sich wiederum an der bereits mehrfach erwähnten Stelle in Metaph. VI (E) 1.

ist, weil die Bewegung nicht aus den Prinzipien des Seienden ableitbar ist: ein solches beiläufiges Seiendes aber betrachtet keine Wissenschaft als ihren eigentlichen Gegenstand.[30]

Vernias selbst zieht es vor, die Position „*ens mobile*" auf andere Weise anzugreifen, und zwar indem er fragt, was eigentlich und sinnvollerweise unter dem in dieser Formel angesprochenen *ens* zu verstehen ist.[31] Zwei von drei Möglichkeiten fallen aus, denn weder kann es um etwas Drittes neben Substanz und Akzidens gehen noch kann das Akzidens gemeint sein, weil der Gegenstand keinesfalls ein bewegliches Akzidens sein kann; *ens* meint folglich eine Substanz, womit der Gegenstand also eine *substantia mobilis* wäre, die weiterhin körperlich sein muß, weil nur einer solchen Bewegung zukommen kann. Damit aber ergibt sich: „Also ist der *bewegliche Körper* der gesuchte Gegenstand, obwohl er (Thomas) das Gegenteil gegen seinen Lehrer, Albertus Magnus, beweist."[32]

8. Damit scheint die thomasische Position vorerst entkräftet; sie wird später noch einmal behandelt, zunächst aber werden die Skotisten vorgeführt. Diese repräsentieren insofern eine dritte Lehrmeinung, als sie sowohl das *ens mobile* als auch das *corpus mobile* als Gegenstand der Naturwissenschaft ablehnen. Vernias erläutert den Grund für diese Ablehnung unter Zuhilfenahme eines Beispiels: Die Skotisten wollen an dem gesuchten Gegenstand einen materialen Aspekt, den sie Substrat nennen, von einem formalen Aspekt unterscheiden. Was damit gemeint ist, beleuchtet das Beispiel: Bei der sichtbaren Linie, die Gegenstand der Perspektive ist, ist die Linie selbst das Materiale, die Sichtbarkeit aber, also jener Aspekt, unter dem die Linie in dieser Wissenschaft überhaupt nur betrachtet wird, ist das Formale. Entsprechend wären im Falle der Naturphilosophie *ens* oder *corpus* das Materiale, die *mobilitas* aber als derjenige Aspekt am

---

[30] „*Confirmatur (...): De ente per accidens, quod sic se habet quod eius unio non habet causam per se, nulla scientia prima considerat, colligitur haec propositio VI° Metaphysicae, sed ens mobile est tale, non enim fluit motus ex principiis entis; quare etc.*" ‹129va› — Ohne die Auffassung von Thomas zu teilen, wendet Vernias sich auch gegen diesen aegidianischen Einwand: „*Dico quod si sit pars prima entis quae non contrahit ens ad determinatum genus scibile, tunc forte de illo debet considerari metaphysicus, sed si sit pars entis contrahens ipsum ens ad determinatum genus scibile et habens modum abstractionis distinctum ab aliis, tunc non oportet quod pertineat ad metaphysicum, sic autem est in proposito. Nam mobile contrahit ipsum ens ad genus determinatum, scilicet ad naturale, et habet modum abstractionis distinctum ab abstractione mathematica et metaphysica. Ideo non oportet scientiam naturalem esse partem metaphysicae etc.*" ‹131vb›.

[31] „*Soleo ego sic contra illam opinionem arguere quaerendo quid per ens intelligatur, cum dicitur ens mobile*" ‹129va›; der Marginaltext versteht das folgende Argument „*Contra Egidium et Thomam*" gerichtet.

[32] „*Ergo corpus mobile est hoc subiectum, cuius oppositum ipse probat contra praeceptorem suum, Albertum Magnum.*" ‹129va› — Es gibt einen zweiten Grund für die Annahme, daß *ens* hier für die Substanz stehen wird: „*Supponit ergo pro substantia, quod etiam ex alio declaratur, cum enim aliquis terminus plura significans unum per prius alterum per posterius absolute profertur supponit | pro digniori.*"‹129va–b›.

Seienden bzw. am Körper, der eigentlich untersucht wird, das Formale. Daraus jedoch ergeben sich verschiedene Unzuträglichkeiten:

Zunächst würde das Seiende als materialer Aspekt des Gegenstandes die Physik aus bereits bekannten Gründen der Metaphysik unterordnen. Komplizierter liegt der Sachverhalt im Falle des Körpers: daß Bewegung die dem Gegenstand der Physik völlig entsprechende Eigenschaft ist (was auch immer dieser Gegenstand ist), sei unstreitig, nun gibt es aber Bewegliches, das unkörperlich ist — wobei natürlich an die Engel, die supralunaren Intelligenzen zu denken ist —, weshalb der Begriff des Körpers, wenn immer der Gegenstand alles Bewegliche umfassen soll und alles Bewegliche zum Gegenstand der Physik taugen soll, unpassend, weil zu eng ist.[33] Darüberhinaus kann aber auch die Beweglichkeit nicht formaler Aspekt des Gegenstandes sein, wofür Vernias bei Johannes Duns Scotus drei Argumente findet.[34] Das erste Argument ist im Grunde erkenntnistheoretischer Natur, es geht davon aus, daß man einen bestimmten Gegenstand selbstverständlich am besten in der Wissenschaft erkennt, deren Gegenstand er ist, und zwar hat diese bestmögliche Erkenntnis durch den formalen und eigentümlichen Aspekt des Gegenstandes statt. Dieser Aspekt, der die *cognitio perfectissima* verbürgt, darf nun aber nicht irgendein Aspekt des Gegenstandes sein, weil ein beiläufiger Aspekt auch nur eine beiläufige Erkenntnis liefern kann: das Wesen des jeweiligen Erkenntnisgegenstandes erkennt man nur dann, wenn man „sein was er ist" kennt und zur Untersuchungshinsicht macht.[35] Johannes Duns Scotus erläutert uns dies anhand eines Beispiels, das Vernias der Wichtigkeit des Gedankens wegen referiert: Der Mensch kann in vielerlei Hinsicht und an ihm kann, entsprechend der jeweils gewählten Erkenntnishinsicht, vielerlei erkannt werden; aber weder daß der Mensch ein stoffliches Wesen ist noch daß er das schönste Sinnenwesen noch auch daß er von Natur aus sanftmütig ist, eröffnet uns den Blick auf sein Wesen, sondern nur wenn wir den wesentlichen (quidditativen) Gesichtspunkt wählen, erkennen wir ihn als das, was er eigentlich und wesentlich ist, nämlich als *animal rationale*.[36]

---

[33] „*nam mobilitas est passio adaequata subiecto scientiae naturalis, ut manifestum est, sed non adaequatur corpori mobili, nam multa sunt per se mobilia, quae non sunt corpora, ut angeli quae naturaliter sunt mobiles, sunt enim in potentia passiva ad ubi*"⟨129vb⟩.

[34] Es sei kurz darauf hingewiesen, daß dieser Zusammenhang belegt, wie gut Vernias auch Duns Scotus und die Skotisten kannte und wie geschickt er mit den Texten umzugehen verstand, denn die von ihm hier herangezogenen Stellen beziehen sich keineswegs auf das diskutierte Problem, sind gleichwohl durchaus darauf anwendbar.

[35] „*Tunc enim perfectissime cognoscitur unumquodque, cum habetur suum quod quid est, sed perfectissima cognitio non potest esse per aliquod accidens (...)*"⟨129vb⟩.

[36] „*homo potest cognosci in eo quod substantia, et sic in communi; in eo quod pulcherrimum animalium, et sic in respectu; in eo quod mansuetum natura, et sic in ordine ad passionem; in eo quod animal rationale, et sic quidditative. Perfectior cognitio est ultima, ut manifeste patet. Cognitio enim in communi est confusa et im | perfecta; cognitio respectus praesupponit cognitionem absoluti, cognitio accidentis praesupponit cognitionem subiecti. Ergo nullum istorum est ratio formalis subiectiva.*" ⟨129vb—130ra⟩.

Mithin kann auch die Bewegung (als bloß beiläufige Bestimmung) nicht diejenige Hinsicht sein, durch die etwas in vollkommener und in wesentlicher Weise erkannt wird. Das zweite Argument zeigt ganz ähnlich, daß eine Eigenschaft (*passio*) nicht die gesuchte formale Hinsicht des Zugrundeliegenden sein kann. Denn eine Eigenschaft als das dem Träger gegenüber Spätere kann nicht Erkenntnisgrund für das Frühere sein. Erst an dritter Stelle wartet Vernias mit einem naturphilosophischen Argument für die skotische These auf, das darauf beruht, daß die *mobilitas* selbst in der Naturwissenschaft erörtert und bewiesen werden kann, weshalb sie, den bekannten wissenschaftstheoretischen Voraussetzungen zufolge, nicht das auszeichnende Moment, die *ratio formalis*, von deren Gegenstand sein darf.

Die Skotisten teilen also weder die Auffassung des Thomas von Aquin noch die des Albertus Magnus, und zwar weder hinsichtlich des Genus noch hinsichtlich der spezifischen Differenz des Gegenstandes. Positiv ergeben sich die Natürlichkeit als der gesuchte formale Aspekt und die natürliche Substanz als der gesuchte Gegenstand der Naturwissenschaft.[37] Es fällt mithin auf, daß die Skotisten zwar von dem thomasischen suprakategorialen *ens* Abstand nehmen, mit der *substantia* jedoch die erste Gattung in der Substanzkategorie wählen und den Gegenstand damit allgemeiner fassen als Albertus.

Vernias reflektiert die Gründe dafür nicht, ihm geht es um eine Bestandsaufnahme; auch hier kann allenfalls ein Hinweis auf mögliche Motive für die Akzentverschiebung gegeben werden. Wir haben bereits gesehen, daß die Kategorie der körperlichen Seienden deshalb zu eng geriet, weil sie die nicht leere Klasse der bewegten unkörperlichen Seienden ausschloß. Wenn der entscheidende Aspekt, der ein Seiendes zu einem Gegenstand der Naturwissenschaft macht, Natürlichkeit und damit die Möglichkeit intrinsischer Bewegung sein soll, so ist tatsächlich kaum einzusehen, weshalb die der Ortsbewegung teilhaftigen unkörperlichen Substanzen nicht unter der Hinsicht ihrer *mobilitas* naturphilosophisch betrachtet werden sollten.[38]

---

[37] „*Propter istas et similes rationes posuerunt isti quod nec ens mobile nec corpus mobile est in naturali philosophia subiectum, sed Joannes Canonicus posuit substantiam finitam naturalem, et Antonius Andreas quod substantia naturalis inquantum naturalis est subiectum in scientia naturali. Voce autem inquit ipse naturalitatem propriam quidditatem seu formalitatem substantiae quae appropriat ipsam substantiam, ut sit subiectum motus et ⟨a⟩liarum passionum.*" ⟨130ra⟩ Daß die Natürlichkeit an die Stelle der Bewegung getreten ist, wird auch später anläßlich der expliziten Widerlegung noch einmal deutlich: „*Contra illud quod isti ponunt, quod naturalitas sit ratio formalis et non mobilitas, arguitur sic (...)*" ⟨130rb⟩.

[38] Es sei nur am Rande daran erinnert, daß der Verweis auf die *Natürlichkeit* stets implizit eine zweifache Abgrenzung bedeutet, die sich des zweifachen Gegensatzes zu *natürlich* bedient: *nicht – natürlich* ist nämlich sowohl das *Übernatürliche* als auch das *Artifizielle*, beides wird Gegenstand der Naturphilosophie allenfalls *sub specie naturalitatis*, also entweder hinsichtlich der sich im Bereich des Natürlichen manifestierenden Wirkungen oder

Vernias macht dagegen allerdings einen Einwand geltend, der zum einen auf ein spezifisch franziskanisches Theorieelement verweist und zum anderen eine grundsätzliche Abrechnung mit den Skotisten (nicht mit dem *Doctor subtilis* selbst) eröffnet.[39] Der Lehre der Opponenten Johannes Canonicus und Antonius Andreas zufolge sollen „dann auch die Engel im Hinblick auf ihre Washeiten in der Naturphilosophie behandelt werden, da sie alles an sich Bewegliche betrachtet, und so wird diese sich nicht von der Metaphysik unterscheiden."[40] Daß auch die Engel im Rahmen der Naturphilosophie behandelt werden, läßt sich auf eine der franziskanischen Ontologie gemeinsame Akzentverschiebung gegenüber der aristotelischen und aristotelistischen Ontologie zurückführen: Es ist bekannt, daß dem franziskanischen Philosophen die Unterscheidung zwischen den Bereichen des Geschaffenen und des Ungeschaffenen grundlegender war als die zwischen dem sub- und dem supralunaren Bereich der Welt. Insofern die Engel aber zum Geschaffenen gehören, sind sie eher dort zu behandeln, wo auch alles andere Geschaffene, also die natürlichen Seienden, behandelt wird als dort, wo das ungeschaffene, das erste und einzig durch sich und an sich Seiende, also Gott, behandelt wird.[41]

Vernias geht allerdings nicht auf diesen Gesichtspunkt ein, sondern bietet den bereits traditionellen Topos des franziskanischen Antiaristotelismus, den er beredt belegt und bekämpft.[42]

Vollzüge (z. B. die Ortsbewegung der reinen Intelligenzen) oder des aus dem Bereich des Natürlichen entstammenden Substrats und seiner Qualitäten (so z. B. die Materie der Artefakte).

[39] Die lakonische Bemerkung von Vernias: „*Nam Philosophus VI° Physicorum probat omne mobile esse corpus; ergo etc.*" ⟨130ra⟩ übergehe ich hier mit dem Hinweis auf das eingangs (cf. 409) Dargestellte.

[40] „*Item tunc angeli quoad eorum quidditates considerarentur in philosophia naturali, cum de omni per se mobili consideret, et sic non differret a metaphysica.*" ⟨130ra⟩.

[41] Für dieses letzthin auf Augustinus zurückreichende Modell sei der Hinweis auf des Verf. ausführliche Untersuchung gestattet: Die Kosmologie des Franciscus de Marchia. Texte, Quellen und Untersuchungen zur Naturphilosophie des 14. Jahrhunderts, Leiden 1991, Brill. (= Texte und Studien 28).

[42] Der Kürze halber sei nur der Text gegeben, mit dem Vernias die anmaßenden Ausfälle der Skotisten gegen Aristoteles und die Verteidigung des Philosophen durch Bedeutendere belegt:

„*Ad illa respondet Johannes Canonicus et similiter Antonius Andreas concedendo Aristotelem male dixisse et insufficienter ipsum philosophiam tradidisse. Philosophus enim tanquam sacrilegus insufficienter et irronee tradidit nobis philosophiam naturalem, ut Antonius inquit. Sed miror de istis, quod cum tam pauca reverentia contra philosophorum principem loquantur, neque unquam inveni Albertum Magnum, sanctum Thomam aut Doctorem subtilem talia contra Aristotelem dixisse. Unde beatus Hieronymus de eo loquens scribens ad Eustochium De vita monachorum ait: Absque dubitatione prodigium fuit grandeque miraculum in tota natura, cui et pergit pene videtur infusum quicquid naturaliter capax est genus humanum, cui concordat Averrois III° De anima dicens, ipse fuit regula in natura et exemplar, quod natura invenit ad ostendendum ultimam perfectionem possibilem in materiis.*" ⟨130ra⟩.

9. Zentral für die Untersuchung von Vernias ist der zweite Artikel, und zwar weniger wegen der eingangs angekündigten Kennzeichnung der Positionen von Aristoteles und Averroes, als vielmehr wegen der hier gegebenen eigenen Antwort auf die gestellte Frage.

Aristoteles und Averroes haben Vernias zufolge das *corpus mobile* als Gegenstand der Naturphilosophie ausgegeben. Vernias könnte es sich nun mit der von ihm gewöhnlich favorisierten Antwort Alberts des Großen insofern leicht machen, als sie mit der aristotelisch—averroischen verbatim übereinstimmt, er sieht jedoch richtig und aufrichtig eine Differenz, die den Begriff des Körpers betrifft. In der bereits eingeübten Terminologie kann er Übereinstimmung also nur im Formalen, nicht aber im Materialen des Gegenstandes feststellen, denn für Albert — wie auch für Aegidius Romanus — bezeichnet *corpus* stets das aus Materie und Substantialform Zusammengesetzte, während für Averroes die Körperhaftigkeit nicht an Materialität gebunden ist, was vor allem im Zusammenhang seiner Himmelslehre von großer Bedeutung ist.[43] Ob Averroes jedoch stets an die nur „dimensionierte Substanz" denkt, auch dann, wenn er von den „wahrnehmbaren Dingen", der „Natur" oder den „beweglichen Seienden" spricht, wie Vernias darlegt, sei dahingestellt.[44] Er irrt sich jedoch gewiß, wenn er die Position des Aegidius Romanus grundsätzlich mit der Alberts identifiziert, denn gerade hinsichtlich der Kritik an der averroischen Himmelslehre — die ja der eigentliche Anlaß für den averroischen immateriellen Körperbegriff war — steht der Augustiner den franziskanischen Skotisten sehr viel näher als den Dominikanern. Aegidius läßt als sinnvolle Antworten auf die Frage nach der Materialität des Himmels nämlich nur entweder die völlige Materielosigkeit (so auch Averroes) oder die Gleichartigkeit der Materie des Himmels und der sublunaren Welt (wie Teile der Franziskaner) zu und schließt die Antwort, die Albert wie auch Thomas gegeben haben, nämlich die Verschiedenartigkeit sub- und supralunarer Materie, mit scharfsinnigen Argumenten aus.[45] Da es hier jedoch nicht

---

[43] Averroes kommt auf diese Lehre häufig zu sprechen, stellvertretend für andere Zusammenhänge sei hier nur auf die sehr charakteristische Schrift Sermo De substantia orbis (Aristotelis Opera cum Averrois Cordubensis Commentaria, Venetiis apud Iunctas 1562 [Nd.: Frankfurt/M. 1962]; vol. IX) verwiesen.

[44] „*Intelligit ergo ipse per corpus substantiam subiectam trinae dimensioni. Unde si Commentator dicit aliquando res sensibiles esse subiectum in scientia naturali, ut in prologo Physicorum, aut naturam, ut II° Physicorum, aut ens mobile, ut IV° Metaphysicae, ubi inquit sic, et similiter scientiae naturales considerant de quadam parte entiis, scilicet de ente mobili etc.: Per omnia ista intelligit Commentator substantiam mobilem, id est subiectam trinae dimensioni.*"⟨130va⟩.

[45] Cf. dazu Aegidius Romanus, Quaestio De materia caeli (mehrfach gedruckt, ich lege zugrunde: Aegidius Columna s. de Roma, Expositio super libros de anima Aristotelis, de materia coeli... Venedig 1500.) — Diese Frage wie auch die Position des Aegidius wird ausführlicher behandelt in der Untersuchung des Verf.: Die Kosmologie des Franciscus de Marchia (cf. n.41), v. a. 156—161.

speziell um die substantiale Struktur des Himmels und seiner Körper geht, fällt die Ungenauigkeit nicht allzusehr ins Gewicht.

10. Ein neuer Gedanke, den Vernias vorführt, leitet zur zentralen Überlegung der Quästio über: So heißt es, das *corpus mobile* sei deshalb der geeignete und gesuchte Gegenstand, weil es genau die Bedingungen erfüllt, die an den Gegenstand der Naturphilosophie gestellt werden müssen. Listen, die derlei *conditiones* aufzählten, konnte Vernias teils der Literatur direkt entnehmen, teils konnte er sie aus den Texten herauslesen. Bevor er seine eigene — und in seinen Augen die einzig vollständige — Liste vorstellt, bietet er die Aufstellungen, die er bei den bekämpften Skotisten Johannes Canonicus und Antonius Andreas einerseits und bei Paulus Heremita andererseits findet. Die Aufzählung der Skotisten stellt zwar bereits eine „Verbesserung" gegenüber der viel zu sparsamen Kennzeichnung bei Johannes Duns Scotus dar, reicht aber selbst weder hin noch trifft sie in jedem Punkt zu; dasselbe gilt für die vier Punkte, die Paulus Heremita nennt.[46]

Es seien daher gleich die *octo conditiones* angeführt, die Vernias selbst für die Gegenstandsbestimmung fordert:

Conditiones requisitae ad subiectum:
(1) *quod sit ens reale*

Die erste Bestimmung, derzufolge der Gegenstand „ein sachhaltiges Seiendes" sein muß oder doch wenigstens ein *fundamentum in re* besitzen soll, den Zweiten Analytiken entnommen, ist im Hinblick auf die Naturwissenschaft noch unspezifisch. Formuliert wird eine Bedingung, die für Wissenschaft überhaupt gilt: die Wissenschaft darf sich weder mit dem schlechthin Nichtseienden befassen noch mit etwas bloß Erdachtem. Nicht gemeint ist selbstverständlich, daß Wissenschaft sich auf Dinge, womöglich noch konkrete Einzeldinge zu beziehen habe, denn dies widerspräche sowohl der von Aristoteles geforderten Allgemeinheit der Wissenschaft selbst und ihres Gegenstandes[47] als auch der Möglichkeit einer Wissen-

---

[46] Der Kürze halber sei dieses Referat nur zitiert: „*Item insufficienter assignat conditiones subiecti, cum longe plures requirantur, ut infra statim patebit. Et propter istam rationem sequentes ipsum Johannes Canonicus et Antonius Andreas addiderunt alias conditiones dicentes sex conditiones esse requisitas ad subiectum. Prima est quod habeat conceptum quidditativum. Secunda non inclusum in aliquo priori ad illam scientiam pertinentem. Tertia primo notum. Quarta secundum rationem eius formalem propriam et absolutam. Quinto virtualiter primo continentem omnes veritates illius habitus. Sexta adaequatum illi scientiae in qua est subiectum. Paulus | vero Heremita in primo De generatione dixit, quattuor conditiones sufficere, scilicet esse notissimum in scientia, communissimum, non transcendens metas illius scientiae et verificabile de omnibus in scientia consideratis.*" ⟨130va–b⟩ — Nur als Seitenhieb gegen Paulus Heremita ist zu verstehen, wenn Vernias ausdrücklich darauf hinweist, dieser habe die Vierzahl über alles geliebt und deshalb wohl — so muß man schließen — auch vier *conditiones* angegeben.

[47] Cf. in diesem Zusammenhang z. B. An. Post. I 31; cf. auch die 3. Bedingung.

schaft von Nicht-Dinglichem, wie sie die Metaphysik darstellt. Die Minimalforderung nach dem *fundamentum in re* klärt die universalientheoretisch realistische Position von Vernias, zugleich auch — ohne daß dies hier zur Debatte stünde — den ontologischen Status des Gegenstandes der Metaphysik.

(2) *quod sit unum*

Die Forderung der Einheit des Gegenstandes ist ebenfalls unmittelbar den Zweiten Analytiken entnommen, wiewohl Aristoteles dort genauer die Einheit der Gattung des Gegenstandes fordert.[48] Genau genommen betrifft diese Forderung jedoch weniger den Gegenstand als die Wissenschaft selbst, deren Einheit auf diese Weise gewährleistet wird.

(3) *quod sit universale*

Die im Rahmen der aristotelischen Wissenschaftslehre selbstverständlich anmutende Forderung nach Allgemeinheit des Wissenschaftsgegenstandes wird von Vernias an dieser Stelle vor allem in dem Sinne verstanden, den Aristoteles zu Beginn der Zweiten Analytiken erörtert hatte: „ ‚allgemein' aber nenne ich das, was von allem gilt und an sich und sofern es das ist, was es ist."[49] Diese Einschränkung der Allgemeinheitsforderung gegenüber den vielfältigen Funktionen, die die *universalitas* bei Aristoteles ausübt, erklärt sich vor allem durch die polemische Funktion der hier formulierten Bedingungen: ein Hauptfehler der Kontrahenten bestand ja darin, etwas zum Gegenstand zu erklären, das nicht von allem in der Wissenschaft Betrachteten aussagbar war; daß diese Forderung begründet ist, leuchtet ein, aber zur Bestimmung des Gegenstandes kann sie selbst kaum führen, da ihre Anwendung bereits die Kenntnis des Gegenstandes voraussetzt.

(4) *quod sit adaequatum*

Ähnliches gilt auch von der 4. Bedingung, die der Gegenstand zu erfüllen hat, und auch sie ist vorwiegend vor dem Hintergrund der oben skizzierten Kontroverse zu verstehen. Sie reagiert auf den entgegengesetzten Fehler der Kontrahenten, die es versäumen, einen Gegenstand zu wählen, der die Wissenschaft nicht „transzendiert"[50]. Dieser Vorwurf dürfte in erster Linie gegen Thomas von Aquin gerichtet sein, der das *ens mobile* zum Gegenstand der Physik erklärte; dazu Vernias: „Ohne Zweifel wird das Seiende in einer jeden Wissenschaft betrachtet, gleichwohl ist es nicht Gegenstand der Einzelwissenschaft, denn obwohl es das in höchstem Maße gemeinsam Betrachtete in jeder Wissenschaft ist, ist es doch keiner

---

[48] Cf. An. Post. I 28, 87a36sqq.
[49] An. Post. I 4, 73b26 (Übers. E. Rolfes): καθόλου δὲ λέγω ὃ ἂν κατὰ παντός τε ὑπάρχῃ καὶ καθ' αὑτὸ καὶ ᾗ αὐτό. Vernias erläutert: „(...) *praedicabile de omnibus* (...)."
[50] „*quod sit adaequatum in scientia sic, quod metas illius non transcendat.*" ⟨130vb⟩.

besonderen Wissenschaft angemessen."⁵¹ Wir müssen also nach einem Allgemeinsten und Gemeinsamsten suchen, jedoch nicht nach etwas, das dies in absolutem Sinne ist, sondern nach etwas, das diese Bedingungen in einem offenbar bereits vorgängig abgesteckten Gegenstandsbereich erfüllt.⁵² Die Bestimmungen drei und vier stehen aber wohl nicht nur in einem thematischen Zusammenhang, insofern sie die gleichsam extensive Übereinstimmung des Subjektbegriffs mit dem Subjektbereich fordern⁵³, sondern sie ähneln sich auch hinsichtlich der mit ihnen (zumindest bis jetzt noch) verbundenen Aporien, die noch zu diskutieren sein werden.

(5) *quod sit primo notum*

Auch an fünfter Stelle steht eine Forderung an den Gegenstand, die durchaus traditionell ist. Daß der spezifische Gegenstand einer Wissenschaft dasjenige ist, das in dieser Wissenschaft zuerst bekannt ist und bekannt sein muß, ist klar. Vernias präzisiert diese Bedingung jedoch dahingehend, daß sich diese vorgängige Bekanntheit auf die *ratio formalis et propria* zu beziehen habe. Das zuerst Bekannte ist nicht einfach der bewegliche Körper, sondern allein dessen Beweglichkeit, die bereits vorher als das formale Moment am Gegenstand ausgewiesen wurde. Das Körperhafte des Gegenstandes — also sein *esse materiale* — ist demgegenüber sekundär, und zwar insofern als die Dreidimensionalität, i. e. die Körperhaftigkeit, aus der Bewegung ableitbar sein soll. Diese fünfte Bedingung wird später noch eigens diskutiert.

(6) *quod habeat partes*

Diese wie die nächste Bedingung beziehen sich wiederum unmittelbar auf die Zweiten Analytiken⁵⁴: das *genos hypokeimenon* der Wissenschaft muß Teile besitzen, Aristoteles ist genauer als Vernias, bei dem der Eindruck entsteht, der Gegenstand selbst, also z. B. ein beweglicher Körper, müsse dies. Wiederum ist auch zu sehen, daß diese Bestimmung bei Aristoteles im Zusammenhang der Sicherung der Einheit der Wissenschaft getroffen wird und daß die Forderung nach Teilen zur Bestimmung des Gattungsbegriffs dient. Die Gattung nämlich, deren Einheit die Einheit der Wissenschaft konstituiert, wird dreifach näherhin bestimmt: sie muß sich aus ersten Prinzipien konstituieren, und sie muß Teile und/oder Affektionen haben.

---

⁵¹ „Nulli enim dubium est ens in qualibet scientia considerari, non tamen est subiectum in scientia particulari, quia licet sit communissimum consideratum in qualibet scientia, non tamen est adaequatum alicui scientiae speciali." ‹130vb›.

⁵² „Debet ergo subiectum esse communissimum non absolute, sed communissimum inter appropriata (...)." ‹130vb›.

⁵³ Diesen Zusammenhang hat Vernias wohl vor Augen gehabt, wenn er schreibt: „unde illa conditio est modificatio tertiae."

⁵⁴ Cf. An. Post. I 28.

(7) *quod habeat passiones de ipso probabiles*

Diese Affektionen werden sogleich berücksichtigt: die Eigenschaften des Gegenstandes sind dasjenige, was die Wissenschaft im Hinblick auf ihren Gegenstand eigentlich erforscht. Als Forschungsergebnis sollen wir, so Vernias im Anschluß an Aristoteles, eine Schlußfolgerung erhalten, die eine Eigenschaft von dem zugrundeliegenden Gegenstand aussagt.[55]

(8) *quod habeat principia subiecti*

Die letzte Bedingung bezieht sich noch einmal unmittelbar auf den Gegenstand und auf seine Merkmale in Gegenüberstellung zu solchem, das nur scheinbar oder in uneigentlichem Sinne Gegenstand der Wissenschaft sein kann. Allerdings gibt es ähnliche Probleme wie bereits früher: Vernias bezieht sich mit seiner Forderung *quod subiectum habeat principia et non solum partem subiecti, ut communiter exponitur*, unmittelbar und explizit auf Metaph. IV 1, wo es jedoch um die Gegenstandsbestimmung der Metaphysik gerade im Gegensatz zu den Einzelwissenschaften, also auch zur Physik, geht. Nur für die erste Philosophie gilt, daß sie die ersten Prinzipien und Ursachen zu untersuchen hat und weder einen Teilbereich des Seienden noch die akzidentellen Bestimmungen (*passiones*) des Seienden. Schränkt man jedoch den absoluten Anspruch der ersten Philosophie ein, so erhält man die wenig hilfreiche Bestimmung, *illud est subiectum in tali scientia, cuius principia et causas quaerimus*, die ähnlich früheren zirkulär anmutet und allenfalls zum Ausschluß des *ens inquantum ens* als Gegenstand der Physik dienen mag, nicht aber zur positiven Gegenstandsbestimmung.[56]

11. Vernias läßt sich von dieser letzten Bedingung und den in den Kommentaren auftretenden Schwierigkeiten mit den aristotelischen Quellen[57] dazu verleiten, sein eigentliches Thema für eine Weile aus den Augen zu verlieren und über den Gegenstand der Metaphysik zu sprechen.

Ausführlich diskutiert wird sodann jedoch die 5. Bedingung, gegen die möglicherweise Einwände erhoben werden könnten. Dort wurde gefordert, daß der Gegenstand zuerst hinsichtlich seines formalen Aspekts erkannt werden müsse, der im Falle des *corpus mobile* die Bewegung wäre. Nun könnte jedoch eingewendet werden, daß es sich beim *motus* nicht um

---

[55] „*Scientia autem est habitus conclusionis in qua passio de subiecto praedicatur.*"
[56] In diesem negativen Sinne wird das Diktum auch fortgesetzt: „*(...) sed non quaerimus causas et principia entis inquantum ens.*" Vernias weist in diesem Zusammenhang richtig auf den Metaphysik–Kommentar des Thomas von Aquin hin (cf. Thomas v. Aquin, Metaph. IV l.1). — Es ist wohl auch kein Zufall, daß Vernias nun ausführlich über den Gegenstand der Metaphysik räsoniert, worauf hier nicht eingegangen werden muß.
[57] Zu denken ist vor allem an die bereits mehrfach erwähnten Belegstellen in Metaph. IV 1 und VI 1 sowie Phys. VI 4.

den formalen Aspekt des Gegenstandes handelt. Dieser Punkt ist für die Interpretation von Vernias grundlegend, denn betrachtet man die *octo conditiones* genauer, so wird man beinahe nur an dieser Stelle überhaupt Anlaß zu kontroversen Diskussionen finden. Das lange Argument dafür, daß der *motus* der entscheidende Aspekt ist, sei kurz dargestellt; die These lautet:

> „Dasjenige ist der subjektive formale Aspekt des Gegenstandes einer Wissenschaft, was die erste Hinsicht des Erkennens in jener Wissenschaft ist und wodurch jene Wissenschaft sich in der Betrachtungsweise von anderen Wissenschaften unterscheidet. Solcherart ist in der Naturwissenschaft aber die Beweglichkeit."[58]

Der Untersatz läßt sich durch zahllose Dicta von Aristoteles und Averroes belegen, denen zufolge gerade das Bewegte zum Bereich der Physik gehört und das Sein der Bewegung das *per se notum* in dieser Wissenschaft ausmacht; desweiteren geht die Bewegung oder Bewegbarkeit auch in die Definition des Natürlichen ein. Somit läßt sich folgern:

> „Daher gibt es keine Theorie von Natürlichem ohne Bewegung, und was auch immer washeitlich (mit Bezug auf das Wesen) betrachtet wird, hat einen Bezug zur Bewegung. Bewegung oder Beweglichkeit sind also deren eigentümliche Aspekte, wodurch sie sich in der Betrachtung von anderem unterscheiden, und somit ist der Untersatz hinreichend bewiesen usw."[59]

Bevor dies jedoch stehen bleiben kann, müssen weitere Argumente entkräftet werden. So wird gezeigt, daß es sich bei der Bewegung nicht um eines jener beiläufigen Akzidentien handelt, für deren Einheit mit dem Zugrundeliegenden es keine wesentliche Ursache gibt und von denen es daher auch keine Wissenschaft geben kann. Scharfsinnig ist der Opponent, der sich dagegen wendet, daß das Aggregat aus Zugrundeliegendem und Eigenschaft das Zugrundeliegende der Wissenschaft sein soll, von dem Eigenschaften bewiesen werden. Richtig weist Vernias dies jedoch mit dem Hinweis auf den zweideutigen Gebrauch von *subiectum* in diesem Argument zurück, wird nämlich das *subiectum* formal betrachtet oder wird der formale Aspekt des Aggregats betrachtet, so steht seinem Gegenstandscharakter nichts entgegen.

Der Unterschied von formalem und materialem Aspekt wird auch bei der Entkräftung des dritten Einwandes fruchtbar, bei dem es sich um „das in unseren Paduaner Kreisen am häufigsten angeführte Argument handelt,

---

[58] „*illa est ratio formalis subiectiva subiecti alicuius scientiae quae est prima ratio cognoscendi in illa scientia et per quam scientia illa in considerando distinguitur ab aliis scientiis. Sed mobilitas est huiusmodi in scientia naturali; ergo etc.*" ‹131ra›.

[59] „*Non est igitur naturalis consideratio absque motu, et quicquid considerat quidditative habitudinem habet ad motum. Motus ergo vel mobilitas est eius propria ratio, qua in considerando ab aliis distinguitur, et sic est minor sufficienter probata etc.*" ‹131ra›.

auf das ich niemals eine Antwort gehört habe." Man bezieht sich dabei ganz allgemein auf Avicenna[60], der im Zusammenhang der Seelenlehre gezeigt hat, daß eine Wissenschaft das Sein ihres Gegenstandes beweisen kann. Sind in der Seelenlehre die Vollzüge der Seele bekannter als diese selbst, so ist in der Physik die Bewegung bekannter als die zugrundeliegende Substanz, so daß von den erfahrbaren Wirkungen a posteriori auf die Existenz der jeweiligen Trägersubstanz geschlossen werden kann. Das ist durchaus richtig, sofern der Gegenstand nur materialiter betrachtet wird, gilt aber nicht, wenn auf den formalen Aspekt abgesehen wird, denn das formal betrachtete Zugrundeliegende schließt die Bewegung (bzw. im Falle der Seelenlehre das Prinzip der Bewegung) ein. Dieser für die Wissenschaftstheorie des Nicoletto Vernias grundlegende Gedanke, der auf der material—formal—Distinktion beruht, läßt sich auch ohne diese Terminologie verdeutlichen: Man kann am Gegenstand der Physik, dem *corpus mobile*, zwei Aspekte unterscheiden, die durch den „Körper" als das Zugrundeliegende und Tragende (und insofern Materiale) und die „Beweglichkeit" als das vom Körper „Getragene", ihn Bestimmende und an ihm Erscheinende (und insofern Formale) angesprochen werden. Nun kann zwar von der erscheinenden Beweglichkeit auf die dieser zugrundeliegende und als solche nicht erscheinende Substanz geschlossen werden, dann aber wird nur von einem *quoad nos* bekannteren Aspekt des „beweglichen Körpers" auf einen anderen geschlossen, der sich uns als solcher nicht zeigt. Dabei handelt es sich jedoch nicht um zweierlei Gegenstände. Bewiesen wird also nicht — um auf den Einwand zurückzukommen — das Sein des Gegenstandes, sondern allenfalls ein Aspekt des Gegenstandes (wenn überhaupt man hierbei von einem Beweis sprechen möchte).[61]

12. Es kann und soll hier nicht auf die Auseinandersetzung des Nicoletto Vernias mit den von ihm vorgeführten mittelalterlichen Philosophen im einzelnen eingegangen werden, denn dies erforderte eine ausführliche Detailanalyse unter Heranziehung zahlreicher, teilweise unedierter Texte. Man wird sich gleichwohl fragen müssen, ob die Analyse, die Vernias vorlegt, sich in signifikanter Weise von dem unterscheidet, was sowohl seine Kollegen im 13. und 14. Jh. als auch Aristoteles und Averroes im Hinblick auf das *subiectum naturalis philosophiae* erkannt hatten; auch dazu können abschließend nur einige Stichworte genannt werden, die nun, nachdem die hauptsächlichen Leitlinien der Überlegung des Vernias markiert wurden, den Beginn einer intensiveren Auseinandersetzung motivieren sollten.

---

[60] Cf. Avicenna, Natural. VI.
[61] Der vierte Einwand sei hier übergangen, da er nur noch einmal vom Gegenstand der Metaphysik handelt und sich in diesem Zusammenhang sehr kurz mit Johannes Duns Scotus und Antonius Andreas auseinandersetzt.

Zunächst sei festgehalten, daß Vernias — und das entspricht durchaus seinem und seiner Zeitgenossen Selbstverständnis — sich durch die identifikatorische Wiederaufnahme einer antiken, in diesem Falle der aristotelischen Position durchaus in einem klassischen Sinne als Renaissancephilosoph erweist.[62] Indem er gegen Thomas von Aquin und die Skotisten das *corpus mobile* zum gesuchten Gegenstand erklärt, dabei selbst über den von ihm ansonsten stets geschätzten Albertus Magnus hinausgeht, dessen Körperbegriff er mit Aristoteles und Averroes kritisiert, scheint er das Mittelalter durch den Rückgriff auf die Antike zu überwinden. Gleichwohl trügt der Schein in diesem Falle; die Aufdeckung dieses Truges aber lehrt zugleich die Selbststilisierung der Renaissancephilosophie kritisch in Frage zu stellen. Versteht man die Position des Vernias so, wie sie gerade skizziert wurde, so sitzt man der Inszenierung auf, um die er sich bemüht hat und die die Geschichtsschreibung für die Renaissance lange und gerne übernommen hat. Tatsächlich nämlich ist es keineswegs das aristotelische Konzept, das er den Schulen des Mittelalters entgegenhält, sondern das Konzept des Averroes: Die Bestimmung des Körpers als dimensionierte oder den drei Dimensionen zugrundeliegende Substanz, die eigens eingeführt wurde, um den Begriff eines materielosen d. h. einfachen, unvergänglichen und unveränderlichen Körpers zu begründen, ist keineswegs aristotelisch, sondern entstammt, worauf bereits hingewiesen wurde, ursprünglich der Reflexion des Averroes über Probleme der Kosmologie. Vernias greift den Vorschlag auf, denn mit diesem Körperbegriff kann die aristotelische Bestimmung des Gegenstandes der Naturphilosophie (dem Wortlaut nach) beibehalten und der Beschwerde der Skotisten wegen der Nichtberücksichtigung der immateriellen, aber bewegten Intelligenzen mit Nachdruck und Erfolg entgegengetreten werden. Damit haben wir es im Grunde mit einem Fall von „Schulenstreit" zu tun, mit einer Kontroverse, die sich noch ganz und gar im Rahmen der scholastischen Diskussionen des 13. und frühen 14. Jahrhunderts bewegt.[63] Zugleich erweist sich Vernias in unserem Text jedoch als ein Averroist besonderer Prägung: Kennzeichnet man nämlich in der Regel den sogenannten „Averroismus" völlig zu Recht als extremen Aristotelismus, so haben wir es im vorliegenden

---

[62] Der „klassische" Renaissancephilosoph ist selbstverständlich (Neu-)Platoniker, aber die prinzipiell antiaristotelische Attitüde der Renaissancephilosophie richtet sich weniger gegen Aristoteles als gegen den scholastischen Aristotelismus; insofern genügt Vernias durchaus den formalen Kriterien von Renaissance und Humanismus, wenngleich er sie — wie sich sofort zeigen wird — inhaltlich nicht erfüllt.

[63] Tatsächlich überschreitet Nicoletto Vernias den Rahmen der Diskussionen des 13. Jahrhunderts vielleicht weniger als dies etliche der Philosophen und Theologen bereits des beginnenden 14. Jahrhunderts zu tun bereit sind. — Vor diesem Hintergrund überrascht auch das völlige Desiderat der zweiten Hälfte und der „fortschrittlichen" Meinungen auch bereits der ersten Hälfte des 14. Jahrhunderts nicht mehr.

Falle mit einem hinter der Larve des Aristoteles verborgenen „echten Averroismus" zu tun.

Es sei auf einen zweiten Gesichtspunkt hingewiesen: Es wurden bislang und im Hinblick auf die Untersuchung von Vernias gewiß zu Recht Wissenschaftstheorie auf der einen und Gegenstandsbestimmung auf der anderen Seite bedenkenlos in einen Zusammenhang gebracht. Dieser Zusammenhang legte sich durch die aristotelischen Voraussetzungen nahe, denen zufolge ein enges, unauflösbares und überdies konstitutives Verhältnis zwischen den Einzelwissenschaften und ihren spezifischen Gegenständen besteht. Obwohl dieser konstitutive Zusammenhang von Vernias gewiß nicht in Frage gestellt wird, läßt sich am Leitfaden seiner Analyse doch eine signifikante Verschiebung der Fragestellung ablesen, die möglicherweise zu Inkompatibilitäten mit der aristotelischen Vorlage geführt hat. Aristoteles nämlich bestimmt Wissenschaften in einem apriorischen, begriffskombinatorischen Verfahren, das den Gegenstand, das *subiectum* der Wissenschaft gänzlich in abstracto betrachtet. Vernias hingegen geht nicht nur ganz vom Gegenstand selbst aus, sondern auch von einer Situation, in der die Wissenschaften und die ihnen zugeordneten Gegenstände de facto nicht mehr zur Diskussion stehen[64]. Diskutiert wird vielmehr zum einen, was de jure Gegenstand ist, und insofern gibt es nach wie vor Anlaß, eine Deduktion (verstanden als Aufweis des Rechtsgrundes, des *quid iuris*) der *subiecta* und ihrer Kennmale vorzulegen; zum anderen aber wird erörtert, was am gegebenen Gegenstand die Einzelwissenschaft allenfalls zu untersuchen hat, was mithin die *ratio formalis* eines Gegenstandes als eines Gegenstandes z. B. der Physik ist. Offenbar nun hat Vernias diese Verschiebung nicht bemerkt, und so kommt es zu den zirkulären Bestimmungen im Rahmen seiner acht Bedingungen.

---

[64] Cf. das oben (n. 8) von Walter Burley Mitgeteilte: „…gegenwärtig brauche man sich darum keine Sorgen zu machen…".

Theologica

Divina simulatio irae et dissimulatio pietatis
Divine Providence and Natural Religion
in Robert Kilwardby's "Quaestiones in librum IV
Sententiarum"

RICHARD SCHENK (München/Berkeley)

I. The Systematic Significance of the Historical Question

Two interrelated problems, which continue to occupy contemporary theology, involve the theological meaning of "natural" humanity and the Christian evaluation of non-Christian religions. The critique by the so-called "nouvelle théologie" of the neoscholastic concept of human nature was initiated to a large degree by the question of the rejection of Christianity: If final beatitude, ultimate grace and the supernatural in general are fully "extrinsic" to human nature (the alleged view of neoscholastic "extrinsicism"), how could the rejection of a Christianity claiming to mediate such gifts be seen as more than the rejection of superfluities in no way vital to nature itself? As the discussion broadened, the connection of the two questions became more obvious. Karl Rahner's attempt to "mediate" between the neoscholastic doctrine of grace and its critics led to his formulation of an universal but non-thematic, "anonymous Christianity": that supernaturally elevated condition of (a theoretical) human nature, which indeed has become the "factical nature" of all humankind called to beatitude. Although this hypothesis of an anonymous Christianity was meant to characterize every realm of human existence, special emphasis was placed upon its significance for the Christian evaluation of non-Christian religions and of anti-religious convictions. In the on-going discussion of Rahner's thesis, many questions remain open: Whether the otherness of what is not Christian is being taken seriously enough, what importance could be assigned to a thematically explicit Christianity and its proclamation, and whether especially the modern self-experience of human existence, including that of Christians, does not cast serious doubt on the optimist-sounding hypothesis of a nature experientially transformed by the supernatural[1]. A strong trend of post-Rahnerian Catholic thought

---

[1] For a presentation of the controversy on human nature in 20th century theology and an

seems to view human nature as so thoroughly finite, that no such supernatural transformation of human nature was taken place and no claim of Christianity (or its founder) even to an anonymously absolute status among religions is conceivable. Such unresolved questions of universality and particularly are at the heart of much of contemporary theological controversy.

Although this 20th century theological discussion of the meaning of human nature began in large part as a controversy about the interpretation of medieval and especially Thomistic texts on grace and finality (whether according to such authorities the human had distinct natural and supernatural goals), one *"locus classicus"* of the medieval discussion of human nature has been largely overlooked, where its connection with the question of non-Christian religions was explicit. Both topics had been touched upon by Peter Lombard in his Sentences and were discussed to one degree or another in the commentaries on them, especially in the context of the fourth book and the treatment of the sacraments of non-Christian religions. Peter Lombard himself argues for a narrow definition of the term "sacrament" and suggests restricting the word to Christian cult despite an admitted relation to the cult of the Mosaic law[2]. Other theologians of the early middle ages, most prominently Hugo of St. Victor, applied the term sacrament (despite some qualification) not only to the Jewish cult but to the rituals and institutions of natural religions as well[3]. This second view continued to be articulated even within the context of the commentaries on the Lombard's Sentences. The English Dominican, Robert Kilwardby († 1279), is representative of this second tradition.

That the discussion of human nature and non-Christian religion in the tradition of commentaries on the Sentences has been overlooked by contemporary theology is no mere accident. This tradition had lost much of its weight with the Reformation and Counter-Reformation. While

---

attempt to develop an historically grounded, yet transcendental interpretation of Thomistic anthropology which could avoid the experiential supernaturalism of the Rahnerian system cf. R. Schenk, Die Gnade vollendeter Endlichkeit. Zur transzendentaltheologischen Auslegung der thomanischen Anthropologie, Freiburg 1989 (Freiburger Theologische Studien 135).

[2] Cf. lib. IV, dist. 1, cap. 4, 3: *Quod legalia melius signa quam sacramenta dicuntur*. However, even Lombard grudgingly admits a legitimate foundation for the broader usage: *Illa ergo signa erant; sed tamen et sacramenta, licet minus proprie, in Scripturis saepe vocantur, quia signa erant rei sacrae: quam utique non praestabant* (Grottaferrata II, 1981, 233 sq.). Cf. also his own use of the broader concept of sacrament: lib. III, dist. 40, cap. 3 (229, 13); lib. IV, dist. 1, cap. 1 (231, 14) et cap. 6 (235, 27). The significance of cap. 5 (235) and cap. 8 (237) for a theology of natural religions was left undeveloped by Peter himself but was explicated in many of the commentaries.

[3] Cf. De sacramentis Christianae fidei, especially lib. I, p. 11: *De sacramentis naturalis legis*, e. g. cap. 1: *Si quis igitur sacramenta priora effectum sanctificationis habuisse negaverit, non mihi recte sentire videretur* (PL 176, 343 BC).

criticizing the literature on the Sentences in general[4], Luther and especially Calvin made ample use of its sacramental theology, including its evaluation of the relationship between the sacraments of the old and new covenants. For different reasons, both reformers excluded any positive evaluation of the sacraments of natural religions. The young Luther attributed the whole power of the sacraments to their verbal dimension, understood as a word of special promise by God, the Lord, and the Gospel. The most influential work on the sacraments within the ecclesial communities of the Reformation, *De captivitate Babylonica* (1520), knows of the controversy within the commentary tradition as to the preference for causal or covenantal paradigms for the sacraments, but claims that both parties shared the common mistake of seeing the sacraments of the new law as principally different from those of the old law[5]. The identity of both orders of sacraments seems all the more likely, given Luther's stress on the merely promising, eschatological, and theocentric dimension of sacramental grace. But the Babylonica takes back much of what it first seemed to say about this identity. The stress on the specially revealed word in the sacraments and more fundamentally the criticism of every human contribution, including religiosity and religious cult[6], toward eliciting the gift of grace lead Luther to restrict the so-called "sacraments" of the old law to the unique, non-repetitive signs and miracles worked by God to confirm His promises (Noah's rainbow, Gideon's fleece, Ahas' child with royal and divine names, etc.). Regularly repeated cultic practices are not to be termed sacraments, but were merely "figures, which Moses instituted in his (!) law, such as the customs of priests ...". These ritual observances were in fact notably different (*longe sunt discernenda ..., longissime differunt ...*, etc.) from sacraments in the true evangelical sense[7]. Even the circumcision of Abraham is viewed as a singular event and not, as was commonly held in medieval theology, as the traditional cult form which freed from original sin. Similarly, the sacrifices by Abel und Manoach are included as unique events, not, however, the sacrifices of the annual feasts, the shrines or the temple. And if Jewish cult lacks sacramental character, this is all the more so the case for the rituals outside the Judeo-Christian tradition, where no determinate, specially revealed word of promise appears conceivable. Even

---

[4] E. g. in the Babylonica (WA 530): *Esto ergo prudens lector, immo contemptor Magistri sententiarum libro quarto cum omnibus suis scribentibus ...*; cf. the final edition of Calvin's Institutio Christianae religionis IV 14, 16.

[5] WA 531 sq.

[6] Luther's critique here was directed not merely against the *operatum* of the *opus operatum* (an efficiency of grace from the ritual itself rather than from faith as the *opus operantis*) but against the *opus*-character of both. Even if faith can be called the *opus omnium operum excellentissimum et arduissimum*, it is more properly the *opus Dei non hominis, sicut Paulus docet. Cetera nobiscum et per nos operatur, hoc unicum in nobis et sine nobis operatur* (WA 530).

[7] WA 531 sq.

the later Lutheran acceptance of ritual elements in its own liturgical practice would admit these only as "adiaphora", at best neutral in value, occasionally comforting but also dangerously misleading those weak in faith.

Less critical of human works seen as initiated by God, Calvin included the divinely ordained Jewish cult in his identification of the sacraments of the old and new laws[8]. While asserting the primacy of the word in the signification of the sacraments, Calvin saw their visible or ritual dimension not only as an *elementum* but as a *signum*. This did not, however, lead Calvin to a more positive view of the rituals of religions outside the Judeo-Christian tradition, largely because he was deeply impressed by the Old Testament's criticism of all such religion as "idolatry"[9]. This criticism influenced Calvin's guidelines for Christian ritual as well. In their rejection of the idea of seven sacraments, both reformers presupposed a narrow definition of the sacraments: instituted by Christ, with his designated word of promise and the visible dimension he instituted. Melanchthon and several of the Confessional Documents attempted to play down the differences among the ecclesial communities by avoiding the question of whether the disputed ceremonies fit the narrow definition of sacrament, while yet allowing for much of their ritual practice.

The Council of Trent, too, adopted the narrower definition of sacrament as applying precisely to the seven traditional, Christian sacraments. Seeking to avoid reawakening disputes among the schools and the religious orders associated with them[10], the Council restricted itself to the bare statement that the old and new covenants did somehow differ. The differences between them were not articulated nor the sacramentality of the Jewish rituals addressed, although the concept of *sacramenta antiquae legis* as such did not seem objectionable in itself: *Si quis dixerit, ea ipsa novae legis sacramenta a sacramentis antiquae legis non differre, nisi quia caerimoniae sunt aliae et alii ritus externi: anathema sit*[11]. By implication, the cult of the old covenant would have differed from the religious practices of natural religion as well, but the issue was not addressed. There was no mention of any "sacraments" of natural religion at all[12]. Thus the Council offered no

---

[8] With clear criticism of Luther's exclusion of the cultic ceremonies of the Old Testament: Institutio IV 14, 19.

[9] This thematic begins already in Institutio I 10.

[10] The theologians at the Council had advised the Conciliar fathers to avoid the question of sacraments before Christ or before Moses altogether; cf. St. Ehses/Societas Goerresiana (Ed.), Concilium Tridentinum V, Freiburg i. Br. 1911, 866 sq. The fathers felt obligated by the Council of Florence at least to mention that there was some difference between the sacraments of the two testaments: ibid. 984 sq.

[11] Ibid. 995, 10 sq.

[12] The theologians had recommended the condemnation of the sentence that *omnia sacramenta non esse a Christo instituta* (ibid. 867, 27). The Conciliar fathers were careful to restrict the issue explicitly to a discussion of the Christian sacraments: *Si quis dixerit, sacramenta novae legis non fuisse omnia a Iesu Christo Domino nostro instituta ...: anathema sit* (ibid. 995, 6—9).

positive evaluation of the sacraments of natural religions or even of Judaism within the context of its sacramental theology. The final decree on justification did reject the proposals made notably by the president of the council, Marcello Cervini (who in 1555 became Pope Marcellus II for the three weeks preceding his death), and by the head of the Austin friars, Girolamo Seripando, for a very negative statement on natural religiosity and on religion under the Old Testament[13]. On the other hand, no majority could be found for the more positive evaluations suggested by theologians like Richard of Le Mans. The first draft of the decree (officially submitted on July 24th, 1546) stated simply the inadequacy of all humans, whether Jews (living *per legem datam*) or gentiles (those who lived merely *per naturam*), to be saved apart from grace in Jesus Christ; no special disadvantage of the non-Jewish tradition was mentioned[14]. In fact, both before and after the law, the peoples of pre-Christian times were being justified from the very beginning of the world by Christ's future passion: *Unde etiam Abel iustum et Noe et Abraham et Isaac et Iacob et omnem illam praeclaram sanctorum patrum multitudinem, ante legem et in lege, novimus per Christum Iesum occisum ab origine mundi fuisse iustificatam*[15]. At Cervini's request[16], Seripando prepared an unofficial, alternative draft, which would have denied that natural religion could even perceive the need for salvation[17]. Seripando's proposal omits any mention of salvation before Christ, though of course he notes the promise of future salvation given to the Jewish people before and after Moses[18]. This suggestion was followed closely by Cervini's

---

[13] Cf. A. Forster, Gesetz und Evangelium bei Girolamo Seripando, Paderborn 1963, 40—47; and H. Jedin, Girolamo Seripando, Bd. 1, Würzburg 1937, 354—436 (Cassiacum II).

[14] Concilium Tridentinum V, op. cit., 385, 11—13, 20—23: ... *nullus umquam homo, vel per naturam vel per legem, sine gratia illa Dei, quam Christus Iesus humano generi promeruit, potuit aut potest iustificari... Vere enim gratis mortuus fuisset, si ex natura vel ex lege homines, per Adam iniusti, sine illo fuissent iusti; sed vere gratis mortuus non est. Nam erat natura, et non iustificabat; data fuit lex, et non iustificavit* ...

[15] Ibid. 18—20. In the final text none of the patriarchs was mentioned by name, nor was it said explicitly that they were being justified from the beginning of the world. One of the many suggestions between the first and the final drafts had suggested including the name of Eve, who had accepted the promise of salvation and, who rightly could be venerated as Eva per Christum occisum iustificata; cf. ibid. 502, 3.

[16] Made immediately after the official reading of the first draft: ibid. 391 sq., n. 13.

[17] Dated August 11th, 1546: ibid. 822, 1—13: *Declarat... synodus, magno mysterio legem a Deo per Moysen in tabulis lapideis fuisse datam, ut homines sua corrupta natura simul superbi, et simul ipsa adeo mente languidi, cum morbum suum non libenter agnoscerent, legis ministerio de eo convincerentur et sua peccata cognoscerent. Per legem enim cognitio peccati (Rom 3, 20). Data igitur est lex, non ut salvaret aut vivificaret... sed ut homines se sanos non putarent, aegritudinem cognoscerent, in qua iacebant, qui de suis viribus praesumebant et qui sibi rei non videbantur, in manifesto scelere deprehenderentur, concluderentur omnes sub peccato agnoscerentque, quod vulnerare se et sauciare potuerunt, sanare non poterant; ut denique crescente morbo humiliarentur superbi, humiliati confiterentur et diceret quisque: Iniquitatem meam ego cognosco, et peccatum meum contra me est semper (Ps 50, 5)*.

[18] Ibid. 17 sqq.

official proposal for the second draft of the decree, submitted on September 23rd, 1546: *Ex hoc inobedientiae peccato cum libertas arbitrii graviter vulnerata fuisset, et homines in ignorantia ac caecitate detinerentur; magno mysterio lex a Deo per Mosen in tabulis lapideis data fuit, sc. ut quos ipsa suae infirmitatis ignorantia superbos faciebat, legis ministerio naturam peccati cognoscerent. Per legem enim cognitio peccati (Rom 3, 20). Itaque data est lex, non ut salvaret aut vivificaret ..., sed ut homines se sanos non putarent, divini auxilii indigentiam cognoscerent et diceret quisque: Sana animam meam, quia peccavi tibi (Ps. 40, 5)*[19]. Following Seripando, Cervini left out any mention of salvation before Christ, stating simply that the promise of future help was given to the Jews before and after Moses[20]. This second draft did not find the support necessary for its adoption. Several suggestions were made to give a more positive account of pre-Christian religiosity, including its capacities for moral responsibility and a sense of the need for salvation. The Franciscan theologian, Richard of Le Mans († 1552), was especially concerned to stress this point. He proposed emending Cervini's draft: *Ex hoc inobedientiae peccato advertatur propter gentiles, qui ante legem, legis tempore et post legem aliquando salvabantur. Ideo melius diceretur lex per Mosem a Deo in tabulis lapideis data fuit, nihilominus lege naturae cordibus omnium constanter insita, licet per peccatum obscurata. Ibi scil. ut quos ipsa suae infirmitatis ignorantia addatur aut rationis perversitas. Ibi legis ministerio addatur et veritatis consideratione. Ibi Per secundum Adam Iesum Christum salvatorem nostrum, addatur saltem aliquo modo creditum ante adventum eius*[21]. Eventually the Council fathers gave up trying to emend Cervini's draft. The emended version which Seripando had worked out (by the 31st of October, 1546[22]) was rejected and replaced (much to his anger[23]) by a third draft, proposed for consideration on November 5th of the same year[24]. The decree finally promulgated on January 13th, 1547, follows the third draft closely, which obviously was seeking to avoid the controversies of the schools by formulating positions of compromise. No special disadvantage or ignorance of the gentiles is mentioned. For Jew and gentile alike, original sin is so grievous, *ut non modo gentes per vim naturae, sed ne Iudaei quidem per ipsam etiam litteram legis Moysi inde liberari aut surgere possent,*

---

[19] Ibid. 421, 19—26. Originally, Cervini had taken over Seripando's citation of Ps 50, 5 and its self-confession of sin, but then this text was crossed out and replaced with the plea for healing in Ps 40, 5.

[20] Ibid., 27—31: *Unde clementissimus omnium creator et parens Deus, ne omnino homines de salute consequenda desperarent: et ante legem, et legis tempore auxilium ipsum, hoc est semen benedictum, Iesum Christum Filium suum salvatorem et redemptorem omnium, Abrahae, Davidi reliquisque patribus sub iugo et onere legis laborantibus saepissime declaravit ac promisit....*

[21] Ibid. 437, 10—16; cf. 431, 10 sqq.; 500, 28 sqq.; 502, 46 sq.

[22] Ibid. 510 sqq.

[23] *Decretum deformatum*, etc.: 641 sq., n. 1. Admittedly, Seripando was more concerned about other passages of the decree.

[24] Ibid. 634 sqq.

tametsi in eis liberum arbitrium minime extinctum esset, viribus licet attenuatum et inclinatum[25]. Likewise, the question of justification before Christ was carefully skirted: *Quo factum est, ut coelestis Pater ... Christum Iesum Filium suum, et ante legem et legis tempore multis sanctis patribus declaratum ac promissum, cum venit beata illa plenitudo temporis (Gal 4, 4), ad homines miserit, ut et Iudaeos, qui sub lege erant, redimeret (Gal 4, 5), et gentes, quae non sectabantur iustitiam, iustitiam apprehenderent (Rom 9, 30), atque omnes adoptionem filiorum reciperent (Gal 4, 5)*[26]. As in the decree on the sacraments, the final statement on non-Christian religions in the decree on justification was thus studiously vague. Post-Tridentine Catholic theology most frequently took texts following Trent (such as the Catechismus Romanus) along with the third book of the Summa theologiae (instead of, say, its treatise on law) as the starting point for its understanding of the sacraments, so that the issue of the relationship between Christian and non-Christian sacraments receded sharply in comparison to the pre-Tridentine traditions found in the commentaries on the Sentences. Even the expression, "sacraments" of natural or Jewish religion, still common in the literature on the Sentences, took on a strange sound. Now that the question of world religions has regained the interest of Christian theology in general, it can be asked whether medieval theology could be of help in rediscovering valuable perspectives or at least in understanding the longstanding problems and the aporetic of the Judeo-Christian attempt to come to terms with the tension between universalism and particularism.

II. Salvific History as the Dominant Problematic and the Structural Principle of Kilwardby's Sacramental Theology

Kilwardby's questions on the fourth book of the Sentences[27], completed about 1258, are especially well-suited to this pursuit. An exception to the rule of the commentary tradition, Kilwardby's questions focus chiefly on the sacraments of the Jewish religion, discussing the sacraments of natural religions and of Christianity in relation to a Christian theology of the old

---

[25] Ibid. 792, 10—13.
[26] Ibid. 15—19.
[27] The author of this article has prepared a critical edition of Kilwardby's work on the fourth book of the Sentences, which will appear shortly as Vol. XVII of the Veröffentlichungen der Kommission für die Herausgabe ungedruckter Texte aus der mittelalterlichen Geisteswelt. Bayerische Akademie der Wissenschaften, München 1991. Kilwardby's work will be cited in the following article according to the Quaestiones as enumerated in the critical edition. The enumeration follows closely that of the manuscript of the Worcester Cathedral Chapter Library, F. 43. This is one of two extant manuscripts; the other is in Merton College, Oxford, L. 1. 3 (Coxe 131). For a description of the manuscripts cf. also the literature cited in the previously edited sections of Kilwardby's Quaestiones in libros Sententiarum, Vol. 10, 12, and 13 of the series named above.

covenant. The thematic section on the sacraments of the old law takes up over half the work (QQ. 15—38), giving closest attention to circumcision as the chief and most "gracious" sacrament of the old covenant. The sections thematically devoted to the sacraments of natural religion (QQ. 5—14) or those of the new law (QQ. 39—42) frequently define them by some comparison with the sacraments of old law; thus Q. 41 inquires into the signification of the evangelical sacraments, *an habeant diversa significata sicut sacramenta veteris legis habuerunt*. More often, it is explicitly a question of the relationship of other sacraments to those of the old law, as in QQ. 43 until the end of the work with Q. 51.

Kilwardby's aporetic becomes clear with time. On the one hand, he is eager to distance himself from Peter Lombard's scepticism about the grace-giving character of the Jewish sacraments. For Kilwardby, circumcision and the other ritual observances of the old law were instituted by God to forgive sin and to bring grace, and they did just that. Kilwardby is himself sceptical about the adequacy of any paradigm of efficient causality, including that of an instrumental kind, to describe the grace related to even the sacraments of the new law; he prefers the model of a covenant practice instituted by God and received in faith to that of efficient causality, and this preferred model obviously applies to covenant in both testaments[28]. The mutual approximation of the two sacramental orders is thus unavoidable: both confer grace, including that of justification, both demand faith, and neither can be called an efficient cause in the full sense of the word. On the other hand, Kilwardby sees himself obligated to explain the desirability of a new covenant and the preferability of its sacraments. Due to their relationship to a fuller and more present gift of salvation, the sacraments of the new law are said to be more properly termed sacraments than those of the old[29], just as those of the old law are more truly designated as sacraments than those of the natural law[30]. Whereas the

---

[28] Cf. especially QQ. 39, 40, and 43. Ever since H.-D. Simonin and G. Meersseman presented an edition of QQ. 39 and 40 (De sacramentorum efficientia apud theologos Ordinis Praedicatorum. Fasc. I: 1229—1276, Rom 1936, 21—41), the ecumenical significance of this critique of efficient sacramental causality and its relation to the development of the "nominalist" tradition have been questions of repeated discussion: cf. especially W. J. Courtenay, Covenant and Causality in Medieval Thought, London 1984; and B. Hamm, Promissio, Pactum, Ordinatio. Freiheit und Selbstbindung Gottes in der scholastischen Gnadenlehre, Tübingen 1977.

[29] *Cum de ratione sacramentorum sit significare et adiuvare per gratiam, quia data sunt in adiutorium per praecepta veniendi ad promissa secundum Hugonem, lib. I. De sacramentis, p. 12, cap. 4; et iterum cum adiutorium in duobus sit scilicet in iustificatione per remissionem offensae et in plena salute per oblationem satisfactionis, illa sacramenta propriissime dicuntur sacramenta ubi omnia haec tria concurrunt: alia autem minus proprie ubi tertium non adest* (Q. 50, 10—16).

[30] *Quia de vi institutionis sacramenta scriptae legis contulerunt adiutorium, sed non sic sacramenta legis naturalis, ideo illa magis participant rationem sacramenti quam sacramenta legis naturalis; essentialius enim colligata sunt gratiae illa quam ista. Et est in quaedam analogia, ut patet* (ibid.

differences mentioned in the immediate context of Q. 50 (promise/fulfillment, more/less full measure of grace) are the ones which dominated much of the previous presentation, the stark way in which especially the final sections lists the differences of the two covenants (including such contrasts as spiritual/carnal, *ex amore/ex timore servili, causa salutis/occasio mortis*, intended liberation and alleviation/intended servitude and burden[31]) contrasts with Kilwardby's other picture of the gracious character of the Mosaic sacraments. This tension reveals an unresolved aporetic implicit in the New Testament and patristic traditions presented in the Sentences. The ambiguity is likewise apparent in the unclarified contrast between the unflattering characterization of the majority of Jews shortly before Christ, making his advent all the more urgent[32], and the frequently cited principle that a greater proximity to the Savior means greater faith, hope, and love[33]. The sensibility of the sacraments is never esteemed highly in Kilwardby's

---

17–20). Kilwardby also knows (with Hugo) of a broader ("communiter et vulgariter") and (with the Lombard) of a narrower ("proprie et sollemne") use of the term sacrament within the new law itself. The former extends to liturgical vestments, holy water, the sign of the cross, the extension of one's hands in prayer, and genuflexion (Q. 42, 153 sqq.).

[31] Summarized in Q. 51, passim.

[32] The necessity of writing down the precepts given to Abraham is argued from an alleged loss of fidelity and fervor after that great patriarch. *Lex non scribitur propter paucos fideles et devotos, sed propter multitudinem, praecipue propter dissolutos et indevotos, ut terreantur et coerceantur... Posteris autem eius iam in multitudine exsistentibus, quando tepuit fides eorum et devotio, potius debuit dari lex et scribi, ut instruerentur et coercerentur a sua perversitate ad oboediendum disciplinae Dei* (Q. 4, 209–211, 226–229). Referring to incidents related in the New Testament, Kilwardby claims that Christ came at a time when most disciples of the old law had become too proud of their cult, jealous, greedy, and faithless (e. g. Q. 4, 280 sqq.).

[33] Kilwardby cites Hugo (De sacramentis I 11, 6, PL 176, 345 CD) for his model of progressive model of salvific history: *Divinae dispensationis ratio et ordo hoc poposcit, ut sicut ab initio procurrente tempore magis semper ac magis adventus salvatoris appropinquavit, sic semper magis ac magis effectus salutis cresceret et cognitio veritatis. Propter quod et ipsa signa salutis per successionem temporum alia post alia mutari debuerunt, ut, cum effectus gratiae divinae in salutem cresceret, simul quoque et ipsa significatio in ipsis signis visibilibus evidentior appareret* (QQ. 4, 53–59; 15, 57 sqq.). Kilwardby carries Hugo's thought a step further: *Quia igitur homo primo tempore ex instinctu divino conceperat fidem et spem salutis per paenitentiam et devotionem et non ex promisso manifesto, sed secundo tempore habuit eiusdem promissionem, constat quod tempus secundum legis scriptae fuit tempus auctioris fidei, spei et caritatis. Magis enim creditur, speratur et amatur, quod a fideli et liberali promittitur, quam quod sola opinione vel suspicione futurum aestimatur. Et quia tertio tempore data est salus liberans, et bonum iam habitum magis amatur quam promissum, sequitur quod caritas tertii temporis sit multo maior caritate priorum temporum, et per consequens fides et spes maior dum hic sumus, donec plene liberemur non solum a culpa sed a miseria ...* (Q. 4, 320–329). *Magis creditur, speratur et amatur bonum promissum quam opinatum vel suspicatum, et magis creditur, speratur et amatur bonum iam pro parte receptum in pignore vel potius in arra certissima quam tantum promissum; sed isto modo differebant in fide, spe et caritate homines trium temporum a principio. Et ita patet, quod creverunt secundum status istorum temporum fides, spes et caritas. Quare et effectus salutis et notitia crevit, quia in his consistit humana salus, et in fide notitia est illius salutis* (Q. 15, 104–111; cf. Q. 23, passim).

work. In the first question of the work, sensibility is seen as fitting for a race which fell by an attraction to the sensible and expedient for an all too sensual humankind: *Quia ex peccato factus est ignorans in aspectu, tumidus in affectu, torpidus ad bona opera in vi motiva quae sequitur affectum*[34]. For the more spiritual they are a means of humiliation; for the less advanced they are a pedagogical tool. In contrast to the progressive model of salvific history, this generally negative attitude towards sensibility is more strongly stated in regards to the people of the old covenant than even to the human condition before it. The carnal and sensual character, which both states are said to have shared, is said only in regard to later times to develop into blindness and obstinance[35]. The interpretation of sacraments as a means of erudition was applied to all three states[36], but the explicitly pedagogical dimension is explicated for only one allegedly childish state. The charming analogy with educational toys cannot veil the more problematic side of the comparison, which here too reflects the tension within the tradition: *Quia per amorem et notitiam sensibilium paulatim commovendi erant et provehendi ad amorem et notitiam spiritualium et per temporalia bona ad aeterna. Sicut fit de pueris, quibus dantur iocalia sensui delectabilia, ut addiscant illa quae spiritualia sunt, et, ut per sensibilium praesentiam transmittantur ad interiora spiritualia figenda in anima et memoranda, non numquam formantur eis litterae ligneae vel metallinae, sic etiam faciendum est cum tenellis in fide et adhuc carnalibus*[37]. Kilwardby offers no explanation of why he thinks this pedagogy failed its goal, nor is the remaining necessity of such pedagogy for the people of the new covenant especially stressed.

A similar problem surfaces in Kilwardby's treatment of the sacraments of natural religion, which in the tradition of Hugo of St. Victor are viewed positively as a divinely inspired search for God and a divenely aided means of finding His grace. In the first four questions of his work Kilwardby presents his basic understanding of the interrelated sacramental orders in all three "ages" of salvific history: all addressing the same humanity, but according to the dispensations of the *lex naturalis*, the *lex scripta*, and the *lex nova*. QQ. 5 to 14 deal thematically with the human under "natural law" and the openness of this order to salvific history. The question arises as to why explicitly revealed and obligatory sacraments were deemed desirable by the God of Abraham, if these first sacraments had been salutary already. The danger of idolatry, which Kilwardby will name as his strongest answer, is hardly prepared for by his previous treatment of natural religion, even where the various limitations of the *status legis*

---

[34] Q. 1, 43 sq.
[35] E. g. Q. 4, 265 sq.: *Quia praevidit Deus ipsos futuros caecos et obstinatos ad intellectum spiritualium et aeternorum, sicut adhuc sunt hodie.*
[36] Q. 1.
[37] Q. 4, 256–262.

naturalis had been articulated. The characteristic differences between the two pre-Christian dispensations, presented in detail in their respective sections and schematically recapitulated in QQ. 35 and 36, would seem to have been enough to justify the sacraments of the written law: God's more explicit promise and help could bring more explicit hope and grace. The sudden and unexplained inclusion of the deterioration of natural religion into idolatry goes beyond these basic differences and reveals a traditional ambiguity stemming from the self-understanding of the Old Testament itself. For Kilwardby, God had been very much at work in the religion of the *lex naturalis*, yet by Abraham's day the practice of idolatry is widespread and indeed more rampant than ever before. Kilwardby no longer mentions the greater proximity of salvation's promise or the corresponding increase of faith, hope, and love, which was to be more expected the later the date[38]. Kilwardy repeats several times the view that one of the main motives for the sacraments of the old law was the pressing need to keep its observers free of idolatry[39]. Kilwardby's discussion reflects this dual aspect of the Judeo-Christian view of "natural religion": it was at once an inspired way to God and an occasion of idolatry.

This dual interpretation of pre-Christian religion prevents any singularly optimistic or pessimistic reading of history. The "progress" of salvific history was marked by progressive crises as well: *Sequitur tertium tempus scilicet exhibitionis liberationis promissae. Istud igitur tempus debuit esse tale secundum congruum, in quo maxime grata esset misericordia et maxime admirabilis liberatio; sic enim expediebat homini fieri, ut inde occasionem haberet maioris gratitudinis erga Deum. Sed tale fuit tempus adventus salvatoris. Ita enim tunc aegrotabat spiritualiter genus humanum, quod nulla omnino spes videbatur salutis; gentes enim, quae fere totum mundum inhabitabant, idolatriae et immunditiis universaliter intendebant Deo neglecto; Iudaei vero pauci inter ceteros, qui fideles Dei secundum statum illius temporis esse debuerunt, superbissimi erant, gloriantes*

---

[38] *Consequenter ex quo voluit Deus hominem liberare, ne omnino periret, decuit promittere salutem nec statim exhibere ipsam; et hoc voco tempus promissionis. Hoc ergo tempus debuit esse tale, in quo gratissima foret misericordia Dei et maxime admirabilis eius potentia. Hoc autem tempus fuit, quando incipiebat homo letaliter aegrotare. In tali enim statu maxime debet esse grata medicina, et maxime admiranda est medici ars sive industria, quando de portis mortis iam se evidentibus signis ostendentis liberat; sic fuit de tempore huius promissionis. Gravissimum enim peccatum est peccatum idolatriae; gravius enim est quam peccatum luxuriae pro quo mundus submersus est. De isto peccato gravissimo non legitur aliquid fuisse ante diluvium, sed cito post, ita quod in diebus Abrahae totum fere genus humanum idolis serviebat. Et ideo tunc desperatissime coepit homo aegrotare spiritualiter. Quod autem inceperit genus humanum idolatrare, patet per Magistrum Historiarum, cap. 43 und 44 Super Genesim. Quia igitur in tali statu exsistente humano genere maxime expediebat homini habere salutis promissionem, ut scilicet inde gratior esset Deo et omnimodo obnoxior, ideo congrue aestimandum tunc Deum spopondisse homini liberationem et salutem* (Q. 4, 141—156). Kilwardby is referring here to Peter Comestor's Historia Scholastica (PL 198, 1092 B—D).

[39] E. g. Q. 34, 43—45: ... *ut prae multa occupatione in cultu divino non posset attendere idolatriae gentium quae mundum repleverat.*

in caerimoniis et lege et templo et huiusmodi donis Dei forinsecis quae supra alios homines habuerunt. Item invidissimi, sicut apparuit in morte salvatoris; avarissimi etiam qui pro temporalium conservatione Christum occiderunt; et infidelissimi qui devinae veritati propriorum scriptorum et miraculis credere renuerunt. Et ideo omnino desperatum fuit genus humanum[40]. Far from hindering the "progressive" course of salvific history, the "crises" appear often as conditions of the possibility of such progress: *Aestimo autem quod non debuerunt institui ante lapsum sed post propter hoc, quod sacramenta sunt medicinalia, et medicinae spirituales non proficiunt nisi desiderantibus et volentibus. Et ideo debuit homo primo cadere et deinde post casum humiliatus et contritus et salutem desiderans remedialia suscipere sacramenta*[41]. The desire which grows out of an experience of the dire need for salvation varies as do the states or "ages" to which it belongs; each age corresponds to a specific experience of the need for salvation. It almost seems as if the crises described were not only a condition of the progress, but (at least in degree) even its result: Not only did idolatry factually continue after the beginning of the revelation of the written law[42], but it became a more serious sin: *Lex subintravit, ut abundaret delictum, id est, factum est, dum lex subintraret, quod abundaret delictum; non quia hoc faceret lex sed perversitas hominum. Data est enim homini lex in adiutorium, ut eius auctoritate et magisterio ingenium naturale proficeret ad fructum iustitiae faciendum: sed quia homo veterem usum peccandi tenuit, maius et abundantius erat suum peccatum quam ante legem. Maius enim peccatum est idolatria et moechia et huiusmodi illi qui legem suscepit haec prohibentem, quam illi qui non suscepit; iam enim addita est iniquitati praevaricatio*[43]. The revelation of the two testaments places humans more and more in a situation of *krisis* with its demand that they choose the *angusta porta et arta via quae ducit ad vitam* (Mt 7, 14). With the revelation of a special covenant and a free Lord of creation beyond creation, it became clearer what idolatry could mean. What had been self-understood, the intimate tie of gods and nature, now appeared as a blasphemy; its incompatibility with the new revelation would become increasingly conscious. So, too, with the gift of salvation in Christ as a personal share in His risen existence, it only then could appear mean and venal to direct one's hope to an immanently earthly future. What had been virtuous, the concern for future generations, now seemed all too base an interest. Kilwardby leaves uncontradicted an objection that the revelation of remedial sacraments to humans in a state of innocence would end that innocence by awaking it to the possibility of sin, guilt, and punishment:

---

[40] Q. 4, 273—286.
[41] Q. 3, 106—110.
[42] Q. 30, 7—10: *Necessitas requirebat ut tunc daretur, quia iam inceperat populus corrumpi idolatria per conversationem inter idolatras adeo, ut etiam post omnia miracula in Aegypto facta, Ex. usque ad 12, et in mari Rubro et in monte Sinai et post dationem legis ibidem fecerunt vitulos aureos in deos sibi, Ex. 32.*
[43] Q. 28, 105—112.

Ad ultimo quaesitum dicunt quidam, quod ideo non debuerunt illa sacramenta institui ante peccatum, ne daretur homini incentivum peccandi, ut dictum est opponendo. Alii dicunt, ne affligeretur homo qui non peccavit; hoc enim esse non debuit. Si autem vidisset, ut dicunt, a Deo instituta sacramenta reparativa, et sciret quam in operibus Dei nihil frustra, iam posset ei constare de lapsu suo. Sed non posset hoc scivisse sine poena[44]. Likewise, when the obligation of circumcision is promulgated and accepted, the freely invented and freely practised rites by which basic forgiveness had been sought became less than useless, if applied to this same cause. When and insofar as the command of baptism was promulgated and understood, the power of circumcision was lost and its continuance became counter-productive. It is in this context that Kilwardby's remarks are to be understood that the *via salutis* becomes progressively narrower (*artata*), more determinate, and more obligatory; the objective or subjective demands of cultic or moral observance, more demanding[45]; and the unavoidable reliance on determinate and sensible sacraments, an intentional humiliation and challenge[46]. Kilwardby takes pains to argue that this smaller path to salvation is not a disadvantage for those called, but rather a reflection of their more special vocation and more favored state: *Esto quod artarent sacramenta viam ad salutem, nihilominus tamen expedit homini et decet Deum ut statuantur, sicut in domo sapientis patrisfamilias videmus quod carissimis filiis leges artas vivendi imponit, quia hoc decet eum et expedit illis*[47].

---

[44] Q. 3, 99–105. One is reminded of S. Kierkegaard's remarks in The Concept of Dread (especially cap. I, §§ 4 sq.) on the genesis of anxiety in Adam as a result of learning of an incidental possibility, unclear to him in itself, but with the utmost importance that it not be chosen: this revelation of the possibility of not doing what is naturally possible was the revelation of unbound freedom and the fall from self-ignorant freedom, which simply had exercised the natural possibilities suggesting themselves. In Q. 22, 89 sq., 143–147, Kilwardby rejects the notion that sin can be removed by restoring the neutrality of innocence without positively conferring grace, as if *quoad naturam rei posset manere sub innocentia praeter culpam et gratiam... Et ad hoc quod dicit de statu innocentiae, dici potest quod postquam semel homo convertit se ad bonum vel ad malum, non fuit status innocentiae, sed immediate se habuit semper humana natura in omni persona ad gratiam vel culpam. Unde quamvis fuerit ille status forte in primordio naturae institutae, deinceps tamen non fuit*. In terms of human existence, grace is no longer the alternative to natural neutrality, but to sin.

[45] Cf. Q. 47, 37 sqq.; and Q. 4, 234 sq.: *Multitudo mandatorum et quasi importabilis eis debuit tradi, ut Deum talis legis magnipenderent et proinde multum amarent et timerent.*

[46] Cf. Q. 1, 45–48.

[47] Q. 1, 60–63; cf. Q. 8: In answer to the objection that New Testament faith, in contrast to the faith of natural religion, is now bound to the necessity of a sacrament and therefore is a *fides minorata vel deterioris conditionis* (17), Kilwardby responds: *Patet quoniam aliter conditionata est quam prius sed melius quam prius; quia oboedientia qua debet oboedire instituto divino bona est, et ipsum praeceptum divinum de sacramento suscipiendo bonum est. Exemplum: antequam aliquis profiteatur in religione, potest in sola custodia mandatorum salvari; post professionem vero non nisi in custodia mandatorum et consiliorum, nec tamen custodia mandatorum est in eo minorata vel deteriorata, sed aliter circumstantiata et melius quam prius* (40–46).

In the normal language of the commentary tradition, Kilwardby's Quaestiones would be categorized as a general theory of the sacraments. There is no detailed discussion of the individual Christian sacraments, which conventionally are the topic of the treatise *De sacramentis in speciali*. As the editors of the other books of the Quaestiones in libros Sententiarum have noted, Kilwardby never felt obligated to discuss all of the material in Lombard's work or to follow its exact order. With book four the case is extreme, as Kilwardby restricts himself for the most part to topics raised in the first three distinctions of Lombard's fourth book. Characteristically, Kilwardby discusses circumcision in great detail, but baptism only by way of parallel and contrast to it and even then with a view towards general sacramental theory. Nevertheless, he reserves the expression *De sacramentis in communi* for the initial discussion in his first four questions, where he introduces, defines, and relates the three "ages" of salvific history and some common features of their sacraments. *De sacramentis in speciali* begins for Kilwardby with Q. 5 and denotes the distinct consideration of the sacraments of the three different dispensations of salvific history. Two other quasi-temporal states are also mentioned, without changing the structure of the treatise; and both include the term *natura*. Beatitude is signified as something promised in circumcision: this principal and introductory sacrament of the old law brought with its physical circumcision the *circumcisio naturae a peccato originali* and pointed beyond to the eschatological hope of a *circumcisio naturae ab omni miseria in ultima resurrectione*[48]. Baptism, too, points toward beatitude, when *liberati sumus quoad naturam ipsam ab omni miseria in capite nostro Christo*[49]. The state before the fall from grace is termed the *tempus naturae statutae scilicet ante peccatum*, or the *tempus naturae institutae*[50]. Even though a state of sinlessness would have less need of sacraments (which in their full sense lead their recipients into grace and are *medicinalia* and *remedialia*), the consideration of such a state does shed light on some basic anthropological dimensions of sacramentality, especially in regard to human community: In Quaestio 2, Kilwardby concedes the *obiecta in contrarium* which argued that, even in a state of innocence, marriage, priesthood, and the cultic practice of a worshipping community would have been necessary; especially the last feature demonstrates the hypothetical, non-historical character of some of his remarks on nature before the fall[51]. Such reflections also help to clarify the relation between *naturalia* and *disciplinalia*: the constants of human nature in its basic moral law and the historical development of human nature respectively. The Quaestiones thus contribute to an understanding of the medieval theolog-

---

[48] QQ. 18, 75 sq., 181; 37, 96 sq.
[49] Q. 23, 32 sq.
[50] QQ. 2, 4 sq.; 3, 66; 22, 146.
[51] Q. 2, 16–29, 79.

ical concept of "natural humanity" and "human nature". These themes will be taken up in greater detail below.

The three states proper to a sacramental dispensation, *lex naturalis, lex scripta*, and *lex nova*, are viewed by Kilwardby first of all as historical ages. They begin with creation or better the fall, with the call of Abraham, and with the passion of the Lord respectively. Kilwardby is careful to differentiate these epochs according to groups and persons. The gentiles remain under the natural law until the gospel is proclaimed to them. The "written" law begins with the special, still unwritten commands given solely to Abraham and his descendents. Kilwardby cautiously expresses his theory that most of the other ritual observances written in the Mosaic law mirror a (possibly literary) tradition going back to Abraham[52]. The power of the old law begins to come to an end even before the passion, starting with the baptisms by John and the disciples of Jesus. It ends in principle with the passion and resurrection of the Lord and with the sending of the Spirit. But for Jews who through no fault of their own do not know of these events, it only ends when the gospel is "proclaimed throughout the whole world"[53]. The gradualness with which the new law replaced the old law was not only governed by such exigencies of historical human communication, but purported a divine lesson as well: *Ne putarentur proicienda sacramenta legalia sicut ritus idolatriarum*[54].

Just as Kilwardby is cautious not to define too sharply the temporal perimeters of the "ages" of salvific history, so too does he avoid the impression that everyone who belongs to a certain age is marked by its characteristics. *Quamvis autem sit distincta sic fides secundum status, tamen creditur semper in omni tempore viros spirituales fuisse, qui notitiam habuerint magnam et lucidam humanae liberationis et fidem, spem et caritatem eminenter valde, in quibus forte stetit ecclesia et profecit. Unde non est inconveniens aliquos electorum primi temporis plus abundasse in fide, spe et caritate quam multos secundi temporis, et aliquos electorum secundi temporis plus quam multos tertii temporis. Sed hoc quod dictum est de distinctione statuum ad communitatem ecclesiae militantis referendum est, non ad singulas privatas personas*[55]. The characteristics of the

---

[52] *Forsitan tamen ipse (Abraham) redegit in scriptum propter posteros suos ritum circumcisionis et aliorum caerimonalium sibi forte traditorum, ut ad posteros suos legem Dei vivi transmitteret. Et dixi quod forte ipse suscepit aliqua caerimonialia simul cum circumcisione, quia, Gen. 26, dicit Dominus ad filium suum: ...Benedicentur in semine tuo omnes gentes terrae eo, quod oboedierit Abraham voci meae et custodierit praecepta et mandata mea et caerimonias legesque servaverit. Ecce hic fit mentio de pluribus mandatis et caerimoniis, praeceptis et legibus quae servavit Abraham* (Q. 4, 216–220, 223–226).

[53] These distinctions are discussed at great length in Q. 37, 430 sqq.

[54] Q. 37, 731 sq.; cf. ibid., 754–759: *Docuit Paulus, quod gentes iudaizare non deberent et quod caerimoniae legis neque illis neque Iudaeis fuerunt necessaria ad salutem, sed gratia Iesu Christi. Et tamen licuit aliquando uti illis dispensative propter scandalum vitandum, et ne putarentur non a Deo instituta et pro tempore sui status non fuisse bona et velut idolatriam proicienda.*

[55] Q. 4, 341–348; cf. QQ. 43, 31–34; 44, 30–33; 47, 62–65.

"ages" can thus be used in a non-historical way as well: *Non enim omnes qui fuerunt tempore naturalis legis fuerunt homines illius legis, sicut non omnes qui sunt tempore gratiae sunt homines gratiae*[56]. Kilwardby affirms with this comment Hugo's own qualification of his historical schematic: *Ista tria genera hominum ab initio nunquam ullo tempore defuerunt, tamen tempus naturalis legis ad aperte malos pertinet, quia illi tunc et numero plures et statu excelsiores fuerunt. Tempus scriptae legis ad ficte bonos, quia tunc homines in timore servientes opus mundabant, non animum. Tempus gratiqe ad vere bonus qui modo etsi numero plures non sint, tamen statu sunt excellentiores et Dei gratia publice anteferuntur, etiam ab his qui eis moribus contradicunt*[57]. Hugo's non-historicizing characterizations, cited here by Kilwardby, give the impression that no one of a "later" state is lacking the restrictive potential of the prior "ages": *Homines naturalis legis dicuntur qui secundum concupiscentiam in qua nati sunt ambulant; homines scriptae legis qui exterioribus praeceptis ad bene vivendum informantur; homines gratiae qui per Spiritum sanctum illuminantur, ut bonum faciendum agnoscant et diligant et perficiant*[58]. If this impression prove true, then Kilwardby's description of "natural religion" and human existence *sub lege naturali* (along with existence *sub lege scripta*) would describe a dimension of Christian existence as well.

III. Natural Religion and Human Existence *sub lege naturali*

The elasticity of Kilwardby's concept of nature is best exemplified in his often repeated thesis that human existence *sub lege naturali* included not only *naturalia* but *disciplinalia* and *gratuita*. This openess of nature to what is more than by nature is hinted at in a word of Augustine paraphrased by Kilwardby in the first question: *Non ita facta est natura rationalis, ut sine divino adiutorio posset stare si vellet*[59]. In Kilwardby's context *naturalia* refer to moral precepts stemming from the structure of human nature itself. They are unchanging (*immobilia*) and obligatory for all humans in every age; theirs is the *dictamen naturae*. Kilwardby applies what Hugo says of the written law to every dispensation: *Praecepta legis scriptae... quaedam sunt mobilia, quaedam immobilia. Mobilia: Quae ex dispensatione ad tempus sunt ordinata. Immobilia: Quae a nature veniunt, et vel ita mala sunt ut nullo tempore sine culpa possint fieri, vel ita bona ut nullo tempore possunt sine culpa dimitti*[60]. Kilwardby defines the sacraments by way of contrast: *Et haec divisio est*

---

[56] Q. 6, 34—36.
[57] Ibid., 27—33; cf. De sacramentis I 8, 11 (PL 176, 313 B).
[58] Ibid., 19—23. A sign of this was the need for the final line of I Joh.: *...et dedit nobis sensum ut cognoscamus verum Deum et simus in vero Filio eius: hic est verus Deus et vita aeterna. Filioli custodite vos a simulacris.*
[59] Q. 1, 14 sq.: De correptione et gratia, cap. 11, n. 32 (PL 44, 936; cf. 939 sq.).
[60] Q. 31, 139—143, citing De sacramentis I 12, 3 (PL 176, 351 D—352 A).

eadem illi qua dicitur quaedam esse caerimonialia et quaedam moralia[61]. *Et dicendum quod haec est differentia, quod moralia praecepta, quibus oboediendo fiunt opera moralia, immobilia sunt et naturaliter homini a principio suae creationis indita et semper permanentia. Sed caerimonialia fuerunt mobilia et ad tempus dispensanda et fuerunt disciplinabilia cum lege incipientia et cum eadem desinentia*[62]. Kilwardby recognizes the historical character of individual sacraments and rituals. They develop with time, and they pass away (*mobilia*); but they are not therefore a matter of indifference: *Primo modo mandata naturalia quae immobilia sunt, secundo sacramenta quae mobilia, et secundum utraque tunc erat vivendum*[63]. Theirs is the *dictamen disciplinae*. The degree to which these *disciplinalia* bind seems to depend for Kilwardby chiefly on the degree to which it is certain that they are willed or even commanded by God. As His will was unclear to humans *sub lege naturali*, so too were the sacraments developed by human ingenuity not a matter of strict obligation, although they were more than a matter of indifference: *Sub lege naturali vivendum erat per dictamen legis naturalis quantum ad obligatoria. Sed tamen quantum ad non obligatoria, sed potius consulta, vivendum erat per dictamen disciplinae. Primo modo vivebatur quoad praecepta naturalia, secundo quoad sacramenta. Quod autem praecepta naturalia obligabant, hoc manifestum est. Quod autem sacramenta illius temporis non obligabant, sed consulta erant, docet Hugo, lib. I, De sacramentis, p. 11, cap. 3 et 4*[64]. It is an unique characteristic of natural religion that its ritual practices are not strictly obligatory or necessary for salvation, even though humans are meant to live according to them. This distinguishes the *tempus legis naturalis* not only from the ages of the two covenants, but from what is said of the situation of the first parents of humanity as well. Adam and Eve were bound not only by *naturalia* but by *disciplinalia*, which could not be deduced from sheer nature alone: even in Eden nature would be open to history. Because the *disciplinalia* here were so clearly promulgated as God's command, they had a binding force missing *sub lege naturali* after the fall; and yet the comparison of these two states is meant to show that even non-binding *disciplinalia* developed in history are meant as consultative guidelines for living aright: *Videtur autem mihi salva veritate maiorum, quod sub lege naturali non tantum secundum dictamen naturae et praecepta immobilia oportuit vivi absolute loquendo, sed etiam secundum quaecumque divina statuta naturalia vel disciplinalia, ut patet de Adam in tempore naturae institutae, quem non tantum obligabant naturalia praecepta sed etiam disciplinalia, unum prohibitivum et reliquum praeceptivum de non edendo et de edendo. Et hoc non dixi, quia velim quod sacramenta legis naturalis sint obligatoria, sed quia non videtur generaliter verum quod opponendo supponitur, scilicet quod sub lege naturali non erat*

---

[61] Ibid., 144 sq.
[62] Q. 32, 119–123.
[63] Q. 3, 40 sq.
[64] Ibid., 42–48; cf. PL 176, 351 sq.

vivendum nisi secundum dictamen naturae et non secundum dictamen disciplinae; sicut enim ante lapsum vivendum erat secundum dictamen disciplinae obligatorium, sic post lapsum secundum dictamen disciplinae consultativum[65]. The whole of Q. 7 is meant to underscore the view that natural religion is a matter of advice and recommendation, nor more and no less: a matter of "should", not of "must".

God's silence in regard to concrete directives seems to throw humans *sub lege naturali* back onto their own. In reference to both instruction of the mind and formation of a good will, the human in *quasi sibi demissus*[66]. The sacraments of this time, *oblationes, decimationes, sacrificia*, are a product of human institution: *instituit sibi huiusmodi sacramenta...*[67]. In contrast to the sacraments of covenant, they are developed *sola opinione vel suspicione*[68]. They have had different meanings attached to them both in regard to their own intrinsic purpose and in reference to their foreshadowing future mysteries; it is therefore no surprise that patristic and scholastic sources are inconsistent in describing them[69]. *Ad primum, quod indistincte quodlibet illorum significabat fidem offerentis et praefigurabat futuram oblationem Christi in qua salvarentur omnes fideles. Indistincte etiam quodlibet illorum significabat sacramenta nostra in quibus gratificamur. Et hoc fuit, quia nondum fuit ex praecepto Dei aliquid institutum distincte ad aliquid, sed inspiratum fuit et consultum mediantibus viris spiritualioribus modo confuso et communi*[70].

This mention of *inspiratum* (and, although less obviously, of *consultum*) mitigates some of what seemed to have been said of God's silence and human isolation; it indicates how the human was only *quasi sibi demissus*. Kilwardby's argument is initially theocentric: *Non continuit Deus in ira misericordias suas*[71]. God is an *amator hominis* in every age and ever working toward the salvation of the human race. His silence in regard to explicit revelation only simulates anger, dissimulating His true parental love and steadfast care (*pietas*). *Decuit autem tantam salutem magnam habere praeparationem, et hoc ita quod Deus simularet iram vel crudelitatem vel saltem dissimularet pietatem et amorem quem habuit erga hominem, deinde ut promitteret liberationem, tertio ut liberaret. Et ita decuit esse tria tempora, scilicet tempus simulationis vel dissimulationis, ut dictum est, et tempus promissionis et tempus exhibitionis sive*

---

[65] Q. 3, 63—73.
[66] Q. 5, 27 sq.: *Quomodo instituta fuerunt haec sacramenta, cum non legamus tunc Deum aliquod statutum fecisse, sed hominem quasi sibi dimisisse.*
[67] Q. 5, 108.
[68] Q. 4, 325.
[69] Q. 12, 19—22: *Inde est etiam quod Hugo aliquando dicit oblationem fuisse illo tempore sacramentum iustificationis vel expiationis..., aliquando decimationem... Et Gregorius dicit sacrificium fuisse illius sacramentum* ...; cf. Q. 7, 46 sqq.
[70] Q. 12, 10—15.
[71] Q. 4, 119.

liberationis[72]. God reveals nothing of a definite, thematic character, but He does inspire and "counsel" the humans *sub lege naturali* in the reflection of their "natural" reason. He institutes and commands no special sacraments as a means of strengthening their wills, but He confirms their desire for salvation, awakens in them a sense of repentence and trust, and consoles them in their waiting. Kilwardby speaks of God's *occulta cura, occulta inspiratio*, and *occulta consolatio* as well as His hidden (non-thematic) "counsel" in the time of the "natural" law. As inspired[73] and *ex instinctu divino*[74], the *disciplinalia* of this age, including the sacraments, are in a way *gratuita*[75]; in a double sense, then, they go beyond the *naturalia* of unchanging moral mandates. Once again the narrower and wider uses of the concept of nature are obvious: *Sed quaeres forte, quare illud tempus vocetur tempus simulationis vel dissimulationis, cum interim Deus homini multa bona contulerit: non solum naturalia, sed etiam gratuita ut paenitentiam de peccatis et sacramenta ad expiationem peccatorum. Fecit enim ad modum boni et sapientis patrisfamilias, qui filium dilectum post offensam de domo sua expellit, nec loquitur illi aliquid iubendo vel consolando aut blandiendo ut prius, sed occulte curat, ut per alios de suis ei subveniatur et consoletur tamquam non per ipsum. Et hoc facit, ut paeniteat ad aliorum suggestionem et hortationem et reconciliari speret patri, ne nimia tristitia absorbeatur aut ex desperatione totaliter malignetur. Ita Deus erga hominem illo primo tempore post culpam se habuit. Non enim legimus eum ibi aliquid praecepisse nec blandimenta consolationum donasse sive per visiones sive per apparitiones sive per prophetias vel huiusmodi, sicut postmodum fecit quando fuit tempus promittendi salutem et reconciliandi sibi hominem. Immo etiam magnam iram ostendit non solum eiciendo de paradiso et addicendo poenis huius mundi, immo etiam submersione totius generis humani fere per diluvium, et ibi solum praecepit Noe facere archam et huiusmodi ad tempus, ut reservaretur homo ad reconciliationem, quod necessarium erat. Tamen interim, ne desperaret homo vel absorberetur nimia tristitia, occulta inspiratione praestitit ei paenitentiam de peccatis et modum colendi Deum et placandi in oblationibus, decimis et sacrificiis, in quibus conciperet fidem et spem salutis. Hoc enim dictat aeterna veritas humanae conscientiae, quod iustitia Dei non punit aeternaliter, cui sua misericordia praestitit paenitentiam de peccatis commissis. Sic igitur consolatus est hominem occulte, sed in manifesto quasi avertit faciem dissimulans pietatem. Et hoc decuit et expediebat homini propter causas superius dictas*[76]. Kilwardby has thus altered the three-fold schematic he had cited at length from Hugo: the first age had neither counsel for the mind nor help for the will; the second age had counsel but no help; the third age has both[77].

---

[72] Q. 4, 96—100.
[73] Q. 4, 311 sqq.: *Primo ergo contulit sacramenta quaedam inspirando, non iubendo, sub dissimulatione pietatis.*
[74] Q. 4, 320.
[75] Q. 4, 116.
[76] Q. 4, 114—140.
[77] Q. 4, 66 sqq., paraphrasing De sacramentis I 8, 3 (PL 176, 307).

Whereas Hugo writes that *in tempore legis naturalis homo totus sibi dimissus est*, Kilwardby qualifies the statement with a *quasi*: Counsel and help of a kind were indeed given, although in a way which was vague and difficult to experience.

The reason for this dissimulation and silence shifts the focus slowly from God to humankind: He acts out of love, i. e. it is in the human interest that he so acts: *Ratio... quare deferebatur consilium quod continetur in lege scripta, est ista: ut scilicet homo videns propriam ignorantiam peteret consilium. Et eadem ratio est, quare delatum est auxilium quod continetur in effectu redemptionis, scilicet ut homo sentiens propriam impotentiam peteret liberatorem. Neutrum enim debuit dari nisi petenti, ne homo fieret ingratus et vilipenderet tantum beneficium*[78]. *Utile etiam fuit, ut exspectaretur et ut Deus exspectaret ad tempus: primo, ne tanta salus contemneretur et vilipenderetur, si statim offerretur aut promitteretur; secundo, ne homo parvam reputaret suam culpam; tertio, ne sibi imputaret tamquam ex aliqua dignitate vel merito salutem promissam. Haec enim omnia impedirent hominis salutem, sicut adhuc modo post tantam exspectationem salus illa et promissio et exhibitio eius contemnitur et vilipenditur et parvas reputant homines suas culpas, licet innotescat eis quod pro illis expiandis iam mortuus sit Christus*[79].

Waiting for salvation is counted among the best divinely strengthened virtues *sub lege naturali*: a desire and patience presupposing the human experience of God's distance. Waiting for salvation includes the faith and even devotion of this state, as well as a sense of remorse for the culpability which is expressed in the distance perceived. Kilwardby describes this sense of culpability as the source of renewed hope and an aid in awaiting salvation: As was said above: *Hoc enim dictat aeterna veritas humanae conscientiae, quod iustitia Dei non punit aeternaliter, cui sua misericordia praestitit paenitentiam de peccatis commissis*[80]. Kilwardby comes back to the link between remorse and hope a number of times: *...igitur homo primo tempore ex instinctu divino conceperat fidem et spem salutis per paenitentiam et devotionem et non ex promisso manifesto, sed secundo tempore habuit eiusdem promissionem...*[81]. *Ad sextum creditur, quod homo sibi conscius de divina offensa et expertus Dei benignitatem in patientia et in dono paenitentiae ex naturali cognitione vidit bene quod placandus erat Deus, nihilominus etiam et venerandus prae omnibus et in omnibus quamvis numquam praecessisset offensa; et ideo modis quibus potuit, voluit Deum placare et venerari. Et ideo instituit sibi huiusmodi sacramenta Deo inspirante*

---

[78] Q. 4, 83—89. Cf. Kilwardby's paraphrase of Hugo: *Et sic oportuit necessario, si liberari debuisset, ita tamen ut primo hominem totaliter sibi dimitteret, quatenus homo suam ignorantiam experiretur et intellegeret se indigere consilio; deinde praestito ei consilio oportuit ut sine auxilio evadendi dimitteretur, donec defectum suum sentiret et agnosceret se indigere auxilio, ut sic convinceretur primo de ignorantia, deinde de impotentia* (ibid., 72—77).
[79] Q. 4, 104—111.
[80] Q. 4, 136—138.
[81] Q. 4, 320—322.

et interius docente et consulente. Et haec quidem institutio per viros spiritualiores, qui habuerunt notitiam fidei explicitam, creditur facta non obligatorie sed per modum consilii in quibus naturalis ratio dictabat quid agendum erat; fides etiam et devotio suggerebat; inspiratio divina auctoritatem praestabat[82]. Whereas the remark about explicit faith must be seen in the context of what was said about the confused and general signification and foreshadowing of the sacraments mediated by the more spiritual leaders of that time, the implication for the concept of nature is clear: natural humanity was open to an historical development which did not stem from the structure of nature alone. On the other hand, it was natural reason which received the divine help and developed faith and sacraments: *Tempus enim naturalis legis vocatur, in quo homo dissimulante Deo sine mandatis et lege scripta secundum notitiam recte vivendi naturaliter sibi inditam vivebat*[83]. Historical self-reflection returns to the *aeterna veritas humanae conscientiae*[84].

Kilwardby's view of natural religion is the consequent development of his portrayal of human nature and history as well as divine providence *sub lege naturali*. The hidden character of God's help and the human self-institution of religious rites and ceremonies restricted their sacramental quality. The penance of that time was not in the exterior form (or sign) demanded by the church, and this alone would qualify in the strictest of senses as a sacrament[85]. And yet there was a conscious if informal practice of penance which could be a means of salvation: *Poena pro peccatis assumpta voluntarie, non tamen sicut taxata ab ecclesia... Secundo modo etiam egerunt homines primi paenitentiam secundum sanctos, per quam et salvati sunt*[86]. More central still is the lack of covenant (*pactum, locatio*). Kilwardby's low esteem of the sensible side of the sacraments does not blind him completely to the signification implied in the visible ritual action (as is especially clear in his description of circumcision), but it does result in the graciousness of the sacraments being attributed almost exclusively to their institution by God as a means of his grace. It would not be so very unfair to speak of a positivistic, voluntaristic theory of sacramental grace. Sacraments bring grace not so much because their signification awakens faith, but because God decreed they should bring grace for those who obey the command of His institution. As Richard Fishacre († 1248) had put it, in themselves

---

[82] Q. 5, 104–112.
[83] Q. 4, 297–299.
[84] Q. 4, 136 sq.
[85] Q. 5, 45 sq., 54–59: *Poena pro peccatis voluntarie assumpta secundum arbitrium ecclesiastici iudicis taxata... Primo autem mode tantum dicitur paenitentia proprie sacramentum, quia ibi est paenitentia exterior et secundum formam ecclesiae taxata; et hoc est proprie sacramentum. Quia igitur illo tempore non fuit taliter instituta paenitentia in forma visibili agenda quae repraesentaret invisibilem gratiam intra, sicut modo est in ecclesia. Ideo non computat Hugo paenitentiam inter sacramenta illius temporis.*
[86] Q. 5, 46 sq., 53 sqq.

sacraments have no more help to contribute than the medieval lead coins which served as a kind of early food stamps[87]. Kilwardby uses as his examples royal letters of pardon, the value of which does not depend on the parchment employed, or *insignia* of state, which only on the strength of previous convention empower the bearer to exercise public office[88]. Where such conventional or covenantal agreement is lacking, the sacrament will be lacking something of its full character, even in regard to mediating grace: *Unde, licet tunc fuerint qui officium sacerdotale visibiliter exercerunt secundum ritum ecclesiae illius temporis, non tamen fuit in eis virtus et potestas spiritualis ad hoc collata per consecrationem. Unde, sicut paenitentia illius temporis deficit a ratione sacramenti quia non fuit visibilis forma exterior ut competit sacramento, sic sacerdotium illius temporis deficit a ratione sacramenti quia non fuit interius invisibilis gratia quae perficit sacramentum*[89]. This does not stop Kilwardby from asserting that there were indeed sacraments *sub lege naturali*, especially the three most evident in the patriarchal stories before the institution of circumcision: *sacrificia, oblationes*, and *decimae* or *decimationes*. These had intrinsic significations, of which the faith of natural religions made use: *Ad ultimum, quod possessio humana partim consistit in animalibus vivis, partim in aliis non vivis; et dico non viva quae non sentiunt et moventur progressive. Est igitur venerari Deum oblatione rerum vivarum, et sic sacrificia, vel non vivarum, et sic communiter oblationes, vel oblatione portionum utrarumque rerum, et sic decimationes. Et hoc tertium est, ut de singulis generibus rerum vivarum et non vivarum Deus honorificetur tamquam omnium largitor*[90]. Kilwardby is convinced that this veneration brought the worshippers of that day justification from original sin, forgiveness of actual sin, and an increase of grace.

However difficult it might have been for Kilwardby to distinguish the grace of "natural" religion from that of the covenants, there can be no doubt that he associates grace with the earlier religious state as well. Kilwardby does not hesitate to speak of the *ecclesia illius temporis*[91]. The

---

[87] Cf. Courtenay, op. cit. Despite his basic agreement, Kilwardby might have avoided his predecessor's example of the intrinsic worthlessness of such lead coins because in Q. 34, 49 sqq., he had himself just used coins of intrinsic value as an example for the difference in number between the sacraments of the two testaments: ... *ut designaretur minor efficacia eorum quam sacramentorum evangelicorum, quia quod minus sufficit oportet multiplicius haberi. Exemplum: in nummis parisiensibus et stirlingis*. It is not inconceivable that our British author, who had spent several years as a master of logic at Paris, might have taken some personal delight in his own example of coinage. More importantly, it would have left him open to an easy critique by those opponents of the lead coin analogy who saw the intrinsic signification of the sacraments as contributing toward their efficiency.
[88] Q. 39, 151 sqq.
[89] Q. 5, 62—68.
[90] Q. 5, 114—119.
[91] Q. 5, 63—65. Some of the time, Kilwardby seems to be thinking of natural religions not so much as separate and analogous churches, but rather as part of one integrated history within the *"communitas"* of the single *ecclesia militans*; cf. Q. 4, 347 sq. and Y. Congar, Ecclesia ab Abel, in: id., Études d'ecclésiologie médiévale, London 1983, 79—108.

pre-covenantal sacraments signify explicitly their communities' faith and faith's justification, their increase in grace, and their remission of actual sins and omissions[92]. Their faith was implicitly one in the future savior. These sacraments, practiced in faith[93], even in one not informed by charity[94], could bring the children of their day who died before the age of reason the same grace as circumcision or baptism. They held especially much in common with the sacraments of the old covenant: *Conveniebant enim in hoc, quod in utrisque erat iustificatio. Item, quod in utrisque futurorum praefiguratio. Item, quod in utrisque fuit iustificatio a fide illorum futurorum. Item, quod neutra conferebant homini salutem plenam nec aperuerunt caelum homini*[95]. In their less obvious significance, they prefigured salvation in Christ and His sacraments; indeed he claims that *illa sacramenta praefiguraverint omnem veritatem circa illorum iustificationem exhibitam qui sunt in tempore gratiae*[96]. Their own immanent, direct veneration of God gave the sacraments of natural religions their own intrinsic meanings and thereby made them capable of later absorption and transformation by covenantal sacraments, even when that which had been merely foreshadowed by them had been revealed in more obvious ways, rendering the extrinsic function of foreshadowed signification superfluous. The three main sacraments of natural religion with their intrinsic signification of venerating the Creator are absorbed by the Old Testament, which adds to them a covenantal dimension as obligatory ceremonies of obedience[97]. The New Testament will abandon sacrifices but maintain oblations and tithes, where they continue to bring an increase of grace, the forgiveness of venial sins and omissions, as well as bonding together clergy and laity in a community of mutual dependence: *Propter enim dictas causas cessaverunt sacrificia, remanserunt tamen oblationes et decimationes, ut aestimo, partim ad significantiam et efficientiam augmenti caritatis et remissionis venialium et oblitorum, ut dictum est, partim ad officium, scilicet ut inde exhiberentur ministri ecclesiae. Et hoc congrue quidem, scilicet ut duo parietes ecclesiae, qui sunt ordo laicorum et clericorum, mutuis beneficiis coniungerentur, scilicet ut, sicut populus laicalis a clero suscipit sustentamenta spiritualia, sic et clerus a laicis corporalia, et ex mutuis beneficiis firmior esset caritas stabiliens ecclesiam*[98].

---

[92] Q. 11, 25 sqq.
[93] Q. 8, 26 sqq.
[94] Q. 9, passim.
[95] Q. 35, 8—12.
[96] Q. 10, 27—29; cf. ibid. 30—32: *Quare videtur, quod illa sacramenta quaedam designabant tunc praesentia scilicet fidem et iustitiam eorum qui tunc ea coluerunt, et quaedam futura scilicet omnem veritatem consequenter exhibendam circa hominem in tempore gratiae.*
[97] Q. 13, 11—18. This corresponds to the modern historical insight that the Old Testament feasts simply reinterpreted the feasts of natural religions, nomadic or agricultural, in terms of the new belief in Jahweh's election of Israel.
[98] Q. 14, 22—29.

Precisely this conviction brings Kilwardby into conflict with another position, which he feels obligated to defend in regard to the sacraments of natural religion: *Magistri consentiunt Hugoni dicentes, quod non fuerunt instituta ad curandum, sed ad significandum. Et ideo non habuerunt efficaciam ad iustificandum, nec fuerunt de necessitate salutis, sed per solam fidem mediatoris iustificabantur eo tempore*[99]. Kilwardby expresses his acceptance of this principle repeatedly, and it does correspond to the weight he assigns to an explicit, divine contract. And yet Kilwardby restricts this principle of difference in two ways: he stresses that the sacraments of natural religion do attain the grace they seek indirectly by means of the faith to which they give expression; and he admits a point which he will press later, that such faith is indispensable for the covenantal sacraments as well. Kilwardby can clarify the first point by stressing the faith behind the sacraments of natural reason: *Ad primum dicendum, quod bene dicit Gregorius, quod virtus sacrificii satisfecit pro maioribus, non sacrificium, quia, sicut virtus verbi est significatio, sic virtus sacramenti res significata. Et ita fuit tunc, quia illa sacramenta fidem mediatoris designabant et in illa iustificabantur maiores... Ad secundum, ne Hugo sibi videatur contrarius, oportet dicere, quod habere effectum sanctificationis est dupliciter: scilicet causaliter et per se, aut accidentaliter et ratione coniuncti, et isto secundo habuerunt illa sacramenta effectum sanctificationis, scilicet ratione fidei mediatoris concomitantis vel annexae quam significabant, vel ratione futuri redemptoris et sacramentorum eius quae secundum Hugonem illa prima sacramenta praefigurabant. Quia enim in fide illorum iustificati sunt quae futura erant, et illius temporis sacramenta eadem futura designabant. Ideo dicuntur habuisse effectum sanctificationis, quia de eorum significatis hauriebatur sanctificatio. Sic ergo, quia in significatis vel a significatis illorum sacramentorum iustificatio fuit, dicuntur illa iustificasse*[100]. Kilwardby sums up his position in Q. 36: *Differebant autem in hoc, quod illa iustificationem continebant accidentaliter; sed ista quodammodo essentialiter per institutionem*[101].

Precisely this stress on faith makes it difficult for Kilwardby to distinguish these sacraments from the covenantal ones: *Modo iustificamur non in sacramento recepto, sed in re sacramenti scilicet in fide quam designat sacramentum. Si ergo tunc dicuntur illa sacramenta sanctificasse propter fidem quae infuit, tunc non magis per accidens iustificabant quam sacramenta moderna, sed adeo causaliter et per se... Si tunc dicuntur iustificasse illa sacramenta, quia homines iustificati sunt in fide rerum futurarum quas praefigurabant, cum modo iustificemur in fide rerum quas nostra sacramenta designant scilicet passionis, resurrectionis et huiusmodi, non magis illa per accidens iustificabant quam moderna; et si sic, erant tunc illa sacramenta de necessitate salutis sicut ista*[102]. Kilwardby will argue simply that

---

[99] Q. 7, 52—55.
[100] Q. 7, 57—60, 66—75.
[101] Q. 36, 4 sq.
[102] Q. 7, 80—88.

the covenantal arrangement associates a greater grace with its sacraments and offers faith the opportunity of acting in an obedience to God's command. *Ad primum dicendum, quod, licet illi in re sacramenti iustificati sint sicut et nos modo non in ipso, tamen dissimile est, quia ex institutione divina sacramenta moderna habent quandam relativam colligationem cum rebus significatis, ita quod signa rite suscepta ex necessitate secum afferunt iustitiam quam designant. Et e converso iustitia designata in illis inesse non potest, nisi assit voluntas et desiderium signorum, si non possibile est haberi ipsa. Non sic erat tunc, quia illa sacramenta etiam rite facta non contulerunt iustitiam quae non inerat, quia ad huiusmodi efficientiam non erant statuta… Habuerunt ergo illa sacramenta accidentalem comparationem ad iustitiam praesentem colentium illa quam designabant, cum praesentia habeant quodammodo essentialem et causalem. Ad secundum dicendum similiter, quod, licet modo iustificemur in fide rerum significatarum per nostra sacramenta et illi similiter per fidem rerum significatarum per illa, tamen aliunde dissimile est: Quia illa fuerunt tantum ad significandum illas res, ista moderna ad significandum et conferendum. Et ideo ista dicuntur vere iustificare, non illa; et ideo ista sunt de necessitate salutis vel quoad esse vel quoad desiderium, non sic illa*[103].

The argument does not satisfy completely, of course, as will become all the more apparent later in the context on Kilwardby's critique of the terms "efficient causality" or "containing grace" for any sacrament. Something of the aporetic described in the section above is again evident, although there is no question here of idolatry. It is to Kilwardby's credit that, while seeing the tension implied, he remained open to both the commonalities of religiosity and the special grace of covenant. The tension is not resolved here and remains a challenge of future theology. By including the *status legis naturalis* and natural religion in the order of providential salvific history, Kilwardby has helped to formulate the problem more clearly.

---

[103] Q. 7, 90–97, 102–110.

The Influence of Faith in Angels on the Medieval Vision of Nature and Man

Arturo Blanco (Rom)

This study is one of a group which seeks to ascertain the influence of the christian faith on culture and philosophy. It aims to contribute to this body of knowledge with an example which, in our judgement, well illustrates how the accepting of the divine word affects human reasoning. It is our intention to show that faith not only brings to light themes and notions which human intelligence would not reach on its own, but also because it configures attitudes and styles of thinking because it models the subjective dispositions which influence greatly on the discursive process.

The example is based on a definite point of christian faith: that which refers to angels and devils; and it is limited to a definite historical epoch — the medieval centuries, which gives witness to an irrefutable belief in spiritual beings. The logical order of our analysis requires that we first consider the characteristics of this belief and then the influence which it has excercised on the view of nature and man which the medievals had.

1. Characteristics and content of the medieval belief in spirits

It is not easy to summarize the medieval belief in spirits in a few lines, because it is not present in the same way throughout these centuries nor in all geographic regions. Furthermore, it offers — more than other beliefs — popular forms and clandestine deviations. In short, the scene is rich and complex, intermingling unassailable facts of faith with picturesque, superstitions fables. Nevertheless it is possible to identify some common features and content common to all these centuries and peoples. We point out four, especially pertinent to the object we propose in this dissertation[1].

It can be affirmed — this is the first feature — that the belief in spirits is very firmly rooted in the medievals. They talk of them in poetry (for

---

[1] P. Rotta points out others, which only in part coincide with what is indicated here: vid. La coscienza religiosa medievale: Angelologia, Torino 1908, 23—68.

example, Dante, Llull), in painting (remember the masterpieces of Giotto, Fra Angelico, Lochner), in sculpture and architecture (as the famous angel of the Reims Cathedral), etc.[2]. This conviction is especially manifested in the intellectual curiosity about spiritual beings. In no other era has the nature and activity of these beings been studied so much as in that which runs from the eleventh to the fifteenth century. The Fathers, in general, had devoted little time to them. Only St. Augustine, St. Gregory the Great and Pseudo-Dionysius made an effort to understand systematically the world of the angels and its relations with men. The medievals take up this heritage and develop it to its zenith. Since the great synthetical works of St. Thomas, St. Albert, Alexander of Hales, St. Bonaventure, Duns and the sharp intuitions of some later scholars — Ambrose Catarinus, Dionysius Cartusianus — angelology has not encountered significant progress, excepting possibly the *De Angelis* of Suárez[3].

Faith in the Angels in these centuries is a universal conviction. This is the second feature. The cause is undoubtedly found in revelation which reaches through the christian Church the Latin West and the Greek East; with differents errors, through Islam the peoples who occupy part of the Iberian Peninsula, North Africa and great parts of Asia, and through Judaism the minorities who teem through Europe. It is interesting to note that the divine word about existence of the angels comes, without exception, to all the people who then populate Europe and Western Asia: there arises no point of discrepancy on account of religion. This convergence reinforces the faith in the existence of the angels, which is as far removed from doubt as the very existence of God, which is never doubted[4].

This unanimity refers almost exclusively to the existence of such spiritual beings. There are, nevertheless, many discrepancies in what relates to their nature and structure. These differences not only separate the Christians from the Muslims and the Jews, but even the very Scholastic Doctors who explain these questions in different ways. We may recall, for example, the spiritual materiality taught, in differing grades, by St. Bernard, Alexander of Hales, Duns Scotus, and the absolute, immaterial spirituality recognized by St. Albert and St. Thomas. They were points of faith which still had to be clarified definitely. Without doubt, the fourth Lateran Council, which took as its own some achievements of the theologians of the previous century, contributed a great deal. However many points still remained undefined and continued to provoke the investigations of scholars. The faith in spirits, then, appears — and this is the third feature which

---

[2] On this, see R. Guardini, Die Engel in Dantes Göttlicher Komödie, München 1951.
[3] Cf. G. Tavard, Engel in Lexikon des Mittelalters, III, Artemis Verlag, München und Zürich 1986, 1908—1909.
[4] On Islamic and Judaic doctrines on the angels, see E. F. F. Bishop, Angelology in Judaism, Islam and Christianity, in "Anglican Tradition" 46 (1964), 142—154.

we point out — as a dynamic element in medieval thought, not as the mere passive reception of an ancient tradition.

The medievals are also characterized by the role they concede to the spirits within the cosmos. Here is the fourth feature which clearly marks out their belief in them. The inheritance of pagan myths and legend — Greek, Slav, Nordik, Hindu, etc. — which attribute to the superior beings the government of the rivers, seas, rains and other physical and cosmic phenomena, has been able to influence in this feature. This influence is deeper, above all, in the lesser evangelized regions and social groups[5]. However, the greater weight must be acknowledged to Revelation, operating, in this aspect, through Christianity, Islam and Judaism. We emphasize, again, that together with this universal agreement, there arise serious discrepancies in relation to the type of influence which is attributed to the spirits; to what power and influence is accorded to them. These discrepancies run from the most coarse exaggerations (which lead to terror which occasionally is exploited by some preachers) to the most intellectual ones (as, for example, the Averroists, who submit the human world to the Angelic in such a way that they definitively compromise human freedom and make the spirits uniquely responsible for good or bad actions). Between these two extremes are the various ballanced explanations — of St. Bonaventure on the relation and the aid which the holy angels give to men on earth, or the disquisitions of Rupert of Deutz on the role of the spirits in the history of salvation, or of St. Thomas on the limits of diabolic action on men. All this does not lessen the conviction that the angels play a role, an important role, in the progress of the world and its government, both in the history of mankind and in the life of each person.

To summarize, the belief in the existence and activity of spiritual beings constitutes — through its firmness, extent and dynamism — a characteristic element in medieval thought. Moreover, it turns out to be one of the configuring elements of this thought. We now look at some aspects of this configurative value.

2. The influence of faith in the Angels on the medieval view of nature

The analysis of this influence requires a previous advertance. The medievals used the term "nature" in various ways, more or less related, which can be summarized into two principal groups. The first includes all

---

[5] This phenomenon should not be confused with superstition and which craft, even though there are points of contact and external similarities. Cf. W. Leibrand und A. Leibrand–Weetley, Vorläufige Revision des historischen Hexenbegriffes: Wahrheit und Verkündigung. Festschrift M. Schmauss zum 70. Geburtstag hrsg. von L. Scheffczyk, W. Dettloff, R. Heinzmann, Paderborn 1967.

those meanings which attribute to nature a character of principle: the engendering and vital principle[6], the intrinsic principle of activity[7], the subject or substratum of all change[8], the form[9], the essence[10], the substance[11]; it also includes the instinct — that which is a result of a spontaneous, non reflexive inclination. The second group, on the other hand, includes those notions which view nature collectively, as a set of many realities: of all realities visible and invisible, without exception, including God, of all created things, or of all sensible things[12].

This second usage — the collective meaning — is what now interests us more. As we pointed out, it is used in three ways. The first takes nature as synonymous with everything existent, and even further, with all that is intelligible[13]. The basis of this universalization of the term is the idea that all things have the same nature in so far as they are beings: the concept of nature is widened so much as to be equivalent to that of being[14]. The second, to emphasize the distinction between the created and

---

[6] E. g., R. Bacon, Liber primus communium naturalium, R. Steele, Oxford, p. 100; St. Thomas, C. G., IV, 10.

[7] E. g., Nicholas of Cusa, De docta ignorantia, II, 10; St. Thomas, In II Physic., lect. 14, n. 8.

[8] E. g., St. Thomas, In I Metaph., lect. 3.

[9] E. g., Idem, S. Th. I, 29, 1 ad 4; In V Metaph., lect. 5.

[10] E. g., Gilbert Porr., remanding to Boecio, De duabus naturis, in princ.; St. Thomas, S. Th. III, 2, 1 in c.

[11] E. g., St. Thomas, In IV Metaph., lect. 1.

[12] As one of many possible examples we cite the following. In the Praefatio of an anonymous gloss to the book of S. Beda., De Natura rerum, we read: *"Naturas rerum varias, labentis et aevi. Quidquid est sive visibile, sive invisibile, sensibile seu intelligibile, creans sive creatum, natura dicitur. Ergo generale nomen est natura omnium rerum (...). Duobus namque modis natura dicitur. Deus itaque natura dicitur, quod cuncta nasci faciat. Omnis enim creatura natura vocatur, eo quod nascatur"* (PL 90, 187). The same is expressed by St. Bonaventure: *"Dicendum quod sicut hot nomen res tripliciter accipitur, ita hoc nomen natura. Uno enim modo dicitur natura res, quae naturaliter est, vel proprietas, quae naturaliter inest. Secundo modo dicitur natura largius non solum res per se ens, vel proprietas naturaliter inhaerens, sed etiam omnia quod conservat naturam, vel quod saltem aliquo non privat (...). Tertio modo dicitur natura largissime omne ens, quod est in aliqua re naturali, sive naturaliter inhaerens, sive non; sive sit salvativum sive non"* (In II Sent., disp. 37, dub. 2). And Alanus de Insulis: *"(natura est) rerum universitas"*, in Liber de planctu naturae (PL CCX, 441 A). Cf. G. Dotto, Uomo e natura in Alanus de Insulis, in L'homme et son univers, Ed. de l'Institut Superieur de Philosophie, Louvain-la-Neuve 1986, vol. I, 234–240. See also St. Thomas, In IV Metaph., lect. 1.

[13] Nature is *"quicquid quid, quo modo intelligi potest"* (Alanus de Insulis, Liber de distinctionibus dictionum theologicalium: PL CCX 871 A-D).

[14] Aristotle had spoken of the one nature which analogous beings possess (Analytica Posteriora, II, 13). Here nature signifies the unum aliquid et idem which is required for metaphysical analogy, as he explicitly affirms in another place (Metaphysica III, 2). The idea is also to be found in St. Augustine, who writes in De Trinit. XIV, 9 referring to God: *"ea scilicet natura quae creavit omnes naturas"*. St. Thomas fully accepts these ideas: vid. S. Th. I–II, 67, 1 in c.; De div. nomin. IV, 21.

the uncreated, takes nature to be the set of all that has risen from the creative power of God[15]. The third, stressing above all the closeness to man, uses the term to designate material substances, the world of the sensible things[16]. This richness of the collective meaning of the term nature distinguishes the medievals from the Greeks, who, when they take this term in its collective sense, employ it only to indicate the sensible world[17].

Studies devoted to identify what influence Christianity has excercised on the medieval concept of nature coincide in affirming that it consists fundamentally in the recognition of the created character of things, of their being *ab alio*; in the solution given to the serious problems presented by chance on the one hand, and the presence of physical and moral evil on the other; and in the positiv evaluation of what is corporeal[18]. They also coincide in attributing this influence above all to the notions of Creation-Providence, and of Vocation-Elevation to a higher and eternal life which comes after the present one. These are fundamental aspects of Christian dogma. Should we now try to pinpoint the specific influence which faith in the angels has had on the medieval vision of nature, we could indicate the following: The recognition of the existence of created substances with a proper nature which is completely spiritual, has prevented the medievals from understanding nature — in its collective sense — as exclusively the set of corporeal things. In other words: the firm belief in spiritual natures has stopped them from reducing the natural order to the sensible order.

---

[15] The distinction is, at times, formulated with the terminology *natura naturans* (God) and *natura naturata*. It seems that the expression was introduced by Averroes, in his Comm. ad De Coelo, I, 1: cf. H. Siebeck, Über die Entstehung der termini *natura naturans* und *natura naturata*, in Archiv f. Gesch. des Phil., III, 1890, 370 ff. It is also found in Scotus Eriugena, De divis. nat., I, 47; III, 1; S. Bonaventure, In III Sent., disp. 8, dub. 2; St. Thomas, In I Sent., dist. 1, q. 4, a. 1 ad 1; In IV Sent., dist. 49, q. 3, a. 1, qla. 1.

[16] See e.g., the following statement of St. Thomas: "*Natura autem esse est per se notum, in quantum naturalia sunt manifesta sensui*" (In II Phys., lect. 1, 8). Cf. J. M. Aubert, Le monde physique en tant que totalité et la causalité universelle selon saint Thomas d'Aquin, in La philosophie de la nature de saint Thomas d'Aquin, Actes du Symposium sur Saint Thomas d'Aquin, Rolduc 1981, Ed. Vaticana 1982, 82—106.

[17] Cf. E. Zeller, Die Philosophie der Griechen in ihrer geschichtlichen Entwicklung dargestellt, Tübingen—Leipzig 1859—1868 (reprinted in Hildesheim—Darmstadt 1963), III.1; C. J. de Vogel, Greek Philosophy, E. J. Brill, Leiden 1967, II, 80—81.

[18] Other points which may be indicated: the surpassing of the pagan idea of the eternity of matter and of the absolute necessity of the world, the modification of the theories on the influence of the heavenly bodies on human action (the problem of determinism and freedom). Cf. E. Gilson, L'Esprit de la philosophie médievale, Vrin, Paris 1948, 2 ed., 345—364; F. Van Steenberghen, Introduction à l'etude de la Philosophie médievale, Publications Universitaires, Louvain—Béatrice Nauwelaerts, Paris, 1974, 493—509; J. Weisheipl, The development of Physical Theory in the Middle Age, Sheed and Ward, London—New York 1959.

The importance of this influence is evident when the consequences of taking nature — in its collective sense — exclusively as the set of corporeal beings is considered. In this case, what is natural becomes identified with what is sensible. And, as the visible world is obviously governed by stable and rigid laws, what is natural ends up being understood as opposed to what is free; in effect, by nature is designated the kingdom of the determinate and irrational, in contraposition to the world of the spirit, of what is autodeterminated and autonomous. As history shows, no minor problems arise from such a conception. For example, in the epistemology order (is the distinction-opposition between the sciences of nature and sciences of the spirit valid?), in the psychological order (how can the unity-communion of body and spirit in man be explained?), the ethical order (can an action be justified by invoking the necessity of the instinct, for example the sexual instinct?), the social and political order (do laws which model naturally the behaviour of human groups and communities? what influence, and thus what responsibility, does a person have in the progress of the society in which he lives?), etc. It is clear that such a conception of nature does not depend exclusively on the belief in the spirits: there could be other causes, as is seen, in fact, in the various currents of modern and contemporary thought. However, the conviction that there exist completely spiritual substances distinct from man and the Supreme Being, is a strong driving force preventing the reduction of what is natural to what is material. In any event, it is significative that, throughout history, the propounding of this reductive vision has always gone hand in hand with the negation of the spirits.

Let us now consider another possible influence. Could it be said that the belief in spirits has led the medievals to a certain magical vision of the world and of nature? It seems sure that the answer must be negative. Neglecting the isolated deviations of a certain persons and groups of scarse culture, to whom we have already made reference, we do not find in the writings of the great thinkers of this era — Eriugena, St. Anselm, St. Bonaventure, Hales, St. Albert, St. Thomas, Siger, Duns, etc. — any explanation of sensible phenomena — physical, chemical, biological and so on — which invokes any intervention of the spirits[19]. All admit that angels excercise an influence over the corporeal world, but they do not go beyond this general affirmation. When they cannot explain the immediate reasons of a material process, they attribute it to material remote

---

[19] On the other hand, we find attempts to verify how the heavenly bodies influence in the temperament, the character, the beauty and the generation of men: see M. T. D.'Alverny, Astrologues et théologiens au XIIe. siècle, in Melanges offerts a M.-D. Chenu, Vrin, Paris 1967, 31–50.

causes[20]. In other words, it can be said that faith in spirits did not lead the medievals to a mythical view of the cosmic dynamism[21].

Among the intellectuals as opposed to the simpletons, the magical view of nature appears at the end of the Middle Ages. It is linked to the more or less explicit pantheism of the renaissance neoplatonism, as can be found in, for example, F. Bacon or G. Bruno[22]. It is this identification or quasi identification of nature with God which leads to the attribution of a certain magical character to the nature[23]. On the contrary, Christian faith requires the clear distinction God-creatures. Consequently, without denying the real dependence of the latter on the Creator, the consistency of the created world, its proper causality and its specific dynamism are each time more clearly underlined. At the metaphysical level, the clearest formulation of this consistency — which may be presented as a relative or subordinated autonomy — is due to St. Thomas. In this he openly goes against medieval Augustinianism. It is also necessary to place the development of experimental approximation to sensible reality in the fullness of the middle ages. This is in sharp contrast to the theoretical-speculative-abstract attitude inherited from pagan antiquity. It is this movement which will mature definitively with rich success in the vast scientific program of the modern age[24]. The influence of Christianity enabled the contemplation of nature as a work of a God who is infinitely intelligent and who concedes to man the capacity to know the rational order of nature. These convictions, widespread in the medieval world, favoured a climate of confidence in philosophic and scientific-experimental investigation of corporeal nature; but recognizing the intelligibility of the sensible world and its structures, the medieval did not reduce the intellectual and theoretical horizon of man to the sensible order. The later development of science on the basis of this "christian matrix" contrasts with the successive "abortions" of the experimental sciences present in pagan cultures[25].

---

[20] In this respect we recommend as highly illustrative, the studies of T. Litt, Les corps celestes dans l'univers de Saint Thomas d'Aquin, Publications Universitaires, Louvain — Beatrice Nauwelaerts, Paris 1963, especially 99—109; and J. Legrand, L'univers et l'homme dans la philosophie de saint Thomas, L'édition universelle, Bruxelles — Desclée de Brouwer, Paris, 1946, vol. I, especially book 2.

[21] See A. Zimmermann (ed.), Mensura, Maß, Zahl, Zahlensymbolik im Mittelalter, W. de Gruyter, Berlin—New York, 1983—1984.

[22] For Bacon, the *natura naturans* is a *fons emanationis*: vid. Nov. Org., II, 1; for Bruno, if God is not to be a pure "*flatus vocis*", he must be the "*mens insita omnibus*": see De tripl. min., I, 1. Lorenzo Valla writes: "*Idem est natura quod Deus, aut fere idem*" (De Volupt., I, 13).

[23] See P. O. Kristeller, Man and his universe in medieval and Renaissance Philosophy, in: L'homme et son univers, cit., vol. I, 82.

[24] See S. Jaki, The road of science and the ways to God, The University of Chicago Press, Chicago 1978.

[25] See M. Artigas—J. J. Sanguineti, Filosofia de la naturaleza, Eunsa, Pamplona 1984, 24.

3. The influence of faith in angels on the medieval vision of man

One unquestionable element in medieval culture is the conviction that man is made up of a spiritual soul and a body, and that such a structure is proper and exclusive to him. Apart from this comment, it is impossible to recall here even in basic outline the content of medieval anthropology. For this reason we shall not analyse in all its detail how the vision of man was affected by belief in angels; we shall limit ourselves to observing the influence that this faith had on the anthropocentrism of the medieval view of the world.

Much has been spoken and written concerning medieval theocentrism. Whilst this theocentrism is not denied, we have to acknowledge as no less certain that the world of the Middle Ages is centred on man[26]. We find unequivocal evidence of this in the firmly-rooted anthropomorphism present among the medievals. Thus the great thinkers of the time, in their efforts to arrive at a better knowledge of God, take as their starting-point what they see in man, transferring to the Creator what they contemplate in His image. This transfer presupposes a large measure of appreciation for man (which is all the more relevant when one considers the clear awareness that they had of the divine transcendence) and of trust in human reason, since the process is not without risks. Different attempts — such as recourse to the denial of what is defective, and to the sublimation of the perfect — were made to avoid these risks, which were definitively overcome through the use of analogy. Without dwelling upon these various developments, we must take note of what is the essential issue: that they start from man, and that although God is seen as being infinitely above man, He is nevertheless seen from the human point of view.

They adopt the same approach when they study the nature and structure, and the activity and function in the world, of the angels. Here too one may be surprised at the audacious way in which they assimilate the way of being and acting of the angels to the way of being and acting of the men. This assimilation bears all the characteristics of a guiding principle in the research into the angelic world, as is expressly the case with Duns Scotus, Bonaventure and Thomas Aquinas, to name but a few[27]. Thus they are acknowledged as having intelligence and will, as we see men have; and knowledge by species, as with ourselves; and free actions, and the possibility of sinning, and the need of the help of grace and of revelation

---

[26] P. O. Kristeller has effectively rebutted the aphorism of J. Burkhardt ("the Renaissance signifies the discovery of man and of the world"): o. c., 82—84 and 89—90.

[27] See H. Nagakura, L'homme au centre de l'univers créé. L'humanisme de saint Bonaventure, in L'homme et son univers, cit. I, 387—395; and G. Tavard, Der Engel, in: Handbuch der Dogmengeschichte, t. II, 2. b), Herder, Freiburg im Br., 1968, 70.

in order to know the divine essence, and so on. We shall find many differences in the details with which the various authors expound these matters; but all coincide in using as their reference what they see in man. Furthermore, the differences in their explanations of the angelic world are simply the echo of their different analyses of the human world. The anthropomorphism could not be clearer. In fact it is so evident that it necessarily raises the question as to its origin: what basis do the medievals take for applying human categories to pure spirits? Aristotle, in studying separated substances, moved with much greater circumspection. This anthropomorphic daring only appears justifiable from the information concerning angels that the medievals received through Revelation. In the last analysis, then, belief in angels has reinforced the anthropocentrism of their view of the world.

We say that it has reinforced it because a certain anthropocentrism in the view of the world is inevitable, in that any global understanding of reality must necessarily involve the subject, and in some way be related to him. The arguable element is not the obligatory reference to man, but the characteristics of that reference: in other words, the value that is given to anthropocentrism. Looked at in this way, it seems to us legitimate to affirm that the medieval world lives by a moderate, relative anthropocentrism, that clearly distinguishes it from the various anthropological absolutisms to be found throughout the history. One of the main influencing factors as regards this moderation is undoubtedly faith in God, known as universal Origin, as provident Ordainer of all events, as ultimate End and Judge of human actions. Setting out from this conviction it is impossible to make man — his thought, his will — the absolute centre, the radical origin of the world or of history. But we believe that another influencing factor is faith in angels, which reinforces and accentuates the influence already excerted by faith in God. The universal conviction that there exist completely spiritual beings, superior in nature and power to mortals, sweeps away all pretension of considering man as the most sublime creature, the pinacle of all that exists. To our earlier affirmation that faith in angels reinforces anthropocentrism we must now add the rider that it does not make it absolute: indeed, it actually prevents it from becoming absolute.

It is possible, in fact, without denying the existence of God, to lay such stress on His transcendence that he becomes distant from man and his world; either in practice (because He is imagined to be unconcerned about the affairs of the world and of creatures) or in theory (because He is assumed to be inaccesible to human reason). In this way the world and the universe can be conceived of in exclusively anthropological terms: man being considered as the starting point and terminus of all the things (except God, who nevertheless is seen as being so transcendent that He hardly has anything at all to do with the world). This possibility, which modern and contemporary thought accepts in many of its lines and currents, is completely foreign to medieval thought: because of the view of God that it proposes, and because of the absence of completely spiritual beings that it implies. For the medieval, man forms part of a universe that goes beyond himself not only inasmuch as it refers to a transcendent and absolute origin and end (God), but also as regards its very structure, which includes creatures superior to him in excellence and activity (the spirits).

In effect, one of the characteristics of the medieval belief in spirits (already explained in number 1) is that it considers them as forming part of the same universe to which man belongs: they are above man, but they are not beyond the human horizon. In fact, the activity of these beings disturbs man and arouses his curiosity, because it can cause him good or ill. Some, such as Averroes, understood the man-angel relationship in such a way that men were totally subordinate to the spiritual substances, through the intellectual superiority of the latter (in a thought structure that presupposed the illumination of inferior by superior creatures). Saint Thomas attempts to establish a clear distinction between the angelic and human worlds, and to show the limits that the spirit encounters when it wishes to act upon man. Thus he always states that the spirits do not have power over the intelligence or the will of man, but only over the imagination and body, and even in this regard they find themselves checked by the divine power[28]. Saint Bonaventure, from a more ascetical and mystical viewpoint, is more concerned with showing how the angels help and serve men[29]. In any event, the scholastics throughout the centuries coincide in acknowledging that angels — good and bad — and men — good and bad — from part of a single universe, and do not belong to worlds and plan of salvation that are absolutely independent of one another[30]. The medieval vision has before it a single, ordered universe, where certain creatures — angels with respect to man, men with respect to the sensible world — are superior to others, but all are related and integrated into a totality superior to themselves. Man is not everything in this vision, nor can anything be said to have its terminus in him, or be explained and understood from his standpoint[31].

The medieval vision of man, therefore, is alien to the two possible extremes: on the one hand, the subsuming of man into nature (cultures of

---

[28] Cf. for example, C. G. II, cc. 73—78: De unitate intellectu contra averroistas, passim.

[29] Cf. for example, In II Sent., d. 10, aa. 1—2; d. 11, aa. 1—2.

[30] See for example Saint Thomas, S. Th., I, q. 61, a. 3: "*Angeli enim sunt quaedam pars universi: non enim constituunt per se unum universum, sed tam ipsi quam creatura corporea in constitutionem unius universi conveniunt. Quod apparet ex ordine unius creaturae ad aliam: ordo enim rerum ad invicem est bonum universi.*"

[31] See the study by J. J. Sanguineti, La filosofia del cosmo, in: Tommaso d'Aquino, Ares, Milano 1986.

fate and blind destiny, of cosmic and irrational fatalism); and on the other, the assumption of nature on the part of man (as a structure resulting from his thought, as a moment of externalization in the process of the Spirit). Medieval culture maintains this equilibrium because it relativizes the situation of man in the cosmos in a double manner: first, because it sees him as dependent upon the Creator (proceeding from Him, subject to Him, ordained towards Him); and secondly, because it considers him to be part of a whole, never a self-sufficient and autonomous whole. (One should not be deceived by the wide diffusion in the medieval era of the classical explanation of man as a microcosm: the "little world" of the human person has meaning and substance to the extent to which it is situated within the great world of which it forms part)[32]. It seems to us undeniable that in the formulation of this second reason one decisive — even though not explicitly declared — factor is the firm conviction that other more perfect (because completely spiritual) beings form part of the universe and preside over it.

4. Conclusion

Through these considerations we have wished to illustrate the influence of Christian faith on philosophical thought and on human culture. Some truths of christian faith are concerned with mysterious realities absolutely exceeding our intelligence. The principal reason why God has manifested them is that we may know them, for we should never be aware of them otherwise. But it is possible to bring forward other reasons, as Saint Thomas does: "That a truth exceeding human reason should be proposed to man confirms in him the conviction that God is above that which can be thought". And he adds: "The suppression of pride, which is the origin of error, provides another reason. There are those who, puffed by the acuteness of their reason, believe that they can comprehend the entire nature of a being, and think that all they see is true, and that what they do not see is false. In order, therefore, to free the human soul from this presumption and lead it towards the humble pursuit of truth, it was necessary that there should be proposed to man certain truths totally exceeding the capacity of his understanding"[33].

Revelation regarding pure spirits, and their eternal destiny of glory or condemnation, can be said to work in a similar manner: it helps man soberly to situate himself before the world and before himself, to moderate his use of legitimate anthropocentrism, and not to convert the necessary

---

[32] See the study by M. Manzanedo, El hombre como "microcosmos" según Santo Tomás, in "Angelicum" 56 (1979), 62–92.
[33] C. G., I, c. 5.

anthropomorphism of our knowledge into the exclusive and universal measure of all reality. In this way, faith in angels not only opens the human intelligence to a broader and more complete vision of the univers, but also confirms in the soul the necessary dispositions for a correct study of the world and man.

Naturphilosophische Argumente in der Engelslehre

WOLFGANG BREIDERT (Karlsruhe)

Die mittelalterliche Lehre von den Engeln gründet in dem Versuch, eine Verbindung zwischen dem transzendenten Gott und seiner Schöpfung herzustellen, und zwar durch ihre Wirkung auf die menschliche Seele oder auf Körper.[1] Theologisch kaschiert diese Bemühung das Dilemma, daß Gott in transzendenter Erhabenheit nicht mit den niederen Kleinarbeiten befaßt sein kann und er doch zugleich als allmächtiger, allwissender Herrscher (z. B. nach Matth. X, 29) auf jede geringste Kleinigkeit Einfluß hat. Seit dem Hellenismus nahmen Engel als kosmische Mächte, nämlich als Planetenengel oder Beherrscher der Elemente, eine bedeutende Stelle im Rahmen der naturphilosophischen Betrachtungen ein.[2] Ihre hilfreiche Funktion bei der Naturerklärung war aber verbunden mit neuen Problemen, die vor allem ihre genaue Beziehung zur Körperwelt, zu Ort und Bewegung betrafen.[3] Ähnliche Probleme tauchten auch bei der eher theologischen Funktion der Engel als Boten Gottes auf. Ob man die Engel als bewegende Instanzen oder als (sich bewegende) Boten dachte, in jedem Falle ging es um Bewegung, selbst dort, wo man sich − wie z. B. Bonaventura[4] − dagegen wehrte, die Vollkommenheit der Engel nur in der Bewegung zu sehen. Auch noch in einer solchen zurückweisenden Haltung wird deutlich, wie eng die Vorstellung von Engeln an Raum und Bewegung geknüpft war.

Die von den mittelalterlichen Denkern entwickelten Antworten auf die zugehörigen Probleme wurden von neueren Autoren manchmal für lächerlich gehalten, vor allem dann, wenn sie, wie das vielzitierte Problem von den „Engeln auf der Nadelspitze", aus dem Kontext gerissen wurden. Selbst Franz Brentano wunderte sich über die aus einer Verknüpfung von

---

[1] Zur ontologischen Lückenbüßerfunktion der Engel cf. M. J. B. Allen, The Absent Angel in Ficino's Philosophy, in: Journal of the History of Ideas 36 (1975) 219 sqq.

[2] Zur kosmologischen Funktion der Engel: J. A. Weisheipl, The Celestial Movers in Medieval Physics, in: The Thomist 24 (1961) 286−326.

[3] Zur Wirkung dieser Probleme bis in das 17. Jahrhundert hinein: R. Specht, Commercium mentis et corporis, Stuttgart−Bad Cannstatt 1966, 12 sqq. Daß die Engel auch noch im 18. Jahrhundert in der Idealismusdebatte und bei der Diskussion der Zusammensetzung des Kontinuums herangezogen wurden, zeigt I. T. Canz, Idealismus, Tubingae 1739, § 23 sq.

[4] Bonaventura, Hexaemeron, VII, 1 sq.

aristotelischen und augustinischen Gedanken hervorgegangenen Betrachtungen des Thomas von Aquin über die Engelszeit und die darin enthaltenen neuartigen Auffassungen[5]: „Sie sind freilich durch sehr bedenkliche Konsequenzen belastet... Dies führt ihn [sc. Thomas] so weit, von den Engeln zu behaupten, daß ihre Zeit nicht ein Kontinuum, sondern, da ihr Denken in diskreter Reihe ruckweise sich ändere, ein Diskretum aus unendlich vielen unausgedehnten Punkten sei."

Die Zwischenstellung der Engel zwischen Gott und der irdischen Natur führte zwangsläufig zu einer Überschneidung der Bereiche der Theologie und der Naturphilosophie in der Engelslehre. Diese widersetzt sich daher puristischem Klassifikationsdenken, sie kann aber gerade deswegen als paradigmatisch für die mittelalterliche Wissenschaft stehen.

Im Bewußtsein dieser Verflechtungen und Durchdringungen werde ich im folgenden an einigen Beispielen aus der Engelslehre — vorwiegend aus dem ca. 1327 entstandenen Sentenzenkommentar von Richard Fitz-Ralph (ca. 1300—1360)[6] — zeigen, wie die Angelologie Anlaß zu naturphilosophischen Betrachtungen gab. Dazu gehören (1) Überlegungen, die die Engel in ihrer Andersheit dem Bereich der körperlichen Natur gegenüberstellen und gleichsam im negativen Spiegelbild uns die als Selbstverständlichkeiten verborgenen Besonderheiten dieses Bereichs zum Bewußtsein bringen. Andererseits ist (2) die Lehre von den Engeln ein Feld auf dem Alternativen zur bekannten Naturphilosophie des Aristoteles durchdacht werden. Und da die Engel mit den irdischen Körpern in Verbindung treten, gibt (3) die Angelologie auch Gelegenheit, unmittelbar naturphilosophische Erwägungen anzustellen.

Als Descartes mit seinem Begriff vom Körper als *res extensa* im 17. Jahrhundert eine heftige Diskussion hervorrief, weil in diesem Begriff das Raumerfüllende fehlte, konzentrierte sich die Kritik vor allem auf die Undurchdringlichkeit oder Festigkeit (Solidität) des physischen Körpers, weil den Kritikern dieses Merkmal wesentlich zu sein schien. Dabei wurde keineswegs ausgeschlossen, daß sich Körper aufgrund ihrer Porosität durchdringen können, sondern es ging und geht im Begriff der Undurchdringlichkeit um eine Eigenschaft des Körpers, die auf seiner Beziehung zum Raum beruht und sich dementsprechend auch auf eine Raumeigenschaft zurückführen läßt: Bei hinreichender Unterteilung der Körper kann jede Raumstelle von nicht mehr als einem Körper besetzt sein, es sei denn, es handelt sich um Berührungspunkte verschiedener Körper. Vage formuliert: Zwei Körper können nicht zugleich denselben Raum einnehmen.

---

[5] F. Brentano, Philosophische Untersuchungen zu Raum, Zeit und Kontinuum, ed. Stephan Körner u. Roderick M. Chisholm, Hamburg 1976, 63.
[6] Richard Fitz-Ralph, Lectura, Cod. Paris, Bibliothèque Nationale, Latin 15853. Über Fitz-Ralph: A. Gwynn, The English Austin Friars in the Time of Wyclif, Oxford 1940, 66—75, 79—95. G. Leff, Richard Fitz-Ralph, Manchester 1963.

Dieses naturphilosophische Prinzip wird in der scholastischen Angelologie als selbstverständlich benutzt. Und zwar wird es dort gebraucht, wo die in der Engelslehre übliche Frage zur Debatte steht, ob mehrere Engel zugleich am selben Orte sein können.[7] Ein Engel ist für die scholastischen Denker u. a. ein Paradigma dessen, was primär nicht aufgrund einer Extension, sondern aufgrund einer Intension an einem Ort oder in einer Lage ist. Dabei denkt sich Johannes von Ripa diese Intension als *latitudo* über den betreffenden Raum verteilt.[8] Bei einer naturphilosophischen Betrachtung eines derart „gewichteten" Raumes ergeben sich allerdings Schwierigkeiten, denn — wie Gott — hat auch der Engel zu jedem Teil des Raumes dieselbe unmittelbare Beziehung (*intimitas, presentialitas*), so daß seine Anwesenheit unter diesem Aspekt nicht extensional additiv ist.

Wenn man sagt, ein Engel nehme zur Verrichtung eines Dienstes auf der Erde einen irdischen Leib an, so könnte man dem entgegenhalten, daß er doch schon einen spirituellen Körper, einen verklärten Leib, besitze und so die zusätzliche Annahme eines irdischen Körpers unmöglich sei, weil dann zwei Körper gleichzeitig am selben Ort wären.[9] Diesem Einwand kann man aber noch dadurch entgehen, daß man auf die grundsätzliche Verschiedenartigkeit der beiden Körper, nämlich des spirituellen Körpers (*corpus spirituale, glorificatum*) und des körperlichen Körpers (*corpus corpulentum*), verweist und zuläßt, daß die Besetzung eines Raumes durch einen Körper der einen Art die Besetzung durch einen Körper der anderen Art nicht ausschließt. Diese Lösungsmöglichkeit besteht auch in dem Falle, daß ein Engel das Herz eines Menschen einnimmt, aber sie versagt, wenn der Teufel das menschliche Herz besetzt, denn es gilt als unmöglich, daß der Teufel einen verklärten Leib besitzt.[10] In diesem Falle muß also nach einer anderen Lösung gesucht werden. Wie immer, wenn Fitz-Ralph in Schwierigkeiten gerät, nimmt er seine Zuflucht zur Macht Gottes. Die wenig befriedigende Lösung besagt, Gott könne doch jedenfalls den Teufel so „disponieren", daß es diesem möglich sei, einen Menschen in Versuchung zu führen. Unter naturphilosophischem Aspekt ist diese theologische Antwort nur von geringem Interesse, doch zeigt das Problem, wie selbstverständlich für den scholastischen Denker der physikalische Grundsatz gilt, daß zwei verschiedene Körper nicht gleichzeitig denselben Raum einnehmen können, denn ohne die Gültigkeit dieses Prinzips könnte das Problem nicht bestehen.

---

[7] Thomas von Aquin, Summa theologiae I, q. 52, a. 3.
[8] P. Vignaux, Jean de Ripa, I Sent. dist. XXXVII, in: Traditio 23 (1967) 245.
[9] Fitz-Ralph, 1. c., fol. 114va—115ra (ad7).
[10] Fitz-Ralph, 1. c., fol. 111vb; fol. 115ra/b: „*respondeo et dico quod quando dyabolus ingreditur ad cor hominis non oportet quod corpus dyaboli sit simul cum aliqua parte cordis in eodem situ. sed sufficit quod corpus dyaboli sit contiguum illi parti in qua dyabolus potest causare temptacionem.*" — Man beachte, daß selbst der Teufel der aristotelischen Forderung nach Berührungskausalität unterliegt.

Parallel zur Frage, ob mehrere Engel oder Körper gleichzeitig an ein und demselben Orte sein können, steht die Frage, ob ein Engel zugleich an mehreren Orten sein kann.[11] Fitz-Ralph folgt der allgemeinen von Johannes Damascenus übernommenen Auffassung, daß ein Engel durch sich selbst, also aufgrund seiner eigenen Natur, nicht gleichzeitig an mehreren Stellen sein könne oder in einem Ort, der größer als sein natürlicher ist. Fitz-Ralph betont aber, daß es dem Engel durch Gottes Macht ermöglicht werden könne, was aber bedeute, daß Gott die Natur des Engels dementsprechend auf eine neue Weise einrichte. Gottes Eingriff in die Natur als einer Gesamtordnung bedeute also eine Änderung der Natur bestimmter Dinge.[12]

Neben der Frage, ob und wie ein Engel einen Ort haben könne, steht die Frage, ob und wie er sich bewegen könne. In diesem Zusammenhang werden viele unterschiedliche Probleme aufgeworfen, u. a. die Frage, ob sich ein Engel, als geschaffener Geist, auch ohne einen Körper örtlich bewegen könne. Da der Körper als das gilt, was einen Ort einnimmt[13], könnte man prima facie meinen, daß der Begriff der Ortsbewegung auch einen sich bewegenden Körper erfordere. Die Engelslehre gibt aber gerade Anlaß, über diesen Begriff von Ortsbewegung neu nachzudenken, da ein Engel nur aufgrund seiner Tätigkeit, seiner Kraftausübung, in einem Orte sein könnte, so daß die Frage gestellt werden mag, ob ein solcher körperloser Ortswechsel noch als Ortsbewegung angesprochen werden kann. Hinzukommt, daß dieser Ortswechsel nicht stetig sein muß, wie Thomas von Aquin besonders deutlich hervorgehoben hat.[14] Allerdings macht er nicht ganz so deutlich, daß man nur dann auch in solchen Fällen von Ortsbewegung sprechen kann, wenn man diesen Begriff nicht zu eng gefaßt hat. Daher faßt Gregorius de Valentia in seinem Thomas—Kommentar den Begriff der Ortsbewegung ausdrücklich sehr weit: *„Nihil enim est aliud moueri localiter, quam esse successiue in alio et alio loco."*[15] Hier wird — im Gegensatz zu einem als *fluxus* oder *forma fluens* verstandenen Bewegungsbegriff — explizit bewußt, daß Ortsbewegung nicht nur kontinuierlich, sondern auch als diskret gedacht werden kann.

Fitz-Ralph verharrt dagegen bei der Stetigkeit der Ortsbewegung, denn keine endliche Kraft könne irgendeine Veränderung von einem Extrem zum anderen bewirken, die nicht durch die Zwischenpunkte führe.[16] Er möchte diese Möglichkeit der plötzlichen, sprunghaften Veränderung der Macht Gottes vorbehalten, ohne zu merken, daß der stetige Bewegungs-

---

[11] Thomas von Aquin, Summa theologiae I, q. 52, a. 2.
[12] Fitz-Ralph, l. c., fol. 107vb.
[13] Aristoteles, Physik, IV, 6 u. 7. Thomas von Aquin, Summa theologiae I, q. 52, a. 3.
[14] Thomas von Aquin, Summa theologiae I, q. 53, a. 1.
[15] Gregorius de Valentia, Commentariorum theologicorum tomi quatuor, T. I, Ingolstadii 1591, col. 1064.
[16] Fitz-Ralph, l. c., fol. 113rb/va.

übergang unter einem gewissen Aspekt sogar schwieriger ist als der sprunghafte, denn er besteht ja in einer ‚Bewältigung' unendlich vieler Zwischenpunkte, wie man seit Zenon von Elea weiß. Es bleibt auf der anderen Seite die Schwierigkeit, daß der Engel bei einer plötzlichen Bewegung am Ziel ankommt, ohne die Zwischenpunkte *actu successive* durchlaufen zu haben.[17]

In Bezug auf die körperlose Ortsbewegung nimmt Fitz-Ralph seine Zuflucht zur Autorität des Augustinus, der die Ortsbewegung der Seele ohne den Körper geleugnet hatte.[18] Wenn demnach einem geschaffenen Geist aufgrund seiner Natur zwar keine Ortsbewegung möglich sei, so könne ihm doch Gott aufgrund seiner Macht auch ohne Körper eine Ortsbewegung erteilen.[19] Bei der Behandlung der körperlosen Ortsbewegung liefert Fitz-Ralph also keine besonders „moderne" Lösung, doch legt er in seinen Ausführungen das Problemfeld in ganzer Breite dar und zeigt so, auf welche Weise die theologische Diskussion zu naturphilosophischen Auseinandersetzungen führen konnte. Da nach Aristoteles die Zeitstruktur ein Derivat der Bewegungsstruktur ist, übertragen sich auch die Probleme der Engelsbewegung auf die Probleme der Engelszeit, insbesondere auf die Frage ob sie stetig oder unstetig sei.[20]

Die Lehre von den Engeln als Bewegern der Gestirne beruht auf der (aristotelischen) Überzeugung, daß jede Bewegung einen sie aufrechterhaltenden Beweger erfordere: *omne quod movetur ab aliquo movetur*. Es ist daher nicht verwunderlich, daß gerade dieser naturphilosophische Grundsatz auch in der Angelologie benutzt wird. So führt Fitz-Ralph als eines der Argumente gegen die sukzessive Bewegung eines Engels an, daß ein ursprüngliches, erstes Agens sich nicht bewegen könne, weil alles zu seiner Bewegung einen Beweger brauche.[21] Insbesondere ist für eine beginnende Bewegung oder Zustandsänderung eine Veränderung im Beweger erforderlich. Wachstum, Beseelung eines neuen Körperteils, kann nur erfolgen, wenn in der belebenden Seele eine neue Disposition entsteht. Und die Frage ist dann, ob die bloße körperliche Berührung oder sogar stetige Verbindung eine solche neue Disposition ist, wie sie nach der aristotelischen Physik gefordert wird.[22]

---

[17] Man sehe dazu Ludovicus Coronel, Physice perscrutationes, Paris 1511, fol. CVII rb.
[18] Fitz-Ralph, l. c., fol. 113ra. Augustinus, De genesi ad litteram, lib. XII, cap. 32, ed. Zycha, 426.
[19] Fitz-Ralph, l. c., fol. 114vb et 116rb.
[20] Hierzu W. Wieland, Kontinuum und Engelzeit bei Thomas von Aquino, in: Einheit und Vielheit, Festschrift für Carl Friedrich von Weizsäcker, hrsg. von E. Scheibe u. G. Süßmann, Göttingen 1973, 77–90.
[21] Fitz-Ralph, l. c., fol. 116ra: „*Praeterea philosophus 7. phisicorum in principio probat quod omne quod mouetur, mouetur ab aliquo. ergo nullus agens primo mouet se.*"
[22] Fitz-Ralph, l. c., fol. 108va.

Im Rahmen der Engelslehre gehört die Möglichkeit einer „plötzlichen" oder instantanen Bewegung der Engel zu den am meisten diskutierten Problemen. Kann ein Engel, wenn er einen verklärten Leib besitzt, diesen „plötzlich" bewegen? Fitz-Ralphs Beweis gegen eine solche instantane Bewegung ist zwar recht verworren, bringt aber einige naturphilosophisch interessante Argumentationsfiguren an den Tag. Da einer sehr schnellen oder gar instantanen Bewegung der Bewegungswiderstand entgegensteht, liegt es nahe zu prüfen, ob es eine widerstandslose Bewegung überhaupt geben kann. Dabei greift Fitz-Ralph auf einen Gedanken aus der aristotelischen Schrift „De caelo" zurück, wo die Kreisbahnen der Himmelskörper dadurch erklärt werden, daß sie von Natur aus weder zum Weltmittelpunkt hin-, noch von diesem wegstreben, also weder schwer noch leicht sind.[23] Der verklärte Leib eines Engels könnte daher als ein solcher Körper gedacht werden, der weder schwer noch leicht ist. Da nach scholastischem Verständnis ein solcher Körper keinen Widerstand gegen eine senkrechte Bewegung leisten würde, und da die Geschwindigkeit als proportional zum Quotienten aus Antriebskraft und Widerstand angesehen wurde, müßte eine solche Bewegung unendlich schnell, also „plötzlich" oder instantan sein, weil die Kraft den Widerstand unendlich übertrifft. Unnötigerweise erwähnt Fitz-Ralph hier als Argument die Macht Gottes, der jeden beliebigen Körper instantan bewegen könne, weil seine Kraft ja die des Körpers unendlich übertrifft. Zwar ist in beiden Fällen das Ergebnis, nämlich der Quotient aus der Kraft und dem Widerstand, unendlich, doch scheint Fitz-Ralph nicht zu merken, daß der Grund im Falle des verklärten Leibes eines Engels im fehlenden Widerstand liegt, während er bei der Bewegung eines beliebigen Körpers durch Gott in der Unendlichkeit der Antriebskraft zu suchen ist.

Die hiermit gewonnene Möglichkeit einer instantanen Bewegung scheint der Lehre des Aristoteles zu widersprechen, denn dieser behauptete bei der Leugnung der Existenz eines Vakuums[24], der Widerstand sei eine Bedingung der Möglichkeit von Bewegung, weil das Verhältnis zwischen der bewegenden Kraft und dem Widerstand, also die Geschwindigkeit, ohne jeglichen Widerstand völlig unbestimmt wäre. Dem hält Fitz-Ralph entgegen, daß dies nur für eine endliche Antriebskraft gelte, Aristoteles sich aber zum Fall einer unendlichen Kraft (Gottes) nicht geäußert habe. Offenbar ist Fitz-Ralph der Meinung, im vorliegenden Falle, also bei unendlicher Kraft und fehlendem Widerstand, werde das Verhältnis wieder ein wohl bestimmtes, jedenfalls sei Bewegung in diesem Falle möglich.

In diesem Zusammenhang erwähnt Fitz-Ralph den Einwand, daß es im Vakuum zwar keinen äußeren, wohl aber einen inneren Widerstand gebe, denn nach der aristotelischen Lehre fällt das Schwerere schneller als das

---

[23] Fitz-Ralph, 1. c., fol. 113vb. Aristoteles, De caelo I, 3 (269b18).
[24] Aristoteles, Physik IV, 8.

Leichtere, so daß ein kleinerer, also leichterer, unterer Teil eines fallenden Körpers langsamer falle als der größere obere und somit der kleinere untere Teil dem größeren oberen einen Widerstand entgegensetze. Diesen Einwand kann Fitz-Ralph aber mit dem Hinweis entkräften, daß große und kleine Körper (des gleichen Materials) im Vakuum die gleiche Fallgeschwindigkeit haben.[25] So hatten es schon Aristoteles und Lukrez gelehrt.[26] Fitz-Ralph hat eine klare Vorstellung davon, daß — bei gleichem Material — Größe (Gewicht) und innerer Widerstand (‚Trägheit‘) eines Körpers proportional zueinander sind, so daß der kleinere untere Teil des fallenden Körpers dem größeren oberen Teil keinen Widerstand entgegensetzen kann, weil „der Gesamtwiderstand aus den Widerständen der Teile zusammengesetzt ist"[27] und daher beide gleich schnell fallen. Der innere Widerstand eines Körpers ist eine uniforme intensive Größe.

Wie wichtig für Fitz-Ralph die Additivität des Widerstandes ist, wird dadurch deutlich, daß er sehr ausführlich Argumente zugunsten derselben angibt, auch wenn seine Ausführungen manchmal an Klarheit zu wünschen übriglassen. Er referiert z. B. auch den indirekten Beweis: Wenn die Fallgeschwindigkeit größenabhängig wäre, fiele ein Körper K schneller als die Kombination zweier sich nur berührender Körper, die aus den oberen drei Viertel (A) des Körpers K und dem unteren Viertel (B) besteht. B fiele nämlich langsamer als A und A langsamer als K, und diese Konsequenz erscheint mit Recht als absurd.

Die Diskussion der Bewegung der Engel ist für die Scholastiker genau der Ort, um die Probleme der widerstandslosen sukzessiven Ortsbewegung und gleichzeitig die prinzipiellen Probleme der Raumbesetzung[28] zu erörtern. Es ist daher auch keineswegs verwunderlich, daß diese beiden Problembereiche schon bei Petrus Johannes Olivi im Kommentar zum zweiten Buch des Sentenzenkommentars vorkommen, auch wenn Anneliese Maier meinte, daß der Gedanke an die gleichzeitige Einnahme verschiedener Orte „nicht häufig in diesem Zusammenhang begegnet"[29].

Bei dem Versuch, die Beziehung der Engel zum Raum und zur Körperwelt zu klären, wird auch ein Problem diskutiert, das nicht so sehr in den Bereich der Physik als in den der Biologie gehört. Es betrifft allerdings auch nicht so sehr speziell die Engel wie überhaupt das Verhältnis der geschaffenen geistigen Wesen, insbesondere der menschlichen Seelen, zum

---

[25] Fitz-Ralph, l. c., fol. 113vb/114ra.
[26] Aristoteles IV, 8 (216a 20 f.). Lukrez, De rerum natura II, 238 f. — Galilei hat diesen Satz („nur") auf Körper aus verschiedenem Material ausgedehnt.
[27] Fitz-Ralph, l. c., fol. 114ra: „...*cum resistencia tocius sit composita ex resistencijs partium, et est resistencia in omni parte vniformis*..."
[28] Kann derselbe Ort gleichzeitig mehrfach besetzt sein? Kann ein Engel gleichzeitig an verschiedenen Orten sein?
[29] A. Maier, An der Grenze von Scholastik und Naturwissenschaft (Studien zur Naturphilosophie der Spätscholastik, Bd. 3), 2. Aufl. Roma 1952, 228.

Körper: Wie werden beim Wachstum die neu hinzukommenden Körperteile belebt? Dort, wo „Belebung" zugleich „Beseelung" bedeutet (*animal — anima*), läßt sich die Frage auch so stellen: Wie kommt die Seele in den zunächst unbeseelten Körperteil?[30] Fitz-Ralph erwägt die verschiedenen Möglichkeiten: entweder (1) durch einen Willensakt oder (2) von selbst, d. h. auf natürliche Weise, oder (3) durch eine direkte Einwirkung Gottes. Die erste Möglichkeit wird zurückgewiesen, weil es auch bei Kleinstkindern ohne ausgebildeten Willen schon Wachstum gibt. Selbstverständlich bleibt die dritte Möglichkeit für Fitz-Ralph immer offen, aber unter naturphilosophischem Aspekt ist die Diskussion der zweiten Möglichkeit die interessanteste.

Eine Beseelung auf natürliche Weise erfordert jedenfalls eine stetige Verbindung des hinzukommenden Körperteils mit dem schon belebten. Eine bloße Berührung dieser beiden Teile genügt dabei nicht.[31] Unter dem modernen Aspekt der Organtransplantationen mag hier die Frage nach der Priorität naheliegen: Ist die Belebung („Beseelung") eine Voraussetzung für eine stetige („organische") Verbindung mit dem hinzukommenden Körperteil, oder ist diese Verbindung die Voraussetzung dafür, daß sich die Seele in den neuen Teil ausdehnen kann? Fitz-Ralph benötigt eine äußerliche Bedingung für die neue Seelenaktivität, deswegen sieht er die stetige Verbindung der beiden Körperteile als Voraussetzung für die Belebung an. Bloße Berührung genüge nicht, denn sich nur berührende Teile unterscheiden sich nicht hinreichend von zwei getrennten Körpern. Allerdings gilt ihm doch die stetige Körperverbindung noch nicht als hinreichende Bedingung für die Beseelung des hinzukommenden Teils. Als Grund für diese Einschränkung führt Fitz-Ralph die Existenz von siamesischen Zwillingen an, die zeigen, daß auch stetig verbundene Körper nicht notwendigerweise eine gemeinsame Seele haben müssen.[32]

Einen besonderen Fall von Wachstum stellt das Wachsen des Kindes im Mutterleib dar. Die auch heute noch akute Frage, wann und wie die Seele in den neuen Menschen gelange, bildete auch für Fitz-Ralph ein Problem, denn entweder ist (1) die im Uterus befindliche Materie, aus der das Kind wird, völlig verschieden vom Mutterleib, oder sie ist (2) ein Teil des Mutterleibes, in den die Seele der Mutter wie in einen wachsenden Körperteil „hineinwächst".[33] Die Nabelschnur als Verbindung spricht für die zweite Möglichkeit. Damit ist aber das Problem der Abnabelung noch nicht gelöst, denn nach der Entbindung sind ja zwei Lebewesen, also zwei Seelen, da. Zu welchem Lebewesen, zu welcher Seele, gehört die Nabelschnur? Wäre sie von beiden Seelen belebt, wäre dies eine Doppelbelebung

---

[30] Fitz-Ralph, 1. c., fol. 108va.
[31] 1. c., fol. 108va.
[32] 1. c., fol. 108vb. Mit Bezug auf Augustinus, Enchiridion, cap. 60 (PL 40, 231—290).
[33] 1. c., fol. 109rb.

und als solche etwas Überflüssiges in der Natur. Das verstößt aber gegen den bekannten aristotelischen Grundsatz, daß die Natur nichts überflüssigerweise hervorbringt.[34] Welchem Lebewesen man die Nabelschnur auch zuordnet, man gerät im Hinblick auf ihre Durchtrennung in Schwierigkeiten, weil bei jeder Antwort ein Teil nach der erfolgten Trennung nicht mehr mit dem zugehörigen Lebewesen verbunden wäre. Dabei unterstellt Fitz-Ralph, daß der bei der Mutter verbleibende Teil ein Teil der Mutter und der beim Kind verbleibende ein Teil des Kindes sei. Obwohl er das Problem recht klar formuliert, wagt Fitz-Ralph es offenbar nicht, frei darüber nachzudenken, denn seine „Lösung" ist völlig irrational: Gerade wegen dieser Argumentationsschwierigkeiten erscheint es ihm „wahrscheinlicher", daß die Seele des Kindes nicht auf natürliche Weise wachse, sondern von Gott selbst in den neu entstandenen Körper geschickt werde. Fitz-Ralph sieht sogar selbst, daß damit das Problem der Nabelschnurtrennung gar nicht gelöst ist, denn Gott müßte im Augenblick der Durchtrennung die jeweiligen Teile entsprechend der zufälligen Aufteilung plötzlich „informieren". Fitz-Ralph liefert keine Lösung dieses von ihm selbst gesehenen Problems, sondern leugnet einfach, daß es auf diese Weise geschehe, und hält in schlichter, irrationaler Frömmigkeit daran fest, daß die Vereinigung der Seele mit dem Körper nur durch Gott selbst erfolgen könne. In einem Kontext, in dem es um Ort und Bewegung der Engel bzw. Geister geht, sagt er mit einer gewissen stilistischen Pointe, er sei von dieser wunderbaren Vereinigung der Seele mit dem Körper „bewegt".

Die Spannung der scholastischen Naturphilosophie zwischen der Naturordnung, die schließlich bis zum Begriff des Naturgesetzes gesteigert wird, und der göttlichen Verfügungsgewalt, durch die der Naturverlauf durchbrochen werden kann, wird in der Diskussion der Engelsbewegung zwar nicht problematisiert, doch argumentativ benutzt. Es gilt eben als selbstverständlich, daß Gott außerhalb der Naturordnung steht und nicht an sie gebunden ist.[35] In vielen Fällen, in denen Fitz-Ralph ein Problem nicht mit Hilfe „natürlicher" Argumente lösen kann, greift er auf die Macht und direkte Eingriffsfähigkeit Gottes zurück, was aber nicht aus-

---

[34] l. c.: „*Propterea queritur de ista parte continuante fetum cum corpore matris aut animatur anima matris aut anima pueri aut vtraque, non vtraque quia hoc superflueret sed natura nihil facit superflua secundo de celo commento 50. et in textu. et 30 de anima commento 45. et in textu.*" Cf. Aristoteles, De caelo I, 4 (271a33); De anima III, 12 (434a31).

[35] Fitz-Ralph, l. c., fol. 113va: „*...quia deus est supra ordinem quamcumque. ideo potest si velit habere medium pro medio et ordinem firmum alijs pro non ordinem. et ideo potest vti duobus extremis distantibus tanquam non distantibus...*" Kurz zuvor hatte Fitz-Ralph die göttliche Allmacht in Bezug auf die zentralen theologischen Probleme erwähnt (fol. 113rb/va): „*...quia deus est virtutis infinite ideo potest facere multa quae a nobis ymaginari non possunt. ideo apparent rationi naturali claudere contradiccionem. sicut quod idem corpus simul sit et in celo et in sacramento altaris. et quod mundus sit factus de nihilo. et quod eadem persona esset deus homo. et ita de multis alijs. et ideo credimus quod deus potest quamcumque rem mutare localiter subito.*"

schließt, daß er von einem normalen Naturverlauf sprechen kann. Die Naturphilosophie bleibt in dieser Schwierigkeit befangen, daß sie stets die Alternative *sive naturaliter (resp. sive secundum legem statutam) sive potentia dei* berücksichtigen muß, denn was im speziellen Einzelproblem als Lösungserleichterung erscheint, bedeutet zugleich für die Bildung einer systematischen Einheit der Naturwissenschaft eine Erschwerung. Die unmittelbaren Wirkungen „durch den Herrn" bedeuten nämlich eine Änderung der Natur.[36]

Leff beklagt die sich wiederholt zeigende Unentschlossenheit Fitz-Ralphs, wenn es darum geht, eine endgültige Entscheidung eines Problems herbeizuführen. Dabei läßt Leff unbeachtet, daß Fitz-Ralph offenbar unter dem Eindruck der kirchlichen Verurteilungen steht. Auch wenn sie ihn nicht unmittelbar bedrohen, so erwähnt er sie doch explizit in seinem Text.[37] Und man wird von jemand, der in einer solchen von Verurteilungen bedrohten Atmosphäre schreibt, nicht immer Entscheidungsfreude erwarten können. Jedenfalls darf man Zweifel haben, ob die jeweiligen Determinationen immer die tiefsten Überzeugungen des Autors zum Ausdruck bringen. Diese Zurückhaltung behinderte die scholastischen Autoren aber nicht, die verschiedensten Argumente auszubreiten, wobei ihnen die Sic-et-non-Methode besonders hilfreich war.

---

[36] l. c., 109vb: „*et sic dicendum est vnumquemque angelum et quamlibet animam humanam circumscribi alii maiori loco naturaliter et alii minori secundum vnum placitum creatoris ... non ex se sed a domino quia deus eam mutaret ad partem generatam de nouo, et ideo daret sibi circumscriptitatem nouam non dico aliam rem. set faceret suam naturam aliter circumscribibilem...*"

[37] l. c., fol. 106va, 106vb/107ra: „*...Uerumptamen propter articulos dampnatos sub pena anathematis quamuis subditos huius vniuersitatis non tangat excommunicacionem potest dici quod substancia angeli non est ratio essendi in loco, id est non naturaliter requirit essentia angeli situm uel locum.*"

Arabica

Philosophisches zu „Picatrix"
Gelehrte Magie und Anthropologie
bei einem arabischen Hermetiker des Mittelalters*

JEAN CLAM (Münster)

> Pressens autour de toi d'autres vivants liés
> Paul Valéry, Au Platane (Charmes)

Einleitendes

Der Vers, den wir unserem Nachdenken über die Naturbetrachtung eines hermetischen Autors des islamischen Mittelalters voranstellen, will Mahnung und Trost sprechen. Der Dichter versucht den herrlichen Baum, in dessen Glieder der leidenschaftliche Einfall gefahren ist, die „Knoten seiner ewigen Rast zu sprengen" (ibid.) und über die Erde zu eilen wie ein Irrlicht, zu beschwichtigen. Er zeigt ihm seinesgleichen um ihn: Kiefern, Pappeln, Steineichen, Ahorne, gleichermaßen erdgebunden, in holdem Alter vergeblich gespalten, vergeblich bekleidet mit ruderähnlichem Gewächs. Er möge ahnen seine Verbundenheit mit anderem Lebendigen in Fesseln.

---

* Bibliographie der zitierten Literatur:
Ibn ʿArabī, Šaǧarat al-kawn, Kairo 1968; Idem, al-Futuḥāt al-makkiyya, Kairo 1329 h/19; M. Berthelot, Collection des Anciens Alchimistes Grecs, Paris 1888; W. Beierwaltes, Neuplatonisches Denken als Substanz der Renaissance, in: Magia Naturalis und die Entstehung der modernen Naturwissenschaft, hg. K. v. Müller, H. Schepers, W. Totok, Wiesbaden 1978; J. Clam, Zum Problem der Emanation in islamischer Philosophie und Gnosis, in: XXIV. Deutscher Orientalisten Tag (26.–30. 9. 1988 Köln), Ausgewählte Vorträge, Stuttgart 1990; G. P. Conger, Theories of Macrocosms and Microcosms in the History of Philosophy, ³New York 1967; H. Corbin, Temple et contemplation, Paris 1981; Idem, L'Alchimie comme art hiératique, Paris 1986; E. R. Dodds, The Greeks and the Irrational, Berkeley–Los Angeles 1951; M. Eliade, Forgerons et alchimistes, Paris 1977; A.-J. Festugière, La Révélation d'Hermès Trismégiste, 4 Bände, ²Paris 1986; Jābir ibn Ḥayyān, Textes choisis, hg. P. Kraus, Paris-Le Caire 1935; Ḥamza ibn ʿAlī Ismāʿīl at-Tamīmī, Bahāʾ ud- Dīn as-Samūqī, Rasāʾil al-Ḥikma (Livre saint des Druzes), hg. Anwar Yāsīn, Diyār-ʿAql (Libanon); W. Hartner, Notes on Picatrix, in: Isis 65 (1965), 438–451; H. Hommel, Mikrokosmos, in: Rheinisches Museum für Philologie, Neue Folge 92 (1943), 56–89; Ibn Ḫaldūn, Tārīḫ, 1. Teil: Muqaddima, Beirut 1965; Iḫwān aṣ-ṣafāʾ, Rasāʾil, Beirut 1957; C. G. Jung, Zur Psychologie westlicher und östlicher Religion,

Das Ansinnen der Platane, das so subjektiv-modern anmutet, erinnert aber an ein antikes Motiv. Den materiellen Wesen wurde ein Wunsch, ein Streben nach dem Höheren zugesprochen, das sich auf die Überwindung der eigenen Beschränktheit richtete. Gedacht wurde es als Drang nach immer feinerer, lichter Gestalt. Der Aufstieg — obgleich öfter als stetig vorgestellt — bedeutete letztendlich einen Sprung über den von der Dichte früherer Daseinsweise geworfenen Schatten[1]. So hüpft in „wildem Sprung", von Fasten und Sehnsucht trunken, des Täufers Haupt auf die Spur seines „reinen Blicks"[2].

Die hermetische Tradition lebt, wie andere spiritualistische Traditionen innerhalb der Philosophie, von dieser Thematik und Praxis der realisierenden, entschränkenden Sublimierung der Existenz. Im Unterschied aber zu jenen, sieht sie den Menschen nicht nur als Subjekt dieser Bewegung

---

Olten—Freiburg 1971; Idem, Erinnerungen, Träume, Gedanken, aufgezeichnet und herausgegeben von A. Jaffé, (Sonderausgabe) Olten—Freiburg 1984; S. Mallarmé, Oeuvres Complètes (La Pléiade), Paris 1970; S. H. Nasr, An Introduction to Islamic Cosmological Doctrines, Cambridge (Mass.) 1964; P. Kraus, Jābir ibn Ḥayyān. Contribution à l'histoire des idées scientifiques dans l' Islam, ²Paris 1986; F. Lämmli, Vom Chaos zum Kosmos. Zur Geschichte einer Idee, Basel 1962; E. O. v. Lippmann, Entstehung und Ausbreitung der Alchemie, Hildesheim, New York (repr.) 1978; Magie. Die sozialwissenschaftliche Kontroverse über das Verstehen fremden Denkens, ed. H. G. Kippenberg, B. Luchesi, Frankfurt 1987; M. Plessner, Vorsokratische Philosophie und griechische Alchemie in arabisch-lateinischer Überlieferung. Studien über Text, Herkunft und Charakter der Turba Philosophorum, Wiesbaden 1975; Pseudo-Aristoteles, Aṯūlūǧiyya. Die sogenannte Theologie des Aristoteles, hg. F. Dieterici, Leipzig 1882; Pseudo-Maǧrīṭī, Das Ziel des Weisen (Ġāyat al-ḥakīm wa-'aḥaqq an-natīǧatayn bit-taqdīm), ed. H. Ritter, Leipzig 1933; Idem, „Picatrix", Das Ziel des Weisen von Pseudo-Magriti, Translated into German from Arabic by H. Ritter und M. Plessner, London 1962; Idem, Picatrix. The Latin Version, ed. D. Pingree, London 1986; C. Ramnoux, Héraclite ou l'homme entre les choses et les mots, Paris 1959; J. Ruska, Tabula Smaragdina. Ein Beitrag zur Geschichte der hermetischen Literatur, Heidelberg 1926; H. H. Schäder, Die islamische Lehre vom Vollkommenen Menschen, ihre Herkunft und ihre dichterische Gestaltung, in: Zeitschrift der Deutschen Morgenländischen Gesellschaft 79 (1925), 192—268; L. Thorndike, A History of Magic and Experimental Sciences, London—Bombay 1947; M. Ullmann, Die Natur- und Geheimwissenschaften im Islam, Leiden 1972; M. Ullmann, Rezension von „Picatrix", in: Zeitschrift der Deutschen Morgenländischen Gesellschaft 114 (1964), 196—201; P. Valéry, Oeuvres, (La Pléiade); Paris 1960.

Im Text wird knapp (Autor, wenn nötig Titel) auf die Angaben dieser Bibliogr. verwiesen. Drei Texte werden im folgenden durch einfache Seitenangabe in Klammern jeweils am Ende des Auszugs zitiert. Es sind: Pseudo-Maǧrīṭī, Ġāyat; Pseudo-Aristoteles, Aṯūlūǧiyya; Ibn Ḫaldūn, Muqaddima). Unsere Übersetzung arabischer Zitate aus der Ġāyat weicht an nicht wenigen Stellen vom deutschen Text Plessners ab. Dies ist kein Hinweis auf etwaige Mängel der Plessnerschen Übersetzung. Diese ist ganz im Gegenteil äußerst klar und genau. Der Grund liegt vielmehr in der Notwendigkeit für uns, die interpretatorischen Akzente zu setzen, die das Zitat seiner Auslegung entgegenführen.

[1] „La terre tendre et sombre/ O platane, jamais ne laissera d'un pas/ S'émerveiller ton ombre!" (P. Valéry, ibid.).

[2] „Qu'elle [ma tête] de jeûnes ivre/ S'opiniâtre à suivre/ En quelque bond hagard/ Son pur regard". S. Mallarmé, Cantique de Saint Jean; Autres Poèmes.

des erlösenden Aufstiegs, sondern auch als deren Zentrum und Organ. Nicht interessiert das Streben zur Verwirklichung einzig ein Wesen an der Spitze der von Seinsausstand und Unselbigkeit ausgehöhlten Seienden — oder gar lediglich dessen Vernunftanteil. Die vereinzelten, in die Mannigfaltigkeit ausgeströmten Dinge, die ganze Materie muß von ihrem Zentrum her in die Stase der Idealität zurückgeführt werden. Die Mitte dieses Prozesses ist der Mensch, jenes universale Wesen, das die Grundbestandteile aller Dinge in sich enthält und zu sich — als einem Weltkondensat — konstituiert.

Hermetisch gedacht ist der Mensch solidarisch mit allem anderen Lebendigen[3]. Diese Solidarität aber ist nicht die der vernunftbegründeten Verantwortlichkeit — des Vorstehers und Verwalters der Schöpfung. Es ist vielmehr ein Ineinandersein von Mensch und Welt, darin einerseits der Mensch ein Ding unter anderen Dingen ist, eingewoben in ein allseitiges Geflecht von sym- und antipathetischen Ausstrahlungen, andererseits er eine verdichtete Spiegelung der Großwelt darstellt. Wenngleich diese Ansicht von der Zentralität und Spekularität des Menschen nicht ausschließlich hermetisch ist — sie findet sich unter vielen Abwandlungen in der Philosophie[4] —, so gerät sie hier und nur hier zur Innigkeit: Der hermetische Mensch ist die Welt in seinem eigenen Leib, er hat sie angezogen. Er ist z. B. mit dem Wald verbunden, nicht weil er dessen Erhalt und Gedeih im eigenen Interesse verantworten muß, sondern weil dieser eine Teilgestalt des Anthropos typisiert und in der Großwelt vertritt, sowie er umgekehrt dem Anthropos ein makrokosmisches Stigmat aufträgt.

Methodisches

Bei dem Versuch diesen Bezug von Mensch und Welt[5] verstehend und deutend zu überdenken, stoßen wir auf eine Reihe von Schwierigkeiten: 1. Der Nachvollzug der Grundanschauungen und die Einfühlung in die Befindlichkeiten dieses Weltverhältnisses erweisen sich als äußerst mühe-

---

[3] Für die Hermetik ist alles Seiende, weil schicksalsfähig, Leben. Das bedeutet: Es ist ontologisch verwundbar und geschlechtlich entzweit. Zur Geschlechtlichkeit als „das besondere Zeichen aller lebendigen Wirklichkeit" s. Eliade, Forgerons, 29.

[4] Von der Aristotelischen Seele, die gewissermaßen alle Dinge ist, bis zu der Leibnizschen Monade, die ein „Weltobjektal" darstellt.

[5] Dies klingt wie eine Abweichung von unserem Thema: Mensch und Natur. Zu letzterem Grundbegriff sei folgendes klargestellt. Die Natur (ṭabī`a) ist allgemein bei den arabischen hermetischen Autoren keineswegs mit der Welt im Ganzen gleichzusetzen. Sie ist vielmehr bloß ein Aspekt dieser Welt, der sich auf den Bereich der Dinge mit materiellem Anteil erstreckt. Dieser Aspekt läßt sich als der der spontanen, inneren Verhaltensgesetzmäßigkeit der Dinge beschreiben. Jedes Ding hat ein ṭab` (einen — im etymologischen Sinn — Charakter, etwas definitiv Eingedrücktes), ist maṭbū` `alā („dahin gehend von seiner Natur geprägt"), daß es sich immer von sich aus so und so verhält. Die Natur stellt für

voll. Streckenweise haben wir es mit einem reinen „Dingdenken" („pensée des choses"⁶) zu tun, das jede Diskursivität, jede logische Umsetzung entbehrt und sich auf unterster kategorialer Ebene hält. Eine solche Unzugänglichkeit archaischer Auffassungsweise kennt der Philosoph von den Cruces der Vorsokratiker-Lektüre her. Gerade die Nähe des hermetischen Denkens zum vorsokratischen — in bezug vor allem auf die Mehrzahl ihrer apophantischen Register und damit auf die Problematik ihrer Auslegung — ist eine frappierende Tatsache, deren Feststellung sich uns immer wieder aufgedrängt hat⁷.

2. Das Denken im Zeichen der Polarität und der Homologie — von „Oben" und „Unten" —, als was sich hermetisches Denken charakterisieren läßt, stellt uns, wenn es sich mit einer genuin philosophischen „Vermittlung" verbindet, vor die Aufgabe, zwischen mythologischer Ausgestaltung der Mittelbarkeiten dieses Weges und rationaler Denkökonomie zu unterscheiden. Dies ist das Problem, das von der „learned magic" des Mittelalters und der Renaissance aufgeworfen wird. Magie und Alchemie, Hauptbestandteile hermetischen Denkens, verstehen sich als rationale Wissenschaften und sind es in ihrer logischen Ökonomie durchaus. Dennoch

---

unsere Hermetiker die dritte, bzw. vierte Stufe der Emanation dar, als Produkt des Überganges von der Weltseele zu dem Bereich, den sie sich zur Waltung schafft, den sie nach Plan und Zweck bewegt, d. h. beseelt. Dieser Bereich ist nicht wie die hayūlā (Materie, hulē) bar jeder Bestimmung, welche letztere er von der Weltseele zu erhalten hat. Im Gegenteil: Die Natur ist das vollständig vorbestimmte Korrelat der Seele, jeweils die zu dieser Form eindeutig zugehörige Materie. Hier denken unsere Hermetiker — unter dem Einfluß des Avicenna — streng aristotelisch: die Seele des menschlichen Körpers ist dessen Vollkommenheit und Form und kann nicht irgend ein anderes materielles Organisat beseelen. Sie verlangt diese ganz bestimmte organische Gestalt (mit genau so beschaffenen Gliedern ..., die in genau dem Verhältnis zu den anderen Körperteilen stehen). Das Verständnis von ṭabī`a baut auf diesem biunivok abgestimmten Hylemorphismus auf: das ṭab` ist die innere Bestimmtheit einer konstituierten Materie, die im Laufe ihres Konstitutionsprozesses immer wieder genau die entsprechenden Formen zu den von ihr erreichten Organisationsstufen von dem Schenker der Formen (*dator formarum*), der Weltseele, verlangt und von den oberen Sphären herabruft. Die Gegenüberstellung von Mensch und Natur kann also in bezug auf unsere Autoren nicht die Konfrontierung des Menschen mit bewohnten oder unbewohnten Landschaften, mit Bergen, Flüssen, Tälern ... bedeuten. Natur steht hier für einen Weltaspekt der unteren Dinge (tà kátō), nämlich den ihrer prästablierten organischen Bestimmtheit und prozessualen spontanen Gestaltung. Der mikrokosmische Mensch reflektiert auch diesen Aspekt in sich, insofern als er je nach dem Grad seiner Bildungsbereitschaft (tahayyu´) Formen empfängt, austrägt und in Konkretionen entläßt, über die er hinauswächst. Der Mensch ist ein Abbild und Kondensat der Physik, weil er das wachsende, entelechiale Wesen schlechthin ist, jenes Wesen, das alle natürlichen Formen in sich vereinigt und für den sie die aufstrebenden Wege zu sich selbst darstellen.

⁶ C. Ramnoux, Héraclite, 170 sqq.
⁷ In diesem Zusammenhang verweisen wir auf die Analysen von C. Ramnoux (Héraclite), die eine der differenziertesten Vorsokratiker-Interpretationen geliefert hat. Von großem Interesse ist ihre Unterscheidung verschiedener Aussageregister in den frühphilosophischen Texten.

bleiben sie in dieser ihrer Rationalität tributär archaischer Dingfaszination und weisen eine ausgeprägte symbolisch-mythologische Kreativität auf[8]. Uns scheint, daß die Problematik der Rationalität hermetischen Denkens letztlich nicht anzugehen ist, solange eine Philosophie der Spätmythologien — ein Typus derer die neuzeitliche Alchimie wäre — nicht entwickelt und zur Klärung dieser Frage herangezogen wurde.

3. Schließlich fordert eine Gattung alchemischer Aussagen einen neuen interpretatorischen Ansatz. Diese Aussagen sind das Produkt einer Entwicklung, die das Geheimwissen in Formeln zu fassen drängt. Es handelt sich um die Formulierung der Symbola der Kunst. Diese Symbola sind in einem besonderen „Register" abgefaßt, dem in der Regel jedes mythologische Beiwerk fehlt. Der Archetyp dieser Gattung ist die "Tabula Smaragdina"[9]. Ihr anfänglicher Ductus macht sie zum geachtetsten Orakel des Hermetismus. Sie mutet wie späte Poesie an[10]. Auch in dieser Hinsicht sind hermetische Maximen in die Nähe der vorsokratischen Fragmente anzusiedeln[11]. Mit dem Aufkommen des poetischen Faktors sieht sich der philosophische Interpret, der bislang den Texten mit Zuordnung zu archaisch-dinglichen, spätmythologischen und emanativ rationalistischen Auffassungsweisen beizukommen versuchte, auf unsicherstes Gelände zurückgeworfen. Hier gilt es im Ausdruck, der sich aller Zierrat entledigt hat, den Reichtum stehender, karger Urbilder zu schöpfen. Über das Verständnis der Art und der Bedingtheit einer Rede von Wind, Wasser, Stein hinaus, liegt das Rätsel des Dinges, dem die anfängliche Rede ins Herz fährt.

---

[8] Die Anfänglichkeit vorsokratischen Denkens ist demgegenüber vollkommen unbelastet. Mit dem Rätsel der Materie konfrontiert, ebenso wie unsere Magier und Alchemisten und so wie diese eine Fülle psychischer Projektionen hineininvestierend, verfügten sie jedoch im Gegensatz zu ihnen nicht über eine in all ihren Potentialitäten System gewordene Vernunft — bestehend aus regional gegliederten Disziplinen und der sie legitimierenden Wissenschaftslehre. (Zur Jungschen Lehre von der psychischen Projektion, welche umso dringender und prägnanter ist, je tiefer und zentraler in der Seele die Leerstelle des zu enträtselnden Unbekannten ist, s. C. G. Jung, Zur Psychologie westlicher und östlicher Religion, Olten–Freiburg, 1963, 90 sqq.).

[9] Zu den Quellen und der Überlieferung der Tabula s. Ruska, Tabula.

[10] In einem postum veröffentlichten Interview (Le Monde vom 13. 7. 1990) geht René Char auf den Grund der Faszination des anfänglichen Denkens ein. Für ihn unterscheiden sich heraklitische Fragmente (er nennt das Beispiel des Fr. 3 — die Sonne so groß wie ein Menschenfuß —) in nichts von heutiger Poesie.

[11] Bezeichnend ist, daß eine ganze Gattung alchemischen Schrifttums, nämlich die der Philosophen-Konvente (mit der Turba Philosophorum als bekanntestem Beispiel) häufig auf die Vorsokratiker zurückgreift, deren Namen und Gestalten für die Beglaubigung bestimmter Ansichten herhalten müssen, die nicht unbedingt mit den von ihnen historisch ausgewiesenen übereinstimmen (s. dazu M. Plessner, Vorsokratische Philosophie).

Text und Fragestellung

Im folgenden wollen wir uns für einen mittelalterlichen arabischen Traktat der Magie interessieren, der sich für die angerissene Problematik hermetischen Denkens überaus ergiebig erweist. Da letztere aber von ihrer Breite her eher auf einen globalen Ansatz für die Erforschung und Interpretation der mittelalterlichen Hermetik deutet, werden wir die auf den Text zu beziehende Fragestellung auf wenige ausgewählte Themen einengen. Es sind:
1. das Selbstverständnis der hermetischen Wissenschaft — abzulesen mitunter an 1.1. der Intention ihres Geheimhaltungsgebots — und mündend in 1.2. ihren paradoxen Status als rationale Disziplin, 2. ihre anthropologische Dimension und die Bedeutung der Homologie von Mikrokosmos und Makrokosmos.

Zunächst sei unser Traktat kurz vorgestellt. Ġāyat al-ḥakīm, fälschlich dem spanisch-arabischen Mathematiker Maslama al Maǧrīṭī zugeschrieben, ist ein Handbuch der Magie, das um 1050—1100 entstand. Es bietet ein exemplarisches Kompendium der gelehrten Magie jener Epoche. Die Ġāyat ist das zweite Werk einer umfassenden Darstellung der hermetischen Wissenschaft der Alchemie und Magie. Sie schließt an die vollendete Abhandlung über die Alchemie (Rutbat al-ḥakīm) an[12] und stellt im Titel die Frage nach dem Vorrang der einen hermetischen Wissenschaft vor der anderen. Dieser Frage wird jedoch nur selten und beiläufig im Text nachgegangen. Der Inhalt der Ġāyat umfaßt vier Arten von Ausführungen[13]:
1. philosophische Rekapitulate 1.1. zu Einteilung, System und Zweck der Wissenschaft sowie zur Stellung der hermetischen Wissenschaften innerhalb der „Weisheit", 1.2. zu klassischen Fragen der Schulphilosophie — so finden wir hier und da kurze geschlossene Traktate De Anima, De Intellectu, die als solche im Flusse der Darstellung nicht so stark herausragen; 1.3. zu pauschal akzeptierten metaphysischen Lehren, so dem System

---

[12] Leider nur in Handschriften vorhanden und uns nicht zugänglich gewesen. Die Rutba, sollte sie von derselben kompilativ-instruktiven, durchaus intelligenten Feder sein wie die Ġāyat, verspräche wertvollste Aufschlüsse über die Alchemie ihrer Zeit im islamischen Kulturbereich.

[13] Zu Fragen nach dem literarischen, historischen Hintergrund des Werkes, sowie zu Text, Quelle und Nachwirkung verweisen wir auf die Urtext-Ausgabe Ritters, auf dessen der deutschen Übersetzung vorangestellten Einführung sowie auf Plessners diese Übersetzung begleitenden, reichen Quellenfund zutage fördernden Kommentar. Nur in lexikalischen und wissenschaftsgeschichtlichen Detailfragen sind die Rezensionen Ullmanns und Hartners hilfreich. Die Heranziehung der mittelalterlichen lateinischen Übersetzung ist ebenfalls zu empfehlen, von der wir eine sorgfältige Edition durch D. Pingree besitzen. Im Zuge dieses Verweises auf die Literatur seien die dem Studium des arabischen Hermetismus förderlichen Arbeiten Ullmanns (Geheimwiss.) und Massignons (Itinéraire) genannt.

der Emanation, deren Stufenabfolge häufig erinnert wird und das im übrigen die Grundlage für die Verwissenschaftlichung der Magie und Alchemie bietet; 1.4. zu einer Fülle von Doxai aus den verschiedensten Quellen in heterogener Ordnung dargeboten, wobei die arabischen platonischen Pseudepigraphen neben vielen anderen durch ihre Frequenz auffallen; 1.5. zu physikalischen Fragen, spärlich gestreut und sich auf *astronomica* und *meteorologica* beziehend (angesichts der beherrschenden Rolle der Astrologie in der magischen Kunst);

2. astrologische Lehren ausführlich dargeboten meistens in Gestalt von Erscheinungsbildern und Virtutes-Katalogen verschiedener Planeten und Gestirne;

3. magische Rezepte — vorwiegend Talismane — unterschiedlicher Faktur: vom durchsichtigen, sozusagen durch und durch „rationalen" Sympathiezauber zum abstrusen, auf den willkürlichsten Assoziationen bauenden schwarzmagischen Los. Zusammen mit den astrologischen Stücken stellt die magische Rezeptur zwei Drittel des Werkumfanges dar.

4. *Mirabilia* und magische *Anecdota*, worin unser Autor von der großen Enzyklopädie des Zauberwesens, der „Nabatäischen Landwirtschaft" des Ibn-Waḥšiyya stark abhängig ist[14].

---

[14] Es seien zuletzt zwei vom Umfang her kaum ins Gewicht fallende, jedoch höchst sonderbare Ausführungen genannt, ohne die unsere Übersicht unvollständig bliebe: 1. die Anrufungen und Gebete an die Planeten (III, 7, 8), begleitet von Liturgien, die neben allerlei Zauberwerk Proskynesen vor den Planetengöttern beinhalten. Diese schlechthin heidnischen Riten haben durch ihre Kühnheit, ja Unvorstellbarkeit mitten im islamischen Kulturbereich, viele Kommentatoren stark beeindruckt. Sie überliefern die älteste Schicht und belegen den harranisch-hellenistischen Ursprung dieser Literatur; 2. die Beschreibungen von Statuen und Bildern (II, 10 und 160 sqq.), wahrscheinlich theurgischen Ursprungs, die in der arabisch-hermetischen Literatur kein Gegenstück haben. So müßte im Hinblick auf die Frage der hermetischen Symbolik und ihrer Bebilderung die theurgische Galerie des Picatrix öfter herangezogen werden. Denn während in der abendländischen Alchemie das symbolische Bild sehr früh den Text nicht nur schmückt, sondern selber zum Haupttext wird, deren Kommentierung einem begleitenden (meistens sentenzenartigen) Schrifttext zufällt, bleibt die Bebilderung von hermetischer Literatur im islamischen Mittelalter Ausnahme — auch hier sind es nur Skizzen alchemischer Apparate, aber auch der Einzelfall einer illustrierten Handschrift des Ibn ʿUmail. Hinzuweisen ist natürlich in diesem Zusammenhang auf die Rolle der Drucktechnik — insbesondere der lithographischen, bzw. Kupferstich-Verfahren der abendländischen hermetischen Emblematik — einer Technik, die im Orient erst im 19. Jh. eingeführt wurde. Es bleibt jedoch, daß die Sache der Hermetik kongenial bildhaft ist: Denn so wie sie das sprachliche Symbolon — z. B. die alchemische Maxime — fordert und hervorbringt, so braucht sie die verräumlichte Gleichzeitigkeit des Bildes, um den kein einseitiges Obsiegen und Überwinden kennendes Agon ihrer Gegensätze und deren hochzeitliche, sie gänzlich verwandelnd-erhaltende Vereinigung auszudrücken. Das Bild ist aber in einer weiteren Hinsicht den hermetischen Inhalten kongenial: Diese stammen fast unvermittelt und roh aus dem (menschheitlichen) Unbewußten. Von der Verbindung von Bild und Symbol in und sozusagen vom Glücksfall der äußerst reichen Bebilderung der klassischen Alchemie (des 16.–17. Jh. in Europa) hat die Jungsche Psychologie einen entscheidenden Anstoß

Unsere Klassifizierung dieser unterschiedlichen Arten von Lehrstücken — die einen ersten Begriff von der Heterogenität des Werkes vermittelt — hat sie nicht nach deren umfangs- und schwerpunktmäßigen Bedeutung geordnet. Sie ist dem Hang eines allergeläufigen methodischen Vorurteils gefolgt und hat sie nach abnehmendem Rationalitätsgrad aufgezählt. So erhielten die philosophischen Lehrstücke, an der Würde des Rationalen am stärksten partizipierend, den ersten Platz. Wenn dies uns auch nicht dazu verleiten soll, den Autor der Ġāyat in die Nähe eines handfesten Peripatetikers vom Schlag des Farabi oder des Averroes zu rücken, so ist die von ihm rezipierte und dem System geheimer Wissenschaft zugrunde gelegte Philosophie mancherorts eine solche ohne Abstriche[15]. Und gerade diese widerspruchslose, manchmal sehr gründliche, intelligente Aneignung philosophischen Wissens macht das Paradoxon der gelehrten Magie aus.

1. Selbstbegriff

Die Gemeinsamkeiten gnostisch-hermetischer Spekulation und neuplatonisierender Philosophie sind beträchtlich. So muß man gelegentlich, um sie in ihrer Eigenart zu unterscheiden, auf äußere Merkmale zurückgreifen, z. B. die eigens eingeschränkte Zugänglichkeit der hermetischen Lehre. Eine solche Arkandisziplin kennt die Philosophie — außer vielleicht in ihrer spätneuplatonischen, theurgisch-mysterialen Abwandlung — nicht. So fragen wir: Was hat es auf sich mit der Verborgenheit hermetischen Wissens und gibt sie Aufschluß über dessen Eigenart?

Arkan

Unser Autor beruft sich gelegentlich auf das hermetische Geheimhaltungsgebot[16] und deutet im Vorbeigehen einige der es rechtfertigenden

---

erhalten: Sie konnte den grundlegenden Nachweis ihrer „Voraussetzungen in der Geschichte" (Jung, Träume, 204), der ihr in den Augen ihres Gründers so nottat, erbringen. Die bebilderte Alchemie war damit an der Aufschließung der Grundintuitionen dieser Psychologie heuristisch beteiligt. Dies macht deutlich, daß überall, wo in der hermetischen Literatur glücklicherweise das Bild zum Träger des Symbolon wird, dem unbedingt schärfere Aufmerksamkeit zu schenken ist. Dies ist insbesondere der Fall bei unserer theurgischen Galerie.

[15] Der Autor der Ġāyat beruft sich an zwei Stellen seines Werkes auf eine von seiner Feder stammende, leider nicht erhaltene „Geschichte der Philosophie bei den Arabern". Von der Ġāyat her zu beurteilen, hat seine Behauptung nichts Unwahrscheinliches. Die ausgiebigen und manchmal beträchtlich nuancierten Referate von philosophischen Theorien lassen bei ihm auf gediegene historische Kenntnisse schließen.

[16] Dessen Geltung wird von den Hermetikern als allgemein philosophisch angenommen. So sagt ein Spruch der Maria der Jüdin: „Kein einziger Philosoph hat die Wahrheit in

Gründen an: es ist einmal die Rede von der Gefahr des Weltunterganges (ḫarāb al-ʿālam wa-duṯūrihi (2)), wenn das hermetische Wissen in die Hände derer gelangte, die seiner nicht würdig sind (ġair ahlihi (2)) und es zu destruktiven Zwecken gebrauchen könnten. Dies ist eine von Hermetikern öfters angeführte Legitimierung des Gebrauchs „geheimer Zeichen und verhüllender Ausdrücke" (rumūz wa-taʿmiyāt (2)) und zeugt von der selbstherrlichen Meinung, die sie von der Macht ihres Wissens hegen. Origineller ist die Berufung auf die heuristische Tugend der Geheimhaltung: durch die symbolische Verhüllung der Lehren sei der Aspirant genötigt „zwischen den Zeilen" (2) zu lesen und sich mit hoher Aufmerksamkeit an die Texte zu applizieren. Daraus erwachse eine Mahnung und eine Schärfung des Intellekts (tanbīh wa-taḏkiya lil-ʿaql (50)). Die „Dunkelheit" (ġumuḍ) rühre auch nur von der „Subtilität der Inhalte" (riqqat al-maʿānī (50)), die zum Nachdenken, Abwägen, Nachforschen (fikr wa-rawiyya wa-tamḥīṣ (50)) einluden. Dies erinnert an die Fabel vom begrabenen Schatz, der so emsig gesucht wird, daß er, der unter Tage gar nicht

---

klarer Form gelehrt". (Lippmann, Entstehung 46). Ein solches Gebot charakterisiert allgemein die arabische Literatur auf diesem Gebiet und viele seiner Formulierungen unterstreichen die Nähe der ganzen Gattung zur islamischen Gnosis — vornehmlich der Ismāʿīliyya. In den meisten gnostischen Sekten des Islams wird die Frage der Weitergabe des erlösenden Wissens zu einem zentralen spekulativen Anliegen. Die auswuchernden Ausgestaltungen des Emanatismus sind direkt von ihr bestimmt. So ist die gnostische Transmission das Geschehen selbst der abgestuften Zurückführung des Seins aus seiner Entströmtheit. Die Transmission hat aber immer von einem unmittelbar höher stehenden Initiierten zu erfolgen. Sie ist streng hierarchisch verfaßt, wobei die von Arkanstufe zu Arkanstufe stets exakt vermittelt weitergegebene Lehre die eine und einzige Botschaft des epochalen Imam ist. So könnte die Geheimhaltungsproblematik im arabischen Hermetismus unter das einer islamischen gnostischen Schrift (Ḥamza ibn ʿAlī, ... Rasāʾil 115) entnommene Motto stellen: „Von ihm her ist das Gelangen zu ihm" (wa-minhu al-wuṣūl ilayh). Die vom hermetischen Heros (ob Hermes Trismegistos oder dem verborgenen Imam) ausgehende Botschaft kommt nur über einen geordneten Weg hinab zum Gehör des Aspiranten und führt ihn über denselben Schritt für Schritt zum Prinzip herauf (cf. zum supersekutiven Erlösungsprozeß in der isl. Gnosis, Clam, Problem). Der Psychopompos der strebenden Seele bei diesem Aufstieg heißt in unserem Traktat — ähnlich der islamischen gnostischen Tradition allgemein — die „vollkommene Natur" oder der „vollkommene Mensch". (Cf. H. H. Schäder, Lehre, der die Frage nach der Einwirkung der Gnosis auf die sich ausbildenden heterodoxen Geheimlehren im Islam thematisiert). Der Offenbarer im Traum — in dem sich die Seele ebenso exerzieren soll wie im Wachen — ist die eigene vollendete Natur (anā ṭibāʿuka at-tām (188)). Diese ist auch der ṣāḥib (comes), der in der Eingebung erscheint und den man zu befragen hat (yamtaṯilu laka ṣāḥibuka fasalhu... (300)), der Mensch mit der vollendeten Gestalt und dem besten Aussehen (šaḫṣ tāmm al-ḫulq (302); šaḫṣ fī afḍal ṣūra (303)). Er ist der Besitzer der Früchte der Weisheit, d. i. jener Pneumata, über die jeder Weise verfügt und die ihm Kraft geben, ihn lenken (tudabbir) und ihm das Geheimnis offenbaren (190). Die vollendete Natur sind „die vier Pneumata [des eigenen] Sternes" (190). Anklänge an das sokratische Daimonion, jenen inneren „ratgebenden Meister" (al-muʿallim an-nāṣiḥ (194)) sind in diesen Ausführungen nicht zu verleugnen.

vorhanden ist, sich als die bodenverbessernde Emsigkeit der Suche selbst entpuppt[17].

Der Picatrix scheint aber insgesamt sehr wenig von der Arkandisziplin zu halten. Er durchbricht das Gebot der Verschwiegenheit an unzähligen Stellen, ohne sich zu rechtfertigen. An einer Stelle (327) jedoch prangert er offen den Mißbrauch der Geheimhaltung, der zum „Verfehlen" [des Richtigen] führt und die Schäden die Vorteile überwiegen läßt, die man sich von ihr erhoffte. Schon am Eingang der Ġāyat kündigt er seine Absicht an, „die Sache den Leuten klarzumachen, ihnen die versteckte Methode dieser ... Kunst zu zeigen und ihnen [deren] Wesen, das die Philosophen geheimgehalten haben, zu offenbaren, so wie wir das für die alchimistische Kunst gemacht haben" (2). Wiederholt setzt er sich bewußt von der Praxis der „Meister" ab, welche die Lehre, „soviel sie nur konnten, hinter Andeutungen versteckt" haben (58). Er zitiert die bekannte Sentenz (Jesu — cf. Plessners Kommentar, S. 180 der dt. Übsg.): „Pflanzt die Weisheit nicht in die, die ihrer unwürdig sind, sonst tut ihr ihr Unrecht; haltet sie aber auch nicht vor denen zurück, die ihrer würdig sind, sonst tut ihr ihnen Unrecht" (171). Und an einer anderen Stelle: „Wenn sie [die geheimen Lehren der Vertreter dieser Kunst] aber dem, der nach diesem Weg strebt, vorenthielten, so hieße das damit geizen und zurückhalten" (92). Das Geizen und Zurückhalten mit — der Lehre (šaḥḥ wa-ḍann bi-.. (92)) — sind häufig wiederkehrende Ausdrücke, die den Sachverhalt der ungerechten Geheimhaltung anzeigen. Jedoch bleibt das Zurückhalten gegenüber dem Unwürdigen Gebot. So heißt es am Schluß des Werkes: „Halte [diese Lehre] zurück, bewahre dieses unser Buch und schütze es — es sei denn gegenüber einem, der es verdient [unterrichtet zu werden]" (al-mustaḥiqq) (414).

Der Hermetiker ist für Ps.-Maġrīṭī ferner mit Recht angehalten, vieles von dem, was er weiß, der Menge vorzuenthalten. Unser Autor bringt sich darin in die Nähe der Propheten und Künder, die aus Furcht vor der Menge, nur die zugänglichen und am allerwenigsten Anstoß erregenden Teile ihres Wissens öffentlich machen. Zur Erhärtung seiner Meinung zitiert er ein ḥadīṯ (ein überliefertes *dictum* des Propheten): „Wenn ich den Leuten mitteilen wollte, was ich weiß, würde mir diese (meine) Gurgel hier abgeschnitten werden" (171). Denn, sagt die Ġāyat weiter, die „Ungebildeten und die Unwissenden unter den Gebildeten" sind „schlimmer als die bösen wilden Tiere und sie sind die Mörder der Propheten" (283). Picatrix betont die Verwandtschaft des Hermetikers mit den Religionsstiftern: Diese verkünden nämlich Gesetze (nawāmīs), die voller verschlüsselter Metaphern (alġāz) sind und wie Fabeln anmuten. In dieser Form wird ihre Lehre vom Volk angenommen, das davon einen immensen

---

[17] La Fontaine, Fables, V, IX (Le Laboureur et ses enfants).

Nutzen (i. e. den sozialen Frieden) hat. Der Prophet aber ebensowie der Hermetiker geizt mit seinem eigentlichen Wissen, um nicht den Amoklauf der Menge gegen die Blasphemie der verborgenen Reichweite seiner Symbole hervorzurufen[18]. So liegt das Exoterische von Prophetie und Magie jeweils in der Nützlichkeit ihrer äußeren Werke, die da sind der Nomos und der praktische Zauber.

Zum Vergleich ziehen wir die für unsere These besonders interessante Position Ğābir ibn Ḥayyāns zur Geheimhaltung herbei. Dieser ist sich wie wenige unter den mittelalterlichen Hermetikern bewußt, daß hier ein grundsätzliches Problem vorliegt, das über den Gesichtspunkt der Kontraproduktivität einer die Wissensvermittlung und -vermehrung erschwerenden Praxis hinausreicht. Die Schärfe seiner Position ist in seinem gnostischen Bekenntnis begründet: „Unter den besonders schwierigen Fragen ist die folgende: Warum ist das Wissen der Angehörigen des Propheten (ahl al-bait) verschwiegen, während sie die Wahrheit besitzen? In der Tat aber verschweigen sie es nicht, sondern die Wahrheit ist offenbar. Es sind nur eure Unwissenheit und eure Unachtsamkeit, die euch die Einsicht verwehren. Daraus ergibt sich auch ihr Verschweigen [des Wissens] euch gegenüber je nach dem Grad [eures Fassungsvermögens]" (37). Die Geheimhaltung wird von Ğābir sowohl als intentionelle Praxis als auch als wissensimmanent geleugnet. Das esoterische Wissen ist prinzipiell und jederzeit zugänglich, jedoch nur für den Vorbereiteten. So brauchen die Wissenden es nicht zu verschweigen. Es verweigert sich von sich aus demjenigen, der noch nicht so weit gekommen ist, es einzusehen. An einer anderen Stelle (327) beruft er sich auf die Subtilität der theologischen Rede und auf die Würde ihres Gegenstandes (näml. der oberen Dinge -al ʿulwiyyāt, tà ánō) sowie auf die Seltenheit, Schwierigkeit und Unverfügbarkeit dieser Rede. Sie ist nur für diejenigen bestimmt, die einen vollkommenen Intellekt haben ... Denn sonst würde die Rede zugrunde gehen (lahalika 'l-kalām) und sie würde nicht als das anerkannt werden, was sie ist. Demgemäß ist der Wissen besitzende Schriftsteller, der dieses verschweigt, entschuldigt (fal-yakun al-ʿālim al-muʿallif maʿ dūran (86)). Das Verdienst-Motiv (Eröffnung nur an die Würdigen) herrscht auch hier also wie bei vielen anderen hermetischen Autoren vor („Gib es [das Wissen] nicht deinem Sohn, wenn er unwissend ist" (151).

Für Ğābir ist aber die Geheimhaltung in ihrem Grunde überholt worden. Strenge Wissenschaft macht sie überflüssig. Dies gerade leistet seine „Stathmologie", seine (Universal-) Wissenschaft der Waage (ʿilm al-mīzān): „Alles, was die Leute in der Vorzeit erwähnt haben und worum sie große Geheimnistuerei trieben ... [dies] und der Wegfall aller Mühen ist in den

---

[18] Cf. Paulus, der von sich sagt: „ou gàr hypesteilámēn toû mē anaggeîlai pásan tēn boulēn toû theoû hymîn" (Act 20, 27) oder ein wenig später: „pánta hypédeixa hymîn" (20, 35), und damit die blindwütige „syndromē toû láou" (Act 21, 30) in Bewegung setzt.

Waagen (mawāzīn) enthalten und sonst nirgends" (198). Ja er betont und rühmt sich seines offenen, unverhüllenden Lehrstils. Eine hierzu bezeichnende Formel kehrt mehrmals wieder in den verschiedenen Texten seines Corpus: „Ich habe [dir den Weg] aufgedeckt, offenbar gemacht und verdeutlicht und habe mich nicht mit geheimen Symbolen ausgedrückt" (kašaftu wa-bayyantu wa-awḍaḥtu wa-lam armuz), (151—195 u. a.).

Was ergibt sich aus unserer Darstellung der Geheimhaltungsproblematik bei Picatrix und Ǧābir? Zunächst ist festzuhalten, daß die hermetische Wissenschaft für Picatrix lehrbar ist. Das Dunkel, das sie umgibt und das ihre Inhalte umhüllt, ist künstlich (*ab extrinsice*). Es sind vornehmlich praktische Gründe, welche diese absichtliche Verdunkelung bedingen (Furcht vor Mißbrauch des Wissens, Ertüchtigung des Verstandes, Furcht vor öffentlicher Verfolgung). Beide Autoren halten gelegentlich das Geheimhaltungsgebot für ungerecht, hinfällig oder gar überholt[19]. Für Ǧābir ist die Alchemie strenge, wenn nicht exakte Wissenschaft. Für Ps.-Maǧrīṭī ist die Magie kein Zufallsprodukt sondern eine wohlbegründete wissenschaftliche Praxis. So sieht er, in äußerster Betonung der Nähe von Magier und Prophet und entgegen aller orthodox-islamischen Meinung in den Wundern Christi ein aus Wissen (ʿilm) vollbrachtes Zauberwerk (siḥr) (316).

Gelehrte Magie

In seinem einführenden Vortrag zur Ġāyat (xxii) sagt H. Ritter, ein Anliegen dieses Werkes sei, die Magie mit den von den Griechen vererbten philosophischen Lehren zu begründen. Das an sich deutlichste Zeichen für die Durchrationalisierung dieser Magie ist die gemüts- und gedankenmäßige Helle, in der sie steht: von schamanistischer Überreiztheit, Zwanghaftigkeit und Ausgesetztheit ist kaum etwas zu spüren; Tabus, von denen abgründige Verunsicherung, panische Ängste hervorgehen, begegnen so gut wie nirgends; den Fetischen, welche die irdischen Instrumente des Talismanzaubers ausmachen, haftet keine numinale Kraft und keine dinghafte Faszination an[20]. Homologie von Oben und Unten, Himmelsmecha-

---

[19] Ǧaldakī, der große persische Alchemist des 14. Jh., unterscheidet bei Anerkennung des Istiḥqaq-Grundsatzes jedoch implizit zwischen einem esoterischen Wissen, dessen Auseinandersetzung für den Würdigen nicht verboten ist und dem Wissen um die „secrets de la sagesse gardée que Dieu a préservée", deren Aufdeckung der Imam verboten hat (Corbin, Alchimie, 32). Letztere nennt ein anderer, von Corbin übersetzter Text eines schiitischen Theosophen „l'ésotérique de l'ésotérique" (Corbin, Temple, 59).

[20] Von dieser elementar magischen Schicht sind, um es genau zu formulieren, einige wenige Spuren erhalten. So die eigentlich einige religiöse Innigkeit bezeugende Liturgik der Sternenanrufung (s. Anm. 15). Reste alter Tabu-Ängste sind vielleicht an der Wurzel mancher abergläubischer Einstellungen unseres Magiers, so z. B. seiner Furcht vor unglückbringenden Konstellationen und dinglichen Dispositionen (die „nuḥūs").

nik und Sympathie-Schematismus — der eine ziemlich einfache, lineare Bezugsstruktur der Analogie darstellt —, schließen die untere und die obere Welt (Natur und Kosmos) fast vollständig auf. Die Natur scheint in all ihren Stücken sich der Handhabe des Zauberers anzubieten. Dieser schaltet und waltet furchtlos in ihr[21].

In einer weiteren Hinsicht finden wir bei ihm vor lauter systematisch gesicherter, philosophischer Vermittlung kaum eine Ahnung von der sakralen Phänomenalität der Natur, an die uns die Vorsokratiker heranführen. Nirgends ist ein bloßes Erscheinen der Natur als Natur angesprochen — während für vorsokratisches „Andenken" und Gespür gerade das Geheimnis des schlichten Erscheinens den Zauber, die — allerdings unverfügbare — Magie der Natur ausmacht. Die Befangenheit unseres Autors in einem fertigen, fast reifizierten Vermittlungssystem einerseits[22] und einer häufig auf primäre praktische Zwecke ausgerichteten Zaubermagie andererseits bedeutet einen Verlust der Auffassungsmöglichkeit von Phänomenalität schlechthin, ohne die das Wunderbare und Geheimnisvolle der magisch erfaßten und gelenkten Natur ein solches der Größe und Ausgefallenheit der (kausalen Fern-) Wirkung zu sein verurteilt ist.

Zauber

Wir fragen weiter: Was ist nun genau die Magie für den Autor der Ġāyat? Welche Absichtlichkeit ist für sie kennzeichnend? Welche sind die grundlegenden Anleihen, die sie zum eigenen Verständnis bei der Philosophie macht? Ganz am Anfang des Werkes wird der Versuch einer Definition des Zaubers (siḥr) gemacht: Dieser ist „im allgemeinen alle Worte oder Handlungen, die den Verstand ‚bezaubern' und die Seelen in ihren Bann ziehen" (kull mā saḥara 'l-ʿuqūl waʾ nqādat lahu an-nufūs (6)), eine „göttliche Kraft", die „aus vorhergehenden Ursachen" wirkt (7). Es ist eine schwer zugängliche Wissenschaft (ʿilm) und zerfällt in einen theoretischen und einen praktischen Teil.

---

[21] Auch scheint bei unserem Autor jene archaische Furcht vor weitergehendem Vorgriff auf die Natur nicht vorzuliegen. Man findet bei ihm keinen Anklang an die Gefühle der Achtung und Heiligung der Natur, ihrer Elemente und Rhythmen, Gefühle, die bei Aischylos dem Xerxes gefehlt haben und ihm zum Schicksal geworden sind. Indem Xerxes sich an den Elementen vergreift, vollbringt er ein metarhythmízein der heiligen Ordnung und stürzt sich ins Verderben. Der „aufgeklärten" Magie unseres Autors fehlt gerade der Sinn für ein, bei so freigiebiger Hantierung mit der Natur, jederzeit heraufzubeschwörendes metarhythmízein ihres Ganges, das unabwendbares Verhängnis bringen würde. (Cf. Lämmli, Chaos 62 sq.).

[22] Festugière hatte schon auf die philosophische Unschärfe des Hermetismus hingewiesen: „l'hermétisme ne prêtait guère attention à toutes les nuances de la pensée" (Révélation, II, 295).

Auffällig an dieser Definition ist, daß sie offenbar redundant ist — was sich in den Verlegenheit ausdrückenden Anführungsstrichen des Übersetzers niederschlägt. Sie weiß, um den eigentlichen Sinn des Zaubers zu nennen nicht anders, als auf das „je ne sais quoi" der Bezauberung zu zeigen. Sie definiert den Zauber von jenem Undefinierbaren her, das in ihm wirkt und ihn ausmacht. Der Zauber ist gerade jenes am Gegenstand nicht festzumachende etwas (ein *ineffabile*), das in keiner seiner realen Qualitäten ganz ansprechbar ist, sondern eine jede gewissermaßen überstrahlt. In dieser ihrer Definition ist aber die Ġāyat — die ihr nicht lange treu bleibt und sich bald einer scholastischen Theorie der sympathetischen Wirksamkeit magischer Mittel (Talismane) zuwendet — nicht vollkommen selbständig. Sie macht stillschweigend Anleihen bei dem arabischen Plotin — d. h. hauptsächlich bei dem Pseudo-Aristoteles der Aṯūlūǧiyya. So betont diese den Aspekt der Bezauberung der Seele und ihr gebanntes Folgeleisten der magischen Einwirkung. Darüber hinaus bietet sie, so wie die Ġāyat, eine philosophische Erklärung dieser Phänomene mittels einer Theorie der *„magia naturalis"*, welche die Natur als ein Zusammenspiel der Kräfte der Liebe und des Hasses (maḥabba, ġalaba (66))[23] sieht. Sie verwirft den Kunstzauber (as-siḥr aṣ-ṣināʿī) als Lug und Trug (66) und als Gegensatz des „wahren Zaubers" (as-siḥr al-ḥaqq), der „weder irrt noch lügt". Der wahre, „wissende Magier" (66) nimmt nämlich die Naturkräfte der Liebe und des Hasses in Anspruch und läßt sie an den ihnen angemessenen Stellen ihre Wirkung entfalten. Das *initium magiae* ist die Kenntnis der Dinge, die einander folgeleisten (66) ... Es ist die homoíōsis kósmōi (an yatašabbaha bil-ʿālam (66)). Die Welt ist nämlich von sich aus ein wohl geordnetes, eines Ganzes, „deren sämtliche Teile nach einer einzigen Ordnung geordnet sind (manẓūma kulluhā bi-naẓām wāḥid), als sei sie ein einziges Lebewesen" (kaʾannahā ḥayawānun wāḥidun) (68). Die starke Harmonie und Kontinuität (šiddat iʾtilāfihā waʾttiṣālihā (69)), welche die Bestandteile der Welt miteinander verbindet, begründet die unübersichtliche Fülle der sympathetischen Fernwirkungen — sowohl der natürlichen als auch der mimetisch-magischen. Indem aber der Zauber auf die Anpassung an und die Nachahmung der *„magia naturalis"* zurückgeführt wird, die ihrerseits sozusagen in einer „physikalischen" Anziehung begründet liegt, verliert sowohl er als auch sein Urtyp, die Natur, den Charakter des Wunderbaren. So „tut es nicht wunder" (laysa bi-ʿaǧab), daß die magische Anrufung erhört wird, „denn es ist nichts Sonderbares in dieser Welt" (laysa bi-ġarībin fī hāḏā ʾl-ʿālam (69)).

Der Zauber also haftet immer wieder an der natürlichen Wirkung, ohne jedoch einen objektiven Grund in ihr zu haben. Diese ist ihrerseits nichts Anomisches und Einzigartiges, sondern gerade Produkt einer häufig nicht

---

[23] Cf. Ficinos Aneignung dieser plotinischen Gedanken — Darstellung und Textverweise bei Beierwaltes, Neuplatonisches.

offenbaren, weitläufigen Naturgesetzmäßigkeit. So erliege dem Zauber, nach unserer Aṯulūǧiyya, einzig die „animalische Seele" (an-nafs al-bahīmiyya (71)). Der „tugendhafte, reine, fromme Mensch" (al-mar' al-fāḍil al-bārr at-taqī (71)) ist gegen die von den Zauberern herrührenden natürlichen Wirkungen gefeit. Denn die Liebesleidenschaft (al-ʿušq), welche die Wirkung des Zaubers auf die menschliche Seele als Hingabe an ein übermächtig Liebliches ausmacht, kann im Menschen erst dann entstehen, wenn dessen Vernunftseele ihr folgeleistet und damit Zugang verschafft zur animalischen Seele, die von ihr sodann affiziert werden kann. So ist der Mensch, der „nicht zu etwas Anderem, sondern einzig zu sich selbst neigt" (72) frei von der magischen Anfechtung. Die Fremdbezogenheit, das über das Selbst und die autark zu erhaltende Vernunftseele hinausweisende Verlangen, die Fremdinvestiertheit der Seele sind die Voraussetzungen der Bezauberbarkeit. Die Musik, die Natur, die schöne Gestalt, die Rede wirken entfremdend auf die Seele, die sich nicht selbst will und nicht identisch ist mit dem, wonach ihr verlangt und wozu sie sich neigt (73). Dies geschieht aus der Vergessenheit der wahren Schönheit (al-ḥusn al-ḥaqq (74)) und dem Anhangen zu ihren Bildern und Schatten. So ist die Natur zauberisch durch ihre äußere Schönheit und derjenige ist wahrlich bezaubert, der nach einem nutzlosen Ding verlangt als sei es das wahre Gute (74). Der in sich befestigte, in der Wahrheit stehende Mensch sieht nur sich in der Welt und wendet seinen Blick nicht auf Fremdes, so daß er dem Zauber der Natur entkommt. Es ist vielmehr „er, der sie bezaubert und auf sie wirkt durch seine Erhöhung über sie und seine Unterscheidung von ihr" (75).

Kausalität

Vergleicht man diese Theorie des Zaubers mit der des Ibn Ḥaldūn, so erscheint letztere als ausgesprochen scholastisch: die Magie ist für ihn „die Wissenschaft von der Art von Vorkehrungen, mit denen sich die menschlichen Seelen ermächtigen, die materielle Welt zu beeinflussen, sei es unvermittelt, sei es durch die Vermittlung der himmlischen Dinge (414)"[24]. Daß der Ansatz bei der Wirkkausalität den intentionalen, von Plotin angezeigten Sinn des Zaubers verfehlen muß, zeigt jener antike Autor, dessen Acquieszenz zur Magie gerade in jenem lateinischen Skeptizismus

---

[24] Dabei lehnt sich Ibn Ḥaldūn an Thesen und Diskussionen der Ġāyat selbst an, die, wie wir es sehen werden, mehr zur peripatetischen Analyse des Phänomens neigt. Für Ibn Ḥaldūn ist die Ġāyat das Grundbuch der wissenschaftlichen Magie schlechthin („sie ordnet alle Bücher über die [Geheim]lehren und die Zauberkünste und gibt eine Synthese all ihrer Schulen" (415)). Ferner berichtet er, nach [Ps.-]Maǧrīṭī habe keiner in dieser Wissenschaft etwas geschrieben.

wurzelt, der keine Begründung weiß für das „Wie" der kausalen Verkettung der Weltabläufe. Allem So-Sein haftet in seinen Augen eine Beliebigkeit und Unerklärlichkeit, die ihn nötigt, als Maßstab für den Umgang mit den Dingen der Welt die Ähnlichkeit mit dem Meistvorkommenden (*verisimilitudo*) und die Usualität anzusetzen. So gerät dem Apuleus die Welt zu einer Abfolge von Erscheinungen, die mit einander so dünn verbunden sind, daß niemals eine mit Gewißheit ausgeschlossen werden kann. So sagt Lucius noch am Anfang seiner „Metamorphosen": „*Nihil impossibile arbitror*" (I, 20). Die Erscheinung wird zum bloßen Trugbild und verliert dadurch ihre ontologische Konsistenz: „*Nec fuit in illa civitate quod aspiciens id esse crederem quod esset*" (II, 1). Die Phantomalisierung des bewußten wachen Lebens lebt vom Motiv des Seins als Traum, führt aber nicht zu einer Umwertung des Traumlebens oder der nächtlichen Seite des Seins. Beides ist nämlich gleich unsicher und nirgends ist ein Entrinnen aus dem Imaginalen: „*Nam praeter quod diurnae quietatis imagines falsae perhibentur, tunc etiam nocturnae visiones contrarios eventus nonnumquam pronuntiant*" (IV, 27).

Der Zauber einer unterdeterminierten oder einer durch Künste gewaltsam umdeterminierten Wirkkausalität hat nichts mehr von der Charis, vom Charme, der die Seelen berauscht und betört[25]. In einer von der Kausalität — der Verkettung vereinzelter instanter Erscheinungen — her wahrgenommenen, reflektierten Welt kann kein Zauber begegnen: die Erscheinungseinheiten müssen nivelliert, angeglichen, vergleichgültigt werden, um sich als solche in eine Kausalkette einreihen zu können[26]. Der unablässige, keinen Halt gewährende Reigen der Erscheinungen erinnert an den Allwandel (taũta pherómena pántēi pántōs) des platonischen VII. Briefs (325e), der jene überdrüssige Schwindsucht des Betrachters (illiggiãn) hervorruft und ihm einen Überstieg der phänomenalen Ebene zur lebenswichtigen Notwendigkeit macht. Dies hat mit der Bezauberung durch den Zauber nichts zu tun.

Für Ibn Ḫaldūn ist die Natur durch „physikalische wissenschaftliche Prinzipien und geordnete Gesetze" (uṣūl ṭabīʿiyya ʿilmiyya wa-qawānīn murattaba (422)) bestimmt, auf die der Talismanfertiger für seine eigenen Zwecke zurückgreift. Ibn Ḫaldūn ist ganz überzeugt von der Wirklichkeit der magischen Hervorbringungen — weil er selber aus eigener Erfahrung,

---

[25] Zauber wird oft als ausgegossenes Charisma verstanden, das die leibliche Erscheinung vollkommen verklärt. Cf. die Begegnung von Odysseus und Nausikaa am Anfang des 6. Gesangs der Odyssee (nach der Waschung und der Ankleidung wird dem so erneuerten Odysseus der Zauber der schönen Gestalt zuteil: „Übergoß ihm das Haupt und die Schultern Athene mit Anmut (katécheue chárin)" (VI, 235).
[26] Die subjektivistische Wendung in der Neuzeit kennt von der skeptizistischen Reduktion eines Descartes her jenen „Strom" der Dinge, darin sie alle gleich zu gelten haben, nämlich als bloße Inzidenzien auf der Fläche eines Denkens (*cogitare*, d. i. eines Innenlebens), das sie in bewußter Epochè gleichstellt, da es keinem irgendwelchen — letztlich und gewiß nicht zu begründenden — doxischen Vorzug gewähren will.

sie bestätigen kann (416 f.) — und scheint in der Magie auf Strecken hin eine ausgeführte peripatetische Meteorologie zu sehen, von der die Technik der „Herabziehung der Pneumata der Sphären und deren Einbindung in den Formen oder den Zahlenproportionen" (422) sich ableiten läßt. Die Anfangsgründe dieser Meteorologie ließen sich folgendermaßen formulieren: Die Einwirkung der ʿulwiyyāt ist eine (von allen Philosophen zugegebene) Tatsache; relative Gesetzmäßigkeiten dieser Einwirkung sind feststellbar; Fernwirkung ist durch sie zu erklären und z. T. zu erzeugen. Magie ist somit möglich, weil sie in einem Wissen gründet, das Macht verleiht über seinen Gegenstand, die Natur: „Die menschliche Seele umfaßt [wissensmäßig] (muḥīṭa bi-) die Natur und herrscht ihrem Wesen nach über sie" (ibid.). So „gehört die Verfügung in der Naturwelt der menschlichen Seele" (ibid.).

Der Unterschied zur Auffassung des Plotinus Arabus wird hiermit deutlich: Dieser räumte der gereinigten, frommen, in sich versenkten, weltabgewandten Seele die Herrschaft über die Natur ein und nicht der menschlichen Vernunftseele schlechthin, oder genauer insofern sie sich das Wissen von der Natur aneignet. So wäre jene Ermächtigung der Seele eher mit einer anderen, von Ibn Ḫaldūn beschriebenen (Muqaddima 420 ff.) initiatischen Wissenschaft vergleichbar, nämlich der Wissenschaft von den Buchstaben (ʿilm al-ḥurūf), aus denen die göttlichen Namen bestehen. Diese Kunst verfährt nicht wie die anderen, auf geordneten Beweisen und Schlußfolgerungen basierenden Wissenschaften, sondern ist von asketischem Streben, Intuition, Offenbarung und göttlicher Gunst (muǧāhada, ḏawq, kašf, tawfīq ilāhī) abhängig (421 sq.). Derart, daß wenn dem Erforscher der Geheimnisse der Namen die Offenbarung nicht zuteil wird — weil es ihm an Reinheit in der Hinwendung zum Offenbarer fehlt —, er hilflos dasteht und eine niedrigere Stufe einnehmen muß als der Magier, der wenigstens auf der unverlierbaren Grundlage von wissenschaftlichen Beweisverfahren bauen kann (422). Der Talismanfertiger bedarf eines geringen Maßes an Askese (riyāḍa), ganz im Gegensatz zum Namenmystiker, dessen Streben die *disciplina maxima* (riyāḍa kubrā) darstellt (422). Andererseits wirkt der Mystiker auf die Natur ohne Vermittlung durch die Kräfte der Sphären. Ferner ist die von ihm über die Natur erlangte Verfügung nicht das Ziel seines Strebens — denn jene Verfügung über Werdendes ist nichts anderes als ein Schleier (ḥiǧāb) —, sondern „geschieht *per accidens* [und ist] eine der Gnadengaben Gottes an [ihn]" (karāma min karāmāt allāh lahum (422)). Die Magie ist somit für Ibn Ḫaldūn eine halbwegs säkulare Wissenschaft, empirisch bewährt, deduktiv verfahrend und praktisch auf eine Beeinflussung des natürlichen Werdens ausgerichtet[27]. Verwerflich bleibt jedoch diese Wissenschaft, weil sie die „Hinwen-

---

[27] Es ist eine Auffassung von Magie, die im Europa der Renaissance unabhängig von unserer Quelle große Verbreitung findet.

dung zu den Sphären, Planeten, oberen Welten und Dämonen mit allerlei Magnifikationen, Anbetungen, Unterwerfungen ..." impliziert (415). Sie ist „Hinwendung zu etwas Anderem als Gott" (wuǧha ilā ġayr allāh) und damit „Apostasie" (kufr) (415).

Die Aussagen aus der Theologia Aristotelis beleuchten den neuplatonischen Hintergrund der Lehre vom Zauber in der Ġāyat, die aus der Muqaddima Ibn Ḫaldūns deren aristotelische Voraussetzungen. Dabei wird deutlich, daß die gelehrte Magie in ihren Bemühungen um einen sie in der Wissenschaft und der Philosophie einbürgernden Selbstbegriff zwei theoretische Richtung einschlagen kann: zum einen die neuplatonische, welche die Magie als im Seelenschicksal der Wertverfallenheit begründet sieht und der das Wunderbare solange wahrhaft gegeben ist, als der Blick für die Anmut der Natur und der Künste — darunter der magischen — frei bleibt; zum anderen die peripatetische, die den Prozeß der magischen Kausalität in den Vordergrund rückt und sich für die Gesetzmäßigkeiten der astralen Determination — die ebenfalls von den Neuplatonikern als Prinzip der Waltung (dioíkēsis) der niederen Welt zugegeben wird — und die „Geheimnisse" der Lenkung und Nutzbarmachung dieser Determination interessiert. Die Ġāyat vereinigt beide Richtungen, macht aber keinen Versuch, einen Ausgleich zwischen ihnen zu schaffen. Sie tendiert auch viel stärker zur peripatetischen Richtung.

Gesinnung

Das Eigentümliche an der Ġāyat ist gerade die Verbindung zweier Forderungen: a. nach einer Gesinnung der Hingabe und des Glaubens an die mythischen Mächte der Welt des Zaubers einerseits, b. nach Stärkung und vollkommener Ausbildung der Vernunftseele andererseits. So heißt es an einer Stelle, daß das magische Werk nur in „der Wahrhaftigkeit des Denkens und der Richtigkeit der Gesinnung" (bi-ṣidq al-fikr wa-ṣiḥḥat an-niyya) (137) vollbracht werden kann. Viele Werke müssen mit einer Anrufung, bzw. Anbetung der Planeten beginnen (siehe 195 u. 203), welche Gottes Vertrauen, ein reines Herz und lautere Seele verlangen (195). Manchmal wird man von Zerknirschung überwältigt, daß die Tränen aus den Augen fließen (297). Die Konjunktion (irtibāṭ) der Seelenkräfte mit den Kräften der Sphären (al-quwā al-falakiyya) (27), welche die Voraussetzung des magischen Werkes als einer Indienstnahme der Natur durch die Seele, erfordert das „Insreinebringen des Vorsatzes" (taṣḥīḥ al-ʿazm (37)) und die „Reinheit der Intention" (ṣafāʾ an-niyya (39)). Bisweilen muß ein Zuschuß an gereinigter frommer Gesinnung — d. i. an Inständigkeit des Bittens — eine gewisse Träge der pneumatischen Motion aufwiegen, so im Falle der Zaubersprüche (ruqā), die den Umkreis der Erde nicht überschreiten und in denen also eine Herabziehung der Pneumata nicht recht gelingen kann. Da hilft nur die hoffnungsvolle (raǧāʾ) Hinwendung zum höchsten Gott, der dann selber *nulla re interposita* die Pneumata in Bewegung setzt und sie auf die irdische Hyle hinablenkt (328). Unfähig die Walter über die unteren Dinge und Mittler ihrer Regierung zu einer Einwirkung zu bewegen oder zu zwingen, schwingt sich der Magier im Gebet zum „Gott der Götter und Herrscher über das obere Gebäude" (ilāh al-āliha rabb al-bunya al-ʿulyā (215)) und erwirkt sich die unmittelbare Inswerksetzung der Pneumata. Man darf auch allgemein annehmen, daß magische Werke nicht vollbracht werden können, ohne daß deren Urheber *in foro interno* fest an die Richtigkeit dessen glaubt, was er macht und „es darf ihn kein Zweifel und keine Unsicherheit bei seiner Operation befallen" (14). Die Gesinnung ist aber hier wiederum als ein pneumatischer Faktor zu denken, der, indem er die Wirkung der Vernunftseele stärkt (14), deren Konjunktion mit den oberen Kraftströmen ermöglicht und damit die Dienstbarmachung der Natur durch sie bewirkt.

Conclusio (1)

Es ist auffällig, wie sehr die gelehrte Magie um eine philosophische Begründung und Vermittelung ihres Selbstbegriffs bemüht ist. Ursprüngliche magisch-religiöse Vorstellungen treten dabei sehr stark in den Hintergrund. Die Frage drängt sich auf: Wie rational und säkular ist die gelehrte Magie? Schaut man sich die Aussagen um die theurgische Praxis und deren Gesinnung sowie das ihnen zugrundeliegende Verständnis der Wirkungsverhältnisse in der Natur, so neigt man zur Annahme einer hermetischen Wissenschaftsstruktur, wie sie Festugière (I, 355 ff.) beschrieben hat: eine nämlich der aristotelischen entgegengesetzte, wo das Individuum, die singulären Relationen Vorrang haben vor dem Allgemeinen. Die Einheit eines Wirkungszusammenhanges ist in dieser Struktur nicht mehr in einem abstrakten Prinzip begründet, sondern in realen Affinitäten (I, 360). Daraus ergibt sich, so würden wir es interpretieren, die Notwendigkeit eines singulären Umganges mit den jeweiligen individuellen Potenzen der Natur und des Kosmos. Diese müssen jeweils für sich, sozusagen persönlich sollizitiert werden, so daß „l'exercice de piété prend désormais la place de l'effort rationel" (ibid.) — und nach der Formel Boussets: *novit qui colit*.

Andererseits müssen wir beachten, daß die von der Hermetik angestrebte vollkommene Einbindung in Wissenschaft und Philosophie ernst gemeint ist. Die Distanzierung vom Arkan durch Ǧābir entstammt einem Willen zur Entwicklung auf strenge, quantitativ-exakte Wissenschaftlichkeit hin. Dies ist auch die Stelle, wo hermetische Wissenschaft in eine *physica* oder *psychologia rationalis* umschlagen könnte. Denn es genügt, daß die einzige Annahme einer nicht wirklich faßbaren Tatsache wie die der analogischen

Fernwirkung (d. i. einer in der Kontinuität ihrer Übertragung „unsichtbaren" Wirkungsgesetzmäßigkeit) gemacht wird, damit die ganze Magie physikalisch-deduktiv abzuhandeln sei. Die der Grundlegung einer wissenschaftlichen Alchemie gewidmeten Argumentationen eines Roger Bacon oder eines Petrus Bonus sind äußerst stringent, können aber kein überprüfbares Zeugnis der Tatsachen liefern. Man könnte vordergründig in bezug auf die Verbindung sachlicher Rationalität und undurchsichtiger Empirie die These wagen: Die Erfahrungswirklichkeit unserer Hermetiker — d. i. ihrer Epoche — war in ihrer unterdeterminierten Gegebenheit breiter, umfassender als die der Späteren. Die Reform dieser Philosophie, die eine anomalistische Kausalität beherbergen mußte — und auf deren Boden ein Aristoteles schon, ein Farabi, ein Avicenna, stehen —, ist mit einer Schmälerung der Erfahrungswirklichkeit einhergegangen, bedingt durch die Abblendung einer Reihe von Gegebenheitsweisen. Mit der Verengung der Welteingänge konnte nur noch ausweisbares Seiendes begegnen. Die okkulte Phänomenalität war evakuiert. Die Hermetik späterer Jahrhunderte hält aber an der geräumigeren Wirklichkeit (einer *natura magica* und an ihrer Erfahrungsqualität als *magia naturalis*) fest[28]. Frühere Epochen der Philosophie, mit denen sie diese teilte, sahen durchaus das Problematische an ihren okkulten Rändern, konnten aber daran nichts ändern und verhielten sich zurückhaltender in der Ergreifung der Wissens- und Vollbringenschancen, die da unstet und trügerisch winkten. Aus dieser These ließe sich eine weitere folgern: Die philosophische „Vermittlung" hermetischer Inhalte ist nicht ihren grundlegenden Motiven förderlich. Sie neigt am Ende dazu, den Zauber in eine physikalisch bestimmbare (magnetische) Fernwirkung zu rationalisieren, d. h. ihn durch Reduzierung auf einen — zwar nicht so durchsichtigen — Mechanismus zu negieren. Eine reduktive Negation des Phänomens ist sie auch da, wo sie weiterhin großen Aufhebens um es, seine Virtualitäten und seine — residuale — Geheimnisvollheit macht.

2. Anthropologie

In der Ġāyat findet sich ein Abschnitt, der, wenn er auch weniger sonderbar anmutet als jener über die theurgischen Bilder oder die Planetenanrufungen, doch von großer Originalität und vor allem von einem

---

[28] Bezieht man hier die Fragestellung der anthropologischen Debatte über „das Verstehen fremden Denkens" (Übersicht in: Magie, hg. Kippenberg) mit ihrem Vorzugsthema Magie in primitiven Gesellschaften ein, so wird dem Philosophen klar, daß das, worum es in den Aporien der Zuordnung von (magischen) Handlungen und Anschauungen zur Rationalitäts- oder Irrationalitätssphäre geht, weniger der Vernunfts- als der Wirklichkeitsbegriff ist. Es gibt somit keine absoluten (d. i. rationalen) Maßstäbe zum Vergleich zwischen wissenschaftlicher und magischer Kultur, da jede in einer anderen Wirklichkeit zu Hause ist. Die Rückbeziehung des Komplexes „learned magic" in diese Fragestellung verdiente eine gesonderte Studie.

besonderen philosophischen Interesse ist. Es handelt sich um den 6. Abschnitt des ersten Buches, der den Menschen und seine Stellung in der Welt zum Thema hat. Hierin wird nicht nur die These von der mikrokosmischen Natur des Menschen ausgesprochen — an sich ein Gemeinplatz der neuplatonisierenden gnostischen Philosophie, seitdem die Iḫwān aṣ-ṣafāʾ dem Thema eine alles Bisherige an Detailreichtum überbietende Behandlung haben angedeihen lassen[29]. Das Interesse des Abschnitts liegt vielmehr in der Verbindung von fünf Motiven, die der dargebotenen Lehre vom Menschen eine besondere Prägnanz verleiht: Da ist zunächst (a) die anthropokosmische Homologie, in deren ausführlicher Darlegung die Ġāyat sehr stark von den Iḫwān abhängig ist; dann (b) ein angerissenes *conjunctio-oppositorum*-Motiv, darin der Mensch als ein in jeder Hinsicht zwiespältiges Wesen erscheint, das alle Gegensätze in sich vereinigt; (c) die klassische Lehre von der Singularität des Menschen gegenüber allen anderen natürlichen Lebewesen, welche eine Behauptung vom Vernunftsvorzug des Menschen vor aller Materie behafteter Kreatur voraussetzt; (d) ein im modernen Sinne anthropologisches Motiv, das am Menschen die Seins- und Verhaltensweisen anzeigt, die der Gegebenheit einer „Welt" zugrundeliegen und die früher und tiefer als das Vernunftsverhalten dem Menschen die Erschlossenheit des Seienden gewähren; zuletzt (e) das gnostische Motiv des „vollkommenen Menschen" als eines intelligiblen Universale.

(a) Proportio

Plessners — hauptsächlich quellenhistorischer — Kommentar zu diesem Abschnitt (40—51 der dt. Ausgabe) vermittelt den Eindruck, als habe unser Autor die Enzyklopädie der Iḫwān knechtisch und fehlerhaft abgeschrieben. Tatsächlich erschließt sich der Sinn mancher ungeordneter Aussage erst, wenn man den Text der Iḫwān zu Hilfe nimmt. Sind die einzelnen Homologien, die zwischen Mikro- und Makrokosmos festgestellt werden, zwar keineswegs Entdeckungen des Ps.-Maǧrīṭī, so ist zu bedenken, daß sie ebensowenig selbständige Schöpfungen der gnostischen Enzyklopädisten sind. Beidesmal haben wir die Autoren als abhängige Zeugen einer hermetischen Tradition anzusehen, die an sich hospitabel war für eine Fülle von Philosophemata, die sie um ihre Grundmotive rankte. So handelt es sich in dieser Hinsicht bei unserem Autor lediglich um eine

---

[29] Siehe Conger, Theories, 46 sqq. und Nasr, Introduction 97 sqq. Die Iḫwān behandeln die Mikro- und Makrokosmos-Analogien in jeweils einer Abhandlung getrennt (Mikrok. in: Risāla 26, Makrok. in: Risāla 34).

Motivamplifikation[30]. Im übrigen stellen die Iḫwān-Exzerpte weniger als ein Drittel des anthropologischen Abschnitts der Ġāyat dar und lassen Raum für die Entfaltung anderer Thematiken als der der Homologie. Es besteht also Grund, den Eindruck zu berichtigen, hier handele es sich um ein längeres Zitat, das eine besondere Behandlung nicht verdient.

Gehen wir die Passagen über die anthropokosmische Analogie durch. Hier wird behauptet, der Mensch sei das Gegenstück (naẓīr) einer großen Welt (42). Die kleine Welt ist von der großen umfangen (maḥṣūra fī-) und ist ihr angemessen (yulā'imuhu) aufgrund der Konjunktion (ittiṣāl) ihrer beider Formen (42) sowie ihrer Seelen (an-nafs al-kulliyya muttaṣila bin-nafs al-ǧuz'iyya (47)). Mikro- und Makrokosmos berühren sich, sind übergangslos miteinander verbunden, fleischlich und seelisch miteinander verwachsen. Dies ist das erste Moment der Homologisierung von Mensch und Welt: noch diesseits der Ähnlichkeit und Aanlogie zwischen beiden, geht es hier um eine Synapsis, einen ständigen Kontakt, eine Fühlung beider und eine Art gegenseitiges Anhangen. Der Mensch ist nicht — für sich — auf der Welt; er ist, die Welt in sich habend und abbildend, in der Welt[31]. Die Welt ist nicht — nur — sein Gegenüber, sondern vor allem sein inwendiges *instar*. Mensch und Welt sind ein einziges Symbolon von einander. In jenem ist dieses Symbolon wie in einem Spiegel gebündelt, in dieser veräußert es seinen Formenreichtum. Jener ist die äußerste Zusammenziehung, die Systole des Ganzen, diese dessen restloser Aufgang. In der Sprache des Picatrix ist der Mensch in seiner Wahrheit ein „vollkommener Teil" (ǧuz' kāmil (42)) der Welt.

(b) Conjunctio

Daran schließt sich der Gedanke des Enthaltenseins aller Dinge im Menschen an (al-ašiyā'fīhi bi-'aǧma'ihā mawǧūda (42)). Er kündigt die Aussagen unseres zweiten Motivs an. Der Mensch ist eine prägnante

---

[30] Daß wir es hier mit einem typischen Topos der Hermetik zu tun haben, zeigt die Variabilität der Analogien von einem Autor zum anderen (oder gar bei demselben Autor). Ein weiterer Beleg wäre der stereotype Charakter eines alchemischen — als Hermes-Zitat ausgegebenen — Textes des Olympiodoros (Berthelot, Coll. I, 100 F), darin die Analogien zwischen Mensch und Welt ohne Plan aufgezählt werden, ein einziges Satzmuster ständig wiederholend: Échei ho mégas kósmos, échei kaì ho ắnthrōpos (den er „tò kosmikòn mímēma" nennt). Zu vgl. wäre auch eine Stelle aus Ǧābir, wo vielfältige, d. h. an sich amplifizierbare Korrespondenzen zu Hirn und Herz aufgewiesen werden (Textes, 50). Das Motiv und seine Varianten sind ebenfalls an vielen Stellen bei Ibn 'Arabī belegt — eine davon, die den unseren nahekommt, findet sich in Šaǧarat al-kawn 10 sq.

[31] Die Alchimisten lehren die Existenz einer dritten, mittleren Welt zwischen Makro- und Mikrokosmos. Diesen Mesokosmos, genauer Mesanthropos (insān awsaṭ) bilet nach Ǧābir (71) die alchemische Technē (die ṣin'a) selbst.

Gegensatzstruktur. Er ist jeweils zur Hälfte zugleich dicht und tot (im Leib), fein und lebendig (im Geist), sich bewegend und ruhend, gestaltet und formlos, Tag und Nacht, Licht und Finsternis, sensibel und intelligibel, tragend und getragen (43)³². „Seine beiden Augen entsprechen den beiden Luminaren, die Nasenlöcher den beiden Winden, die Ohren Osten und Westen, seine Vorderseite dem Tag, seine Rückseite der Nacht, sein Gehen dem Wandeln der Sterne, sein Sitzen ihrem Stillstehen, sein Rückwärtsgehen ihrer Dejektion, sein Tod ihrem Verbranntsein" (44). Das Bild ist das eines Makranthropos, der aus zwei gegensätzlichen Hälften besteht und sie im Prozeß seines Lebens erhält und versöhnt.

(a) Porportio (Forts)

„Die Geschöpfe liegen umher und er versammelt sie" (al-maḫlūqāt aštāt wa-yağmaʿuhā (43)), denn er ist der „Nachkomme der großen Welt und deren Abbild" (salīl al-ʿālam al-akbar wa-nasḫatuhu (43)). Er „vereinigt die Ideen (maʿāni) [der großen Welt] in seinem Bau und seiner Zusammensetzung" (43), welche die vier Elemente in bester ausgewogener Proportion umfaßt (44)³³ und durch die der Mensch zur Mitte wird, die in alle Naturreiche hineinreicht. Dieser Ansatz der anthropologischen Englobalität wird ausgeführt in der Anzeige allerlei anschaulicher Homologien im Aufbau des Mikro- und Makrokosmos: Kopf/Himmelssphäre (aufgrund der Konzentration von *subtilia* (laṭāʾif) in ihm³⁴, Nase/Winde, Augen/Luminare (Sonne—Mond), Gelenke—Glieder/Bezirke—Dekane—Grade, 7 innere Organe/7 Planeten/7 Tage der Woche, 24 Wirbel/24 Stunden des Tages, 28 Gelenke/28 Stationen des Mondes/28 Buchstaben des Alphabets, 360 Adern/ebensoviele Tage des Jahres/Grade des Himmels, Fleisch/Sand, Knochen/Berge, Haare/Pflanzen, Adern/Flüsse, innere Organe/Metalle im Erdboden, 12 Öffnungen (6 linker- 6 rechterseits)/12 Tierkreiszeichen (Nord—Süd), 7 Seelenkräfte (über den Körper waltend)/7 Planeten (die Ordnung der Dinge bestimmend), 7 Geisteskräfte/7 Pneumata der Planeten (davon die Verstandeskraft/Mond, ihr Licht empfangend von der intellektuellen Kraft/Sonne, durch die sie in 28 Buchstaben/Mondstationen spricht), Walten der Seele (im Körper mittels Organe)/Walten der Allseele (in der niederen Welt mittels Planeten und Tierkreis), gute—schlechte

---

³² Cf. Ibn ʿArabī (Futūḥāt, I, 123), der auf die Erschaffung Adams aus verschiedenen Lehmarten (nach islamischer Tradition) bezugnehmend, sagt: „und [Gott] hat in ihm die Gegensätze vereinigt" (wa-ğamaʿa fīhi al-aḍdād).
³³ Cf. Empedokles Fr. 22.
³⁴ Cf. Hommel, der aus der Etymologie griechischer Namen einzelner Kopfbestandteile eine Reihe von sehr feinen Homologien zwischen Großwelt und menschlichem Kopf (der hier für sich Mikrokosmos ist) nachweist.

Körperverfassung/2 Knoten am Himmel (Kopf—Schwanz), Neigung der Seele hinab zur Natur/Sonne- oder Mondfinsternis (durch den Knoten des Schwanzes). Eine Schnittansicht des menschlichen Körpers lehrt uns noch, daß er aus neun Substanzen (Fleisch, Knochen, Muskeln, Nerven, Mark, Haut, Haar, Nägel) besteht, die neun konzentrisch geordnete Kreise bilden nach dem Vorbild der Himmelssphären.

Diese Homologien mögen willkürlich erscheinen. Ihre Funktion ist aber nicht, den Gedanken des anthropokosmischen Symbolon zu beweisen — folglich kann ihre Willkürlichkeit ihn auch nicht entkräften. Sie sind für den hermetischen Philosophen die Tatsachen des kardinalen Aufbaus des Menschen: Dieser ist sozusagen wie eine Kathedrale, geostet, geviert, siebenfach nach außen und innen aufgebrochen, neunfach geschichtet, zwölffach geöffnet ... Das Wesentliche des Gedankens ist der gestaltende Entwurf der (primären) Zahl und der (frühen) Gebärde: Der Mensch ist zwar ein zwiespältiges Wesen, das Gegensätze in sich vereinigt, er ist aber kein verwirrend zweideutiges, unsagbares Wesen. Er hat eine gegliederte Gestalt, eine Richtung, ein lichtes Vorne und ein nächtliches Hinten, einen Stand (der Mitte) und eine Haltung (der Entsprechung). So ein Menschenbild ist noch nie ohne die Vermittlung durch die grundlegenden, urtümlichen Zahlengestalten möglich geworden. Die „Waage" (mit Ǧābir zu reden) dieses Menschen, seine konstituierenden Proportionen müssen sehr schlicht sein, einfache Ordnungen von finiten, ersten, ganzen Zahlen (1, 3, 4, 7, 9, 12, 24/2, 5, 8, 10, 15), die symbolische Figuren ergeben und sind. Der Mensch ist nicht, in Umkehrung einer Losung modernen Philosophierens, Verhältnis an sich, sondern ein ganz bestimmtes, abgeschlossenes, sphärisches Verhältnis — das des anthropokosmischen Symbols.

Hermetisch ist an diesem Menschenbild — das in seinen Grundzügen allgemein mittelalterlich zu sein beanspruchen könnte — die in ihm implizierte Haltung der, wie wir sie genannt haben, Entsprechung[35]. Der Mensch muß, indem er den Himmel in Sorge nimmt und seine Tendenzen, Mahnungen und Weisungen zu ergründen strebt, seine Ähnlichkeit mit der Großwelt zu vollenden und sich zur wahren Mitte zu machen versuchen. Der Hermetismus beinhaltet also eine doppelte Forderung: 1. die der stets zu leistenden symbolischen Deutung der Welt und seiner Abläufe; 2. die der Vollendung der Mikrokomizität durch die Verwirklichung des Menschseins in der Gestalt des „vollkommenen Menschen", der souverän über die Natur herrschen kann.

---

[35] Dies ist zugegebenermaßen eine heraklitisierende Deutung des hermetischen Motivs. Sie wird öfter vertreten, jedoch gelegentlich durch die Idealitätsforderung transzendiert. Heraklit sah die Homologie zwischen Mensch und Kosmos als Funktion einer Grundeinstellung, einer „posture" (wie Ramnoux (146) sagt) des homologein des Menschen angesichts der Welt.

(c) Ratio

Das dritte Motiv unseres anthropologischen Abschnitts belegt noch einmal die rational-synkretistische Tendenz des Hermetismus. Ziel alles hermetischen Strebens ist die Entkörperung (asōmátōsis[36]) und damit die Apotheosis der intellektuellen Seele (an-nafs al-ʿāqila), welche die Sonne des mikrokosmischen Systems darstellt. Unserem Autor fällt auch nicht schwer, die klassischen Topoi der philosophischen Menschenlehre in seine Ausführungen einzuflechten. Der Besitz der Verstandesseele (an-nafs an-nāṭiqa) wird in diesem Sinne zum Unterscheidungsmerkmal des Menschen im Naturbereich der Schöpfung. Durch sie wird er zum Urheber der Wissenschaften, Techniken, Schriftkünste und der Politik. Durch sie kann er das Nützliche vom Schädlichen unterscheiden und handelt „mit bewußter Absicht" (bi-qaṣd (42)). Dies sei erwähnt, um dem Eindruck vorzubeugen, das Menschenbild unseres Textes knüpfe nicht an die philosophische Tradition und verliere sich in läppischen Homologisierungen.

(d) Habitus

Als originell sahen wir eine Reihe von Aussagen an, die den Menschen im Vollzuge seiner Welterschlossenheit schildern. Sie heben sich keineswegs von ihrem Kontext ab und sind im übrigen verstreut unter den anderen von uns zusammengestellten Motivgruppen. Dies ist ein Indiz dafür, daß ihre Andersartigkeit gegenüber den intellektualistischen sowie den Homologie-Topoi nicht bewußt war. So werden unter die Leistungen der Verstandesseele jene der Einbildungskraft, des Gedächtnisses, des inneren Sinnes (der die Zeitkonstitution und das Traumleben vollbringt) subsumiert, welche insgesamt für die Weite menschlichen Existierens verantwortlich sind. Jene Seele bringt die Techniken hervor, „vergegenwärtigt" aber auch das „Abwesende", „setzt die Bilder zusammen und stellt sich vor, was sie nicht gesehen hat ... prägt das Gehörte [in die Seele] ein und durch sie sieht [der Mensch] auch im Traum, was am Tag geschieht" (42).

Ebenfalls entstammt die Aussage: „Er hat Nägel und Zeigefinger" (43)[37] einem sehr heterogenen Kontext. Daß der Mensch in die Räume seiner Welt hinein zeigen kann, deutet auf die Fähigkeit hin, die schachtelartige Abgeschlossenheit und Blindheit der tierischen Umwelt zu überschreiten und Weisung zu geben, auf Wegen, die erst kraft dieser Weisung im Raum

---

[36] S. Hermes-Zitat bei Ruska (Tabula 17) zur asōmátōsis.
[37] Der gedruckte arabische Text hat hier eine unverständliche Lesung. Die Übersetzung Plessners gelingt dank einer Textveränderung, die sich von später eingesehenen Handschriften autorisiert.

entstehen und ihn in seiner Sinnhaftigkeit erschließen. Der Mensch „ahmt die Tiere nach [yuḥākī (etymologisch): spricht sie verähnlichend an], die es ihm nicht gleichtun. Er lacht und weint und empfindet Traurigkeit beim Weinen..., er ahmt ihre Stimme nach und bildet mit der Hand ihre Gestalten nach, beschreibt sie mit der Zunge und spricht sich über ihre Naturen aus. Kein Lebewesen kann seine Naturanlage vertauschen und überschreiten ... der Mensch aber kann sich ähnlich machen, welchem Wesen er will..." (43). Hier werden wiederum im Sinne der philosophischen Logik und Metaphysik *propria* des Menschen genannt, wobei der Fähigkeit der Ansprache der Dinge (muḥākāt), die sich ihnen in der Fertigung eines mit ihnen Zwiesprache haltenden Ähnlichen, in interessierter, wohlwollender, ängstlicher, bannender, faszinierter Anrührung nähert, eine besondere Bedeutung zukommt.

Ferner ist die Rede von einer Fähigkeit des Menschen, „sich zu verwehren kraft einer theoretischen, mentalen Verwahrung" (43), d. h. nein zu sagen, sich zu weigern, aufgrund theoretischer Einsicht. Dies kann wohl nur der Mensch, dessen Freiheit in der Abgründigkeit seines jederzeit möglichen — den Text mit einem scotischen Gedankengang ein wenig forcierend — motivationslosen Nein gründet. Weitere Negationen des Verhaltens, der Seinsweisen, die den Menschen in ein reflektiertes, zögerndes, zurücknehmendes, freies Verhältnis zu sich selbst setzen, werden auch angeführt, so z. B. die kulturprägende Verhaltung der Scheu (aidōs)[38]: „Er schämt sich des Schändlichen, aber erträgt[39], tut, was er will und bereut" (44). Er ist auch dasjenige Geschöpf, das der Macht des Wortes unterliegt: „Das Wort kann ihm Gefallen bereiten, so daß er seinen Besitz aufgibt und es kann ihn zum Zorn reizen, daß er kämpft und sich in Gefahren begibt" (47). Eine weitere Schilderung zeigt den Menschen als ein Wesen höherer Kultur, das sich selbst Pflege und Sorge (in Hygiene und Medizin) angedeihen läßt: „Er kleidet sich in saubere Gewänder, wendet ärztliche Behandlung an und trinkt Heilmittel und Drogen, um sein Temperament ins Gleichgewicht zu bringen und sich in Ordnung zu halten" (47). Ein weiteres anthropologisches Merkmal ist die Fähigkeit des Verbergens affektiver Regungen und des Vortäuschens anderer. Der Mensch ist dasjenige Wesen, das um die Existenz eines sichtbaren Außen und eines unsichtbaren Innen in sich selber weiß, sowie um die Möglichkeit der Entzweiung beider durch die Hemmung der Veräußerung des Inneren und der Verinnerlichung des Äußeren. Er ist der bewußte Hervorbringer des Scheins an sich selbst und damit der Erfinder der Zwiefaltung esoterischen und exoterischen Verhaltens: „Er kann Freundschaft zur Schau

---

[38] Zum aidōs bei den Griechen, cf. Dodds, Greeks 28 sqq.
[39] Wir übernehmen die Übersetzung van den Bergs, die von Plessner ohne weitere Angaben zum Hintergrund der Übersetzung und der (schwierigen) Stelle bereits übernommen war.

tragen und heimliche Feindschaft nähren und sich mit seinem Feinde verbrüdern" (47). Er ist das entzweifallende, gegensatzvereinende Wesen schlechthin: „Er ist das in die Luft tauchende und an der Erde haftende [Wesen]" (al-ġāʾiṣ fil-hawāʾ wal-mulāzim al-arḍ (47)).

(e) essentia

Dies alles ist er zwar, aber nur bedingt. Denn diese ganze Anthropologie betrifft den Menschen sozusagen nur *in statu isto*. So heißt es am Schluß unserer Passage: „Das ist die Beschreibung des sensiblen Partikularmenschen (al-insān al-ǧuzʾī (47)), den vergänglichen. „Partikular ist der Mensch durch das, was ihm zustößt an Akzidenzen, Änderungen, Werdeprozessen" (47). Gerade aber diese Ebene der (diesständigen) Menschlichkeit muß verlassen werden. Es ist nämlich ein „intelligibler Universalmensch" (al-insān al-kullī al-ʿaqlī (47)), von dem her der Partikularmensch sein vorweltliches Wesen hat, ob er davon weiß oder nicht. Der intelligible Mensch (= der Plotinische ho en nōi ánthrōpos), hat sein Sein von sich aus (al-wuǧūd lahu ḏātī) und kommt dadurch nicht in den Besitz all der Eigenschaften, die dem Partikularmenschen durch seine Weltsituation zufallen[40]. Der „sensible, körperliche, materielle, dichte, zusammengesetzte Partikularmensch" (al-insān al-ǧuzʾī al-ḥissī al-ǧismānī al-ǧirmī al-ġalīẓ al-murakkab (49)) ist die „mit anderen Dingen vermischte und vermengte" Abwandlung, „das Gehäuse und die Schale" jenes „intelligiblen, pneumatischen, sublimen, feinen, einfachen, hylischen Universalmenschen" (al-insān al-kullī al-ʿaqlī ar-rūḥānī aš-šarīf al-laṭīf al-basīṭ al-hayūlāʾī (49)), jener „reinen Form" aus der oberen Welt, die durch die Annahme der Elemente verändert (ġayyarat wa-baddalat) (49) wurde. Die universalanthropologische Passage schließt mit einem rekapitulierenden, vom neuplatonisierenden Ismāʿīlismus (breit gefaßt auch dem der Iḫwān) her bekannten auf- und niedersteigenden Durchgang einer ontologischen Kette (Körper, Partikularmensch, Universalmensch, Universalseele, Universalintellekt, Schöpferlicht (49)), wo das Obere als Form im Unteren, das ihm als Gehäuse und Schale dient, verborgen (bāṭin) liegt.

---

[40] Dies gilt nicht nur vom Menschen, sondern von jedem anderen verweltlichten Wesen. So ist das Wasser an sich weder kalt noch feucht, und das intelligible Feuer brennt nicht (48 sq.). Diese Eigenschaften sind abgeleitet, zufällig, instabil. Das Intelligible im allgemeinen ist eigenschaftslos, weil akzidenslos (muʿarrā minʾ al-aʿrāḍ (48)). Das physikalische Element (Wasser, Feuer...) ist das Resultat von jeweiligen Rahmenbedingungen, einer relativen Gesetzmäßigkeit, Ordnung des Werdens (tartīb al-kawn (ibid.)). Das Element aber in seiner „Protoexistenz" (wuǧūduhu al-awwal (48)) ist etwas Selbständiges, ein Universale und hat einen „einfachen Universalakt" (fiʿl basīṭ kullī (ibidem)), der alle Vorstellung übersteigt. Cf. auch Ǧābir, der an die Möglichkeit der Isolierung des Feuers — durch Abzug der Wärme aus ihm — glaubt. Seine ganze Alchimie beruht im Grunde auf dieser Zurückführung der Elemente auf die Naturen (S. Kraus, Jābir, 166).

Conclusio (2)

Der Autor der Ġāyat ist eindeutig bestrebt, seine Anthropologie in seinem System der Magie zu integrieren. Er wehrt sich gegen den Verdacht, mit seinen Ausführungen über den Menschen von seinem Propositum abgewichen zu sein (50). Er ist sich aber bewußt, daß jener Partikularmensch in seiner ganzen kosmischen Abgestimmtheit und Aufgeschlossenheit über keine metaphysische, hyperkosmische, übersinnliche Wesensgarantie verfügt. Der Mensch kann nicht, vom gnostischen Standpunkt aus, im Zwiegespräch mit der Welt belassen werden. Diese Welt muß transzendiert werden auf ihr intelligibles Urbild hin, in die Dimension jenes „dort" (ekeî), wo alles Seiende, auch das Geringste, dem Werden entzogen, so ist, wie es in seinem eîdos ist. Mit der Überhöhung der Partikularanthropologie kündigt sich ein typischer Zug hermetischen Denkens an: der des Nebeneinanders positiver Welterkenntnis und -erfahrung einerseits, und akosmistischer Motive andererseits. Dieses Zögern oder diese Inkonsequenz finden wir ebenso gut bei den Iḫwān wie bei Avicenna oder den ismaʿilitischen Autoren. Sie sind nicht wegzutheoretisieren. So mutet die wunderschöne Innigkeit der abbildenden, sprechenden, fürsorgenden Mutualität zwischen Mensch (Mikrokosmos) und Welt (Makranthropos) wie eine ungetrübte Versöhntheit beider an. Der Mensch, der die Welt am Leib und an der Seele so getreu und rein widerspiegelt, muß sich in ihr irgendwie heimisch fühlen. Die Gnosis legt aber ihrerseits die anthropokosmische Homologie aus als eine Einkleidung des Protanthropos mit der immer dichter werdenden Materie der Sphären, durch die er herabstürzt. Die Verähnlichung des gefallenen Anthropos mit der Welt, in der er nunmehr gefangen ist, gleicht einer Stigmatisierung eines in seinem Leibe Gequälten. Die vielen entstandenen Gemeinsamkeiten mit der Welt müßten einzeln abgelegt werden. Die gnostische Erlösung ist Aufstieg durch die Sphären und Entkleidung der dichten Hüllen, die ihre Mitgift an die betörte Seele waren. Die Universalanthropologie ist die schrittweise Zurücknahme, die zielstrebige Dekonstruktion der Partikularanthropologie.

In einer Synthese beider Conclusionen können wir abschließend festhalten, daß die gelehrte Hermetik des islamischen Mittelalters, gesehen am repräsentativen Beispiel der Ġāyat, vor den Grundentscheidungen ihres Ansatzes zurückscheut. Indem sie darauf besteht, die Vollendung der exoterischen Wissenschaften zu sein, macht sie sich ein Gesetz, alles rationale Wissen samt seiner regionalen Ausgliederung und seiner Methodik sich einzuverleiben und stets zu verantworten, derart daß den genuin hermetischen Inhalten stets ein rationaler Unterbau untergeschoben werden muß. So verwickelt sich die geheime Vernunft in unentrinnbare Widersprüchlichkeiten und verfällt einer die hermetischen Intentionen aushöhlenden Heterogenität. Insofern ist die Philosophie ein Moment der

Abstumpfung dessen, was wir für die wichtigsten Motive der Hermetik halten: 1. die Gegensatz-Problematik, die um überhaupt gegeben zu sein, die Erhaltung der Gegensatz-Pole in der Ganzheit verlangt, eine Forderung, die durch die bruchlose, kontinuierliche emanative Vermittlung zunichte gemacht wird; 2. das Anfängliche einer solchen Gegensätzlichkeit. Hingegen erweist sich die Hermetik von bleibendem Interesse und Wert dort, wo sie sich dem „Esoterischen des Esoterischen"[41] zuwendet, unbesorgt um die Geschicke der Vernunft und die Ansprüche ihres Selbstbesitzes.

---

[41] Cf. Anm. 20.

Les Alchimistes Arabes du Moyen Age et leur conception de la Nature

Albert N. Nader (Montreal)

Introduction

Le but général de l'alchimie était la transmutation des métaux vils en métaux nobles: l'or et l'argent, et la préparation de l'élixir de la vie.

Les alchimistes regardaient les métaux comme des corps composés, ils admettaient de plus que leur composition était uniforme. D'après eux, toutes les substances offrant le caractère métallique étaient constituées par l'union de deux élements connus « le soufre » et « le mercure ». La différence de propriètés que l'on remarque chez les divers métaux ne tenait qu'aux proportions variables de mercure et de soufre entrant dans leur composition. Ainsi, l'or serait formé de beaucoup de mercure très pur uni à une petite quantité de soufre très pur aussi; le cuivre, de proportions à peu près égales de ces deux éléments; l'étain, de beaucoup de soufre mal fixé et d'un peu de mercure impur[1].

Du point de vue théorique, l'alchimie est restée célèbre par sa conception du « soufre » et du « mercure » « philosophiques » qui, supplémentés par celle du « sel », tout également « philosophique », sera reprise par la plupart des alchimistes d'Occident.

Il ne faut pas confondre ces trois principes: soufre, mercure, sel, avec les corp matériels qui leur correspondent. Le principe « soufre » désigne la propriété de combustibilité; le principe « mercure », les propriétés de fusibilité et de volatilité; le principe « sel », la solidité et la permanence. En d'autres termes, tout ce qui brûle révèle le soufre; tout ce qui fond et s'évapore, le mercure; tout ce qui subsiste après une combustion, le sel.

Mystiquement, le « soufre » est un principe mâle, chaud et actif, tandis que le « sel » symbolise l'hermaphrodisme et la stérilité. On conçoit qu'en s'unissant, le soufre et le mercure puissent créer des composés innombrables. L'or serait formé de mercure très pur uni à une petite quantité de soufre également très pur. En revanche, le mercure du plomb est impur,

---

[1] Louis Figuier, L'Alchimie et les Alchimistes, in: Bilbliotheca Hermetica, S. G. P. P. Denoel, Paris, 1970, 30.

instable, terrestre, pulvérulent, légèrement blanc à l'extérieur, rouge à l'intérieur; son soufre est semblable et de plus combustible[2].

Cette unité de composition des métaux rendait logiquement possible le passage, la transmutation d'un métal en un autre; d'un métal imparfait en un métal noble sous l'action de certaines substances ou de certaines conditions. La substance propre à faciliter cette transmutation, les alchimistes la nommaient «pierre philosophale». Et la recherche de cette substance et de son emploi était «le Grand Oeuvre».

Le deuxième grand but de l'alchimie était de préparer l'élixir de longue vie. Le principe était le suivant: chaque corps — végétal ou métal — a une essence qu'on peut extraire. La preuve en est que par la distillation, à l'aide d'un appareil spécial (l'alambic), on arrive à extraire leur essence aux fleurs d'oranger et aux roses. Pourquoi ne pas essayer d'extraire l'essence de l'or qui est le métal parfait qui perdure sans perdre de sa consistance? Si on réussit cette opération, on aura obtenu une essence pure de toute défectuosité et capable de guérir tous les maux et de prolonger la vie humaine. C'est «l'élixir de longue vie».

Théoriquement la conception d'une essence pure et le procédé pour l'obtenir paraissent admissibles. Les alchimistes se sont donc mis à l'oeuvre pour réaliser ces deux buts: la transmutation des métaux vils en métaux nobles, et l'extraction de l'essence de l'or pour obtenir «l'élixir de la vie».

Ces tentatives des alchimistes ne furent pas vaines ni sans résultats. En effet, en expérimentant pour réaliser leur double but, les alchimistes arabes sont arrivés à découvrir les alcalins (les bases), l'ammoniac, le nitrate d'argent, l'acide tartrique, la soude caustique, le carbonate de potassium, le carbonate de sodium, le chloride d'ammonium, le chloride de mercure, l'oxyde de mercure, l'alcool. Ils ont distingué entre les acides et les bases. Ils ont constaté que les métaux augmentent de poids en s'oxydant. Ils ont remarqué que le feu s'étient quand l'air manque.

D'autre part, ils ont perfectionné des opérations essentielles en chimie, comme la sublimation (transformation des corps solides en vapeur sans passer par la fusion), la fusion (transformation des corps solides en liquides sous l'action de la chaleur), la cristallisation, l'évaporation, la calcification (pour obtenir l'oxyde du corps brûlé), la distillation grâce à l'alambic qu'ils ont inventé, le filtrage ... Par la distillation, ils ont pu obentir l'araq (l'eau-de-vie) des dattes, et ils ont distillé l'eau polluée. L'eau distillée fut employée comme remède contre les infections.

Ils ont perfectionné l'industrie du verre et ils ont fabriqué des instruments en verre pour leurs laboratoires. Ils ont perfectionné l'industrie du papier qui est d'invention chinoise. Le papier a remplacé alors les tablettes en terre, le papyrus, les feuilles de palmier, les peaux d'animaux, le tissu

---

[2] Charles Albert Reichen, Histoire de la Chimie-Editions Rencontres and Erik, Printed in Switzerland, 1963, 20—21.

sur lesquels on écrivait. L'industrie du papier passa en Europe par l'intermédiaire des Arabes, qui ont créé des industries de papier en Andalousie et en Sicile où ils étaient établis. Le papier arriva en Europe juste à temps, car on venait de perfectionner l'imprimerie à cette époque en utilisant les caractères mobiles. Ils ont perfectionné l'art de la tannerie et de la coloration des peaux. Ils sont arrivés à purifier les minerais de leurs gangues. Ils ont fabriqué l'acier. Et ainsi l'alchimie donna naissance à la Chimie.

Les principaux alchimistes arabes

1. Khalid b. Yazid b. Muʿawiya (vers 708 A.D.)

Le premier musulman à s'intéresser aux recherches alchimiques aurait été un prince de la dynastie Omméyade, Khalid b. Yazid b. Muʿawiya (mort vers 708 A.D.), jeune prince écarté du trône après la mort de son frère Mu'awiya II b. Yazid en l'an 64 H/683 A.D. Alors il s'occupa d'alchimie dans l'espoir de pouvoir s'enrichir et d'attirer à lui les foules et les détourner du ravisseur du trône, Mirwan b. al-Hakam (qui avait épousé la mère de Khalid b. Yazid, après la mort de son mari Yazid b. Mu'awiya), et en même temps trouver dans l'alchimie une distraction noble. Il fut surnommé «le sage des Mirwanides», car il a vécu sous le régne de ce Mirwan.

Khalid fit venir à lui un groupe de savants de l'école d'Alexandrie d'Egypte. Son maître dans l'art aurait été un ermite chrétien nommé Marianos ou Morien, qui était lui-même un disciple de Stéphanos. Ce dernier était un philosophe, mathématicien, astrologue, médicin et alchimiste. Il vivait à Alexandrie. Khalid demanda à Stéphanos de lui traduire du grec en arabe les ouvrages qui traitent de l'alchimie. Ce furent les premiers ouvrages scientifiques traduits en arabe.

Aucun de ces ouvrages traduits ne nous est parvenu. Mais Charles Albert Reichen, dans son «Histoire de la Chimie» (p. 20)[3], écrit: «Khalid ben Yazid, qui mourut en 708 A.D. et qui écrivit «Le Livre de Crates» sous l'inspiration de son maître syrien du nom de Marianos, nous révèle non seulement les symboles conventionnels utilisés pour désigner les métaux et les métalloïdes alors connus, mais encore quatre appareils destinés à la distillation et à la sublimation et dont il nous décrit minutieusement le montage».

L'introduction à l'art (l'alchimie) donnée par Morianos à Khalid est particulièrement instructive: «Cette chose (l'alchimie) que tu as cherchée si longtemps ne peut être acquise ou accomplie par la force ou la passion.

---

[3] Ibidem, 20. — Aussi, Serge Hutin, dans son Histoire de l'alchimie — de la science archaique à la philosophie occulte (Marabóut Université.) 1971, 128.

Elle ne peut être acquise que par la patience et l'humilité et par un amour résolu et des plus parfaits. Car Dieu octroie cette science divine et pure à ses fidèles et à ses serviteurs, c'est-à-dire à ceux à qui il a voulu, à partir de l'état originel des choses, qu'elle fût octroyée. [Suivent quelques remarques concernant la transmission de l'art à des élèves.] Eux-mêmes (les élèves) ne peuvent plus dissimuler quoi que ce soit autrement que par la force que Dieu leur a accordée; eux-mêmes, en outre, ne peuvent plus diriger leur esprit ailleurs que vers le but que Dieu leur a assigné. Car Dieu charge ceux de ses serviteurs qu'Il a choisis à cette intention de chercher cette science divine que est cachée aux hommes et de la garder pour eux. Car c'est elle, la science, qui éloigne son maître (celui qui la pratique) de la misère de ce monde et le conduit à la connaissance des biens à venir ».

Au XVIIème siècle, Michael Maier s'exprime comme Morianos; il confirme que la chimie stimule l'artifex (c'est-à-dire l'alchimiste) à la méditation des biens célestes « et que celui qui est invité par Dieu à ces mystères rejette toutes ces préoccupations sans importance telles que la nourriture et l'habillement et se sent en quelque sorte comme nouveauné »[4].

De l'entretien du (prince) Khalid (Calid) et du philosophe Morien (Morianos), Serge Hutin rapporte dans son livre « Histoire de l'alchimie », ce passage: «Nous sommes tous venus d'une même origine et nous n'aurons qu'un même terme quoique nous y devions arriver par des voies différentes. La longueur des années change l'homme parce qu'il est sujet au temps et elle le confond ». — « Chez ce premier des adeptes musulmans connus, on retrouve déjà ce but fondamental de l'alchimie: vaincre les limites de l'état humain ordinaire, remporter une totale victoire sur le temps, sur l'impermanence, sur l'éphémère. Victoire qui, pourtant, suppose nécessité pour l'adepte de partir des apparences elles-mêmes, des données sensibles. D'où cette belle formule du (soufi-mystique) « Omar ibn al'Farid: » Veille à ne pas te détourner avec mépris du cleriquant des formes et de tout le domaine de l'illusion et de l'irréel ». En somme le monde sensible n'est que le reflet de véritables réalités[5].

2. *Jabir ibn Hayyan (722−803 A.D.) (Geber)*

Le plus célèbre des grands alchimistes musulmans au VIIIème siècle est Jabir ibn Hayyan (connu en Europe sous le nom de Geber). « Son laboratoire a été découvert quelque deux siècles après sa mort, alors qu'on

---

[4] Michel Maier, Symbola aurea mensae doudecim nationem, Francfort 1617 — Cité par C. G. Jung, in Psychologie et Alchimie, 353.
[5] Serge Hutin, op. cit., 130 (voir No. 3).

refaisait une rue à Koufa; là on a trouvé un mortier et une grande pièce d'or et quelques instruments, ceci nous a fourni nombre de renseignements sur son acitivité et sa technique. Ecrivain volumineux, Geber a laissé force manuscrits dont certains n'ont pas encore été traduits et qui sont généralement illustrés de figures précieuses »[6]. Cinq de ses ouvrages y compris «Kitab al-Rahma», «Kitab al-Tajmi˓ »et «Al Zi'baq al-sharqi» ont été publiés »[7].

Il naquit sur les bords de l'Euphrate, qui furent une véritable pépinière d'alchimistes, et fut amené à la science d'Hermès par la grâce du soufisme déjà fort répandu alors[8]. Il aurait recueilli des enseignements des maîtres de l'Ecole nestorienne d'Edesse, héritière spirituelle de celles d'Athènes et d'Alexandrie fermées à jamais[9].

Geber aurait été initié à l'alchimie par Khalid ibn Yazid ibn Mu˓awiya et par Ja˓far al-Sadiq, le 5eme «imam» shi'ite après ˓Ali ibn Abi Talib. Ja˓far avait la réputation d'être passé maître dans les sciences secrètes, en particulier l'astrologie et l'alchimie. Un de ses élèves était le futur Geber, alias Abu Abd Allah Jabir ibn Hayyuan al-sufi, qui serait né aux environs de l'année 730 A.D., à Tous (dans la région du Khoraçan —en Iran). Il habita à Al-Kufa (en Irak), où il exerça le métier de pharmacien. Il était shi'ite et hostile à la dynastie Abbasside. Il menait une vie d'isolement, se satisfaisant de peu, ce qui fit dire qu'il était «soufi».

Remarque importante: Il y a une controverse au sujet des relations de Jabir ibn Hayyan avec l'imam Ja˓far al-Sadiq (mort en 148 H/761 A.D.). Il semble que Jabir en employant les termes «mon maître Ja˓far» dans ses *Epitres,* ne voulait pas désigner Ja˓far al-Sadiq, l'imam, puisque les Shi'ites ne mentionnent point Jabir. Il voulait désigner plutôt Ja˓far ibn Yehya, le ministre Barmak (Barmacide) du calife Haroun al-Rashid. En effet, toute la controverse autour de Jabir, au point de nier son existence, a pour cause les rapports très étroits que Jabir avait avec les Barmaks (les Barmacides) et aussi sa fuite de Koufa lorsque Haroun al-Rashid s'emporta contre lui, dans sa révolte contre les Barmaks. Tous les califes abbassides qui sont venus après Haroun al-Rashid et jusqu'à la fin de leur règne n'ont pas permis qu'on écrive l'histoire des Barmaks (d'origine persane, ils étaient devenus très puissants sous le calife Haroun al-Rashid, au point de porter ombrage au calife). Lorsqu'après le règne des Abbassides on a écrit l'histoire des Barmaks, alors eut lieu cette controverse autour de Jabir ibn Hayyan et ses écrits qu'on a taxés d'apocryphes. — L'écrivain Egyptien, Ismai˓l Mazhar écrit: «Les Barmaks comptaient beaucoup sur l'alchimie,

---

[6] Charles A. Reichen op. cit., même page.
[7] Hitti Philip, History of the Arabs, from the earliest times to the Present. London, Macmillan & Co., New-York, 6th edit. 1958, 380–381.
[8] Arnold Waldstein, Lumières de l'alchimie, hmh, Maison Mame, 1973, 44.
[9] René Marcard, De la pierre philosophale à l'atome; Librairie Plon Paris, 1959, 88.

ils s'adonnaient avec passion à cette science »[10]. — D'autre part, Jabir, dans son livre « Al-Khawas al-Kabir » (La Grande quintessence) mentionne plusieurs dialogues entre lui et les Barmaks; il considérait les membres de cette famille (les Barmaks) comme des frères à lui; et il les appelait « Mes Frères »[11].

« Geber devint l'un des plus grands philosophes et savants de son temps, passant maître dans des disciplines aussi diverses que l'astrologie, l'astronomie, la magie, la médecine, les mathématiques, la musique, la philosophie et l'alchimie. Il écrivit plusieurs ouvrages qui constituent une véritable encyclopédie des connaissances de l'époque »[12].

« Les Traités » de Geber retiennent spécialement l'attention de Bertholet. Au milieu de développements prolixes, on peut en effet y démêler certaines idées philosophiques pour la plupart de source hellénique: « Toutes choses résultent de la combinaison des quatre éléments: le feu, l'air, l'eau et la terre, et de quatre qualités: le chaud et le froid, le sec et l'humide. Quand il y a équilibre entre leurs natures, les choses deviennent inaltérables; elles subsistent alors en dépit du temps et résistent à l'action de l'eau et du feu; ainsi fait l'or naturel. Tel est encore le principe de l'art médical, appliqué à la guérison des maladies. »

On retrouve dans Geber l'assimilation des métaux aus êtres vivants, en tant que constitués par l'association d'un corps et d'une âme, théorie empruntée aux alchimistes alexandrins et conforme aux théories aristotéliques sur la forme et la matière.

Mais on y rencontre aussi des notions nouvelles, comme la doctrine des qualités occultes des êtres opposées à leurs qualités apparentes; théorie développée dans des termes et avec une précision inconnue des alchimistes grecs:[13]

L'historicité du personnage de Geber n'est pas assurée et nombre d'auteurs pensent qu'il s'agissait d'un pseudonyme commun aux membres de la Confrérie « Ikhwan Al-Safa » (Les Frères de la pureté et de la fidélité) qui rédigèrent au Xème siècle une Encyclopédie. D'autres spécialistes, tel H. E. Stapleton considèrent, au contraire, que Geber fut un philosophe réel et le maître à penser des premiers membres des « Ikhwan al-Safa » qui auraient alors publié d'abord ses oeuvres véritables, puis les leurs en continuant d'utiliser le nom de leur maître »[14] [14a].

---

[10] Ismail Mazhar, Al-Fikr al-Arabi wal turath al-younani (La pensée arabe et le legs grec), édition du Caire, 1928, 71.
[11] Jalal Moussa, Manhaj al-bahth al ʿilmi ʿind al-Arab (La méthode de la recherche scientifique chez les Arabes) Dar al-kitab al-lubnani, Beyrouth 1972, 118, note 1.
[12] Jacques Sadoul, Le Grand Art et l'Alchimie, Editions Albin Michel, Paris, 1973, 43.
[13] Marcellin Berthelot, Science et Morale, Steinheil, Paris, 1897, 428.
[14] Jacques Sadoul, op. cit., 43.
[14a] (bis)-René Marcard, op. cit., 90.

En matière d'alchimie, s'il est assez facile de ne pas tenir compte de la légende du prince omayyade Khalid ibn Yazid et de l'imam alide Dja'far al-Sadiq, force est de convenir que tous les lettrés du Moyen-Age aussi bien en Orient qu'en Occident, crurent au rôle joué par Djabir, le Geber de nos auteurs latins, qui aurait vécu au VIIIème siècle. De fait, une oeuvre immense circula sous son nom, et il a fallu la science d'un Paul Kraus pour remettre les choses au point.

De Geber on connaît des traités latins «La Somme de Perfection du Magistère» (Summa perfectionis), (le titre arabe est «Nihayit al itqaan»). Ce petit traité, que d'aucuns prétendent indiscutablement apocryphe, fit autorité à tel point, qu'avec l'assentiment du pape Clément VIII, il fut édité par les conservateurs de la bibliothèque vativane (14 bis). On a aussi de lui «Le Livre des Fourneaux» («Risalat al-afran») et des oeuvres accessibles dans leur version originale arabe, comme «Kitab al Rahma» (Le Livre de la Miséricorde), «Kitab al-Majid» (Le Livre du Glorieux). Selon les orientalistes Paul Kraus et Julius Ruskin, la première série d'oeuvres loin d'être des traductions de l'arabe, ne seraient que des apocryphes écrits sans doute et mis abusivement sous l'autorité de Geber par un auteur chrétien qui vivait dans l'Espagne mauresque. Pourtant d'autres historiens — Holmyard notamment — penchent pour l'authenticité des deux séries d'écrits.

Geber requiert de l'artifex (l'artiste qui s'adonne à l'alchimie) les qualités psychologiques et caractériologiques suivantes: il doit avoir l'esprit extrêmement subtil, et disposé d'une connaissance suffisante des métaux et des minéraux. Mais il ne doit pas avoir l'esprit grossier et rigide, ni ne doit être cupide et avare, ni indécis et inconstant. De plus, il ne doit être ni pressé, ni présomptueux. Il doit être, au contraire, ferme dans son intention, persévérant, patient, doux, modéré et avoir de la longanimité[15]. L'auteur du «Rosarium» dit que celui qui désire être initié à cet art (l'alchimie) et à cette sagesse ne doit pas être arrogant, mais pieux, probe, d'une intelligence profonde, humain, et doit avoir la mine sereine et l'âme heureuse. Il poursuit: «Mon fils, je t'adjure avant tout de craindre Dieu, qui sait quelle sorte d'homme tu es et en qui le solitaire, quel qu'il puisse être, trouve le secours»[16].

Tous les alchimistes sont d'accord, depuis les temps les plus anciens, sur le fait que leur art est sacré et divin et aussi que leur oeuvre ne peut être accompli qu'avec l'aide de Dieu. Cette science n'est donnée qu'à un petit nombre, et nul ne la comprend si Dieu ou un maître ne lui a ouvert l'entendement. On ne doit pas transmettre la connaissance acquise à d'autres, s'ils ne sont pas dignes d'une telle science. Comme toutes les

---

[15] C.G. Jung, Psychologie et Alchimie, traduit de l'allemand et annoté par Henry Pernet et Dr. Roland Cahen, ed Buchet/Chastel, Paris 1970, 350.
[16] Ibid., 351.

choses essentielles sont exprimées par métaphores, on ne peut les transmettre qu'aux individus intelligents qui possèdent le don de la compréhension[17].

De l'avis de Geber, l'alchimie est supérieure à toutes les autres sciences. «En effet, tout homme instruit dans une science quelconque et qui n'a point donné une partie de son temps à l'étude des principes de l'Oeuvre en théorie ou en pratique, possède une culture intellectuelle absolument insuffisante»[18].

Mais voici ce que Jabir (Geber) indique au sujet de l'alchimie dans son «Abrégé du parfait Magistère», «Le Soleil (l'or), dit-il, est formé d'un mercure très subtil et d'un peu de soufre très pur, fixe et clair, qui a une rougeur nette; et comme ce soufre n'est pas également coloré et qu'il y en a qui est plus teint l'un que l'autre, de là vient aussi que l'or est plus ou moins jaune ... Quand le soufre est impur, grossier, rouge, livide, que sa plus grande partie est fixe et la moindre non fixe, et qu'il se mêle avec un mercure grossier et impur de telle sorte qu'il n'y ait guère ni plus ni moins de l'un que de l'autre, de ce mélange, il se forme Vénus (le cuivre) ... Si le soufre a peu de fixité et une blancheur impure, si le mercure est impur, en partie fixe et en partie volatil, et s'il n'a qu'une blancheur imparfaite, de ce mélange il se fera Jupiter (l'étain)».

Ce soufre et ce mercure, éléments des métaux n'étaient point d'ailleurs identiques au soufre et au mercure ordinaires. Le «mercurius» des alchimistes représente l'élément propre des métaux, la cause de leur éclat, de leur ductilité, en un mot de la métalléité; le sulphur indique l'élément combustible. «Bénis soit le Très-Haut, s'écrie Geber, qui a créé ce Mercure et lui a donné une nature à laquelle rien ne résiste! Car sans lui, les alchimistes auraient beau faire, tout leur labeur deviendrait inutile»[19].

Les expressions «mercure» ou «soufre» des philosophes ne désignent en aucun cas les corps chimiques portant des noms identiques; ces expressions désignent seulement deux constituants internes de la matière symboliquement désignés sous ces vocables (On pourrait tout aussi bien les nommer A et B) dont l'identité avec des noms chimiques vulgaires est faite pour égarer le profane.

Telle est la théorie sur la nature des métaux qui forme la base des opinions alchimiques. On comprend, en effet, qu'elle a pour conséquence directe la possibilité d'opérer des transmutations.

«Beaucoup lui (à Geber) attribuent la mise en évidence de la dualité ‹soufre = mercure› qui sera la base de toute l'alchimie ultérieure. Néan-

---

[17] Ibid., 404–405.
[18] Marcellin Berthelot, La Chimie au Moyen Age, in Histoire des Sciences, Paris, 1893, 3 volumes 111, 214.
[19] Fulcanelli, Le Mystère des Cathédrales et l'interprétation ésotérique du Grand Oeuvre, 3 édit., Paris, ed. Jean Jacques Pauvert, 1964, 164.

moins, sa théorie fondamentale reste celle des quatre éléments ou ‹Science des Balances› qu'on a pu mettre en rapport avec la ‹Loi des Proportions› de la chimie moderne et ‹les Carrés magiques›»[20].

Louis Figuier dans son livre «L'Alchimie et les Alchimistes»[21] écrit à la page 111: «Geber est l'un des écrivains les plus anciens de l'école hérmétique qui a présenté le premier les descriptions précises de nos métaux usuels: du mercure, de l'argent, du plomb, du cuivre et du fer; il a laissé sur le soufre et l'arsenic des renseignements pleins d'exactitude. Dans son traité ‹De Alchimia›, on trouve des observations de la plus haute importance pour la chimie. Geber enseigne la préparation de l'eau-forte, celle de l'eau régale, il signale l'action dissolvante que l'eau forte exerce sur les métaux et celle de l'eau régale sur l'or, l'argent et le soufre. Dans le même ouvrage on trouve décrits pour la première fois plusieurs composés chimiques qui, depuis des siècles, sont en usage dans les laboratoires et les pharmacies, la pierre infernale, le sublimé corrosif, le précipité rouge, le foie de soufre, le lait de soufre, etc. Parmi ses découvertes on citera l'obtention de divers sels, le sel d'arsenic, de soufre et de mercure ainsi que de pénétrantes observations sur la calcination et la coupellation des métaux. «Le plomb, nous dit avec étonnement Geber, ne conserve pas son poids quand vous le calcinez. Au contraire il acquiert un supplément de poids». Evidemment le rôle de l'oxygène, seul susceptible d'expliquer cet étrange phénomène, devait tarder à se faire connaître et, jusqu'à Lavoisier, nombre de bons esprits se sont littéralement épuisés à rechercher la cause de cette anomalie[22].

Cependant on ignore quel est l'auteur de cette théorie sur la nature des métaux, remarquable en elle-même qui est comme la première manifestation de la pensée scientifique et qui a été admise jusqu'au milieu du XVIème siècle. Geber au VIIIème siècle, la mentionne le premier, mais il ne s'en attribue pas la découverte; il la rapporte aux Anciens. Beaucoup lui attribuent la mise en évidence de la dualité soufre-mercure qui sera la base de toute l'alchimie ultérieure. Néanmoins sa théorie fondamentale reste celle des quatre Eléments ou Science des Balances qu'on a pu mettre en rapport avec la loi des proportions de la chimie moderne et les carrés magiques[23]. «Toutes choses, dit Geber, résultent de la combinaison des quatre éléments: le feu, l'air, l'eau et la terre, et de quatre qualités: le chaud et le froid, le sec et l'humide. Quand il y a équilibre entre leurs natures, les choses deviennent inaltérables; elles subsistent alors en dépit du temps

---

[20] Lucien Girardin, l'Alchimie (C. A. L.) Denoel, Paris, 1972 (cité par Arnold Waldstein, Lumières de l'Alchimie, Maison Mame, 1973, 45.)
[21] Louis Figuier, L'Alchimie et les Alchimistes, in: Bibliotheca Hermetica, S. G. P. P., Denoel-Paris, 1970, 111.
[22] Charles Reichen, op. cit., 20.
[23] Arnold Waldstein, op. cit., 45.

et résistent à l'action de l'eau et du feu; ainsi fait l'or naturel. Tel est encore le principe de l'art médical, appliqué à la guérison des maladies »[24]. On retrouve dans Géber l'assimilation des métaux aux êtres vivants, en tant que constitués par l'association d'un corps et d'une âme, théorie empruntée aux alchimites alexandrins et conforme aux théories aristotélicienne sur la matière (hylé) et la forme[25].

Note: La théorie de la « balance » consiste à savoir la quantité de chacun des quatre éléments qui entrent dans la composition du corps qu'on désire transmuer afin de connaître la quantité d'élément à ajouter et la quantité d'élément à retrancher. En effet, Geber disait que les corps ne sont différents les uns des autres que par la différence dans les rapports des éléments simples qui les constituent. « La théorie de la « balance » représente au Moyen-Age la tentative la plus vigoureuse pour fonder un système quantitatif de sciences naturelles »[26].

Dans ce système, l'idée de transmutation était parfaitement possible puisqu'il suffisait, dans une substance donnée, de faire varier la proportion de ‹soufre› ou de ‹mercure› pour obtenir un autre corps chimique.

On peut alors, résumer la conception alchimique de Geber comme suit: « Suivant la plus saine orthodoxie alchimiste, dit-il, prétendre à extraire un corps de celui qui ne le contient pas, c'est folie. Mais comme tous les métaux sont formés de mercure et de soufre plus ou moins purs, on peut ajouter à ceux-ci ce que est en défaut, ou leur ôter ce qui est en excès. Pour y parvenir, l'art emploie les moyens appropriés aux divers corps »[27].

Chaque élément a une « essence », tout comme les animaux et les personnes. Les essences ont chacune ses caractéristiques (ses propriétés) naturelles; et ces essences sont susceptibles de changement. Toutes les fois qu'une essence est moins pure — parce que mélangée avec une autre essence — ses effets sont plus faibles. Si nous voulons une essence dont les effets soient plus forts sur une autre essence, il faut tout d'abord la purifier et cela en la séparant des autres essences alliées à elle. Cette purification se fait par la distillation qui est une opération en vertu de laquelle l'essence se dégage de l'élément qui meurt alors (pour ainsi dire). Si on arrive à dégager de cet élément son essence pour l'introduire dans une autre matière, cette matière se transforme (transmue) et devient semblable à l'élément dont on a injecté l'essence. Ainsi, si on fait distiller la rose, on aura extrait son parfum qui est son essence, et la rose meurt, ses feuilles se fanent. Et si l'on met une partie de son essence dans un liquide ce liquide devient un parfum de rose, autrement dit: le liquide ne se

---
[24] Marcellin Berthelot, Science et Morale, Alcan, Paris 1897, 428.
[25] Ibid., 428.
[26] Paul Kraus, Jabir ibn Hayyan, Tome ll, 9.
[27] R. Massain, Chimie et Chimistes, Édit. Maynard, Paris, 1961, 48.

transforme pas en essence de rose, mais on a alors un mélange de ce liquide et de parfum de rose.

Application de cet exemple sur l'or. L'or est le plus pur des éléments, mais sa pureté n'est pas totale, il faul donc le purifier plusieurs fois jusqu'à arriver à un état de pureté absolue, alors on extrait son essence qui devient un élixir (ou un médicament) capable d'agir sur les métaux de la même façon que le levain fermente la pâte: le levain transforme toute la pâte azyme en pâte fermentée, et ainsi l'élixir (rouge extrait de l'or) transforme les métaux en or, et l'élixir blanc (extrait de l'agent) transforme les métaux en argent.

Les éléments qui, d'après Geber et les alchimistes, peuvent se transformer en or et en argent sont le cuivre, le mercure, le plomb et le fer.

A propos du plomb, on lit dans la « Summa perfectionis ». « Quoique le plomb ne ressemble guère à l'argent, nous le transformons cependant, par notre artifice, facilement en argent ». Mais, toujours à propos du plomb, on rencontre cette phrase parfaitement correcte et qui prouve une science déjà avancée: « Le plomb est un métal d'un blanc livide et terne, lourd, non sonore, mou, extensible sous le marteau et facile à fondre ». — Et celle—ci, qu'on ne s'attend pas à rencontrer dans un texte vieux de plus d'un millénaire: « le plomb ne conserve pas son poids pendant la calcination, il acquiert un surcroit de poids pendant cette opération. Le plomb est employé dans l'épreuve de la coupellation »[28].

De même, à propos de l'or, de l'argent, du mercure et aussi de l'arsenic et du soufre, on relève des observations qui dénotent un esprit pénétrant et clair[29]. D'après lui, on peut obtenir l'élixir en faisant bouillir l'or dans différents liquides jusqu'à mille fois. Geber s'est occupé sortout à distiller les liquides: l'eau, le vinaigre, l'huile, le sang, le jus des légumes et des fruits.

Geber estimait ainsi qu'il pouvait « soigner les métaux » au moyen d'élixirs (mot d'origine arabe). Il admettait également la présence dans les corps chimiques des quatre éléments chers à Aristote. Par exemple, pour lui, l'or avait pour qualités externes la chaleur et l'humidité, et pour qualités internes le froid et la sécheresse. L'argent avait exactement les qualités inverses. Ainsi, pour transmuer de l'argent en or, il fallait faire passer ses qualités internes à l'extérieur et en même temps amener son froid et sa sécheresse à l'intérieur. L'idée de Geber était donc que l'alchimie devait d'abord déterminer exactement la proportion des qualités issues des quatre éléments, air, terre, eau et feu, qui existent dans chaque substance, puis, par addition d'un élixir approprié, modifier les proportions de ces qualités afin d'opérer la transmutation d'un corps en un autre[30].

---

[28] Ibid., 48.
[29] Ibid., 49.
[30] Jacques Sadoul, op. cit., 44—45.

Du point de vue pratique Geber opérait par distillations successives. Dans le cas des distillations de matières organiques il obtenait: un liquide dans lequel il identifiait l'élément: «eau», une huile inflammable où il pensait découvrir l'élément «air», une substance combustible qu'il considérait comme l'élément «feu», et un résidu minéral qu'il tenait pour l'élément «terre». Il estimait que le liquide était froid et humide, l'huile chaude et humide, la substance combustible chaude et sèche et le résidu froid et sec. Son but était d'éliminer dans chaque cas une des deux qualités afin d'arriver à des «éléments purs» dont l'addition à telle ou telle autre substance permettrait alors la modification de ses propriétés, donc d'effectuer sa transmutation. Ainsi il affirme avoir distillé de l'eau sept cents fois d'affilée afin d'éliminer l'élément humide de cette substance pour ne conserver que l'élément froid. Après la sept centième distillation, il prétendait que l'eau s'était transformée en un produit blanc et brillant de nature solide et d'aspect voisin du sel. A ses yeux il avait alors isolé l'élément pur de la froideur résidant dans l'eau. Un tel raisonnement parait totalement aberrant aux yeux de la science moderne; mais il est vrai que personne d'autre ne s'est amusé depuis à distiller de l'eau sept cents fois de suite.

A ce propos, Sherwood Taylor (ancien directeur de Science Museum de Londres), écrit dans son livre «The Alchimists»[31]: «Geber pensait que l'alchimie pouvait tirer l'élément complètement froid de son «eau»; l'élément totalement humide de son «huile», l'élément complètement sec de sa «terre» et l'élément complètement chaud de sa «teinture». Ce dernier terme semble désigner une substance annonçant la «Pierre philosophale», car elle était décrite comme un corps transparent, brillant, lustré et rouge. On peut penser que cet élément manquait dans les métaux vulgaires et était présent dans l'or. Après avoir obtenu ces élément purs, l'alchimiste les mélangeait selon des proportions bien spécifiques afin d'élaborer l'élixir convenable, destiné à être appliqué à un métal quelconque d'une façon d'ailleurs assez compliquée. La transmutation pouvait alors prendre place».

Vers 750, Geber mit au point la purification des corps par cristallisation. Il connaissait, en outre, la plupart des secrets des alliages et amalgames de métaux; il obtint de l'anhydride arsénieux par le grillage du réalgar, et parvint à isoler l'acide azotique»[32].

Berthelot étudia une théorie de la constitution des métaux due aux Arabes et qui a été attribuée à Geber, quoiqu'on n'en trouve aucune trace dans ses oeuvres authentiques, connues jusqu'à présent. D'après cette théorie, l'or est engendré par un «mercure» brillant mêlé à un «soufre» rouge et clair. Le mercure blanc, fixé par la vertu d'un soufre blanc, engendre une matière que la fusion change en argent. Le cuivre est

---

[31] Sherwood Taylor, The Alchimists, William Heinemann, London, 1951.
[32] M. Caron et Serge Hutin, Les Alchimistes, Edit. du Seuil, Paris 1959, 86.

engendré par un mercure trouble et épais et un soufre trouble et rouge. L'étain est engendré par un mercure clair et un soufre clair cuit pendant peu de temps; si la cuisson est trés prolongée, il devient argent, etc. ... Il faut cent ans pour qu'une telle génération des métaux s'accomplisse dans les entrailles de la terre; mais, avec le secours de l'art, il s'effectue en quelques heures, même en quelques minutes[33].

«Ces doctrines singulières — dit Berthelot — montrent quelles idées on se faisait alors de la constitution des métaux et quelles théories guidaient les alchimistes, dans cette région ténébreuse et complexe des métamorphoses chimiques. Peut - être ne doit - on pas traiter ces idées avec trop de dédain, si on les compare avec les conceptions en honneur parmi les chimistes d'aujourd'hui sur les séries périodiques des corps simples, alignés en progressions arithmétiques, et sur la formation supposée des métaux dans les espaces célestes».

Quoiqu'il en soit, on voit par là quelles ont été les additions faites par les Arabes aux idées des alchimistes grecs. C'est aux Grecs, en effet, qu'ils ont emprunté le dogme fondamental de l'unité de la matière et l'hypothèse de la transmutation ainsi que le notion du ‹mercure des philosophes›; ils ont seulement modifié la doctrine de la teinture de ce ‹mercure quintessencié› par le soufre et les composés arsénicaux, en la remplaçant par la composition même de ces métaux, au moyen de deux éléments mis sur le même rang, le mercure et le soufre, et ils ont développé toutes ces théories par des rêveries numériques et des subtilités sans fin.

Berthelot ajoute ceci: «Tel est le cas du véritable Geber, d'après ses ouvrages authentiques. Il diffère à l'extrême du personnage qui a usurpé son nom dans les histoires de la chimie. Ce dernier est, en effet, apocryphe, et il représente les oeuvres réunies de plusieurs générations de faussaires. L'attribution des ouvrages latins du pseudo-Geber aux Arabes a altéré toute l'histoire de la science en laissant supposer que ceux-ci avaient des connaissances positives qu'ils n'ont jamais possédées»[34].

La dualité de conception relative à la composition des corps simples, à savoir qu'ils contiennent du soufre et du mercure en quantité variable, ou les quatre éléments aristotéliciens en proportions différentes, peut surprendre; elle provient, sans doute, du fait que les oeuvres de Geber ne furent pas écrites par un auteur unique. La théorie dérivée des quatre éléments d'Aristote vient assurément en premier et ne fut que par la suite transformée dans la théorie ‹soufre-mercure› proprement alchimique. C'est là aussi l'opinion du chimiste anglais John Read (de la Royal Society) qui, dans son livre «De l'Alchimie à la Chimie»[35], écrit: «Les alchimistes musulmans ont adhéré essentiellement à la philosophie aristotélicienne tout

---

[33] M. Berthelot, op. cit., 428—431.
[34] Ibid., 434.
[35] John Read, De l'Alchimie à la Chimie, Fayard, Paris, 1959.

en la modifiant de diverses manières. En particulier la théorie des quatre éléments. Les éléments contraires, opposés deux à deux, se présentent maintenant sous une nouvelle forme. Le feu devient soufre et l'eau devient mercure »[36].

Berthelot a exposé les connaissances positives qui appartiennent en propre aux alchimistes arabes et il les a comparées, d'une part, à celles des savants grecs qui les ont précédés, et, d'autre part, à celles des savants latins qui les ont suivis. Il a pu retracer avec exactitude l'état de la chimie chez les Arabes au temps des Croisades, en même temps que celles des Latins, avec lesquels ils étaient alors entrés en relation. D'un ouvrage arabe de cette époque, écrit en lettres syriaques, il a extrait le tableau des substances chimiques alors en usage, la description des ustensils et appareils: marmite, matras, cucurbite, alambic, mortier et pilon, fourneaux, etc. ..., celle des sept opérations: chauffage ou cuisson, sublimation des corps et des esprits, distillation à feu nu ou au bain-marie, fusion, fixation. Ce tableau coinciderait avec celui qu'on pouvait extraire du traité latin indiqué comme traduit de l'arabe au cours du XIIIème siècle. En cette période de l'histoire des sciences on connaissait donc dans l'ordre des arts industriels et de la médecine: extraction et purification des produits naturels utilisés, minéraux, résines, huiles, baumes, matériels colorants, etc.[37].

Dans l'ordre de la métallurgie: fusion, coulée, alliage, moulage et travail des métaux, tant pour l'orfèvrerie que pour la construction des armes, des outils et des machines; purification de l'or et de l'argent, par coupellation, et par cémentation avec le soufre, les sulfures d'arsenic, d'antimoine, les sels de fer et les sels alcalins; réaction des métaux sur les composés sulfurés, arsénicaux, antimoines, mercuriels, en vue de la prétendue transmutation.

Dans l'ordre des fabrications chimiques: préparation des oxydes de plomb (minium, litharge), de cuivre, de fer (ocres, sanguine etc.) de la céruse, du vert-de-gris, du cinabre, de l'acide arsénieux, des chlorures de mercure; préparation des métaux en poudre et en feuilles, ainsi que des couleurs minérales et végétales pour les peintres, les miniaturistes, les verriers, les mosaistes, les cérémistes; enfin teinture des peaux et des étoffes[38].

Le traité d'alchimie le plus célèbre de Geber reste «Kitab Nihayat al itqann» (L'ultime perfection en alchimie). Nous ne possédons qu'une traduction latine de cet ouvrage qui date seulement de la fin du XIIIème siècle. L'original n'ayant jamais pu être retrouvé, il est possible qu'il s'agisse d'un texte complètement aprocryphe; ce fut néanmoins ce traité qui, en Europe, contribua le plus à la gloire de l'alchimie arabe. On mentionne encore de Geber. «Kitab al sumum wa daf'i maḍāriha» (Le Livre des

---
[36] Jacques Sadoul, op. cit., 46.
[37] M. Berthelot, op. cit., 447.
[38] Ibid., 448–449.

poisons et comment les combattre). On cite du lui aussi « Risalat al-afrān » (Le Traité des fourneaux). Le premier livre et le Traité renferment « la description de procédés et d'opérations en tout conformes aux moyens dont nous faisons usage aujourd'hui pour les recherches chimiques; et Roger Bacon au XIIIème siècle appliquant le même ordre d'idées à l'étude de la physique, était conduit à des découvertes étonnantes pour son temps. On ne peut donc nier que les alchimistes arabes aient les premiers inauguré l'art de l'expérience. Ils ont préparé l'avènement des sciences pratiques en faisant reposer l'interprétation des phénomènes sur l'examen des faits et rompant ainsi d'une manière ouverte avec les traditions métaphysiques qui depuis si longtemps enchaînaient l'essor des esprits »[39].

Reconnaissons aux alchimistes arabes le mérite d'avoir les premiers eu recours à l'observation dans l'étude des faits physiques, mais n'essayons pas de les présenter comme les créateurs de la méthode philosophique dont l'application devait, plusieurs siècles après eux, métamorphoser le monde[40].

Toutefois Geber reconnait le rôle de la nature dans les travaux des alchimistes. Il dit dans son « Nihayat al itqaan » (La somme de perfection) [plutôt le « summum de la perfection »]: « Ce n'est pas nous qui transmuons les métaux, c'es la Nature à laquelle par notre artifice nous préparons la matière et lui disposons les voies, parce que d'elle-même elle agit toujours immanquablement, et nous ne sommes que ses ministres ». — Serge Hutin rapporte dans son « Histoire de l'alchimie » (p. 71), ce texte de Geber: « En me plongeant dans ma propre conscience, en réfléchissant à la gestation des métaux dans le sein de la terre, j'eus la révélation de la véritable substance, celle que la Nature nous a préparée pour que nous la complétions ici, nous mêmes ».

Et plus loin, à propos de l'influence des astres, Geber la nie, se posant ainsi en adversaire de la plupart des alchimistes de son temps; il dit: « nous ne nous mettons point en peine de la position, ni du mouvement des astres, et cette connaissance ne nous servirait de rien en notre Art ... Donc si vous préparez comme il faut votre artifice à la nature, et que vous prenez bien garde que tout ce qui doit se faire dans le Magistère, soit bien disposé, il est hors de doute qu'il recevra sa perfection par la nature, sans une position qui lui sera convenable, sans qu'il soit nécessaire que vous observiez cette position ... La position des Astres est, tous les jours, très propre, tant la production que pour la destruction des choses particulières, en toutes sortes d'espèces »[41]. Georges Ranque commente en disant: « Par ces citations nous avons tenu à bien préciser que les opérations

---

[39] Louis Figuier, op. cit., 109.
[40] Ibid., 110.
[41] Georges Ranque, La Pierre Philosophale, Editions du Jour, Editions Robert Laffont, Paris, 1972, 78, 79.

du Grand Oeuvre ne font appel qu'à des phénomènes entièrement soumis au principe de causalité, comme toute la science actuelle, contrairement à l'opinion de certains groupes modernes oculo-hermétiques, qui prétendent faire intervenir on ne sait quelle influence fluidique de l'opérateur »[42].

Geber reconnaît que Dieu a bien disposé la Nature pour que ces opérations de transmutations réussissent; et voici quelques citations qui vont nous permettre de caractériser ce côté religieux si digne de remarque de son école alchimique: « Il ne nous reste plus, dit Geber, qu'à louer et à bénir en cet endroit le Très-Haut et très Glorieux Dieu, créateur de toutes les natures, de ce qu'Il a daigné nous révéler les médecines que nous avons vues et connues par expérience; car c'est par Sa sainte inspiration que nous nous sommes appliqués à les rechercher, avec bien de la peine. Courage donc, fils de la science, cherchez et vous trouverez infailliblement ce don très excellent de Dieu qui est réservé pour vous seuls. Et vous, enfants de l'iniquité, qui avez mauvaise intention, fuyez bien loin de cette science, parce qu'elle est votre ennemie et votre ruine qu'elle vous causara très aussurément, car la providence divine ne permettra jamais que vous jouissiez de ce don de Dieu (donum Dei; le don de Dieu est en effet, l'un des noms traditionnels de la Pierre Philosophale) qui est caché pour vous et qui vous est défendu »[43].

La pratique le l'alchimie constitue, dans une certaine mesure, une véritable initiation morale. Contrairement à ce que l'on croit souvent, l'alchimiste ne recherche pas exclusivement le profit matériel, mais vise avant tout à acquérir des richesses spirituelles. C'est un rêveur qui tout en oeuvrant de ses mains, médite sur les biens de l'âme.

Qu'une expérience échoue, notre alchimiste songera tout naturellement à s'en prendre aux mauvais sentiments qui habitent son âme. Logique avec lui-même, il se purifie par de pénibles austérités avant d'entreprendre une nouvelle tentative. — Voici les conseils que Jabir (Geber) donne pour réussir en alchimie: « Pour aborder l'étude de la chimie avec succès, il faut être avant tout sain d'esprit et sain de corps. Celui qui se laisse égarer par son imagination, par la vanité ou les vices qui l'accompagnent est aussi incapable de se livrer aux opérations de notre Art que celui qui est aveugle ou manchot. Seulement les défauts physiques sautent plus aux yeux que les imperfections morales »[44].

A noter ici, que dans l'Islam, deux courants rencontrèrent tout spécialement l'alchimie: dans les diverses fraternités de derviches (les fameux derviches tourneurs dont la danse symbolise le mouvement des sphères

---

[42] Ibid., 79.
[43] Louis Figuier, op. cit., 48.
[44] R. Massain, op. cit., 31.

célestes, ne sont que l'une des plus célèbres parmi ces fraternités), le soufisme, ascèse spirituelle, le shi'isme courant ésotérique dont l'isma'ilisme est la branche principale[45].

3. *Après Jabir ibn Hayyan (Geber)*

L'alchimie arabe, comme l'ancienne alchimie d'Alexandrie, différait de la chimie moderne dans ses buts plus que dans ses méthodes, car elle visait uniquement à transmuer les substances en or ou en argent. C'est ainsi qu'on voit Geber étudiant et améliorant les méthodes habituelles d'évaporation, de filtration, de sublimation, de fusion, de distillation et de cristallisation, aussi bien que préparant nombre de nouveaux produits chimiques tels que l'oxyde et le sulfure de mercure. Il savait aussi préparer les acides sulfurique et nitrique et le mélange d'eau régale qui pouvait dissoudre jusqu'à l'or[46].

W. Dampier dans son « Histoire de la Science et des ses rapports avec la philosophie et la religion »[47], écrit: « L'alchimiste et chimiste arabe le plus célèbre fut Abou Moussa Jabir ibn Hayyan qui vivait vers 776 et qu'on croit avoir été l'auteur original de nombres d'écrits qui parurent plus tard en latin et furent attribués à un vague « Geber » de date incertaine. Le problème de leur origine n'est pas encore résolu »[48]. — Dampier écrit: « Aprés avoir examiné des traductions nouvelles de certains manuscrits arabes, Berthelot conclut en 1893, in « La Chimie au Moyen Age »[49] que les connaissances de Jabir étaient beaucoup moindres que celles du Geber latin. Mais Holmyard et Sarton[50] déclarent que d'autres oeuvres arabes non encore traduites montrent que Jabir était bien meilleur chimiste que ne le pensait Berthelot. Il semble avoir préparé le carbonate de plomb, il sépara l'arsénic et l'antimoine de leurs sulfures, il décrivit le raffinage des métaux, la préparation de l'acier, la teinture du drap et du cuir et la distillation du vinaigre en vue d'obtenir l'acide acétique concentré. Il soutenait que les six métaux connus différaient à cause des proportions différentes de soufre et de mercure qu'ils renfermaient ».

A noter ici la différence entre alchimie et chimie: Il est une caractéristique de l'alchimie qui, à elle seule, suffirait déjà pour la distinguer radicalement

---

[45] Serge Hutin, op. cit., 129—130.
[46] James Jeans, L'Évolution des Sciences physiques — les mathématiques, la physique et la chimie, des origines jusqu'à nos jours, Traduction de René Sudre, Payot, Paris, 1950, 99.
[47] W. Dampier, Histoire de la science et de ses rapports avec la philosophie et la religion, traduction de René Sudre, Payot, Paris 1951, 109 sqq.
[48] E. J. Holmyard, The Arabic works of Jabir ibn Hayyan, Paris, 1928, (aussi ISIS No. 19 — 1924), et R. Russell, The Works of Geber, 1878 in La Chimie au Moyen Age, 1893.
[49] M. Berthelot, La Chimie au Moyen Age, Alcan, Paris, 1893.
[50] E. J. Holmyard, op. cit., 479.

des recherches scientifiques sur la constitution de la matière: l'alliance du laboratoire et de l'oratoire, autrement dit, celle des opérations matérielles et — en étroit parallélisme avex celles-ci — des étapes successives d'une ascèse psychique et spirituelle menée par l'opérateur. Il ne semble pas que les alchimistes aient sérieusement admis la possibilité pour un être indigne de réaliser par lui-même le Grand Oeuvre, tout au plus pourrait-il (et à une échelle très limitée) réaliser — si du moins certains récits sont vrais — ou même voler certains procédés et tours de mains. On peut fort bien concevoir un être indigne ou pervers, mais suffisemment intelligent et persévérant, qui deviendrait capable de maîtriser une connaissance efficace de la physique nucléaire; mais l'analogue serait impossible en alchimie. La preuve en étant justement les témoignages authentiques où nous voyons des alchimistes subir hélas des pressions variées, voire les pires tortures, pour les forcer à réaliser pour autrui le Grand Oeuvre minéral[51].

Un médecin alchimiste de la première moitié du XVIIe siècle, Pierre-Jean Fabre[52], écrivait dans ses «Secrets Chymiques»: «L'alchymie n'est pas tant seulement un art ou science pour enseigner la transmutation métallique, mais une vraye et solide science qui enseigne de cognoitre le centre de toutes choses, qu'en langage divin l'on appelle l'Esprit de Vie»[53].

Cependant, à la même époque, c.à.d. au 9ème siècle, le philosophe arabe Al-Kindi (m. en 252 H/866 A.D.) jugeait que la transmutation des métaux est impossible. Il a composé «Un Traité contre ceux qui prétendent transmuer les métaux en or et en argent»; et dans un autre traité il méfie les gens des tromperies des alchimistes. N'empêche qu'il s'est intéressé à la chimie comme science et il a composé dans cette discipline quelques traités: «Traité des parfums et leurs différentes espèces», «La chimie du Parfum»; «Comment faire briller le verre», «Traité des colorants», «Traité de ce qu'on étale sur le fer et les épées pour éviter leur ébréchement», «Traité de la confection des aliments à l'aide d'ingrédients». Ainsi donc on remarque déjà chez certains penseurs arabes — à cette époque — la conviction que l'alchimie visait un but impossible à réaliser.

Malgré ces avertissements d'Al-Kindi, d'autres alchimistes arabes poursuivaient leurs recherches. Ainsi, Muhammad ibn Umilin Al-Tamimi (m. 300 H/912 A.D.) composait des livres et des traités d'alchimie dont «Miftah al-hikma fil sin'a» (la clé de la sagesse en Alchimie); sept traités ralatifs à la pierre philosophale; «Traité du Soleil» (l'or); «et da la Lune» (l'argent). «Comment préparer la pierre philosophale.» Il semble que Muhammad ibn Umilin al-Tamimi cherchait, par l'alchimie, un moyen de prolonger la vie humaine et de transmuer les métaux vils en métaux nobles. Il voulait purifier le corps humain de ce qui cause en lui les maladies et la vieillesse

---

[51] Serge Hutin, op. cit., 28.
[52] Pierre Jean Fabre, Secrets Chymiques, Paris, 1636, 10.
[53] Serge Hutin, op. cit., 36—37.

et prolonger ainsi la vie. Si cette purification est totale le corps humain devient immortel. Et l'élément qui aurait réalisé ce but (la pierre philosophale) pourrait aussi purifier les corps des métaux vils et leur donner une forme durable qui est celle de l'or.

En dehors de Geber le plus célèbre philosophe hermétique en Islam fut un persan musulman nommé Abu Bakr Muhammad ibn Zakariya Al-Razi (connu en Occident sous le nom de Rhazès), né à Rayy, près de Téhéran vers 864 A.D. (décédé vers 932 A.D.). Son intérêt pour l'art hérmétique semble dater de la première période de sa vie où il écrivit: « Aucun homme ne mérite le nom de philosophe s'il n'a pas maîtrisé la chimie aussi bien du point de vue théorique que pratique ». Rhazès donnait à l'alchimie le nom d'astronomie terrestre par opposition avec l'astronomie céleste ou supérieure, c.à.d. l'astrologie. Le mot « astrologie devait être pris dans son sens noble, c.à.d. d'interdépendance du microcosme humain au macrocosme astral et non dans celui, mercantile, des marchands d'horoscope[54].

Rhazès ne croyait pas à la transmutation des métaux vils en or et en argent; cela ressort de ce qu'il indique dans deux de ses ouvrages: « Mihnat al zahab wal fidda wal mizan al tabiʿi » (L'épreuve de l'or et de l'argent et la balance naturelle), et « Inna sināʿat al-kimya aqrab ilaʾl wujūd minho ilaʿal imtinaʿ » (La chimie est plutôt réelle qu'impossible). On trouve cette même attitude dans deux autres ouvrages qu'on lui attribue: « Kitab al-Asrār », (Le livre des Secrets), et « Sir al Asrār » (Le secret des secrets) qui est un résumé fait par Rhazès lui-même. Le livre a été traduit en latin par Gérard de Crémone sous le titre de « De Spiritibus et Corporibus »; ce livre fut la principale source des connaissances chimiques en Occident. L'orientaliste allemand J. Ruska a traduit ce livre en allemand[55]. Roger Bacon le mentionne. Il fut dépassé par les oeuvres de Jabir ibn Hayyan (Geber).

« Le Livre des Secrets » abonde en descriptions de préparations chimiques importantes, telles celles de l'acide sulfurique, de l'eau-de-vie, des sels, des aluns, de l'alcool. Les substances chimiques décrites étaient logiquement classées en corps métalliques, vitriol, borax, sels, esprits et minéraux. Il y a aussi dans ce livre une description de la distillation, de la sublimation, du ramollement des métaux pour les rendre fusibles, le pilonnage des métaux jusqu'à les réduire en poudre fine. Rhazès a préparé l'acide sulfurique par la distillation du sulfate de fer; et le « kohl » en distillant des matières amidonées fermentées. Il a extrait un poison liquide de l'ammoniac et de nombres d'acides. Parmi les composés nouveaux dont parle Rhazès on peut citer: l'orpiment, le réalgar le borax, certaines combinaisons du soufre avec le fer et le cuivre, certains sels de mercure formés indirectement, plusieurs composés d'arsenic. Il a décrit un procédé

---

[54] Jacques Sadoul, op. cit., 42.
[55] J. Ruska, Al-Razi's Buch Geheimnis der Geheimnisse, Berlin, Springer, 1937.

de déshydratation de l'alcool à l'aide de la chaux; il nous apprend à préparer l'huile de vitriol, c.à.d. l'acide sulfurique à partir du vitriol vert, c.à.d. du sulfate de fer.

La première source alchimique de provenance islamique en Occident au Moyen Age est le célèbre «Livre des aluns et des sels» (De alumnibus et Salibus) qui est fréquemment attribué au grand clinicien et praticien Rhazès. De récentes recherches ont établi qu'il provient d'une source andalouse du XIIème siècle. Des fragments du manuscrit arabe furent retrouvés à Berlin en 1908; l'unique manuscrit latin se trouve à Palerme. Vincent de Beauvais cite ce texte dans son «Speculum naturale». L'ouvrage déborde le cadre des procédés magiques de l'alchimie héllénique en faisant systématiquement la description des principales substances et de leurs qualités, ainsi que celle des manipulations chimiques et des appareils utilisés à cet effet. Par ailleurs ce traité laisse à désirer quant à l'ordonnance propre aux traités authentiques de Rhazès. Le livre est en même temps un témoignage significatif de l'autarcie accrue des «*artes mechanicae*»; à ce titre, il a exercé une influence grandisante sur la technologie moderne.

Albert le Grand (1193—1280) participe à l'intégration critique du nouvel art — toujours réduit au cadre de ses connexions encyclopédiques. Son traité «De Mineralibus» témoigne d'une connaissance précise du Livre des aluns et des sels il y cite à plusieurs reprises l'autorité d'Hermès, de Chalid (Khalid), de Dioscoride, également celle du médecin Avicenne et d'Ibn Gulgul, pharmacologue maure du Xème siècle, sans oublier la «Tabula Smaragdina» qui figure en bonne place.

4. *Adversaires et partisans de l'alchimie*

Abu ʿAli Ibn Sina (Avicenne) (m. en 428 H/1037 A.D.) a été contre l'alchimie. Il a composé une épitre intitulée «Fi Butlan al-kimyaʿ wal rad ʿala ashabiha» (Contre l'Alchimie et la Réfutation des Alchimistes). Il ne croyait pas à la transmutation des métaux, regardant leurs différences comme trop profondes pour être effacées par des changements de couleur. En effet, Avicenne soutenait que chaque métal possède des propriétés et une nature particulières, c'est pourquoi chaque métal constitue une espèce. Il n'est donc pas possible qu'un métal donné se transforme en un autre métal.

Avienne objecte aux alchimistes de son temps qu'ils ne transmuent pas les corps, mais les teignent seulement, et qu'ainsi leurs fonctions s'apparentent à celles des teinturiers ou des pharmaciens[56].

---

[56] Heinrich A. Schipperges, L'Alchimie. Histoire, technologie, pratique, in: Sciences Secrètes, Édit. Pierre Belfond, Paris, 1972, 79.

La minéralogie d'Avicenne est plutôt consacrée à l'utilisation pratique et à l'origine des corps qu'il décrit, qu'à leur transformation mutuelle. Avicenne déclare qu'il est possible de préparer des corps entièrement semblables à l'or ou à l'argent, mais que ce sont le plus souvent des falsifications. Je ne nie pas que ces imitations ne puissent être si parfaites qu'elles réussissent à tromper les meilleurs experts, mais je n'ai jamais envisagé la possibilité de la transmutation. Je tiens même pour exclus qu'il y ait un moyen de scinder une substance métallique en éléments capables d'en produire une autre. Même si l'on a cru pouvoir en observer des exemples, ces productions ne se différencient pas intrinsèquement, mais par l'intervention d'impuretés extérieures que l'on n'a pas su reconnaître».

Selon Avicenne les métaux pourraient être des corps composés, mais leur structure serait si stable qu'elle ne saurait être modifiée ni par fusion ni par autres processus alchimiques[57]. Cette conception scientifique de la nature ne fut pas admise. La tradition lui préféra la symbolique de la pensée hermétique. Mais le poète et alchimiste arabe Al-Toghra'i (éxécuté en 515 H/1121 A.D. pour hérésie), connu dans le monde latin sous le nom d'Artephius, fonde l'art alchimique sur la révélation et sur l'initiation. Il a critiqué l'attitude d'Avicenne contre les alchimistes. Al-Toghra'i a perdu sa fortune et sa vie dans ses tentatives alchimiques. Il a écrit un certain nombre d'ouvrages dans cet art: «Mafatih al-Rahma» (Les clés de la miséricorde). «Sirr al hikma» (Le secret de la sagesse), «Jamiʿ al Asrār» (Ensemble des Secrets), «Haqaʿiq al istishhad» (Les témoignages) dans lequel il confirme l'oeuvre de l'alchimie et refute Avicenne.

Le livre «L'e Secret de la Sagesse» contient de superbes passages. Celui-ci, par exemple, sur la triple nature de la pierre philosophale. «Notre pierre contient: corps, âme et esprit. O nature! Comme tu changes les corps en esprits! Ce que tu ne ferais pas si l'esprit ne s'incorporait pas aux corps, et si les corps ne se faisaient pas volatils avec l'esprit, et ensuite permanents. L'un est donc passé dans l'autre, et ils se sont convertis l'un en l'autre par la Sapience». — On y retrouverait l'étrange adage alchimique sur cette nécessité pour l'adepte de «dissoudre» (son corps physique) et de «coaguler» autrement dit, matérialiser la partie psychique de son être.

Un autre passage: «Car tu dois savoir que tout ce qui est clair, pur et spirituel s'élève en haut dans l'air et ressemble à une fumée blanche et c'est ce qu'on appelle «le Lait de la Vierge». Il faut donc, ainsi que l'a dit la Sybille que le Fils de la Vierge soit exalté et qu'après sa résurrection, sa quintessence blanche soit élevée vers le ciel et que ce qu'il a de grossier et d'épais demeure en bas dans le fond du «vaisseau et de l'Eau»[58].

Voici quelques vers d'Al-Toghra'i exaltant l'alchimie:

---

[57] Ibid., 79.
[58] Serge Hutin, op. cit., 32.

« J'ai connu tous les secrets de la créature
En vertu d'une science que m'a éclairé ce qui était ténèbre
J'ai hérité le secret de l'oeuvre de Hermés
Cette oeuvre qui traite de ce que l'on ne connait pas
J'ai possédé la clé des trésors grâce à une sagesse
Qui m'a dévoilé le secret caché de l'inconnu. »

Parmi les alchimistes que se sont illustrés en Orient citons:

Fakhr al-Din al-Razi (m. 606 H/1210 A.D.) Il a consacré à l'alchimie tout un chapitre dans son « Al Mabahith al-Mashriqiyya » (Recherches Orientales; T. 2, pp. 214). Il passe en revue un certain nombre d'alchimistes. Il est arrivé à cette conclusion: « Etant donné que les arguments contre l'alchimie sont faibles, il faut donc admettre que cet art est possible, surtout que les sept métaux: l'or, l'argent, le plomb, le cuivre, le fer, l'étain et le laiton ont ceci de commun; ils sont des corps fusibles, resistant au feu, extensibles. L'or ne se distingue des autres métaux que par sa couleur jaune et sa densité; c'est là deux accidents qui caractérisent la forme (la nature) aurique. Donc le cuivre peut prendre la couleur jaune de l'or et sa densité. Théoriquement la transmutation est possible ».

Entre temps, les Arabes avaient largement pris pied en Espagne, et leurs connaissances alchimiques ne devaient pas tarder à franchir les Pyrénnées. Mais déjà s'ouvre l'époque des grands alchimistes, la représentation et la scène vont se déplacer vers les pays d'Europe Occidentale. Au XIIème siècle, plus exactement en 1182 un certain Robert Castrensis compilera un « Liber de Compositione alchemicae », puis en 1572 apparaîtra une collection reproduisant des manuscrits beaucoup plus anciens et portant ce titre caractéristique *« Artis auriferae quam chemiam vocant »* (De l'art de faire de l'or qu'on appelle la chimie)[59].

Les Arabes sont les véritables précurseurs de l'alchimie occidentale qu'ils préparèrent en dépouillant l'art hérmétique de sa lourde gangue de digressions décadentes. Du même coup, ils sont les précurseurs de la chimie, de la physique, de la médecine, et à un autre niveau, de la chevalerie mystique occidentale[60]. Et le mérite revient donc aux Arabes.

Lorsque les écoles musulmanes d'Espagne retournèrent aux chrétiens, après que les rois catholiques eurent chassé les Arabes, les manuscrits rares qui en faisaient la richesse purent être traduits par les soins d'un groupe de lettrés, groupe fondé par Gerhard de Crémone. Des savants espagnols et anglais traduisirent à leur tour ou écrivirent des ouvrages hermétiques, et c'est de ces travaux que naquit au XIIIème siècle l'alchimie ibérique. C'est de cette époque que date également le traité des « Sciences de la

---

[59] Charles A. Reichen, op. cit., 23.
[60] Arnold Waldstein, Lumières de l'Alchimie p. 44, citant Paul Arfeuilles, l'Epopée chevaleresque de l'Ancien Iran aux Templiers, Bordas, Paris, 1972.

Nature » dû à Daniel de Mosley, venu d'Angleterre étudier à Paris puis à Tolède[61].

Le rôle du monde arabe dans l'évolution des sciences a été mis en lumière par Berthelot. Pendant très longtemps l'alchimie arabe avait été considérée comme le véritable point de départ de la science chimique. On attribuait aux Arabes la plupart des connaissances chimiques antérieures au XVIème siècle, notamment la découverte de la distillation, celle des acides et des sels métalliques. Les traditions qui rattachaient la chimie à Hermès, c'est-à-dire à l'Egypte, étaient regardées comme imaginaires et les débuts de la chimie n'étaient pas supposés remonter au-delà des Croisades. Ces affirmations que l'on trouvait dans un grand nombre d'ouvrages du début du XIXème siècle n'avaient en réalité d'autre fondement que l'ignorance où étaient leurs auteurs des véritables sources constituées par les textes grecs, syriaques, arabes, demeurés manuscrits dans les bibliothèques. A tout bien sonder, il fallait voir aussi le mépris que les adeptes d'une science constituée enfin sur des bases rationnelles, professaient alors dans leur superbe pour les opinions incertaines et confuses, incompréhensibles même, de leurs prédécesseurs et l'impossibilité apparente tout au moins, de débrouiller le fatras symbolique et mystique accumulé dans les livres des XV et XVIèmes siècles. Cet état d'esprit a disparu. Les textes anciens traduits, publiés, commentés, en grande partie par Berthelot ou sous sa direction, ont révélé tout un ordre nouveau de faits positifs et de doctrines coordonnées[62].

Ils (les Arabes) ont ressuscité la science chimique de l'antiquité et nous ont livré la clé de ces systèmes, en honneur jusqu'au XVIIIème siècle, et qui représentent, sous le voile de leurs emblèmes, toute une philosophie connexe avec la métaphysique des Alexandrins, disciples de Platon et d'Aristote. Dès lors, l'alchimie arabe a dû tomber au second rang; en réalité, les Arabes ne sont pas les créateurs de la science, ils en ont été seulement les continuateurs. A ce titre même, leur rôle a été fort éxagéré, parce qu'on leur attribue non seulement les travaux de leurs prédécesseurs hélléniques sur la distillation, par exemple, mais aussi les découvertes faites par leurs successeurs dans l'Occident aus XIV et XVèmes siècles[63].

Les oeuvres purement latines d'un faux Geber écrites du XIVème au XVème siècle contribuent à jeter l'opacité sur l'histoire de la chimie. Mais elle fut définitivement percée par la publication des ouvrages authentiques des chimistes arabes, ceux du véritable Géber, en particulier, et permit d'assigner à l'oeuvre des Arabes son importance et son caractère réel[64].

Les écrits chimiques en langue arabe se partagent en deux catégories distinctes: les uns sont de véritables traités descriptifs et pratiques de

---

[61] M. Caron et S. Hutin, op. cit., 122.
[62] Albert Ranc, Pour connaitre la pensée de Marcellin Berthelot, Bordas, Paris, 94—95.
[63] Marcellin Berthelot, Science et Morale, 417.
[64] A. Ranc, op. cit., 95.

chimie, analogues aux traités de matière médicale, mais coordonnés suivant des principes et une méthode que nous ne trouvons ni chez les Grecs ni chez les Syriaques; les autres écrits sont, au contraire, des compositions théoriques, mêlées de philosophie et de mysticisme, et où l'on rencontre sur la constitution des métaux des idées et des notions qui existaient seulement en germe chez les Grecs, et que les Arabes ont dégagées et systématisées. On y trouve même des poètes, comme dans tout ordre d'idées, susceptibles d'ouvrir de vastes horizons et d'exalter l'enthousiasme; il existe une vaste littérature poétique d'alchimistes byzantins, arabes, latins énivrés d'espérances chimériques[65].

Albert Ranc, dans son ouvrage « Pour connaître la pensée de Marcellin Berthelot » (Bordas 1948, page 100) résumant la pensée de Berthelot écrit: « D'ailleurs la marche des travaux progressifs ne s'arrête pas. Quels qu'aient été les progrès de la chimie au cours du XIXème siècle, Berthelot en entrevoyait d'autres. L'avenir de la chimie, dit-il, sera encore plus grand que son passé. Il rêvait d'un empire universel de la chimie procurant l'abondance, augmentant le bien-être, diminuant la souffrance physique, donnant à la vie matérielle toute sa splendeur, tout son charme et poussant l'homme vers les plus hauts sommets de son développement intellectuel, moral et esthétique. Toutefois « que ces rêves ou d'autres s'accomplissent, il sera toujours vrai de dire que le bonheur s'acquiert par l'action et dans l'action poussée à sa plus haute intensité par le règne de la science (Berthelot, ibid. p. 515).

Il suffit de comparer cette déclaration de Berthelot avec le but que s'étaient proposé les vrais alchimistes arabes anciens pour se rendre compte que leur but était et reste le même que celui des chimistes modernes et contemporains: soulager les souffrances de l'humanité, lui garantir le bien-être et prolonger la vie autant que possible, tout en invoquant l'aide du Tout-Puissant.

Conclusion

Si l'alchimie musulmane a connu sa période la plus florissante dans la première partie du Moyen Age, elle n'a nullement disparu: de nos jours, encore, de savants « artistes » oeuvrent en secret dans divers pays de l'Islam. L'historien anglais E. J. Holmyard fut en relations amicales, peu avant la seconde guerre mondiale, avec Al-Hajj Abdul Muhyi Arabi, mufti de la mosquée de Woking (aux environs de la capitale anglaise), et ancien professeur d'exégèse coranique à l'Université de Lahore. Ce très érudit personnage, grand lecteur des vieux traités de Khalid et de Geber, dépensant une grande partie de son salaire à la réalisation d'expériences alchi-

---

[65] M. Berthelot, Science et Morale, 419.

miques. Grâce à une lettre d'introduction d'Abdul Muhyi, Mr. Holmyard put visiter au Maroc, dans le vieux quartier de Fez, un laboratoire souterrain d'alchimie. Des soufis égyptiens, syriens et persans poursuivraient aussi, aujourd'hui encore, des recherches hérmétiques[66].

A ce propos rapportons ice ce fait. Saint Vincent de Paul (né en 1576 près de Dax, Landes), prêtre en 1600; en allant par mer de Marseille à Narbonne (en 1605), fut pris par un pirate de Tunis et vendu comme esclave. Dans une lettre où il conte sa captivité (lettre qu'il tenta de reprendre, avant sa mort, à son possesseur en le conjurant par les entrailles de Notre Seigneur Jésus-Christ de la lui rendre), raconte avoir servi en qualité d'esclave un vieillard à Tunis. «Ce vieillard, écrit-il dans cette missive, médecin, spagyrique, souverain tireur de quintessence, homme fort humain et traitable, avait travaillé cinquante ans à la recherche de la «pierre philosophale» et en vain quant à la pierre, mais fort heureusement à autre sorte de transmutation de métaux. En foi de quoi, je lui ai vu souvent fondre autant d'or que d'argent ensemble, les mettre en petites lames, et puis mettre un lit de quelques poudres, puis un autre de lamines, et puis un autre de poudres dans un creuset ou vase à fondre des orfèvres, le tenir au feu vingt-quatre heures, puis l'ouvrir et trouver l'argent être devenu or; et plus souvent encore congeler ou fixer de l'argent — vif, qu'il vendait pour donner aux pauvres». — Et le bon Monsieur Vincent d'ajouter: «Mon occupation était à tenir le feu à dix ou douze fourneaux; en quoi, Dieu merci, je n'avais plus de peine que de plaisir»[67].

Nous terminons cet exposé sur l'alchimie et la chimie arabes par cette observation de M. Caron et S. Hutin.

Ni l'avènement graduel de la Chimie moderne, ni la Révolution française, ni les conflits et les crises de l'époque contemporaine n'ont d'ailleurs réussi à éliminer les croyances alchimiques. Aujourd'hui encore, «l'art sacré» a ses partisans convaincus, auquel vient se joindre un nombre considérable de simples curieux. En plein milieu du XXème siècle l'alchimie bénéficie mieux d'un véritable regain de prestige; certains veulent à tout prix y découvrir un pressentiment des ambitions de la physique nucléaire des briseurs d'atomes; d'autres y retrouvent, avec plus d'éxactitude sans doute, des expériences gnostiques et surréalistes. Les plus célèbres traités alchimiques font l'objet de rééditions, qui sont loin toujours d'être considérés comme de simples curiosités de bibliophiles.

«L'alchimie traditionnelle n'a nullement perdu de son fascinant mystère avec le XXème siècle»[68].

---

[66] M. Caron et Serge Hutin, Les Alchimistes-Collection Le Temps qui court, Éditions du Seuil, Paris, 1959, 121.
[67] M. Caron et S. Hutin, op. cit., 76.
[68] M. Caron et S. Hutin, op. cit., 125.

Walter de Gruyter
Berlin · New York

MISCELLANEA MEDIAEVALIA
Veröffentlichungen des Thomas-Instituts der Universität zu Köln
Groß-Oktav. Ganzleinen

Studien zur mittelalterlichen Geistesgeschichte und ihren Quellen

Herausgegeben von Albert Zimmermann
Für den Druck besorgt von Gudrun Vuillemin-Diem
VIII, 318 Seiten, 4 Seiten Abbildungen. 1982. DM 158,-
ISBN 3 11 008940 8 (Band 15)

Mensura
Maß, Zahl, Zahlensymbolik im Mittelalter

Herausgegeben von Albert Zimmermann
Für den Druck besorgt von Gudrun Vuillemin-Diem
1. Halbband: XII, 260 Seiten. 1983. DM 138,-
ISBN 3 11 009769 9 (Band 16/1)
2. Halbband: VIII, Seiten 261-494, 16 Seiten Tafeln, z.T. vierfarbig.
1984. DM 140,- ISBN 3 11 009770 2 (Band 16/2)

Orientalische Kultur und europäisches Mittelalter

Herausgegeben von A. Zimmerman und I. Craemer-Ruegenberg
Für den Druck besorgt von Gudrun Vuillemin-Diem
IX, 440 Seiten. 1985. DM 225,- ISBN 3 11 010531 4 (Band 17)

Preisänderungen vorbehalten

Walter de Gruyter
Berlin · New York

MISCELLANEA MEDIAEVALIA
Veröffentlichungen des Thomas-Instituts der Universität zu Köln
Groß-Oktav. Ganzleinen

Aristotelisches Erbe im arabisch-lateinischen Mittelalter
Übersetzungen, Kommentare, Interpretationen
Herausgegeben von Albert Zimmermann
Für den Druck besorgt von Gudrun Vuillemin-Diem
VIII, 370 Seiten.1986. DM 198,- ISBN 3 11 010958 1 (Band 18)

Thomas von Aquin
Werk und Wirkung im Licht neuerer Forschungen
Herausgegeben von Albert Zimmermann
Für den Druck besorgt von Clemens Kopp
XII, 507 Seiten. 1987. DM 252,- ISBN 3 11 011179 9 (Band 19)

Die Kölner Universität im Mittelalter
Geistige Wurzeln und soziale Wirklichkeit
Herausgegeben von Albert Zimmermann
Für den Druck besorgt von Gudrun Vuillemin-Diem
IX, 537 Seiten, 7 Abbildungen. 1989. DM 272,-
ISBN 3 11 012148 4 (Band 20)

Mensch und Natur im Mittelalter
Herausgegeben von Albert Zimmermann und Andreas Speer
2. Halbband: Ca. 546 Seiten, 30 Seiten Abbildungen. 1991.
Ca. DM 288,- ISBN 3 11 013164 1 (Band 21/2)

Preisänderungen vorbehalten